上海检察文库·专题研究 ⑨

STUDYING THE HOT TOPICS OF
LEGAL SUPERVISION (VOL.8)

法律监督热点问题研究（八）

陈 勇 主编

中国检察出版社

上海检察文库·专题研究系列丛书

编委会主任：陈　勇

编委会副主任：盛勇强　陈思群　钱雨晴　陶建平

贺　卫　许祥云　王洪青　英振坤

阮祝军　吴　云

分　册　主　编：皇甫长城

序　言

　　"实践没有止境，理论创新也没有止境。"注重发挥检察理论研究对检察工作的先导性、基础性、统摄性作用，及时为检察实践和改革创新提供高品质的理论支撑和智力支持，是上海市检察机关的优良传统，也是上海市检察机关推进新时代检察工作高质量发展，推进检察队伍革命化、正规化、专业化、职业化建设的重要抓手。

　　近年来，上海市检察机关持续学深悟透践行习近平新时代中国特色社会主义思想，全面贯彻习近平法治思想，发扬上海检察理论研究根植实践、勇立潮头、锐意创新、笃行致远的理论品格，依托"大调研""大研究"工作格局，不断深化检察理论研究与实务探索的良性互动，创新丰富课题制、年会制、论坛制等载体和平台，产生了一批具有一定理论水平和学术影响力的检察理论研究成果，在引领理念、辅助决策、服务办案、助推改革等方面发挥了积极作用，为推动新时代上海检察工作行稳致远提供了智力支撑。

　　"上海检察文库·专题研究"系列丛书，以研究法律监督热点问题、检察实务前沿问题为切入点和着力点，旨在构建更为广阔的检察理论研究交流平台，在收录内容上主要择选了近年来上海市检察机关、上海市检察官协会重点研究课题和全市检察人员重大调研成果。分册选编注意把握以下特点：一是围绕更好发挥法治固根本、稳预期、利长远保障作用，始终放眼全局、立足实践，聚焦推进国家战略实施、上海加快建设具有世界影响力的社会主义现代化国际大都市等法治保障，促进理论研究融入办案、服务办案、成果反哺办案。二是突出特色牵引、培育精品，厚植上海金融、知识产权、自贸区检察、跨行政区划检察改革等特色优势，加强理论沉淀、实践总结和成果转化，持续打造上海检察理论研究品牌。三是坚持以研聚智、以研兴才，将检察理论研究作为培育高素质人才的重要方式，回应司法热点，激励思想争鸣，推动构建"检学研"一体化理论研究格局，建设高质量检察智库体系。

　　理论是实践的先导、行动的指南。当前，世界百年未有之大变局加速演进，世界之变、时代之变、历史之变的特征更加明显。党的二十大开启全面建设社会主义现代化国家新征程，面对高质量发展对高水平法治保障新要求，面对人民群众在民主、法治、公平、正义、安全、环境等方面更趋多元多样的需求，迫切需要从检察理论和实践的结合上深入回答关于中国式现代化进程中法治保障的时代课题，上海检察机关将把牢宪法对检察机关的职责定位和上海在国家改革发展大局中的战略定位，以时不我待"争一流、走在前、排头兵"的担当，推进理论探索和创新，为在法治轨道上全面建设社会主义现代化国家贡献检察力量。

　　由于水平有限，难免纰漏，不当之处，敬请批评指正。

编　者

2022 年 11 月

目　录

检察机关刑事诉讼监督的实现路径[*]

上海市人民检察院课题组^{**}

当下，司法体制改革、以审判为中心的刑事诉讼制度改革、国家监察体制改革叠加运行，内设机构改革全面推开，检察工作面临新的职能调整、新的工作格局、新的机遇挑战，检察事业正处在发展的拐点上，课题对检察监督的实现路径和发展方向进行思考。虽然切口切在刑事诉讼监督上，但问题的思考是覆盖全局的。

一、刑事诉讼监督实现路径的理论定位

修订后的《人民检察院组织法》为检察机关诉讼监督正名，第 20 条第 5 项明确规定了人民检察院对诉讼活动实行法律监督。刑事诉讼监督早已成为检察机关履职重点，但是在具体司法实践中会遇到一些障碍。究其原因，缺乏清晰的实现路径是痛点。何为实现路径，应当是指达成目标的模式，从广义上讲，既包括整体制度框架，也包括具体的手段和方法。

（一）刑事诉讼监督实现路径的意义

实现路径对于刑事诉讼监督乃至于检察机关的法律监督而言具有重要意义。

1. 有利于构建符合宪法定位的监督格局。路径揭示目标，合理的实现路径才能实现目标。刑事诉讼的实现路径经历了一次转变，从以侦查为中心到以审判为中心，从而更加有利于实现刑事诉讼惩罚犯罪和保障人权的目标。对于刑事诉讼监督或者说检察监督来说，实现路径同样重要。2018 年的《宪法》修改，明确人民代表大会下"一府一委两院"的格局，也肯定了检察机关法律监督机关的定位。在改革叠加期下，面对"检察机关往何处去"的疑问，只有选择合理的监督实现路径，才有助于理顺检察机关与其他国家机构的职能边界，才能构建起符合宪法定位的检察监督格局，不至于在改革挑战面前定力

---

* 上海市检察机关重大课题。

** 课题组负责人：龚培华；课题组成员：金晔、陈超然、于爽、朱鹏锦。

不足、不知所措。

2. 有利于明晰监督方式、方法和手段。路径决定方式、阶段、顺序，具体工具的选择是受到模式框架的影响的。以侦查监督为例，如果选择监督依附于逮捕的实现路径，很多地方检察机关的侦查监督部门可能只在审查逮捕工作中履行立案监督和侦查活动监督职能。这种工作方法将直接导致检察人员习惯于坐堂办案，在案卷中发现监督线索、在电话机里核实监督线索，在办公桌上制发监督文书，监督工作足不出户。[①] 而只有选择诉讼监督相对独立化的实现路径，才能彻底改变工作模式，变静态为动态、变被动为主动。

3. 有利于形成监督合力，发挥监督效果。道路引导方向，路径凝聚力量。比如，如果选择检察机关各部门根据诉讼程序分段履行监督职能的模式，那么没有全流程立体化的诉讼监督平台予以支撑，一旦沟通不畅，就会影响检察机关监督的效果。只有重新整合监督流程，才能结成监督网络，既各尽其责，又共同作用，互通有无，确保信息渠道畅通，形成诉讼监督工作内部合力。

（二）检察监督在诉讼和监督双重交汇下的定位

中国的检察机关定位是复杂的，一方面被宪法确定为国家的法律监督机关，另一方面在实践中它并不是对所有法律实施监督，而被限定为司法领域的监督，即通过诉讼活动以及与诉讼有关的监督活动，实现惩罚犯罪、保障人权、监督其他机关执法活动。关于检察监督的理念，可以从诉讼运行和监督体系运转两个不同角度审视。从诉讼运行角度看，广义的刑事诉讼是所有以落实国家刑罚权为目的的活动，包括立案、侦查、审查起诉、审判等各个阶段，刑事诉讼的本质是公力救济，核心是惩罚犯罪与保障人权的平衡。检察监督是检察机关对诉讼活动中公安、法院等机关实施或不实施某种诉讼职权行为是否合法进行的监督，目的是保障公安、司法机关统一正确地执行刑事法律，维护刑事司法公正。从监督体系运转看，监督与权力行使密切相关，有权力行使，就有权力滥用的可能，有权力滥用的可能，就有监督的必要。监督体系包括立法机关监督、行政机关监督、司法机关监督、政党监督、舆论监督、群众监督等构成。我国的监督体系是建立在党的领导和人民代表大会议行合一这一制度框架下的，在国家监督体系中，人民代表大会监督处于核心地位，在人民代表大会监督制度之下，是各国家机关之间按照权力分工形成的纵横交错的监督体系，检察机关法律监督是重要组成部分。

在诉讼和监督双重交汇下，检察监督有一个"关键问题"，就是监督与制

---

① 韩晓峰、陈超然：《检察机关诉讼监督工作案件化的思路——以侦查监督为视角》，载《人民检察》2016 年第 19 期。

约的关系，它决定检察监督的定位和路径。"关键问题"是指向制度本质的问题，因而也是能够让我们通过这一问题的思考把研究内容联系形成"问题串"的问题。抓住了诉讼监督"关键问题"，就等于抓住了达成目标的钥匙。

监督和制约这两个概念都具有约束、限制或控制权力，以保障权力正当合法行使的含义。在我国的日常用语中，这两个概念常常是并用的，一般人们并不严格地对二者加以区分。但是监督与制约这一对概念关系到对诉讼活动实施监督的依据和边界，对于检察机关如何开展法律监督至关重要，因此需要仔细辨别。学界对于两者的关系是存在不同观点的。有的认为两者是不同概念，监督是单向的，制约是双向的，监督比制约的分量更重；① 有的认为监督与制约不能互相取代，制约比监督更重要；② 还有的认为两者不存在严格区别，制约就是监督。③

1. 监督和制约的法律渊源。诉讼监督和诉讼制约的法律渊源都来自于我国的《宪法》。我国《宪法》第 134 条规定："中华人民共和国人民检察院是国家的法律监督机关。"这是检察机关开展法律监督的宪法依据。虽然宪法没有对检察机关法律监督的范围进行界定，但是我国《刑事诉讼法》第 8 条规定："人民检察院依法对刑事诉讼实行法律监督。"诉讼法及司法解释还规定了检察机关法律监督的具体内容。

我国《宪法》关于检察机关制约的规定主要有两条：一是第 127 条第 2款："监察机关办理职务违法和职务犯罪案件，应当与审判机关、检察机关、执法部门互相配合，互相制约。"这一条明确了监察委员会和其他机关的关系。二是第 140 条："人民法院、人民检察院和公安机关办理刑事案件，应当分工负责，互相配合，互相制约，以保证准确有效地执行法律。"这一条确立了法院、检察院和公安机关的宪法关系——分工负责、互相配合、互相制约。《刑事诉讼法》第 7 条及相关规定对三机关互相制约的机制予以细化。

2. 诉讼监督与诉讼制约的外在区别。梳理上述法律规定可以看出，诉讼监督与诉讼制约存在明显区别。一是主体的单一性与多重性。监督的主体是单一的主体，即只有检察机关才是行使法律监督职权的专门机关；制约则不同，公安机关、检察机关和审判机关等皆可以成为制约的主体。二是方向的单向性

---

① 陈光中：《关于刑事诉讼法律监督的几个问题兼谈若干刑事诉讼法修改问题》，载孙应征主编：《刑事诉讼法律监督理论与实务》，武汉大学出版社 2011 年版，第 5 页。

② 葛洪义：《"监督"与"制约"不能混同——兼论司法权的监督与制约的不同意义》，载《法学》2007 年第 10 期。

③ 卞建林：《关于刑事诉讼法律监督理论与实务的几点思考》，载孙应征主编：《刑事诉讼法律监督理论与实务》，武汉大学出版社 2011 年版，第 60 - 61 页。

与双向性。监督是单向的，即监督者将监督意图表达给被监督者，被监督者据此改正自己的违法行为；制约则是双向的，是双方的交互作用，例如检察机关通过审查逮捕制约公安机关的侦查行为，公安机关通过提出复议、复核制约检察机关不批准逮捕的决定，两个机关相互制约而不是单向制约。三是行为的独立性与非独立性。监督是一种专门行为，有专门的监督方式，例如检察机关制发《纠正违法通知书》等；制约则是通过一定的诉讼行为发生作用，没有专门的制约方式。监督是附随诉讼活动的外在行为，在监督关系中，监督者处于相对超脱和独立的地位；制约则是诉讼活动的内在行为，主要依靠诉讼运行的制度化、程序化进行权力控制。监督可以随时进行，即一旦发现违法行为可以立即提出纠正，或者对违法线索在进行专门调查核实后予以监督；制约通常发生在两个机关之间程序活动的衔接、转换或者共同进行的诉讼行为之中。

3. 监督与制约的关系把握。把握监督与制约的关系，关键还是在于如何理解《宪法》第134条和《宪法》第140条的关系。这两条规定，前者规定了法律监督，后者规定了互相制约。问题是在于检察机关什么时候适用监督，什么时候适用制约。如果检察机关强调法律监督，那么《宪法》第140条怎么办？反过来，如果检察院对公安、法院是制约关系，则《宪法》第134条规定人民检察院是法律监督机关的意义又何在？对于这一问题，容易导致的倾向就是将监督与制约相混同。但是将监督与制约混同不利于准确地界定公、检、法机关的性质，也不利于把握制约与监督各自的特点和规律。例如如果基于检察机关行使的公诉权对侦查权和审判权具有制约作用，就认为公诉权是监督权，那么按照同一逻辑，侦查权和审判权对公诉权也具有制约作用，所以也可以得出公安机关和人民法院行使的权力也具有监督的属性这一结论。①

对此，应当正视监督与制约关系在我国的特殊性。无论英美法系还是大陆法系，刑事诉讼中的权力制约具有普遍性，这反映了世界各国刑事诉讼的共同规律。我国《宪法》第140条明确了法院、检察院和公安机关的宪法关系，三机关的分工、配合和制约是手段，准确有效地执行法律是目的。以审判为中心的刑事诉讼制度改革也正是依据这一条对以往以公安机关为优先的分工进行变革，切实改变司法实践中存在的侦查失控、制约失灵、关系失衡等现象。而检察监督是在社会主义国家得以彰显的法律制度。对这一问题的认识，应当有历史的视角。中国的检察制度源自苏联。苏联这套检察制度引入我国后经历一个演变的过程，从最初对"一般监督"的模仿，到取消了检察机关的一般监

---

① 这可以引出检察权和法律监督职责关系这个关键问题，检察机关是被称为法律监督机关的。监督职权与监督功能并不相同，检察机关通过行使法定职权、履行法定职能，发挥法律监督的功能，而不意味着检察机关所有职权都是监督权。

督和垂直领导，确定人民检察院是国家法律监督机关的地位。①

考虑到监督与制约在我国具有特殊性，我们要正确理解两者的关系，要把握好三个基本点。一是监督与制约目标相同。两者目标都是为准确有效地执行法律。制约是在诉讼程序内对诉讼活动的制约，而监督是在诉讼程序外，特别是缺乏制约手段时对诉讼活动进行监督，通过内在与外在的结合，制约和监督的互动，实现两者的相互支持，形成一种权利约束的最优模式。二是制约优先。基于制约的普遍性和经常性，凡是能够通过程序制约的，应当首先利用制约。因此在检察工作中，应当充分发挥检察机关履行诉讼职能中的制约功能，对于诉讼中的违法行为和实体不公正行为，优先通过诉讼法所赋予的制约功能进行纠正。比如公诉人履行公诉职能，要积极履行追诉漏罪漏犯、不起诉、上诉抗诉等职能对公安和法院实行有力制约。三是监督补位。在制约手段穷尽、制约无效或者制约功能缺位的情况下，则要启动单独的监督程序。比如对诉讼程序背后发生的刑讯逼供、"暗箱操作"等侵犯公民权利、损害司法公正的行为，就应当主动通过监督手段予以纠正。但是，监督补位并不是说监督次要，恰恰相反，监督的权威和刚性必须予以充分体现和保障。要通过提升纠正违法通知书、检察建议等监督方式的规范性，强化检察机关调查核实权来保障监督权的有效行使，切实解决监督中存在的明大实小、明有实无、明强实弱等问题。

（三）改革叠加期下的监督路径方式的优化选择

这一问题的实践分析主要由下文展开，这里先做宏观考察与问题设问。从世界范围来，检察监督存在不同模式。英美法系检察制度与我国差异较大，行使检察职权的主体主要表现为检察长、检察官办公室，没有检察院。我国香港特区是属于英美法系的，连检察官办公室都没有，就叫律政司，行使检控职能。强调个人的自由和权利，反对国家干预。在这种背景下，检察机关的职能和职权受到很大的限制，公诉权也不是仅仅由检察官来行使；检察官参与诉讼时被看作与被告人具有同等地位的诉讼当事人；检察机关的组织体系和职业化建设较为松散，像英国一直到1986年才建立了统一的检察机构。在此背景下，检察机关监督十分淡化，而是通过当事人主义、判例法、去官僚化等方式，采用权利制约权力、技术制约权力、权力制约权力等多种路径。

大陆法系采职权主义，一般为权力制约权力的路径。检察官的说法就不一样了。检察官在执行职务时负有法定性义务和客观性义务，其职责不单单在于

---

① 孙谦主编：《人民检察制度的历史变迁》，中国检察出版社2014年版，第46－48、276－279、405－410页。

公诉，也在于国家权力之双重控制：作为法律的守护人，既要保护被告免于法官之擅断，亦要保护其免于警察的恣意。不是法官，但要监督法官裁判，共同追求客观正确之裁判结果；不是警察，但以司法之属性控制警察的侦查活动，确保侦查追诉活动之合法性。不仅有检察监督的说法和措施，而且在机构设置上，检法合署，虽然在法院里办公，但又不听法院的指挥，自己上下一体，上级指导下级，同时又检警一体化，检察官指挥警察。检察监督重点是双重监督，既监督警察执法，也监督法官裁判，其实现路径是通过检察指挥侦查等职能体现，检察监督是内隐的，而不是外显的。

俄罗斯检察制度既不同于大陆法系，也不同于英美法系，形成了以监督权为主线的制度模式。最早可以追溯到 1722 年，俄国沙皇彼得一世设立了帝国检察机关，被授予对法律遵守情况进行公开监督的职权，彼得一世签署设置总检察长职务的命令时，就说总检察长是"国家的眼睛""国家案件的诉讼代理人"。① 后来在苏联时代，列宁把检察机关建设成为一个维护中央集权的相对独立的护法机关，一个在系统内部实行垂直领导、一体化管理、拥有十分广泛的监督权的机关。② 这种采取专门的监督机关对诉讼活动进行监督的模式，俄罗斯一直延续至今。③

对具体行为模式进行分析，从监督工作主体看，存在个体监督模式与机关监督模式之别，因此要正确运用检察一体的方法；从监督切入方式看，存在独立于诉讼模式与依附于诉讼模式之别，因此要充分发挥组合拳的作用，增强不同措施的协同性；从监督运转流程看，存在办案模式与办事模式之别，因此要推动重大监督事项案件化；从监督借力看，还出现了人工智能、借助外脑等模式。

理解上述模式差别，是与检察机关密切相关的司法体制改革、以审判为中心的刑事诉讼制度改革、国家监察体制改革等对检察监督方式方法产生了重要影响和挑战有关。司法体制改革对检察监督提出的挑战在于检察监督是否属于司法办案，司法责任制的核心就是要求法官、检察官从事办案工作、承担办案责任。司法办案有具体要求和标准，不是把办事的流程说成办案就可以了。检察机关监督工作传统的"办事模式"在司法体制改革的背景下面临转型要求。以审判为中心的刑事诉讼制度改革是一项意义深刻的改革，其所改变的不仅仅

---

① 王海军：《近代俄国司法改革史》，法律出版社 2016 年版，第 40 – 42 页。

② 李勇：《传承与创新：新中国检察监督制度史》，中国检察出版社 2010 年版，第 29 页。

③ 但是俄罗斯确立三权分立的体制后，对检察监督大幅弱化，强调司法中心，从检察机关对法院的监督变成了检察长参加法院案件的审理。

是何为刑事诉讼中心，更重要的是应该采用何种刑事诉讼的方式。其挑战在于检察机关的监督是在审判中心之内还是在审判中心之外，也就是检察监督与审判权的权力配置问题。国家监察体制改革的挑战在于转隶之后检察机关如何更好地履行法律监督职责，没有了反贪反渎组合拳的优势，检察监督有无更好的方式方法？

因此，之所以要澄清诉讼监督的路径问题，就是想解决检察监督的方向和方法的关系。因为路径作为上位概念，一旦确定下来就不能轻易改变；而方法是下位概念，可以根据具体情况具体分析和调整。要在路径的指引下，考虑各项监督工作机制建设的问题。

二、现阶段刑事诉讼监督发展的制约因素

（一）立法层面的制约因素

在宪法对检察机关作为国家法律监督机关总体定位和授权下，《刑事诉讼法》和《人民检察院组织法》对检察机关刑事诉讼监督权能作出进一步规定。《刑事诉讼法》第 3 条对人民检察院负责检察、批准逮捕、检察机关直接受理的案件侦查、提起公诉的总体职责作出规定，在第 8 条明确指出"人民检察院依法对刑事诉讼实行法律监督"。其后，《刑事诉讼法》在"辩护与代理""证据""强制措施""立案""侦查""第一审程序""死刑复核程序""审判监督程序"等章对检察机关在立案、侦查、审判阶段的刑事诉讼监督活动以及检察机关自侦权予以规定。《人民检察院组织法》第 20 条将"对诉讼活动实行法律监督"列为人民检察院的职权之一。该法第 21 条、第 22 条分别对检察监督方式和死刑复核监督作出规定。上述即作为正式法的渊源在法律层面上对检察机关开展刑事诉讼监督的全部规定。

从刑事诉讼监督条款在法律中的数量、布局、具体内容方面分析，目前立法规定仍与刑事诉讼监督实践需求有较大差距，无法为检察机关刑事诉讼法律监督权提供明确依据和充分保障。

1. 刑事诉讼监督规定系统性不强，部分环节缺失法律监督条款。刑事诉讼监督条款散见于相关章节，在各章中零星表述，且从各条款规定看，相关条款并未按照监督的逻辑关系设置，而是或以线索来源或以监督内容为指向穿插式布局。如，《刑事诉讼法》总则编"辩护与代理"章第 49 条以辩护人、诉讼代理人为主视角，对检察机关依申请开展阻碍辩护人、诉讼代理人行使诉讼权利的情形开展监督予以规定，监督内容可能涉及立案、侦查、审判等

多个环节。① 总则编"证据"章第 57 条以检察机关为主语，对非法取证行为监督予以规定。② 上述两条的规定，视角不统一，监督内容上存在交叉。又如，《刑事诉讼法》第 100 条被普遍理解为是关于检察机关对侦查活动违法情形的监督，③ 而对侦查活动的监督未设置在"侦查"章，而是设置在"强制措施"章，"侦查"章没有检察机关依职权对侦查活动违法情形进行监督的规定。立案监督却根据监督内容所处环节放置于"立案、侦查和提起公诉"编"立案"章。比对上述两条可见，刑事诉讼法将分处不同诉讼环节但并列的监督权力的条款，设置于层级、性质不同的章节中，打乱了监督体系内在的逻辑关系。再如，从法理和实践上，检察机关在审查逮捕和审查起诉阶段都可行使对侦查活动的监督权，但《刑事诉讼法》第 100 条将侦查活动监督限制在了"人民检察院在审查批准逮捕工作中"，让检察机关在审查起诉中开展监督活动陷于无法律依据的尴尬。由于《刑事诉讼法》中各监督条款并非统一以作为监督主体的检察机关为主视角表述，在监督内容上或有交叠或有疏漏，未有效诠释总则第 8 条"对诉讼活动实行法律监督"的应然意义，导致在部分环节、部分违法情形上监督未得到有效落实。

2. 规定过于原则，可操作性不强。除《刑事诉讼法》第 3 条、第 8 条对检察机关的刑事诉讼监督权作概括性规定，其余相关条款的设置亦较为粗疏、原则，难以起到程序规范和指引的作用。如，第 49 条、第 57 条、第 117 条均提出检察机关对监督事项可以"审查"或"调查"，但检察机关可以启用的审查和调查的手段有哪些，审查权、调查权的权力边界如何，法律中并未涉及，这使得检察机关在具体开展刑事诉讼监督中容易陷于困境。例如，在侦查活动监督中，检察机关为证明不合法的讯问情形是否存在，需要侦查机关提供讯问场所内的监控视频；在立案监督中，检察机关为判断公安机关据以作出不予立案决定的事实是否全面、真实，需要向金融部门调取有关资金往来记录，而实践中可能会遇到有关部门以法律并未规定检察机关有此方面的调阅权为由不予

---

① 《刑事诉讼法》第 49 条规定："辩护人、诉讼代理人认为公安机关、人民检察院、人民法院及其工作人员阻碍其依法行使诉讼权利的，有权向同级或者上一级人民检察院申诉或者控告。人民检察院对申诉或者控告应当及时进行审查，情况属实的，通知有关机关予以纠正。"

② 《刑事诉讼法》第 57 条规定："人民检察院接到报案、控告、举报或者发现侦查人员以非法方式收集证据的，应当进行调查核实。对于确有以非法方法收集证据情形的，应当提出纠正意见；构成犯罪的，依法追究刑事责任。"

③ 《刑事诉讼法》第 100 条规定："人民检察院在审查批准逮捕工作中，如果发现公安机关的侦查活动有违法情况，应当通知公安机关予以纠正，公安机关应当将纠正情况通知人民检察院。"

配合的情况。又如，第 209 条规定 "人民检察院发现人民法院审理案件违反法律规定的诉讼程序，有权向人民法院提出纠正意见"，但何时提出、用何方式提出均未予以明确规定。诸如此类程序上的规范，虽在《人民检察院刑事诉讼规则》中有较细化的规定，但《人民检察院刑事诉讼规则》在法律渊源上的位阶毕竟低于法律，检察机关以外的司法机关对其法律效力的认可与对执法行为的约束力与应然状态确实存在差距。

3. 制裁条款缺失，监督权运行保障不足。《刑事诉讼法》和《人民检察院组织法》中均规定检察机关享有对刑事诉讼监督的权力，侦查机关、审判机关应当相应承担接受监督的义务。但法律并未就侦查机关、审判机关违反此种义务所要承担的法律责任或不利后果予以规定，也未明确检察机关面对被监督单位不配合可予以进一步处置的路径。纵观《刑事诉讼法》308 个条款，细观该法有 11 条与刑事诉讼监督相关的条款，均未提及违反接受监督法定义务的法律责任。制裁不足使充分行使监督权力失去了保障。以调查核实侦查机关有无刑讯逼供为例，当其他证据无法还原事实，执法场所的监控视频即是证明是否存在刑讯逼供的直接、关键证据，而此时若公安机关不配合提供监控视频，其无须承担不配合监督的责任，更不会因其举证不能或不举证而导致对事实作出对其不利的认定，检察机关面对理论上可以查明而实际上无法查明的事实只有束手无策。又如，《人民检察院组织法》第 21 条规定 "人民检察院行使本法第二十条规定的法律监督职权，可以进行调查核实，并依法提出抗诉、纠正意见、检察建议。有关单位应当予以配合，并及时将采纳纠正意见、检察建议的情况书面回复人民检察院。" 该条对被监督单位配合调查、回复监督意见的义务予以了明确规定，但缺乏在被监督单位不履行义务情况下，检察机关可采取进一步监督措施或者向人大等机关寻求 "救济" 的规定，由此也产生了检察监督本质上是否具有刚性的质疑和困惑，这使刑事诉讼监督的效力与效果可能会打折扣。

（二）机制层面的制约因素

刑事诉讼监督机制主要涉及刑事诉讼监督权能内容、运行方式及运行规范。理论上，监督权由线索获取、调查核实、督促纠正三项核心权能构成，需要建立一套符合监督权本质特征且确保其规范行使的运行机制。目前，在此层面存在以下问题。

1. 获取监督线索途径有限。在刑事诉讼监督范畴内，检察机关在获取监督线索特别是在获取侦查监督线索的来源方面较为单一、途径有限。检察机关发现侦查监督线索主要依附于办理审查逮捕和审查起诉案件，并辅之以控告申诉。审查诉讼案件的渠道，主要是审查批捕与审查起诉的案卷，但检察机关通过案卷材料无法直接洞悉前期刑事执法的全貌和真实情况。并且，到了审查批捕、审查起诉阶段，检察机关获悉线索已较执法违法行为的发生有了相当的滞后性，这对查明事实和对当事人受损权益的救济都会产生不利影响。对于控告申诉渠道，犯罪嫌疑人对于公安机关的立案侦查行为哪些合法、哪些不合法缺乏足够的认知，再加之有的犯罪嫌疑人抱着为脱罪对侦查机关"乱咬一口""胡告一气"的心态，而有的犯罪嫌疑人因忌惮被侦查机关掌控虽权益受害也不敢控告，因此，通过控申窗口获得有效侦查活动监督线索的概率很低。目前，检察机关获取监督线索的模式是比较被动、滞后的，信息源也较为狭窄，尚未打通全面了解执法情况、主动排查监督线索的渠道。

2. 调查核实权未充分激活。提出监督意见，必须以查明存在违法执法行为为前提和基础，因此，调查核实是刑事诉讼监督不可或缺的权能。然而，在当下的刑事诉讼监督工作中，调查核实权普遍未被充分重视和运用。究其原因，客观上监督中的调查核实面临三个困难：一是监督调查与诉讼审查本质、方式、难易程度均有差异，调查对主体能动性要求更高，在有限的审查周期中，检察人员难以全情投入到与诉讼进程无关的监督调查中去；二是法律法规未明确规定检察机关监督调查的手段与方式，使相当一部分调查活动碰壁受阻；三是在我国侦查工作具有封闭性，对于侦查工作的开展情况，检察机关很难获取能直接记载、反映执法状况的材料，而一般外围证据也难以相互印证证实、还原执法真实状况。最高人民检察院侦监厅于 2013 年制定了《关于侦查监督部门调查核实侦查违法行为的意见（试行）》，规定了 10 种调查核实方式，包括讯问犯罪嫌疑人、询问证人、被害人或者其他诉讼参与人、询问办案人员等，但实践中的落实情况并不理想。[①] 主观上检察干警也存在对调查核实不够重视、调查畏难、能动性不足的问题。从机制设计的角度，调查核实权在刑事诉讼监督机制中的核心地位和关键作用还没有被充分地认识，调查核实权能的内涵与外延、行使途径与方法、配套保障措施等未得到深入研究和系统设计，使该项权能尚未被充分激活。

3. 监督方式的有效性不足。一是监督方式的梯度层次设置不尽合理。在侦查活动监督中，提出监督意见的方式，有轻微违法口头提出，严重违法制发《纠正违法通知书》。在审判活动监督中，提出监督意见的方式有，轻微违法口头提出，严重违法制发《纠正违法审理意见书》，在检察机关还保留全部职务犯罪侦查权时，对违法执法行为人构成犯罪的，依法立案侦查追诉。实践中，检察干警普遍反映口头纠正、书面纠正和立案侦查这三种监督方式之间，跨度过大，相当一部分违法情形无法对应选择适用。如，公安机关未在犯罪嫌

---

① 黄河、赵学武：《侦查监督的现状、问题和发展方向》，载《人民检察》2016 年第 21 期。

疑人被刑事拘留后 24 小时内通知其家属，虽未对犯罪嫌疑人的合法权益产生影响，但却损害了犯罪嫌疑人家属依法享有的知情权，对这一违法情形，口头提出过轻，书面纠正又过重，没有恰当的监督方式。所以，监督方式在梯度设计上存在不合理之处。

二是监督方式的程序刚性未充分体现。关于检察监督属于柔性监督还是刚性监督，在理论界和实务界一直存在争议。笔者认为，检察监督具有程序刚性，体现在检察监督有要求被监督单位且被监督单位必须接受的启动纠错程序的权力。检察机关虽无权直接更改执法决定或纠正执法行为，但监督意见一旦提出，被监督单位必须作出说明或答复，如果检察机关对反馈不满意，被监督单位还必须根据检察机关的意见作进一步的说明或答复。而包括检察机关自身对检察监督具有的程序刚性认识尚不足，对于被监督单位对监督意见置之不理或明确表示不采纳，较少积极采取进一步的监督措施。

三是监督意见中的释法说理和提出意见后的跟踪督促欠缺。检察监督要以法示人、以理服人，如果提出的监督意见只有概要的事实、抽象的法律条文、冷硬的纠正要求，很难让被监督单位发自内心地接受、有效地落实。而目前监督意见中释法的透彻性和说理的充分性仍有所欠缺。监督方式的有效性最终在于落实。

（三）保障制度层面的制约因素

人才资源与信息技术犹如助力检察工作发展的双翼。刑事诉讼监督工作在人才资源和信息技术方面若得不到应有的保障和支持，其发展必然陷于瓶颈。而当前，相比于刑事诉讼，刑事诉讼监督在保障方面受到的重视和资源投入不足。

1. 刑事诉讼监督专门人才队伍建设与工作发展需要有较大差距。一是现有检察队伍监督能力基础整体有待提高。监督核心能力对检察人员综合素质的要求更为广泛，它不限于证据审查、事实认定和法律适用等办理诉讼案件中主要需具备的常规能力，更强调检察人员应当具备线索发现、调查核实、纠正处理、沟通说理的能力，这些能力具备一定的主动出击的侦查属性，长期以书面审查为主要工作方式的检察人员显然在具备诉讼监督能力素养方面有所欠缺，并且监察体制改革后检察机关内原本具备侦查能力的干警整体转隶，使监督人才资源更加匮乏。二是刑事诉讼监督能力建设未纳入科学体系。刑事诉讼监督的核心能力还未被提炼和清晰界定，围绕提升核心能力所需要采取的能力培养项目、内容、途径和方式及建设计划还未予考虑研究，能力建设平台和体系亦未形成。三是中长期人才队伍建设尚未起步。刑事诉讼监督因其所需能力素养要求相对较高、对实践积累有一定要求，因此，该方面的人才队伍建设是一项长期工程，特别需要长远规划、尽早起步。而目前，专门的刑事诉讼监督人才队伍建设尚未提上正式日程，关于人才培养、锻炼、竞赛、选拔等也未作出计划。

2. 刑事诉讼监督的技术"智慧"度不高。一是信息共享平台运行不畅。为开拓监督案源，近年来检察机关始终致力于与其他司法执法机关建立执法信息共享平台。如最早于 2005 年开始探索建立的"两法衔接"信息共享平台，其目的是通过检察机关浏览行政执法机关行政处罚信息以筛选、甄别其中有无应当追究刑事责任而未移送侦查机关处理的线索。然而，十几年运行情况显示，行政执法信息基本没有被全面、及时地上传到该平台中，平台中的信息质次、量少，线索挖掘价值低。近年来，上海推行的刑事执法 206 系统，其本意是同步推进诉讼与监督数据的共享，但目前运行情况看，公安只是通过 206 系统传送报捕、报诉案件材料，而大量游离于报捕、报诉案件外的刑事数据并未上传，通过平台获取监督信息的目的基本没有实现。二是检察机关的统一执法信息系统未针对性地研发诉讼监督功能。目前的执法办案软件中，尚缺乏完整的诉讼监督工作流程，诉讼监督往往依附于审查批捕、审查起诉案件流程，没有独立案卡，亦缺乏内部报告和审批流程，这使得对诉讼监督数据统计、情况分析的基础薄弱。刑事诉讼监督的规范运行、流程管控、数据管理、质量把控均未得到技术支持，其信息化含量还处于较低水平。三是"大数据"智能还未充分运用。信息技术和平台的优势在于及时全面汇集信息、从海量数据中准确筛查有效数据、精准定性辅助研判，这恰恰能弥补传统诉讼监督方式下人工数据筛选、统计分析的不足。然而，目前检察办案系统中该方面的功能还未被开发。一方面，检察人员对"大数据"运用于刑事诉讼监督的意识还不强，面对已有的数据库，对于如何科学有效运用还不得要领。另一方面，检察"大数据"系统的智能化技术水平还有待进一步增强，其功能需与刑事诉讼监督工作特点和需求进一步匹配、融合。

三、刑事诉讼监督的实现方式

（一）构建刑事诉讼监督的应然格局

1. 基本原则。构建刑事诉讼监督路径，需要遵循以下基本原则：

（1）监督公权力实现法治秩序安定，实现监督者与被监督者双赢多赢共赢。刑事诉讼监督的目的，主要是监督公权力而不是监督私权利；是通过对公权力监督，实现法治秩序安定，并不是作为一种救济权而存在。检察机关在刑事诉讼中负担着客观公正义务，承担法律守护人的角色，其监督目的不是为实现自我诉求，而是保障刑事诉讼在法治轨道中运行。"检察官承担着作为法律守护人的光荣使命，既要追诉犯罪，又要保护受压迫者，要援助一切受国家法律保护的人民。"①

刑事诉讼监督的目标是实现监督者、被监督者的双赢多赢共赢，保障法律得到统一正确实施。监督者和被监督者目标是一致的，有共同价值追求，只是法律上、工作中分工不同、职能不同。不能狭隘地理解监督工作，监督不是要证明你错、凸显我对，而是通过检察监督，帮助被监督者发现问题、纠正错误、补齐短板、避免再犯。在这个过程中，检察机关发挥了监督功能，被监督者提升了执法司法的法治化水平，法律权威得到维护，人民群众获得了更良好的法治环境。这就是双赢多赢共赢的"法治善治"格局。

（2）有限监督与积极作为原则辩证统一。有限监督原则要求刑事诉讼监督必须于法有据，必须坚持监督权对诉讼运行的保障性和补充性定位，根据违法行为的严重程度、掌握证据的情况以及案情的紧急性和必要性，作出相适应的诉讼监督决定。② 在具体的监督活动中，监督者要与被监督活动保持一定距离，不干扰被监督活动的正常秩序，并且能够防止监督者与被监督者同化。积极作为则是指刑事诉讼监督应全面履行监督职能，回应新时代对刑事诉讼法治正义的新要求，对刑事诉讼监督的内涵与外延进行纠偏。有限监督与积极作为原则辩证统一于刑事诉讼监督当中，应当恰当地予以把握。

（3）监督程序化原则。程序规则是实体规则实现的载体与工具，同时程序规则也具有独立的意义与功能，正当程序自身就是正当合法性的基础。"在现代社会，程序合法性能够导致实质上的赞同，合法性主要是程序合法性。"③在刑事诉讼监督权从纸面法律落实到现实工作的过程当中，实实在在的程序与流程是必不可少的要素，刑事诉讼监督必须有具体规范的程序流程设计。监督主体可以依托监督程序规范、顺畅地开展具体监督，监督对象可以按照监督程序采纳监督意见，也可以按照监督程序提出复议、复核意见。以往对监督权的一个主要建议就在于，监督权只有抽象意义上的权力，缺乏具体承载、实现权力的程序。

（4）监督经济原则。刑事诉讼监督覆盖于刑事诉讼全链条，但这是指检察机关可以根据实际必要对各类刑事案件实行监督，并不意味着检察机关要如同"门神"一样对所有的刑事案件进行审查、监督，那样既不符合有限监督原则，又缺乏经济性。"法律的目的……并不纯粹在于发现真相。这不但代价

① 林钰雄：《检察官论》，法律出版社 2008 年版，第 23 页。
② 孙应征等：《刑事诉讼法律监督新论》，法律出版社 2013 年版，第 30 页。
③ 弗里德曼：《法律制度》（中文版），中国政法大学出版社 1994 年版，第 135 页。转引自郑成良、杨云彪：《关于正当程序的合法性与合理性思考》，载《法制与社会发展》1999 年第 3 期。

过高，而且往往与解决争执的目的不沾边……法律程序也被看作是一种实现某一目的过程中产生的一种费用，因而程序法的目的是实现费用最小化。"① 刑事诉讼监督必须要考虑人财物力成本、监督环节设置的程序成本等监督成本，合理测算监督成本与监督效果之间的比例关系。如果监督成本过大，严重消耗司法资源，既无法实现双赢多赢共赢的监督目标，也会造成检察机关"内耗"，降低检察机关和检察官地位的独立性。②

（5）监督责任原则。刑事诉讼监督是检察机关的法定职责，检察机关履行监督职能不是可为不可为的问题，而是必须依法作为的问题；不是想怎样监督就怎样监督的问题，而是必须在法律授权下规范严谨履职。一方面，检察机关不能对应当监督的诉讼活动视而不见，不予监督，因故意放弃监督职责或者因重大过失导致监督不力造成严重后果的，应当承担"监督过失责任"。③ 另一方面，检察机关也不能滥用监督地位，制造虚假监督成果，否则将损害法律尊严和检察权威。④

2. 具体监督模式选择。

（1）职能配置。原则上，刑事诉讼职能与刑事诉讼监督职能是一体行使的，刑事诉讼职能部门享有对承办诉讼案件的监督权。在此基础上，由于适度集中对重大监督案件开展监督，更有利于体现监督的刚性与效果，由具体的职能部门行使对重大监督案件的调查核实或者侦查权。在纵向职能配置上，在区院具体承担大部分案件的监督职能基础上，强调体现市分院的监督与指导功能，这是基于检察一体尤其是组织一体原理。根据检察一体原理，所有检察机关和检察人员在共同的法律监督目标下，结成一个自上而下的有机整体，上级检察机关领导下级检察机关，检察官的职务行为并不是代表其个人，而是检察院整体之名义履行职能、发表意见。⑤

《刑事诉讼法》规定，检察机关在对诉讼活动实行法律监督中发现的司法工作人员利用职权实施的非法拘禁、刑讯逼供、非法搜查等侵犯公民权利、损害司法公正的犯罪，有权立案侦查。侦查权不同于一般的监督权，具有启动刑事诉讼程序并追究刑事责任的重要功能。如果侦查主体与侦查对象关系过于密切，客观上可能阻碍侦查权有效行使。侦查主体与侦查对象的共同上级有可能

---

① ［美］迈克尔·D. 贝勒斯：《一个规范的分析》，张文显等译，中国大百科全书出版社1996年版，第23页。

② 秦冠英：《诉讼监督程序立法研究》，知识产权出版社2015年版，第153页。

③ 陈晨、张东生：《公诉环节的诉讼监督》，法律出版社2015年版，第16－17页。

④ 陈晨、张东生：《公诉环节的诉讼监督》，法律出版社2015年版，第17页。

⑤ ［法］卡斯东·斯特法尼、乔治勒·瓦索、贝尔纳·布洛克：《法国刑事诉讼法精义》，罗结珍译，中国政法大学出版社1998年版，第126－129页。

为了共同利益干预监督，而侦查主体又不得不服从这种干预；另一方面，共同体所具有的亲和力也会支配侦查主体的决定，使其对侦查对象网开一面。① 因此，检察机关行使侦查权可以实行"上提一级"，由分院以上检察机关承担，避免监督对象对刑事诉讼监督的干预。省级检察院还应当在侦查中发挥引领作用，可以直接指挥督办侦查案件，为侦查活动顺利进行尽可能地提供方便条件。②

（2）办案组织。根据《人民检察院组织法》规定，检察机关办案组织形式包括独任检察官、检察官办案组以及检察委员会等形式，这是由检察权的特殊性所决定的。"没有检察官独立的检察一体制是一种纯粹的行政体制，没有检察一体的检察官独立是一种纯粹的司法体制，都不符合工作的特点和要求。"③ 承担刑事诉讼监督职能的办案组织不仅应当体现检察机关的特殊性，还应当体现监督职权的特殊性，其具体形式需要更加广泛地采用检察官办案组形式。检察官在案件处理过程中遇到阻碍或者压力时，全体检察官都以此作为自己之事，共同来担当责任。④

鉴于上述分析，侦查、调查核实权应主要由检察官办案组承担，并强调刑事诉讼监督部门整体在侦查、调查核实中的重要作用。侦查权行使决不是检察官单兵作战可以完成的，而是往往需要一个团队整体性地开展立案、制作侦查计划、取证、抓捕等工作。特别是一些重大疑难案件，往往涉及复杂的社会关系，违法或犯罪嫌疑人可能具有较强的反侦查能力，更加需要检察官办案组的办案组织形式。⑤ 此外，在刑事诉讼监督检察官办案组中，主办检察官需要拥有一定的统一指挥权，保证监督活动有效开展。

（3）监督方式。监督方式指刑事诉讼监督权作用于监督对象的具体方法或者手段。与其意思相近的概念还有监督手段。不过根据研究，"方式"是言行等各种活动所采取的方法和形式，"手段"是为达到某种目的而采取的方法和措施，监督方式与监督手段的落脚点均在于刑事诉讼监督权作用于监督对象

---

① 张智辉：《检察权研究》，中国检察出版社 2007 年版，第 237 页。
② 陈卫东：《转型与变革：中国检察的理论与实践》，中国人民大学出版社 2015 年版，第 353 页。
③ 谢鹏程：《论检察官独立与检察一体》，载《法学杂志》2003 年第 5 期。
④ 万毅：《论检察权的定位——兼论我国检察机构改革》，载《南京师大学报（社会科学版）》2004 年第 1 期。
⑤ 陈卫东：《中国刑事诉讼权能的变革与发展》，中国人民大学出版社 2018 年版，第 290 页。

的具体方法，二者并无本质区别。①

刑事诉讼监督的具体方式包括审查、列席会议、调查核实、通知纠正违法（纠正违法意见）、制发检察建议、抗诉乃至侦查等。这些手段并非刑事诉讼监督所专有的，而是完全可能为其他检察职权所享有的。以审查为例，检察机关对未经批捕、起诉即告终结的刑事案件抽检审查，主要是为了审查案件立案、侦查活动的合法性，是刑事诉讼监督的体现。《刑事诉讼法》同样在第49条、第117条确立了检察机关对公安、检察、法院及其工作人员违法阻碍辩护人、诉讼代理人行使诉讼权利的"审查"监督权，以及司法机关及其工作人员存在五种侵犯当事人等主体诉讼权利情形的"审查"监督权。检察机关主要为履行诉讼职能开展的审查，如审查逮捕、审查起诉中对案件证据材料的审查，虽然带有一定的监督因素，但这种审查主要是诉权的一种行使方式。

对司法工作人员的侦查权本质上是对公权力的监督，而且类似性质的监察委员会监督明显是一种监督权。公安机关的侦查权则主要是一种行政权，公安机关并非在监督公民，而是依法追究犯罪行为人的刑事责任。《人民检察院组织法》在表述检察院的职权时，将"依照法律规定对有关刑事案件行使侦查权"与"对诉讼活动实行法律监督"并列作为检察院的职权。这与对司法工作人员侦查权属于监督权并不矛盾，其理由在于：（1）侦查权非常重要，是一种将引发刑事诉讼程序的权力，有必要专门予以规定；（2）作为检察院职权的"侦查权"，其内涵广于刑事诉讼监督所涉及的侦查权，前者至少还包括民事、行政诉讼监督涉及的侦查权，以及检察机关的"机动侦查权""补充侦查权"。

刑事诉讼监督方式的运用时间既可能发生在监督活动事后，也可能发生在被监督活动的同时甚至事前。例如，检察长列席法院审判委员会，就是在被监督活动发生同时进行监督。又如死刑复核监督则是主要以事前预防为主要效果的监督权，最高人民检察院应当在最高人民法院的死刑核准案件的裁定文书作出前提出检察意见。事实上，在死刑核准案件中，若最高人民法院裁定核准死刑，应当对罪犯依法执行死刑。如果固守所谓的"事后监督"理论，最高人民检察院在此时才提出检察意见，已经为时过晚，无法起到监督效果。

（4）监督效力。监督不是裁决性的，而是建议性的、程序性的，否则与被监督机关职能混同化，越俎代庖。监督是一种程序提议。监督是复议员，不是裁判员，认为检察机关既是运动员又是裁判员的观点是没有依据的，也不需要讨论谁来监督监督者的循环问题。王桂五先生指出，"检察机关开展法律监

---

① 王守安：《法律监督方式与检察院组织法的修改》，载《国家检察官学院学报》2015年第2期。

督提出的监督措施和意见，主要是以提出相关处理建议的形式来进行的。对于违法犯罪的处理，只能分别情况提出诉讼请求法院判决，或者提出纠正意见由主管部门予以纠正，而无权自行作出实质性的决定和处分"。① 我国法律监督历史也印证了刑事诉讼监督的程序提议效力。1954 年《人民检察院组织法》第 8 条曾明确指出，检察院对于违法决议、命令和措施，无权直接撤销改变或者停止执行；而对于人民检察院的要求或者抗议，有关国家机关必须负责处理和答复。

（5）检察官责任制。检察官故意放弃监督职责，或者因重大过失导致监督失职，造成严重后果的，应当承担"监督过失责任"，② 这构成一种检察官渎职行为。另外，检察官为了考核等目的制造虚假监督案件、虚报监督效果的，也是一种渎职行为。现有的检察官责任制着重强调诉讼职能履行当中检察官的错案责任问题，既忽视了监督责任问题，也忽视了监督责任不同于典型司法属性的诉讼责任问题。

（二）具体监督活动类型的路径构造

1. 立案监督。立案监督当中，最主要的问题就是立案监督的标准问题，包括监督立案的标准与监督撤案的标准。恰当合适的立案监督标准是构建立案监督路径的主要抓手。

（1）监督立案的标准。检察机关监督立案有 3 个具体条件：一是检察机关认为案件应当立案侦查，即案件符合立案的条件；③ 二是公安机关对案件不予立案侦查；三是检察机关可以依职权或依申请开展监督立案。监督立案证明标准的核心问题，是检察机关证明案件应当立案侦查的具体标准。监督立案不同于建议性的检察监督权，而是具有指令性质，公安机关等被监督对象必须接受并付诸执行，以实现"坚持维护法制和保障人权的统一性，坚持公正和效率的统一"④ 的价值。

监督立案的证明标准应适当高于立案的证明标准，但是也不宜过分拔高至等同于逮捕、起诉的标准。监督立案的程序功能在于避免放纵犯罪，即使案件最终判处轻刑，⑤ 依然起到了追诉与惩罚犯罪的功能，应肯定其价值。起诉与

---

① 王桂五主编：《中华人民共和国检察制度研究》，法律出版社 1991 年版，第 270 页。

② 陈晨、张东生主编：《公诉环节的诉讼监督》，法律出版社 2015 年版，第 17 页。

③ 巩富文：《刑事立案监督制度的改革》，载《人民检察》2010 年第 22 期。

④ 陈正云：《法律监督与检察职能改革》，载《法学研究》2008 年第 2 期。

⑤ 一些实务调研证明了监督立案案件的轻刑率较高，参见吴明来、林峰：《广东省检察机关立案监督案件专项评查报告》，载最高人民检察院侦查监督厅编：《侦查监督指南（2015 年第 4 辑）》，中国检察出版社 2016 年版，第 122 页。

有罪判决的证明标准均要求查明犯罪事实，达到"排除合理怀疑"的程度。但是查明复杂的犯罪事实往往需要强制措施或者强制性侦查措施，而这些是立案侦查前所不能采取的，导致客观上检察机关很难查明所监督案件的有关事实。监督立案的证明标准应在立案标准与逮捕、起诉、判刑标准之间选取比较平衡的尺度，可以借鉴逮捕当中有罪事实的证明标准，要求"有证据证明有犯罪事实"，但对社会危险性的事实条件、可能判处刑罚的法律条件不作要求。

（2）监督撤案的标准。监督撤案指检察机关对于不应当立案而立案的，监督公安机关撤案的监督类型，与监督立案构成了刑事立案监督的两个侧面。检察机关监督撤案有3个具体条件：一是检察机关认为案件不应当立案，符合撤案标准，不应当追究刑事责任。二是公安机关存在违法动用刑事手段插手民事、经济纠纷，或者办案人员利用立案实施报复陷害、敲诈勒索以及谋取其他非法利益等违法立案情形。对违法立案情形不能作宽泛理解，不能认为凡是事后经侦查取证，证明不应当追究刑事责任的案件均属于违法立案；而应当从立案当时掌握的事实证据考察，只要当时符合立案的条件和证明标准的，即使经侦查取证证明不应当追究刑事责任，立案活动也不属于违法。三是检察机关依当事人申请开展监督撤案，不包括依职权监督撤案的情形。

监督撤案的证明标准以撤案的证明标准为基础，但应当适度高于撤销案件的证明标准。撤销案件仅仅需要证明，不应当追究刑事责任，应当撤销案件；监督撤案既需要证明案件不应当追究刑事责任，还需要证明案件属于违法立案的情形。目前检察机关监督撤案在《刑事诉讼法》中缺乏直接依据，这是造成该类监督案件偏少的主要原因，① 也是制约监督撤案证明标准明确化、科学化的重要因素。建议在《刑事诉讼法》中增加规定监督撤案条件和证明标准的条款。

2. 侦查活动监督。刑事诉讼监督路径构建中，侦查活动监督需要注重用好用足探索形成的检察前终结诉讼案件跟踪监督机制。

（1）基本内容。检察前终结诉讼案件跟踪监督机制的核心，是对检察前终结诉讼案件进行监督。所谓检察前终结诉讼案件，就是前文所称的，未进入批捕、起诉等检察环节即告终结，以及从这些检察环节退出后不再回归的刑事案件。检察机关对该类案件开展监督，从而弥补了检察监督体系中缺失的一环。在具体内涵方面，检察前终结诉讼案件，就是指侦查机关自行决定或应当决定撤销、终止侦查或者实际已停止侦查的案件。对检察前终结诉讼案件的跟

---

① 元明、陈普生、李桂华：《立案监督工作科学发展的几点思考》，载《人民检察》2009 年第 12 期。

踪监督，是指相应案件的刑事执法决定已作出、行为已实施或规定期限已超出后，检察机关进行的跟踪监督，包括以下五类：第一，监督公安机关刑事受案后作出不立案决定或在规定期限内未决定是否立案的案件；第二，监督刑事立案后未经审查逮捕或审查起诉而被撤销、终止侦查或转行政处理的案件；第三，跟踪监督审查起诉阶段退回补充侦查后不再移送审查起诉或公安机关撤回案件；第四，监督适用取保候审、监视居住等强制措施期满未移送审查起诉等立而不侦、侦而不决案件；第五，监督其他检察前终结诉讼案件。

检察机关依照《刑事诉讼法》第 8 条规定依职权介入上述案件监督，对发现的执法违法线索开展调查核实，提出监督意见。

（2）监督方式。检察前终结诉讼案件跟踪监督机制的监督方式，是检察机关依据《刑事诉讼法》第 8 条规定，对公安基层单位参与办理的检察前终结诉讼案件开展事后性、主动性审查，审查的具体形式包括调阅案件卷宗、监控视频或其他调查方式。调阅案件卷宗、监控视频需要履行登记交接手续。审查内容主要是依法审查被监督案件的办案程序与取证是否合法，以发现监督线索。值得注意的是，检察前终结诉讼案件跟踪监督的目的——发现违法线索并调查监督，与检察前终结诉讼案件跟踪监督自身是两种性质不同的监督类型，不能予以混同。检察前终结诉讼案件跟踪监督仅指对检察前终结诉讼案件的"审查监督"，只要有审查量，不论是否发现了违法线索，均属于检察前终结诉讼案件跟踪监督。而针对违法情形予以监督处理的行为，属于相应类别的"违法监督"，已经不属于检察前终结诉讼案件跟踪监督范畴。

（3）实行监督案件办理机制。案件是检察机关办案活动的对象，是检察官履职、权力清单、绩效考核、司法责任的核心内容。有观点认为检察前终结诉讼案件跟踪监督本身不提出书面监督意见、不纠正违法情形，不宜列为案件种类，这是片面的理解。案件种类的划分标准是检察职能，而不是有无提出书面监督意见。检察机关的诉讼监督职能包括违法监督（监督纠正违法情形）和审查监督（审查被监督案件）两种形态。检察前终结诉讼案件跟踪监督是审查监督的一个具体类别，是一种独立的诉讼监督职能形态，有必要独立成为一种案件。

3. 审判监督。检察机关的审判监督是一种请求法院对生效裁判通过正当程序重新审视考量的权力，并不是凌驾于法院裁判权之上的特殊权力。检察机关的审判监督具体包括审判活动监督，法院生效判决、裁定监督，以及死刑复核监督，并不包括对一审判决、裁定进行二审抗诉。从规范意义上考察，自诉案件的审理裁判也属于检察机关审判监督的范畴。

（1）审判活动监督。1979 年《刑事诉讼法》规定，出庭的检察人员发现审判活动有违法情况，有权向法庭提出纠正意见。[①] 但后来法学界认为检察院当庭纠正审判活动违法的监督方式将导致诉讼结构偏斜、威胁法官的裁判地位，1996 年修改《刑事诉讼法》，将该条款改为人民检察院发现人民法院审理案件违反法律规定的诉讼程序，有权向人民法院提出纠正意见。[②] 这之后颁行的司法解释则进一步限缩了检察机关提出纠正意见的方式，规定对违反程序的庭审活动提出纠正意见，应当由人民检察院在庭审后提出，并未授权当庭提出之途径。[③] 虽然以上规定明确不授予检察机关当庭提出纠正意见的监督权力，但这不等于检察机关在庭审前、庭审中无可作为。第一，对于法院在开庭前的程序违法行为，检察机关有权立即提出纠正意见，不需要等待开庭结束后才提出。第二，检察机关有权就庭审中发生的程序性问题提出异议。审判活动监督权不同于检察机关公诉权中所包含的异议权，后者指检察机关在庭审中就回避、庭审程序等存在的问题提出异议的权力。诉讼异议权是诉权的应有之义，它是控辩双方基于诉权而同样享有的一种诉讼权利。[④] 检察机关当庭提出异议是基于其诉权，是其诉讼主体地位的体现，这种异议权利同样为被告人、辩护人的诉讼权利所包含。而检察机关针对庭审活动违法，在庭审后提出的纠正意见，是基于其刑事诉讼监督权，是法律监督机关地位的体现；被告人、辩护人不享有这种监督权。

（2）法院生效判决、裁定监督。检察机关对法院生效判决、裁定的监督表现为对生效判决、裁定提起抗诉或者制发再审检察建议。检察机关对生效裁判监督相对比较成熟，主要的争议在于，检察机关对一审判决、裁定的二审抗诉是否属于刑事诉讼监督范畴。我们认为，检察机关二审抗诉不属于监督权范畴。二审抗诉的主要目的在于救济而不是纠错，主要是一种诉讼职能。在一审程序中，被告人上诉也必然引起二审程序，其效果同于检察机关的二审抗诉；但是显然我们没有也不能将被告人上诉称之为被告人对法院裁判的监督。审判监督抗诉则不属于原案中检察机关行使诉权的范围，而是已经构成了独立的监督权能，是除法院自身之外，唯一能够确定引起审判监督程序的权力。原案当事人申诉只能引起受理申诉机关的复查程序，不能确定引起审判监督程序。二审抗诉对应二审程序，审监抗诉对审判监督程序；从这种审理程序命名的差异中也能够明晰二审程序与审判监督程序的区别。在审判监督程序中，检察院未

---

① 1979 年《刑事诉讼法》第 112 条。

② 现行《刑事诉讼法》第 209 条。

③ 2012 年《人民检察院刑事诉讼规则（试行）》第 580 条。

④ 陈卫东：《转型与变革：中国检察的理论与实践》，中国人民大学出版社 2015 年版，第 133 页。

抗诉而出庭的，在性质上也属于刑事诉讼监督职能。法院在对生效裁判进行监督纠正，检察机关参与程序并不是为了行使诉权，而是为了监督法院的自纠过程。

（3）死刑核准监督。死刑核准监督也属于刑事诉讼监督范畴，这类案件中，法院已作出了生效判决、裁定，而且在死刑复核程序中，检察院没有抗诉，当事人没有上诉。检察院在死刑核准程序中拥有的权力是诉讼监督权而不是诉讼制约权。目前，《人民检察院刑事诉讼规则（试行）》《人民检察院办理死刑第二审案件和复核监督工作指引（试行）》司法解释就最高人民检察院对最高人民法院的死刑核准案件进行监督作了比较详细的规定；建议继续依照检察机关的法律监督职权基本原则，积极探索省级检察院在省级高级法院死刑核准程序中开展监督的方法。

（4）刑事自诉案件监督。有观点认为法律"未明确规定人民检察院对刑事自诉案件审判活动的监督方式、途径和措施，检察机关派员参加刑事自诉案件的庭审，判决书、裁定书送达检察机关的程序性规定，实质上造成检察机关很难对刑事自诉案件的诉讼情况做到了解，也就很难及时、有效地进行监督"。① 但这种看法没有认识到刑事自诉程序的意义所在，也不应当是审判监督的发展方向。对于自诉案件中法院审理程序严重违法或者生效判决、裁定确有错误，损害国家利益或者社会公共利益的，检察机关可以尝试探索予以监督。

四、刑事诉讼监督未来趋势及展望

（一）呼唤符合宪法定位的检察监督新格局

在全面推进依法治国、全面深化改革的形势下，党中央、最高人民检察院首次明确提出完善"检察监督体系"的要求，这是在新的历史起点上推动中国特色检察制度走向成熟的重要契机，也是重塑检察监督新格局的有效途径。

1. 国家监察体系改革催生检察职能重大调整、深度转型。国家监察体制改革是国家监督制度的重大顶层设计，推进了国家治理体系和治理能力现代化的又一次深刻变革，国家机构从"一府两院"转变成"一府一委两院"，但检察机关的刑事诉讼监督职能对于新增设的监察机关仍具有制约关系，职务犯罪侦查权的剥离并没有改变检察权法律监督的属性，亦未动摇法律监督机关的定位。为确保改革后检察职能的充分发挥，检察机关要准确把握自身宪法地位，将监督与诉讼放在同等重要的地位全面加强，破解检察监督弱化、虚化、名不

---

① 秦冠英：《诉讼监督程序立法研究》，知识产权出版社 2015 年版，第 318 页。

符实的困境，转型为诉讼和监督相辅相成、并驾齐驱、独立发展的新定位。检察机关必须毫不动摇的把强化法律监督作为新时代检察工作的立身之本，构建完善与宪法定位相适应的多元检察职能体系，实现检察职能的转型发展。

2. 以理念变革引领刑事诉讼监督新发展。第一，深耕主责主业理念。明确司法办案和法律监督是新时代刑事诉讼检察工作的两大主责主业，立足专门性、独立性、制衡性、程序性的监督特点，发挥好既区别于最高国家权力机关的监督，又区别于监察委员会监督的独特作用，全面落实检察机关宪法定位和宪法价值。第二，打造综合监督的理念。在诉讼监督实践中为克服个案监督的弊端，对普遍性、共同性违法问题或整体诉讼工作中存在的问题提出综合性监督意见，制定综合性监督对策，提升诉讼监督的效能，实现政治效果、社会效果、法律效果的有机统一。第三，树立双赢多赢共赢理念。刑事诉讼监督不是你错我对的零和博弈，检察机关在刑事诉讼中的定位与公安机关、审判机关的最终目标是一致的，都是要通过办案惩治犯罪，维护社会稳定，在办案中只是分工与侧重点不同，赢则共赢，损则同损。

3. 营造健康的监督环境，实现与被监督机关的良性互动。我国在增设监察委之后，人大之下并列运行的权力交错更为复杂，各项权力之间的制约监督更为丰富，基于权力平衡和相互制约的需要，应该明确彼此的职责分工和职能衔接，从而确保决策权、执行权、监督权既要相互制约又要互相协调。作为监督者的检察机关在适度原则、平等原则、客观公正原则的指导下，彰显客观中立的态度与立场，降低被监督机关的对立情绪与排斥反应，保证双方的有效沟通、积极互动，完成法律监督的高效运行。

4. 与其他监督体系协同发展，健全完善国家监督大格局。将刑事诉讼监督放在检察监督、检察权，乃至党和国家监督体系、治理体系的大格局中考察，注重与各监督体系之间的协调，发挥监督合力，体现法律监督应有的作用，打造中国特色监督体系的整体效能。

（二）呼唤具有法律监督核心能力的检察人才

检察队伍素质建设始终是检察机关常抓不懈的重大基础性工程，虽然取得了一定的成效，但与检察职能面临的重大调整和肩负的重大任务相比，存在着上升空间，尤其是检察监督队伍专业化建设、职业化发展的道路上，亟待开拓新思路，为将来长久发展注入动能。

1. 从保障监督效力的高度审视法律监督人才培养重要性。检察机关履行监督职权的方式已经发生全面转变，从原来的以打击促监督，转变为依靠自身专业能力和职业化水准、依靠精准有力的监督行为和得到社会认可的监督效果来保障监督权威和认可度。

2. 实施人才战略，全面提升监督能力。将青年检察人才培养作为检察事业发展的重要坐标，树立青年检察人才是检察事业的基础与未来的全新思维，倾力打造青年检察人才发展的新磁场。第一，根据刑事诉讼监督的特点，把业务经验丰富并善于解决实际问题作为人才专业素质培养的目标；第二，建立专业人才库并制定实施领军人才定向培养计划；第三，畅通人才引进渠道，以开放的姿态和全局的观念开展人才调任选任；第四，采取有效激励措施，激发内生动力，释放个人潜能，促进优秀人才脱颖而出。

3. 充分发挥智慧助力作用，增加外援力量。不断提升信息辅助决策的方式方法，探索资源导入的渠道，引入"外脑"，创新学习渠道、增加智囊团，发挥外援助力，最终实现人员精英化、管理精致化，逐步提升与检察职能相匹配的监督能力。

（三）呼唤智能化、现代化监督时代的到来

积极拥抱大数据时代，用科技助力检察监督。

1. 创建法律监督动态分析大数据平台。将分散案件数据集合起来，及时准确把握各类案件的变化情况，实时监测办案中出现的突出问题，科学研判司法运行态势，提高法律监督决策的时效性和针对性，形成大数据驱动型的法律监督创新模式。

2. 建立监督案件证据标准的数据系统。检察机关有效履行诉讼监督职能需要不断强化证据意识，通过大数据、人工智能的深度应用，将统一的证据原则镶嵌到办案程序中，形成数据化标准，减少司法任意性，使法律监督建立在更加扎实的证据基础上。

3. 开发不同数据分析模块拓展智能应用服务。以具体业务需求为牵引，将大数据、云计算、人工智能等现代科学技术与专项检察监督工作深度融合。积极探索研发工具型、外挂式职能应用，以检察大数据平台为支撑、检务职能应用为核心的大数据模式服务于具体检察监督工作，提供落实到人、细化到案、精准到点的数据服务。

（四）呼唤诉讼监督法律体系的健全和完善

自新一轮司法体制改革启动以来，一批具有全局意义的重大调整陆续开展，为解决影响司法公正、制约司法能力的深层次问题提供了不可多得的历史机遇。修改后的刑事诉讼法和人民检察院组织法赋予了检察机关监督新职能，监督的范围和程序得以明确，手段和方式得以充实，但随着改革落实进入攻坚期、深水区，确立检察监督管理体制、推进权力运行机制的难度逐渐加大，必须逐步探索、阶段性落实，最终建立起完善的诉讼监督法律体系。

1. 细化监督履职标准，提高诉讼监督的司法权威。在全面推行检察官员额改革、突出司法办案主体地位的同时，应对诉讼监督责任落实的标准不断完善、丰富、细化，形成明确履职的要求，赋予检察官监督权的同时，制定履职约束机制，将监督职能纳入执法档案，提高诉讼监督的认可度和司法权威。

2. 建立健全被监督机关的配套规章，探索破冰之举。根据目前刑事诉讼监督受到掣肘的现状，必须获得其他国家机关、社会各界的充分理解和大力配合，更需要多渠道、多方面、多维度增加与被监督机关的沟通，在力求达成"双赢"共识的基础上，重新整合内外部资源，切实明确被监督机关的配套措施，逐步细化工作机制，落实回复制度、整改措施、责任承担等配套规定，通过公检法共同发文到地方立法支持，推动从"做法"到"入法"的过程，切实有效加强检察机关法律监督的功效。

3. 推动独立的法律监督法立法进程，完善监督法律体系。检察监督体系是检察机关作为法律监督机关充分有效发挥职能的历史必然。检察权的根本属性和具体权能都统辖在法律监督职责之中，在整个检察监督体系完善和成熟定型阶段，必然需要出台专门的检察监督法，在统一立法中秉持立足检察权性质、构建体系化监督模式、建立监督效力体系、健全激励与制约制度，从而明确实践运行的准则，真正强化法律监督、维护公平正义。

检察公益诉讼案件范围"等"外探索研究[*]

上海市人民检察院课题组^{**}

党的十八届四中全会提出建立检察机关提起公益诉讼制度以来，检察机关积极推进公益诉讼探索实践，逐步走出一条具有中国特色的公益诉讼道路，特别是 2017 年 6 月 27 日全国人大常委会通过修改民事诉讼法和行政诉讼法的决定，正式建立检察公益诉讼法律制度以后，检察机关严格认真履职，主动发挥公共利益代表人的作用，通过办理大量公益诉讼案件，切实发挥了维护国家和社会公共利益的作用。2017 年 7 月至 2019 年 9 月，全国各级检察机关共立案公益诉讼案件 214740 件，办理诉前程序案件 187565 件，提起诉讼 6353 件。其中，2017 年 7 月至 12 月立案 9170 件；2018 年立案 113160 件；2019 年 1 月至 9 月立案 92410 件，同比上升 68.98%。^① 在办案过程中，检察机关围绕党和国家中心工作，紧盯损害公共利益的突出问题，突出办理生态环境和资源保护、食品药品安全、国有财产保护等领域的公益诉讼案件，取得明显成效。然而，公益诉讼在我国作为一项新的法律制度，也面临着制度机制不健全、法律适用理解不统一等问题，即便是关于公益诉讼案件范围这样基础性的问题，自 2015 年公益诉讼工作试点以来亦一直存在着意见分歧。如何确定公益诉讼案件范围成为困扰公益诉讼实践的一个现实问题。

一、问题缘起：立法上的"等"字如何理解

根据《检察机关提起公益诉讼改革试点方案》《中华人民共和国民事诉讼法》《中华人民共和国行政诉讼法》《中华人民共和国英雄烈士保护法》以及

---

* 上海市检察机关重大课题。

** 课题组负责人：许祥云；课题组成员：屠春含、林仪明、马方飞、刘艺娜。

① 引自 2019 年 10 月 23 日最高人民检察院张军检察长在第十三届全国人民代表大会常务委员会第十四次会议上所作的《最高人民检察院关于开展公益诉讼工作情况的报告》，参见张军：《最高人民检察院关于开展公益诉讼检察工作情况的报告（摘要）——2019 年 10 月 23 日在第十三届全国人民代表大会常务委员会第十四次会议上》，载《检察日报》2019 年 10 月 25 日。

最高人民法院、最高人民检察院《关于检察公益诉讼案件适用法律若干问题的解释》等法律、司法解释和规范性文件的规定，检察机关办理的公益诉讼案件范围包括破坏生态环境和资源保护、食品药品安全领域侵害众多消费者合法权益等损害社会公共利益和侵害英雄烈士的姓名、肖像、名誉、荣誉的民事公益诉讼案件，以及生态环境和资源保护、食品药品安全、国有财产保护、国有土地使用权出让等领域的行政公益诉讼案件。需要注意的是，上述法律规范对于检察机关公益诉讼案件范围的规定，都是在列举之后，使用了"等"字。对于这个"等"字到底应该作何理解与解释，这其中的"等"字仅仅是一种虚词还是表示省略意义的实词？不同的人常常有着不同的理解。就检察公益诉讼案件范围，一般而言，对规定所明文列举的案件称为"等"内案件，对规定中未明确列举的则称为"等"外案件。检察公益诉讼案件的范围是否包括"等"外案件，存在不同的看法，由此，也引发了检察公益诉讼案件范围问题的探讨与争论。① 而针对案件范围问题的探讨，因其必将客观上直接影响检察公益诉讼的职能范围、工作领域甚至履职的手段方式等，也将间接影响公益诉讼的作用和影响力以及检察机关内部的检力配置、机构设置等问题，所以势必影响检察公益诉讼工作的发展。

在争议的意见中，有一种意见认为，对"等"字应作虚词理解，其包含范围属于"等内等"，即检察公益诉讼的办案领域应仅限于规定明文列举的领域。因为检察公益诉讼权作为检察权的一种，其行使应当有法律法规的明确规定或授权，既然法律规定明确列举了检察公益诉讼的领域，那么检察公益诉讼案件范围应当严格限定在法律规定明确写明的范围之内，上述的"等"字不应理解为未作穷尽的列举，否则的话，在法律条文的表述上，就没有必要只是写明这些领域了，完全可以多写几个或者少写一点。在实际规定中，法律中明文列举了检察民事公益诉讼和检察行政公益诉讼各自的领域，这样的明文列举式的规定就明确说明，检察公益诉讼办案范围仅限于所列举的领域。持这种观点的论者，还举例说，根据 2015 年 12 月发布的《人民检察院提起公益诉讼试点工作实施办法》第 28 条规定，检察行政公益诉讼的办案范围为生态环境和资源保护、国有资产保护、国有土地使用权出让等领域，而在经过试点后到了 2018 年 3 月发布的最高人民法院、最高人民检察院《关于检察公益诉讼案件适用法律若干问题的解释》，其中第 21 条规定，检察行政公益诉讼的办案范围为生态环境和资源保护、食品药品安全、国有财产保护、国有土地使用权出让等领域。将前后两个规定相比较，明显可以看到增加了明文规定的办案领

---

① 林仪明：《我国行政公益诉讼立法难题与司法应对》，载《东方法学》2018 年第 2 期。

域，也就是说，从起初明文列举的三个领域经过试点后发展到了后来所规定的四个领域。从上述规定的前后变化发展情况，也可以从另一个角度来印证，不应对"等"字作未穷尽列举的理解。① 同时，也可以预想和认为，如果应作为检察公益诉讼案件领域的，随着司法实践的不断丰富与推进，有关法律会不断地加以明确规定与列举。

而另一种意见认为，对上述的"等"字应作"等外等"理解，亦即案件范围不应该局限于现行规定所明文表述的领域。有论者提出，采用列举形式并以"等"结尾的，表省略符合惯例，即检察公益诉讼的案件范围包括但不限于"等"字之前所述的这些领域。在立法技术上，作为例示性规定的一种技术，"等"是概括性用语。② 这里的"等"应作"等"外之解释，"等"字的存在说明检察公益诉讼的范围并不局限于法律规定所明文列举的范围。"等"外案件的办理，准确地讲，其实并不属于检察公益诉讼案件范围的新拓展，而是应当包括在检察公益诉讼案件本来应有的范围之内，只不过对于这些"等"外领域法律没有明确列举出来而已。在司法实践中，不少从事实际工作的人员持有类似的理解，并根据这样的理解，在检察公益诉讼工作实践中作了一些探索，并在事实上也办理了一些规定所明文列举范围之外的案件。

笔者认为，受案范围的"等"内、"等"外之争并无必要，只要运用法解释学的基本原理，从制度的功能以及形成过程进行探寻，便不难得出受案范围应当作"等"外理解的解释。

首先，"等"是一种立法技术，必须在具体的语境中明确作扩张解释抑或限缩解释。"等"字在我国的法律文本中十分常见，按照汉语语言习惯，"等"字有多重含义，不同的理解往往会产生不同的结果。③ 在"等"字出现的立法场合，有时代表着列举未尽之意，有时代表着列举后煞尾，具体作何解读，必须将其置于整部法律的立法精神中考察。例如，对于《行政处罚法》第42条④中的"等"字，实践中即存在两种相异理解。2013年前后，最高法通过相关判例明确了《行政处罚法》第42条所规定的"责令停产停业、吊销许可

---

① 任芙英：《行政公益诉讼诉前程序的案件范围及来源》，载《运城学院学报》2019年第2期。

② 罗文燕：《行政公益诉讼的范围、要件与程序》，载《法治现代化研究》2019年第3期。

③ 刘小冰、张思循：《地方立法权规定中"等"字的法律规范解读》，载《江苏行政学院学报》2018年第2期。

④ 《中华人民共和国行政处罚法》第42条规定："行政机关作出责令停产停业、吊销许可证或者执照、较大数额罚款等行政处罚决定之前，应当告知当事人有要求举行听证的权利；当事人要求听证的，行政机关应当组织听证。"

证或者执照、较大数额的罚款等行政处罚"中的"等"字是不完全列举，因此该条所涉及的行政处罚范围，还应当包括与明文列举的"责令停产停业、吊销许可证或者执照、较大数额罚款"类似的其他对相对人权益产生较大影响的行政处罚。① 该判例即是从《行政处罚法》的立法精神出发，旨在赋予行政相对人合法的程序权益和救济权利。对于《行政诉讼法》第25条第4款受案范围规定中的"等"字，理应作"等"外解释，因为行政诉讼法确立行政公益诉讼制度的目的在于监督行政、维护公益，而国家利益和公共利益的范围远远超过法条明文列举的四个领域范围之外，如果将检察公益诉讼的案件范围仅仅局限于上述四个领域范围之内，则行政公益诉讼制度的价值和意义必将大打折扣。探索检察机关提起公益诉讼制度，是落实十八届四中全会提出的探索建立检察权对行政权进行监督制约的具体举措，这种监督制约不能止步于环境与资源保护、食品药品安全等个别领域。随着全面推进依法治国进程的逐步深入，检察监督的范围和领域也必将更加广泛，否则便无法全面完成党的十八届四中全会提出的改革任务。

其次，对受案范围作"等"外解释，既是维护公益的客观需要，也是科学推进公益诉讼法律实践的现实需求。我国是一个幅员辽阔的国家，各地区的省情、市情都不尽相同，存在的社会公益特点问题、行政争议焦点问题也大相径庭。例如环保问题，从全国范围来看，其无疑是突出的社会公益问题，但在上海等一些发达地区，由于产业结构调整、重化工业外迁以及行政执法严格等方面的原因，环境污染损害公益的问题并不显著，导致实践中出现案件线索少、无案可办的现象。但另一方面，其他一些与优化城市管理、提高人民群众生活质量等相关的公益性问题又亟须维护公益的力量介入，诸如教育培训领域乱象丛生的问题，公共建设违法审批的问题，违法群租导致公共安全存在隐患的问题，安全生产监管不严造成严重事故的问题，规划不当导致环境受损的问题等，由于欠缺适格的主体，大量违法行政行为导致公共利益受损的问题得不到纠正，在这些领域都需要检察机关有所作为。从立法的目的解释来说，行政公益诉讼的出发点在于监督依法行政、维护公共利益，理论上如马怀德等专家所言，有公益受损的地方，就应当有检察机关的公益诉讼。

----

① 2012年4月最高人民法院发布的第二批指导性案例第6号指导案例——黄泽富、何伯琼、何熠诉四川省金堂市工商行政管理局行政处罚案，法院在裁判理由中表明："虽然该条规定没有明确列举'没收财产'，但是该条中的'等'系不完全列举，应当包括与明文列举的'责令停产停业、吊销许可证或者执照、较大数额罚款'类似的其他对相对人权益产生较大影响的行政处罚。为了保证行政相对人充分行使陈述权和申辩权，保障行政处罚决定的合法性和合理性，对没收较大数额财产的行政处罚，也应当根据行政处罚法第四十二条的规定适用听证程序。"

最后，社会各界对检察公益诉讼案件范围应作"等"外解释总体上是认同的，当前的意见分歧主要在于何时扩大、如何扩大案件范围的问题。从法理上讲，根据《中华人民共和国立法法》第45条、第46条的规定，关于检察公益诉讼案件的范围属于立法或司法解释的范畴，应由全国人民代表大会常务委员会或者最高人民检察院对此作出解释。考察检察公益诉讼制度的源起，可以发现，法律法规明确规定检察机关开展检察公益诉讼工作可以溯源自全国人民代表大会常务委员会《关于授权最高人民检察院在部分地区开展公益诉讼试点工作的决定》（以下简称《决定》）的公布，该《决定》授权检察机关在部分地区开展检察公益诉讼试点。就《决定》本身而言，笔者认为可以获取以下三方面的信息：一是检察机关开展公益诉讼工作有着明确、直接的规定与依据，而非仅从国家法律监督这个职能出发，进行法理或学理上的解释或演绎而推导出来的；二是检察机关开展公益诉讼工作试点，是直接来源于全国人大常委会的授权；三是具体的实施办法可以由最高人民法院、最高人民检察院制定。最高司法机关可以在原则上作"等"外解释理解的基础上，把决定权交给基层一线的司法机关，让基层司法机关结合区域特点，在检察公益诉讼司法实践中不断磨合、验证，通过自下而上、循序渐进的方式逐步有序扩展公益诉讼的受案范围。

二、必要性与合理性：开展"等"外探索必然且必须

随着经济社会高速发展，人民群众对于民主、法治、公平、正义、安全和环境有了更高的期许，这也对社会治理提出了更高要求。比如，进入大数据时代，公民个人信息安全正遭受挑战；在城市公共安全领域，高铁和轨道沿线隐患、危险品运输、玻璃幕墙老化等问题，严重影响公众生命安全；在消费者权益保护领域，共享单车退押金难、老年人遭保健品欺诈、电信骚扰、单用途预付费卡发卡企业跑路等问题层出不穷。不少人大代表和社会公众希望检察机关能够依法适当扩大公益诉讼的受案范围，以便更好发挥检察职能，对社会公众关心关注的损害公益问题实施及时有效的保护。因此，拓展公益诉讼案件范围是完善国家和社会治理之需，更是"民有所呼，检有所应"的客观需要。

（一）开展"等"外探索符合世界各国公益诉讼制度的普遍规律

美国被认为是现代公益诉讼制度的发源地。美国的公益诉讼被认为最早起源于纳税人诉讼，早在1852年，在伊利诺伊州的一个法庭裁判中，就确认了"纳税人可以针对与自己没有法律上的直接利害关系的违法支出税金的行为提起客观诉讼，以国家和地方政府为被告，要求停止违法支出并可以要求返还税金"。此后，在美国民权运动兴起的过程中，公益诉讼也扮演了积极的角色，

在涉及有色人种权益保护、消除性别歧视、平等教育权保障等方面，出现了一些具有公益属性的诉讼案件（比如，1955 年布朗诉教育委员会案，推动联邦最高法院认定 19 世纪以来的种族隔离制度违宪），很多社会公益组织和律师群体积极投身于此，推动了美国公益诉讼制度的发展。公益诉讼在公共资金监管、消费者权益保护、反垄断、证券交易安全、环境保护、人权保障等领域都得到广泛的应用。

加拿大作为美国的邻国，其公益诉讼制度的形成和发展深受美国的影响，20 世纪 70 年代，从安大略省开始，加拿大一些省陆续仿照美国建立自己的公益诉讼制度。加拿大的公益诉讼，英文称为"CLASS ACTION"，翻译过来就是集团诉讼，广泛存在于环境保护、消费者权益保护、反垄断、证券、金融等领域。

近年，日本在公益诉讼制度方面也呈发展之势，比如 2006 年修订的《消费者契约法》，规定为了保护全体消费者的利益，经过内阁总理大臣认可的消费者团体可以向法院提出诉讼，要求缺陷产品的制造者停止不当行为。

从世界各国公益诉讼制度的发展来看，虽然在生态环境、消费者权益保护这两个重点领域之外，各国涉及的公益诉讼案件范围有具体的差异，但总体上看，公益诉讼的案件范围普遍比较广，理论上只要涉及广大社会公众利益的重要领域，公益诉讼都有可能涉及。

（二）开展"等"外探索是新时代全面正确履行检察职能的客观需要

坚持和完善中国特色社会主义制度，推进国家治理体系和治理能力现代化，是全党的一次重大战略任务。检察机关作为宪法规定的法律监督机关，在国家治理体系和治理能力建设中要发挥重要作用。党的十九届四中全会决定"拓展公益诉讼案件范围"，为新时代的公益诉讼检察工作提出了新的更高要求。最高检党组积极贯彻十九届四中全会精神，明确提出将"等"外探索原则从"稳妥、积极"调整为"积极、稳妥"，强调不仅要把法律明确赋权的领域的案件办好，还要以高度负责的精神，积极办理群众反映强烈的其他领域公益诉讼案件，为健全完善立法提供实践依据。

党的十九届四中全会赋予检察机关"拓展公益诉讼案件范围"的新任务，有着鲜明的时代背景。

1. 开展"等"外探索、拓展公益诉讼受案范围有助于更好发挥公益诉讼检察工作在国家治理体系和治理能力现代化建设中的作用。在国家整个战略布局中，检察机关始终坚决贯彻中央决策部署，自觉融入、服务和保障大局。拓展公益诉讼案件范围在全面实现小康、打好三大攻坚战、服务保障长江经济带、长三角区域一体化发展等国家战略上能够同频共振、同向发力，在推进国家治理体系和治理能力现代化过程中发挥检察智慧，贡献检察力量。

2. 开展"等"外探索、拓展公益诉讼受案范围有助于更好地履行法律监督机关的宪法职能定位。现阶段我国法治国家建设所面临的诸多问题要求大力推进法治国家建设步伐。当前，很多领域的法律制度建设还需不断完善，立法、执法、监督的水平有待继续提高，这都需要不断大力推进法治国家建设进程。公益诉讼检察作为中国特色的司法制度，对于推动行政机关依法履职、推进法治政府建设、维护社会公共利益具有积极意义，拓展案件范围有助于检察机关在更广的领域、更深的层次履行好法律监督职责，在推进法治进程中发挥更大作用。

3. 开展"等"外探索、拓展公益诉讼受案范围有助于更好地回应新时代人民群众对美好生活的新需求。新时代，人民群众对于民主、法治、公平、正义、安全、环境提出了更高要求，检察机关要做到以人民为中心，就应当将人民群众所关切的问题纳入到工作之中，急人民群众之所急，解人民群众之所难，办人民群众之所需。比如对人民群众反映强烈的安全生产、网络侵权、妇女儿童权益保护等领域公益损害问题，检察机关就应当以对党和人民高度负责的态度积极履职、担当作为。

（三）开展"等"外探索已经具备了比较丰富的实践基础

对于一项新的法律制度，立法者往往会集中精力在最迫切、最具共识的问题先行立法，等时机成熟后，再扩展制度框架。如作为现代公益诉讼制度的起源地的美国，在系统构建环境公益诉讼制度上，即采取逐步推进的方式。又如我国法律和司法解释对于行政诉讼受案范围的逐步扩大，也是采取这种立法模式。

立法往往具有滞后性的特征，而行政政策与司法实践往往更加激进，很多时候发挥着先导的作用。比如，早在 2005 年，国务院《关于落实科学发展观加强环境保护的决定》中就明确提出"研究建立环境民事和行政公诉制度"，"推动环境公益诉讼"；2016 年中共中央国务院《关于推进安全生产领域改革发展的意见》中提出"研究建立安全生产民事和行政公益诉讼制度"。在司法实践层面，一些司法活动的参与者往往会在个案中通过探索新的诉讼机制发挥推动法治进步的作用，比如，在我国民事、行政公益诉讼法律制度正式确立之前，就已经出现了一些具有公益诉讼特点的诉讼案件，比如 2009 年中华环保联合会诉贵州省清镇市国土局不依法履职案、2013 年湖北省慈利市民毛某等人诉县规划局未履行职责案、2014 年贵州省金沙县检察院诉金沙县环保局不作为不履行职责案等案件，在涉案范围上，涵盖国土、规划、环保等不同领域，原告既有公民、社会组织，也有检察机关，虽然由于缺乏法律依据，多数案件都被法院驳回起诉，但是这些案件却为公益诉讼制度的正式建立奠定了很好的实践基础。

当理论界还在为公益诉讼案件范围"等"内、"等"外争执不下之时，检察机关就已经在拓展公益诉讼案件范围上进行了大量有意义的探索，不少案件还取得了良好的法律效果和社会效果。如最高人民检察院发布的检察公益诉讼十大典型案例中浙江省宁波市"骚扰电话"整治公益诉讼案，针对"骚扰电话"治理是否在法律规定的公益诉讼案件范围之内，检察机关通过委托第三方开展社会调查，向人大代表、政协委员实名调查等方式，广泛征求民意，以具体的数据充分反映广大人民群众的心声，有效证明了"骚扰电话"侵害社会公共利益的实质。该案涉及的社会公共利益属于生活环境领域，并不属于规定中所列举的"四大领域"。① 如北京市海淀区检察院针对部分商户违法向未成年人售烟问题，向区市场监督管理局、烟草专卖局发出检察建议，督促其履行监管职责。相关单位迅即开展为期一个月的专项整治，对违规经营者立案查处。② 如江苏省检察机关加强对安全生产、涉众型侵害公民隐私、文化遗产保护等法定领域外公益保护问题的理论研究和实践探索。新沂市检察院依法对公安部督办的袁某等 14 人侵犯公民个人信息案提起刑事附带民事公益诉讼。经查，袁某等人有效查询并买卖公民手机号码 4 万余条，严重泄露公民个人信息，侵犯了不特定多数人的利益，经层报省检察院同意后，提起刑事附带民事公益诉讼。一审调解结案后，新沂市检察院及时跟进督促 14 名被告履行调解协议。南通市港闸区检察院针对多部门对某纱厂文物建筑本体的不当利用、"两线"范围（文物保护范围和建设控制地带）内违章搭建、违法经营行为的不严格管理，致使社会公共利益受损的情况，发出诉前检察建议，并通过圆桌会议督促多家行政机关在各自职责范围内依法履职，加强协作，形成监管合力，实现文物保护工作的多赢共赢。③

随着全国各级检察机关在公益诉讼"等"外探索方面逐步取得成效，这种实践中的做法也逐步获得中央层面的认可、支持。在 2019 年 10 月全国人大常委会专题审议最高检关于检察公益诉讼工作的报告时，有关领导指出："法律规定的'4＋1'之后还有一个'等'字，除了'4＋1'之外，涉及其他损害公共利益的，如果相关的行政部门、社会组织没有提起公益诉讼，检察机关也可以依法承担这项职责，不过要慎重稳妥进行探索。""法律有明确规定的，

---

① 2018 年 12 月 25 日，最高人民检察院发布检察公益诉讼十大典型案例，其中第 7 号案例为浙江省宁波市"骚扰电话"整治公益诉讼案。

② 李春薇：《少年成"老烟枪"北京海淀：公益诉讼让未成年人远离香烟》，载正义网，http://news.jcrb.com/xwjj/201906/t20190625_2016527.html，2019 年 10 月 25 日访问。

③ 刘敏：《江苏检察公益诉讼向纵深推进》，载《江苏法制报》2019 年 12 月 13 日，第 1 版。

按相关法律规定执行。依法应当由行政机关、社会组织提起公益诉讼的，尽量由行政机关和社会组织来提起诉讼、发挥作用；行政机关和社会组织未提起公益诉讼的，检察机关要把责任担起来。"《第十三届全国人民代表大会第三次会议关于最高人民检察院工作报告的决议》批准的下一阶段工作安排中明确提出"积极、稳妥办理安全生产、公共卫生、生物安全、妇女儿童及残疾人权益保护、网络侵害、扶贫、文物和文化遗产保护等领域公益损害案件"。

各地人大常委会也通过地方立法的方式，支持检察机关立足地方实际开展公益诉讼"等"外探索。截至 2020 年 8 月，已出台的 21 个省市人大常委会加强公益诉讼工作的决定中很多规定了拓展领域，至少有 17 个决定对公益诉讼"等"外探索的范围进行了明确的列举、规定，如新疆维吾尔自治区人大常委会关于检察公益诉讼的决定中提出"检察机关依照法律、法规规定，办理安全生产、卫生健康、公共安全、产品质量、农产品质量、互联网公益、文物和文化遗产、未成年人保护、妇女儿童和老年人权益保护、扶贫开发等领域公益诉讼案件"。浙江省人大常委会关于加强检察机关公益诉讼工作的决定中提出"积极稳妥探索安全生产、个人信息保护、公共卫生安全等领域公益诉讼案件"。此前出台的云南省人大常委会关于检察公益诉讼的决定中提出探索"安全生产、旅游消费、文物和文化遗产保护、公民个人信息保护、未成年人保护、老年人权益保护以及互联网等领域中侵害国家利益和社会公共利益的公益诉讼案件"。另外，上海地方性法规中也有涉及诉讼制度的表述，例如《上海市优化营商环境条例》中就有"探索开展知识产权公益诉讼"的表述。总体而言，关于公益诉讼受案范围需要拓展的问题，目前已经形成了比较一致的看法。

表 1 相关省市人大常委会关于加强检察公益诉讼的决定中
关于"等"外探索的规定（截至 2020 年 8 月）

地区	"等"外探索的具体规定
河北	办理安全生产、防灾减灾、应急救援、文物和文化遗产保护、个人信息保护、大数据安全、互联网侵害公益、弘扬社会主义核心价值观等领域公益诉讼案件；办理法律规定的其他公益诉讼案件；会同军事检察机关开展涉军公益诉讼工作
内蒙古	（六）安全生产、进出口商品质量安全、铁路交通安全、互联网侵害公益和文物保护领域的公益诉讼案件；（七）违反《中华人民共和国国旗法》《中华人民共和国国徽法》《中华人民共和国国歌法》的公益诉讼案件

续表

地区	"等"外探索的具体规定
辽宁	要积极稳妥拓展范围，依法办理安全生产、互联网、妇女儿童权益保护、扶贫、涉众型侵害公民隐私、文化遗产保护等领域公益诉讼案件
吉林	对于公益司法保护新领域，检察机关可以依法在与有关部门沟通协调基础上，结合实际，逐步开展公益诉讼探索实践，保护国家利益和社会公共利益不受损害
黑龙江	（六）其他依法应当由检察机关办理的公益诉讼案件
浙江	（二）积极稳妥探索安全生产、个人信息保护、公共卫生安全等领域公益诉讼案件；（三）法律法规规定的其他领域公益诉讼案件
山东	在开展法律监督工作中，注重研究发现教育、就业、安全生产、道路交通安全、文物和文化遗产保护、网络信息安全、金融等领域存在的侵犯国家利益和社会公共利益问题，依法提出监督意见
河南	在生产安全、产品质量安全、公共交通安全、文物和文化遗产保护、不特定公民个人信息保护等领域探索开展公益诉讼工作，实现政治效果、社会效果、法律效果的有机统一
湖北	依法在安全生产、文物和文化遗产保护、电信互联网涉及众多公民个人信息保护等领域探索开展公益诉讼工作，实现公益诉讼案件法律效果、政治效果、社会效果的有机统一
湖南	探索公益诉讼检察新领域新范围
广东	在安全生产、公共卫生安全、特殊群体合法权益保护、互联网个人信息保护、文物和文化遗产保护等领域探索拓展民事公益诉讼和行政公益诉讼案件范围
广西	三、检察机关应当积极稳妥拓展检察公益诉讼范围，探索办理安全生产、历史文化古迹和文物保护、互联网侵害公益、众多公民信息保护、大数据安全、损害国家尊严或者民族情感等领域公益诉讼案件
海南	积极稳妥拓展办案领域，开展旅游消费、公共卫生安全、金融安全、反不正当竞争、网络侵害、未成年人权益保护、妇女权益保护、知识产权保护、文物和文化遗产保护、扶贫、安全生产等领域的公益诉讼工作
重庆	在上级检察机关的领导下，对上述领域之外的案件，可以依照法律规定，依法、审慎、稳妥开展探索

地区	"等"外探索的具体规定
云南	(六)安全生产、旅游消费、文物和文化遗产保护、公民个人信息保护、未成年人保护、老年人权益保护以及互联网等领域中侵害国家利益和社会公共利益的公益诉讼案件;(七)农业农村领域中侵害国家利益和社会公共利益的公益诉讼案件;(八)其他依法应当由检察机关办理的公益诉讼案件
陕西	三、检察机关应当积极稳妥拓展公益诉讼案件范围。结合我省实际,加强秦岭生态环境保护、黄河流域生态环境保护、汾渭平原大气污染防治以及人民群众关注的切身利益等领域公益诉讼。将防灾减灾和应急救援,公共卫生安全,历史文化古迹和文物保护,危化品管理,个人信息安全,英烈纪念设施,野生动物保护等领域侵害国家利益和社会公共利益的案件纳入公益诉讼
甘肃	可以探索办理安全生产、消防安全、交通安全、公共设施安全、公共卫生安全、个人信息安全,残疾人、老年人、未成年人、妇女权益保护,网络侵害、乡村振兴、扶贫攻坚,文物和文化遗产保护、红色文化资源保护以及其他依法应当由检察机关办理的公益诉讼案件 检察机关应当按照国家规定,在依法办理军地互涉公益诉讼案件中,加强与军事检察机关的协作配合
青海	积极拓展公益诉讼范围,探索办理人民群众关注的公共卫生和应急管理、野生动物保护等领域公益诉讼案件
宁夏	探索办理违反《中华人民共和国国旗法》《中华人民共和国国徽法》《中华人民共和国国歌法》的公益诉讼案件。积极稳妥拓展检察公益诉讼案件范围,探索办理安全生产、公共卫生、生物安全、残疾人老年人未成年人及妇女权益保护、文物和文化遗产保护、扶贫、个人信息安全、互联网等领域的公益诉讼案件
新疆	检察机关依照法律、法规规定,办理安全生产、卫生健康、公共安全、产品质量、农产品质量、互联网公益、文物和文化遗产、未成年人保护、妇女儿童和老年人权益保护、扶贫开发等领域公益诉讼案件
上海	检察机关可以围绕上海"五个中心"建设和经济社会发展,探索开展城市公共安全管理、金融秩序、个人信息安全、知识产权保护、历史风貌区和优秀历史建筑保护等领域的公益诉讼工作

三、积极、稳妥、审慎：上海"等"外探索的实践与经验

在"等"外探索方面，上海检察机关一直是比较积极的实践者，这主要源于两个方面的原因：一是工作开展伊始，上海公益诉讼案件量比较少，希望能通过拓展案件范围来增加整体办案的规模。上海地域面积小，即便在 4 个直辖市中也是最小的，资源禀赋有限，产业结构上重化工业逐步外迁，在食品药品、国有财产等方面的行政监管也很严格，所以在工作开展之初，不少同志认为在法定的四大领域里很难把公益诉讼的"蛋糕"做大；二是希望能够做出上海公益诉讼的特色，上海各项工作中都有开拓创新的传统，这对检察公益诉讼也提出了同样的要求，如何能够做出自身的特色和亮点是上海检察机关一直以来特别关注的问题。

总而言之，上海检察机关有比较强的内生动力去开展"等"外探索、拓展案件范围。在探索、拓展的过程中，上海检察机关主要考虑以下几方面的因素：

（一）关注党委政府关心关注的涉公益问题

比如，城市公共安全的问题，对于上海这样的特大型城市来说，是至关重要的问题，一旦发生事故就可能在国内外造成重大的负面影响，比如，2014 年 12 月 31 日跨年夜发生的外滩踩踏事故、2018 年南京东路商店招牌掉落事故等，都造成了重大影响。所以，近年来上海检察机关将城市公共安全作为"等"外拓展的一个重点。比较典型的案例包括：

1. 电瓶车违规充电专项治理公益诉讼工作。随着近年来电瓶车逐渐成为人们的代步工具，特别是快递、外卖行业的蓬勃发展，电瓶车不仅易导致交通事故，其引发的火灾事故也时有发生，据统计，仅今年上海电动自行车火灾就已经有 381 起，造成 20 人死亡，死亡人数占全市火灾死亡人数的 41.7%。该问题引起检察机关的重视，市检察院对此开展了专题调查，对 2019 年上半年发生的 100 余起电瓶车起火事故原因作了具体调查核实（包括了解消防部门的火灾事故责任认定，火灾事故发生的地点，使用电瓶的品牌，是否存在违法改装的问题，充电器是否原装等）。通过调查发现，电瓶车火灾事故基本上都是锂电池引起的，目前市面上的电瓶质量参差不齐，行业门槛低，不少是小工厂、作坊加工生产产品；在产品质量控制方面，无论是国家还是地方，对锂电池的监管标准都相对不足，未将其作为危险品纳入严格监管；另外，在使用端，快递外卖行业对电瓶容量要求远超目前电动自行车的一般标准，所以市场上存在大量专门提供电瓶改装的生意；而造成火灾事故死亡率高的直接原因是居民为图方便，违规将电瓶拿到室内充电或者使用飞线充电，引发火灾事故，

锂电池具有瞬间爆燃的特性，很短时间内温度就会达到两三千摄氏度，危险性非常高。在调查基础上，市检察院开展了专项行动，分两步进行。第一步是推动消防、公安以及地方政府加强对违规充电问题的整治，相关法律法规包括《上海市消防条例》等都明确规定了相关主体的责任，居民小区违规充电问题普遍存在与职能部门不够重视、没有严格依法履职存在着明显的联系，检察机关通过诉前磋商、制发检察建议等方式引起各级政府部门对这一问题的重视。第二步是推动职能部门从生产、销售、产品质量标准等方面从源头上加强治理。

2. 针对消防设施、通道被毁损、占用的问题开展公益诉讼工作。消防通道也被视为生命通道，但检察机关经调查发现，部分居民小区的消防通道长期被车辆堵塞或堆放杂物，有的消防设施年久失修，待到要使用时根本无法出水。检察机关积极与消防部门、街道沟通，要求其及时整改，对于整改效果不理想的，通过及时制发检察建议督促整改。

3. 防汛设施安全问题等。检察机关针对不法行为人非法占用河道堤岸，在防汛墙附近堆载、通行车辆、码头设备作业致使防汛墙受损开裂，侵犯了国家利益和社会公共利益，向法院提起刑事附带民事公益诉讼，要求被告人支付损毁防汛墙修复费用七十余万元。

（二）关注社会治理的难点痛点问题

比如，高空坠物、电梯安全等问题。随着城市的老化，城市中建筑的安全性问题日益凸显，建筑外立面和构筑物脱落、电梯老旧失修导致电梯运行过程中掉落等问题，每年都导致一定数量的事故发生，有时甚至造成人员伤亡。这成为社会公众十分关心关注的问题（比如电梯安全问题，目前上海运行中的电梯就有超过26万部，不少都已经过了15年的保质期），但此类问题又往往是城市治理、社区治理中的难点问题。虽然相关法律法规明确规定了有关行政机关的监管与协调等方面的职责，但是最终处理往往离不开开发商、业委会、业主等主体的共同参与，这又与基层自治联系在一起。在种种利益纠葛之下，很多时候问题往往并不容易解决，行政机关有时会有畏难情绪，导致"头顶上的安全"问题一直存在。因此检察机关的参与可以一定程度上发挥督促和协调的作用，推动问题解决。一些基层检察机关通过介入调查，发现导致事故或风险发生的真正原因，理清各方职责，推动各方面切实承担起应该承担的民事责任或行政责任，一定程度上有助于推进解决基层治理中的此类难点问题。

（三）关注体现城市特点的一些领域

对于上海来说，既要发展经济，也要保存城市的文脉，历史建筑的保护就成了一个重要的需要公益保护的领域。习近平总书记去年视察上海时就提出

"要像善待老人一样保护城市的老建筑"。近年来，上海检察机关围绕历史建筑保护的问题开展了一些公益诉讼工作，主要是督促负有监管职责的行政机关和有关单位切实履行其保护、修缮的职责，为留存城市的记忆贡献检察智慧。2018 年虹口区检察院办理了德邻公益历史建筑保护公益诉讼案，该案是有据可查的首例以历史建筑保护为主题的公益诉讼实践，拓展了公益保护的范围，契合了上海城市的特点，被评为 2019 年上海法治建设十大案例之一。①

（四）关注涉及面广、涉及众多公众利益的新领域

比如，个人信息安全问题，这是互联网特别是移动互联网以及大数据产业蓬勃发展之后带来的一个新问题。近年来 APP 行业经历了一个"野蛮生长"的过程，大量的 APP 通过技术手段违规收集、使用、处置用户的个人信息，对个体的权利造成了侵害，轻则个人隐私泄露、生活安宁被打扰，重则可能遭受人身财产的损失。而个体的维权成本高、调查举证能力有限，此时，检察机关可以通过公益诉讼来促进针对 APP 行业加强监管。2019 年，上海检察机关办理了 APP 公益诉讼案，一方面针对沪上最大的互联网应用商店 2345 进行调查，通过聘请专业机构对平台上的相关 APP 进行测试，并通过公证的方式将测试全过程进行记录，对于其过度索权等违规问题进行固定，之后与网信办、市场局、消保委等联合对相关企业进行约谈，督促其整改。制发的检察建议被最高检评为优秀社会治理检察建议。另外，上海检察机关还办理了王者荣耀网络游戏、妇女就业平等权等领域的公益诉讼案件。据统计，目前"等"外领域案件占全部案件的 20% 左右。

表2　2017 年以来上海检察机关"等"外探索的领域及案例

（一）文化遗产保护	1. 历史建筑保护	虹口区院督促区住房保障和房屋管理局保护优秀历史建筑案（德邻公寓）
	2. 文物保护	杨浦区院督促区文化和旅游局依法履职案（基督复临安息日会遗址）
		宝山区院督促区文化和旅游管理局等履行文物保护监管职责案（丰德桥）
（二）公民信息安全		市院等督促 APP 应用商店及运营商加强个人信息保护案

---

① 王闲乐：《2019 年度上海法治建设十大优秀案例，系列报道重磅推出！》，载上观新闻网，https：//www.shobserver.com/news/detail？id=193728，2020 年 10 月 25 日访问。

（三）城市公共安全	1. 防汛安全	青浦区院诉李庆桃故意毁坏财物刑事附带民事公益诉讼案
	2. 高空坠物	虹口区院督促区住房保障局等解决建筑装饰构件高空坠落危害公共安全案
	3. 出行安全	三分院督促市道路运输管理局依法履职监管网约车案
	4. 消防安全	上海市徐汇区人民检察院督促徐汇区应急管理局依法履职案
		虹口区院督促欧阳路街道办等解决高压电线与树木缠绕危害公共安全案
	5. 电梯安全	闵行区院督促闵行区市场监督管理局履行电梯维保监管职责案
	6. 高铁沿线安全	三分院、上海铁检院督促职能部门依法履职维护高铁沿线安全案
（四）就业平等权		浦东新区院等督促保障女性平等就业权行政公益诉讼案
（五）青少年游戏防沉迷		市院就完善 W 游戏向深圳 T 计算机系统有限公司制发检察建议
（六）门票优惠政策		黄浦、奉贤院督促区发展和改革委员会执行门票优惠政策案

四、业务与能力双重提升：积极应对"等"外探索带来的挑战

开展"等"外探索、拓展公益诉讼受案范围势必会给公益诉讼检察工作带来一些新变化。一方面，通过增加公益诉讼案件类型，检察机关在服务大局中有了更多新的抓手，公益诉讼在推动社会主要矛盾的化解、促进国家治理体系和治理能力现代化中将会发挥更加积极的作用，从而保障检察机关充分扮演好"公共利益代表人"这一角色。另一方面，在公益诉讼领域拓宽受案范围，检察机关的监督职能能够有力衔接行政执法领域，对行政执法行为进行协调和督促，从而使检察机关的检察监督得到进一步的加强和深层次的发挥，在推进

依法行政、建设法治政府方面发挥不可替代的作用。

与此同时，积极稳妥地开展公益诉讼"等"外领域的探索，也将对公益诉讼检察人员的业务能力提出新的更高的要求。检察机关在公益诉讼监督范围上具有有限性，即仅重点关注人民群众反映强烈、目前无更好途径解决问题且作为公共利益保护无明显争议的领域。与法定领域办案相比，新领域探索要求首先针对是否纳入监督范围进行准确判断，而判断的核心标准归根结底就是以人民为中心的理念和双赢多赢共赢理念，这就要求办案人员对理念有更深的理解与把握。[①] 检察工作将会遇到更多专业性强、疑难复杂的问题，需要检察人员在具有大局意识、责任意识、服务意识的基础上，准确判断和选取可以开展公益诉讼的案件类型；因公益诉讼所涉主体范围广泛且不确定，检察官需要参与到更多主体之间的沟通协调和督促监督工作中去。因此，公益诉讼工作的有效开展要求培养一批综合能力更为出色的公益诉讼检察人员，这也将成为新时代检察官转型发展的新契机。

相关配套机制建设的跟进是公益诉讼"等"外领域探索的重要保障，对此需从"对内衔接"和"对外协作"两个方面同时着力。对内方面，需要主动对接各个检察业务部门，从各部门分管的案件中充分挖掘可能涉及公益诉讼的线索。具体来说，刑事案件是检察机关开展公益诉讼的重要案源，因此有必要与刑检部门建立紧密型的工作沟通联系机制，形成机制化的情况通报和线索会商机制。此外，还应主动与民事检察部门和行政检察部门积极对接，从民事、行政裁判监督案件中挖掘有价值的公益诉讼案件线索。对外方面，应当在争取获得党委政府更多支持的基础上，积极开展走访调研，主动发现有必要提起公益诉讼的案件线索；与公益诉讼有密切联系的市场监督管理部门、环保部门、自然资源和规划管理部门等各行政机关建立关于信息共享、问题共商、难题共解的良性协调配合机制；主动与法院的民庭和行政庭对接，从民行裁判案件中获取有价值的线索；此外，还可以加强与审计机关、监察机关的联系，与人大代表、政协委员建立联络员制度，负责日常联络、工作协调、案件线索移送等具体工作。上海检察机关近来公益诉讼成案线索中，来自群众反映、新闻报道的比例占 44.3%，已超过从刑事案件的来源。由此形成内外合力，凝聚公益保护共识，打造社会治理共同体，共同助推公益诉讼"等"外领域的积极探索。

---

① 张军：《最高人民检察院关于开展公益诉讼检察工作情况的报告（摘要）——2019 年 10 月 23 日在第十三届全国人民代表大会常务委员会第十四次会议上》，载《检察日报》2019 年 10 月 25 日。

五、程序规范与循序发展："等"外探索的方向指引

党的十九届四中全会明确提出"拓展公益诉讼案件范围"，从顶层设计的高度肯定了检察机关在国家治理体系和治理能力现代化中的作用。张军检察长要求很明确，就是"等"外探索从原来的"稳妥、积极"转变为"积极、稳妥"，文字顺序的变化，释放出明显的信号。但必须注意的是，鼓励拓展不代表可以盲目扩张，特别是公益诉讼工作总体上还处于起步发展阶段，更应当关注的是案件的质量、效果和制度规范问题，不能因为开拓创新、拓展案件范围而忽略了公益诉讼工作的规范与质量。

（一）"等"外探索应当坚持四条基本原则

在目前政策及法律依据不足的情况下，检察机关拓展公益诉讼受案范围应当遵循以下原则：

1. 依法开展的原则。关于"等"外领域的探索应当成熟一个，立法一个。在不断的实践中，将司法活动的成功经验合法化。在探索过程中，建议通过人大授权的方式来开展检察工作，在有条件、有需求的地区采取试点的方式进行拓展。当前，法律规定的检察公益诉讼范围与人民群众的司法需求不尽适应，可开展公益诉讼的领域与行政机关、审判机关也尚未形成共识，如果能在人大的授权下对优秀历史保护建筑、城市公共安全、个人信息保护等领域进行相关探索，就能够取得更好地维护公益治理社会的效果。

2. 突出重点的原则。拓展的领域应当重点关注党委、政府及社会各界所关切的突出问题，尤其关注留存已久但一直缺乏综合施策的问题，重点打好解决重点领域损害公益问题持久战。比如，无论何时，公共安全都是人民群众安居乐业的底线。因此，涉及公共安全的领域，就应当花功夫、下力气去拓展，为完善公共安全体系发挥好协同和督促的职能作用。比如，在实现全面小康的关键时期，应当对扶贫工作进行必要的监督，尤其是对于扶贫工作中行政机关可能存在的不作为、乱作为现象要加强监督，将实现国家战略作为公益诉讼工作的目标。

3. 因地制宜的原则。各地应根据本地区实际情况拓展需要保护的重要领域。不同地区省情、市情不同，对于公益诉讼领域的拓展需求也会有所不同，如在自然资源丰富的地区，对于自然资源保护领域的细化提出了更高要求；而在特大型城市，城市安全、社会治理难度相较于其他地区有更大难度，在公益诉讼案件拓展过程中，不应搞"一刀切""一窝蜂"，而应该因地制宜、有的放矢地开展有针对性、实效性、人民群众有感受度的公益诉讼工作。

4. 积极稳妥的原则。积极是指检察机关应当以高度的责任感来工作，在

治理体系、治理能力现代化过程中发挥积极作用，增强做好公益诉讼检察工作的责任感和使命感。但与此同时，坚持稳妥原则，遵循司法谦抑性规律，以公共利益为核心，不随意外延"公共利益"范围，不能将私益或部分群体的利益混同于社会公益，更不能有包揽全局、包打天下的片面想法。

（二）"等"外探索应当从严把握立案的条件

"等"外探索应当符合公益诉讼的基本原理和规则。具体而言，如果"等"外案件是一个行政公益诉讼，那么应当以行政机关不依法履职作为启动监督的基本条件，如果行政机关已经在履行职责或者法律根本就没有规定行政机关的职责，则不应该启动行政公益诉讼，检察机关可以通过综合治理检察建议或者立法建议等其他方式来推进问题解决。如果"等"外案件是一个民事公益诉讼，应当体现民事公益诉讼的独特价值，即通过一般的民事诉讼、行政诉讼、刑事诉讼无法解决的，才有必要启动公益诉讼的程序。

"等"外领域案件在立案方面，应当具备严格的条件，甚至相较于"等"内领域立案标准可以更高一些。根据最高检的有关指导精神，"等"外案件立案应同时满足以下条件：一是国家利益或者社会公共利益遭受严重侵害或者存在重大侵害危险，人民群众反映强烈；二是侵害行为违反法律强制性规定，具有明显的违法性；三是现有行政执法制度机制严重失灵或者存在明显短板，难以有效解决公益侵害问题；四是没有其他适格主体可以提起诉讼，难以通过普通民事、行政、刑事诉讼有效实现公益保护。与此同时，也要注意把握"等"外案件立案的界限，有些明显不符合条件的案件，不应该立案，比如，通过私益诉讼可以有效解决权利救济的；比如，保护特定公共利益可能影响其他公共利益，容易引发或者加剧社会矛盾的；比如，存在重大争议的新生事物或者历史遗留问题，相关行政法规缺位或者如何治理有待进一步凝聚共识的；比如，行政机关对所涉公益侵害事实正在依法履职，有明确处理意见或具体处理措施的。只要具备上述一个条件，就不应该立案。

（三）"等"外探索应当建立更加严格规范的证据体系

一方面，应当严格"公益"的证据认定。拓展公益诉讼案件范围，需把握"国家利益或者社会公共利益"受到侵害这个精髓要件，而通过立法确定案件拓展范围，关键之处即在于对国家利益和社会公共利益准确界定。[①] 为此，办案过程应当加强研究论证，通过专家咨询论证或者委托社会调查征集民意，辅助检察机关判断新领域案件线索反映问题是否确属严重损害公共利益，

---

① 曾国东、刘洋：《行政公益诉讼案件范围拓展研究》，载《中国检察官》2020 年第3 期。

是否确有必要启动检察公益诉讼程序，征求对检察建议、诉讼请求必要性与可行性的意见建议。

另一方面，应当加强调查核实，确保"等"外案件经得起外界"苛刻"的检验。坚持以起诉案件的证据标准，扎实开展新领域案件的调查核实工作。在公益诉讼专家咨询平台和专家库建设中充分考虑办理新领域案件需要。重点加强新领域案件证据收集、固定以及评估鉴定、整改计划、修复方案、验收标准等专业知识的专家咨询和技术支持工作。探索采取司法辅助事务社会化服务外包等方式，补强检察机关在新领域办案经验、力量、技术方面的弱项。

（四）"等"外探索应当建立严格的审批审核机制

上级院尤其是最高检和省级院应当加强对"等"外案件的备案、审核、审批，引导各地检察机关积极稳妥、平稳有序地拓展公益诉讼案件范围。加强典型案例的指导作用，最高检可以根据年度公益诉讼检察工作要点，顺应公益保护形势发展需要，适时分批分类发布新领域指导性案例和典型案例。各省级检察院应当加强案例学习培训，指导辖区检察机关参照办理同类新领域案件。

（五）"等"外探索应当争取广泛共识

公益诉讼实践中还存在不少问题，检察机关与行政机关、审判机关以及学术界还存在分歧意见，如果分歧很大，则推进过程会非常困难。比如，上海市人大常委会虽然将金融秩序、知识产权写进公益诉讼决定，但是由于在这个问题上还存在不同的理解和认识，所以至今还没有在金融和知识产权公益诉讼案件上有明显突破。

争取人大、政府、法院及有关各方的认同与支持，是开展"等"外探索必须重视的问题。特别是在探索新领域行政公益诉讼方面，应当及时与被监督行政机关就法定监管职责、履职尽责标准、整改落实方案等进行磋商，争取形成共识。同时涉及若干被监督行政机关的，可以通过圆桌会议共同磋商。新领域民事公益诉讼案件立案前可以主动与负有监管职责的行政机关进行磋商，重点磋商针对民事违法主体是否穷尽行政执法手段，获取相关执法信息，并征求相关专业领域的意见建议。为及时有效保护受侵害的公益或者应急处置重大侵害危险，充分发挥检察公益诉讼的预防功能，推动源头治理、系统治理，对于承担一定公共管理职能和重要社会责任的网络运营者、电子商务平台经营者，以及在防止和减少生产安全事故中承担主体责任的生产经营单位，可以探索提出民事公益诉讼诉前检察建议，督促其整改。

（六）"等"外探索更需加强队伍建设与理论研究

张军检察长指出，监督不是高人一等，但要技高一筹。公益诉讼受案范围的进一步扩展对公益诉讼检察队伍的建设和综合素质人才的培养都提出了更高层次的要求。首先，检察机关在进行人员招录时应做好规划，结合公益诉讼特点，适当引入行政法、民商法、环保法等相关专业领域的干部，聘请专业人员担任特邀检察官助理，为公益诉讼在各领域的探索和开展积极献策。其次，行政公益诉讼应坚持以实战、实用、实效为导向，通过组织实施各类公益诉讼案件的业务实战实训活动，有针对性地培养和锻炼检察人才。再次，应当加强公益诉讼检察人员与相关行政机关人员的交流，安排公益诉讼检察人员到行政机关挂职锻炼，深入了解行政执法实务，提高专业素养，加强公益诉讼检察队伍专业化建设，从而为进一步提高公益诉讼办案质效打下坚实基础。最后，应深入运用"检察官办案全程监督考核系统"等信息化平台，加强对检察人员办理公益诉讼案件全过程的监督管理，确保相关工作落实到位。

拓展公益诉讼案件范围的实践探索离不开理论储备的支撑。具体工作可以从以下五个方面着手：第一，应继续发挥公益诉讼研究中心的作用，集高校和实务部门专家学者以及检察业务骨干的智慧，深入开展公益诉讼的理论研究和实践探索；第二，依托检察学研究会等平台，做好检察基础理论和业务应用研究；第三，定期举办公益诉讼相关问题的学术论坛、学术沙龙活动，吸引更多领域的专家关注并参与公益诉讼制度的研究，以便取得更多有质量、有深度、有价值的理论研究成果；第四，建立公益诉讼智库，邀请专家学者参与到公益诉讼的实践当中，使得理论研究与实践需求更加契合；第五，就研究内容而言，"公共利益"的界定是拓宽公益诉讼受案范围过程中亟待解决的核心问题。对于这样一个日趋完善的法律课题，应进一步研究如何在公益诉讼司法实践中科学、合理的界定并运用，并通过相关问题的研究推动立法，为公益诉讼的开展提供更有利的法律保障。在监督程序研究上，要针对公益诉讼的特点，具体研究线索审查、诉前程序、诉讼程序、案件管辖、调查核实等程序性事项，确保案件办理程序公正，推进有序。

内设机构改革背景下检察机关
业务指导工作机制研究[*]

上海市人民检察院课题组^{**}

习近平总书记指出，当今世界正面临"百年未有之大变局"。在科技化、信息化、全球化浪潮席卷下，社会风险变得更具复杂性与多样性。与此同时，随着全面深化改革渐入攻坚期和深水区，我国社会矛盾多发叠加，检察机关办理的新型、疑难、复杂案件数量骤增，检察工作面临的压力和挑战层出不穷。在此大背景下，最高人民检察院从 2018 年开始着力推进内设机构改革，打破旧有的内设机构设置模式，形成了刑事检察、民事检察、行政检察、公益诉讼检察"四大检察"新格局。

内设机构改革对检察机关业务指导工作机制产生了重要影响，而业务指导工作能否在实践中取得成效，又直接关系到检察办案工作实际效能，是检察机关"工欲善其事"之前"必先利其器"的重要手段。因此，为进一步加强上下级检察机关之间的业务指导工作，充分发挥好业务指导的积极作用，有必要通过课题研究，分析考察内设机构改革前后上下级检察机关业务指导工作机制的变化发展、存在的问题，以期对今后检察机关业务指导工作机制发展有所裨益，并进而全面提升检察办案效能，确保检察权依法独立公正行使。

一、检察机关业务指导工作机制的内涵

（一）概念界定

1. 检察业务指导

检察机关业务指导工作是我国检察业务管理的一项重要内容。"指导"，

---

　　* 上海市检察机关重大课题。

　　** 课题组负责人：陶建平；课题组成员：葛建军、殷勇忠、张爱菁、皇甫长城、韩孔林、尚珂全、张曦、林竹静。

即"指示教导，指点引导"的概称。① 在检察机关，业务指导工作普遍发生在上下级检察机关、业务条线（部门）之间。目前，检察机关业务指导工作制度普遍建立了以纵向联络、对口指导为主要方式的"条线"指导模式，即上级检察机关设置的业务部门采用纵向指导、横向协调、职权保障和全程监督的工作方法，对下级检察机关相应设置的业务部门实行业务办案上的对口指导，以期实现上级检察机关以业务条线为区分的对下业务指导、组织协调、监督督查和检查评估职能。

从当前检察办案实践看，上级检察机关的对下业务指导对于提高下级检察机关的办案质量和统一法律适用，以及加强对下级院检察业务的统一领导，具有重要意义。换言之，上级检察机关正是通过行使检察业务管理中的对下业务指导职能，全面、准确、客观地指引和评价下级院各项业务办案工作，以确保检察工作一体化机制有效运作。

2. 检察组织领导

我国《宪法》第137条、《人民检察院组织法》第10条规定："最高人民检察院是最高检察机关。最高人民检察院领导地方各级人民检察院和专门人民检察院的工作，上级人民检察院领导下级人民检察院的工作。"在检察系统内部，上下级检察机关之间、检察机关内部检察长等领导机构与检察官之间，存在以指令权、监督权、事务调取权、移转权和代理权等为主要内容的领导与被领导关系。

"领导"是在一定条件下，指引和影响个人或组织，实现某种目标的行动过程。领导职责是领导者的职能和责任，主要表现为工作规范，可以概括为确立目标、建立组织和制度、选人用人、进行决策、监督检查、教育等。斯托格狄尔（R. M. Stodill）认为："领导是对一个组织起来的团体为确立目标和实现目标所进行的活动施加影响的过程。"② 在这个过程中，领导职能具体包括指导、沟通和激励等工作。

（二）"指导"与"领导"的兼容共生关系

1. 检察业务指导源于检察组织领导

在我国，地方各级人民检察院和专门人民检察院既受最高人民检察院的领导，也受上级人民检察院的领导，上下级人民检察院之间是领导与被领导的关

---

① "指导"一词古已有之，如《汉纪·宣帝纪一》中出现的"吏治者利其然，则指导以明之"；清代况周颐在《蕙风词话》中也用过"苦于不自知，又无师友指导之耳"的表述。由此可见，在中文语境中，"指导"即"指道"，目的是使受指导者"明之"，而"指导"的主体，较之受指导者则是地位更尊崇的"师友"。

② 刘永芳：《管理心理学》，清华大学出版社2008年版。

系，而上级检察院对下的办案指导通常也需借助基于领导关系的各项职权行使才得实现：包括请示报告、检查、组织协调、指令纠正、调取交办、备案、审批、督办制度等。[1] 如《人民检察院组织法》第 23 条规定的最高检具体应用法律的解释权、指导性案例发布权，以及第 24 条列举的四项上级院对下级院行使的职权。[2] 在上级院行使的这些职权中，也相应提出了含有对下业务指导的内容，也是检察机关上下级领导关系的内在要求。

2. 检察业务指导与检察组织领导存在过渡地带

依据检察一体原则，检察体系存在上下一体、上命下从的内控机制，即上级检察机关领导下级检察机关，上级院检察长除了指挥和监督本院检察官外，有权指挥和监督下级检察机关检察官处理具体的检察事务和办理案件，下级院检察官有服从上级指挥和监督的义务，但在上级检察机关的内设机构对下级检察机关、上级检察机关的检察官对下级检察机关的部门和检察官则主要进行业务指导，对实现上下级之间的领导关系具有基础性作用。有学者认为，在我国上下级检察机关之间针对案件开展的请示与答复，也是检察机关业务指导工作的组成部分，是我国检察权运行机制的重要内容之一。[3]

2015 年 12 月，最高人民检察机关印发《人民检察机关案件请示办理工作规定（试行）》，进一步完善了上下级检察机关司法办案领导的程序和机制，规范了上下级检察机关案件请示办理工作，但规定未明确上下级检察机关业务指导工作的适用范围和相应的方式。

（三）"指导"区别于"领导"的主要特征

1. 基本内涵不同

在组织行为学的范畴，指导是主管人员根据既定的组织目标、政策、计划，督导被指导对象在迅速、经济和有效三大原则下，去完成某项工作或指定的任务，并在工作或任务完成的进程中，解答被指导对象所提出问题的行为过

---

① 彭胜坤、吕昊：《检察管理专题研究》，知识产权出版社 2013 年版，第 88、89 页；李刚：《上级检察院领导与下级检察院依法独立办案关系研究》，载《法学杂志》2016 年第 9 期。

② 《人民检察院组织法》第 24 条规定，"上级人民检察院对下级人民检察院行使下列职权：（一）认为下级人民检察院的决定错误的，指令下级人民检察院纠正，或者依法撤销、变更；（二）可以对下级人民检察院管辖的案件指定管辖；（三）可以办理下级人民检察院管辖的案件；（四）可以统一调用辖区的检察人员办理案件。上级人民检察院的决定，应当以书面形式作出"。在上级院行使的这些职权内容中，就含有"业务指导"的内容。

③ 周晓霞：《上下级检察院办案指导关系研究》，载《华东政法大学学报》2017 年第 4 期。

程。在指导关系中，指导方享有指导权，但没有指挥命令权，无权直接改变或撤销被指导方的行为，后者拒绝服从前者的命令不引起法律责任问题。

从行为过程、影响力、权力、艺术等不同角度和侧面切入，可以对"领导"作出不同的定义。[①] 一般认为，作为一种主体的有意识行为，"领导"是隶属方（即领导方）部署、决策、命令、指挥和监督被隶属方（被领导方）工作的行为方式，其直接指向并意图解决的是被隶属方（被领导方）"做什么"的问题。换言之，较之指导行为侧重具体解决"怎么做"的问题，领导行为是在宏观层面把握"做什么"的问题。

2. 权力行使外观不同

在指导关系中，根据落实检察官办案责任制"办案者决定，决定者负责"的要求，指导关系中的下级检察主体拥有完整的办案自主权，上级检察主体无权直接改变或撤销下级检察主体的办案决定，但在此过程中，上级检察主体对下级检察主体依法正确履职仍负有指引、教示的职责。

在领导关系中，基于检察一体原则，上级检察主体享有命令、指挥和监督的权力，有权对下级检察主体违法或不当的决定予以改变或撤销。下级检察主体负有服从、执行上级检察主体决定、命令的义务，不得违背或拒绝，否则就要承担相应法律后果。

3. 责任承担主体不同

在指导关系中，上级检察主体不能直接指挥、命令下级检察主体办案，下级检察主体有权自主决定是否接受上级检察主体的指导意见，同时亦由其承担主要办案责任。

在领导关系中，上级检察主体有权直接命令、指挥下级检察主体开展工作，变更、撤销其办案决定，根据权责一致的原则，因此产生的办案责任由上级检察主体承担。

（四）检察机关业务指导的工作载体

作为推进检察专业化建设，提升检察办案质效的"磨刀石"与"增能器"，检察机关业务指导工作必须借助适格的机制载体，依托具体工作制度才能在实践中收获实效。课题组调研发现，当前检察机关业务指导的工作载体主

---

① 学者从不同的角度对何谓"领导"作出精要诠释。典型如：（1）领导是一种"行为过程"，泰瑞（G. B. Terry）：领导是影响人们自动地达成全体目标而努力的一种行为。（2）领导是一种"影响力"，坦南鲍姆（R. Tannenbaum）：领导就是在某种情况下，经过意见交流过程所实现出来的以一种为了达成某种目标的影响力。（3）领导是一种"权力"，杜平（R. Dupin）：领导即行使权威与决定。（4）领导是一种"艺术"，孔兹（H. Koontz）：领导是一门促使其部署充满信心、满怀热情来完成他们任务的艺术等。

要包括：

1. 检委会宏观业务指导

《关于完善人民检察院司法责任制的若干意见》中明确规定，要提高检察委员会工作法治化、民主化、科学化水平，发挥检察委员会对重大案件和其他重大问题的决策、指导和监督功能。检委会对检察业务的宏观指导职能是检委会业务决策功能的自然延伸。进一步加强检委会对业务办案的指导职能是司法改革的必然要求。检委会的业务指导作用使得检委会的业务决策能够更为有效发挥作用，使得对检察业务宏观工作的调控更富有层次。近年来，各地对检委会宏观业务的指导功能发挥多有探索。如上海市检察院建立的检察业务分析报告制度、正在探索的检察业务问题库机制建设、天津市检察院建立的专项业务报告审议制度、辽宁省检察院建立的检察业务运行态势宏观分析报告制度等。①

2. 条线业务工作指导

上级检察院各业务条线（部门）的对下业务工作指导，是检察机关开展业务指导工作的最主要载体。上级检察院内设业务部门所具有的业务指导、管理、协调职权源于上级检察院检察长或检委会的授权，因此其在行使业务指导权时是以上级检察院"整体"而非"部门"或"个人"名义进行的。

（1）业务指导的具体方式包括：条线业务培训、对口指导联络员、深入工作联系点调研指导、包片督导等。

（2）业务指导的主要内容包括：基础性业务指导（如庭审实务）、在办个案指导、案例指导、课题调研指导、单项工作指导（如认罪认罚从宽制度的适用）、考核指导、竞赛指导、206 系统（大统一）或案件管理类指导等。

3."检答网"在线业务指导

最高人民检察院建设运行的检答网，自 2018 年 10 月"上线"以来，以其内容涉及面广、专业性强、解答及时权威深受各地检察人员青睐，已成为可为检察办案提供即时远程业务咨询、法律运用答疑服务的信息共享平台。截至 2019 年 12 月 16 日，检答网已录入用户 202845 人，占全国检察机关在职在编人员总数的 93.5％，各省、自治区、直辖市及新疆生产建设兵团三级检察院全部在检察内网门户网站建立了检答网链接。目前，检答网日均访问量超 3 万

---

① 这些制度都以研究检察机关的核心业务为基点，有的以各业务部门为主体进行数据分析，有的以检委会办事机构为主体借助最高检下发的核心业务数据报告为基础，有的以检察业务数据为依据，针对案件类别、区域分布、主体特征、犯罪方式和手段等方面的新特点、新情况进行深入剖析。这些制度的分析主体、方式方法虽不一而同，但在实际效果上都是从宏观角度对检察业务进行剖析，旨在发现问题、解决问题，推动工作科学发展。

人次，同时在线人数峰值达 4000 余人，并呈上升趋势。①

4. 业务数据会商研判"智慧辅助"

为适应新时代检察工作发展要求，检察机关需要高度重视和关注业务数据分析研判工作，建立相应的业务数据会商研判工作机制。2018 年 3 月，上海市人民检察院成立"智慧检务创新研究院检察大数据融合创新实验室"，聚焦办案指导，由案管部门定期刊发大数据业务分析报告，充分反映出检察业务分析研判在整个检察管理中的特殊地位和作用，可以为检察决策提供高质量、有价值的参考依据，成为新时代检察工作发展的重要驱动力。

5. 专业化办案团队业务指导

由专业化办案团队提供业务指导是上海检察机关业务指导的特色平台。2019 年 9 月，由 44 名跨院、跨层级一线办案骨干为核心的首批十二支上海检察机关专业化办案团队组建完毕。首批设立的检察专业化办案团队包括：重大刑事案件检察、刑事诉讼监督、食药品环资检察、证券期货金融检察、银行保险金融检察、知识产权检察、司法人员职务犯罪检察、民事检察、行政检察、公益诉讼检察、未成年人检察、声像鉴定检察技术等。检察专业化办案团队以"专业化办案、专业化研究、标杆性培养、开放性管理"为指导原则。② 其主要任务除直接参与办理全市专业领域大要案、专案之外，还承担业务指导职能，具体包括：（1）个案业务指导：参与会诊全市专业领域疑难复杂、新类型案件；（2）类案业务指导：参与专业领域案件的相关法律法规、司法解释和有关办案规定的制定。

二、内设机构改革对检察机关业务指导工作的影响

（一）检察机关内设机构改革概要

推进检察机关内设机构改革，是全面推进依法治国、深化司法体制改革的重要部署，是司法责任制改革的重要配套措施，对于推动检察业务骨干回归办案一线、简化办案层级、落实司法责任制具有重要意义。按照中央有关要求，最高检已于 2018 年底前完成内设机构改革。2018 年 12 月 4 日，中央正式印发《最高人民检察院职能配置、内设机构和人员编制规定》。12 月 24 日，最高检

---

① 《"检答网"应需而生，成为 20 多万检察人员业务交流平台和知识宝库》，载正义网，http：//www.jcrb.com/xztpd/ZT2018/fogang/2018SD/jcxw/201812/t20181226_ 1947035. html，2019 年 12 月 27 日访问。

② 《专业领域＋专业团队！首批上海市检察机关专业化办案团队完成组建》，载上海检察－澎湃网，https：//www.thepaper.cn/newsDetail_ forward_ 4572543，2019 年 12 月 27 日访问。

第一至第十检察厅按照新的职能和办案机制正式运行。

2019 年第一季度，上海检察机关全面完成三级院内设机构改革任务。改革后上海市检察机关的第一至第十检察部、法律政策研究室、案件管理办公室为业务部门；办公室、政治部、检务督察部（巡视工作领导小组办公室）、检务保障部（上海市检察技术信息中心）为行政部门，与最高检内设机构相对应。内设机构改革试点以来，上海检察机关不断探索建立完善检察权运行新机制，积极适应新形势下刑事检察工作规律和基层检察院办案工作实际需要，全面运行捕诉一体刑事案件办理模式，强化民事、行政、公益诉讼职能建设，致力实现检察工作全面提质增效。

（二）内设机构改革背景下检察机关业务指导理念、对象与方式的变革

1. 业务指导理念："点对点"到"总对总"

在内设机构改革之前，主要以诉讼流程事项为标准分别设置的业务条线（部门）在关于条线业务办案的相关实体与程序问题上，很少与其他业务条线（部门）产生交集，且由于之前较少出现跨领域的复杂案件，各条线（部门）在进行对下指导时，一般情况下界限分明，自成体系。

内设机构改革后，由于各个业务条线（部门）之间均可能涉及同一办案流程的适用，且跨部门、跨领域的复杂案件、专项行动数量骤增。原先相互隔离、自成一体的"点对点"业务指导已经无法适应形势发展需要，与之相对，相互交融、彼此补位的"总对总"业务指导理念更符合检察业务发展需求。

2. 业务指导对象："对口型"到"复合型"

"对口型"办案指导是指针对某一个案或类案，由上级院对口业务部门对下级院相应业务部门所进行的办案指导。依据《人民检察院案件请示办理工作规定（试行）》第 6 条的相关规定，"下级检察院业务部门可向上级检察院对口业务部门请示案件办理工作"。在此情况下，上级检察院对口业务部门就可给予有的放矢的"对口"指导。只有在上级检察院业务部门认为下级院对口业务部门请示的案件问题属于重大疑难复杂的，才会要求下级检察院业务部门在报请本院检委会讨论决定后，以下级院名义请示上级院给予办案指导。换言之，在内设机构改革之前，条线（部门）业务分工泾渭分明的情况下，大部分普通案件的对上请示、对下指导均可在条线（部门）范围内加以解决。

内设机构改革后，情况发生了变化。由于各条线（部门）在办理相关领域案件时，可能适用同一诉讼流程，又因为一些专项工作"刑行民交织"，可能涉及多个专业领域。大量需要上级院指导的"复合型"案件骤增，已非某一条线（部门）能够单独解决。其中，一些重大疑难复杂案件，可以通过上级院检委会讨论后进行指导，但大量日常的"复合型"案件，仍需要通过部

门统筹的方式进行恰当指导。

3. 业务指导方式：从"经验感性"到"数据理性"

从本源文义上讲，"指导"即是先行者对后来者"授人以渔"的经验传承过程。"经验主义"与"理性主义"相对，认为感性经验是知识的唯一来源，一切知识都通过经验而获得，并在经验中得到验证。英国哲学家、教育家洛克认为，"我们的一切知识都是建立在经验之上的，而且归根结底是来源于经验"。[①] 在司法实务界，"经验主义"尤受尊崇。美国法学家霍姆斯在《普通法》一书中便开宗明义地指出："法律的生命不在于逻辑，而在于经验。"[②] 在传统的上下级业务指导中，上级院检察官基于自身丰富司法实践积累的直接经验，以及基于地位优势整合各下级院相关司法实践形成的间接经验，对下级院办案检察官进行办案指导。这一指导方式在实践中已经证明其确实卓有成效。但在当前社会风险叠加、检察办案日益复杂疑难的情况下，仅靠经验指导，难免挂一漏万。

案件管理部门的设立，可以最大限度弥补先前依靠"经验感性"进行业务指导存在的不足，通过为业务指导提供"前置性程序"——案件管理部门依托其在案件管理中积累的数据资源，通过筛选、整合与特定业务指导有关的基本素材，提供上级院业务指导部门参考——通过这一前置性的指导过滤功能，将有指导价值和指导意义的内容最大限度筛选出来，确保业务指导的周延与准确。

（三）内设机构改革影响的检察机关业务指导类型

当前，业务指导工作中受内设机构改革影响较大的，主要是因机构（部门）重组导致的职能整合，进而影响到业务指导方式更新的情形。为此，课题组将业务指导按指导部门进行分类，具体分析内设机构改革可能对检察机关业务指导类型产生的影响。

1. 内设机构改革对业务部门指导的影响

本次内设机构改革是重塑性变革，突出专业导向，是对检察机关刑事、民事、行政、公益诉讼检察职能的整体性布局调整，因此对业务部门指导的影响也是重构性的。例如，刑事检察业务从"捕诉分离"到"捕诉一体"，由此影响到如何针对"捕诉一体"开展业务指导，如何从内设机构改革前"按诉讼阶段"指导调整为改革后"按诉讼案由"开展指导；如何适应内设机构改革后民事行政检察从原先单一部门到民事检察、行政检察、公益诉讼检察三足鼎

---

① 洛克：《自然法论文作集》，商务印书馆2014年版，第206页。

② 霍姆斯：《普通法》，中国政法大学出版社2006年版，第1页。

立的机构设置，并在此基础上有效展开三部门"统分结合"的针对性、专业化指导等。这种影响主要表现在两个方面：

一是对于实体性案件的专门指导进一步增强。内设机构改革后，以案由分工为主的横向职能划分模式，在检察权行使的一般规律上，有利于强化检察官主体责任，提升专业化司法办案能力，在业务指导上，亦可避免检察各环节工作脱节，内部职能机构之间缺乏协调发展等问题。但同时也要看到，这种划分对于一个案件数个罪名，或罪名发生变化后的业务指导，也提出了进一步细化完善的要求。

二是对于诉讼阶段的共性问题存在指导标准整合需求。这一影响主要反映在程序性规范的指导方面，比如对于不捕不诉的标准掌握、逮捕的必要性、抗诉的必要性、监督标准的一致性等问题，其办案流程、审查方式由原有的主要由一个业务部门指导，发展为多个部门的纵向指导，指导的分散性进一步提高了业务指导的统合性要求。

2. 内设机构改革对综合业务部门指导的影响

对综合业务主要包括案件管理部门、法律政策研究部门等综合业务部门，其业务运行即具有检察业务的统合性特征，负有业务决策辅助功能，其本身具有开展业务指导所需的基本要素，这些部门可以运用其占有、掌握的综合性业务资源对同类问题或疑难复杂问题进行的统筹，进而转化为业务决策或称为业务指导的内容。关于这部分业务指导的方式与内容，以往从最高检到市院已建立或正在建立较多规范性的指导意见，业已形成了较为成熟的指导方法，本次内设机构改革对本类型业务指导工作影响并不大。但同时需要注意的是，从按照案件流程纵向划分业务机构，演进为按照案由领域的横向划分，对于综合业务部门的指导内容需要适应性调整，进一步发挥其填补型、协调型、统筹型的功能价值。

一方面，运用数据指导的复杂性增加。对于传统按刑事诉讼阶段统计分析的各项数据，在内设机构改革后都面临从以纵向为主汇总分析数据，向横纵结合的交叉分析转变，以实现数据分析的多维度和可视化，通过有效产出数据指导内容，来为各业务部门的指导和考核提供数据支持，为宏观指导和科学决策提供参考。

另一方面，综合业务指导的需求增强。对于前文所述基于诉讼阶段的共性问题指导分散的问题，综合业务部门的类案分析、专项分析、案件质量评查等工作，是发现各类个案指导中涉及的共性问题标准不统一的重要途径，同时综合业务部门的统筹职能，也是出台相关工作规范和业务指引，统一相关部门指导思想和业务标准的重要推动力，是对横向分工指导中的法律政策纵向适用统一规范的有效整合和有益补充。

3. 内设机构改革对跨部门专项业务指导的影响

对于内设机构改革后的专项活动，既有原来由一部门开展的专项活动，改革后因职能变化需要多部门共同组织开展，也有原来涉及多部门改革后一部门即可开展的专项活动。对于需多部门共同指导开展的专项活动，因与改革前专项活动的指导方式差异不大，更多依然是长期存在的多头指导中容易发生的问题。例如，多部门指导的权责分配，如何避免标准不一，如何有效动员和组织各相关部门积极参与，如何有效整合将专项成果最大化等问题。

当前，检察机关的重点专项活动多是围绕落实国家战略、服务大局、保障民生的专项工作，内设机构改革前后均是需要动员多个部门之力方能落实开展的重点工作，特别是内设机构改革之后，更是需要更新工作理念，整合发挥四大检察职能优势，相互借力，充分融合。以上海市检察机关服务保障优化营商环境"检察专项行动"为例，相关工作涉及强化知识产权司法保护、企业家人身财产权利保护、新兴业态市场主体合法权益保护、防范化解重大金融风险、开展涉企刑事执法活动专项监督、涉企民事行政检察监督等，从业务指导上看涉及刑事、民事、行政及检察公益诉讼在内的诸多业务指导。目前的主要做法是通过指导性意见的方式，进行宏观指导。[1] 但针对相关领域的具体个案或类案办理的业务指导应如何加强，仍有待相关条线（部门）进一步强化"业务贯通""资源整合"。

三、内设机构改革背景下检察机关业务指导工作暴露的问题与不足

在内设机构改革背景下，由于业务指导理念、业务指导对象和业务指导方式的新变化，导致在新旧指导方式切换的当口出现指导盲区、多头指导或路径不明等新问题，同时由于业务指导方式单一，实效性差等老问题依然存在，新老问题叠加，凸显了当前业务指导中的诸多痛点，这也正是本课题亟待梳理解决的难点。针对这些问题，课题组面向全市三级检察机关进行了问卷调查，调查对象覆盖了从事四大检察、案件管理和研究室业务的检察人员，从回收的205 份有效问卷上看，问卷设计的业务指导种类和基层院寻求业务指导的主要需求在方向上基本是一致的。但具体分析业务指导供需的对应性和感受度，以

---

[1] 例如，2018 年 7 月上海市检察院出台《上海市检察机关服务保障优化营商环境的意见》，从聚焦权益保障、营造创新创业的良好法治环境，聚焦宜居宜业、维护安全有序的健康市场环境等五个方面出台 20 项举措，对相关案件办理提供相对宏观政策指导。2019年市院又下发了《上海市检察机关 2019 年度进一步服务保障优化营商环境"检察专项行动"方案》，各职能条线（部门）迅速细化任务清单，分别部署开展涉企刑事执法活动专项监督、非诉执行专项活动、涉企来信快速办理等工作。

及从指导目标的实现上看，尚存在两大方面的不足。

（一）从下级院对上级院指导的需求层面看

1. 从获得感上看，对业务指导的感受度尚可

统计调查问卷中对当前业务指导的感受度得分（表1中0为最低、5为最高），选择3分的为75人，在所有选项中也最多，占比36.59%，加权平均分为3.31分，可以说对业务指导感受度尚可，但还达不到满意的程度，问题集中于认为指导的针对性和操作性不强。

表1　调查问卷：业务指导感受度评分分布

选项	小计	比例
A. 0	2	0.98%
B. 1	14	6.83%
C. 2	24	11.71%
D. 3	75	36.59%
E. 4	59	28.78%
F. 5	31	15.12%
本题有效填写人次	205	

分析"当前上级院业务指导中存在的主要问题"多选题（见表2），排名前三位的分别是：日常工作中指导性不足、业务培训针对性不强和请示程序繁琐，反映出基层院对于业务指导中存在的问题主要聚焦于内容和程序两个方面。一方面，在指导的内容上，选择"日常工作中指导性不足"和"业务培训针对性不强"的人数分别为121人和66人，占比分别为59.02%和32.2%，很多被调查者在具体问题的表述中，都写下了"实务性、针对性不强""未结合基层实际""有的指导过于原则，欠缺操作性""相关规定仍未出台""希望对破解工作难题方面多加指导"等内容，反映出上级院的业务指导与基层院的内容需求尚存在一定差距，基层院在日常工作中关于业务指导的获得感不强。另一方面，在指导的程序上，除了"请示程序繁琐"这个问题之外，很多被调查者都提出对于不需要书面请示的问题，市、分院缺乏明确的业务分管部门或人员，请示无法具体到人或指导口径不一，影响了寻求指导的效果和感受。

表2　调查问卷：业务指导主要问题分布

选项	小计	比例
A. 日常工作中指导性不足	121	59.02%
B. 业务培训针对性不强	66	32.2%
C. 寻求业务指导时不知该向何部门请示	47	22.93%
D. 上级院相关部门都认为请示问题不属于本部门业务指导	17	8.29%
E. 请示程序繁琐	53	25.85%
F. 请示后对问题解决帮助不大	33	16.1%
G. 其他	35	17.07%
本题有效填写人次	205	

2. 从供需比上看，业务指导的对应性不强

特别是在未建立明确业务指导分工的工作中，业务指导的供给不足、路径不清。调查问卷中，在"曾获得过哪些方面的指导"中排名前五位的分别是：业务培训、条线会议、案例指导、案件请示和业务辅助，而"最迫切需要的来自上级院的业务指导"中排名前五位的分别是：案件请示、业务培训、案例指导、条线重点工作解读和专项业务（见表3）。

表3　调查问卷显示业务指导供需对比

TOP 5	曾获得过的业务指导	最迫切需要的业务指导
1	业务培训	案件请示
2	条线会议	业务培训
3	案例指导	案例指导
4	案件请示	条线重点工作解读
5	业务辅助	专项业务

可见，偏基础性的、业务指导分工相对清晰的内容，也是各条线日常提供的指导内容，可基本满足基层院需求，但供需不对应的问题亦十分突出。一方面，供需之间存在一定错位。对于基层院日常最迫切需要的案件请示指导，在供给端的排序仅为第四位；排名第四位的条线重点工作解读，虽然部分可以通过条线会议予以指导，但囿于条线会的频次和广度，也影响了指导的深度和效果；而排名第五位的专项业务指导需求，在曾获得过的业务指导中排名最末，反映出需求和日常指导内容的不匹配程度最高。另一方面，部分业务指导供给

主体不明。内设机构改革后，原有条线分隔的业务指导方式不再适合机构整合后的部门分工实际，一些跨专业、跨条线的复杂案件、专项行动需要同时寻求几个条线的业务指导。

以供需最不匹配的专项业务为例，包括服务大局保障民生类的专项行动，如优化营商环境、食品药品安全专项等，或是由最高检、市委政法委部署开展的专项行动，如2019年最高检组织的"非公经济立案监督和羁押必要性审查专项监督"，即是由最高检第十厅牵头，会同第五厅、第一厅共同开展，都反映出此类专项业务中"一对多""多对一"甚至"多对多"的业务指导已渐成常态。但在指导过程中，如何避免多部门交叉指导带来的指导混乱或缺位，或只由牵头部门的条线开展工作造成的整体推进迟缓或其他部门失位，科学确定指导主体、设计指导程序，尚未形成相对清晰的模式和路径。在"当前上级院业务指导中存在的主要问题"多选题中（见表2），排名第四位的即是"寻求业务指导时不知该向何部门请示"，亦反映出这一问题。

（二）从上级院对下级院指导目标的实现层面上看

1. 从内容传导上看，相较于有形的指导，对理念性、经验性问题的专门指导不足，载体和方法有限

从上述调查问卷中不难发现，无论是上级院还是下级院关于业务指导更关注于有形的法律适用或操作规范的指导，这无疑是检察机关专业化、规范化办案的基础，但正如最高检张军检察长在最高检领导干部业务授课上讲的"检察机关的职能是什么？案件处理依法公正的价值追求怎么体现？一类案件高发多发深层次的问题是什么？为什么现在办案要有更高的要求？这些都需要深入思考"。具体到业务指导之中思考，业务指导，首要就是理念的指导和引领，这是指导检察机关办好案件的思想和灵魂，它更宏观，很难通过一次性的、规范化的业务指导予以传导，更多的是在会议中、专项工作部署中、重点工作中作为意义和背景部分予以传达，但随着阶段性工作的完成，如何将这种理念固定于、指导于微观的具体工作，如何有意识地指导、发现和培育标杆性案件，比如对于一个诉讼案件，有没有发现其背后社会治理关键信息的能力和经验，做到"三个效果"的有机统一。又如对于一项监督工作，运用什么方式，采用什么监督手段更有利于在个案纠正的同时做到双赢多赢共赢，尚未形成科学的评价机制和常态化的指导方法。

2. 从方式运用上看，对新形势下各种业务指导方式的整合不足，尚未形成稳定成熟的业务指导体系

调查问卷中，"平时寻求业务指导的方式"多选题中排名前五的方式分别是（见表4）：查询相关案例、请教资深检察官、请示部门负责人、请示市院对口业务部门和检答网，相较传统概念中上下级间的、以业务培训、案件请示

或部署推进为主的指导方式发生了较大变化。

表 4 调查问卷：寻求业务指导的主要方式分布

选项	小计	比例
A. 请示部门负责人	137	66.83%
B. 请教资深检察官	153	74.63%
C. 查询相关案例	159	77.56%
D. 查询上级院工作简报	52	25.37%
E. 请示分院对口业务部门	51	24.88%
F. 请示市院对口业务部门	90	43.9%
G. 请示市院研究室	13	6.34%
H. 检答网	81	39.51%
I. 其他	21	10.24%
本题有效填写人次	205	

内设机构改革以来，市院相关部门已充分注意到此情况，通过收集建立问题库、组建以一线办案骨干为核心的专业化办案团队、以资深检察官为主体的检答网专家组等形式，提升业务指导的针对性、专业性和权威性，但同时由于这些工作尚处于启动或推进阶段，部分成果正在逐步显现，系统化的整合应用有限，一方面，对于可复制的指导内容总结推广不足。比如检答网中各条线专家回答的问题，对于一些有较强指导性、操作性的内容缺乏总结梳理和系统呈现，如不在检答网中搜索相关问题也不会看到专家的回复，大量的实务经验和智慧无法有效积累和应用。另一方面，对于综合性指导相关供给主体的资源和平台运用不够。涉及多部门的统筹指导思路缺乏途径转化为指导方法，一个部门好的指导方法也较难被其他同类部门了解或复制推广，同时对于案件管理、法律政策研究部门和信息技术部门掌握的丰富的案例资源、政策法规资源、案件资源、数据资源和信息化支持，在市院层面都存在如何有效获取并整合运用的问题。如何发挥好相关业务部门及市院各平台的资源，最大化地运用于业务指导，尚未形成有机联系的指导体系。

四、业务指导模块模式与平台体系的完善建议

在内设机构改革背景下，原有的纵向以诉讼推进为代表的个案指导，以及横向以部门条线为代表的专业指导，因其存在的条块分隔、聚于一点，不及其余的不足，有待转变。为适应各项检察业务相互融合、刑民办案时有贯通的现

实需要，需要转变业务指导工作思路，在不断强化检委会的宏观业务指导、进一步夯实基础性业务指导模块、系统完善专项业务指导模式的基础上，打造线上线下融合的交互式业务指导平台，进而构建符合新时代检察工作发展新需求的多层次检察业务指导体系。

（一）强化检委会的宏观指导作用

在检察组织体制中，检委会处于司法决策的顶层，检委会的功能定位于决策、指导、监督三个方面。当前，检委会的业务指导功能主要通过审议制定检察业务指导性、规范性文件、审议检察业务条线或专项业务分析报告、发布指导性或典型案例等形式实现。① 宏观性是检委会重要的功能特征，宏观指导主要是指通过对检察工作中贯彻落实国家法律、政策以及上级机关部署等重大事项、全局性问题的讨论，研究提出指导性意见，指导检察工作依法规范开展。②

内设机构改革后，原有的业务指导体系被打破，各检察业务条块面临调整适应，为充分落实"总对总"指导理念、确保指导理念和标准统一，更需要深刻认识检委会对于把握检察改革方向、推动检察工作的重要价值，发挥好检委会宏观指导弥合条块分隔、发挥整合引领等正向功能，在工作重心上进一步突出检委会对检察工作的政策性和标准性指导，有效发挥检委会的地位和资源优势，在事项类议题中扩大宏观业务指导的议题范围，充分运用专家咨询委员会、业务数据会商研判、专业化办案团队等"智慧辅助"机构或资源，研究并部署重大专项工作，统一法律政策适用。

（二）夯实基础性业务指导模块

夯实基础性业务指导模块，重点要解决指导规范性问题。具体建议市院综合业务部门统筹各部门系统梳理相关指导规定，在对未明确请示程序和指导方式的内容予以补充完善的基础上，重点梳理四大检察指导中的必备和共性内容，提炼最大公约数，建立可在多个条线复制复用的指导模块，统一同质问题指导口径，整体提升指导规范和工作效率。

1. 规范业务部门指导模块

建议对十大业务部门指导的共性业务规范予以梳理，对可以模块化的业务规范类指导内容（见图1），可由职能部门梳理汇总并建立业务规范和指导标

---

① 刘昌强：《检察委员会制度研究》，中国检察出版社2013年版，第185页。

② 宏观业务指导是检委会一直以来具有的一项重要职能。从组织学上说，从一种组织形式到另一种组织形式的演变过程中，为了保持演变的平稳有序，必定存在着一定的代偿关系，即如何延续原有组织形式的正向功能在新的组织形式中得到发挥。

准，形成工作指引或操作手册，供各部门指导实践。例如，2019 年市院第一检察部就出庭公诉规范制作了五集视频短片，内容涵盖速裁程序、简易程序、普通程序和二审程序的出庭规范、庭审常见问题和应对策略，对于全市刑检部门此项工作的规范提出了明确的标准，值得各通用模块的指导部门借鉴推广。

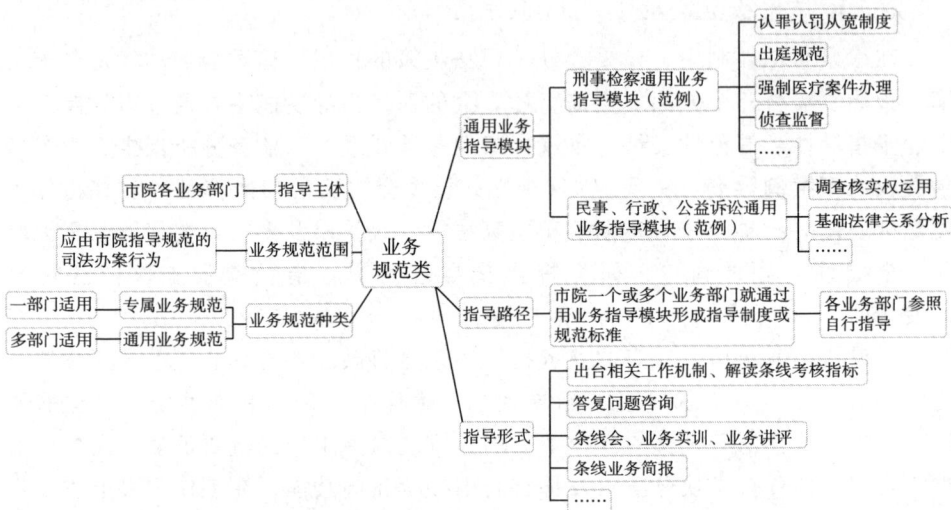

图 1　业务部门业务规范类指导模块参考图

2. 完善综合业务部门指导模块

对于综合业务部门指导的内容，建议针对可直接指导的内容，建立综合业务指导模块（见图 2），以适用各相关业务部门学习。[①] 对于间接指导，由于其指导关系的关联，是基于综合业务部门提出的分析性、评价性、提示性内容，经一定层级认可或通过后，对其他业务部门的业务工作产生影响而形成的，其是在检察工作的全局高度对特定业务工作中存在的普遍性、代表性问题提出的建议意见。基于这种关联的特殊性和间接性，往往很难直接指导司法实践，需要通过融入相关业务部门日常工作、借助于条线具体的工作要求和指导方式，才能有效发挥作用。因此建议建立相关报告发布、通报制度，明确各类报告发布范围和落实机制，通过要求或推动各单位和业务部门结合工作实际，组织对照查摆问题，以规范司法行为，提高业务水平。

---

① 例如，2019 年 8 月市院研究室针对"推门听庭"发布《关于在全市检察系统常态化推进"推门听庭、集中评议"工作的通知》，对听庭中发现的问题一并予以规范。相关意见、举措，各刑事检察部门均可适用并用于日常指导。

综合业务分类
可直接由综合业务部门指导的：法律法规解读／法律文书规范／大统一、206系统应用／大数据运用／……　→　建立指导模块
需要通过一定载体传导进而进行指导的：检察建议分析报告／大数据分析报告／案件质量检查／……　→　建立发布机制

市院研究室／市院案管办　→　指导主体
应由市院指导规范的综合业务工作　→　综合业务范围
→　综合业务类

指导路径
可直接指导的—全市检察机关　→　可内嵌于"统一业务系统"
间接传导的　结合发布内容和对象　→　市院各业务部门　→　落实于条线业务指导；分院、基层院　→　落实于本院相关业务指导

指导方式
出台相关工作机制，解读相关考核指标
发布各类业务报告、分析报告
答复业务咨询
条线会、条线培训、业务讲评
条线业务简报
……

图 2　综合业务类指导模块参考图

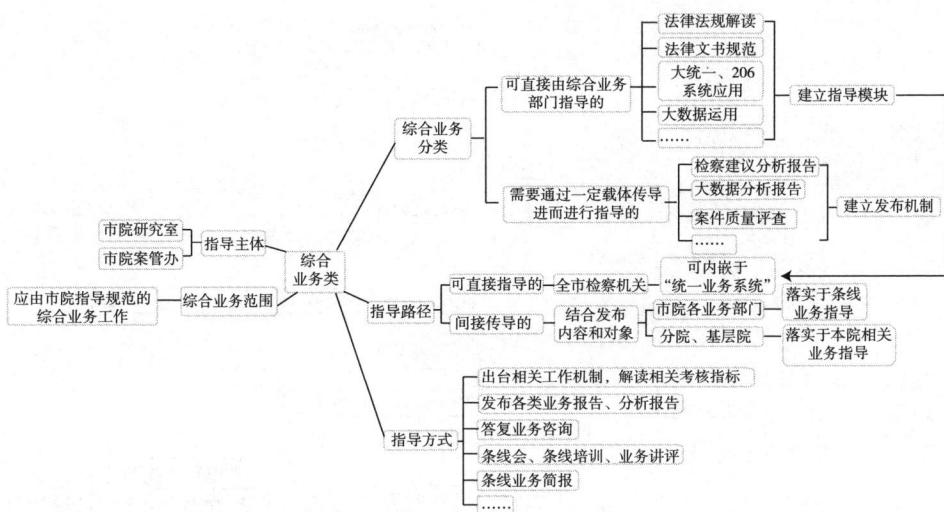

3. 建立案例指导模块

对于案例指导，除了各业务部门应对案件请示中的共性问题定期梳理分析，内化于条线业务日常指导之中外，重点是对于各类典型案例，建议法律政策研究部门和各业务部门各有侧重，建立典型案例库（见图3），并运用于业务指导。

一是对于法律政策研究部门，建议突出案例分析的"广"和"新"，对社会影响大、关注度高或各地通报的典型案例，建立第一时间收集分析工作机制，既可以对于典型、新型问题组织研讨，比如对于"昆山反杀案""云南丽江反杀案"，从案情通报的表述到正当防卫的认定都值得分析研究，供本市挖掘、打造引领全国风向的案例所用；也可以就发现的具体价值点交由其业务指导部门，如对于今年1月宣判的"中国工程院院士李宁贪污案"中，就其按照最新科研经费管理办法的相关规定，对贪污数额如何核减并不再作为犯罪评价等法律适用问题，提供给市院第三检察部供其深入研究，并在司法办案和业务指导中借鉴参考。

二是对于各业务部门，建议突出案例分析的"深"和"实"，紧密围绕工作职责，梳理相关检法典型案例，建立条线案例库，形成以指导性案例为标杆，以典型案例、参考案例、指导性备选案例等为依托的多层次案例指导模块，在分析共性法律适用规范，并在丰富查阅和检索途径，方便业务指导和实践参照的同时，更注重对本部门管辖案由中，由最高检办理的案件、最高检纠正的错案、各地相关无罪案件、诉判不一案件、检法存在认识分歧案件等的分析，提炼出个性化的不同案由案件办理中需引起重视的问题，作为案例指导的有益补充。

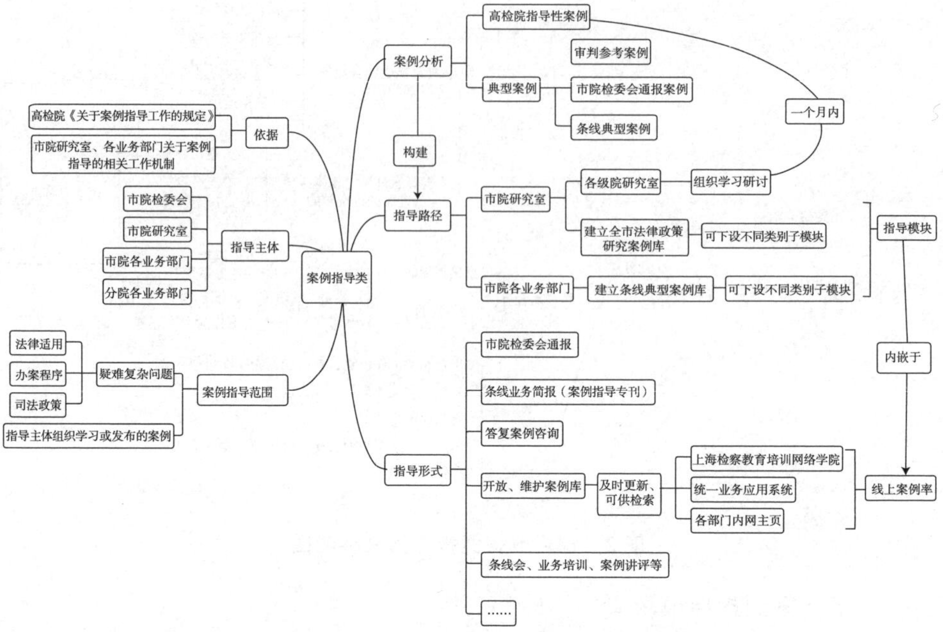

图 3　案例指导类指导模块参考图

（三）明晰专项检察业务指导模式

内设机构改革后，面对十大业务机构重组的新变化和业务指导从"点对点"到"总对总"的新理念，对专项性工作的指导，既面临长期以来多部门专项活动易双重指导、口径不一的老问题，也迎来了"四大检察"全面协调充分发展的新机遇。2019 年，市院已成功组织了扫黑除恶专项斗争、优化营商环境、打击惩治"套路贷"专项行动、保障食品药品安全工作专项活动等多个专项工作，总结其经验做法，课题组认为：对于一项专项性工作如何有效组织、科学指导，重点还是要提出清晰明确的指导路径和方式，以避免指导过程中的重复、矛盾或缺位。为此，通过分析专项工作的规律，从有利于确定指导主体、指导路径和指导方法的角度，从纵、横两个方面构建多部门专项性工作的指导模式。

1. 完善主导式专项业务指导模式

主导式专项业务指导模式主要应用于改革后纵向上由一部门推进变为需多部门合作推动的专项活动。主导式专项业务指导模式重在强化"部门主导"，以问题为导向，完善指导标准。对此类专项工作的指导，参照最高检设置相应业务指导组的方式，由一个主要业务部门为主，主导推进（见图4），对于重点推进的项目，在市院层面建立特别检察官联席会议制度，联席会议由牵头部门分管此工作的部门负责人召集，成员由每个部门负责此项工作业务指导的检察官组成。通过定期召开特别检察官联席会议，由召集人传达相关工作指示和要求，确保相关部门明确专项工作的意义、目标和时间节点，同时由各部门负责此项工作的检察官反馈、通报各条线专项工作推进情况、遇到的困难及问题。对于通过联席会议可以明确的指导标准和工作要求，可以通过特别检察官联席会议通报的形式予以固定，便于各条线按要求纵向自行开展业务指导；对于疑难复杂问题，如联席会议无法形成一致意见，可以通过召集检察官报牵头部门，由牵头部门负责协商研讨，沟通联络，或报请市院分管领导、市院检委会或最高检，这样既有利于牵头部门对一专项工作全市整体情况的掌握，强化了市院检察官的指导职责，也确保了突出问题能够得到及时汇总解决，各部门指导口径和工作规范的相对统一。

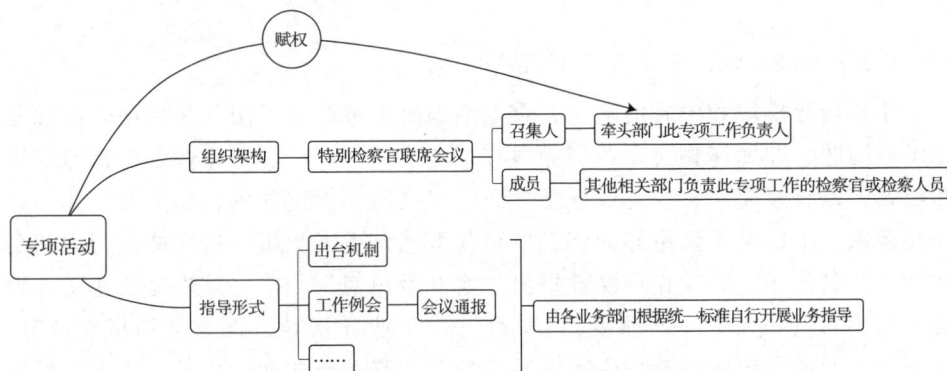

图 4　主导式专项业务指导模式示意图

2. 健全协同式专项业务指导模式

协同式专项业务指导模式主要应用于改革前后均涉及多部门横向协作参与的专项工作。针对此类专项工作，考虑到工作的重要性和全局性，建立协同式专项业务指导模式，重点突出"业务贯通"，以整合为目标，深化工作成效（见图5）。一方面，确定业务指导的组织架构，一般应成立由检察长任组长的工作领导小组，并由领导小组办公室所在的部门作为办事部门，该部门相当于秘书处，负责专项工作的组织推进，承担组织责任，并阶段性汇总报告专项工作开展情况。另一方面，应对各参与部门赋能，即最大化地调动各参与部门与专项工作的结合点，激活各条线参与此项工作的积极性，将此类专项工作"化整为零"，由各条线分头独立研究、指导推进，再"化零为整"，交由领导小组办公室统一指导。

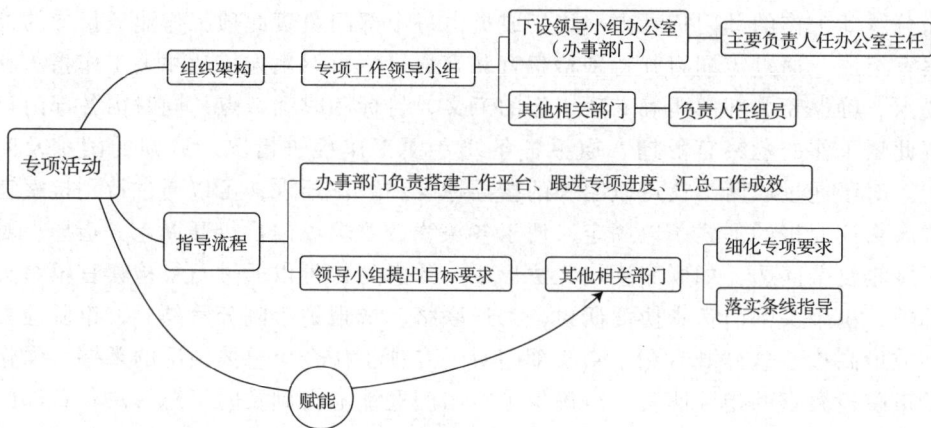

图 5　协同式专项业务指导模式示意图

（四）创新线上线下交互式指导平台

业务指导模块和模式的建立，重点是解决上级院对下级院指导内容的规范性供给问题，即如何整合业务指导内容，形成标准统一、操作性强的指导模块和模式，以有效充实、规范业务指导的内容供给。但这些内容如何被传导、获知和运用，不仅关系到指导的感受度和获得感，更事关指导最终的执行力和实效性。著名传播学家麦克卢汉曾提出"媒介及讯息"，基本含义就是过程（介质）与内容（讯息）一样重要。[1] 同样，对于业务指导，再完美的指导规范，也需要借助各类载体将其呈现和传导，为此，有必要在现行指导方式下，特别是对于调查问卷中显示的最迫切需要的业务指导内容（案件请示、业务培训、案例指导、重点工作解读、专项业务）进一步完善线上线下指导方式，使其成为互为补充的有机整体。

1. 线下指导：突出有形指导与无形指导相结合

线下指导，重在通过整合业务指导资源，完善业务指导流程，发挥分层分类指导作用，保障上述规范化指导模块的标准化构建和均衡化执行。

一是强化业务指导岗位。内设机构改革后，扁平化管理带来业务指导岗位的弱化，市院层面，传统的督导科指导模式被不同办案组所取代；分院层面，其机构设置与市院和基层院均不对应，以刑事检察工作为例，市院的第一、二、三、四、九部对应分院的第一、二、三、六部和基层院的第一、二、三部和部分区院的金融、未检、航运检察等部门，容易出现调查问卷中反映的具体

————————
① ［加拿大］马歇尔·麦克卢汉：《理解媒介：论人的延伸》，何道宽译，商务印书馆 2000 年版。

问题不知对应的业务指导部门和人员的问题。为此，建议进一步明晰市、分院的业务指导分工和对应部门，鉴于《上海检察机关加强市院领导增强市分院工作合力的若干意见》制发于 2014 年，有必要结合新的形势和内设机构设置对其进行修订，进一步明晰各项检察工作的指导范围，以此为基础明确各单位、各部门的指导职责和指导岗位，解决业务指导"找得到"的问题。

二是完善业务指导流程。明确业务指导岗位和完善业务指导流程的基础，纵向上，岗位的清晰有利于构建业务指导的树形结构，能够及时发布、收集、反馈各类业务指导要求和需求，提升业务指导的质量和效率，形成三级院层层对应的良性互动格局。横向上，市院《关于调整和进一步明确市、分院和区院部分内设部门职能配置的方案》虽对各部门的指导职责进行了划分，但由于同类程序性问题分散在不同业务部门指导，对于某项具体工作如认罪认罚、轻案快办、审判监督等，各指导岗位是否掌握了统一的标准，对于工作有效落实就显得尤为重要。为此，建议引入前文主导式专项业务指导重点特殊检察官联席会议制度，通过联席会议确保各项工作认识统一，并通过各业务指导岗位及时捕捉基层需求，收集反馈情况，实现全市指导标准的动态均衡。纵横交错，解决同类问题业务指导"找得准""指得准"的问题。

三是提升业务培训品质。如果说业务指导岗位的强化，更多的是点对点解决具体业务问题，那么业务培训就是线对线的指导形式，相较于点对点的指导中更多的是被动性质的指导，业务培训是兼具被动性与主动性，条线性与区域性。一方面，对于业务条线，业务培训是重要的指导方式，既需要前期调研培训需求，对最迫切的业务指导、考核指标等问题予以集中讲授，也需要主动设置目标，对条线工作的精神理念和实务经验，通过实训予以交流分享，因此建议在培训课程设置时加入更多实训性、论辩性、讲评性的内容，鼓励检察智慧的展示、讨论和争锋，深化全条线对实务问题背后执法理念和司法政策的思考和认识。另一方面，对于各单位，业务培训也是重要的队伍建设内容，单位内部的业务讲评、联组学习、传帮带等都是业务培训的主要方式，也是分层分类指导的具体体现，因此有必要进一步发挥院内检察业务专家、资深检察官的指导、引领作用，既带动本院的业务学习，夯实基础业务，又可以打磨培育精品实训课程，条块结合丰富业务指导的层次性，提升获得感。

四是营造业务研究氛围。可主动开展的业务指导并不限于业务培训，例如，目前市院定期开展的 75 号咖啡沙龙活动，其对于司法实践中争议或难点问题的研讨，对问题症结的分析和提炼，以及倾向性的解决方案，虽不是明确的业务指导操作规范，但势必会在理念上对相关案件或问题的解决产生影响，其智力成果当然是对检察业务的一种指导。因此，建议在传统的业务指导方式基础上，充分整合并发挥各条线核心团队和业务骨干的力量，引入更多展示性、沙龙型、学习型的业务互动，扩大参与范围，积累互动成果，加强工作宣传，形成一些在条线或全市检察机关有影响的学习平台或品牌，将新形势下的司法办案理念和有益经验传递到每一名检察干警，使条线每一名干警都可以在这个平台中展示风采、汲取养分、指导实践，使其能够在司法办案中充分发挥检察官在诉讼活动中的主导作用，进而推动解决社会治理问题，在司法理念上努力做法治风尚引领者。

2. 线上指导：突出可视化、易检索和智能化功能相整合

线上指导，既是对线下指导规范的数据化和可视化补充，同时也为线下的业务指导和实务工作提供了检索和指引。

一是微观层面，建议将可流程化、可视化的指导内容内嵌于统一业务系统，如在检察建议模块设置"人民检察院检察建议工作规定"链接，方便及时学习对照。同时通过"检答网""业务考核系统""问题库"等平台，收集业务指导问题和需求，经各业务条线审核确认，对于可以通过信息化手段予以指导的内容，均建议通过系统关联、关键节点触发等操作予以显示或推送，提高业务指导的实时性、获得感和感受度；对于无法内嵌的内容，也可由各业务条线汇总整理，上升到中观层面予以解决。

二是中观层面，建议借鉴互联网企业组织架构中的中台概念，即一个资源整合和能力沉淀的平台。① 如在省级院层面，以上海市院为例，各业务条线可依托市院教育处的"上海检察教育培训网络学院"，建立自己的业务指导或法律研究或数据共享中台，将各部门的业务指导资源梳理发布，如上述基础性业务指导的各模块内容、案例库、"检答网"精品问答、考核指标解读等，还可以探索结合上海检信，将可以互联网公开的内容整合为上海检察百科，方便检察干警及时在移动端查阅、学习、获取指导，提升整体检察资源的利用效率和效能。

三是宏观层面，进一步加强内部数据资源的整理优化和外部数据资源的引入比对，善于运用大数据分析丰富思考维度，研判关联性问题，提出解决思路，如运用数据分析提升认罪认罚从宽案件量刑建议的精准度等，充分发挥大数据分析在业务决策中的参考作用，进而提高业务指导的精准度、科学性和前瞻性。

---

① 张建峰：《数字政府2.0：数据智能助力治理现代化》，中信出版社2019年版。

（五）构建多层次检察业务指导体系

根据最高检《2018—2022 年检察改革工作规划》关于健全完善"六大体系"[1]，推动检察职能全面充分履行的规划部署，检察工作要全面提升司法办案专业化、组织体系科学化、检察队伍职业化以"善其事"，必然需要同步构建多层次检察业务指导体系，确保检察工作适应性发展以"利其器"。

1. 确定体系构建的目标宗旨

当前，检察机关，尤其是承担对下业务指导的省级检察院应充分结合政法领域深化改革与检察工作创新发展的实际需求，将检察业务办案与上下级业务指导的特点有机整合起来，在充分考虑司法规律和检察工作特点的基础上，把"专业""实时""领先"作为多层次检察业务指导体系构建的目标宗旨，进而不再局限于原有指导方式的小修小补，通过重塑性、系统性的业务指导体系构建，最大限度发挥好业务指导对新时代检察业务办案的引领功能。

（1）"专业"。检察工作是一项政治性、政策性、专业性都很强的工作，专业化建设既是检察机关履行法律监督职能的内在需要，也是检察事业科学发展的必然选择。构建多层次检察业务指导体系，必须要与检察机关法律监督的专业分工细腻化、团队配合组织化趋势，以及跨行政区划检察院、专业性自贸区检察院设置等检察组织运行方式改革方向相适配，使指导体系创新能够适时适配业务模式改革发展的实际需求。

（2）"实时"。司法公开是现代法治文明的重要标志。[2] 检察办案的公开性越强，"阳光下就越是落子无悔、覆水难收"，对检察权运行的规范性要求就越高，进而对业务指导实时性的要求也越高。构建多层次检察业务指导体系，必须与当前深化检务公开背景下更高的执法规范性和透明度要求相适应，要通过全程、即时、同步的上下级业务指导，最大限度避免检察办案出现"阳光下的阴影"，助力提升检察机关的执法公信力和人民群众对检察工作的满意度。

（3）"领先"。长期以来，作为全国检察机关的排头兵、先行者，上海市人民检察院一直发挥着开路先锋、示范引领、突破攻坚的作用，既承担贯彻落

---

[1] 《2018—2022 年检察改革工作规划》提出的"六大体系"建设具体包括：完善检察机关坚持党的领导制度体系、健全完善检察机关法律监督体系、完善检察权运行体系、完善检察人员分类管理体系、完善检察机关组织管理体系、完善法律监督专业能力专业素养提升体系等 6 个方面 46 项改革任务。

[2] 2015 年最高检出台《人民检察院案件信息公开工作规定（试行）》，把执法办案信息公开作为重点，建立统一的案件信息公开系统。12309 中国检察网、检察听证网等的建设更是通过信息化手段加速了检察公开进程。

实最高人民检察院决策部署的重大责任，又是地方检察工作的龙头带动者、组织推动者和监督评判者。多层次业务指导机制体系构建要立足上海"五个中心"的城市定位，围绕上海"当好全国改革开放排头兵、创新发展先行者"的工作大局，通过科学有效地做好业务指导工作，进一步提升通过司法办案服务国家战略实施和保障上海经济社会发展的检察能级，通过更加精准、更具实效的检察业务指导，夯实业务基础，进而提供符合全球卓越城市定位的法治产品和检察产品。

2. 明确体系构建的工作重点

（1）提升业务指导工作站位。检察业务指导体系构建应着眼于上海建设卓越的全球城市的发展目标，围绕上海全球中心城市和经济中心的定位，对标最高标准、最好水平，更新司法理念，树立国际视野，强化对国家战略、营商环境、社会治理等大局工作的业务指导，打造符合上海城市发展定位和司法文明需要的人才队伍，形成"四大检察"各自的领军人才和业务专家队伍，提供与城市定位相匹配的检察产品和有力司法服务保障。

（2）加强业务指导专业化建设。面对社会分工和法律体系的日益精细化，本次内设机构改革后，以工作对象确定的专业化部门，响应了社会和司法发展的需求。同时，专业化不仅是实体分工的专业化，更应体现在刑事检察、刑事诉讼监督、刑事执行监督、民事检察、行政检察、公益诉讼检察等各项检察权配置、运行和指导机制的专业化，特别是在现有实体为主、程序为辅的专业性机构划分下，通过科学建构业务指导体系，制定统一的程序标准和规则，理顺对程序性问题、专项性工作、国家级战略的指导规范和途径，弥合现有业务指导中的缝隙。

（3）完善业务指导组织体系。对于程序性的业务指导如何专业化开展的问题，去年最高人民检察院成立了相应业务指导组，将立案监督和侦查活动监督组设置在第一检察厅，审判活动监督组设置在第二检察厅，以便全面统筹和指导相关监督工作，这种组织体系的设计和指导思路，值得参考和借鉴。同时，针对当前刑事审判监督缺乏系统性指导和推进的问题，课题组建议由各省级院组建专门的刑事审判监督办案组，以加强各地刑事抗诉工作的适法平衡和标准统一。

3. 优化体系构建的资源整合

构建多层次检察业务指导体系，层次性是系统本身的规定性，体现了检察业务指导与检察业务办案之间的适配对应关系。检察办案的结构、功能、方式不同，业务指导的要素、层次、模式也随之不同。

业务指导的内容资源并不是孤立的，而是与很多检察工作紧密相连、互为参考的，一些检察工作的初衷和目标可能并非直接应用于业务指导，或是传统意义上的上对下业务指导。实践中往往对于此类工作的指导价值重视不足，对此类潜在的业务指导资源缺乏有效的整合、转化和应用，恰如"坐拥宝山而不自知"。下一步，在构建多层次业务指导体系的资源整合方面，应在充分发挥好省级院对下业务指导职能的同时，高度重视并调动整合好"多层次""各层级"的业务指导资源。

以检答网为例，相较于传统业务指导中存在的针对性不强、感受度不高等问题，其在制度设计上——问题的针对性和解答的即时性——就提出了较好的解决方案，可以说是创建了一种全新的业务交流方式。但同时，由于个体的提问和专家组 24 小时内的回答均不需要通过业务指导部门确认，因此对于每个问题的提出及其背后的动因和专家组的回答及其形成理由，这两方面极具价值的内容，都缺乏业务条线的汇总和整理，对有明确依据、回复质量高的答案更缺乏业务指导部门的确认，此类资源完全可以转化为部门业务常用问答资料，作为业务指导的重要"数据源"，供条线查阅、学习和检索。

再如，当前蕴藏巨大指导价值的工作还包括业务专家（专家咨询委员会）、首批 12 支跨院际、跨层级的检察专业办案化团队、全市检察机关重点或重大课题的调研组以及特殊检察官联席会议（拟建中）等，其针对检察业务的研究、课题的调研、问题的回答等都是非常有价值的指导资源，这些都有待各业务部门的提炼和运用。

4. 强化体系构建的智慧支撑

构建多层次检察业务指导体系，既要注重运用传统的制度化方式，又要重视依托大数据、信息化创新指导模式；既不能完全抛弃已被实践证明行之有效的"文来文往""口口相传"传统方式，同时也应在继承传统的基础上有所创新，通过创新应用现代信息技术手段，最大限度实现"浸入"式的业务指导。以人工智能技术在业务指导中的应用为例，人工智能是海量人工汇集的智慧，业务指导的积累和表现方式要顺应时代发展的要求，从传统的口述笔谈，转化为信息技术能够记录识别归集整合应用的数据语言，能够转化为信息技术规则直接作用于司法过程，尽可能减少转换的损耗，提升转化的效率。

根据《全国检察机关智慧检务行动指南（2018—2020 年）》，到 2020 年底，检察机关将全面构建应用层、支撑层、数据层有机结合的新时代智慧检务生态。《全国检察机关智慧检务行动指南（2018—2020 年）》在强调以需求为导向，统筹研发智能辅助办案系统，推进大数据、人工智能等前沿科技在刑事、民事、行政、公益诉讼等检察工作中的应用的同时，要求深度利用统一业务应用系统案件数据，整合各类数据资源，构建权威的案例知识库，搭建知识服务平台，提供知识查询、在线问答等服务，为检察官办案提供智库支撑。当前，通过为司法办案提供智慧辅助，为科学决策提供数据指引，为司法公开提供智能化服务，智慧检务建设的成效有目共睹。

检察业务指导方式转变与体系创新要适应当前社会从信息时代迈向人工智能时代的大变革，推动大数据、云计算、人工智能新一代技术在检察业务指导中的深度应用，实现信息技术与业务指导的深度融合。对于一项基础性、综合性甚至常态化的专项工作，能够出台规范化的工作机制指导实践，无疑是对前述各项指导模块的制度转化，对于工作标准提出和程序的明确，具有较高的规范性和指导力，但同时对于大量工作并不具备出台指导意见的条件，或对于已出台指导文件的工作也需要更多可视化、可检索、可操作的运用平台，这些都需要引入大数据和信息化理念，补充和拓展业务指导方式，提高指导的便捷性、有效性和科学性。因此，课题组建议：当前，应尽快在多层次检察业务指导体系构建中融入一网通办、一网统管智慧建设，将信息化理念融入到业务指导内容、方式和展示界面等环节，在日常指导中注重在线化、可视化、共享化思维的运用和传导，进而使科技真正成为业务指导和业务工作的智慧支撑。

检察办案组织体系与工作机制研究[*]

上海市人民检察院课题组[**]

一、检察办案组织概述

（一）办案组织的法律规定

《刑事诉讼法》中有关办案组织的规定，仅有针对人民法院中审判组织的规定。《刑事诉讼法》第 183 条规定："基层人民法院、中级人民法院审判第一审案件，应当由审判员三人或者由审判员和人民陪审员共三人或者七人组成合议庭进行，但是基层人民法院适用简易程序、速裁程序的案件可以由审判员一人独任审判……"根据上述规定可以看出，人民法院的审判组织模式有合议庭审判和独任审判两种模式。但《刑事诉讼法》并未对检察办案组织及侦查办案组织进行规定。如《刑事诉讼法》关于刑事案件管辖的规定相类似，《刑事诉讼法》第 25 条规定："刑事案件由犯罪地的人民法院管辖……"这里就没有规定刑事案件的侦查管辖及检察管辖，笔者推测可能还是为了便于侦查及检察工作的顺利开展。但是，《刑事诉讼法》对检察办案组织未予规定，并不代表检察办案组织模式就无关紧要，恰恰相反，检察办案组织设置得成功与否，在很大程度上决定了相关案件能否得到准确、及时、公正的处理。

（二）检察办案组织的基本概念

所谓检察办案组织，顾名思义，就是检察机关内部从事案件办理的组织单元。这里的检察办案组织具有广义和狭义的区分。狭义的检察办案组织仅指检察机关内部从事具体案件办理工作的组织单元，本文也将主要论述该类办案组织。而从广义上理解，由于检察机关职能的多样性，这里的案件办理应当包含检察机关全部业务职能，即既有从事刑事、民事以及侦查办案的职能，也包含了从事辅助办案的业务管理等方面的职能。

---

　*　上海市检察机关重大课题。

　**　课题组负责人：阮祝军；课题组成员：安文录、谈倩、李剑军、梅泽杰、邓忠华、张梅、杨朝龙。

（三）检察办案组织的历史沿革

1980 年，最高人民检察院确立了"三级审批制"，检察机关的内设机构科、处一度就成为了检察机关内部的基本办案单位，即承办检察官提出案件办理的拟处意见、报经科处长审核后由检察长或者分管检察长审批决定。尽管这一制度曾长期遭受理论界乃至实务界的诟病，但在当时检察机关案件量相对较少、办案人员素质参差不齐的情况下，这一制度的合理性还是存在的。需要注意的是，实际上，在"三级审批制"背景下，作为内设机构的科处等，并没有独立的办案决定权限，而只是连接检察官和检察长之间的沟通纽带而已，并非真正意义上的办案组织。如果从办案权限的角度考量，当时的办案组织实际上是整个检察院。

2000 年，最高人民检察院开始在全国推行主诉检察官办案责任制，首次明确主诉检察官独立承办案件，并根据公诉工作的特点在"三级审批制"的基础上对权责进一步划分，采取了"负面清单"的形式，将决定起诉、延长审查起诉期限、退回补充侦查、适用简易程序等权限交由主诉检察官行使，主诉检察官对自己的决定负责，同时，针对不起诉、撤回起诉、提出或提请抗诉等权限，仍要求按照"三级审批"模式由检察长或者检察委员会决定。

而后一段时间，大约在 2010 年前后，全国各地检察机关在主诉检察官办案责任制基础上，开始探索主任检察官办案责任制模式。主任检察官办案模式相对之前的主诉检察官办案责任制，适用范围更广，它不再局限于审查起诉部门，侦查监督、民事行政检察乃至当时的自侦部门均可以适用，尤其在刑事检察部门，主任检察官办案组内的检察官也开始独立决定并承担办案职责，不得不说是一种进步和超越，这使得主任检察官办案责任制一度成为了检察系统较为风靡的制度，也被很多检察机关学习和效仿。

2015 年最高人民检察院发布了《关于检察机关落实司法责任制的若干意见》（以下简称《意见》），主任检察官办案责任制正式被检察官责任制所取代。该《意见》和其后的最高人民检察院机关《关于司法办案组织设置及运行办法（试行）》（以下简称《设置运行办法》）都对检察办案组织予以明确，即"独任检察官"或者"检察官办案组"的基本组织形式，其中，检察官办案组负责人为主任检察官。《设置运行办法》虽然只是最高人民检察院机关内部的试行文件，但在当前体制背景下，其对于地方各级人民检察院检察办案组织设置的指导性方向自不待言。此种模式下的检察官办案责任制与之前各地在刑检部门探索的主任检察官办案责任制较为相似。

2018 年 10 月 26 日，十三届全国人大常委会第六次会议通过了修订后的《人民检察院组织法》，正式以法律的形式对检察办案组织予以了明确规定。修订后的《人民检察院组织法》第 28 条规定："人民检察院办理案件，根据案件情况可以由一名检察官独任办理，也可以由两名以上检察官组成办案组办理。由检察官办案组办理的，检察长应当指定一名检察官担任主办检察官，组织、指挥办案组办理案件。"据此，检察办案组织可以分为两种类型，即检察官独任办理和检察官办案组办理，且检察官办案组的负责人系由检察长指定的主办检察官。在提请人大常委会审议的《人民检察院组织法（修订草案）》中，还是按照党的十八届四中全会提出的"完善主任检察官办案责任制"的要求采用了"主任检察官"的称谓，但在草案的审议和讨论时，很多人大代表提出，"主任检察官"的称谓还是过于行政化，会带来误解，因此《人民检察院组织法》最终定稿时修改为"主办检察官"。从主任检察官到主办检察官，虽仅一字之差，体现的却是国家法律和人民群众对检察官去行政化从语义到实质的综合要求。

不难看出，检察办案组织的整个改革历程，都是为避免检察权运行最基本的组织单元的行政性特征给检察权的司法属性带来损害，确保推动检察权运行的最基本的组织单元彰显司法属性，从而必须对现行行使检察权最基本的组织单元进行改革。① 修改后的《人民检察院组织法》正式基于上述要求而对检察机关办案组织进行了重新规定。

二、检察办案组织体系的架构

作为新一轮司法改革重要组成部分，检察改革在不断强化司法责任制的基础上，突出检察官主体地位成为本轮检察改革的重点任务之一。在原有的检察官管理制度基础上，新一轮检察改革在分类管理的基础上，进一步创设了检察官的员额制。对纳入员额管理的检察官，具有了比之前任何时期范围更加广阔也更具实质性的办案权力。"审理者裁判、裁判者负责"的宗旨也在本轮检察改革中得到了切实贯彻。因此，在新形势下讨论检察办案组织体系，其中最重要的组成部分就是检察官（即员额内检察官，下同）。检察官作为检察机关内部办案组织体系的细胞，也是检察办案组织的中心力量和组织基础。

从国外立法及司法实践来看，检察机关的内部机构大多是按照两个标准来划分：根据案件决定人员的组合，或以检察官为基本元素或单元来落实检察职能。即使内设机构对检察官具有内部领导和监督关系，检察官的主体性地位仍然坚不可摧。② 这一点在修订后的《人民检察官组织法》中也得到了很好的体现。以下，具体来看两种检察办案组织模式的内涵和基本要求。

---

① 向泽选：《检察办案组织建设应当彰显司法属性》，载《人民检察》2013 年第 22 期。
② 徐鹤喃、张步洪：《检察机关组织机构设置探析》，载《人民检察》2007 年第 2 期。

（一）检察官独任办理

所谓检察官独任办理，就是指由一名检察官根据办案权限，独自办理案件，并独立作出办案决定的办案组织模式。这里的独任办理，需要注意两个方面的问题。

1. 数量上的因素，即一名检察官。检察官独任办案模式下，仅有一名检察官参与案件办理，这不难理解。但并不是指检察官独自一人办理案件，而是根据案件办理需要，可以也应当配备相应办案辅助人员如检察官助理、书记员。其形式虽然也形成了多人组成联合体办案的模式，但鉴于仅有一名检察官，因此也不违背检察官独任办理的原意。

2. 决策上的因素，即独任检察官应针对办案权限内部的决策事项独立作出决定。除非法律或相关规定另有限制，检察官独立办案不受其他人的影响和干涉。一方面，独任检察官自己作出决定，对其权限范围内事项无须再报请审批；另一方面，作为检察官行政领导的部门负责人无权改变检察官的决定，检察长或检察委员会对检察官的决定持不同意见时，也必须经过法定程序才可改变。

（二）检察官办案组办理

所谓检察官办案组办理，是与检察官独任办理相区别的，即由两名以上检察官，并配备相关检察辅助人员形成集体组织，整体承办案件的办案组织模式。检察长应当在参加办案组的检察官中指定一名担任主办检察官，组织、指挥办案组办理案件。

针对检察官办案组，需要注意以下几个问题：

1. 是否固定设置。这一点，可以参考人民法院关于合议庭的设置模式。根据《刑事诉讼法》的相关规定，不难看出，合议庭应当是为了具体个案的审理而设置，因此本身并不具有固定性。但实践中，人民法院为了操作方便，合议庭基本属于固定性设置，而这种设置因为案件本身的不同也不会影响到案件的公正审理和判决。当遇有重大、疑难、复杂案件，或者原合议庭成员因故不能参加案件审理时，可以临时调整合议庭成员组成新的合议庭来审理案件。基于此，笔者认为，检察官办案组也可以固定设置，但区别于法律对审判工作的硬性要求，检察官办案组的数量应当从严掌握，即案件原则上由检察官独任办理，仅符合一定条件或确有需要时，经检察长决定，可将案件交由检察官办案组集体办理。

在固定设置的检察官办案组之外，也可以根据案件的客观需要及办案人员的实际情况，根据检察长的安排，临时组建办案组承办重大、疑难、复杂案件。

2. 主办检察官的确定。根据《设置运行办法》的规定，"临时组成的检察官办案组及主任检察官由业务部门负责人或检察长（分管副检察长）、检察委员会专职委员指定。固定设置的检察官办案组及主任检察官由业务部门负责人提出意见，报请检察长（分管副检察长）、检察委员会专职委员批准决定……检察长（分管副检察长）、检察委员会专职委员、业务部门负责人参加检察官办案组的，为主任检察官；参加同一办案组的，依序或者由检察长指定担任主任检察官"。结合修订后《人民检察院组织法》的规定，主办检察官可以采用以下形式确定：

（1）固定设置的检察官办案组。其主办检察官应当通过一定程序选任并由检察长公开任命，这样可以给予主办检察官更多的职业荣誉感和责任感，便于其更加有效地组织、指挥本组内案件的办理。

（2）临时组建的检察官办案组。其主办检察官由检察长指定，但应当考虑组内各位检察官的业务能力、办案经验、组织协调等综合能力。

针对检察长、分管副检察长、检委会专职委员、部门负责人参加检察官办案组的，原则上由其担任主办检察官；同时参加办案组的，原则上按照职务次序担任主办检察官。这里依据职务次序来确定主办检察官，并非完全考虑行政化因素，而是因为主办检察官并不是一种行政职务，尤其是临时组建的检察官办案组的主办检察官，其更多的是作出案件决定和承担责任。另外，检察官办案组承办的基本都是重大、疑难、复杂案件，参与办案组的最高行政领导担任主办检察官，既可以从组织协调方面给予更多的支持，也能为后续案件的审批审核、准确决策奠定基础。

3. 办案组内检察官的地位。无论是独任办案，还是办案组办案，其核心宗旨还是要坚持检察官办案责任制。无论是固定设置的检察官办案组，抑或是临时组建的检察官办案组，其内部的检察官办案都还是存在两种模式，一种是检察官作为个体独立承办案件，另一种是办案组集体承办案件。笔者认为，作为办案组内的检察官，除参与整个办案组集体承办案件时，应当服从主办检察官的组织和指挥，其作为独立个体承办案件时，仍应当依照独任办案的模式，享有独立办案的地位。

4. 承办检察官与主办检察官的关系。如前所述，承办检察官在参与办案组集体承办案件时，应当接受主办检察官的组织和指挥。但在其独自承办的案件时，可以根据授权范围独立作出决定并承担责任。当然，考虑到检察工作经历及办案综合能力等问题，适当的时候，应当准许检察官在犹豫不决时将独自承办的案件提交主办检察官审核，这一点在后面职权部分笔者还将详细论述。

（三）检察办案组织机构的适用

独任检察官和检察官办案组的适用范围是检察办案组织体系研究的重要内

容。根据检察工作属性，笔者建议，除负责审查起诉、公益诉讼工作的部门可固定设置检察官办案组外，其他业务部门原则上应采用独任检察官办案，确有必要时可固定设置个别检察官办案组。针对不固定设置检察官办案组的部门，如遇重大、疑难、复杂案件且确有必要时，可由检察长决定临时组建检察官办案组办理。结合检察机关案件类型，可采用以下模式：

1. 刑事检察类。

（1）审查逮捕案件：原则上由检察官独任办理，针对个别犯罪嫌疑人众多、案件事实较为复杂、独任办理存在难度的案件，可由检察官办案组办理。

（2）审查起诉案件办理：拟适用简易程序、速裁程序及案情相对简单的普通程序案件由检察官独任办理，疑难复杂的普通程序案件、交（督）办案件、新类型案件、重大有影响的案件由检察官办案组办理。

（3）刑事执行检察工作：监管场所安全检察、社区矫正检察监督、羁押必要性审查以及减刑、假释、暂予监外执行监督等由检察官独任办理，死亡检察等重大有影响的案件，可由检察官办案组办理。

（4）刑事诉讼监督案件办理：一般均由检察官独任办理，个别重大、疑难、复杂的刑事诉讼监督案件，可由检察官办案组办理。

（5）控告申诉案件办理：刑事申诉案件、国家赔偿案件等，一般由检察官独任办理。

2. 民事、行政检察类。简单的民事、行政裁判及执行监督、审判及执行人员违法案件由检察官独任办理，重大有影响的民事、行政裁判及执行监督案件、公益诉讼案件可由检察官办案组办理。

3. 侦查类。修订后的《刑事诉讼法》规定，"人民检察院在对诉讼活动实行法律监督中发现的司法工作人员利用职权实施的非法拘禁、刑讯逼供、非法搜查等侵犯公民权利、损害司法公正的犯罪，可以由人民检察院立案侦查。对于公安机关管辖的国家机关工作人员利用职权实施的重大犯罪案件，需要由人民检察院直接受理的时候，经省级以上人民检察院决定，可以由人民检察院立案侦查"。根据最高人民检察院《关于人民检察院立案侦查司法工作人员相关职务犯罪若干问题的规定》，人民检察院在对诉讼活动实行法律监督中发现司法工作人员涉嫌利用职权实施的非法拘禁罪、非法搜查罪等14个罪名的案件时，可以立案侦查。

考虑到侦查活动的特殊性，针对上述案件的侦查工作原则上应当由刑事检察部门的检察官办案组办理，也可以根据案件需要，临时组建检察官办案组办理。考虑到上述侦查案件的数量毕竟不是很多，可以更多地采用临时组建检察官办案组的方式办理。对于涉及相关职能的，如民事、行政枉法裁判罪，可以抽调民事、行政检察部门的检察官参与办案组。

三、检察办案组织工作运行机制

如前所述，检察官是检察办案组织的基本细胞，相应地，检察官的职责权限就成为了检察办案工作运行机制的重要基石。检察官的职责权限在实践中一般表现为权力清单，而权力清单一般可从两个方面予以规范：一是正面权力清单，即规定可以由检察官行使决定权的事项；二是负面权力清单，即规定应当报经检察长或检察委员会决定的事项。

检察办案组织工作运行应当在检察官权力清单的指导下进行。推进检察改革，应当根据不同检察业务的规律来设立权力清单，划分好不同权力的分界。根据不同的业务性质，划清检察长负责与检察官责任的边界。[①] 要确保检察权运行机制在法治轨道上运行，除了赋予各权力主体特定的职权，还要明确各权力主体间的关系和应当承担的责任。[②] 针对检察办案组织的工作运行机制，可从办案组织内部和外部两个方面来考虑。

（一）内部运行机制

所谓内部运行机制，就是在检察办案组织内部如何行使案件决策权的工作运行机制。司法改革的重要目的之一就是突出检察官的办案主体地位，主要内涵乃是指减少内部的行政汇报、审批等行政性因素，提高司法效率、明确权责主体。在上海等地进行的司法改革试点中，强调办案部门内部的扁平化、减少行政审批层级、增加检察官个人的权力都是改革的重要内容。[③]

1. 独任检察官。独任检察官根据检察官权力清单独立办案，独立作出案件处理决定，并承担相应责任。辅助独任检察官办案的检察官助理可以根据检察官的指派负责除必须由检察官从事的工作，可以参与提讯犯罪嫌疑人、参与调查取证、撰写案件审查报告及起草相关法律文书等。书记员负责案件办理的相关辅助工作，如制作讯（询）问笔录、参与庭审记录、案件归档等。

2. 检察官办案组。如前所述，检察官办案组内部的运行机制可以分为两种，一种是组内检察官作为个体独立承办案件，另一种是整个检察官办案组作为整体承办案件。这里以审查起诉案件为例分析。

（1）检察官独立承办的案件。检察官办案组内部，并非所有案件都需要集体承办，一部分相对简单的普通程序案件也会交由办案组内部的检察官

---

① 龙宗智：《司法责任制与办案组织建设中的矛盾与应对》，载《人民检察》2016 年第 11 期。

② 向泽选：《检察官运行机制和检察权配置》，载《政法论坛》2012 年第 6 期。

③ 李刚：《上级检察院领导与下级检察院依法独立办案关系研究》，载《法学杂志》2016 年第 7 期。

（含主办检察官）独自承办，针对该部分案件，可参照检察官独任办案的要求，由承办检察官或主办检察官独自办理，并独立作出决定。

在检察官办案组内，主办检察官独立办案的，独立作出处理决定并负责，这一点并不难理解。而对于组内的其他承办检察官办理案件，是否可独立作出决定，是一个存在争议的问题。有观点认为，如果办案组内的承办检察官能够独立承办案件并独立作出决定，就与检察官独任办理无异，成立检察官办案组就没有了意义。笔者认为这是有失偏颇的。检察官办案组的成立，不是为了增加案件审批审核环节，而只是为了承办那些不便于检察官独任办理的案件。如果没有该部分案件，检察官办案组确实没有存在的必要。如果每次都临时组建办案组，势必会耗费一定的时间和精力，相对固定设置的办案组就能够解决这个问题，这也正是笔者倾向于固定设置的检察官办案组应当从严控制数量的理由。

同时，无论是主办检察官，还是承办检察官，都是检察官办案责任制的主体，其作为单独个体进行办案时，可以根据权力清单独立决定案件处理结果。此时，不需要也不应当为其办理案件增加审批或审核的环节与压力。根据《设置运行办法》的规定，"固定设置的检察官办案组内的主任检察官、检察官可以作为独任检察官承办案件……主任检察官对组内其他检察官作为独任检察官承办的案件，不行使办案事项决定权和审核权"。换言之，检察机关最基本的责任机制，仍然应当是承办负责制，即由谁承办案件，谁就在承办权限范围内对案件质量、效率负主要责任。因为承办负责制，将办案与决定、权力与责任结合起来，体现了"审理者裁判，裁判者负责"的司法规律。①

当然，上述规定是从主办检察官的角度来考虑，即主办检察官不得干涉承办检察官独立承办案件，但若从相反方面考虑，如果承办检察官对其权限范围内案件的决定存在疑虑时，是否可以提请主办检察官审核呢？答案应当是肯定的。究其原因就在于，当承办检察官对案件存疑不决时，该案件必然具备了一定的疑难复杂程度，为谨慎起见而主动将案件提请审核并不妨碍其独立行使决定权。针对该类案件，主办检察官应提出书面的明示审核意见，或组织召开办案组内检察官联席会议予以讨论，必要时还可提请部门负责人召集本部门检察官联席会议进行集体讨论。主办检察官的审核意见、检察官联席会议的讨论情况都提供给承办检察官参考，最终决定仍由承办检察官作出。

可能会有人认为，上述提请审核程序会带来承办检察官的不负责任，进而依赖审核意见及联席会议讨论。实际上并非如此，一方面，审核与审批不同，

---

① 龙宗智：《检察官办案责任制相关问题研究》，载《中国法学（文摘）》2015 年第 1 期。

审核不具有改变决定的权力，讨论也仅有参考价值，案件的最终处理结果仍需要承办检察官自行作出，并不影响其作为办案主体行使办案权力和承担办案后果。之所以没有赋予主办检察官审批案件的权力，就是要考虑到检察官办案责任制的彻底落实。如果承办检察官不对办案质量负责而是向主办检察官负责，主办检察官对办案质量负责，这样就又回到了行政审批老路上去了。① 因此，在明确承办检察官独立办案的基础上，将定案权"还"给"承办检察官"，由此实现办案权与定案权的统一，由检察官自主、独立地行使办案权和定案权。② 另一方面，也完全可以通过审核量的考核来规范承办检察官提请审核的次数，督促承办检察官尽量独立作出办案决定。

（2）办案组集体承办案件。重大、疑难、复杂或有影响的案件，经检察长决定，由检察官办案组集体承办。该类案件的办理由主办检察官组织、指挥，对案件作出最终的处理决定并承担责任；其他检察官根据主办检察官的安排承担案件办理部分工作，对自身承担的工作部分负责。以审查起诉案件办理为例，承办检察官可根据主办检察官的安排，参与提讯、调查取证、撰写部分审查报告、参与出庭公诉等工作。

（二）外部运行机制

所谓外部运行机制，是指针对检察办案组织运行过程中，涉及检察办案组织意外的权力运行模式，主要指检察官及主办检察官权力清单之外、应由检察长或者检察委员会决定的事项，以及与部门负责人的关系等工作运行机制。这里主要需要处理好两个关系：检察官与部门负责人的关系，以及检察官与检察长的关系。

1. 检察官与部门负责人的关系。需要注意的是，在检察办案组织不断完善的背景下，内设机构是否还有设立的必要，也曾经引起过很多讨论。笔者在这里分析检察官与部门负责人的关系，也就是说，内设机构及其负责人都具有存在的必要性。办案组织的基本功能是办案，而内设机构的性质是一级管理组织，基本功能是管理，两者的基本属性和功能存在着比较明显的差异；检察官办案团队并不能完全取代内设机构的功能，两者当并行不悖。③

（1）案件分配及办理方面。部门负责人可以决定本部门受理案件的分配，还可以根据检察长的授权，主动对检察官或主办检察官授权范围内的案件进行检查，并行使审核权。部门负责人存在不同意见的，可以通过提出书面审核意

---

① 龙宗智：《司法责任制与办案组织建设中的矛盾与应对》，载《人民检察》2016 年第 11 期。

② 万毅：《检察改革"三忌"》，载《政法论坛》2015 年第 1 期。

③ 万毅：《检察机关内设机构改革的基本理论问题》，载《政法论坛》2018 年第 5 期。

见的方式向检察官或主办检察官提出，检察官或主办检察官可以接受，也可以不接受；检察官或主办检察官不接受的，且科室负责人认为检察官或主办检察官的决定确有错误的，可以提请检察长（含分管副检察长，下同）审批改变，但不能自行改变检察官或主办检察官的决定。换言之，部门负责人对检察官或主办检察官的办案决定仅有审核、监督的权限，并无直接改变的权限。

（2）行政事务管理。部门负责人负责本部门的日常行政管理工作，以及检察辅助人员的调配。检察官或主办检察官需服从部门负责人的日常行政管理，接受其日常工作的安排，这一点毋庸置疑。

2. 检察官与检察长之间的关系。

（1）检察官权力清单范围外案件的层报审批。对于授权以外的案件，由检察官或主办检察官提出拟处意见，提交部门负责人审核后，报检察长审批决定或检察委员会讨论决定。司法责任制改革后，承办案件的独任检察官和检察官办案组的决定权应当进一步加强，如审查逮捕、审查起诉及诉讼监督等事项，在职权范围内可以由独任检察官或主办检察官决定。但以检察院名义提出的纠正违法意见、检察建议、终结审查、不支持监督申请或提出（提请）抗诉及自侦案件的初查、立案、侦查终结仍然由检察长（分管副检察长）或检察委员会决定。[①] 这一方面是由于检察机关本身具有的行政领导属性决定的，无论检察职能机构如何改革都无法在本质上脱离行政特点的事实说明，检察权内含检察行政权的权力本质决定了检察权的运行不能完全去行政化。[②] 另一方面，也是针对重大监督或办案事项，需要慎重作出决定的必然要求。此外，由于检察官独立办案的职权源于授权，针对法律授予检察长或检察委员会行使的权力，未被转授予检察官时，仍应当由检察长或检察委员会行使。

（2）检察官权力清单范围内案件的审批。针对检察官权力清单范围内案件的审批，也可以分为两种情况来考虑。一种是被动的审批。如前所述，当主办检察官、部门负责人不同意承办检察官的处理决定时，可以提请检察长或检察委员会讨论决定。由此带来一个疑问，即在强调检察官办案责任制的背景下，检察长或检察委员会是否有权改变检察官的决定？笔者认为这个问题的答案应当是肯定的。前已述及，检察官独立办案的职权来源于检察长或检察委员会的授权，该项授权虽类似民事上的"单方行为"，但该授权仍相当于行政权力的授予，且授权并未阻却授权主体本身权力行使的能力和对被授权主体行使权力的监督作用。即使排除检察官存在徇私枉法的情形，很多时候，检察长、

---

① 滕忠张：《海峡两岸检察机关办案组织比较及启示》，载《人民检察》2017 年第 2 期。

② 李乐平：《检察院组织法修改若干问题研究》，载《河南社会科学》2014 年第 11 期。

部门领导与办案人员由于其所处位置的不同，工作侧重点也有所不同。具体而言，办案人员的工作重心更偏向于个案的处理，且在处理时更注重案件的法律效果，而领导层则更注重工作的全局性，且对于案件的政治效果与社会效果往往保持更高的关注，① 也会使得在案件处理的决定上存在差异，赋予检察长及检察委员会相较于检察官更高的审批决定权，是法律规定及司法实践的客观需要，也是把握类案处断标准平衡和维护实质公平正义的必然要求。

另一种是主动的审批，即检察官或主办检察官对授权范围内的事项，认为难以作出决定，主动寻求检察长审批或检察委员会讨论决定，这一点可以类似于上述提及的寻求主办检察官或部门负责人的审核来考虑，在此不作赘述。

（三）综合业务部门内权力运行机制

针对案件管理、法律政策研究等部门，因缺乏直接的案件办理事项，其工作内容在实质上与案件办理部门之间存在重大差别，上述部门内部虽然配备检察官，但尚无法按照办案权限配置其办案职责范围，其工作属性更多的是事务处理和行政管理的职责权限，其本质上与办案工作还是存在很大差别的。因此，考虑到上述工作的特殊性，笔者认为，在综合业务部门，仍应当采用行政首长负责制基础上的特别事项责任制，即检察官根据部门负责人的安排从事具体事项，向部门负责人承担责任，针对个别特殊存在司法属性的事项，如案件管理部门的案件评查工作，评查检察官可独立对其评查的结果承担责任。

四、检察办案组织的配套建设探索

（一）其他人员的配备

这里的其他人员主要是指相关办案辅助人员以及相关专业技术人员配备的问题。

1. 办案辅助人员配备。这里主要指检察技术人员及司法警察的配备。笔者认为，检察技术人员及司法警察可以独立于办案组织之外，成立单独的部门或者管理团队，从事办案辅助工作。针对从事技术支持、鉴定勘验以及检务保障等工作内容的，也可以纳入检察办案组织体系内部管理并从事相关工作。如针对负责侦查工作的检察官办案组，可以配备检察技术人员从事同步录音录像及相关勘验、检查、鉴定工作，可以配备司法警察从事传唤、犯罪嫌疑人看护等工作。

2. 特邀检察官助理问题。针对涉及相关专业问题的案件办理，尤其是检察官办案组承办的案件，如涉及食品药品安全、环境污染及治理、电子计算机

① 谢佑平、潘祖全等：《主任检察官制度研究》，载《中国法学》2015 年第 1 期。

及网络犯罪等案件，可以临时或者常设性的特邀相关专业人士作为特邀检察官助理，参与案件的办理，为案件办理过程中的相关专业问题提供咨询和解释，这项制度已经在上海等地开展试点，其主要目的是促使检察机关更加公正、准确地研判案情、指控犯罪、作出相关处理决定，维护司法的公平正义。

（二）非办案职权的配置

这里主要是指业绩考核职权的配置。

1. 主办检察官的业绩考核。为进一步推进主办检察官的办案组织体系，强化主办检察官的责任意识，笔者建议，可将主办检察官的考核建议权与部门负责人放在相同层次，交由分管检察长行使。这样一方面可以使主办检察官在职业荣誉感上更加突出，以区别于普通检察官；另一方面也更加解放主办检察官的办案束缚，便于主办检察官独立行使办案职权，减少受部门及部门负责人的影响。

2. 检察官的业绩考核。针对独任检察官及检察官办案组内承办检察官的业绩考核，可由部门负责人提出考核建议，由分管检察长决定。

3. 其他综合项目考核。主办检察官、检察官的其他综合行政事务项目的考核均应由部门负责人提出意见，报分管检察长决定。这是检察机关的行政属性决定的，毋庸回避。

在对检察官的业绩考核中，需要增加的一点内容就是，对于检察官、主办检察官职责权限内部的决定事项，提请审核或审批的情况的否定性考核。尽管对此进行考核可能会带来检察官过分自主决定案件，但笔者认为，只要在办案权限内，都应当鼓励检察官自主作出办案决定。

（三）办案责任分配

1. 直接责任。检察官、主办检察官对其职权范围内的决定，承担直接责任；对检察长或检察委员会作出的决定，检察官或主办检察官承担事实及证据认定上的责任。

2. 审核责任。部门负责人、主办检察官针对检察官办案的书面审核意见，除存在故意、严重不负责任或重大过失外，一般不承担审核责任。但针对部门内部或检察官办案组内检察官办案出现重大差错，严重影响案件质量，并造成较严重后果，且经个案评鉴，认为部门负责人或主办检察官在审核上存在疏失的，应当承担一定的责任。

3. 否定责任。检察长或检察委员会改变检察官决定的，检察官不承担责任，但嗣后证明检察长或检察委员会的决定是基于检察官不当事实认定或不当证据采信而作出的除外。这里需要强调的是，检察长和检察委员会可以改变检察官和主办检察官的决定，但决定改变后，办案责任也转由检察长和检察委员会承担，坚决避免"领导决定、下属担责"等现象发生。①

4. 共同责任。检察官就办案组集体承办案件中自身承担的部分职责与主办检察官承担共同责任，检察官与协助其办理案件的检察官助理之间就案件处理结果之外的内容承担共同责任。

5. 免责事项。检察官参加检察官联席会议发表的意见，不承担责任；有证据证明检察官作出的错误决定非因检察官个人故意或可追责的过失而引起的，可不予承担责任。

（四）职业保障机制

1. 福利待遇保障。在加强对检察官的职业保障基础上，建议设置主办检察官专项津贴或补贴，推进检察官绩效考核奖励进一步向主办检察官适当倾斜。

2. 等级晋升。在单独职务序列的背景下，检察官等级晋升成为检察人员上升的最重要通道，建议在同等条件下给予主办检察官等级一定的优先权，尤其是在选升高级检察官的过程中，要充分考虑主办检察官的优先权。

---

① 陈凤超等：《吉林检察机关司法责任制改革的探索与实践》，载《人民检察》2017年第2期。

上海金融风险防控检察工作研究[*]

上海市人民检察院第四检察部、
上海市普陀区人民检察院联合课题组[**]

一、非法集资领域风险防控

近年来，非法集资领域犯罪十分猖獗，案件数量在连年持续迅猛增长的基础上，今年更是呈现出井喷式爆发，其中大案要案频发，涉案数额不断攀升，以"旌逸系""善林系""联璧系""资帮系""阜兴系""聚财猫"为代表的重大案件，涉案金额均超过百亿元，合计未兑付金额近 800 亿元，涉及投资人近 200 万人，波及全国绝大部分省份，规模之大、膨胀速度之快前所未有，加之投资人追赃挽损诉求强烈，个案风险汇聚叠加，案件处理周期长，办案压力大，金融监管和打击犯罪难度进一步加大。

（一）非法集资类案件中反映出的问题

1. 市场发展迅猛，法律法规滞后

如今民间借贷市场需求旺盛，但缺乏完善的法律法规予以规范。借贷方式、融资方式的性质、行为边界、监管方式、监管主体等不明确，银行等金融企业以外主体销售理财产品的行为规制模糊、监管缺失的情况，导致此类案件往往在投资者已经遭受重大损失后，直接跨入刑事犯罪领域，事前审批、事中监管仍需法律法规进一步明确和支持。由于市场准入门槛过低，市场对从事相关业务的公司标准不明确，经营该类业务的企业往往证照不全，有的甚至没有资质。涉嫌非法集资的公司，往往在公司管理、人员培训、风险防控等方面没有健全的制度，在公司管理为了能获得更多的资金投入，往往会提供高出银行利率数倍甚至数十倍的利息作为诱饵，而投资项目的收益率无法达标甚至虚假承诺的情况大量存在，这样资质的公司本不应获准经营该类业务，应当提高准入标准，在源头上予以遏制。

---

* 上海市检察官协会 2019 年重点研究课题。

** 课题组负责人：胡春健；课题组成员：顾晓军、魏华、尹波、张楚昊、黄玲。

2. 监管职责不明，评价体系缺失

由于投资类非金融机构监管的职责不明，大量非法集资案件中，犯罪分子往往以资产管理公司、投资管理公司、创业投资公司、金融咨询公司等名义从事违法犯罪活动。这些公司中，有些未进行正规工商注册登记，有些虽有工商注册登记，但并不持有金融机构许可证，造成金融监管部门和工商部门都认为对其经营活动无权监管，使这部分公司陷入监管盲区，往往在事态发展严重后，直接达到刑事立案标准，监管真空和不及时，导致该类犯罪难以及时预防和治理。此外，相关评价体系也未及时构建。信用评级是指作为评级主体的第三方评级机构按照科学的方法对有关的经济主体以及金融工具的实际信用状况进行评定，并且通过简单易懂的语言或数字符号向投资者、融资者以及监管机构揭发信用风险的一种社会中介服务。但是我国现行的金融企业、金融产品信用评级制度尚存诸多不完备之处，存在信用评级监管主体重叠、信用评级的准入制度混乱、信用评级引用监管制度缺失等现象，使信用评级的作用大大减弱，无法作为监管与投资的可靠依据。

3. 行业协会缺位，自律机制不成熟

目前，我国金融领域相关行业协会尚不成熟，行业协会可以起到一定管理和监督作用，对行业自律发挥一定作用。虽然我国的行业协会发展迅速，但发展很不平衡，局部发展较快，目前看来还未建立全国性的行业自律协会来监督地方行业自律协会的行为。而且，地方性的行业协会也没有进入规范化管理，自律规范影响力弱，并不能约束企业的运行。此外，自律机制形同虚设，这些行业在有些地方虽然达成自律公约，但缺乏有效的保障机制，并不能有效约束相关企业的行为，自律规范成为一纸空文，尚未真正发挥作用，使行业各种异化乱象丛生，甚至伪装成 P2P 借贷来实现非法吸收公众存款。

（二）非法集资领域存在的风险

1. 线索发现机制不健全增加案件侦控难度

随着金融监管体制不断完善，打击非法集资犯罪力度持续加大，犯罪分子也不断采取新手段来逃避查处，其手法多样，不断翻新，欺骗性更强且更加隐蔽。目前，对于非法集资行为的发现机制仍存在不完善之处，需要及时补充强化。非法集资公司常以企业经营为幌子，利用合法经营形式掩盖非法活动。非法集资公司为显示自身实力，往往租借高档写字楼办公，投资人面对高额回报，加之受到业务员的"洗脑"式宣传，一般不会主动查证真实性，也不会认为自己参加的是非法集资而向公安机关等职能部门举报。在集资初期，这些公司能够做到按时兑付，只有当资金链彻底断裂、非法集资者跑路后，参与投资的人才会发现被骗，前往公安机关报案，也造成了公安机关难以及时发现相关线索、开展控制措施的现状。

2. 市场信息不对称滋生非法集资犯罪

由于金融市场信息的不对称，金融产品的有关信息无法被客观、全面地传递给所有参与者，一些对信息掌握不全面的投资人只能依赖个人的主观判断，常常错误地认为实力规模较大的经营者有着更多的财富资本和安全保障。非法集资公司的信息对于投资人和集资人而言就存在着不对称。一些经营不够规范的企业，它们自身的财务和管理制度也不够透明，风控制度严格的商业银行不会冒着高风险向其发放贷款。因此，这些企业只能面向社会公众吸收资金。最初的集资活动发生在亲朋好友或者企业内部的借贷之中，当内部的集资仍然无法满足企业需求时，集资企业就会广泛发展集资代理人，面向社会公开宣传集资。相比商业银行，个人投资者的风险防范意识较为薄弱，容易受到高额利息诱惑，再加上身边人的鼓动使其降低了理性思考的能力，不经意就会掉入非法集资的陷阱。特别是一些广告明星被集资人雇用参与到集资宣传后，投资人对此类信息更加难以鉴别甚至深信不疑。在信息传递高速发达的今天，非法集资的信息在社会上传播的速度也越来越快，相比银行等大型金融机构，个人投资者判断和衡量被投资方信息的能力显得十分薄弱，因此存在着不对称性，这在一定程度上为非法集资的滋生提供了土壤。

3. 投资人盲目从众导致"规模效应"

非法集资的投资人也是一个庞大的群体，特别是当集资规模达到一定程度时，投资人数不断增多，通过拉拢身边的亲朋好友，使得投资群体进一步壮大。个人投资者对投资对象的安全性原本没有充分的把握，但受到群体内成员的相互影响，特别是看到早期投资人已经从中获得巨额回报，更加容易失去理性，盲目从众进行大量投资。在这种模式的诱惑和刺激下，平台上原有投资人会不断鼓励和拉拢身边的亲朋好友，加入到该"社区"。一些人群面对高利诱惑，也会经不住原有投资人的鼓动，而丧失理性的思考。

（三）对策建议

鉴于当前非法集资类犯罪形势的严峻性和复杂性，为加强和谐社会建设，必须加强对我国社会转型期对该类犯罪的研究，坚持打防结合、多措并举，多管齐下，完善制度法网，规范市场主体行为，把防范工作做在事前，建立有效的预防和打击非法集资犯罪机制。检察机关应立足检察职能发挥司法效能，同时应加强社会综合治理，充分运用法律强制手段与经济、行政、社会等多种手段，标本兼治，构建非法集资犯罪的综合惩戒和预防体系。

1. 完善非法集资类案件的制度法网

现阶段应尽快出台有关理财产品的法律法规，以明确底线规则。对于乱象丛生的理财产品市场也应通过法律法规明确界定产品的性质，明晰各金融机构在发行理财产品中的风险管理、运行规程、信息披露等责任，加强对理财产品的销售审查、强化监测并建立严格的问责机制。与此同时，推动修订完善刑法或者相关司法解释有关非法集资类犯罪的条款，加大对组织者或者主要责任人员的处罚力度，统一定罪量刑标准，加强刑法与其他法律之间的有效衔接。检察机关应当立足司法实践，提出具有可行性的立法建议。

2. 建立和完善初级触点风险监控体系，及时预警风险，遏制危害扩大态势

对本市内涉非法集资公司集中的商务楼宇建立风险公司报备工作，相关商务楼宇应履行对入驻公司经营风险早期筛查责任，对存在违法犯罪的公司及时向所属镇、街道及政府主管部门报告。政府相关部门及镇、街道应切实负起审查及进一步报告责任，对非法集资风险高的公司及时进行情况摸排，确认为非法集资公司的及时进行清退、向公安机关报警。

3. 加强地区间司法合作，建立多部门协调配合，建立长效机制

随着改革开放的深入和经济建设的加速，科技、交通、通讯的发展，跨地区非法集资犯罪更为突出，加强地区间的司法合作变得日益重要。要积极构建由公安、工商、质监、交通、民政等多部门协调统一配合，街道、居委会、生活小区、家庭四级联动的严密监管体系，积极发动群众参与，鼓励提供相关线索，揭露不法分子，消除犯罪活动空间，从源头上卡住非法吸收公众存款和集资诈骗等犯罪活动软肋，在社会上形成群防群治、综合治理的良好局面。

4. 对潜在参与非法集资人员进行风险教育

从前期被司法打击的非法集资公司人员结构进行分析后发现，有相当部分公司工作人员均是正规金融专业毕业并具有金融领域从业经验。该部分人员对金融知识颇为熟悉并为非法集资公司设立所谓商业模型，建构公司基本框架等。针对上述情形，应对金融专业学生、金融行业从业人员及早进行风险教育、法治宣传，对金融从业人员的执业观、从业观进行正面引导，防止为追求利益而误入歧途。

5. 进一步完善资产处理程序及机制

针对案发后对相关公司资产一查了之、一封了之、一冻了之的情况，应及早研究对相关资产的处置流程，表明案件进入司法程序后造成资产缩水、减值，对投资人造成财产二次损害。应适时研究设立资产处置小组，对组成人员、资产处置原则、资产处置时间、资产处置流程、资产分配程序等，做好追赃挽损工作。

二、互联网金融领域风险防控

随着互联网的广泛运用，金融犯罪活动的手段也趋于多元化。互联网从犯罪对象、犯罪手法演变为犯罪空间，主要体现在互联网元素的工具化，并与传

统侵财类案件的有机结合，即传统侵财类犯罪的手法"互联网化"；针对互联网金融业务品种异化出新的违法犯罪样态；以及互联网在传统金融市场和业务中的运用引发新的违法犯罪风险等。

（一）互联网金融类案件中反映出的问题

当前，打击互联网金融犯罪任务严峻，由于互联网的抽象化、虚拟化等特点容易使网络金融消费者处于弱势地位，从而面临权利被侵害的风险。其中，消费者相关的资金安全、交易安全、信息安全问题是其中的重点。而从互联网金融的法律规制角度来看，常规的金融监管手段在互联网金融领域显得捉襟见肘，难以达到令人满意的效果。

1. 打击互联网金融犯罪形势严峻

由于网络监管缺失、知识结构差异、牟取暴利的原动力等因素共同发酵，利用互联网作为平台实施的非法集资犯罪活动日渐增多，主要表现在违法犯罪分子假借金融创新之名，从事 P2P 等网贷平台和电子商务行业进行圈钱。互联网的特性致使投融资主体之间信息不对称，互联网抽象性、虚拟性、隐秘性、易变性的特点，加剧了投融资主体之间的信息不对称，导致投机主义以及欺诈行为横行，加大了非法集资风险，使得投资者的财产安全以及金融秩序受到极大的威胁。并且，平台存在与网络经营不相适应的技术管理因素。以 P2P 平台为例，平台的设立仅需满足一般公司的设立标准，发起人模板搭建技术平台只需要几万元，运营成本低，平台又缺乏专业的金融人才、法律人才、网络技术人才控制风险，员工多是非专业人员，有些公司的员工甚至是通过购买"理财产品"进入公司，稍加"培训"摇身一变便成了投资顾问，这些方面的问题，给平台实施犯罪留下了滋生的土壤。

2. 资金安全、交易安全以及信息安全等问题

网络金融平台中的资金安全问题是消费者最为关心的问题，在网络金融的背景下，平台只有保证消费者的资金安全，才能够获得消费者的信赖。但是，由于网络交易双方并不进行现场交易，不是通过传统的面对面的方式确认双方的合法身份，消费者在信息获取方面处于一定的弱势地位。①

交易产品的安全主要是指消费者通过网络购买金融产品时，一方面，无法准确了解所购买的金融产品存在的风险，另一方面，销售人员也会隐瞒存在的潜在风险，从而影响消费者的决定。交易过程的安全主要是指在支付过程中存在的安全隐患，由于支付方式差异及支付的安全标准不明，存在支付风险。

信息和数据对网络金融的重要性不言而喻，特别是在大数据时代，信息和

---

① 张蕴萍：《信息不对称与金融消费者保护》，载《学习与探索》2013 年第 1 期。

数据的商业价值凸显。一旦平台数据库中的个人信息发生泄露或扩散，消费者的财产安全将会受到严重损害。当前，互联网金融机构本身没有在消费者个人信息的传递、保存、使用和销毁等环节建立起保护个人隐私的完整机制，立法对个人信息规范使用、收集、披露也存在缺位。

3. 犯罪行为网络化致使常规监管难以周全

一般情况下互联网融资多为短期性投资行为，投资人与融资者之间多为单次交易，融资者并无长期交易的打算，所以其缺乏足够的积极性去建立良好的声誉，加之一次性交易使得传统声誉机制的惩罚措施难以施加，融资者违约成本低。有过违约经历且未受到惩罚的融资者之后可能直接虚构投资项目在互联网上进行非法集资，破坏现有的金融秩序并且侵害投资者的财产权。由于常规监管难以全面应对互联网金融领域犯罪，造成互联网金融领域犯罪成本低，防治难。不少案件中，犯罪分子均是以资产管理公司、投资管理公司、创业投资公司、金融咨询公司等名义从事非法网络金融活动。这些公司虽有工商注册登记，但并不持有金融机构许可证，造成金融监管部门和工商部门都认为对其经营活动无权监管，反倒使一些欲行不轨的各种投资机构实际处于监管空白，往往等到事发之后才能查处，监管真空和不及时使得非法金融活动犯罪难以及时有效防治。

（二）互联网金融领域存在的风险

1. 互联网金融信用风险

对于金融产品和服务来说，其本质都是对信用风险的评价。传统金融机构可以通过自身掌握的借款者历史信用信息，并结合银行业征信系统对借款者所产生的信用风险做出较为准确的评估。然而互联网金融都是独立运营或者提供服务，平台与平台之间在借款者信用记录方面基本处于互相保密状态，同时互联网金融平台也无法与银行业征信系统对接，所以投资者只能根据借款者向平台提供的信用情况对其信用风险进行分析。但是借款者为了获取资金可能会有意隐瞒一些对自身不利的真实信息，从而使得投资者无法获得有效的借款信息而作出错误的投资决定。因此，我国征信体制不完善是互联网金融信用风险的成因之一。互联网金融与传统金融相比，绝大多数没有在所从事业务活动的地域设立分支机构，而且绝大部分交易都属于信用交易，没有抵押和质押品。而当客户出现违约时，并不能够像银行业一样通过拍卖借款者抵押物或者限制借款者之后借款的形式，对借款者进行债务催收，所以客户出于违约成本很低的原因而选择违约。例如拍拍贷模式的 P2P 平台，拍拍贷主要从事的是信用贷款业务，而且属于纯线上运营模式，开展业务的地域比较广泛。此时借款客户一旦发生违约现象，平台并不能对借款者进行有效的债务催收。同时由于互联网金融市场的客户信用信息没有连接到银行业信用数据库，所以借款者违约对其影响来说微乎其微，不会影响借款者之后在其他平台或者银行的借款或者投资，所以平台也很难通过此方法对借款者实行间接的债务催收。这便会导致借款者可能出现恶意违约或者拖延还款的现象，使得投资者承担较大的信用风险。

2. 交易主体信息及地位不对称

互联网金融虽然降低了交易主体之间的交易成本，但也增加了信息不对称，主要包括：互联网金融产品的创新性和复杂性，使得信息不对称在产品市场上广泛存在，众多互联网金融消费者对产品缺乏足够的专业知识和辨别能力，销售人员可以很容易地通过不实宣传和不当销售把产品卖给消费者；信息不对称也可能发生在互联网金融机构内部，如法律、合规及风险管理部门无法恰当处理前台部门与产品创新部门的所有信息，进而导致风控能力不足；互联网金融企业与其他金融机构也可能因为信息不对称而产生利益冲突，如互联网金融企业聘请的咨询公司、审计机构未能获得其有效信息，互联网金融企业绑架银行信誉等。

3. 公民个人信息泄露风险

当前，许多互联网金融平台都是通过线上来完成信息填写、网上开户、交易结算等业务。一般情况下，由于互联网金融平台和相关金融机构具有安全保护措施，公民的个人信息很难泄露。但是，也有部分从业人员违法运用、收集客户的基本信息、账户信息，导致其他经济犯罪风险滋生。具体表现为如下两个方面：

一是违法运用客户信息。不管是消费者还是经营者，在运用互联网金融平台时都需将其基本信息告知该机构，具体包括真实的姓名、性别、身份证号码或者营业执照编码、开户行名称及银行账号、收货地址或者经营场所等。一般情况下，客户将基本信息告知互联网金融机构仅用于接受该机构提供互联网金融的相关服务，但是提供的信息还会涉及多方面的互联网金融活动（如支付宝还提供了余额宝、水电煤缴费、信用卡还款等服务）。互联网金融机构可能将客户的信息用于该机构所从事的其他互联网金融活动，这显然有违客户的真实意愿。

二是自行收集客户信息。消费者通过互联网金融机构向经营者购买各种商品或者服务，消费者与经营者就在此环节留下了交易活动的轨迹，互联网金融机构很容易就能掌握消费者的性别、年龄、文化程度、兴趣爱好、生活消费习惯、娱乐方式、社会活动场所等信息，以及经营者的经营范围、商品或者服务特点、客户群体等信息。互联网金融机构可以凭借对这些信息的分析，给消费者提供中意的商品或者服务，给经营者推荐相关的热点销售商品或者服务，这在大数据的背景下有着非常重要的意义。但是没有消费者或者经营者的明确许可，互联网金融机构即便留存他们的消费经营记录，也不能进行分析、梳理并直接使用，此类行为涉嫌非法侵犯客户的个人信息安全，面临被追究刑事责任的风险。

（三）对策建议

1. 实施"穿透式"监管，堵塞监管漏洞和监管套利行为

目前，国内互联网金融行业跨界经营现象日趋明显，但在我国现有分业监管体制下，不少监管漏洞和监管空白难以填补。"穿透式"监管可以在当前监管体制下，使监管边界更为明晰，解决"谁归谁管"的问题。"穿透式"监管更加注重功能监管，可以透过互联网金融的产品和业务看清实质，将监管贯穿在资金源头、中间运作和终端运用等各个环节，依据"实质重于形式"的原则理清经营实质、应遵守的行为准则和监管要求。比如，一些互联网金融企业因行业声誉问题，通过概念包装和改名，转型做起了金融科技，意图与互联网金融划清界限，存在监管套利之嫌。"穿透式"监管可以直击这种乱象，使得依靠概念包装来规避监管的企图毫无意义。在监管标准一致的基础上，坚持监管的真实、公正、公开，无论是对于传统金融机构的互联网化，还是对于互联网企业和电商平台的金融化，或是其他互联网金融企业，只要做同类互联网金融业务，规制政策取向和标准就应该保持一致，要避免监管标准不一引起监管套利行为。

2. 加大互联网金融产品治理和产品干预

世界各国针对金融产品的监管规则，大都希望通过规范金融机构所提供产品和服务的信息披露来保护金融消费者，要求金融机构披露信息清楚透明。然而，现实中强行推介和不当销售等事件依然频繁出现。英国金融服务局曾提出，尽管在产品销售环节设定较高的规范性要求有助于消费者选择适合他们的产品，但金融机构可以在产品销售之前实施更大影响。英国金融行为监管局、欧洲监管局、韩国金融服务委员等监管机构指出，对金融产品的干预应该关注整个产品生命周期。对互联网金融产品而言，监管机构可以在研发、分销、销售和售后阶段，对整个产品生命周期进行前瞻性干预，消除产品创新、业务规则制定及销售过程等流程中对互联网金融消费者的不利因素。

3. 改革互联网金融行业协会为真正的行业自律组织

中国互联网金融协会在 2016 年 3 月正式成立，这是首家得到国家认可的互联网金融行业协会，在规范互联网金融发展上被寄予厚望。由于互联网金融发展变化速度快，金融监管滞后，通过互联网金融行业自律加强行为风险管控将大有可为，然而，我国行业自律组织事实上几乎都存在官方或半官方性质，一些研究发现国内行业组织通常并非是会员单位的代表，而是监管机构实施监管的延伸，而民间成立的自律组织既得不到官方认可又缺乏号召力。为此，一

方面要切断监管机构与行业协会之间的利益链条，减少政府官员在行业协会中任职兼职；另一方面要给民间自主设立的行业协会合法身份，让不同种类的互金行业协会相互竞争，通过市场选择规范行业发展，减少互联网金融行为风险。

4. 建立常态化的企业风险培训机制

互联网金融从业人员来源复杂，能力和素质参差不齐，尤其是大部分人员没有在传统金融机构的工作经验，风险意识和风险管控能力较低。因此，互联网金融企业应践行合法合规理念，加强对中高层管理人员、产品研发及销售等人员有针对性的培训，提升企业内部员工的行为操守，强化风险合规文化的养成。同时要降低技术风险，提高从业人员对设备操作的熟悉度，加强信息科技团队建设，不断实现技术漏洞的修补，采用防火墙、数据加密等方式确保数据及客户个人信息安全，使用户名和密码、手机短信验证及校验码等多重方式实现用户的身份验证。

5. 建立以大数据为基础的金融风险预警系统

互联网金融涉及的范围较广，容易出现传播风险，借助大数据建立互联网金融风险预警体系，能作为预防危机发生的第一道防线。2017 年 7 月，国务院印发《新一代人工智能发展规划》，明确建立金融风险智能预警与防控系统，开启了大数据防控金融风险的新阶段。从当前的金融体制、信息、经济基础方面来看，互联网金融风险预警体系属于系统性工程，涉及数据模型方法、执行操作等多个方面，具有覆盖面广、综合协调难度大以及利益主体多等特点，需要进行统筹考虑。互联网金融风险预警体系还需要满足安全保密的现实诉求。系统从发出风险预警提示，通过系统决策支持功能精准确定风险在哪一层面、哪一阶段，再将风险提示发送到互联网金融监管机构，这样不仅能确保互联网金融监管的相关措施可以得到正确执行，也能科学预防社会大众因风险来源不明而导致的恐慌，减少互联网金融系统风险，确保互联网金融正常运转。此外，还应在互联网金融预警系统中设定相关操作权限，确保系统商业机密不外泄，维护利益相关者的合法权益。

三、银行保险领域风险防控

近年来，涉银行保险领域金融犯罪紧跟市场热点，利用监管缝隙，犯罪类型不断变化，手段也是屡屡翻新，由犯罪引发的金融风险隐患已从传统的货币、结算、信贷等金融业务拓展出诸多新兴领域，新类型犯罪不断出现，跨业、跨境、跨域案件频现，而且呈现出由场外市场向场内市场，由非持牌机构向持牌金融机构扩散蔓延的态势，给金融消费者权益、金融市场稳定乃至国家整体金融安全带来严峻的挑战。此外，我国保险行业近年来延续增长态势，实现了跨越式的发展，中国保费规模已居世界第二，行业正迎来前所未有的发展机遇期，随着保险业的发展，我国保险市场呈现出风险上升，不确定性增加的特点，银保监会也着重开展了防控保险风险、整顿保险市场、打击保险犯罪的工作。

（一）涉银行保险案件中反映出的问题

1. 涉案主体波及私募、持牌金融机构，融资欺诈蔓延至合法交易场所

持牌金融机构是指经监管部门批准设立的银行、保险、证券公司等机构。持牌机构在金融监管体系内，掌握着大量的公众资金，一直是监管的重点，极少涉案，一旦涉案风险很大，可能引发系统性风险。而私募机构与持牌金融机构还存有不同，取得中基协的备案并非等同于获得行政许可，一旦查明行为人未严格按照私募基金的相关规定，如未进行合格投资人审查、公开宣传具体产品、投资人真实人数超过规定、不符合投资人标准等吸收资金的就不再是严格意义上的私募行为，而是向社会公众吸收资金。如果行为人隐瞒实控关系，发起设立多个基金、信托，最终查明募集资金归集由同一主体统一支配使用的，也可以认定其具有公众性。

2. 保险公司理赔流程及内控机制存在漏洞，从业人员内部监管制度仍需完善

保险公司自身制度不严，有章不循是造成保险诈骗屡屡发生的一个重要诱因。承保、核保把关不严，重业务开拓，轻制度管理，重市场扩张，轻风险把控，是近年来保险业犯罪中反映出的倾向性问题。一是对第一手资料查看不到位导致犯罪容易得手。许多案件，特别是车险案件，第一现场到达率低，现场查勘、调查不及时，第一手资料匮乏，使诈骗者轻易篡改、伪造证据，在事件性质、受损程度、事故时间等方面做手脚、钻空子。二是发现问题后仍予赔偿突显管理漏洞。保险公司理赔机制、管理机制存在漏洞，给长期与保险企业打交道、熟悉保险理赔流程的犯罪分子以可乘之机，甚至出现在赔付时发现问题，但仍然"带病"理赔的情况。此外，保险诈骗案件中，从业人员涉案情况仍然严重，犯罪主体除一般从业人员外，还有高级管理人员，突显出管理制度的漏洞与监督方式的乏力。表现在：（1）岗位流动性大，影响从业人员业务能力。保险从业人员犯罪中，平均从事保险行业年限不超过两年，特别是理赔岗位交流频繁，一线参与承保、理赔等人员往往没有经过规范系统的教育、培训即上岗，实践经验缺乏，专业技能薄弱。（2）部分从业人员责任心不强，违章操作的现象不同程度的存在，使骗取保费更易得手。（3）保险公司内部制约力度不足。部分公司大股东、实际控制人在公司实际运营中，漠视法律、公司制度，内部监督制约力度明显不足。

3. 保险业信息共享程度不高，两法衔接有待进一步加强

保险行业信息程度不高，易被不法分子利用，且不利于保险诈骗类犯罪打击，影响保险诈骗防治效果。首先，保险行业内部信息共享程度低，不利于犯罪防控。行政管理部门和行业协会未建立全险种统一信息共享平台，部分保险公司出于竞争压力和自己信誉的考虑，对主动向社会公布骗保信息持抵触心理，这就为保险诈骗提供了可乘之机。许多车辆保险诈骗案件中，不法分子利用同一手法，在不同的保险公司连续作案。其次，行政执法与刑事司法衔接有待进一步通畅。银保监会的成立，整合了监管资源、提高了监管效率、扩大了监管覆盖面，更有利于消弭银行业与保险业行政监管的真空地带。但是，保险违法和保险犯罪的甄别能力应进一步提升，提高违法违规拒赔案件向刑事侦查案件的转化率，保险监管部门、保险机构和司法机关的合作还需要进一步增强，共同推动保险犯罪的系统性打击。

（二）银行保险领域存在的风险

1. 自贸区内外汇犯罪防控压力

在新经济形态下，特别是自贸区范围内实行外汇管理制度的重大创新，实现人民币与外汇所在项目的自由兑换甚至自由进出，公司、企业或者个人均可以自由兑换外汇，也可以携带外汇自由出入境，无疑会对我国高度管制的外汇制度带来巨大冲击，也有可能使得自贸区成为外汇犯罪的"真空"地带。有学者认为，实现"人民币与外汇在所有项目的自由兑换"，外汇犯罪将在自贸区内失去存在的意义。不过目前即使在自贸区内，我国外汇也未完全放开，外汇犯罪仍旧存在，仍有必要依法惩治涉自贸区的逃汇等犯罪行为。据统计，针对上海自贸区面积扩大、功能深化等新探索，在依法办理涉及自贸区的新类型犯罪中，办理利用虚假跨境贸易逃汇、骗汇等刑事案件154件166人。在自贸区内的外汇犯罪，主要表现为行为人往往利用转口贸易的资金流、货物流分离、交易主体复杂、跨境取证困难、离岸账户不接受监管等特性，进行非法跨境资金转移，且形式多样。由于自贸区外汇管理制度的特殊性，自贸区内外汇犯罪的手段更为隐蔽。

2. 保险诈骗造成经济损失不断扩大

我国保险行业在近几年时间里厚积薄发，实现了跨越式的发展，保险行业延续增长态势，中国保费规模已居世界第二，对全球保费收入贡献近一半。随着我国保险行业的规模不断扩大，保险犯罪的数额和影响也呈几何式增长，为金融行业稳定带来了前所未有的巨大风险。近几年我国保险费年均总收入近40亿元，同比增长了约4%。相应地，涉保险领域刑事案件数量和案件数额也呈现明显的上升趋势，逐步逼近千亿元。其中，个案涉案金额最高达750余亿元，对涉保险领域犯罪平均案值的拉升幅度巨大。但即使排除上述案件影响，

涉保险领域犯罪案件的案值亦出现明显增幅，逐步提升至将近十亿元，较往年的几千万元案值，几年内已增长了约 50 倍。

（三）对策建议

1. 确保检察建议落地生根，实现法律监督双赢多赢共赢

检察建议是人民检察院依法履行法律监督职责，参与社会治理，维护司法公正，促进依法行政，预防和减少违法犯罪，保护国家利益和社会公共利益，维护个人和组织合法权益，保障法律统一正确实施的重要方式。制发检察建议能够有效地将防范和惩处机制统一起来，检察机关有针对性地向金融监管部门、行业协会等自律组织、金融机构提出建议，即是用实际行动服务保障金融安全，打好防范化解重大风险攻坚战。金融监管部门、行业协会等自律组织、金融机构高度重视检察建议，落实检察建议刚性。例如，浦东新区人民检察院在办理朱某某等人贷款诈骗、合同诈骗案时发现，汽车担保经销商提供担保的个人汽车贷款中存在容易被利用的漏洞，通过深入调研、沟通协调，向上海银保监局制发检察建议，被建议单位高度重视，在系统内开展专项稽核，并下发《关于进一步加强个人综合消费贷款业务管理风险提示的通知》，建立长效管理机制，实现法律监督双赢多赢共赢。

2. 明确监管主体及监管责任，构建多层次监管体系

金融监管空白区域往往是违法犯罪滋生繁衍之处，目前以分业监管和机构监管为主的金融监管格局极易出现监管空白。监管部门有必要逐步实现向功能性监管的转变，对于没有银行业金融牌照但实际从事银行业金融活动，或是取得行业备案但没有实际遵守相关规定的行为或产品，应按照其基本功能来确定相应的监管部门和规则，构建多层次监管体系——金融监管部门统筹监管、协会自律监管、金融机构自我监管，形成监管合力，杜绝监管真空。根据监管的侧重点不同，比如对私募基金要同步做好事前、事中、事后的风险防范。事前监管主要侧重于市场准入的环节，对私募基金管理人以及私募基金项目的备案登记都应加以严格规范；事中监管是指对私募基金运行过程中的各环节进行规制，对资金运用、信息披露进行实时监测或抽查——分别对私募股权基金和私募证券基金的不同特征及易发风险点，设定具有针对性的监管重点；事后监管是指当市场主体发生危机时，监管当局为了避免这种危害扩散到金融或经济的其他领域而采取的止损措施，如破产、救济等。

3. 积极完善金融法律体系，防止产生监管空隙

建立在传统金融生态基础上的行政监管规则，金融刑法在一定程度上已经不再适应或者无法应对智能金融，金融行业的新主体、新业态、新市场、新行为频现。比如，近年来以比特币为代表的数字货币迅速发展，但是数字货币登记交易机构的法律性质和责任尚不明确，再加上数字货币技术的隐私保护、去

中心化等特点对传统的反洗钱监管提出巨大挑战。现有的反洗钱法律法规也是以中央结算为基础的，于智能金融时代而言无疑是滞后的，应当将数字货币交易纳入反洗钱监管，同时明确提供数字货币登记、交易等服务的中介平台的反洗钱义务。又比如私募基金，目前立法的法律位阶较低，上位法仍然缺失，现有法规亦不能覆盖私募基金的所有业态种类，法律适用仍然存在缺漏。应尽快出台法律法规以及实施细则，应当对私募基金的四种业态——私募证券基金、私募股权基金、创业投资基金以及其他类别私募基金都明确加以规制，明确合法运行模式，防止监管空隙的产生。

4. 重点排查相关行业，打击保险业衍生黑色产业链源头

保险诈骗犯罪案件中，虚假发票、公章、维修记录、交通事故责任认定书等文书、物品成为犯罪工具，网购运费险人工审核人员成为共犯，鉴定机构出具虚假伤残鉴定报告成为帮凶，骗保行为背后滋生的黑色产业链业已成为助长犯罪发生的毒瘤，亟须从源头进行整治。一是对利用司法鉴定骗保乱象进行深入调研和检查，在全市范围内开展司法鉴定乱象的调研和排查，发现涉及刑事犯罪的，坚决一查到底，同时挖掘背后的监管漏洞，协调建议政府职能部门建立和完善监管的长效机制。二是严厉打击寄生于保险行业的黑色产业链。车险诈骗历来是保险犯罪中的高危区，其背后开具虚假发票、贩卖虚假交通事故责任认定书、私刻公章等黑色产业已经形成规模；而针对网购运费险、投递险等新险种、服务骗保，涉及的技术软件类、账号注册类黑、灰色产业链也初具规模。在此类灰、黑色产业链的帮助下，骗保犯罪的查处难度加大，犯罪成本降低，犯罪分子的侥幸心理更强，而实践中对上述违法行为整治力度仍待加强，只有查清源头，实现对涉保险犯罪全链条打击，才能从根本上遏制保险业犯罪。

5. 整合力量进行综合防控，行政监管、行业协会保险机构、司法机关共同发力整治犯罪

涉保险业犯罪原因复杂，在当前保险犯罪仍然处于风险易发多发的情况下，仅依赖保险机构或司法机关一己之力效果并不显著，需要监管部门、行业协会、保险机构、司法机关共同努力。一是搭建大数据平台，加强数据分析研判。实现行业信息共享、刑事案件查处协作等常态化合作，搭建反保险诈骗的大数据平台。在保险业"机动车辆保险联合信息平台""人身险综合信息平台""道路交通事故检验鉴定信息系统"的基础上，联合行业协会，将反保险诈骗的信息数据从车险信息、线索，向商业医疗保险、人寿保险、农业保险等其他保险诈骗案发领域推广，及时、有效地发现违法、违规，甚至犯罪的线索，形成齐抓共管，群防群治的防范格局。二是健全灰、黑名单和保险征信记录制度。尽快实现异常理赔的信息共享，借助个人征信系统，设立申请理赔异

常或骗保人灰、黑名单，为各保险公司在承保和理赔环节的信息查询提供便利渠道。同时将防范和打击保险诈骗放到维护金融秩序和金融安全的高度来看。保险犯罪反映出的行业问题和风险点，其根源和影响潜藏在整个金融体系之中，保险监管部门应与其他金融监管部门和司法机关，共同探讨风险防范、犯罪预防和监管技术，建立守信联合激励和失信联合惩戒机制，防止公司及个人利用保险名义实施其他金融违法犯罪活动。

四、证券期货领域风险防控

随着科创版注册制的试行，沪伦通的稳步推进，股票、基金、期货等相关管理制度的不断完善，以及《中华人民共和国证券法》的修订通过并施行，证券市场在革新浪潮中正朝着"规范、透明、开放、有活力、有韧性"的方向不断跨越。与此同时，涉证券业犯罪也呈现出不同以往的新情况和新特点。本课题通过对上海检察机关受理的涉证券业刑事案件进行汇总分析，提出如何更有效打击证券违法犯罪行为的建议，从而规制证券行为，净化证券市场，保障证券市场有序健康发展。

（一）涉证券期货案件中反映出的问题

1. 行政稽查与刑事侦查衔接不通畅，部分涉嫌犯罪行为未被及时发现

打击防范涉证券领域犯罪的传统模式一般为行政稽查部门将线索移送经侦部门，这是受制于证券领域犯罪侦查专业力量不足、信息数据获取困难等原因，加之侦查人员往往难以深入上市公司核心圈，致使此类证券犯罪打击模式呈现出被动受案、介入滞后、效率不高的问题。一是部分证券犯罪活动处置不彻底，易纵容滋生新犯罪。根据证监会通报，近几年全国作出证券业行政处罚接近 500 件，同比增长近 50%。自 2016 年以来，证监会持续对各类违法行为保持高压态势，连续 4 年行政处罚呈现明显递增态势。而上海市作为金融集聚区，2018 年金融犯罪总量较 2017 年略有下降，究其原因，发现证券犯罪目前仍主要依靠证监部门移送的被动受理模式，使得犯罪线索来源渠道单一，部分可能涉嫌犯罪案件因衔接不畅未被及时发觉，致使该类行为成为犯罪"黑数"。二是两法衔接周期较长，不利于证据收集和挽回损失。犯罪行为由行政机关发觉到调查，再到认定涉嫌刑事犯罪移交侦查机关处理，整个过程历时长、具有滞后性，而刑事介入滞后，易造成对客观证据无法落地查证，也给犯罪嫌疑人串供、毁灭或伪造关联证据、转移、隐匿资金提供了充足时间，甚至导致主要犯罪嫌疑人潜逃境外、逃避法律制裁的不良后果。比如，杨某操纵证券市场、背信损害上市公司利益一案，自 2016 年 12 月首次犯罪行为发生至 2018 年 4 月刑事立案侦查，间隔周期较长，案发时杨某已出逃海外。

2. 上市公司监督制约制度与机制不完善，实际控制人轻易破坏市场竞争机制

随着我国资本市场的迅猛发展，上市公司在整个国民经济中已处于极为重要的地位，其能否规范运作、优化运营效能，对充分保护投资者的利益和促进整个国民经济的健康发展都具有极其重要的意义。但纵观近几年受理的案件，部分上市公司实际控制人、大股东存在违规运作、违法经营、虚假披露等情况，严重侵犯了其他市场经济主体的合法权益。一是公司内部管理结构混乱，实际控制人肆意掏空公司。如上市公司总经理、董事长、第一大股东等公司高管，未经上市公司董事会或股东大会批准，私自使用公司公章，以上市公司名义，向他人借款上亿元供行为人本人使用，造成公司被民事起诉赔付上亿元，致使上市公司利益造成重大损失。二是监管方式侧重于事前审批，动态监管不足。目前对上市公司的监管重心放在 IOP 等事前审批上，动态监管程度不深、手段不足、方式被动，导致对严重损害上市公司及中小股东利益的行为打击滞后或难以被发觉。如操纵证券市场类案件中，行政调查以及侦查期间跨度较长，导致行为人以同样的犯罪手段持续实施多次犯罪行为，未能够被及时发现和规制。

（二）证券期货领域存在的风险

1. 市场诚信缺失导致犯罪持续高发

由于我国证券市场诚信文化尚未普遍建立起来，这成为证券期货犯罪多发的重要原因。市场经济是法治经济，也可以说是诚信经济。在证券期货市场中，存在伦理下滑、道德失范、诚信缺失的问题，诚信文化缺失的负面效应被进一步放大。有学者指出，我国证券市场和金融市场二十多年来的发展过于迅速，法律法规等正式制度性安排勉强跟上，但非正式的制度安排却跟不上，特别是契约精神、诚信原则和股权至上等核心制度因素没有被部分企业家和投资者接受，因此，出现了许多不规范的行为和违法行为。一些会计、律师、资产评估师等中介机构置职业道德、法律以及投资者的信任于不顾，帮助上市公司弄虚作假。无论是"老鼠仓"还是"抢帽子"都是一种背信行为，违背了证券市场中的诚信原则。

2. 从业人员各阶层失范值得关注

近年来，在涉证券犯罪案件中，涉案人员的学历根据犯罪类型的不同而差异明显，涉证券行业的非法经营案件涉案人员的学历普遍较低，高中及以下文化人员占50%以上，而内幕交易、泄露内幕信息犯罪则以高学历为主，其中包括博士2名。证券从业人员涉案2人，涉及泄露内幕信息、非法经营等领域，其中桑某职务为某证券公司部门副董事，蒋某职务为某证券公司营业部经理，在证券行业内均具有一定层级，突显涉案证券从业人员层级有提升趋势，

在犯罪打击和预防过程中应格外关注。

3. 涉外案件频发增加防控难度

2018 年上海检察机关受理的非法经营证券业务审查起诉案件 11 件，为近三年之最，其中非法经营期货案件 8 件，涉及贵金属、股指、外汇、原油等多个方面，非法兜售、介绍股票案件 3 件，其中 2 件涉及新三板领域。案件与境外关联的程度不断提高，杨某等人非法经营案中，从事非法经营期货业务的公司系某外国公司在中国（上海）自由贸易试验区内设立的全资子公司，系首例自贸区企业从事非法经营期货业务的案件；张某等非法经营案中，已查获涉案人员 11 人，设立 3 家公司从事期货非法经营，为逃避国内监管，以出境旅游为名组织员工赴泰国非法务工，继续开展非法经营业务，在国内高压打击的情形下，犯罪行为呈现向国外蔓延趋势。

（三）对策建议

1. 疏通两法衔接渠道，提升阶段前采证质量

证券犯罪由于其特殊性，前期均由证监会启动行政调查程序，证监会近几年不断加大了执法力度，行政处罚数量不断增加，但若想提升对此类违法犯罪行为的刑事威慑，就需要建立行政调查与刑事侦查之间高效便捷的衔接配合制度，提高行政稽查中的采证能力，清晰行政违法与刑事犯罪边界，缩短案件移送进程，进而提升证券犯罪的打击力度，对犯罪分子形成有效威慑。一是细化衔接内容和方式，必要时司法机关适时提前介入。监管部门在先期稽查中，适时提请司法机关提前介入，沟通调查工作情况。司法机关和监管部门可以在双方开展调查或侦查过程中提出建议，提高在办案方向、证据规格、证据内容等方面的交换效率，缩短办案周期。二是行政与司法配合证据收集工作，司法机关及时采取保障措施。监管部门依职权通过证券公司等机构获取的相关证据，应尽可能完善、固定证据，对已经掌握的部分证据可以及时向司法机关通报，由司法机关在第一时间依法开展证据的后续搜集和落地对应工作。行政部门在调查中发现可能涉及犯罪的内幕交易行为，可以及时控制嫌疑人并移送司法机关，请司法机关暂扣赃款赃物、冻结相关账户、采取证据保全措施，以防止当事人销毁证据，串供作伪证等。

2. 强化新领域宣传引导，多途径保障投资者利益

金融消费者是金融市场的基础，保护金融消费者的合法权益也是维护金融市场稳定和安全的题中之义。根据国外实践经验，投资者的保护与证券市场的发达程度呈正相关关系，这就要求我们加大对投资者的保护力度。一是加强证券市场新概念的教育和普及，防止不法分子趁虚而入。办案实践中，许多投资者之所以受骗受损，往往是对资本市场的入市规则、操作流程不清楚导致。资本市场的大量投资者为中小散户，在信息方面有先天的弱势。在信息不对称的

情况下机构应对其加强投资者教育和适当性管理，风险揭示必须到位。做好投资者合法权益保护工作，需要建立一整套办法机制，其中最为重要、基础的环节是加强投资者教育，而投资者教育工作又应以风险揭示为重点。衡量投资者教育做得好不好，要以风险揭示是否到位，投资者是否被触动、是否对风险可能产生的后果有充分了解为标准。在机构充分考虑投资者权益、尽心教育履职的情况下，不法分子很难找到可乘之机。二是进一步强化投资者保护机制。目前中小投资者受制于金融和法律专业知识限制以及维权成本等因素限制，既难以有效行使自己的权利，也难以在权益受到侵害后进行法律维权。应针对阻碍中小投资者行权和维权的制度因素，研究探索具有可操作性的保护机制。一方面，监督创新型机构合规经营，遵守底线原则；另一方面，推动建立和完善多元化的纠纷解决机制，解决金融纠纷保护消费者权益。在刑事诉讼程序中，加强涉众型金融犯罪案件的追赃挽损工作，将保护当事人合法权益与化解社会矛盾相结合，积极尝试结合认罪认罚从宽制度，督促被告人积极退赔，弥补权利人损失，进而贯彻落实宽严相济刑事政策，化解社会矛盾，修复社会关系。

3. 完善上市公司治理结构，强化行业自律与从业者约束

上市公司在整个国民经济中已处于极为重要的地位，其能否规范运作、优化运营效能，对充分保护投资者的利益和促进整个国民经济的健康发展都具有极其重要的意义。而整个证券行业有一套完整的监督审核制约的体系，行业自我肃整与良性循环，是证券行业发展的能力和前景的体现。一是构架和完善公司内控机制，遏制犯罪滋生土壤。上市公司涉及众多投资者利益，需要建立完善的治理结构，股东会、董事会、经理层等相互分工、相互制衡，才能最大化的实现资源配置的有效性，优化股东和企业的利益关系。上市公司应依据《上市公司治理准则》逐步完善自身架构和内控机制，充分发挥制度对高层管理人员的约束，防止个人主义倾向和绕开公司的私人行为，尤其建立严格完善的财务审批制度，同时为中小投资者行使自己的话语权创造条件，从而有效防止大股东实施掏空公司或者侵害中小投资者利益的行为。二是进一步加强行业自我监管功能，及时发现异常交易行为。交易所、券商、承销商等不仅应尽职履行法律规定的审核义务、风险告知义务等。针对异常交易行为或违法违规行为，主办券商还要负起向交易所报告、提醒客户等义务；交易所也应承担起相应的自律监管责任，充分运用大数据系统监督交易情况。三是推行切实有效的教育培训机制，做好从业人员教育警示工作。证券公司、基金公司等机构要通过业务流程、财务制度、监察系统等约束从业人员的行为，尤其是对重点业务环节和高风险岗位设置严格的监督流程，最大限度地降低违法犯罪空间；在行业内部建立从业人员违背诚信黑名单，对违规、违纪、违法人员进行通

报和数据采集，树立诚信敬业的良好执业风范。同时，有计划、系统性地开展从业人员职业道德培训工作，配合反面典型、刑事法律普及、重点交流谈心等形式开展警示教育工作，保证优秀的业务技能建立在良好的道德法律意识之上。

4. 完善自贸区犯罪预防惩治，增强涉证券国际司法协作

在全球化趋势和自贸区的建设下，使证券犯罪可能的领域扩张，给司法认定和处理带来更多的难题。原本的证券犯罪往往发生在一国之内，无论在认定和处理上都相对简单，而跨越国界的犯罪则由于没有统一的界定标准，也没有具体的司法协作措施，只能通过其他途径解决，这无疑助长了证券犯罪的发生和蔓延。一是加快刑事法律适用调整进度，司法机关积极应对。适时出台相关司法解释、地方性法规，对自贸区证券从业合法行为、边界行为与违法行为明确区分，确定司法统一标准，既保障自贸区犯罪打击力度，又保护自贸区企业自由经营；自贸区相关司法机关应增强司法能动性，结合负面清单，做好重点罪名的专题调研工作，出台明确的、具有指导性的意见，保证刑法适用的准确性与统一性。二是管理部门优化监管方式，防止创新领域成为犯罪温床。将主动预警与动态防控相结合，在简政放权、简化审批程序的同时加强后续监管力度，做到宽进严管，及时开展摸底排查和风险评估，梳理可能存在的涉及证券行业犯罪企业，并予以重点监督。同时，探索建立健全诚信评级方式，在自贸区范围内建立统一公开的诚信记录查询平台。三是加强国际司法合作，缔结多边双边条约。打击跨境证券犯罪离不开国际刑事司法合作，牵涉到国内、国际多个机构、部门，需要适用国内、国外以及国际公约等不同层次的法律法规、纪律制度，应充分整合国内资源，协调好各部门行动、不断完善相关法律法规；通过缔结多边或者双边条约，实现对跨国性金融犯罪的有效预防和应对，同时也可以进行有效地打击追诉犯罪分子。

五、金融风险防控总体对策

金融是国家重要的核心竞争力，金融安全是国家安全的重要组成部分，面对当前金融市场的创新发展，要坚持底线思维，把主动防范化解系统性金融风险放在更加重要的位置，坚决整治严重干扰金融市场秩序的行为，严格规范金融市场交易行为，规范金融综合经营和产融结合，加强互联网金融监管，强化金融机构防范风险的主体责任，加强社会综合治理，构建金融犯罪的综合惩戒和预防体系。

（一）加强法律宣传，提升风险防范意识

"法律意识直接来源于法律这一特殊的社会现象，是法的内容、法的形式

和法的精神在人们头脑中的反映或映象。"① 良好的法律意识能指导人理性、科学的行为。检察机关应加强普法宣传教育，强化舆论引导，防控舆情风险，认真落实"谁执法谁普法"的普法责任制，实现办理一案、教育一片的良好效果。要进一步落实"以案释法""谁执法谁普法"的责任，加大金融犯罪预防宣传力度，创新预防宣传举措，积极构筑常态化金融知识普及教育阵地，积极探索开展"金融知识进课堂"活动。深化预防金融犯罪工作效果，不断提升广大人民群众的金融风险防范意识和识别违法犯罪能力，不断增强金融从业人员的法治意识，从源头上遏制金融犯罪。做好结合办案开展以案释法的工作，办案人员必须有针对性地揭示当前金融犯罪的手段，告诉群众如何识别金融犯罪的"流程""诱饵""行头"，有效地增强社会公众的法治观念和风险防范意识。就培养普通市民的风险防范意识而言，应在全社会大力普及宣传金融法律知识，让广大的市民知晓在金融活动中自己和相对方分别有什么权利和义务，同时也可以监督金融机构、证券机构等相对方是否合法行为。强化日常宣传，以群众喜闻乐见的形式，推动宣传教育进楼宇、进社区、进家庭、进学校、进企业、进机关等。通过接受普法，让他们树立起社会信用观念。同时，通过多种形式、充分利用各类媒介载体开展防范非法集资等宣传活动，发动各金融机构、金融市场发布风险提示，做好宣传教育，增强公民风险识别能力。普及和宣传金融相关法律，可以培养公众和投资者的风险防范意识和合法投资观念。综上，金融风险的控制与防范需要国家机构、金融经营人本身、普通民众具有优良的金融法律意识。

（二）立足案件办理，保障金融发展环境

首先，检察机关作为国家的司法机关，应该以办案为中心，加大打击力度，始终保持打击金融犯罪的高压态势。金融风险具有系统性和全局性的显著特点，金融犯罪往往涉及金融机构、担保机构、中介机构、民间借贷机构等诸多参与主体，在办理这类案件时要全面统筹、系统谋划，防止出现跨市场、跨区域市场的风险传播，做到精准办案。其次，要把握好路径。金融犯罪和民间借贷纠纷之间的界限模糊，要严格区分民间借贷纠纷和金融犯罪，对于行为人能够积极弥补损失，没有造成重大后果的，一般不宜以刑事犯罪路径处理。再次，把握好重点。金融犯罪包含众多具体犯罪，要关注重点犯罪，重点打击非法集资、网络传销、内幕交易等金融犯罪；要关注重点领域，重点打击利用互联网实施的金融犯罪；要关注重点对象，重点打击金融犯罪的骨干核心成员，做到精准打击。最后，要把握好力度。办理金融犯罪案件在坚持罪刑法定原则

---

① 李步云、刘士平：《论法与法律意识》，载《法学研究》2003 年第 4 期。

的前提之下，必须严格区分重罪与轻罪，灵活运用宽严相济的刑事政策，对行为人积极退赃挽损的，要综合运用认罪认罚从宽、不起诉裁量、量刑建议等手段予以统筹考虑，力争取得良好社会效果。要充分发挥检察建议的功能，在支持相关部门依法强化监管执法活动的同时，对于审查办案过程中发现的制度缺陷和监管漏洞，积极运用风控报告、风险提示和检察建议，促进其加强制度建设、工作创新和监管治理，努力从源头上预防和减少金融犯罪行为的发生。从涉嫌金融犯罪事实、风险分析、风险防控建议等方面，详细分析相关领域或环节中存在的风险点、危害性，并提出防控建议。检察机关应当坚持依法惩治犯罪与追赃挽损并重，充分运用各种法律手段，调动各方面积极性，最大限度地减少人民群众的损失。特别是要进一步研究完善追赃挽损相关的制度机制，协助并监督有关部门不断加大追赃挽损力度，不让违法者得利。除了刑事检察，民事检察、行政检察、公益诉讼检察也要并驾齐驱。首先，就民事检察而言，要围绕民事、行政审判执行公正、效率等问题，重点监督超期审理、明显超标的执行和查封、消极执行等违法情形，持续协同审判机关攻坚"执行难"，监督促进穷尽执行手段，保证合法债权得以足额、及时实现，提升金融债权实现效率。同时，通过在信贷等重点领域的重点排查，依法打击逃避金融债权的虚假诉讼等行为，保护合法金融债权。其次，就行政检察而言，要积极探索落实"一手托两家"的履职要求，对在民事检察监督中发现行政机关在金融监管中存在的行政缺位，及时提出检察建议，维护良好的金融秩序。最后，就公益诉讼检察而言，针对骗贷案件中存在的国有资产流失等危害国家利益、公共利益问题，依法进行公益诉讼检察监督。

（三）注重人才培养，加强队伍专业化建设

金融活动涉及证券、票据、结算、担保、国际金融、保险、信托、基金等领域，与一般的经济犯罪相比较，金融案件呈现出犯罪手段专业化、智能化、隐蔽化和迷惑性强的特点。从客观角度看，金融犯罪的专业性强、审查办理难度大。因此，在检察机关指控与证明金融犯罪的过程中，最为基础的前提是要了解金融领域的法律政策、术语和行规，目前在金融犯罪的指控当中，仅凭简单的刑法理论知识是远远不够的，还需要相关金融专业背景的支撑，否则就不能突出指控和证明犯罪的重点，这对检察人员的专业化提出了更高的要求。对于检察人才的培养，应加强对监管政策的动态解读，提升其对非法金融机构和非法金融活动的深入认识和了解，扎牢金融知识基础。加强人才之间的信息互通和共同研判，提供更多平台和机会去学习金融知识中的难点和重点，加大对涉众型经济犯罪案件办理人才的培养，持续提升人才对金融案件办理流程的熟练度，增强其线索核查、案件侦查等能力，以办案专业化为出发点和目的，在提升办案效率的同时也不断增强办案质量。加强检察队伍专业化建设，是检察机关内设机构改革的重要目标之一。特别是金融犯罪案件专业性、复杂性强，对检察人员的综合素质能力要求更高，必须加强专业化队伍建设。要加强专业机构建设，以内设机构改革为契机，建立健全专门办理金融犯罪案件的机构或办案组织。要加强专门人才培养，注重通过选拔、引进、培训、培养等方式，锻造具备综合素质的金融检察人才。在注重内部挖潜的同时，要善于借助"外脑"，探索建立与金融监管部门互派挂职干部，组建经济金融检察专家咨询委员会，建立健全专家辅助办案制度，主动邀请金融领域专家学者参与到金融检察工作中来，弥补检察人员的知识局限，为金融检察工作提供智力支持。

（四）强化协作机制，形成联动合力

就检察机关自身而言，积极建设金融违法犯罪线索及时移送和沟通机制，并与金融监管机构和相关金融单位开展必要的沟通研讨工作；建设金融违法犯罪情报收集、分析和通报机制；建立重大金融风险的研判和预警机制，拓宽立案监督渠道。建立工作联席会议机制，全面落实行政执法与刑事司法衔接机制，尽快建立防范化解金融风险检察服务室；加强公检、检法衔接，适时提前介入侦查，提起公诉后建议法院尽快开庭审理，推动涉众金融犯罪案件诉讼审理的快速完成，提升办案质效。在审查案件的同时，加强与金融管理局、市场监管局、经发局等部门的沟通协作，帮助监管部门有效识别和化解风险，支持依法强化监管执法活动。同时，对于相关单位或行业主管部门怠于监管的，运用检察建议督促其依法履职和监管治理，要健全完善与银保监会以及其他执法司法部门的沟通衔接机制，形成防范化解金融风险的合力。

除了强化自身机制建设之外，检察机关还需要与金融监管等其他部门强化联动协作机制，形成防范化解金融风险的合力。在传统金融领域方面，协助其他部门不断完善风险动态监测预警机制，引导各方按照市场化、法治化原则处置债券违约风险。协助银保监局督促银行做好风险隐患排查，规范处置不良资产，提早预防，及时介入。高度关注高风险企业及金融控股集团，加强风险研判，对已暴露风险，协助依法开展分类处置。聚焦外部冲击风险，高度关注、及时评估外部不确定性因素影响，进一步完善风险监测预警和研判评估机制，确保风险早发现、早研判、早处置。充分依托大数据手段，强化多渠道风险信息共享联动。协助推动试点将涉嫌非法集资线索发现机制纳入城市网格化综合管理平台。进一步完善风险快速响应和联合处置机制，确保重点领域风险稳妥化解。在金融创新领域，协助相关部门扶持一批标志性科创企业利用科创板做大做强，协助完善制度设计和投资者适当性管理，做好科创板开板初期的投资者教育、风险提示等工作。加强与各金融监管部门合作，推进金融纠纷案件多元化解，协助健全守信联合激励和失信联合惩戒机制。

新形势下自贸区检察监督工作机制研究[*]
——以上海自贸试验区临港新片区建设为切入

上海市浦东新区人民检察院课题组^{**}

一、自贸区检察工作所面临的形势和价值分析

近年来，随着自贸区建设发展快速推进，无疑对我国经济社会发展注入了强大动力。由于自贸区建设具有独特的地位和特征，检察机关应准确判断当前形势，立足职能定位，及时满足司法需求，为自贸区建设发展发挥更好的职能作用。

（一）自贸区检察工作面临的新形势

1. 推进自贸区建设快速发展的新形势

作为我国开放型经济和管理模式改革创新的发祥地，上海自贸区自 2013 年 9 月 29 日正式挂牌成立以来，我国自贸区建设呈现扩容增长之势，并已形成了"1＋3＋7＋1＋6"东西南北、陆海统筹的基本格局与开放态势。

2019 年 8 月 20 日，上海自贸区临港新片区正式揭牌成立，强调要在其他片区投资贸易便利化等试点政策的基础上，打造"更具国际市场影响力和竞争力的特殊经济功能区"。由此可见，与其他自贸区相比，临港新片区无论战略定位还是监管模式均体现明显的"特殊性"。首先，临港新片区实行差别化探索，选择国家战略需要，国际市场需求大，对开放度要求高，但在其他地方尚不具备实施条件的重点领域，实行具有较强国际市场竞争力的开放政策和制度，更好地发挥改革开放"试验田"作用，但并不当然能复制推广。如临港新片区实施具有国际竞争力的税收制度和政策，包括扩大新片区服务出口增值税政策适用范围，对重点产业和人才实施税收支持等五个方面的税收政策，并设立专项资金扶持等，形成"资本虹吸效应"，将会吸引众多市场主体集聚新

* 上海市检察官协会 2019 年重点研究课题。
** 课题组负责人：朱毅敏；课题组成员：严忠华、王端端、舒平安、俞琳。

片区。其次，临港新片区对标国际上公认的竞争力最强的自贸区，不仅是各类改革政策集中地最前沿地，更是各类改革压力集中地。最后，临港新片区聚焦强化经济功能，形成与国际通行规则相衔接的制度体系，其"特"在投资自由、贸易自由、资金自由、运输自由、人员从业自由，而"自由"与"便利"有着"质"的不同，给监管带来挑战，也是法治保障的新课题。

2. 推进上海改革开放再出发的新形势

我国实行改革开放以来，上海作为连接国内腹地与全球的重要"枢纽"，紧紧依靠市场化和对外开放开辟出驱动高速增长的新路。但从上海面临的发展目标和使命看，当前，以习近平同志为核心的党中央交给上海三大战略任务，即在上海自贸区增设临港新片区、设立科创板并试点注册制、支持长三角一体化发展并上升为国家战略。因此，上海经济发展不仅仅体现在经济增速，而要体现在经济、社会、政治、文化、生态等多个方面，需要依靠改革开放再出发，探索高质量发展的新路，需要提高金融、知识产权等领域和资源的全球配置能力，加快形成具有全球影响力的经济、金融、贸易、航运、科创中心。从制度创新的角度看，上海需要首创性改革、引领性开放，进一步发挥自贸区的先行先试和临港新片区的风险压力测试功能，着力提高贸易和投资的自由化、便利化程度，紧紧依托政府效能提高和政府—市场关系优化形成对外开放新格局。因此，检察机关要提高政治站位和境界格局，紧紧围绕国家战略，持续优化临港新片区法治化营商环境。特别要深入思考如何在实现有机衔接、突出协同创新、强化带动引领等方面服务和融入长三角一体化发展战略中，谋划落实更有效、更精准的检察服务保障举措，提供更多、更好、更实的检察产品。

3. 推进检察工作自身发展的新形势

进入新时代，人民群众对民主、法治、公平、正义、安全、环境等提出了更高要求。随着国家监察体制改革和检察机关内设机构改革，检察机关已经形成了刑事、民事、行政、公益诉讼"四大检察"法律监督总体布局。然而，随着检察职能调整，特别是内设机构发生系统性、整体性、重塑性变革，从过去依据职能划分，转变为依据案件类型、辅以职能进行划分，"四大检察"发展不充分、不协调、不平衡问题凸显，如"重刑轻民"的传统思维依然存在，刑事检察工作专业化程度不高，民事检察工作思路不宽、深度不够，行政检察工作刚刚起步，仍然为弱项中的弱项，已成为新时代检察工作创新发展亟待破解的瓶颈。因此，对检察机关而言，工作理念、办案模式、管理方式都要及时调整、更新、优化，积极探索创新"催化剂"促成化学反应，实现法律监督工作全面协调充分发展。如"捕诉一体"办案机制改革后，要聚焦专业化，通过完善办案机制，更好发挥"捕诉一体"在办案质量和效率方面的优势，着力推动刑事诉讼监督借力做优，促进同向发展、协同提升。

（二）新形势下检察机关服务保障自贸区建设的重要意义

当前，在国际形势纷繁复杂变化，经济全球化受挫，保护主义显著抬头的背景下，我国通过实施自贸区建设国家战略，对标世界最高水平的开放形态，全面对接国际经贸新规则，以高水平开放倒逼深层次改革、以深层次改革促进高质量发展。

1. 充分彰显检察机关服务大局的理念和决心

最高检张军检察长多次强调，检察工作是政治性极强的业务工作，也是业务性极强的政治工作。基于此，检察机关服务保障自贸区建设，既是检察工作主动、自觉融入党和国家工作大局的本质要求，也是深入贯彻最高检提出的"讲政治、顾大局、谋发展、重自强"的生动体现。根据上海自贸区临港新片区建设的总体方案，加快转变政府职能，建设国际一流的法治环境是临港新片区建设的主要任务。因此，检察机关应立足职能定位，依法履行职责，展现主动作为，充分彰显检察机关服务大局的理念和决心。如通过开展专题调研，及时了解临港新片区建设进程中的法治需求；依法履行审查批捕、审查起诉等职能，强化知识产权保护，努力营造法治化的营商环境，为实施创新驱动发展战略营造法治化的创新创业环境。同时，紧密结合司法办案，综合运用纠正违法、工作提示、检察建议等法律监督方式，为促进临港新片区管理部门探索改革创新、推进社会治理依法履职，推动创新创业政策落实落地提供公正有效的法治保障。

2. 推进国家治理体系和治理能力现代化水平的提升

党的十九届四中全会明确提出，要突出坚持和完善中国特色社会主义制度的根本制度、基本制度和重要制度，改革不适应实践发展要求的体制机制、法律法规，不断构建新的体制机制、法律法规，使各方面制度更加科学、更加完善，实现党、国家、社会各项事务治理制度化、规范化和程序化。上海自贸区临港新片区要建设成为我国开放度最高、自由度最大、法治环境最优的特殊经济功能区域，势必对社会治理方式和治理能力提出更高要求。主要特点是：一是自贸区"新、老"片区的相互融合。上海自贸区建设强调各类市场主体投资贸易的便利化程度，着力提高区内企业的感受度和显示度，而临港新片区建设更强调赋予更大创新自主权，提升投资贸易的自由度。二是"科创与自贸"的相互融合。上海自贸区临港新片区建设除了提升投资贸易便利化程度外，高标准的知识产权保护是激励创新的基本保障。临港新片区将在进一步扩大开放的市场环境下，实施更加严格的知识产权保护，这是中外企业发展的共同要求。三是"产、城"建设的相互融合。上海自贸区临港新片区作为我国最大的海绵城市建设试点区域，积极鼓励国际优质资本进入教育、医疗、文化、体育、园区建设、城市运行等公共服务，加强各类基础设施建设管理，努力打造开放创新、智慧生态、产城融合、宜业宜居的现代化新城。因此，检察机关要积极思考参与城市管理中的切入点和发力点，助力临港新片区打造产城融合的现代化新城。

3. 为改革和完善检察监督工作机制提供新契机

自贸区改革与以往改革最大的区别在于制度创新，并担负着提高开放型经济水平的"试验田"，形成可复制、可推广的经验。上海自贸区设立以来，上海检察机关率先探索创新自贸区检察监督工作机制，为全国自贸区所在地检察机关提供了许多可复制、可推广的经验。但是，随着上海自贸区临港新片区建设的加快实施，必然要求区内不断加快体制机制改革创新。对检察机关而言，也同样需要适应内外环境的深刻变化，不断改革完善自贸区检察监督工作机制，及时满足临港新片区建设发展的司法需求，更好发挥示范带动和服务全国的积极作用。

深化司法体制改革和工作机制改革，加快建设公正高效权威的中国特色社会主义司法制度，是党的十八大以来全面深化改革的重要内容之一。如果说自贸区内监管模式转变是我国政府职能的改革方向，那么自贸区临港新片区建设为检察监督工作机制改革完善提供了绝佳的"试验田"。因此，检察机关应紧紧抓住这一历史机遇，加强自贸区检察监督工作机制改革在临港新片区的探索实践，为服务保障临港新片区建设提供制度保障，也为提升检察服务能级、促进检察工作创新发展提供了新的机遇。

二、自贸区检察监督工作机制运行现状及遇到的问题

我国设立自贸区以来，所在地检察机关将服务保障自贸区建设作为重要政治任务，立足各自区域特点和优势，开展一系列探索性工作。笔者以上海、广东、福建等三地自贸区所在检察机关为样本，对自贸区检察监督工作机制运行现状进行全面梳理，并作比较分析。

（一）自贸区检察监督工作机制运行现状比较

1. 上海自贸区（以浦东新区检察院为主体）

2013 年 11 月 5 日，上海市人民检察院派驻自贸区检察室挂牌设立，并委托浦东新区检察院管理。随着上海自贸区实施范围逐步扩大，自贸区检察室的工作职能逐步调整为以业务指导与政策协调的"前沿指挥部"为主，案件办理则由浦东新区检察院相关职能部门专业化办案组办理，特别是对涉自贸知识产权保护实行"刑民行"三合一的工作格局。

近年来，上海自贸区检察工作中形成的工作机制主要包括：（1）建立白皮书和典型案例发布机制。如浦东新区检察院每年定期发布涉自贸区检察工作

白皮书及典型案例，向社会通报涉自贸区刑事犯罪案件的特点和发案趋势，围绕优化自贸区监管等方面提出对策建议，加强对各类市场主体的法治宣传和法治引导；（2）制定涉自贸刑事检察办案工作指引，统一法律适用和执法标准。如2014年，上海市检察院制发《涉上海自贸区刑事法律适用指导意见（一）》；2017年，浦东新区检察院制发《涉众型金融犯罪办案指引》《关于恶意透支型信用卡诈骗案件的办理意见》，对涉自贸区相关刑事案件证据标准、诉讼程序等方面作出规定，确保自贸区内刑事司法精准有效。（3）率先探索单位犯罪认罪认罚从宽等制度机制，优化自贸区营商环境。如浦东新区院积极探索涉自贸区民营企业单位犯罪认罪认罚从宽制度，创立自贸区域内企业涉案司法处理意见征询制度，并在张江高科技园区设立"民营企业家法律服务工作站"，为区内民营企业及民营企业家提供司法诉求受理、权利救济、风险防控、法律咨询、法治宣传等"一站式"司法服务，畅通民营企业司法维权的渠道。（4）建立对接合作交流平台。如浦东新区检察院主动与全国12家自贸区检察机关签署了《关于建立自贸试验区检察工作对接合作机制的备忘录》，并通过牵头举办或承办自贸区检察工作专题研讨会等形式，搭建合作交流平台，促进自贸区检察工作同频共振、协同发展。

2. 广东自贸区（深圳前海、南沙、珠海横琴）

广东省在南山区设立南山区检察院的基础上，率先成立全国首家深圳前海蛇口自贸区检察院，专门负责自贸区检察工作。该院提出了采取"统一业务、分片办理、属地起诉、分段推进"的模式，推动知识产权一审、金融刑事案件的统一办理，探索建立自贸区检察院对重大公益事件的组织调查机制、检察建议公开宣告机制、违法行政行为监督纠正制度，以及信息共享和业务协作等机制。①

广州南沙区检察院加挂广东自贸区南沙片区检察院牌子（系一个机构两块牌子），行使县一级检察职权。南沙区检察院积极发挥认罪认罚从宽、"暂缓起诉＋社会服务告知"、民营企业追赃挽损等创新制度的先行优势，率先在涉民营企业刑事案件中探索实施，最大限度地保障涉案民营企业正常运转。首创并完善企业刑事合规风险全面防控，为区内企业"量身定做"法律服务和知识产权案件"双报备，两同步"等多项机制，向侵犯知识产权被告人提出首份从业禁止量刑建议，不断提升企业的安全感和获得感。加强自贸检察、两法衔接和涉外民商事服务等平台建设，组建第二检察部（自贸检察部）和涉民商事诉讼监督办案组，强化与行政机关联动协作，在全省率先探索涉外中英

---

① 《深圳前海：打造专业型自贸区检察院》，载正义网，http://www.jcrb.com/xztpd/ZT2018/201809/sz/kjg/201810/t20181022_1917448.html，2019年12月23日访问。

葡三语权利告知服务，逐步构建多元化、专业化、协作化办案模式，推动形成服务保障合力。①

珠海市横琴区既是自贸片区，又是珠海市的行政区，横琴新区检察院于2013年12月成立，并作为珠海市检察院的派出机构，行使县一级检察院职权。

3. 福建自贸区（以厦门片区为例）

2016年1月7日，经福建省人民检察院批准，由厦门市检察院指定，湖里区检察院派驻福建自贸区厦门片区检察室（以下简称自贸区检察室）挂牌成立。该自贸区检察室全面推行"捕、诉、监、研、防"一体化办案，主动与域内自贸片区法庭、公安、海关、海事、税务、金融、商务、市场监管、知识产权保护等17个职能部门加强协作配合，建立常态化的会商机制。通过借助各高校院系、律协、智库以及社会自治组织等公共资源，承接工作的职能转变，建立引进第三方推进工作的机制。推动自贸片区内多方多元矛盾纠纷调处机制，与厦门自贸片区管委会政策法规局、自贸片区法庭、市律师协会共同推进律师介入纠纷调解协作机制，开展民商事案件的监督以及介入自诉、认罪认罚刑事案件的办理。与厦门自贸片区管委会法规局共同推动在自贸片区成立综合法律服务中心。②

由此可见，自贸区所在地检察机关检察监督工作机制存在一些共同点：一是大多对涉自贸案件实行"捕、诉、监、研、防"一体化办案机制或专业化办案方式，重视企业风险防控，加大对营商环境的保护力度。二是加强与自贸区内金融、市场监管、知识产权等行政机关沟通联系，或签订备忘录、会商机制等。三是自贸区基层检察院之间重视彼此联系与互动，搭建合作交流平台，其工作模式和机制呈现相似之处。

（二）自贸区检察监督工作运行中存在的问题

由于自贸区内改革探索内容多、制度创新力度大，对法治环境的要求越来越高。但从司法实践看，随着自贸区建设进程的不断加快，自贸区检察工作已难以适应自贸区建设发展的法治需求，并存在诸多问题和难点。

1. 检察监督理念有待更新

法治是自贸区建设的重要保障，也是自贸区的核心竞争力。司法实践中，

---

① 《南沙自贸区检察院举行挂牌成立两周年暨"双书"新闻发布会》，载e南沙，http://www.gznsnews.com/index.php? a = show&c = index&catid = 8&id = 53131&m = content，2019年12月23日访问。

② 《打造厦门特色"自贸检察"营造一流国际营商环境》，载人民网，http://fj.people.com.cn/n2/2019/0603/c181466 - 33006611.html，2019年12月23日访问。

有的检察干警对服务保障自贸区建设的宏观思维不够清晰，片面认为自贸区建设主要是行政机关的事情，自贸区内纠纷主要是民商事纠纷，是法院的事情，检察机关主要办理刑事案件，不应蹭自贸概念的热度，导致对自贸案件背后因素、检察监督价值取向、舆情热议等关注度不高、定位不准。实际上，自贸区发展势必会伴随大量的新型纠纷出现，甚至是法律适用、规则的空白，同时也是法律监督的盲点，需要检察机关积极作为、主动服务。与此同时，自贸区内市场主体自主经营、自由交易和"负面清单"、备案制审批的管理模式，不仅是其重要特色，也是自贸区的生命力。因此，迫切需要检察机关正确处理好惩治犯罪和全力支持改革、鼓励经济发展的辩证关系，厘清"犯错"与"犯罪"的边界，对自贸区的各类市场主体加强平等保护，营造法治化营商环境软实力，需要不断更新检察监督理念，坚持宽严相济的刑事政策，才能为自贸区推进改革和制度创新创造宽容的司法环境。

2. 对自贸区检察工作顶层设计和总体布局不够完善

自 2013 年 11 月设立首个自贸区至今，我国自贸区建设发展已从上海一个点扩展至全国 18 个省（市），形成了较大的规模效应。但纵观自贸区的发展历程及所在地检察机关富有探索性的工作实践，不难发现，自贸区检察工作虽已呈现百花齐放、各具特色的良好局面，但始终缺少顶层设计和全面统筹，难以跟上自贸区建设发展步伐。最高人民检察院至今尚未设立全国性自贸组织领导机构，也未统一发布关于自贸区检察工作规范性文件。最高人民法院在前期进行 3 年的专题调研、建立自贸区司法保障研究基地、举办自贸区司法论坛、征求专家意见的基础上，于 2017 年发布了《关于为自由贸易试验区建设提供司法保障的意见》。2019 年 12 月，最高人民法院又发布了《关于人民法院为中国（上海）自由贸易试验区临港新片区建设提供司法服务和保障的意见》，进一步统一认识、加强业务指导、鼓励机制创新，致力于解决司法实践中遇到的普遍性问题。近年来，在最高检指导下，自贸区检察机关先后召开专题研讨会、发布合作意见和工作推进会，如 2015 年 9 月 22 日，浦东新区院承办"沪、粤、闽、津"自贸区司法保障检察交流研讨会；2017 年 7 月，最高检在沪主办"检察机关服务保障自贸区建设工作推进会"；2018 年 10 月，沪、津、浙、粤、闽、琼六省（市）检察机关在浙江舟山联合召开"海上丝路暨自贸区建设与检察工作"研讨会，并发布《舟山宣言》，合作建立自贸检察工作平台；2019 年 10 月，津沪冀辽等 18 个省（市）自贸区检察机关共同参加全国检察机关自贸区检察工作研讨会，并发布《自贸试验区检察机关服务和保障自贸发展的合作意见》，倡导开展全方位合作，实现优势互补、资源共享。但总体而言，各自贸区所在地检察机关虽通过签订备忘录、省际合作意见等相关协议，但大都各自探索，各自为政，自贸检察工作发展和水平参差不齐，亟须加强顶层设计和总体布局，并作出全国统筹的制度安排，进一步统一认识、总结经验，特别是加强域外司法协调和司法合作，形成自贸区检察工作新格局。

3. 自贸区检察区域"一体化"工作机制尚未全面形成

2019年8月30日，随着江苏自贸区的设立，目前，长三角范围内的沪、苏、浙三个省（市）已分别设立自贸区。2019年12月1日，中共中央、国务院印发的《长江三角洲区域一体化发展规划纲要》，其中将"高标准建设上海自贸区临港新片区"单独列为一章，明确上海自贸区临港新片区建设要带动上海及长三角一体化高质量发展。《中国（上海）自由贸易试验区临港新片区总体方案》也提出，上海自贸区临港新片区要建立全面风险防控管理制度，以风险防控为底线，主动服务和融入长三角一体化建设。由此可见，长三角地区的自贸区亟待协同发展，风险防控将是共同关注的重点。

目前，长三角地区的省级院已不断强化服务保障"长三角"国家战略的"检察芯"，[①] 但自贸检察在长三角、长江经济带等区域协同制度供给的效能尚未得到足够重视。尽管浦东新区检察院与浙江舟山市检察院早在2017年签订工作备忘录，建立对接协作机制，但长三角区域的自贸检察工作联盟尚未建立，亟须谋划沪苏浙自贸检察协同合作的新机制，在司法政策、执法协同性、法律热点难点等问题开展跨区域联席协作。

4. 自贸区检察监督工作理论与实践研究的投入不足

在我国，自贸区检察工作与自贸区建设一样，无先例可循。实践表明，理论是实践的先导，并对司法实践具有推动和促进作用。近年来，全国检察系统内成立了一个研究基地，并举办了数次涉自贸区检察工作交流研讨会、各基层院分头组建自贸检察智库等活动[②]，但检察机关举办研讨会的频率和级别都不够高，对自贸区法律法规及政策研究的投入以及对自贸区改革创新制度设计、

---

① 2019年12月26日，长三角区域检察政治工作协作研讨会在上海召开，沪苏浙皖三省一市检察院签订了《长三角检察政治工作合作框架协议》，"上海检察"微信公众号2019年12月27日发布。

② 如2018年12月，浦东检察院与成都市检察院联合举办"检察机关服务保障自贸试验区建设工作交流研讨会"，联手全国"1＋3＋7＋1"自贸试验区所在地检察机关共商自贸区检察工作协作发展。2015年8月，浦东新区检察院组建自贸检察智库；2018年10月，以浙江自贸区研究院专家、复旦大学等高校学者为成员的舟山检察"自贸检察智库"成立；2017年6月，由最高人民检察院检察理论研究所与广东省人民检察院、深圳前海蛇口自贸片区人民检察院合作共建了"最高人民检察院检察理论研究所法治前海研究基地"，围绕国家自贸区检察机制建设中的重大理论和现实问题组织开展研究活动。2019年8月，最高人民检察院为16个检察研究基地授牌，打造检校合作，而广东省深圳前海蛇口自贸区检察院是此次唯一一个被授予最高检检察研究基地的基层院。

重点建设环节的风险防范等方面跟踪调研、参与风险评估预警不足，对自贸区检察工作的理论和实践研究机制尚未形成。此外，由于没有持之以恒的理论研究作为储备，在自贸区内相关行政管制或审批发生变化时，检察机关难以做到同步观察、同步参与、同步设计，对可能出现的风险和犯罪不能作出提前预判，等到出现违法犯罪时再研究已经滞后，导致在执法办案、法律监督、参与社会治理中无法赢得更多的主动权。

同时，检察机关与专业研究机构、高校合作较少，举办理论与实务结合的自贸检察论坛较少，为自贸区建设提供优质高效的检察服务亟须更高层级的智力保障。①

5. 自贸区检察人才国际化、专业化水平不高

高素质、专业化的检察人才队伍是做好自贸区检察工作的基础和前提。多年来，检察机关在培养、培训干警时，往往只重视国内法，对涉外法律、国际惯例、通行规则有所忽视，国际化专业知识储备和能力培养已成为自贸区检察干警的先天短板。同时，由于自贸区内涉外因素急剧增多，外国人和外国企业大量存在，对检察机关监督办案的国际化提出新要求。如民事、行政检察中，可能涉及中外法律适用及国际条约、国际惯例、贸易规则的分析，对检察机关法律监督能力提出新的更高要求。即便是在办理检察机关传统强项的刑事案件领域，由于自贸区内外法律适用有别、自贸区内法律空白和监管盲区较多，首先需判断相关行为在其行业或领域中的性质，而后再运用法理、刑法规定、刑事政策来判断是否构成犯罪或者是否应当进行检察监督。由此可见，自贸区检察刑事案件也不再是单纯的刑事案件。但检察机关历来又偏向招录具有法学专业的本科、研究生，对跨专业的复合人才的吸收和培养不够重视，既精通刑法且具有金融、投资、贸易、知识产权、税务等跨专业的知识背景和能力的跨行业人才匮乏，再加上外语的门槛，目前，从事自贸区检察工作干部队伍的知识储备、办案思维、调查取证等方面的素质和能力已难以满足自贸区建设的法治需求。

---

① 如上海财经大学法学院研究团队于 2014 年 1 月和上海市第一中级人民法院共同成立自贸区司法研究基地，在 2015 年 7 月获批成立最高人民法院自贸区司法研究基地。2017年 5 月，由最高人民法院民四庭、上海财经大学、上海第一中级人民法院共同举办了"第四届中国自由贸易试验区司法论坛——自贸区制度创新与司法保障研讨会"，2018 年 5 月，由最高人民法院民四庭、上海财经大学、上海第一中级人民法院、上海市浦东新区人民法院共同举办了"第五届中国自由贸易试验区司法论坛——自由贸易营商环境与司法竞争力"。2019 年 12 月，上海市法学会自贸区法治研究会主办、上海财经大学法学院、最高人民法院自贸区司法研究基地协办的"第五届中国自贸区法治论坛"在沪举办。说明司法机关与高校、法学研究机构合作举办这种理论与实务结合的论坛的形式是成功的，是可复制可推广的。

三、新形势下自贸区检察监督工作机制重构的思考和建议

（一）更新工作理念

理念是实践的先导，只有先于实践的理念，才能更好地引导实践。而理念又是具有层次性的，既有宏观的，也有中观的，还有微观的，但最终真正能指导具体实践的必然是与事实特殊性相结合的具体的、微观的理念。因此，检察机关应紧密结合自贸区的特殊"区情"，从更新工作理念入手，更加主动适应和融入自贸区快速建设发展的进程之中。

1. 协同联动，树立自贸区检察"一体化"的法律监督理念

根据上海自贸区临港新片区建设总体方案，上海自贸区临港新片区不是简单的原有自贸区扩区，也不是简单的现有政策平移，而是全方位、深层次、根本性的制度创新变革。面对临港新片区监管"新"模式和新战略，笔者认为，检察机关必须树立自贸区检察"一体化"的理念。

第一，要强化检察机关的部门联动。当前，检察机关的业务开展包括"四大检察"——刑事检察、民事检察、行政检察与公益诉讼检察，但各部门都是分立的，相应业务工作开展也是"各行其道"，而涉自贸案件往往具有牵连性和系统性，并不单纯牵涉其中一项检察业务，因此，必须实现检察机关内部的部门联动。

第二，要强化区际联动与上下级之间的联动。临港新片区的"新"，一方面，体现在监管模式有了新的安排——市属市管；另一方面，体现在物理性区域位置的交错，即新片区包括浦东新区与奉贤区的部分区域，因此，为了实现与市级机关的"平等对话"，必须进行检察机关的"上下联动"，同时因为牵涉两区，区级检察院之间的联动协同也将成为服务保障自贸新片区发展的题中之义。

第三，要强化横向联动，既包括检察机关与同级的行政机关、法院等单位强化沟通，互通信息，也包括依托长三角检察"一体化"，强化省级检察机关之间的协作互补。通过区域联合"一体化"，可实现监督资源的有效整合、监督政策的协同实施与法律规范的平等适用，及时化解因自贸区检察工作所带来的信息壁垒、人员不足与区域发展不均衡的难题。

2. 平等保护，更加强调谦抑司法的法律监督理念[①]

第一，强化对自贸区内各类市场主体的平等保护。自贸区内经济主体适用

---

① 朱毅敏、吴菊萍、洪丽霞、付红梅：《检察服务保障上海自贸临港新片区建设路径探索》，载 2019 年第三届全国检察机关自贸区检察工作研讨会论文集汇编。

法律的平等性，即对各类市场主体诉讼地位和诉讼权利平等、法律适用和法律责任平等、法律保护和法律服务平等，既是自贸区范围内践行"法律面前人人平等原则"的必然要求，也是自贸区积极营造市场化、法治化、国际化营商环境的重要前提。

第二，强化风险压力测试的辅助支持功能。为了更加激发体制机制创新活力，上海自贸区临港新片区承担着更大程度的风险压力测试功能。而"自由"与"便利"有着"质"的不同，给监管带来挑战，也是法治保障的新课题。因此，检察机关在处理"秩序"与"自由"的价值选择中，应当更加注重保障"自由"的目的，不断强化对临港新片区风险压力测试的辅助支持功能，做到同步域外观察、同步法治引导。

第三，坚持刑事手段的滞后性。自贸区以改革创新为发展灵魂，倡导自主改革、积极进取的市场环境。但改革创新不会一蹴而就，需要不断试错完善，特别是新领域、新模式、新业态以及地方配套有关法律法规的调整会带来新的法律问题。因此，检察机关要在守住刑法底线的基础上，用发展的眼光看待企业在经营过程中存在的合规问题，依法用容错的态度对待企业家合法经营中出现的失误以及企业在创新创业过程中的合规问题，坚决防止因执法不当影响企业正常生产经营活动，让市场主体卸下思想包袱，轻装上阵。

3. 把握界限，树立司法底线防护的法律监督理念

第一，准确把握法律政策界限。自贸区内丰富的制度和管理模式创新，需要更加精准的法律适用。因此，检察机关要严格遵守罪刑法定原则，重视区分经济纠纷与经济犯罪、工作失误与渎职犯罪、违规违纪与违法犯罪、合法收入与违法犯罪所得之间的界限，对于法律政策界限不明，罪与非罪不清，依法慎重妥善处理，坚持少捕慎诉慎押的理念，防止司法不当介入企业正常生产经营活动，给予市场主体明确预期和较强的投资信心。

第二，准确把握检察服务保障功能。检察机关为自贸区改革创新提供司法保障，本质在于维护自由和公平的竞争秩序，切实发挥维护涉外性、国际性、商事化的自贸经济发展以及确保诚信经营、经济秩序、安全最后一道防线的作用。因此，检察机关要从以往的强调惩罚功能向保护与惩罚均衡过渡，坚持宽严相济刑事政策，加大打击侵犯商业秘密、商业贿赂、侵犯知识产权等妨害自由、公平竞争的刑事犯罪，又要加大查处权力滥用、监管缺位背后隐藏的国家机关工作人员职务犯罪，以最大程度发挥检察机关服务保障自贸区建设发展的职能作用。

4. 应为有为，树立建设性检察监督的司法理念

根据相关制度设计，临港新片区建设的特殊性体现在，其立足其他片区投资贸易自由化便利化等试点政策的基础上，重点打造"更具国际市场影响力

和竞争力的特殊经济功能区"，更加强调"自由"，即投资自由、贸易自由、资金自由、运输自由、人员从业自由。因此，自贸区检察监督工作应更加强调建设性检察监督理念。

所谓建设性检察监督理念是指检察机关必须进行精准专业化的服务性作为。首先，建设性检察监督理念体现为对自贸区中各市场主体的经营模式、管理方式以及发展路径的创新探索给予包容，即允许相应的市场主体进行一定程度的试错，而不是动辄启动刑事手段，对市场中的创新，更加注重以指引性与提示性为主的柔性工作方式代替高权性、强制性的刚性监督。

其次，建设性监督理念体现为监督的精确性、专业性与全面性。检察机关作为法律监督机关，专业、全面的精准监督是服务保障自贸区发展的"核心竞争力"。事实上，精准、专业为导向的司法理念践行既是检察机关对自身检察权运行规律的深化认识，更是检察机关为适应自贸特点所给出的检察方案，因为涉自贸的案件具有自身特质，必须妥善处理"特殊"与"一般"的关系。

最后，建设性检察监督理念还体现为检察机关通过参与社会治理，依法延伸检察职能，进而实现检察机关对自贸区的服务保障功能。在中国特色社会主义法律体系已经形成的背景下，负有法律监督职能的检察机关担负着服务保障党和国家工作大局的政治责任，维护执法司法公正、维护国家利益和公共利益的法律责任与促进社会依法治理的社会责任等多重责任。其中社会责任就必然要求检察机关依法延伸检察职能，积极落实"谁执法谁普法"要求，立足监督办案参与和促进社会依法治理。

5. 前瞻预判，树立突出重点的法律监督理念

由于上海自贸区临港新片区建设是全方位、深层次、根本性的制度创新改革，必然带来相关法律、法规的变化，一方面，其他自贸试验区的各项开放创新措施和管理要求在临港新片区适用；另一方面，临港新片区承担最大开放度的经济压力测试任务，其实施的特殊开放政策和制度，并不是当然的复制推广，而是需要在国家主管部门评估后，再另行决定复制推广。因此，自贸区内外，特别是新片区与原自贸区，法律法规的衔接应该成为关注重点。此外，在执法中的政策差异、法定犯的认定、相关法律、法规、政策的变化给法定犯定罪量刑带来的影响也成为关注焦点。

基于此，检察机关在履行检察监督职能、服务保障自贸区发展中就必须注重前瞻研究，提早布局，落实重点突出的监督理念。根据《中国（上海）自由贸易试验区临港新片区总体方案》与《中国（上海）自由贸易试验区临港新片区管理办法》的布局安排与自贸新片区打造"更具国际市场影响力和竞争力的特殊经济功能区"的功能定位，注定了检察机关应加强对前沿科技产业、新型国际贸易、高能级航运服务、跨境金融服务等领域法律问题的前瞻性

研究，着眼于临港新片区在电信、保险、证券、科研和技术服务、教育、卫生等重点对外开放领域，充分发挥检察机关对一类问题的跟踪调研和检察建议作用。

（二）新形势下自贸区检察监督工作机制重构的思考和建议

自贸区快速发展建设的新形势与检察工作理念的亟待更新，必然要求对现行自贸区检察监督工作机制进行变革。因此，深化完善与自贸区纵深发展相匹配的检察供给机制，是推进自贸区检察工作创新发展的题中之义。

1. 深化完善自贸区检察"一体化"的法律监督机制

自贸区检察"一体化"所要解决的是因自贸纵深发展过程中所带来的信息壁垒、人员不足与区域发展不均衡等难题。因此，实现监督资源的有效整合、监督政策的协同实施与法律规范的平等适用是重点。

第一，实现全国自贸区检察工作"一体化"。建议由最高检建立自贸区检察工作领导机构，强化统筹协调和整体布局，适时发布关于自贸区检察工作的指导性文件，并与最高法会商，出台自贸区案件法律适用的司法解释，每年定期组织召开全国性自贸区检察工作的专题研讨会，不定期发布涉自贸典型案例和自贸区检察理论和应用研究课题，加强对自贸区法律适用研究和业务指导、统一执法标准。

第二，实现长三角自贸区检察工作"一体化"。加强与长三角协同创新发展是临港新片区新的战略任务之一。目前，上海自贸区临港新片区在着力加强打造特殊经济功能区的背景下，检察机关要在已有长三角检察工作联盟的基础上，加入自贸要素，形成长三角自贸区检察工作联盟，促进长三角地区检察机关就司法政策、执法协同性、法律热点难点等问题的跨区域联席协作，服务长三角一体化发展战略。如根据"在新片区内设立物理外围区域，依法设立洋山特殊综合保税区"的规定，强调注重临港新片区与舟山地区就小洋山深水港地区刑事案件办理过程中的信息沟通，促进检察监督协同发展。

第三，实现上海自贸区检察工作"一体化"。首先，构建以市院为领导的自贸区检察领导小组，领导全市检察机关协同聚焦发力。同时，浦东区检察院作为临港新片区所在地的基层检察院，则要在上海市检察院统一指导下，就临港新片区执法标准、法律适用重点与难点等问题，主动加强与相关区域检察机关对接合作，建立涉临港新片区案件通报机制，确保法律适用统一。其次，优化新片区内政法机关协作机制。加强与公安、法院在临港新片区背景下的工作合力建设，如在自贸检察 5 年来服务保障自贸区相关工作经验基础上，深化与公安分局、法院相关临港新片区侦查、审判部门的工作机制对接、执法标准统一、执法活动衔接，进一步提升公、检、法三家执法工作的协同性，协同增效服务保障临港新片区建设。

2. 深入贯彻谦抑司法的法律监督机制

第一，慎重把握单位犯罪，慎用强制性措施。一是严格认定单位犯罪，除了考察"是否以单位名义""是否为了单位利益""违法所得是否归单位所有"外，还应综合权衡单位内部的权利分配和业务运作流程等，以维护单位合法权益。二是对自贸区内涉案企业能采取较为轻缓、宽和措施的，不使用限制人身、财产权利的强制性措施。对确需查封、扣押、冻结的，一般应为企业发展预留必要的流动资金和往来账户。对涉案企业正在投入生产运营的或科技创新、产品研发的设备、资金和技术资料等，原则上采取拍照、复制等方式提取，不予扣押。

第二，探索单位犯罪认罪认罚从宽制度。认罪认罚从宽是指犯罪嫌疑人、被告人自愿如实供述自己的犯罪，对于指控犯罪事实没有异议，同意检察机关的量刑意见并签署具结书的案件，可以依法从宽处理。因此，针对自贸区内涉嫌经济犯罪的企业，且情节相对轻微，认罪态度较好，检察机关应继续探索单位犯罪认罪认罚从宽制度。同时，建立企业认罪认罚从宽制度专家库，充分吸收人民监督员、人大代表、行业专家、高校教授等入库，从经济安全、公共利益、市场秩序等方面综合评估社会危害性，提出可行性整改建议，检察机关限定涉案企业在一定时间段内整改，对整改到位，符合不起诉条件的，依法作出不起诉决定。

3. 拓展完善司法底线防护的法律监督机制

第一，建立完善刑事检察保护法治化营商环境的正向引导机制。一是严厉打击侵犯人身、财产类犯罪，打造和谐稳定的宜居环境。首先，检察机关应密切关注临港新片区建设中刑事犯罪新动向，及时调整办案重心，坚决惩治侵犯平等主体合法权益及经营者人身安全、财产安全的犯罪活动，依法严惩黑恶势力以暴力、胁迫等方式欺行霸市、强买强卖等犯罪，严厉打击以商业贿赂、金融诈骗、虚假诉讼、强迫交易等不法手段破坏公平市场营商环境的犯罪。其次，特别关注临港新片区新政策给法律适用带来的差异。如贸易领域，临港新片区实行商事主体登记确认制，针对市场主体的行政许可前置、后置不再区分，统一将主体资格、经营资格分离，一些非法经营类犯罪应加强对前置行政法律规定的研究，做出罪处理。最后，关注临港新片区内外政策不一带来的法律适用困境。如临港新片区优化中资方便旗船沿海捎带政策，沿海捎带不可避免地会带来航运市场主体的平等保护、海事司法中的人际法律冲突、沿海捎带政策与海商法的规定冲突等问题，对未能享受该政策优惠的企业针对交通主管部门的行政诉讼亦应提前加以研判。同时，要警惕不法分子利用新政策实施犯罪。如临港新片区对境外进入物理围网的货物、物理围网内企业之间的货物和服务实行特殊的税收政策，对无视物理围网界限，实施的走私、税收类犯罪予以重点关注。

二是依法保障和促进金融领域开放创新。上海自贸区临港新片区实施资金便利收付的跨境金融管理制度，着力开展跨境金融、离岸金融、贸易金融等业务创新，推动跨境金融服务便利化。中国人民银行于 2019 年 9 月 20 日发布《中国（上海）自由贸易试验区临港新片区支持金融业创新发展的若干措施》，加大金融改革开放先行先试力度，提升金融服务实体经济发展高质量发展水平，构建更加符合高水平开放要求的金融管理制度。检察机关应坚持依法打击各类非法金融活动，筑牢金融风险底线，还应对以下方面予以重点关注：（1）准确把握金融创新与伪金融创新的区别，重点关注临港新片区内跨境人民币创新业务、自由贸易账户、离岸贸易等金融创新业务，以防范金融风险、守住不发生系统性金融风险的底线为指导，注重把握临港新片区内金融案件办理的策略，注重案件办理的法律效果、社会效果和政治效果的统一。（2）适时调整金融犯罪案件关注重点。如针对自贸账户本外币一体化功能试点，支持金融机构按照国际惯例为新片区企业和非居民提供跨境金融服务等新金融创新，在法律适用时着力审查贸易的真实性。（3）密切关注金融大数据、金融云计算、人工智能和区块链等新金融科技的发展与应用给金融监管带来的新挑战，立足于检察办案，关注案件背后反映的监管漏洞，适时制发检察建议参与金融风险防控。

三是创新知识产权保护机制，营造良好的创新创业环境。（1）进一步完善与临港新片区管委会、知识产权行政部门的行政执法和刑事司法的衔接，建立违法犯罪线索双向流动的常态化，突破经两法衔接平台，由行政机关向司法机关移送犯罪线索的单向流动模式，检察机关对在案件审理过程中发现的违法但不犯罪的线索，及时移送相关行政执法机关，形成知识产权保护的闭环。（2）优化权利告知程序和内容，通过邀请参加庭前会议等方式引导知识产权权利人实质参与刑事诉讼。（3）探索开展知识产权刑事诉前和解工作，引入人民调解员参与知识产权刑事案件赔偿机制，完善知识产权领域犯罪认罪认罚从宽制度。

第二，深化完善行政检察对政府依法行政的支持与监督机制。国务院印发的《上海自贸区临港新片区建设总体方案》明确加大赋权力度，赋予新片区更大的自主发展、自主改革和自主创新管理权限，在风险可控的前提下授权新片区管理机构自主开展贴近市场的创新业务。根据《上海自贸区临港新片区建设管理办法》，临港新片区实行综合审批、相对集中行政处罚的体制和机制，由管委会集中行使本市有关行政审批和行政处罚权。新片区建立涵盖管委会、行政主管部门、区内企业和相关运营主体的一体化信息管理服务平台。在此背景下，行政检察一方面完善行政规范性文件司法审查衔接机制，对在临港新片区内依法调整、暂停、创设的相关制度规定，加强行政规范性文件审查，继续依托"意见征询机制""会商通报机制""涉诉规范性文件材料共享机制""协同配合机制""数据平台对接机制""业务培训交流机制"等，积极参与临港新片区规范性文件审查，进一步提升行政规范性文件质量，提高检察贡献率。另一方面，要积极探索在行政诉讼监督中进行"穿透式"审查，建立对行政机关违法行使职权或不行使职权的行为的检察监督机制，努力在行政检察新的工作实现路径和相关监督规则建立等方面先行先试。

4. 推动形成建设性的检察监督机制

建设性检察监督机制的核心在于提升自贸区检察监督的专业性与有效性。

第一，完善办案组织运行机制，科学配置办案单元。探索构建自贸区检察组织机构和新型办案组织，创新完善适应自贸区建设特点的检察组织架构和新型检察办案组织和检察权运行机制，不仅体现专业精神，也适应自贸区建设战略实施发展的迫切需要。一是明确职能定位。在自贸区建设战略加速推进、检察机关职能调整和内设机构改革的大背景以及全球化市场化语境下，检察机关应立足宪法赋予法律监督的职能定位，遵循优化、协同、高效的原则，合理配置自贸区的组织架构，既要聚焦主责主业，又要突出自贸区发展特点，体现检察一体化和司法责任制改革的原则，充分借鉴设立金融、互联网等专门法院的有益做法，精简组织机构，以案由为主，主体为辅，对案件集中管辖，切实解决因案件管辖分散导致执法标准不够统一的问题。二是明确组织架构和内设机构设置。自贸区检察机关的设置要严格遵循司法规律、突出检察职能、精简机构设置、减少管理层级的要求，按照省（市）级人民检察院派出院机构配置，并下设综合办公室（案件管理、法律政策研究）、检务保障部（信息技术、司法警察）、检察业务部、社会治理部（控申、法律服务）等若干内设机构，充分体现自贸区检察机构的整体性和协同性。三是加强专业化办案组织和核心团队建设。检察机关要结合近年来司法改革中形成的检察官办案组在科学化组织、专业化办案、精细化培养等方面的经验和优势，加强在自贸区临港新片区的制度实践，更加突出核心能力培养，深化"教、学、练、战"一体化培训机制，努力打造专业化办案组织和核心团队。如专门办理涉自贸区金融、知识产权、涉外或涉港澳台等刑事案件；针对自贸区民商事纠纷案件急剧增多、环境保护的实际，建立涉自贸区民事、行政、公益诉讼专业化办案组，提升办案质效和司法公信力。

第二，精准办案，创设适应新形势下自贸区检察监督的办案机制。一是做优刑事检察。重点聚焦刑事检察"专业化"建设要求，以罪名为引领，明确涉自贸区刑事案件专业化办理的具体要求，适时编辑涉自贸区刑事检察工作手册或制定办理涉自贸一类案件的指导意见。同时，积极探索开展涉自贸区知识产权刑事和解、认罪认罚从宽制度以及引入人民调解员参与知识产权刑事案件赔偿机制，推动知识产权犯罪量刑标准规范化。二是做强民事检察。从现有的涉自贸区案件来看，民商事案件相对来说是"四大检察"中比例较高的，因此立足自贸区发展特点，依法保障民事主体合法权益，构建涉外民商事案件便利、快捷、低成本的纠纷化解机制是做强民事检察的题中之义。具体来说，（1）对于涉自贸区的民商事监督案件需构建"繁简分流"机制，即通过对案件审查的期限予以分流：对于法律关系简单且并无法律争议的案件应该在一个月内予以审结，及时确定权利义务关系，维护裁判的安定性；对于疑难复杂或者具有法律争议的案件应用足 3 个月的审查期限，并通过包括听证在内的各种形式做到案件办理的精细化，维护当事人的合法权益。（2）建立便捷的案件受理机制，即除了现场纸质材料受理监督案件外，还可以通过建立网上受理案件的方式，降低当事人启动相应监督程序的成本。三是做实行政检察。相对来说，行政检察监督案件是整个涉自贸案件中占比最小的，但是行政检察监督案件却是办理难度最大与社会敏感度最高的，因为被申请人必然是行政机关一方，往往涉及的问题具有强烈的冲突性。因此检察机关必须立足行政诉讼监督、以实质性化解行政争议为核心构建做实涉自贸区行政检察，其中最重要的是防止程序空转、实质性地处理争议的行政法律关系，具体在办案机制上则需要构建检察机关发挥主体监督功能、中立第三方专业力量形成合力与借助社会兜底制度完成矛盾消解的多元合作机制。四是做好公益诉讼检察。对于公益诉讼检察而言，守护国家利益和社会公共利益，维护生态环境，实现对自贸区发展的"硬件"保护是检察机关做好公益诉讼检察的基本要求。而为具体落实这一目标，至少应从两方面着手：（1）建立涉自贸区临港新片区公益诉讼案件专门管理以及上下级联动案件办理机制。因为对于临港新片区而言，其涉及的行政主管单位往往超越区级检察机关的管辖权限，但是具体的落实又必然是属地化的，因此通过专门管理与上下级的联动就能很好地实现行政机关权限与检察机关管辖不匹配的问题。（2）建立常态化的专项行政公益诉讼行动机制。如通过对涉及上海自贸区临港新片区国土资源保护、生态环境资源保护、空气污染防治以及沿海生态与资源保护等不同特定领域开展常态化专项公益诉讼行动，将检察机关对自贸发展的"硬件"保护落到实处。

第三，优化检察职能延伸机制。[①] 一是深化完善典型案例指导机制。如与金融监管机构共同构建金融信息和案例信息的共享互动平台，充实完善金融犯罪典型案例库，适时交流推广办案经验，着力提升金融风险防范能力。二是建立与自贸区法律风险分级管理相适应的风险评估和防控机制。及时分析、评估

---

① 潘伟：《检察职能延伸的法理解读》，载《西南政法大学学报》2012 年第 6 期。

涉自贸区案件中发现的交易风险、行业风险，实施分级管理制度，针对重点风险进行跟踪研判，推动自贸区风险防范预警的科学化、智能化和精确化。三是完善白皮书发布机制与重点领域检察建议制度。如通过上海自贸区和临港新片区金融、知识产权检察工作白皮书的定期发布与深入宣传，将优质的"检察产品"推上市场、送进自贸区内的企业和居民心中。同时，密切关注投资、金融、税收、知识产权、互联网等领域，及时与相关部门会商沟通，针对制度漏洞与社会管理中的薄弱环节，通过提出立法建议、撰写调研报告、制发检察建议等方式，形成对重点领域风险防范的保障合力。

5. 加快建立突出监督重点的检察监督机制

上海自贸区临港新片区打造"更具国际市场影响力和竞争力的特殊经济功能区"的功能定位，注定了检察机关应加强对前沿科技产业、新型国际贸易、高能级航运服务、跨境金融服务以及国际商事仲裁等领域的重点关注，因此，必须构建与之相适应的重点突出的检察监督机制，实现检察监督的前瞻性与针对性。

第一，建立完善重点领域人才的培养机制和"外力外脑"智力支持机制。一方面，优化自贸区检察人才队伍结构，加快自贸区检察人才国际化、专业化培养进程。[①] 如选拔培养一批精通国内外法律，具有国际化视野、丰富检察经验的专家型、复合型检察人员，特别要加大金融、知识产权等领域检察人才培养，并及时充实自贸区检察办案一线。同时，积极鼓励自贸区检察官到高校、法院、行政机关学习交流、挂职锻炼和实务培训，拓展工作视野，强化专业知识储备，切实提高自贸区检察工作能力，以主动适应临港新片区建设的法治需求。另一方面，更好发挥自贸区检察智库业务决策咨询和智力支持作用。围绕服务保障临港新片区对外开放的重点领域，特别是推动形成集成电路、人工智能、生物医药、航空航天、新能源汽车、高端智能装备等产业聚集，聘请相关领域的行业专家、高级法务人才，不断充实自贸区检察智库，并通过举办法律沙龙、典型案件研讨、课题合作等形式，为自贸区检察工作创新发展提供业务决策咨询和智力支持。

第二，推进完善法律统一适用研判和应对机制。一是构建适应新形势的刑事法律适用和研判机制。自贸区担负着先行先试的改革创新任务，面对新领域、新模式和新业态，检察机关既要坚持罪刑法定原则，准确区分罪与非罪的界限，准确把握违法行为入刑标准，防止选择性司法，又要注重听取有关行业主管、监管部门意见，以发展的眼光客观看待自贸区深化改革开放中各类企业

---

① 彭凤莲：《中国自贸区法律适用的基本问题》，载《安徽师范大学学报（人文社会科学版）》2015 年第 3 期。

特别是民营企业经营发展过程中存在的不规范问题，审慎对待自贸区制度创新中遇到的新型案件，对大胆探索、锐意改革所出现的失误，要予以容错。对出现的法律前沿问题、疑难复杂法律问题以及一类案件中出现的问题，及时梳理、加强研究和总结提炼。市院要通过组织法律沙龙、案例通报、制定规范性文件等途径，加强检察业务指导，推动法律适用和执法尺度的统一。二是建立涉自贸区民事检察的类案规则梳理机制。检察机关在开展涉自贸区民事检察监督中，除了依法受理当事人的监督申请外，还有一项重要的权力就是可以依职权进行民事诉讼活动监督。而依职权开展监督的主要情形就是国家利益与公共利益受损、规则的统一适用存在问题。因此针对具有自贸特质的民事监督案件，检察机关应该立足当事人的申请监督案件，在个案办理的基础上举一反三，对相关案件进行归集整理，形成相应的类案规则。尤其需要注意的是，基于《上海自贸区临港新片区管理办法》《上海自贸区临港新片区总体方案》中对国际仲裁与调解的引入，检察机关更应该及时、准确行权，通过法律监督防止虚假诉讼与虚假调解①逃脱法律之缰。三是探索建立提前介入规范性文件附带性审查的行政检察监督机制。目前，无论是原上海自贸区管委会还是临港新片区管委会，不仅能够以自己的名义行使行政审批权、行政处罚权等许多具体行政行为权，而且还有制定规范性文件的抽象行政行为权。尤其是在 2019 年 7 月 25 日，上海市十五届人大常委会第十三次会议通过上海市人民代表大会常务委员会《关于促进和保障浦东新区改革开放实现新时代高质量发展的决定》后，浦东新区范围内在关于深化改革、扩大开放、创新发展、产业升级和城市功能等重点领域以及自贸试验区和科创中心建设方面进入了"准立法权"的管理模式之下，即行使不可诉的抽象行政行为将越来越多。因此，检察机关在开展行政检察中，可依托《上海自贸区条例》相关内容，聚焦管委会制定实施的行政规范性文件，先行先试，探索开展法律审查工作，加强对促进法治政府建设开辟新的有效途径，创造性地为之提供有效检察服务保障。对管委会规范性文件的法律审查，也保持理性与审慎，强调同步动态关注，则更多地体现主动服务大局的意识，按照稳步推进的原则进行。四是构建具有自贸特色的预防性公益诉讼检察机制。根据《上海自贸区临港新片区管理办法》第 42 条之规定，"临港新片区聚焦投资、贸易、金融、网络、生态环境、文化安全、人员进出、反恐反分裂、公共道德等重点领域，进一步完善外商投资安全审查、反垄断审查、行业管理、用户认证、行为审计等管理措施，实施严格监管、精准监管和有效监管"，同时结合最新的负面清单开放领域来看，自贸区内涉及公共利益与国家利益的领域与当前公益诉讼明文列举的"四大领

---

① 王杏飞：《调解检察监督若干争议问题之再思考》，载《法律科学》2018 年第 1 期。

域"并不相重合。简言之，检察机关对于自贸区内的公益诉讼检察必须审慎、稳妥、积极地开展"等"外探索，即通过在区内的"试点"再推广，完成对国家利益和社会公共利益的"有效且无漏洞"的保护，形成具有自贸区特色的公益诉讼开展模式。①

---

① 朱毅敏、刘潇潇、舒平安：《自贸试验区背景下行政公益诉讼的思考》，载 2019 年第三届全国检察机关自贸区检察工作研讨会论文集汇编。

检察前终结诉讼案件监督机制研究[*]

上海市杨浦区人民检察院、
上海市人民检察院第二检察部联合课题组^{**}

一、检察前终结诉讼监督概念的来源、内涵和范围

（一）检察前终结诉讼监督概念的来源

新时代人民群众对民主、法治、公平、正义、安全、环境等方面的需求越来越高，这对检察机关强化法律监督提出了更高要求，也是完善平安中国建设，推动国家治理体系和治理能力现代化的应有之义。我国《宪法》第 134 条规定："中华人民共和国人民检察院是国家的法律监督机关。"《刑事诉讼法》第 8 条规定："人民检察院依法对刑事诉讼实行法律监督。"《人民检察院刑事诉讼规则》第 557 条前两款规定："被害人及其法定代理人、近亲属或者行政执法机关，认为公安机关对其控告或者移送的案件应当立案侦查而不立案侦查，或者当事人认为公安机关不应当立案而立案，向人民检察院提出的，人民检察院应当受理并进行审查。人民检察院发现公安机关可能存在应当立案侦查而不立案侦查情形的，应当依法进行审查。"第 567 条规定："人民检察院应当对侦查活动中是否存在以下违法行为进行监督：……"根据《宪法》《刑事诉讼法》《人民检察院刑事诉讼规则》有关规定，检察机关对刑事诉讼的监督，实际上是覆盖刑事诉讼全过程的监督。检察机关刑事诉讼监督机制的设计，应能够实现对所有刑事诉讼案件的诉讼活动进行监督。

但是长期以来，作为刑事检察监督主要内容的立案监督和侦查监督，仍然主要是针对提请批准逮捕、移送审查起诉的案件展开。检察前终结诉讼案件及前端侦查行为却一直游离于检察监督之外。经统计，2018 年上海市公安机关

---

* 上海市检察官协会 2019 年重点研究课题。

** 课题组负责人：谭滨；课题组成员：谈剑秋、欧阳昊、曹晓烨、李翔、金晔、林慜、刘振陵。

刑事立案约 242378 件①，但提请审查逮捕只有 27916 人，移送审查起诉 27543 件 38287 人。② 从上述数据可以看出公安机关刑事立案数与提请批准逮捕、移送审查起诉案件数的差异巨大，有 80% 以上的刑事案件未进入检察机关，成为检察机关法律监督的"盲区"。如果不把这个"盲区"监督好，那么就无法实现最高检"做优刑事检察"以及监督方与被监督方双赢多赢共赢的要求。

近年来，公安机关刑侦工作重心已转移到基层，派出所在刑事案件侦查办理过程中的作用越发凸显，随之也产生了一系列问题，重点体现在案件办理质量上。基层派出所执法的自由裁量权较大，内外部监督机制又存在一定的欠缺，加之派出所刑侦工作经验不足、公安干警刑侦专业化水平参差不齐等原因，导致公安机关侦查取证程序还不够规范，一定程度上影响了办案质量和效果。自 2010 年起上海检察机关开始探索社区检察工作，并把派出所监督作为社区检察工作中的重要环节。2013 年度上海市公检联合会签《关于进一步加强对公安派出所监督工作协作配合的若干意见》明确了派出所监督的方式和重点。2017 年 11 月为了将派出所监督纳入到检察机关案件管理部门认可的 126 个案件种类中，上海市人民检察院社区检察指导处将派出所监督活动命名为"检察前终结诉讼监督案件"，并首次在上海市人民检察院审议通过的《关于确定上海市检察机关案件种类的意见（试行）》中予以确认。2018 年 1 月社区检察指导处印发了《关于办理"检察前终结诉讼监督案件"的指导意见（试行）》，明确了检察前终结诉讼监督案件范围、办案内容、处理方式。2018 年 8 月社区检察指导处印发了《上海市基层检察院检察三部工作指引》，写明检察前终结诉讼监督的职能。2019 年 6 月上海市人民检察院印发了《上海市人民检察院内设机构职责范围指引》，将检察前终结诉讼监督进一步明确在上海市人民检察院第二检察部的工作中。

（二）检察前终结诉讼及其监督的内涵和范围

1. 检察前终结诉讼的概念

检察前终结诉讼所处的环节是未进入检察诉讼环节或从检察诉讼环节退出。未进入检察环节主要是指公安机关未移送检察机关审查逮捕或者审查起诉。从检察诉讼环节退出主要是指进入检察环节后被退回，如检察机关不予批准逮捕或公安机关撤回起诉意见。需要注意的是后一种环节，该环节已经不同于字面上对"检察前"的理解，还包含从检察诉讼环节退出。检察前终结诉

---

① 该数据通过查询《2019 年上海社会发展指标》，表 1.1 显示上海市 2018 年常住人口为 2423.78 万，表 7.1 显示每万人口刑事案件立案数为 100 件，经计算，2018 年上海市刑事案件约为 242378 件。

② 《2018 年上海市人民检察院工作报告》，第 3 页。

讼所处的状态是侦查机关自行决定或应当决定撤销、终止侦查或者实际已停止侦查。由于检察前终结诉讼案件绝大多数没有进入过检察环节，或者进入检察环节后因证据不足等原因而由公安机关撤回，因此这些案件自受案至诉讼终结整个诉讼过程均由侦查机关自行决定，侦查机关立案、侦查活动以及期间采取强制措施等情况缺少必要的外部监督制约，程序的公正性、合法性以及犯罪嫌疑人合法权益等难以得到全面保障。

2. 检察前终结诉讼监督的概念及范围

检察前终结诉讼监督是指检察机关刑事诉讼监督部门针对未进入检察诉讼环节或从检察诉讼环节退出，处于终结诉讼状态的刑事案件及前端侦查行为开展的法律监督。

检察前终结诉讼监督的范围包括：

（1）对公安机关刑事受案后作出不立案决定或在规定期限内未决定立案的监督。这类案件是人民群众反映较多，会直接关系到广大人民群众切身利益的案件，也是检察前终结诉讼监督需要重点关注的案件类型。对于这类案件审查的重点包括有无在规定期限内立案；有无存在对触犯刑事法律的行为作出不予立案决定或以治安行政案件立案或处理等"应当立案而不立案"的情形。

（2）对立案后未经审查逮捕或审查起诉而撤销、终止侦查或转行政处理的监督。这类案件审查的重点是撤销案件、对犯罪嫌疑人终止侦查是否符合条件、程序是否规范、刑事案件转行政处理是否符合条件，同时，也应当对取证是否依法、及时、是否符合重新立案侦查或继续侦查条件等进行审查。

（3）对适用取保候审、监视居住等强制措施期满未移送检察机关办理案件的监督。这类案件属于公安机关立而不侦或久侦不决的案件类型。对于这类案件重点审查侦查取证过程是否依法、及时。未报捕或者未移诉的依据或理由是否充分、是否依法履行了强制措施期满后的解除手续、符合撤案、终止侦查条件的是否及时撤销案件、对犯罪嫌疑人终止侦查等。

（4）对审查起诉阶段退回补充侦查后不再移送审查起诉或公安撤回案件的监督。此类案件系从检察环节退回的案件。审查的重点是补充侦查期限是否超期、是否依法履行撤案、终止侦查程序、是否依法处置扣押物品、查封冻结财产及保管的随身物品、强制措施是否依法解除等。

（5）其他检察前终结诉讼案件。结合实践，我们认为检察机关作出绝对不捕不诉决定的案件也应当在审查范围内，审查重点在于强制措施是否依法解除，是否依法、及时履行撤案、终止侦查程序等。又如立案后未对犯罪嫌疑人采取强制措施的案件，可重点审查是否存在立而不侦、侦而不决的情形。

二、检察前终结诉讼监督的相关基础理论

（一）检察前终结诉讼监督的法律定位

1. 法律监督

在外国，检察所具有的监督属性主要是通过检察机关的职能来体现的，称检察机关是"诉讼监督机关""司法监督机关"等也是学者根据检察机关的职能而作出的概括，除苏东国家之外，法律通常未对检察或检察机关的性质作出明确规定。而在我国，宪法和有关法律明确规定检察机关是国家的法律监督机关，这不仅使检察的属性具有明确的法律依据，而且由外国的"监督"上升为"法律监督"。① 根据《宪法》第 134 条之规定，中华人民共和国人民检察院是国家的法律监督机关。《刑事诉讼法》第 8 条规定，人民检察院依法对刑事诉讼实行法律监督。这是进一步落实我国宪法关于法律监督的规定，是检察机关在刑事诉讼领域开展法律监督活动的具体法律依据。检察机关必须肩负起宪法和法律所赋予的职责，依照法定程序在法定职权范围内，监督法律实施，维护国家利益和社会公共利益。

我国的政体是人民代表大会制度。人民代表大会作为国家权力机关，其下具体包含行政机关、监察机关、审判机关和检察机关，简称为"一府一委两院"。在人民代表大会制度的统领下，各级政府履行行政管理职能，各级监察委员会履行对国家公职人员的监察职能，各级法院履行司法审判职能，各级检察院履行法律监督职能。检察机关的法律监督权与行政机关的行政管理权、监察机关的监察权以及审判机关的审判权，同处于一个法律层面之中，共处于二级权力运行结构之内。检察机关通过行使独立的法律监督职权，制衡其余二级权力，共同构建分权与制衡的权力运行机制。不过，宪法在赋予检察机关享有法律监督权的同时，制度另设计了其他监督方式。人民代表大会作为国家权力机关，国家行政机关、监察机关、审判机关和检察机关都由它产生，对它负责，受它监督。由此可见，人民代表大会实际享有最高监督权，由它来监督监督者——检察机关。在国家监察体制改革完成后，监察机关行使监察权，对国家公职人员进行监察。此次监察，是全方位、无死角的监察，检察机关也是监察对象。综上所述，检察机关相较于人民代表大会和监察机关，其所享有的法律监督权应当体现出专门的国家机关进行法律监督的专业性。

关于监督者和监督对象之间的位阶关系，主要存在三种情况：一种是监督者处于监督对象的上位，另一种是监督者处于监督对象的下位，还有一种是监

---

① 朱孝清：《检察的内涵及其启示》，载《法学研究》2010 年第 2 期。

督者与监督对象平起平坐，不相上下。结合我国宪法和法律的有关规定，人民代表大会与其监督对象属于第一种情形，而行使法律监督权的检察机关与其监督对象属于第三种情形。

2. 检察监督

在获得宪法和法律的授权后，检察机关行使法律监督职权，从权力行使的主体和监督对象方面考虑，即为检察监督，其具体的监督对象是侦查机关、审判机关和执行机关等。

权力不受约束，就会如脱缰的野马失去控制，蜕变为"绝对的权力"，导致"绝对的腐败"。[①] 检察制度始于启蒙运动时期，自其诞生之日起，便肩负起了制衡法官权力和控制警察活动两大重任，在扮演这种双重控制国家权力的角色中，检察官处于警察和法官两大集团夹攻的中间地带。[②] 享有刑事诉讼程序启动权的侦查权与以审判为中心的审判权，与检察机关的检察监督权并不冲突矛盾，相反，这是权力制约与平衡的必然结果。正是由于检察监督的存在，才能实现在刑事诉讼中，公检法三机关分工负责、互相配合、互相制约，保证准确有效地执行法律，使得《刑事诉讼法》第7条不至于成为"一纸空谈"。

从内设机构分布来看，刑事、民事、行政和公益诉讼"四大检察"的法律监督布局业已形成。从传统的检察监督模式来看，检察机关对侦查机关和审判机关的刑事诉讼活动行使刑事诉讼监督职能，对审判机关的民事审判活动和行政审判活动分别行使民事诉讼监督职能和行政诉讼监督职能。近年来，在全面推进公益诉讼制度的大形势下，检察监督也迎来了"新成员"，检察机关通过提起行政公益诉讼的方式，纠正行政机关的违法行为，实现对行政机关的法律监督。行政公益诉讼丰富了检察监督的内容，扩大了检察监督的范围，完善了检察监督的机制。

3. 诉讼监督

诉讼监督，是指检察机关依照法定程序对诉讼活动中的违法行为进行监督、纠正，以保障法律统一、正确实施的一系列诉讼活动。[③] 根据处理对象的不同，诉讼监督具体包括对实施实体法的监督和对运用程序法的监督。根据诉讼性质的不同，诉讼监督可划分为刑事诉讼监督、民事诉讼监督和行政诉讼监督。

其中刑事诉讼监督，存在广义和狭义两种理解。从广义上来看，是指所有

---

① [英]阿克顿：《自由与权力》，侯健、范亚峰译，商务印书馆2001年版，第342页。
② 林玉雄：《检察官论》，学林文化事业有限公司1999年版，第66页。
③ 孙谦、童建明：《论诉讼监督与程序公正》，载孙谦主编：《检察论丛》（第15卷），法律出版社2010年版。

国家机关、社会组织和公民个人对刑事诉讼法实施的合法性进行监督。从狭义上来看，仅指专门的国家机关根据法定程序和法定权限，对刑事诉讼法实施的合法性进行监督，而此处所指的专门的国家机关，即为检察机关。而通说观点所主张的刑事诉讼监督，是指狭义理解。刑事诉讼监督是检察机关对刑事诉讼整个过程实行法律监督。如上所述，包含立案监督、侦查监督、审判监督、执行监督四大监督环节。

在立案监督环节，检察机关可以主动依职权或者依被害人申请要求公安机关说明立案或不立案的理由，若认为该理由不成立，则通知公安机关予以立案或撤案。

侦查监督，是指在检察机关审查逮捕和审查起诉时，对侦查过程中的违法情形提出纠正意见。对于不符合逮捕条件的，作出不批捕的决定；对于不符合提起公诉条件的，作出不起诉的决定，具体包括法定不起诉、酌定不起诉、证据不足不起诉和附条件不起诉；对于侦查人员在侦查活动中实施违法行为的，情节较轻的，可以口头纠正，情节较重的，制发纠正违法通知书；对于侦查人员以非法方法收集证据的，检察机关可以作出排除非法证据的决定，不再将非法证据作为批捕和提起公诉的证据使用。

在审判监督环节中，囊括了实体监督和程序监督。检察机关对于庭审过程的监督，须由检察机关在庭后以检察院整体名义向法院提出书面纠正意见，这属于程序监督；对于裁判结果的监督，检察机关认为法院作出的判决、裁定在事实认定或者法律适用方面存在错误，则可通过提起抗诉的方式进行实体监督。另外还有特殊的死刑复核监督权，在最高人民法院复核死刑立即执行案件时，最高人民检察院可以向最高人民法院提交死刑复核案件意见书，提出意见。

在最后的执行监督环节中，检察机关针对执行机关执行法院裁判文书的合法性进行监督。具体包括对刑罚的执行活动予以监督和对刑罚的变更活动进行监督，其中，后者还可细分为若干操作方式，既包括对减刑和假释刑罚本身的变更提出意见，也包括对监外执行这一刑罚执行方式的变更提出意见。刑事诉讼法赋予了检察机关丰富的法律监督内容，囊括刑事诉讼全过程，保障了刑事诉讼监督的基本手段，最终用以强化刑事诉讼法律监督职能，实现社会公平正义。

4. 检察前终结诉讼监督

上述三种监督，相互之间并不矛盾，而是从不同的角度切入，全面评价检察机关依照宪法和法律的权限和程序，对诉讼活动中存在的违法行为履行监督纠正的职能。检察前终结诉讼监督从赋权的角度来看，属于法律监督；从监督主体的角度来看，属于检察监督；从监督的内容来看，属于诉讼监督。

检察前终结诉讼监督的内容其实就是由特定诉讼阶段的立案监督和刑事侦查活动监督这两部分组成的。而相对的，检察前终结诉讼监督在法律上的依据也因此是根据这两种监督方式来确定的，我国的法律规范从不同层次、不同的角度为检察前终结诉讼监督的两部分提供了法律依据。首先是立案监督，《刑事诉讼法》第113条授予检察机关对公安机关立案的监督权，《人民检察院刑事诉讼规则》第13章第2节则对刑事立案监督作出了具体的细化规定；而侦查监督角度，《刑事诉讼法》第100条、第171条对检察机关在审查逮捕、审查起诉工作中监督侦查活动的合法性进行规定，《刑事诉讼法》第49条、第57条、第75条、第117条，则规定检察机关对几项具体侦查活动的合法性进行监督，2010年"两高三部"《关于对司法工作人员在诉讼活动中的渎职行为加强法律监督的若干规定（试行）》第3条明确了侦查活动监督的范围，《人民检察院刑事诉讼规则》第13章第3节则对侦查活动监督作出了细化规定。

（二）检察前终结诉讼监督相关问题的进一步厘清

1. 检察前终结诉讼监督属性之争

检察前终结诉讼监督乃至其所属刑事诉讼监督属于制约性权力还是监督性权力，是关系该项权力运行方式、强制力大小的基础理论问题。

监督和制约这两个概念都具有约束、限制或控制权力，以保障权力正当合法行使的含义。学界对于两者的关系是存在不同观点的。有的认为两者是不同概念，监督是单向的，制约是双向的，监督比制约的分量更重；[1] 有的认为监督与制约不能互相取代，制约比监督更重要；[2] 还有的认为两者不存在严格区别，制约就是监督。[3] 我们认为，监督与制约存在明显区别。一是主体的单一性与多重性。监督的主体是单一的主体，即只有检察机关才是行使法律监督职权的专门机关；制约则不同，公安机关、检察机关和审判机关等皆可以成为制约的主体。二是方向的单向性与双向性。监督是单向的，即监督者将监督意图表达给被监督者，被监督者据此改正自己的违法行为；制约则是双向的，是双方的交互作用，例如检察机关通过审查逮捕制约公安机关的侦查行为，公安机关通过提出复议、复核制约检察机关不批准逮捕的决定，两个机关相互制约而不是单向制约。三是行为的独立性与非独立性。监督是一种专门行为，有专门

---

[1] 陈光中：《关于刑事诉讼法律监督的几个问题兼谈若干刑事诉讼法修改问题》，载孙应征主编：《刑事诉讼法律监督理论与实务》，武汉大学出版社2011年版，第5页。

[2] 葛洪义：《"监督"与"制约"不能混同——兼论司法权的监督与制约的不同意义》，载《法学》2007年第10期。

[3] 卞建林：《关于刑事诉讼法律监督理论与实务的几点思考》，载孙应征主编：《刑事诉讼法律监督理论与实务》，武汉大学出版社2011年版，第60-61页。

的监督方式，例如检察机关制发《纠正违法通知书》等；制约则是通过一定的诉讼行为发生作用，没有专门的制约方式。监督是附随诉讼活动的外在行为，在监督关系中，监督者处于相对超脱和独立的地位；制约则是诉讼活动的内在行为，主要依靠诉讼运行的制度化、程序化进行权力控制。监督可以随时进行，即一旦发现违法行为可以立即提出纠正，或者对违法线索在进行专门调查核实后予以监督；制约通常发生在两个机关之间程序活动的衔接、转换或者共同进行的诉讼行为之中。根据上述监督、制约的区别，《刑事诉讼法》第7条"人民法院、人民检察院和公安机关进行刑事诉讼，应当分工负责，互相配合，互相制约，以保证准确有效地执行法律"即规定了检察机关参与刑事诉讼活动的制约性权力，《刑事诉讼法》第8条"人民检察院依法对刑事诉讼实行法律监督"则系表征检察机关对刑事诉讼活动的监督性权力。

检察前终结诉讼监督以《刑事诉讼法》第8条为依据，具有主体单一性、权力运行方向单向性和运权独立性的特点，当属监督性权力，这决定了检察机关在法律赋权的范围内开展检察前终结诉讼监督应当具有不受其他司法机关干扰和诉讼程序牵制的强制力。

2. 检察前终结诉讼监督启动依据之争

对于检察前终结诉讼监督的开展方式，有人认为这种特殊的监督权的启动是有条件的，对于公安机关前端领域，检察机关只能依申请监督，不能依职权监督，即只有通过有相关当事人申请后检察机关才可予以介入，我们认为这种观点有失偏颇。按照目前《刑事诉讼法》中对检察监督的规定，并没有排除检察机关依职权进行监督的情况，虽然《刑事诉讼法》第8条的授权较为笼统，但《刑事诉讼法》第57条、第75条、第100条、第113条、第171条等对检察机关监督权的具体规定的条文中，并没有任何排除检察机关依职权监督权力的规定。有人可能认为《刑事诉讼法》第49条、第117条只规定了依申请监督，因此检察机关不能直接依职权开展监督，这是对这一条规定的误读。此条规定本质上是对当事人、辩护人等的权利的规定，并非限定了检察机关依职权行使监督权的范围。另外，检察前终结诉讼监督的职责也要求赋予检察机关依职权行使监督的权力，这样才能更好地规范公安机关前端侦查行为。因此我们认为检察前终结诉讼监督的开展方式应当包括依职权与依申请两种方式。

（三）刑事诉讼监督的政策导向

1. 落实习近平总书记"以人民为中心"的理念，回应人民群众司法需求

人民检察为人民。在全面推进依法治国的新时代，人民群众对法治的期待，是人民群众对美好生活的向往在司法领域的重要体现。坚持以人民为中心，积极回应人民群众的司法需求，全力提升人民群众的司法获得感，新时代的检察机关必须要有所作为。

面对现实中长期游离于法律监督之外的案件活动，检察机关应当要切实履行法律监督职责，积极主动作为，努力破解难题，认真探索创新，惩治犯罪与保护人权并重，体现检察机关的"人民性"。检察机关依法履行法律监督职能并不是零和博弈，监督者与被监督者尽管在法律上职能不同，在工作上分工各异，但是都有一致的最终目标，有着共同的价值追求——以人民为中心，努力让人民群众在每一个司法案件中感受到公平正义。

2. 落实中央政法委"派驻执法办案中心，强化前端执法监督"的监督思路

2019 年中央政法工作会议中提出了"着力强化检察机关法律监督职能"的工作要求，积极推进在市、县公安机关执法办案管理中心派驻检察机关机制改革。意在进一步加强对办案活动的监督，深入推进办案规范化建设，加强公安、检察执法办案协作配合，也是为了完善平安中国的建设，推动国家治理水平、治理能力现代化，共同为促进司法公正、维护社会和谐稳定作出的重要决定。强化前端执法就是为了尽可能把办案活动中的违法瑕疵早发现、早解决，尽可能地减少这些违法瑕疵产生的危害后果。同时强化前端执法监督，可以加强公检之间的协作配合。

3. 落实最高检做优刑事检察、双赢多赢共赢的工作理念

为着力构建"四大检察"法律监督新格局，落实最高检做优刑事检察、双赢多赢共赢的要求，检察机关要充分发挥检察监督职能。在将传统的立案监督、侦查活动监督履行到位的基础上，总结派出所监督的工作成效，不断发现监督盲区，捕捉漏网之鱼，逐步完善检察前终结诉讼监督工作。

刑事检察是检察机关的传统法定职责，除了将传统法定职责做成精品外，还要通过扩展广度、挖掘深度，探索新的研究问题，以问题意识为导向，以指导实践为目的，做优刑事检察，为构建和完善"四大检察"贡献一份力量。检察前终结诉讼监督，有实践所需，有时机所助，应当把握机遇，为填补检察监督空白，提出上海检察方案。

（四）检察前终结诉讼监督的现实需要

1. 传统刑事诉讼监督存在的不足

传统刑事诉讼监督其线索来源于两个方面，一方面是当事人控告申诉，向检察机关反映公安机关在案件办理时存在的问题；另一方面是检察机关在审查逮捕、审查起诉过程中开展的同步监督，审查案件实体和程序问题。上述两种来源的监督都局限于被动受理案件，存在四个方面问题：一是在广度上，除当事人控告外，监督局限于检察机关被动受理的报捕移诉案件，大量的未报捕未移诉案件没有纳入检察监督视野；二是在深度上，批捕起诉案件的检察官面临严格的办案期限约束，在繁重的办案压力下，主要工作精力放在有效推进诉讼

案件进程上，不同程度地存在重办案轻监督的问题，相当一部分案件的监督做不到深化拓展；三是在力度上，传统的刑事立案和侦查活动监督工作重点在审查证据的合法性上，对引发诉讼违法事实的违法行为和实施行为的人，缺乏足够的精力投入来开展监督；四是在整合度上，缺乏诉讼违法线索整合机制，办案检察官各自为战，导致同类问题监督缺乏保障。

2. 检察前终结诉讼监督的现实意义

第一，有利于检察机关更好地发挥监督与引导功能。相较而言，公安机关对于报捕、移诉案件更为慎重，需要办案部门、法制部门层层把关，因此案件质量较高，存在的违法问题也相对较少。而未经报捕、移诉即告终结的刑事案件，以及退出检察环节后终结诉讼的下行案件，其办理的合法性、规范性有时也存在不理想之处，影响案件进程的问题同样存在，既可能存在违法问题，也有可能因为失误、取证违法，造成本应成案的刑事案件下行处理。所以将检察前终结诉讼纳入到检察监督的范围，一方面能够补强传统刑事诉讼监督薄弱环节，使监督工作更加全面，同时也能够推进后续"捕诉"工作的顺利进行，回应社会需求和关切，实现刑事诉讼活动全方位、全流程监督。[①]

第二，能够有效提升公安机关前端侦查环节的办案能力与质量。通过检察前终结诉讼监督，检察机关针对公安机关在立案、侦查活动中存在的瑕疵问题与违法行为提出纠正意见并督促整改，能够促使公安机关进一步提升程序意识、证据意识，更加清楚地掌握立案、侦查活动程序要求以及证据标准，从而有效提升公安机关前端立案、侦查环节的办案质量。

第三，有利于维护法律权威，营造更良好的法治环境。刑事立案与侦查活动属于刑事诉讼中非常重要的前期环节，这一阶段工作的合法规范对个案正义存在重要影响。检察机关落实与加强检察前终结诉讼监督能够更好地规范前端侦查工作，将法律秩序落实到实际案件的办理之中。另外，权力受到法律制约是良好的法治环境评价标准之一，因此在刑事诉讼中，公权力机关必须依法而治。只有提高公安机关前端立案、侦查环节办案质量，才能更好地贯彻程序和实体正义，从而更好地为经济发展大局起到维护、保障和促进作用。

3. 上海实践中初步成果、成功案例

（1）初步成果

2017 年，上海检察机关全年共办结检察前终结诉讼监督案件 3028 件，期间调阅录音录像、审查案卷等调查手段使用次数，以及监督文书、移送立撤案

---

① 金宇飞：《检察前终结诉讼案件跟踪监督工作初探》，载《法制与社会》2019 年第 3 期。

监督线索、公安机关立撤案等监督纠正数量均同比大幅上升。[1] 2018 年全年审结检察前终结诉讼监督案件 5236 件，共发现各类瑕疵问题和监督线索 3580 条，其中对侦查活动违法情况制发纠正违法通知书 165 份；成功监督立案 203 件，成功监督撤案 571 件[2]，特别是发现多起应撤未撤案件均发生在非公经济领域，通过监督撤案有效维护了非公企业和非公经济人士的合法权益。此外，强化了对诉讼违法行为人的监督，向监察委和刑事执行检察部门移送 26 人涉嫌侦查活动职务违法犯罪线索，其中 17 人被立案调查，经有关部门进一步查证，目前已有 2 人被诫勉谈话，1 人被"双开"，3 人被起诉。[3]

（2）成功案例

上海市嘉定区人民检察院在开展检察前终结诉讼监督中，注重对刑事立案后转行政处罚的案件开展排查。在一次排查中发现犯罪嫌疑人魏某某、文某某等人在上海市嘉定区沪宜公路 3099 号某会所饮酒消费期间，魏某某因琐事与赵某某等人发生冲突，后魏某某、文某某分别持随手觅得的灭火器、花瓶等物殴打对方，致对方多人轻微伤。公安机关对涉嫌寻衅滋事的魏某某行政处罚不当，遂开展立案监督。

在该案办理过程中，嘉定区人民检察院首先对材料进行了全面审查，不仅审查刑事立案决定书、行政处罚决定书等程序证据，而且也审查伤势鉴定书、犯罪嫌疑人魏某某的供述、被害人的陈述等影响犯罪构成的实体证据；抓住客观证据，不仅注重在案的证言、书证，对侦查机关调取的案发现场监控视频也反复查看，认真审核并与其他言词证据逐一比对。其次，主动对接公安机关法制支队，利用已建立的专人负责机制，开展个案专门沟通。通过释法说理，阐明观点，取得被监督单位嘉定公安分局的理解配合，达成共识，并就后续处理的文书适用等细节进行讨论，为公检多部门协同完成监督工作和法院顺利判决打下扎实基础。

最终嘉定公安分局对犯罪嫌疑人魏某某重新采取了强制措施，并依法追捕文某某。嘉定区人民检察院于 2019 年 1 月 3 日向嘉定区人民法院提起公诉，2019 年 1 月 17 日魏某某、文某某因寻衅滋事罪被分别判处有期徒刑 6 个月、7 个月。

---

① 谈剑秋、朱鹏锦：《如何加强检察环节前终结的诉讼案件跟踪监督》，载《检察日报》2019 年 7 月 11 日。

② 包括通过立案监督程序和"情况通报"的方法监督撤案。

③ 资料来源于《上海市检察机关以问题为导向构建全流程、立体化刑事诉讼监督机制》。

三、上海市检察机关检察前终结诉讼监督和外省市检察机关前端执法监督的对比

（一）外省市检察机关前端执法监督的经验做法

1. 北京市检察机关的经验做法

为提高执法办案规范化水平，北京市公安机关于 2015 年探索建立执法办案管理中心，要求各专业警队、派出所对全部刑事案件，在抓获犯罪嫌疑人后立即集中到执法办案管理中心办理，直至采取其他相应强制措施后带离。为适应公安机关执法办案模式的转变，北京市检察机关跟进设立派驻中心检察室。派驻中心检察室隶属于北京市检察机关的立案监督与监督调查部门（在原侦查监督部门基础上组建），是检察机关在公安机关执法办案管理中心设立的派驻办案组织，并非派驻机构。2016 年 11 月 24 日北京市检察机关在北京市海淀公安分局执法办案管理中心设立首家派驻检察室，至 2019 年 1 月实现区级全覆盖，在全国首创公安机关执法办案管理中心派驻检察机制。派驻中心检察室实行人员专职常驻、定期轮换，秉持依法监督、规范监督、监督与支持相统一、检察一体化等工作原则，对公安机关执法办案管理中心受理的刑事案件和严重行政违法案件实施监督。具体包括刑事立案监督和侦查活动监督，同时兼顾履行协作配合职能。派驻中心检察室的工作职责包括：通过多种途径发现监督线索；开展线索的调查核实；对不规范或违法问题，启动相应监督程序；引导依法规范收集证据；联合开展相应业务培训和传导证明标准等。

2. 山西省检察机关的经验做法

2015 年以来，山西省检察院根据 95% 以上的刑事案件由市、县两级公安机关办理，法制部门统一掌握案件信息出入口的实际情况，与省公安厅会签《关于在公安机关设立侦查监督检察室的意见》。全面推进驻公安机关法制部门检察室工作，共设立派驻市级公安机关法制部门检察室 12 个，区县级 160 个。2019 年 8 月山西在娄烦、尖草坪、小店 3 个基层院向所在公安执法办案管理中心派驻检察室。目前，山西派驻检察工作覆盖全省 12 个地市公安机关、122 个县区级公安机关的法制部门和 1634 个派出所及部分中心城区、刑事案件高发的刑警队、交警队。公安机关赋予派驻检察官与公安机关法制部门负责人相当的登录其办案系统查阅案件信息的权限。派驻检察官开展工作时，可以登录公安警综平台，可以查阅接处警记录及相关案卷材料，可以通过与办案人员谈话了解相关情况，公安机关应当予以配合。派驻检察官可以列席所驻公安机关警务信息例会、案件分析讨论等会议，所驻公安机关应当将例会程序、内容等相关信息提前告知派驻检察官。公安机关应当于每月 5 日前向检察室通报

上月刑事立案、撤案、涉案人员处置、适用（变更）强制措施、提请逮捕、移送审查起诉、行政执法机关移送案件办理、立案后撤案等情况。检察机关每月5日前向公安机关通报上月刑事立案监督、纠正违法、追捕追诉、批捕、不捕、起诉、退回补充侦查、不诉等情况。重大案件随时通报。定期分析公安机关的办案质量，指出导致案件不捕、撤案、不起诉、判无罪的原因以及在法律适用、定罪量刑、刑事政策、诉讼程序、执法行为等方面存在的问题，并将结果通报给公安机关法制部门。

3. 江苏省检察机关的经验做法

江苏省扬州市检察机关在持续7年开展刑拘后未提捕未移诉专项监督工作的基础上，出台了《扬州市检察机关刑拘后未提捕未移诉监督案件办案指引（试行）》。指引规定刑拘后未提捕未移诉案件的六种情形：（1）案件未达到逮捕、起诉条件，刑拘期限届满后仍需继续侦查的；（2）当事人在刑拘期间达成和解，刑拘释放后作撤案处理的；（3）侦查发现犯罪嫌疑人的行为不构成犯罪，刑拘后撤案的；（4）刑拘后案件事实、证据发生变化，作行政处罚的；（5）对犯罪嫌疑人临时羁押后移送其他公安机关处理的；（6）其他刑事拘留后未作处理的。员额检察官应当对刑拘后未提捕未移诉案件侦查处理过程进行逐案实体审查。指引规定审查方式以调阅案卷材料为主，必要时可向相关办案人员询问情况。经核查，认为公安机关对刑拘后未提捕未移诉人员处理不当的，应当根据不同情形分别作出监督立案、监督撤案、纠正漏捕、纠正违法、督促侦查、督促移送起诉等处理决定。①

江苏省南京市浦口区检察机关针对基层派出所监督制约滞后的现象，前置监督环节。在辖区重点基层派出所设立派驻检察官办公室，通过对派出所讯问、询问、强制措施适用、扣押物品等执行情况及重要执法环节开展日常巡检，定期查看各类台账，主动掌握派出所的发、立、破案等情况，挖掘监督案件线索。浦口区院派驻检察官在驻所办公时，获知地区农业局森林警察大队查获一起非法收购珍贵野生动物案，但公安机关未立案侦查。对此，该院及时调阅案卷材料，经审查认为，此案犯罪行为人以出售为目的购买国家二级重点保护动物河麂，涉嫌非法收购珍贵野生动物罪，遂开展监督立案工作。后该犯罪嫌疑人以非法收购珍贵野生动物罪被法院判刑。②

从外省市的经验做法可以看出，检察机关派驻公安机关进行监督是一种普遍的做法。这种做法重点对派出所民警的违法侦查行为或适用法律错误的情况，发挥侦查监督的职责，纠正违法。重点督促"审讯违法"问题的整改，

---

① 参见《扬州市检察机关刑拘后未提捕未移诉监督案件办案指引（试行）》。

② 参见《南京浦口：强化"三个抓手"着力提升侦查监督工作水平》。

工作重心落在法律监督上。① 派驻检察有其优势特点，但是在实践过程中也发现了派驻检察一些问题。一是派驻检察人员易被被监管单位同化。② 派驻检察室依赖公安机关的办公设施容易形成利益共同体，客观中立的立场易受影响。派驻人员长时间在公安机关工作，容易形成休戚与共的熟人关系，监督碍于情面，可能不愿监督、不敢监督、监督不力。二是分散派驻人员容易影响检察人员监督效力。派驻人员疲于应付每日检查、统计报表、工作日志等常规工作，无力专注于专项性侦查监督。三是易造成监督认识断层。派驻人员长期派驻公安机关，容易造成身份混同的误解，忽视自身监督职责，导致监督缺位。③

（二）上海市检察机关检察前终结诉讼监督经验做法

上海市公安机关目前并未设立执法办案管理中心，上海检察机关也未推行派驻式检察。针对有大量刑事案件立案后未进入检察环节，检察机关对刑事诉讼前端监督力量和方式有限的问题，上海市检察机关以检察前终结诉讼监督为抓手，有力加强前端监督。一是框定检察前终结诉讼范围。通过对未进入检察环节或从检察环节退出的刑事案件及前端侦查行为调研分析，将公安机关刑事受案后作出不立案决定或在规定期限内未决定是否立案的案件，刑事立案后未经审查逮捕或审查起诉而被撤销、终止侦查或转行政处罚的案件，审查起诉阶段退回补充侦查后不再移送审查起诉或公安机关撤回起诉意见的案件等纳入监督范围，以弥补传统监督空白，强化刑事诉讼前端监督。二是建立案件报备获取机制。紧紧围绕刑事诉讼制度改革对侦查机关、检察机关在收集、固定、审查、运用证据上的更高要求，在市检察院和市公安局会签的《关于进一步加强对公安派出所监督工作协作配合的若干意见》的基础上，进一步强化区检察院与区公安分局、刑事诉讼监督部门与法制部门的工作联系，形成了检察前终结诉讼案件的清单报备和抽查调取机制，确保检察机关对于检察前终结诉讼案件的案卷可调阅、可审查。三是形成梯度监督体系。2018 年以来上海检察机关已审查检察前终结诉讼案件 5236 件，共发现各类瑕疵问题和监督线索 3580 条。这些监督线索均作为监督案件逐案办理，并就个案严重违法或类案问题制发纠正违法通知书或类案检察建议，形成了从线索库积累到个案督促整改再到类案机制建设的梯度监督体系。

以杨浦区人民检察院为例，该院自 2018 年 9 月至 2019 年 8 月一年内对

---

① 张静：《派驻基层检察室建设理论研讨会综述》，载《人民检察》2014 年第 2 期。

② 祁云顺：《对检察机关派驻检察监督方式改革的思考》，载《河北法学》2010 年第 11 期。

③ 宋伟锋：《侦查监督创新问题研究——以巡视检察为切入口》，载《中国检察官》2019 年第 2 期。

589 件检察前终结诉讼案件进行了监督，其中 569 件系检察机关依职权调阅案卷进行监督，20 件系针对当事人控告申诉进行监督。通过监督，共制发《要求说明立案理由通知书》72 份，《要求说明不立案理由通知书》19 份，成功监督立案 4 件，监督撤案 51 件。制发《纠正违法通知书》16 份、《检察建议书》21 份、《情况通报》12 份，提出口头纠正 165 次。

（三）检察前终结诉讼监督的现实问题

1. 案件信息共享存在壁垒

目前，部分省市检察机关能够实现派驻公安机关监督，通过这种方式可以较好地掌握公安机关的案件信息。但有部分省市检察机关由于客观原因并未派驻公安机关办案机构，也未实现办案系统共享，这样会在案件信息共享上存在一些壁垒。在实践中，检察前终结诉讼案件通常分散在各个基层派出所或专业办案队，需要公安机关配合调取后进行检察。公安机关一般会配合提供一些基本的刑事立案、强制措施数据，但部分公安机关不会提供具体的案件清单，导致检察机关无法对这些数据做进一步核实。尤其是未经羁押直接取保候审后下行处理的案件，是检察机关难以掌握的信息缺口。

2. 调卷审查机制未能固化

目前并没有明确的法律规定检察机关如何针对检察前终结诉讼案件向公安机关调卷审查，各地检察机关会根据本地实际情况开展工作。因为部分地区检察机关无法共享公安机关案件数据，检察机关一般会通知公安机关法制部门对各个派出所及专业办案队的检察前终结诉讼案件进行集中调取，调取之后检察机关再派员至公安机关集中检查，每次检查的时间一般为半个工作日，考虑到来回路程等因素，实际检查时间每次只有两三个小时。每一名检察人员都要在并不宽裕的时间内检查相当数量的案件，对于一些案情复杂，证据较多的卷宗材料很难做到精细化检查，可能会遗漏一些问题，也可能只是发现表面化、程序性的瑕疵问题，无暇深层次挖掘严重违法问题，尤其对实体方面是否存在错误难以在短时间内做出判断。所以从上文中的数据也可以发现口头纠正数量相对较多，且基本上都是程序性的问题。

3. 调查核实手段较为匮乏

目前关于刑事诉讼监督调查核实权的立法规定过于原则，检察机关调查核实缺少明确具体的指引以及相关的配套保障机制，调查核实在实践中缺少统一规范标准。《刑事诉讼法》第 57 条规定，人民检察院接到报案、控告、举报或者发现侦查人员以非法方法收集证据的，应当进行调查核实。对于确有以非法方法收集证据情形的，应当提出纠正意见；构成犯罪的，依法追究刑事责任。《人民检察院组织法》也规定了检察机关行使刑事诉讼活动法律监督职权，可以进行调查核实，可以依法提出纠正意见、检察建议。根据上述法律规定，检察机关可以对公安机关违法侦查行为进行调查核实，但调查核实也需要一定的刚性措施和程序上的配合。目前《人民检察院刑事诉讼规则》列明了调查核实手段，但是缺少进一步的操作细则，也缺少具体应用的法律文书等相应的配套措施，对公安机关不予配合也未提供救济性保障措施。这就削弱了调查核实权的制约力度，使检察机关调查核实权在司法实践中难有作为。

4. 公安机关主动接受监督的意识有待加强

目前没有明确的法律规定公安机关必须按照检察机关的要求将检察前终结诉讼案件报送检察机关检查，也没有具体的法律规定指导检察前终结诉讼案件如何在公检之间衔接。部分公安机关办案单位存在一定的抵触心理，部分办案单位以工作任务繁忙、承办民警外调、被调取的卷宗被上级机关借阅等多种理由，不能按照要求送交案卷给检察机关，导致拖报漏报的现象出现。对于一些公安机关已经破案，但是因各种原因无法继续进行刑事诉讼的案件，检察机关要求对这类案件进行撤案，个别公安机关以影响"破案率"为由拒绝撤案。

5. 整改反馈成效不够凸显

根据法律规定，公安机关对于检察机关制发的监督文书需要进行整改和反馈。但在实践中，公安机关的整改反馈存在以下几个问题：一是回复重口头轻书面。一般情况下检察机关制发《纠正违法通知书》《检察建议书》前都会做好口头沟通工作，公安机关在沟通中表示将积极配合工作，及时处理相关问题，但有时会拖延书面回复，需要到期限届满后再行督促回复，甚至有一部分监督文书特别是发往外省市公安机关的监督文书无法得到书面回复。二是整改重形式轻落实。公安机关对于检察机关的书面回复，有时套用格式化模板，如"高度重视相关问题，要求侦查人员规范办案，避免类似情况发生"等，并未根据监督文书的内容提出具体整改意见，没有将整改真正落实到位，整改成效也难以凸显。三是处理重处罚轻教育。公安机关往往会根据检察机关的监督文书对相应责任民警进行处罚，如果是《纠正违法通知书》在部分地方将会影响到相关民警的警级晋升和工资奖金。对民警个体的处罚力度虽然较大，但是缺少进一步的教育培训，没有形成由点及面的警示效应，因此经常会发现一些老生常谈的违法瑕疵问题屡禁不止。

四、检察前终结诉讼监督机制构建

（一）构建原则

1. 依法规范原则

检察前终结诉讼监督是法律赋予检察机关监督职责的应有之义，检察机关对检察前终结诉讼案件及前端侦查行为进行监督时，必须依法进行，不能自我赋权。检察机关作为法律监督机关，在监督公安机关依法行使职权前，首先要做到自己依法行使监督职权，从宪法和法律法规中找依据，并严格依据相关规定进行监督。

同时，检察机关在履行监督职责的过程中，也必须规范进行，要讲究规矩和章法，在发现线索、调查核实、作出处理各个阶段，都要规范行使监督职能。在开展检察监督过程中，若发现问题线索并立案调查的，必须讲究事实和证据。如果缺乏证据，即便公安机关对于违法违规事项没有异议，也不宜直接提出书面纠正意见。

2. 事后及时原则

检察机关对公安机关的监督工作，并非是对公安机关立案、侦查活动的同步监督，而是在公安机关作出或者默示作出终局性决定时，检察前终结诉讼监督方可上位。监督不是现管，促进侦查和监督实现无缝衔接，并不等于要求侦查和监督实现两相重合。检察机关和公安机关各司其职，各负其责，不得包办，不得僭越，谨防以监督取代刑事侦查，警惕侦查活动对监督的过于依赖。最终，以促成各阶段、多角度监督，做到"介入不定论、参与不干预、建议不决议"[1]。既然检察前终结诉讼监督已经是事后监督，则更应该及时有效地履行监督职能，不得滞后，必须做到"三个及时"——及时发现公安机关在侦查活动中的不当之处，及时指出问题所在，并及时作出纠正处理。

3. 监督配合共赢原则

监督追求的是双赢、多赢、共赢。纠错只是一种途径，无错才是最终目的。检察机关作为监督者，与被监督者无错的目标是共同的，与被监督者追求公平正义的价值是一致的。赢则互利共赢，败则两败俱输。只有相互配合，实现共赢，才能取得共同进步，更好地维护宪法和法律的统一正确实施，更好地落实"以人民为中心"的发展思想。

检察机关对公安机关行使监督职权时，其本质在于帮助被监督者解决问题、补齐短板，提高整个刑事诉讼的执法水平。在监督手段上，灵活运用，刚柔并济，奖惩并用，监督纠正违法行为，奖励推广先进经验，不仅要有"黑名单"，也要有"小红花"。监督方式得体妥当，监督意见精准见效，让公安机关心悦诚服，避免让监督意见成为一纸空文。

---

① 元明、张庆彬：《公安派出所刑事执法的检察监督》，载《国家检察官学院学报》2013 年第 6 期。

（二）组织架构

1. 分散监督模式

分散监督模式即根据专业分类，根据案件罪名的不同，由罪名归属的刑事检察部门各自进行监督与后续的跟进。此种模式的优点在于罪名归属的刑事检察部门对于相关的案件的立案、侦查等需要符合程序与实体的要求更加熟悉，专业性也更强，能最大限度地提高监督案件的办案效率。

但此种模式也存在一系列的缺点，首先，每个检察部门人员是有限的，将监督案件分散到各个检察部门的情况下，各个部门势必都要分配部分时间与人力在监督案件的办理上，按照目前检察机关的情况，各部门的人员配备是不足以支撑这种模式的；其次，分散监督模式下与公安机关衔接的难度较大，检察机关可以根据罪名归属将检察前终结诉讼监督分散于各个检察部门，但公安机关并没有完全相对应的部门分工，衔接时会出现一个部门对多个部门甚至是多个部门交叉对应的情况。除此之外，由于各部门各自分管不同案件的监督因而会有各自与公安机关的联系人，会使得整个体系显得非常冗杂；最后，检察机关各个部门之间可能会因为理解与解释的不同产生监督标准的分歧，因此将导致公安机关无法确定检察机关所要求的前期立案侦查工作的标准，从而使前期侦查陷入一种更加混乱的状态。

2. 一体化监督模式

一体化监督模式是上海检察系统目前所采用的检察前终结诉讼监督的模式，该种模式下监督案件不需要按照罪名区分分配到各个部门，而是由专门的部门负责。但在监督之后的后续"捕、诉"工作的分配上则又分为两种模式：一种是在专门部门办理监督案件后将这些案件后续的"捕、诉"工作分配给负责相关罪名的部门继续进行，而另一种则是直接由专门的部门采用"监、捕、诉"一体的办案机制。

首先，无论是"监督"与"捕、诉"分开的模式还是"监、捕、诉"一体的模式，"监督"部分都是由专门的部门负责的。由于检察前终结诉讼监督是一种较为特殊的监督方式，在案件信息获取及案卷调取的方式上与随案监督差异较大，因此由专门部门负责此类监督案件符合其特殊性，也能使监督案件办理的专业性得到提升，从而提升办案效率。此外，相对于"分散监督模式"，一体化的监督模式更利于统一监督案件的办案标准，同时也能够精简与公安机关沟通联系的网络。

其次，"监、捕、诉"一体的模式存在其特有的优越性。目前上海大部分区院采用的"监督"与"捕、诉"分开的模式在日常运作中还是比较顺畅的，但仍要强化部门间的衔接配合，以防止监督与"捕、诉"部门的检察官因对案件的理解存在分歧导致出现案件后续无法推进的尴尬境况。而"监、捕、诉"一体的模式在前后衔接这一方面就体现出了非常明显的优越性。一方面可以防止不同的检察官能力与观点的不同导致的后续工作推进困难；另一方面检察官在办理监督案件时就会更加准确地把握证据，一般要达到后续"捕、诉"工作能够推进的标准才会要求公安机关立案，前期对公安机关的引导建议也会更加到位。而这样的模式也对检察官自身素质提出了更高的要求。

（三）主体工作机制

1. 监督案件线索发现途径

发现线索是检察前终结诉讼监督的前提基础，没有案件线索，监督就是无源之水、无本之木。发现不了问题线索，这本身就是问题。现阶段，亟须突破依靠受理申诉获取案源线索的瓶颈。可以依托"互联网＋"和大数据技术，搭建数据共享平台，实现公检办案信息对接联通。既便于检察机关全面掌握相关案件的处理情况，也便于让公安机关了解检察机关监督动态，双向促进工作开展。在数据共享平台建立之前，可以根据现有的派出所监督制度，继续完善专门对接部门之间的衔接机制。与此同时，可以探索固定的调卷审查机制，由公检双方的案件管理部门相对接，办理借阅手续，做好调卷工作，实现监督工作制度化、常态化。

此外，可以探索对公安联络巡回检察模式，主动开展检察前终结诉讼监督。在监督方式上采取"常规检察"加"专项检察"的方式，通过实地巡查、个案检察、集中检察、听取侦查人员意见等具体方法，推动检察监督从被动走向主动。巡视检察的内容根据刑事检察部门以及控告申诉部门阶段性的案件数据分析，确定巡视工作重点，抓住基层侦查工作中的突出违法问题，监督弱化问题，对存在问题多的派出所、重点办案人员进行重点巡视，对已经整改的派出所或者已经整改的问题不列入巡视范围，开展灵活多样的专项巡视。①

2. 监督案件调查核实方式

调查核实是检察前终结诉讼监督的核心关键，在发现线索后，对于可能存在违法情形，根据现有材料无法排除违法嫌疑的，应当及时进行调查核实并固定证据，依法查明相关事实。通过询问相关人员，查阅、调取、复制可以证明调查事项的证据，现场检查，申请对现有证据的鉴定等方式，围绕可能存在的违法行为，全面、客观、公正地进行调查核实。对于是否存在违法行为以及违法行为情节轻重的各种证据材料，都应当全方位收集到位，不得选择性调查取证。

---

① 宋伟锋：《侦查监督创新问题研究——以巡视检察为切入口》，载《中国检察官》2019 年第 2 期。

3. 检察机关内部配合模式

检察机关自身需要形成监督合力，资源共享，建立内部有机配合和上下联动机制。重点是建立检察前终结诉讼监督专办部门与刑事检察部门之间的信息互通和工作对接机制，以及与市分院行使 14 个罪名侦查权的部门间的工作联动机制，充分发挥各级院、各部门的办案优势，加强三级院一体化办案机制建设。对于重大监督案件以及跨区域监督的案件，可以由市院统一调配办案力量，指挥督查工作，市院、分院、基层院三级检察机关紧密联系，协调配合，发挥各自所长，共同办理案件。对于某个检察机关率先发现的监督问题，其他检察机关进行对照检查，通过召开典型案例学习会、办案经验分享会等诸多方式，以一案带动一片，巩固监督成果，畅通关联渠道，共同破解难题。

4. 公检外部联动协调机制

在检察机关自身形成监督合力的基础上，对接公安机关，搭建外部联动协调机制。如定期由检察机关诉讼监督部门与公安机关法制部门召开公检联席会议，通报一阶段刑事诉讼监督情况，针对监督中发现的一类问题、重点问题进行分析，共商解决方案，并以会签文件的方式对相关问题进行规范。此外，检察机关可以与公安机关联合开展业务培训，加强前期执法培训，并做好后期警示教育工作。对于因前端执法不到位所致的重大监督案例，应当深入剖析原因，查找问题根源，帮助一线办案人员有效提升执法水平。

（四）配套保障机制

1. 建立监督数据共享平台

一是建立公检监督数据共享平台。检察机关监督数据平台可对接公安机关网上办案系统，自动导入检察前终结诉讼案件。为了保证信息的安全，公安机关可以设置检察机关专属访问权限，使检察机关能够基于检察前终结诉讼监督职能的需要查看相关内容。在监督数据信息互通平台尚未建成之际，可以签订公检联合协议，探索专门的部门联络员线索移送机制，检察机关可以派一名资深检察人员与公安机关法制部门进行沟通联系。

二是建立检察机关内部监督数据共享平台。以刑事诉讼监督管理平台为依托，建立立体化、全流程的刑事诉讼监督格局，将刑事诉讼监督中发现的问题进行案件化办理，明确刑事诉讼监督案件办理的具体流程。在刑事诉讼监督管理平台以人工录入、线索信息查询、自动采集配置管理进行线索汇集；以线索处理、类案识别提醒、类案识别规则配置进行线索甄别；以类案监督案件、立案监督案件、侦查活动监督案件等进行跟踪监督。检察机关需要统筹监督部门、案管部门、技术部门，抽调专人对刑事诉讼监督管理平台进行案件录入、线索分配以及相应配套管理工作。

2. 实行监督事项案件化管理制度

监督事项案件化管理，顾名思义，就是把对监督线索的处理全程纳入类似办理诉讼案件的程序和规范之中，确保实体标准统一、程序规范严谨。围绕拓宽线索来源、全面调查核实、准确认定事实、正确适用法律、依法规范监督、工作全程留痕的目标，针对检察前终结诉讼案件及法律监督工作特点和规律，完善案件化办理和管理流程。其一，细化流程节点，设置立案、调查、审查、决定、提出监督意见、反馈审查、复议复核、结案归档等流程，关键节点按权限审批，确保权力运行依法、合规、到位。应设定监督案件办案期限，确保工作效率。其二，统一实体标准。对立案条件、调查取证标准、提出监督意见情形等作出明确规定，确保法律适用的准确，监督口径的统一。其三，完善科学管理。建立业务指导部门对监督案件的备案审查、数据通报制度，将监督案件办理质量纳入案管部门业务数据通报平台和质量督查系统，并将办案质效对接业务考核，作为检察官业绩评价的重要指标。

3. 人才培养机制

检察前终结诉讼监督与传统刑事诉讼监督在案件线索的发现途径以及后续的建议工作等多方面都存在较大的区别，对专门负责的检察官的要求相比一般的办案部门要更高。

检察前终结诉讼监督部门需要与公安机关对接获取案件相关的信息数据，此时就需要办案经验丰富的检察官出面，一方面因更加熟悉办案流程能够减少信息获取的阻力，另一方面也能够更好地进行调查核实来查明违法事实，进一步激活检察机关调查核实权；线索发现能力较强的检察官则适合在获得大量案件卷宗后进一步寻找违法事实线索；而"监、捕、诉"各项能力在检察前终结诉讼监督部门要求也高，且不仅仅是释法说理能力过关，更需要前后衔接与后续工作推进能力，因此在人才培养中要侧重这方面素质能力的提升。

4. 考核激励机制

可以采用正负面双向的考核激励机制，推动检察前终结诉讼监督工作取得更好的成效。在检察机关可以设立"发现线索数量，监督工作质量，监督时效性，公安机关采纳率"等核心业务指标，对检察官的监督工作进行全面评价。对于公安机关，除了将收到检察建议书、纠正违法通知书的数量作为考核内容之外，对于立案侦查工作规范程度较高的部门和个人则可以设置相应的加分激励机制，从而促进规范办案。另外，对于接受检察院机关引导，积极修正违法行为的部门和个人也应当有相应的激励措施。

（五）立法建议

首先，由于检察前终结诉讼监督具有主动依职权监督的特殊性，根据现有法律法规仍旧存在授权以及监督工作程序上的争议，因此需要在《刑事诉讼法》中进一步对检察前终结诉讼监督权作出明确且具体的规定，特别是在监督的程序上应当进行专门的区别于其他传统监督方式的规定，以及检察机关提出监督意见后公安机关必须做出回应与修改的刚性要求，从制度层面保障检察前终结诉讼监督的权威性，弥补现存的监督刚性不足的问题。

其次，在地方性立法层面可以根据当地的情况制定更为细致的检察前终结诉讼监督的操作办法，包括监督程序启动、监督流程、监督标准、文书要求、整改期限、不配合监督的制裁措施等，更好地让检察前终结诉讼监督在实践中有法可依。

监狱巡回检察制度的理论与实证研究[*]

监狱巡回检察制度的理论与实证研究[*]

监狱巡回检察制度的理论与实证研究[*]

上海市沪西地区人民检察院、
上海市四岔河农场区人民检察院联合课题组[**]

一、巡回检察理论内涵之考察

（一）巡回检察制度的定义

根据最高检《检察机关对监狱实行巡回检察试点工作方案》以及《人民检察院监狱巡回检察规定》表述，检察机关以现有派驻检察人员为基础，调整充实和整合力量，组成检察官办案组，代表本院，不定时的对监狱执行刑事诉讼法、监狱法等法律规定情况，刑罚执行和监管改造活动是否合法进行全面检察。重点是监管改造、教育改造、劳动改造等活动检察；监管安全防范检察；戒具使用和禁闭检察；罪犯合法权益保障情况检察等。检察官办案组成员要定期调整、轮换，也可以抽调下级人民检察院负责刑事执行检察工作的检察人员或者安排本院其他业务部门的检察人员参加，根据巡回检察工作需要可以邀请司法行政、安全生产监督管理、审计等部门中具有专门知识的人参加巡回检察。相比派驻检察，巡回检察工作其最大特点就是"三不固定"性。

1. 检察人员的不固定

巡回检察的工作主体是检察机关巡回检察组。巡回检察组应当灵活组建，采取不固定的模式，由院领导或者本院负责刑事执行检察工作的检察官担任主办检察官，在整合刑事执行检察人员的基础上，可以安排检察技术、民事、行政等相关部门检察人员参与巡回检察，注重巡回检察队伍的专业性和技术性。同时，根据巡回检察工作需要，也可以邀请司法行政、安全生产监督管理、审计等职能部门人员以及人大代表、政协委员等参与巡回检察。

2. 检察内容的不固定

检察机关对监狱执行刑法、刑事诉讼法、监狱法等法律规定情况，刑罚执

---

* 上海市检察官协会 2019 年重点研究课题。

** 课题组负责人：黄建荣；课题组成员：韩孔林、陈毅炜、周云飞、聂怀广、冯琦媛。

行和监管改造是否合法等进行全面巡回检察。每次巡回检察，可根据工作的具体需要，或开展完整、全面的检察；或仅对罪犯教育改造、监管安全、罪犯合法权益保障等情况进行有侧重的检察。

3. 检察方式的不固定

既可以对监狱采取完整、深入的常规巡回检察模式；也可以对于常规巡回检察发现的线索和突出问题，应当集中时间和人员进行专项巡回检察；或者对此前常规巡回检察发现问题的整改落实情况，可以进行机动巡回检察。另外，根据工作实际情况，还可以开展交叉巡回检察或夜间、节假日突击巡回等巡回检察方式。

巡回检察在各监狱开展巡回检察工作，由员额检察官担任巡回检察组组长，这在一定程度上增强了巡回检察人员的专业性。办案组成员可以根据工作需要随时调整、定期轮换，在全体检察人员中抽取或回避某些成员而产生。这种方式可以加强社会公众对监狱检察工作的信任。同时，这种"三不固定"方式有利于巡回检察人员以客观的外部视角对监狱的设施环境、管理方式等予以审视，发现长期身处其中的人容易忽视的问题。此外，由同一批检察人员分赴不同的监狱巡回检察，也有利于检察标准的统一。

（二）巡回检察制度设立的理论基础

巡回检察隶属于刑事执行检察的工作模式范畴，因此，探究巡回检察制度存在的理论基础，无外乎探讨"巡回"这一工作模式制度设计的理论依据以及"刑事执行检察"的权力属性。

1. 巡回制度的理论根据

巡回，是指按照一定的路线到各地进行活动。巡回应用广泛，在政治和法律生活中，巡回制度作为权力监督权力的方式，是指有权机关对被监督机关实行突击性的检查。与巡回相似的概念还有巡视、巡察等。它们的共同点在于时间、地点、人员的不固定巡行，区别仅在于主体不同。基于运行机理的相似和研究目的的需要，在此统称为巡回（即巡回内含巡察、巡视），一并研究。

（1）巡回的监督原理。加强对权力的制约和监督是现代法治社会的应有之义。人类文明迄今探索出两条路径，一是通过保障权利来监督权力，如宪法赋予公民各项可以对抗权力的权利，如控告、申诉、举报权；二是通过权力之间相互制约、相互牵制，本文所探讨的即是后一种路径。

根据权力监督原理，一项监督制度是否有效，其外在的衡量标准是监督者是否具有权力性、外在性、平等性、独立性、强制性、权威性、受制约性，[1]

---

① 蔡定剑：《国家监督制度》，中国法制出版社 1991 年版，第 2－3 页。

巡回符合所列的衡量标准。如前所述,巡回制度作为权力监督权力的方式,是有权监督机关实行的突击检查,突然性是其显著特征,巡回者是有权机关临时随机委派的,监督者和被监督者没有事前的交流,也没有私人利害关系,因此具有独立性、外在性、客观性;巡回者有职责将所查明的问题自行处理或上报处理,追究责任,责令整改,因此又具有权力性、权威性、强制性;同时,巡回发现问题要依法依规处理,监督有依据,而不能恣意用权,因此又具有受制约性;最后,实践是检验真理的唯一标准,巡回在党纪、审计、环保领域的实践运用已充分证明了巡回的威力。

(2)巡回发挥作用的条件。巡回制度要取得成效,除了监督者"壮士断腕"的决心和"一往无前"的勇气之外,还须具备如下条件:

第一,巡回工作的权威性。按照监督原理,监督者必须具有权威,而监督者的权威既来自法律的刚性规定(这是法律赋予的神圣职责,也是立法者的支持),又来自自身的专业能力(即专业技术形成的理性权威)。因此,巡回监督小组必须由具有丰富巡回经验的工作人员组成,他们能够保持发现问题的敏感性,从而精准监督,保证处理程序和实体的公平公正。

同时,行政等级带来的独立性也可以增强巡回权威。当巡回的主体来自上级机关(这时又称为"巡视"),发现问题的机会可能较巡回的主体是同级机关时更多。如中国共产党的纪检巡视制度之所以发挥巨大威力,是因为巡视组相对独立的权力:巡视组由中央和省纪委派出,巡视组对上级党委负责,对下级党组织领导班子及其成员进行监督,这样打破了同级监督中的利害关系顾虑,也消除了上级对下级进行监督的信息梗塞。

第二,巡回工作的独立性。独立才能公正。为保证独立,杜绝权力的腐蚀,除了法律赋予巡回独立的工作权限,还必须保持巡回的突然性。为保持巡回的突然性,排除各项干扰,巡回工作须实行不固定人员、不固定时间、不固定地点的模式,简称"三不固定"。

巡回人员的陌生性可保持工作的独立性,相当程度上可以规避中国人情社会中所谓的"打招呼"、干预办案的情况,以超脱的姿态发现问题后及时上报处理。为此巡回的人员必须是随机、不固定的,备选人员必须充足。如果巡回的主体限于一定的小范围之内,被监督对象可能提前猜测到巡回人员名单,提前予以公关,监督的效果可能大打折扣。如在党的纪检巡视中,巡视工作有严格的纪律和程序,巡视工作人员实行轮岗交流,任职回避、地域回避、公务回避。

第三,巡回追责的刚性。刑罚的威力在于刑罚的及时性和有罪必罚性。这条原理也适用于问题追责。通过巡回发现问题的目的是处理解决问题,防止问题的重复发生。按照程序,巡回小组发现了问题,必须及时上报或及时自行处理，不能拖延，不能瞒报，也不能大棒"高高举起、轻轻落下"。例如当前的纪检巡回，民众对于反映问题、提供线索是积极的，民众的主动热情需要巡回者的直接回应，如此这样才能取信于民，形成良性互动。同时，对于被监督者来说，巡回者代表的是监督机关，如果问题不及时处理或者追责过轻，被监督对象便会心存侥幸，对问题更加熟视无睹，巡回工作便有可能功亏一篑。

2. 巡回检察的理论依据

在我国，刑事执行检察权归拢于检察权的大范畴下，因此分析巡回检察的理论依据，绕不开对检察权与刑事执行检察权权力属性的讨论。

检察权的理论基础可以概括为法律监督论、分权制衡论、保障人权论、检察监督权的否定学说。① 我国对于检察权性质的认识，学术界尚未完全达成共识，综合来看，主要有以下几种观点：

第一种观点认为是行政权，主要体现在英美法系国家中；②

第二种观点认为是司法权，即检察官与法官是"同质但不同职"，立足于检察权与审判权的"接近度"和检察官与法官的"近似性"；③

第三种观点认为是准司法权，也就是兼具行政权和司法权的性质。在全世界最早建立检察制度的法国及德国、日本等大陆法系国家，普遍认为检察权是兼具行政权和司法权特征；④

第四种观点认为是法律监督权，检察权作为一种独立的国家权力，将国家检察机关作为专门的国家法律监督机关。采取这种体制的主要有俄罗斯、中国及其他受苏联影响的国家。⑤ 我国的检察制度基本脱胎于苏联，也以国家宪法的形式规定了检察机关是国家的法律监督机关。

我们认为，检察权并不等同于法律监督权。

首先，我国宪法只是规定，人民检察院是国家法律监督机关，但这并不意味着，检察权就一定是法律监督权。

其次，一种权利具备什么性质，要看其具体的范畴。法律监督机关的定位只是检察权的法律监督属性的必要而非充分条件。法律监督权比较广泛，并非检察机关专属，人大及监察委等也可以行使法律监督的职能。同时，检察机关的职能也在随着时代的变化不断发展，越来越复杂多元。

---

① 王俊、曾哲：《中国检察权论略》，中国检察出版社 2012 年版，第 103－104 页。

② 邓思清：《检察权研究》，北京大学出版社 2007 年版，第 24 页。

③ 倪培兴：《论司法权的概念与检察机关的定位——兼评侦检一体化模式》，载《人民检察》2002 年第 3 期。

④ 王俊：《当代中国检察权性质与职能研究》，中国检察出版社 2010 年版，第 22 页。

⑤ 张瑜：《从"应然"层面解释国家监察体制相关概念及内涵》，载《行政法学研究》2017 年第 4 期。

最后，我国这种检察权定位，直接是受马克思列宁主义的国家学说和列宁的法律监督理论影响，尤其是深受列宁思想的影响，即社会主义的法制应该是统一的，必须要有专门的法律监督机关，检察机关独立行使职权，实行自上而下的集中领导，强调法律对权力的制约作用。① 间接深受以孟德斯鸠为代表的，西方政治和法律理论中蕴含的"权力分立与制衡原则"的影响，"三权分立"的学说。② 但要注意的是我们与西方国家权力配置有着根本区别，仅仅从立法、行政、司法权力的横向划分来观察我国检察权性质，不免有削足适履、生搬硬套之嫌。

因此我们认为，检察权是一项动态开放的复合型权力，检察权的运行可以达到法律监督的目的。

在对检察权性质的梳理基础上，刑事执行检察的理论依托也就较为清晰可靠。刑事执行检察权属于检察权范畴，是与诉讼监督权、司法审查权、侦查权、公诉权等并列的一项独立的检察权类型，在管辖场所、设置领域和职责范围上都有其独特性和专门性。这一观点，从修订的《人民检察院组织法》的规定上也能窥见一斑，该法第 20 条明确规定，人民检察院行使下列职权：（1）依照法律规定对有关刑事案件行使侦查权；（2）对刑事案件进行审查，批准或者决定是否逮捕犯罪嫌疑人；（3）对刑事案件进行审查，决定是否提起公诉，对决定提起公诉的案件支持公诉；（4）依照法律规定提起公益诉讼；（5）对诉讼活动实行法律监督；（6）对判决、裁定等生效法律文书的执行工作实行法律监督；（7）对监狱、看守所的执法活动实行法律监督；（8）法律规定的其他职权。很显然，该法条规定人民检察院行使职权的 6、7 两项正是最高检要求的巡回检察工作的目的。

在刑事执行环节，由于执行方式具有单向性，执行的场所即监所，又往往封闭而不公开，不为社会所熟悉。这决定了在刑事执行机关和服刑人员这对改造与被改造的法律关系主体之外，需要引入中立的第三方，形成一种准司法的三方构造模式，表现出"超然性、外在性、建议性、见证性的特点"，这些特点都是刑事执行监督得以中立客观、纠错维权的重要保障。③

巡回检察在上述框架下，自然运生于检察权和刑事执行检察的理论根基与土壤之上，体现了检察学促进人权保障，维护司法权威的功能。

---

① 王俊、曾哲：《中国检察权论略》，中国检察出版社 2012 年版，第 99 – 104 页。

② 贺恒扬：《守正出新：检察权理论重述的时代意蕴》，载《西南政法大学学报》2019 年第 6 期。

③ 徐然：《刑事执行检察监督：法理、现状与路径》，载《山东警察学院学报》2019 年第 1 期。

3. 完善巡回检察制度的理论体系

（1）以社会制约权力。"以社会制约权力"就是通过来自社会领域的组织、力量等社会性因素，对作为特殊的公共权力的国家权力构成制约，以此推进民主的发展和完善。① 这一理论是 19 世纪法国自由主义思想家托克维尔首先提出，并由 20 世纪著名的民主理论家罗伯特·达尔将其深入发展。② 任何一种权力制约方式都必须有确实可行的主体，即这些主体在一定的制度安排下能够真正对权力构成制约。如果说，检察机关的法律监督权属于"以权力制约权力"，能够利用一定强制力达到制约的效果，那么"以社会制约权力"的主体不像"以权力制约权力"那样集中、明确、有力，公民个人和组织、社会团体、利益群体、大众传媒等，都在不同程度上、以不同的方式成为"以社会制约权力"的主体。"以社会制约权力"强调通过社会力量对国家权力的制约，来保证权力的正当行使，维护公众和社会的权利，促进民主制度的完善。简单地说，"以社会制约权力"是在民主的目标下，以权力制约为实现手段，将制约国家权力与保护公众和社会的权利结合起来的一种方式。只不过在这种方式下，实现目标的主动权在社会方面，而不是国家权力自身。既然是一种权力制约方式，那么，"以社会制约权力"自然也与其他方式一样，以国家权力为"靶"，以制止、纠正、预防国家权力正在实施或可能发生的不合理、不合法的行为为主要内容和目的。在巡回检察的体系构建中，可以邀请人大代表、政协委员等社会人士参与巡回检察，正是得到"以社会制约权力"理论的解释和支持。

（2）监督实效化理论。刑事执行检察的内涵在于检察监督的实效化。刑事执行检察监督权的实效化，是指刑事执行检察监督权在运行的过程中，按照其固有规律，坚持以问题为抓手，以实效为导向，整合了刑事执行内在要素，通过监督权的主客体、手段、结果等，外化出的检察权属性理论生态体系，它是刑事执行检察监督权的核心。③ 司法化审查原则、程序与实质正义、能动检

---

① 李丽萍、张燕妮：《我国公共权力制约问题研究综述》，载《理论观察》2014 年第 12 期。转引自张磊：《论我国监狱刑事执行检察制度的完善》，华中师范大学 2017 年硕士论文，第 7 页。

② 陈建胜：《论托克维尔"以社会制约权力"思想》，载《海南大学学报（人文社会科学版）》2004 年第 2 期。转引自张磊：《论我国监狱刑事执行检察制度的完善》，华中师范大学 2017 年硕士论文，第 7 页。

③ 李轲：《刑事执行检察监督权的实效化问题研究——以检察机构改革为背景》，载《西部法学评论》2019 年第 4 期。

察主义，是刑事执行检察实效化的理论基础，① 也是巡回检察工作在推进中所体现的趋向。巡回检察打破"同化"，使得敢于且能够监督；合理配置资源，提升了检察监督的独立性；拓展检察监督内容，明确监督重点；同时又灵活机动，并加强了内部监督制约。这些彰显的价值都符合提升检察监督实效的要求。尤其是更新理念，改变了派驻检察本位主义，实行巡回检察有利于检察人员站在刑事执行检察工作大局上思考和认识问题，而不是站在一个派驻检察室的小视野去认识、协调和处理问题。同时由按部就班向引入竞争转变，破解消极懈怠、激情不足的工作难点，调动工作积极性。② 由同一批检察人员分赴不同的监狱巡回检察，也有利于检察标准的统一。这一工作转变的背后显然是能动检察主义思想贯穿全程，相对于消极、中立的审判权，检察权呈现的外部生态应是积极、主动的，刑事执行检察要在监督理念、方式、效果等方面发挥应有的作用，以实现对法律目标、价值目标和社会目标的"动态性适应"。

（3）治本安全观理论。治本安全观就是把监狱的罪犯改造成守法公民，使其释放后不再重新犯罪，促进全社会的安全和谐稳定，它要求在确保监狱安全底线的基础上，提高罪犯教育改造质量，真正发挥刑罚的功能。③

刑事执行检察是治本安全观不可缺少的重要方面，也是指导开展刑事执行检察的重要思想。如何能够更好地对罪犯进行改造，除却执行机关自身的方式内容，从执行检察的角度来看，转变视角，及时发现隐藏较深的问题，优化检察手段，打造更好的检察环境，标本兼治，重在治本。

（4）巡回检察制度的时代意义。除了具有坚实的理论根基，此外还要符合中国实际与中国特色社会主义法律体系，才具有生命力，才能在我国现行的发展环境下成长壮大。

早在 2007 年最高检《关于加强和改进监所检察工作决定》中就指出，"对刑罚执行和监管活动实行监督是法律赋予检察机关的一项重要法律监督职能，是中国特色社会主义检察制度的重要内容"。巡回检察的确立正是顺应司法体制改革实际，与中国特色社会主义法律体系相契合。

除却完善了我国检察事业理论与制度体系，优化升级了传统"重诉轻执"的局面，巡回检察的推进也是发挥司法能动性、创新性的积极探索。在我们国家转型的关键时刻，在经济社会早已由"中国制造"向"中国智造"的创新

---

① 李轲：《刑事执行检察监督权的实效化问题研究——以检察机构改革为背景》，载《西部法学评论》2019 年第 4 期。

② 李雅新：《检察机关巡回派驻检察制度初探》，载《中国检察官》2018 年第 11 期。

③ 刘秀仿：《刑事执行检察践行治本安全观的认识与思考——以监狱巡回检察为视角》，载《中国检察官》2019 年第 3 期。

转变的时代化背景下，新时代的刑事执行检察工作，要求进一步更新监督理念，创新工作机制，实现刑事执行检察工作政治效果、社会效果和法律效果的有机统一。要从坚持中国特色的检察制度和遵循检察工作的规律和特点出发，保持原有传统检察模式的优势，又要创新发展，找到一条既尊重客观事实，又切合刑事执行检察权特点的改革路径，从而推动新时代中国特色社会主义检察事业的创新与发展。

二、巡回检察的实证分析

（一）加强制度创新，苦练巡回检察"内功"

1. 统筹安排、灵活机动，合理运用巡回检察模式

根据最高检的规定，监狱巡回检察分为常规巡回、机动巡回、专门巡回以及交叉巡回四种检察模式。常规巡回是全面、大规模的巡回检察，承担巡回检察的主体责任。机动巡回是针对某一小块内容进行巡回检察，专门巡回是针对刑罚执行和监管活动中普遍性、倾向性及重大敏感复杂事件发生而展开的巡回，交叉巡回是跨地区进行巡回的一种形式。常规、专门和机动巡回检察一般由对监狱负有监督职责的人民检察院组织，交叉巡回检察一般由省级人民检察院组织。四种巡回方式需要灵活统筹，充分发挥四种方式的特点与优势，互为补充，系统推进。

第一，常规与交叉相结合。常规巡回检察前，需要深入研究，制定详细的具体方案。一是确定巡回时间、组成人员、主题内容。二是确定巡回检察的方式方法或采取的措施，通过查阅资料、开启检察信箱、实地查看相关场所，与民警、服刑人员谈话、召开座谈会等方式。三是在工作启动前，主动与监狱沟通，争取得到其理解与支持配合。在常规巡回检察的基础上，大胆采用跨区域交叉巡回检察方式，常规与交叉巡回相结合的方式，交叉巡回可以给监狱巡回检察带来新的血液，从新的视角去发现深层次问题。

第二，全面与重点巡回检察相结合。在对监狱刑罚执行与监管活动全面巡回检察的基础上，在第二轮巡回检察可以有针对性地确定一至两个主题，或是在每轮巡回检察时都确定一至两个主题，突出工作重点，做到有的放矢。例如结合党中央扫黑除恶专项斗争的有关部署，以涉黑涉恶为排查重点进行巡回。山东济南城郊院将"减刑、假释工作""暂予监外执行工作""监管事故和罪犯又犯罪工作""监狱惩罚罪犯工作""罪犯死亡处理工作"五项监督内容确定为巡回检察工作重点，与各监狱会签关于互通协作的规范化文件，形成"检狱互通协作五项机制"，明确检狱双方需要即时互通的信息内容，确定检察机关和监狱各自的互通协作责任部门，明确信息传送工作的标准和形式要件

要求，有效破解巡回背景下的检狱互动方式。

第三，发现问题与解决问题相结合。在巡回检察工作结束后注重检察结果的应用，及时归纳总结问题，下轮巡回对上轮发现问题销号式跟进，倒逼巡回责任落实，提高监督质效。在巡回检察过程中发现的问题，除了部分可以立刻改正，大部分问题并非一时半刻能解决的，需要后续跟进督促落实到位。巡回检察工作在实践中除了寻找、发现问题，在发现问题后并不能松懈下来，需要把更多精力放在督促整改问题上。因此，在每次巡回检察工作前，都要深入研究，制定详细具体方案，例如山西省院要求各试点院巡回检察开始前，对上一轮被巡回检察监狱的整改情况进行"回头看"，在交叉巡回检察上，异地巡回检察组撤离时及时交接问题清单，当地检察完要迅速跟进，接力监督。

第四，细化内容与精准检察相结合。在巡回检察的实施阶段，强调精细调查，要对照巡回检察手册和检察清单深入三大现场。对监狱工作进行精准分类，将巡回检察内容分为刑执行活动检察、狱政管理活动检察、教育改造活动检察、生活卫生工作检察、劳动改造、安全警戒活动、刑罚变更执行活动检察等模块进行精细、纵深的检察，对每项检察内容列出相应的监督措施和方法，促进巡回检察规范化、精准化。

2. 分清角色、厘清职责，积极推行"巡回+派驻"检察工作模式

以上海市沪西地区人民检察院为例，该院现对辖区内监狱监管执法活动监督采取"巡回+派驻"的模式。该院现内设两个巡回检察办案部门，巡回检察人员通过常规巡回、机动巡回、专项巡回等检察方式，通过全面与专项、定期与突击、常规与突发事件检察相结合的工作模式，努力打造对监狱监管执法活动多方位、全覆盖、整流程、无死角的检察监督模式，提升监督检察效果，切实把检察工作做实、做细，做出成效。另根据最高检《人民检察院监狱巡回检察规定》，结合该院工作实际情况以及各监狱具体情况，该院对辖区内每一个监狱均安排二到三人进行派驻检察，负责从事对监狱监督检察的常规基础工作及信息收集、传递工作；检察罪犯计分考核、立功奖惩等情况；列席减刑、假释、暂予监外执行评审会、列席监狱狱情分析会和其他工作会议；并负责巡回检察反馈意见的跟踪落实工作，如果说巡回检察部门是思维决策系统，那么派驻人员就是感知觉系统，实现信息传递的双向性和时效性。为巡回检察提供数据支持，发挥决策参谋作用。该院从人员分配、部门设置、管理机制方面，整合院内资源，将主要力量放在重点工作上，坚持"稳进、落实、提升"的工作主题，聚焦巡回检察工作。注重理念引领和贯彻，坚持标本兼治、多赢共赢、人权保障、规范监督、效果至上、改革创新等监督理念融合并重，推进完善巡回检察工作机制，提升巡回检察工作质效。一是坚持三个精：精心准备、精细调查、精准反馈。巡回检察启动阶段，收集材料、提出预判是重点，

强调精心准备，检察组人员要对被检察对象的日常管理、运作模式，可能出现的风险点及检察重点、难点全面了解。实施阶段，强调精细调查，对照巡回检察手册和检察清单深入三大现场，对监狱的刑罚执行、狱政管理、生活卫生、劳动改造、安全警戒等方方面面进行精细、纵深的检察。反馈阶段，强调精准反馈，问题查找要准、对策建议要实，切实提高检察监督的质效和权威性，监督监狱将整改落到实处。二是落实四份文书：《巡回检察工作方案》《巡回检察告知书》《巡回检察报告》《巡回检察反馈意见》。巡回检察工作的四份文书对应着四个会议。部署会召开时，要形成《巡回检察工作方案》，明确巡回检察工作内容和日程安排，定岗定人定责，确保检察工作有条不紊。启动会召开时，要制发《巡回检察告知书》，便于监狱及时办理相关手续、提供相应协助，确保检察工作顺畅进行。总结会时，要制作《巡回检察报告》，对检察的整体工作和发现问题进行整理汇总，确定解决方案及处理意见，确保检察工作有所作为。反馈会上，要制发《巡回检察反馈意见》，向监狱全面通报巡回检察工作结论，指出问题所在并提出改进建议或纠正意见，听取监狱反馈，确保检察工作实质成效。三是贯彻五步检察法：听、走、查、阅、谈。巡回检察组细分为四个小组，分别负责监狱的刑罚执行、狱政管理、生活卫生、教育改造、劳动安全等各大区块的检察，各司其职，根据检察内容和检察重点，综合运用"听"（介绍）、"走"（现场）、"查"（监控）、"阅"（台账）、"谈"（对象）这五步检察程序，对监狱进行全方位的立体纵深检察。检察中，强调办案思维和证据意识，主动运用办案思维发现问题，运用办案程序开展检察，运用证据标准固定证据，确保检察工作有的放矢、有所发现。

再以上海市四岔河地区人民检察院为例，在巡回改革之初，该院成立了以检察长为组长的巡回检察试点工作领导小组，积极开展监狱巡回检察工作，确立了"一派驻两巡回都办案"的工作模式。首先，建章立制，制定了《对辖区内监狱实行巡回检察试点工作方案》和《巡回检察试点工作细则（试行）》等系列规定，重新调整内设机构及人员配置，将原派驻检察室和综合业务科改为巡回检察一至三部。明确各部门的职责分工以及配合协作。其中，检察一部设两个检察官办案小组，负责巡回检察。具体来说，检察一部分为两个巡回小组，共计6人，3人一组，分别常规巡回辖区两个监狱，一个月不少于3天；检察二部共一个派驻小组，3个人，平时工作日各派1人派驻1所监狱，每周不少于2天（时间安排上与巡回小组错开），负责与监狱的信息联络，负责开展专项检察，开展死亡事故检察，列席狱情分析会；检察三部为综合业务部，负责辖区普通刑事案件办理、案件管理和综合管理，内涵了标准检察院的办公室、案件管理部门和刑事检察部门的职能。其次，和监狱会签了一系列规定，如《关于在巡回检察试点工作中加强协同配合的意见》《关于巡回检察人员出入监的协作意见（试行）》《关于检察人员列席狱情分析会的协作意见（试行）》《关于共同推进检监信息化、智能化建设的协作意见（试行）》等文件，取得监狱对巡回检察的理解支持和协作配合。比较突出的规定是去监狱巡回之前提前通知监狱；巡回后将发现的问题及时通报监狱。随着巡回检察全面、深入地开展，我院对于巡回检察工作的认识有了加深，工作也做了调整。例如在办案机构上，将2018年的固定派驻小组、巡回小组的工作模式改为轮换制。检察一部、二部共计3个小组，不再固定检察二部为派驻小组，2个小组负责巡回，1个小组负责派驻监狱，相当于参与巡回人数增加；三个月一轮换，同时，巡回之前不再提前通知监狱，增强了巡回的突然性。同时，及时向监狱通报所发现的问题，跟踪整改落实。

（二）整合各项资源，善用巡回检察"外力"

1. 探索发展智能监督

为适应时代发展要求，部分地区检察机关开始发展智能监督，利用科学技术，将执检和侦查工作融入到"智慧检务"建设中来。通过信息化、科技化、智能化的工作方式开展工作，整合数据分析，建立数据模型，通过对比、统计、交叉、叠加等方式，比较不同场所在刑罚变更执行、监管改造、教育改造、劳动改造等方面的异同。例如河南新乡市检察机关在巡回检察前期录入数据，在巡回检察时可根据后台录入的审查指标，实现自动审查、智能提醒，同时对减刑假释程序中的异常行为进行预警和跟踪，同时能够及时推送给办案人员。该地区检察机关依托执检信息指挥中心，与监狱沟通协调，将监狱相关数据进行互联互通，与软件公司联合开发了异常行为分析系统，对犯人的异常行为、狱警渎职行为等疑似违法违规行为自动识别与报警，弥补了巡回检察无法实时掌握监狱有关情况的不足。江西省院也大力推进"智慧执检"建设，建成减刑假释信息化办案平台，努力实现减刑假释信息化办案。这一平台的建立也有助于收集大量减刑、假释案件的数据，协助巡回检察人员的检察工作，也能与其他相关机构进行信息共享，协助工作。上海市沪西地区人民检察院在巡回检察过程中，也注重对数据的分析处理，例如通过查看监狱近几年的会见信息，对其中会见次数多、会见非亲属次数多的罪犯加以重点观察，通过听取会见录音、进行谈话等方式去发现监狱在管理制度上是否存在问题。

2. 积极邀请"外脑"参与巡回检察

在巡回检察过程中，因检察人员对监狱各方面事物并非事事专业，例如消防、医疗等方面，因此部分地区检察院引入"外脑"，以检察人员为主，专业人士为辅，由专业人士提供不同角度来辅助检察人员巡回检察。例如湖北省检察机关为促进提升监狱监管改造活动质量，引入社会安全评价机制，与省司法厅、监狱管理局、省安全生产监督管理局、食品药品监督局质量技术监督局等部门沟通协商，得到理解与支持，将引进"外脑"制度化，借助"外脑"充实巡回检察工作力量，通过专业的标准对监狱整个安全系统予以检察，针对相似问题提出专业的整改意见。增强巡回检察工作的针对性和专业性，为监管执法和罪犯改造提供安全的环境，维护监狱的安定。河南新乡市院为提升巡回检察专业化，从巡回检察人员的选用、提升巡回检察人员专业素质以及借助专业化外脑三方面入手，其对外与高校建立"检校合作"机制，与消防、食药监等专业机构建立"互助合作"机制。对内与检察信息技术、民事、行政、司法警察等部门协作，当涉及专业性较强的工作内容时，邀请相关专业人员参与巡回检察。山西省检察机关邀请医疗专家参与巡回检察组，充分发挥其专业优势，提高监督质效。

（三）善于因势利导，体现巡回检察成效

在纯派驻检察模式下，固守一隅的检察人员对派驻场所进行检察，难免限于当下、困于成见、碍于情面、毁于怠惰。巡回检察工作开展后，一室之力变为一院之力，整合了资源、跳出了局限、没有了掣肘，团队优势明显，专业优势和权威优势彰显。在对监狱进行的全面常规巡回检察过程中，通过深入现场查看、个别询问谈话、查阅书面记录、回看视频资料等方法，发现监狱存在的问题，而且类似问题在多个监狱都有发生，具有一定的普遍性。通过全面检察发现此类问题，有利于形成放大效应制成书面检察建议，引起监狱重视并从整体工作层面上予以重视和纠正。同时，在派驻检察依然保留的情况下，通过发挥派驻检察的便利优势，灵活机动检察实现即时监督。常规巡回检察因事先通报日程安排、检察事项，因此，虽有监狱全力配合、提供相应协助之利，但也可能存在监狱刻意准备、有意营造氛围之弊，为即时抓住尾巴、及时发现问题，将巡回检察与派驻检察相结合，一旦发现苗头，派驻人员立即开展检察工作，利用派驻检察灵活快速反应的特点，短、平、快，对发现的问题及时进行检察，对于监狱的轻微违法行为或者安全隐患，做到早发现、早提出、早督促、早纠正，避免"小洞不补，大洞吃苦"，对于监狱存在的严重违法问题，注意及时观察、收集、固定相关证据，作为开展巡回检察的线索，避免问题被掩盖、证据被抹平、检察效果形式化。通过派驻检察和巡回检察相结合，充分发挥"巡"的优势和"驻"的便利，依托派驻人员的"眼睛"，打出巡回检察的"拳头"。坚持在"巡"上发力，量化工作任务到人，注重过程和细节，以发现问题；在"回"上显效，注重巡回结束后的反馈跟踪，辩证处理监督中的刚柔关系、内外关系，努力实现监督工作的双赢多赢共赢局面。

三、完善监狱巡回检察制度的思考和做法

巡回检察制度施行一年多以来，取得了积极良好的效果，客观上提升了检

察机关对监狱刑罚执行以及监管执法活动的监督力度和成效。在依法治国，全面建设法治社会的现在，我们应当立足现状，着眼未来，从更高的站位、更广的维度来审视巡回检察制度，并作出更深层次的思考和研究。

（一）关于明确巡回检察职责范围的思考

根据《人民检察院组织法》第20条、《监狱法》第6条规定，刑事执行检察监督职责范围是对生效法律文书执行活动和监管场所执法活动的合法性。我们认为，刑罚执行活动和监管场所执法活动的范围内涵是明确的，主要是执行开始的入监，执行中止、执行终结、执行场所转移等的出监，处遇、奖惩、计分（加减分）等及以此为基础的减刑、假释、暂予监外执行等刑罚执行变更，还包括阻碍正常依法执行（如脱逃）或非正常终结执行（如死亡——亦涉及权益保障）的事件事故及所涉的安全警戒管控防范活动。在这里，我们认为需要明确两个问题，第一个问题，是否对生效法律文书执行活动和监管场所执法活动的合法性问题都可以通过巡回检察来进行监督？从司法实践上看，有部分地区，将减刑假释办案也纳入巡回检察的工作范畴中。我们认为，这种做法是不合适的。巡回检察是主动出击式的工作方式，带有强烈的主动性，其"发现问题—调查核实—查明事实—作出结论"的工作进程与办理减刑假释案件所用的被动式司法审查模式体现出截然不同的司法属性，从最高检的规定上看，也是将巡回检察与减刑假释办案作为两种独立且并列的办案方式进行规定的，并非在改革后由巡回检察包打天下。第二个问题，刑罚执行活动和监管场所执法活动的范围外延并不十分明确，重点、核心不突出，影响监督的精准性。在厘清和界定职责核心范围时，应遵循监督的法定性、可为性（有限性）、有效性、间接性等特性规律（区别于其上级机关、职能部门的职责），主要监督执行法律的活动，不监督事务性管理活动，不做"保姆式""掌柜式"的监督；聚焦监督具体的执法活动、行为、过程及结果，较少监督执法目标的实现（执法目标实现的不确定性难以评估）；只监督与刑罚依法公正执行、罪犯合法权益保障有关的监管活动（包括与刑罚执行、权益保障有关的部分安全监管活动），集中精力监督可能影响和侵害刑罚执行公正、罪犯合法权益的监管活动，不监督难以用法律评判的监管活动；主要监督执行执法主体及其工作人员的执法活动，不直接参与监管执法活动或者仅有限参与极少数监管执法协作活动。要防止不当扩大监督范围，误入事务性管理活动的监督。

（二）关于厘清"巡"与"驻"的职责权限问题的思考

派驻检察模式对刑事执行场所实行全天候式的动态、全程、同步监督，检察全面，可即时发现问题并立即开展监督。但是，该模式在长时间的实践中，存在一些弊端，检察人员长期驻守，与被监督对象形成熟人关系，影响监督的超脱性、中立性、公正性，监督意愿、监督权威均有一定影响；派驻检察范围无法聚焦，泛泛监督，重点不突出，针对性不强，监督效果受到一定影响等。因此，我们正在试点的巡回检察非常必要，该方式更符合法律监督的特性规律，有利于克服上述弊端。但巡回检察具有及时性较差的劣势。"派驻检察具有空间性、及时性的优势，因此，检察人员能够在第一时间掌握第一手资料，及时发现和纠正监管违法行为。与此相比，巡回检察无论是采用定期还是不定期的方式，都不能在违法行为发生的第一时间内及时发现，并予以纠正，并难有前瞻性的预防。"① 当然，这一缺点在一定程度上是可以克服的。随着信息化、智能化建设的推进，远程、全天候、无死角、可回看的监控成为现实，刑事执行检察对于监狱现场检察的依赖性降低。最高检的新闻发布会中也提到："通过近年来全国监狱检察信息化建设，检察机关普遍实现了与监狱监管信息联网，一些地方还实现了监狱监控联网，监狱整体上执法规范化水平较以往也有了明显提高，为探索实行巡回检察试点提供了条件，奠定了基础。"② 这正是派驻检察的优势。因此，在现阶段，巡回检察可能无法完全替代派驻检察，巡回检察与派驻检察不应当是"非此即彼"的对立关系，而应当相互配合、取长补短，既不能墨守成规，也不能急功近利，虽然《人民检察院监狱巡回检察规定》和《人民检察院监狱检察工作目录》对此作了相关规定，但是在实践中，相关规定难以落实，同时职能的发挥受制于司法资源的配置问题，难以达到预期效果。刑事执行检察人员本身就少的背景下，在职责划分上，派驻检察应更侧重于程序性、事务性工作，巡回检察应更侧重于深层次执法监督工作；在人员配置上，如果派驻组过多，则会造成司法资源的浪费。如果派驻组过少，监狱刑罚执行违法违规线索发现渠道被压缩，则会无形中削弱巡回组与监狱的纽带，派驻组既不能完成本职工作，也不能为巡回组提供充足的线索。必须找到两者结合的平衡点，厘清两者的权力边界，合理调配资源，达到"$1+1>2$"的效果。

（三）关于建立巡回检察工作标准的思考

虽然修订的《人民检察院组织法》赋予检察机关调查核实的权力，但到目前为止，巡回检察工作未能像公诉业务一样实现完全的案件化办理模式，在程序构成、证据调查、实体标准、释法说理、法律文书、建档归档等方面尚未建立完善规范化、系统化的标准，导致监督效果打折扣、责任落地不实。因此，现在推进的刑事执行监督事项案件化办理，需要科学准确划分案件类型，

---

① 袁其国：《刑事执行检察业务培训教程》，中国检察出版社 2015 年版，第 74 页。

② 《改"派驻"为"巡回"，监狱检察方式迎来重大改革》，载《检察日报》2018 年6 月 1 日，第 1 版。

分别探索构建体系化的办案规范，特别是证据规格、监督尺度等核心规范，有效解决监督随意性、差异性、不规范等问题，以统一的监督标准和尺度促进法律执行的统一。应当着力于修改、完善和加强刑事执行检察的工作规范。一方面，强调过程管理，确保巡回检察工作有据可循、有条不紊。另一方面，制定适当的考核机制，通过考核引导刑事执行检察工作突出实效。工作不是为了考核，但考核无疑是评定工作质量和效果的一种方式。科学制定考核规定，有利于引导检察人员增创实绩而非增加数字。在考核指标权重比例的设置上，一方面，对标最高检要求，对标岗位素能，科学区分个人工作成绩和团队工作的贡献度，合理分配业务工作、综合工作和信息调研的权重比例，确保考核权重向刑事执行检察工作的主责主业倾斜，向新形势对刑事执行检察工作提出的新期待和新要求倾斜，向热心集体、顾全大局的"个人牺牲"倾斜，不盲目以个人成绩评优劣导致个人主义风行，不简单以案件数量评高下导致业务工作停在表面。另一方面，考核指标要能体现工作实绩，完成考核与成才创优可并行不悖、一举两得。考核指标的设定既立足当前繁重的办案现状，又兼顾长远的能力培养，通过提高培训、竞赛、调研权重，引导检察人员的工作重点和努力方向，业务办案与学习培训并重，实务操作与理论研究并重，争取在成为执检业务的"工匠"基础上，努力向司法实务的"大师"迈进。

（四）关于加强巡回检察监督刚性的思考

除刑事立案侦查外，其他方式均不同程度存在刚性不足的问题，被监督单位是否采纳、是否纠正整改、整改到何种程度及不采纳、不整改的法律应对等均受到影响。一是完善法律制度。修订的《人民检察院组织法》规定了检察机关的调查核实权，被监督机关有配合、回应的法律义务和职责，如被监督机关不配合、不回应就是不履行职责，可以通报其上级机关或监察机关建议追究责任予以处理。另外，在刑罚变更执行上，争取立法赋予检察机关提请权、程序终结权。二是完善体制机制。强化上级巡视检察，探索完善巡回检察，规范司法监督办案，以良好的监督机制和过硬的监督质量来提升监督刚性。三是创新监督行使方式方法。推进监督依法公开，如检察建议书公开宣告、暂予监外执行公开听证、重大监督事项公开发布等，也可以借鉴国外经验，定期在权威公开媒体发布监督报告等。四是善借外脑外力。探索重大疑难监督事项、普遍一类性执法监督问题、专项监督工作等向人大报告并提请审议监督或立法修法，建立与监察机关互通情况、移送线索、联动监督等长效协作机制，完善邀请人大代表、政协委员、人民监督员、理论实务专家等参与或协助巡回检察的常态工作机制。

（五）关于加强人权保障的思考

尊重和保障人权是刑事执行检察工作的基本要求，刑罚制度应更多的受到刑罚个别化和罪犯再社会化等观念的影响，从而更加注重对于犯罪人社会化属性的保护，如果犯错的人，在监狱内都感受不到法律的严度、人性的温度，那么他就会变成"坏人"，何谈为社会输出更多的"合格产品"！在现有的技术条件下，完全可以利用信息技术搭建罪犯法律咨询、申诉、控告、检举的人权保障平台。比如河口区人民检察院设立刑事执行人权保障中心，借助信息化手段优化检察官约见机制，已取得显著成效。为进一步拓宽人权保障渠道，尝试开通特定时间段的维权热线和开发互联网预约系统，可以有效改善传统维权途径的保密性低、时效性差等问题。在开展巡回检察的过程中，探索建立巡回告知维权制度，比如通过电视、广播、宣传栏等途径告知罪犯除了可以向派驻组维权，也可以向巡回组维权，甚至可以尝试吸纳律师进入维权小组，接受咨询、申诉、控告、检举。巡回告知维权制度，既可以对罪犯的权益予以保护，也可以对派驻工作形成内部监督。在巡回检察中加强离监谈话，发掘人权保障潜在隐患。在封闭的环境中，无论罪犯是受到"狱友"的欺压，还是不规范执法行为的侵犯，甚至是在监狱内掌握其他人的漏罪、新罪，由于各种原因的影响，在常规谈话教育中不敢举报、揭发、检举，然而在罪犯离监时，所受到的干扰因素较少，敢于袒露心声，检察机关应该借此契机了解监狱监管执法行为，掌握其他人员犯罪线索，以便更好地履行法律监督职能、职务犯罪以及漏罪、新罪线索侦查。

（六）加强刑事执行检察干警能力水平的思考

这包括两方面的内容，一是增加刑事执行检察干警的数量，尤其是年轻干警的数量，优化刑事执行检察干警的年龄结构，使参与巡回检察的干警在体力和精力上能够应付巡回检察带来的压力，同时将老同志工作经验以及社会经验丰富的优势予以充分体现，实现人员合理搭配，人尽其用。二是加大对刑事执行检察干警的培训力度，要求每一名刑事执行检察人员必须加强对法律以及刑事执行检察实务的学习，随时掌握日常工作中经常遇到的法律、法规、政策精神；要加强对办案业务软件和应用计算机网络技术能力的培养，提高自身的办案能力和应用技术的技能。此外，还要培养独立处理问题的工作能力，着重在敢于监督、善于监督、规范监督、全面监督上下功夫，形成在监督中配合、在配合中监督的良好机制，通过在干中学，在学中干，使自己的工作能力在实践中迅速提高。

（七）制定单独的刑事执行法律规范的思考

检察机关作为司法机关，其所有的履职行为必须由法律的明确规定。虽然修订的《人民检察院组织法》规定检察机关可以对监狱开展巡回检察。但该规定过于原则，缺乏实践操作性。根据文义解释，该规定较为笼统、概括，并未对具体的运作模式作出规定。各地在开展巡回检察工作时可以结合当地实际，积极探索切实可行的巡回检察模式。随后最高检以及各省级院均出台了相关巡回检察的规定，比如《人民检察院监狱巡回检察规定》和《人民检察院监狱检察工作目录》，为巡回检察提供进一步的遵循和指引，但是这些规定尚未上升到法律层面，仅在检察机关内部具有约束力，监狱是否认同、遵守巡回检察的相关制度规定，还需要检察机关与相关部门进行沟通协调，那么"柔性监督"的问题就依然存在，"监督虚化"的问题就不能从根本上加以解决。从刑事法律立法体系上看，我国已经具备了完整的刑事诉讼活动法律体系，这里的诉讼活动应当做狭义的理解，仅指从发现犯罪行为—立案侦查—审查起诉—提起公诉——一审判决—二审判决（再审）—交付执行程序，在这个诉讼过程中，既有实体的《刑法》对罪名作出规定，也有程序性的《刑事诉讼法》对诉讼程序进行规定，更有《人民警察法》《法官法》《检察官法》《律师法》等相关法律对诉讼参与人的诉讼地位、权利义务、权力制约进行完备的规范。而纵观刑罚执行过程，除了《刑事诉讼法》对减刑假释暂予监外执行有适用条件的规定，《监狱法》对监狱管理在押服刑罪犯的工作性质和内容有原则性的规定外，几乎找不到国家层面的法律对监狱刑罚执行有相关规定，大量的监狱执法规范出自司法部以及各省（区市）司法厅（局）颁布的内部文件。在许多国家已经单独制定刑事执行法律的今天，我们认为我们国家完全有理由，而且有必要制定单独的刑事执行法，明确刑罚执行机关在对罪犯监管活动和教育改造活动中的权力和程序，明确执法权力边界。这样，刑事执行检察部门才有履行法律监督职责的直接法律依据，才能做到监督有法可依。

做实行政检察路径探索[*]

上海市人民检察院第七检察部、
上海市闵行区人民检察院联合课题组[**]

一、问题提出

自 1990 年施行的《中华人民共和国行政诉讼法》第 10 条、第 64 条从立法上明确赋予检察机关对行政诉讼的法律监督权及监督方式，行政检察起步至今已近三十年，但由于行政诉讼案件数量相较其他诉讼较少以及检察机关内部重民轻行等因素让行政检察职能未能充分有效发挥。2019 年，最高人民检察院从推进国家治理体系和治理能力现代化的高度，以转隶为转机，对内设机构进行重塑性改革，将行政检察分设，其短、小、弱、冷问题如何解决，成为行政检察工作首先要面对的课题。

（一）形势与挑战

1. 法律监督职能进一步完善

检察机关对行政诉讼实行法律监督是我国行政诉讼法规定的一项基本原则。[①] 但最初立法只赋予了检察机关对行政生效裁判的监督权，且监督方式仅有抗诉这一种。[②] 随着人民群众对行政诉讼中存在的立案难、审理难、执行难等突出问题的反映，2015 年施行的《行政诉讼法》对 1990 年施行的《行政诉讼法》从立法目的、受案范围、司法审查手段、程序保障等方面进行了较大

---

[*] 上海市检察官协会 2019 年重点研究课题。

[**] 课题组负责人：何艳敏；课题组成员：王朋、胡巧绒、尚帅帅、章莉敏、徐伟。

[①] 张步洪：《行政检察制度论》，中国检察出版社 2013 年版，第 181 页。

[②] 1990 年 10 月 1 日施行的《行政诉讼法》第 10 条规定，人民检察院有权对行政诉讼实行法律监督。第 64 条规定，人民检察院对人民法院已经发生法律效力的判决、裁定，发现违反法律、法规规定的，有权按照审判监督程序提出抗诉。

幅度的修改与调整，同时也进一步完善了检察机关的法律监督职能，[①] 更好地回应人民群众对依法行政要求的日益提升。

从监督范围来看，从原先的仅能对行政生效裁判监督拓展到对诉讼全过程包括行政诉讼起诉受理、生效行政判决裁定调解书、行政判决裁定等生效法律文书的执行、行政审判人员在审判程序中的违法行为的监督。其中在执行监督方面，更是从诉讼中的执行监督延伸到对非讼案件的执行监督，即对行政机关申请强制执行的监督，进一步扩大了监督范围，实现对法院受理、审理、执行行政案件的全方位全覆盖监督。从监督手段来看，从原先单一的抗诉到抗诉、再审检察建议、检察建议的多种监督方式，丰富了行政检察监督手段，完善了行政检察法律监督职能。

2. 功能定位进一步延伸

党的十九大报告指出，经过长期努力，中国特色社会主义进入了新时代，这是我国发展新的历史方位。[②] 新时代、新方位意味着新变化，我国社会主要矛盾已经从"有没有"转化为"好不好"，表现为人民日益增长的美好生活需要和不平衡不充分的发展之间的矛盾。人民群众民主意识、权利意识、法治意识越来越强，对公正司法、依法行政的要求越来越高，当前，人民群众对公平正义的需求已在行政案件中得到越来越多的体现，近几年检察机关受理的行政申请监督案件也大幅上升。2017 年法院审结的行政案件是 2013 年的 2 倍，同期检察机关受理的行政申请监督案件也上升了 86.9%。[③] 这快速增长的数字背后反映出的是社会经济形势发生了巨大转变，传统行政管理向公共治理转化，[④] 社会公众越来越多的以各种方式积极参与到社会治理中去，对行政机关行政执法也提出了更高的要求，外化表现出的就是行政争议矛盾日益增多。

---

① 2015 年施行的《行政诉讼法》第 93 条明确规定，最高人民检察院对各级人民法院已经发生法律效力的判决、裁定，上级人民检察院对下级人民法院已经发生法律效力的判决、裁定，发现有本法第 91 条规定情形之一，或者发现调解书损害国家利益、社会公共利益的，应当提出抗诉。地方各级人民检察院对同级人民法院已经发生法律效力的判决、裁定，发现有本法第 91 条规定情形之一，或者发现调解书损害国家利益、社会公共利益的，可以向同级人民法院提出检察建议，并报上级人民检察院备案；也可以提请上级人民检察院向同级人民法院提出抗诉。各级人民检察院对审判监督程序以外的其他审判程序中审判人员的违法行为，有权向同级人民法院提出检察建议。第 101 条规定，人民检察院对行政案件受理、审理、裁判、执行的监督，行政诉讼法没有规定的，适用民事诉讼法的相关规定。

② 肖中扬：《论新时代行政检察》，载《法学评论》2019 年第 1 期。

③ 张相军：《关于做好新时代行政检察工作的思考》，载《中国检察官》2019 年第 4 期。

④ 姜明安：《新时代中国行政法学的转型与使命》，载《财经法学》2019 年第 1 期。

解决行政争议矛盾的方式有多种，行政检察监督也应当按照新时代为满足人民群众在每一件司法案件中都能感受到公平正义的要求，积极适应、有效供给。如同行政诉讼法的立法目的从原先的审理案件、维护和监督依法行政到通过审理案件旨在解决行政争议、监督依法行政，行政诉讼的功能不再仅仅是审理案件，而是真正要通过案件的审理了解背后行政争议产生的原因，通过司法手段监督行政机关，从源头上想方设法积极调和、化解行政机关与当事人之间的矛盾纠纷。行政检察监督职能的功能定位也应伴随着时代发展、监督范围、监督手段、监督目的的变化而变化，从原先宪法定位的法律监督职能进一步向化解行政争议实质矛盾纠纷延伸，向参与社会治理中去延伸。具体而言，通过办案纠正存在的社会治理问题，① 从个案探清行政违法普遍性、根本性问题，提出改进工作、完善社会治理检察建议，努力促进行政争议在有条件的情形下得到实质性化解，助力解决依法行政和社会治理层面的共性问题，引领社会正义和价值取向。

3. 全面协调充分发展理念进一步明确

刑事检察监督职能是检察机关自建成以来一直就有的权力，民事检察与行政检察虽然在 1991 年通过的民事诉讼法、1990 年施行的行政诉讼法中被先后明确赋予检察机关对民事、行政生效裁判的监督权而开始起步，迄今也有近 30 年，但由于相比民事、行政检察工作，刑事检察业务量大，又是通过对刑事案件提起公诉直接来实现它的法律监督权，长期以来检察机关内部重刑轻民思想较为普遍，民事与行政检察工作得不到较高重视、发展缓慢。在这其中，行政检察与民事检察相比，就更为薄弱。

党的十九大对新时代推进全面依法治国提出了新目标，到 2035 年基本建成法治国家、法治政府、法治社会。习近平总书记指出，现在人民群众对美好生活的向往更多向民主、法治、公平、正义、安全、环境等方面延展。人民群众对执法乱作为、不作为以及司法不公的意见，要成为我们厉行法治的聚焦点和发力点。对于检察机关而言，人民群众的这些新需求，不仅涉及刑事检察，也更多的涉及民事检察、行政检察、公益诉讼检察。最高检党组审时度势，清醒认识到这个新态势，以转隶为契机，以内设机构改革为突破口，提出四大检察全面协调充分发展的大目标。②

从立法层面抑或是检察机关内设机构改革来看，新时代行政检察监督内容、监督格局、重视程度都在发生着重要变化，这一变化为新时代行政检察工作创新发展提供了重大机遇。但新时代行政检察工作也要清醒认识到，正是出

---

① 张军：《关于检察工作的若干问题》，载《人民检察》2019 年第 13 期。

② 张雪樵：《坚持司法为民，做实行政检察》，载《检察日报》2019 年 10 月 9 日。

于顺应时代变化需要、行政检察被摆到了前所未有的重视程度上而被单独分设，也暴露出它是"四大检察"中"短板中的短板、弱项中的弱项"这一客观现实情况，因此新时代行政检察工作要开展好，必须把解决行政检察的积弱偏软问题放置于检察工作平衡充分全面发展的一盘棋中去布局，[①] 将行政检察纳入中国特色社会主义的法治监督体系去谋划，妥善构建好与其他三大检察之间的关系，相互借鉴办案方法，建立线索双向移送、信息共享、配合协作等机制，着力构建"四大检察"全面协调充分发展的产业链，努力把这块短板中的短板变成潜力板，进一步提升行政检察专业化水平，实现四大检察全面协调充分发展。

（二）现状与困境

"实"与"虚"相对应，做实行政检察命题的提出，是对新时代行政检察面临形势任务的反思和破题，更是对当前行政检察存在问题的回应。因此，探讨做实行政检察的概念，离不开对当前行政检察现状的梳理和剖析。

2018 年全国检察机关共提出行政抗诉和再审检察建议 200 余件，对行政审判和执行违法提出监督意见 7000 余件。行政检察的发展持续稳中有升，监督成效、监督影响力也在进一步扩大。然而，当前，行政检察工作仍然面临案源发现难、法院改判纠错难、行政争议化解难、业务能力不足等诸多问题及发展难点，具体而言：

1. 对行政诉讼的监督职能尚未充分行使

我国行政诉讼脱胎于民事诉讼，在行政诉讼理念和制度设计上深受民事诉讼救济模式的影响。行政诉讼法第 101 条规定："人民法院审理行政案件，关于期间、送达、财产保全、开庭审理、调解、中止诉讼、终结诉讼、简易程序、执行等，以及人民检察院对行政案件受理、审理、裁判、执行的监督，本法没有规定的，适用《中华人民共和国民事诉讼法》的相关规定"，[②] 更是体现出行政诉讼与民事诉讼在程序方面的诸多相通性，加之行政诉讼案件数量客观上相较其他诉讼来说偏少，导致行政检察人员对行政诉讼的独立性和特殊规律关注不够、研究不深，特别是对行政实体法律关系的规律和特点在行政诉讼监督中关注不足。[③] 如果监督者自身都未去好好研究行政审判中的难点、争议

---

① 张雪樵：《对标平衡充分全面发展开启新时代民事行政检察工作新局面》，载《人民检察》2018 年第 18 期。

② 张相军在全国第二十届全国检察理论研究年会暨中国法学会检察学研究会年会上的发言，题目为《加强行政检察理论研究为做实行政检察提供理论引领和支撑》。

③ 应松年：《新时代行政检察未来发展六点思考》，载《检察日报》2019 年 9 月 9日，第 3 版。

问题，谈何做到有效充分监督？正如张雪樵副检察长所言，"对已经办理的行政诉讼监督案件，我们是否完成了监督任务？特别是最常规的生效裁判监督是否已经合乎了要求？"[1]

行政诉讼是解决行政争议、对行政行为进行司法审查、对合法权益受到侵犯的行政相对人进行救济的制度，[2] 具有行政法制监督和行政法律救济的性质和特征，与公共政策、公共目标、公共利益之间都有着高度相关性。然而这一制度无论在法律方面还是事实方面都有其局限，在法律方面受不告不理、就案论案、审查范围（案件受理范围）、审查标的（仅审查被诉行政行为而不解决原告行为的合法性）、审查标准（仅审查行政行为的合法性而不是合理性）、司法救济手段（具体如何履行仍取决于行政机关）等制约，在事实方面受当事人不想告（诉讼成本、诉讼结果不确定性、诉讼外后果）、法院不想审（体制性障碍）、判决执行难等限制。[3] 行政诉讼程序空转问题十分突出，案结事不了成为行政诉讼的顽瘴痼疾。[4] 此外，伴随地方立法制度的改革，对地方性法规等规范性文件的监督，也需要司法监督进一步发挥作用。这些仅靠审判监督难以解决，也是群众与行政机关之间矛盾纠纷最深、最难以化解的区域，这正是行政检察应当着力加强研究如何监督、有效填补空缺的重要抓手。显然，目前的行政检察尚未能充分行使应有的监督职能。

2. 对行政权的监督部分缺位

现行法律法规并未直接赋予检察机关对行政行为的监督权，检察权对行政权的监督是通过监督行政诉讼来间接实现的，然而以往的检察监督重点还是落在对诉讼活动的监督，忽视对起因即行政行为的审视，导致许多行政诉讼监督案件只就案办案，并未实际对案件背后矛盾纠纷产生的原因进行深究，特别是涉及社会公共利益时，行政机关不作为、乱作为等行政违法得不到有效纠正。

建设法治中国、全面推进依法治国，核心和重点是建设法治政府，而建设法治政府的前提是保障行政效率的前提下实现对行政权的有效约束。检察机关作为国家的法律监督机关，对行政权这一重要的国家权力部分领域监督是缺位的，这与法律监督权的宪法定位并不相符。设计行政检察制度，完善检察机关监督公共行政职能，应当放置到整个国家权力体系、国家权力监督体系中去考察，从检察机关可以承载的独特功能去认识，客观看待中西方差异，理性看待国家和社会对法律监督的特殊需求，科学界定检察权与行政权的关系，实现检

---

① 张雪樵：《坚持司法为民，做实行政检察》，载《检察日报》2019 年 10 月 9 日。
② 姜明安：《行政法》，北京大学出版社 2017 年版，第 598 页。
③ 何海波：《行政诉讼法》（第二版），法律出版社 2016 年版。
④ 张雪樵：《坚持司法为民，做实行政检察》，载《检察日报》2019 年 10 月 9 日。

察监督与其他监督制度协调共生、相互支撑。①

从行政机关法律活动类型化视角探索，行政机关的法律活动大致可分为三大类，一类是制定规范，一类是执法，还有一类是解决争议纠纷。制定规范的活动，按层次而言，规范重点应在规章以下的一般规范性文件的制定，这一领域对公民权利的影响很大，当前对此类行为的监督主要依赖于当事人向法院起诉时，法院进行的附带性审查，而行政检察尚未有效进入。其次是行政执法，行政执法的领域极为广泛，内容复杂，形式多样，尤其是那些对公民权利将产生较大影响的执法活动，是否可以作出决定前介入，以防止出错；有些也可以在结束后作出评价，提出是否需要改正的建议，都是行政检察需要进一步去研究探索的。至于解决行政争议的活动，包括调解、裁决、复议等，也都值得研究其监督方法。②

3. 对行政争议的化解存在缺位

现代行政越来越多地由管理向治理转化，由单方强制式向广泛公众参与式转化，在现代公共治理的语境下，行政行为中公共服务具有了越来越重要的地位，从过多依赖行政强制到越来越多地运用行政指导，行政行为也越来越多地具有了协商性和互动性的特征。在这一系列转变中，人民群众法治意识已随着时代发展与进步不断增强，对行政执法、依法行政的要求也日益提升，但行政机关的执法实务与人民群众对依法行政的要求还不相匹配，行政争议矛盾纠纷的出现也就不可避免，客观上表现为近年来行政诉讼案件数量的不断攀升。

诚然，行政诉讼制度实施近三十年来砥砺前行，对促进依法行政功不可没，但是行政诉讼的程序空转问题十分突出，一些案件进入诉讼程序后虽然在法律程序上已完满结束，但引发诉讼的争议矛盾并未得到实质化解，行政机关可能存在的普遍性、深层性的违法或不当行政行为未能得到及时纠正或者改进，群众反映问题未能实质解决，易形成信访缠访闹访，造成人民群众对政府、对司法的不信任，不利于建设依法治国、建设法治社会。而在这其中，行政检察显然尚未能做到优质高效的供给，参与到解决行政争议矛盾纠纷乃至社会治理中去，行政检察监督职能未能充分有效发挥，与当下人民群众对依法行政提出更高要求、对法治社会提出更多期待，要求在每一个案件中都感受到公平正义的需求之间还存在着一定差距。从社会治理的角度看，所有国家机关、国家权力从根本上说都是为管理社会或者服务社会而设置或者创设的，行政检

---

① 张相军在全国第二十届全国检察理论研究年会暨中国法学会检察学研究会年会上的发言，题目为《加强行政检察理论研究为做实行政检察提供理论引领和支撑》。

② 应松年：《新时代行政检察未来发展六点思考》，载《检察日报》2019年9月9日，第3版。

察同样也承担着一定的社会功能，特别是在促进社会公平正义、平衡利益冲突、化解矛盾纠纷、维护社会稳定方面发挥着不可替代的重要作用。检察机关要主动融入共建共治共享社会治理新格局，研究行政检察参与社会治理的方式，推动完善风险防控机制和预防化解矛盾纠纷机制，推进法治国家、法治政府、法治社会建设。①

（三）出路与对策

为什么会谈到做实，因为原来的行政检察现状及其困境实际上总结下来围绕的一个中心词，就是职权虚置，虽然法律赋予了检察机关对行政诉讼的监督权，但检察机关自身并没有充分有效运用好这个职权，发挥出其应有的监督功能与监督效果。行政诉讼中的程序空转、行政争议未实质解决、行政争议背后可能存在的普遍性、共同性的行政违法或者不当行为未能得到及时纠正等情况仍存在。此外，基层行政检察虽有监督职能，但囿于同级监督的客观限制，未能切实发挥出其应有的维护人民群众合法权益的监督职能。最终导致的结果是，行政检察起步至今近三十年，一直是短板中的短板，弱项中的弱项，与现今依法治国、建成法治社会的总要求，与人民群众对依法行政要求的不断提升，与需要通过各种手段进一步规制行政权，真正做到矛盾纠纷的化解，让行政检察进入到对社会乃至国家的治理中去，都还存在着较大差距。但时代已不容许行政检察监督再隐身于后或者与民事检察混合，两反转隶、检察机关内设机构改革的契机让行政检察部门获得了单独分设的历史机遇。面对这一机遇，行政检察必须要牢牢抓住，以做实为中心要求、不再让职权虚置，切实发挥起应有监督功能。

做实行政检察工作的关键就是要将监督权落实到位。必须在新时代找准自己的路径，才有发展空间，必须扎实实践，不务虚而是把监督落实，突出重点监督领域、监督重点，才能有稳定的业务增长，真正做到"稳中求进"。② 新时代行政检察不仅具有传统的法律监督功能，更由于人民群众对依法行政需求的不断上升，行政检察更需要积极参与到行政争议的实质纠纷化解中与社会治理中去，充分发挥其一手托两家：监督公正司法与促进依法行政的双重目标，维护国家法制统一、促进社会公平正义。因此，做实行政检察，必须立足行政诉讼监督核心职能，发挥在加强和创新社会治理中的法治保障作用，推动行政检察由诉讼监督向法律监督回归，构建多元化监督体系，创新穿透式监督、一

---

① 张相军在全国第二十届全国检察理论研究年会暨中国法学会检察学研究会年会上的发言，题目为《加强行政检察理论研究为做实行政检察提供理论引领和支撑》。

② 于波：《新时代行政检察实践的路径》，载最高人民法院司法案例研究院微信公众号，2019 年 10 月 23 日。

体化监督、精准化监督等三大监督模式，强化监督保障机制，补强短板，彰显行政检察的价值：司法公正和政府公信。

二、做实行政检察的理论分析

（一）行政检察的实践沿革

新中国成立以来，行政检察处于不断的探索与完善的过程中，无论是监督对象的范围、监督方式还是启动程序都处于不断的变化中。

1. 职能广泛的"一般监督"

1949 年的《中华人民共和国中央人民政府组织法》第 28 条规定："最高人民检察署对政府机关、公务人员和全国国民之严格遵守法律，负有最高的检察责任。"1954 年的宪法和人民检察院组织法作了基本相同的规定，从文本上说，1949 年至 1978 年期间，我国检察机关具有广泛的一般监督权。①

2. 侧重对司法过程的监督

1979 年的人民检察院组织法取消了 1954 年人民检察院组织法中规定的一般监督权，同样，1982 年宪法删去了 1954 年宪法中关于检察机关对国务院各部门、地方国家机关及工作人员和公民是否遵守法律行使检察权的相关规定。② 意味着检察机关一般监督权的范围被大大限缩，对行政机关的监督也主要是对刑事诉讼中享有职权的监狱、看守所及公安机关等部门，行政监督范围大大缩小。

3. 通过两法衔接制度实现监督

2001 年，国务院先后颁布了《关于整顿和规范市场经济秩序的决定》及《行政执法机关移送涉嫌犯罪案件的规定》，确立了检察机关对行政机关移送涉嫌犯罪案件进行监督的制度体系。2011 年中共中央办公厅、国务院办公厅转发《关于加强行政执法与刑事司法衔接工作的意见》，对两法衔接的具体程序、制约与保障等内容予以细化，建立了体系化的两法衔接工作模式。通过两法衔接制度，检察机关能够对行政机关在行政执法活动中不依法移送相关犯罪线索的行为进行监督。

4. 对行政机关干预审判权的行为进行监督

2011 年，"两高"会签的《关于对民事审判活动与行政诉讼实行法律监督的若干意见（试行）》第 11 条规定，"人民检察院办理行政申诉案件，发现行政机关有违反法律规定、可能影响人民法院公正审理的行为，应当向行政机关

---

① 谢鹏程等著：《行政执法检察监督论》，中国检察出版社 2016 年版，第 26 页。

② 谢鹏程等著：《行政执法检察监督论》，中国检察出版社 2016 年版，第 113 页。

提出检察建议，并将相关情况告知人民法院"。从而通过"两高"文件形式赋予了检察机关对涉及行政诉讼的行政违法行为进行监督的权力。

5. 地方实践探索重点领域行政监督

近年来，部分地方的检察机关在涉及公民人身和财产权益的行政强制措施、行政机关违法行使职权等领域积极探索，稳妥实践，形成了一些工作机制。制度层面主要是地方人大通过规范性文件或是地方检察机关与相关部门联合发文的形式对检察机关的行政监督职权作出规定。如山东省人民检察院、监察厅、政府法制办于 2014 年联合制定《关于在行政执法检察监督中加强协作配合的意见》，浙江省人民检察院与省政府法制办于 2015 年联合制定《关于在部分地区开展行政执法检察监督与政府法制监督协作机制建设试点工作的通知》等。在此基础上，各地检察机关通过多种监督方式，在多个领域开展行政检察监督工作，不断积累实践经验，发现问题，完善制度。

（二）行政检察的理论争议

关于行政检察的内涵，学界争议不断，在基本概念、监督范围、监督手段等各方面均无统一的认识。归纳起来主要有三种观点：其一，应当充分发挥检察权作为法律监督权的作用，对行政违法行为行使广泛的监督权，包括对证据不足、适用法律法规错误、违反法定程序、超越权限、滥用职权、不履行或拖延履行法定职责、行政处罚显失公正等具体行政行为的监督,[1] 以及对行政规范性文件进行审查监督。[2] 甚至有学者认为应当"部分恢复新中国成立初期检察机关对行政主体的监督权"。即由检察机关行使一般监督权。[3] 其二，检察机关对行政权运行的监督必须针对具体的案件或行为进行。"行政处罚、行政强制措施、行政许可、行政征收、行政给付、行政奖励、行政检查、重大行政决策、行政不作为等都可纳入检察监督范围。"[4] 检察机关并没有对抽象行政行为进行监督的权限。其三，行政诉讼监督也应纳入行政检察范畴，"行政检察监督应包括检察机关对特定违法行政行为和行政诉讼活动两方面实施的监督"。

应当说，行政检察并非一个明确固定的法律属术语或是学理术语，而是基

---

① 王学成、曾翀：《我国检察权制约行政权的制度构想》，载《行政法学研究》2007年第 4 期。

② 韩成军：《人民代表大会制度下检察机关一般监督权的配置》，载《当代法学》2014 年第 4 期。傅国云：《论行政执法检察监督》，载《法治研究》2017 年第 4 期。

③ 谢志强：《行政检察制度比较研究》，载《河北法学》2010 年第 9 期。

④ 郑锦春、乌兰：《行政执法检察监督的正当性及其机制探析》，载《中国检察官》2014 年第 5 期。

于检察机关对行政诉讼及相关行政行为行使监督职权所产生的一个概念，主要围绕检察机关的职能定位展开，这也是学界对行政检察有颇多争议的原因。"四大检察"职能分立后，行政检察的职能范围有了新的变化。其中，行政诉讼监督依然保留并逐步强化。行政违法监督中，涉及生态环境与资源保护、食品药品安全、国有财产保护、国有土地使用权出让等领域，符合公益诉讼受案范围的，因公益诉讼制度明确规定，不在本文关于行政检察内涵的探讨范围内。所以行政检察的范畴应当包含对行政诉讼活动的监督，对涉及公益以外的行政违法行为的监督。结合我国的实践沿革、理论争议来看，新时期检察职能调整，行政检察应当在扎根行政诉讼监督的基础上，积极探索行政违法监督。

（三）行政检察的域外考察

1. 域外行政检察制度概况

法国诉讼制度施行双轨制：审理民事、刑事案件的法院系统和行政法院系统。检察机关设置于同级法院内部，但不是每个法院都设置检察机关。同时，整个检察系统内部不存在上下级等级关系，检察机关自身没有一个终级的领导机构，真正的领导者是司法部长。① 就检察机关主导的监督而言，主要体现在两个方面：一是在行政机关与个人的纠纷诉讼中，如果出现对社会秩序等涉及国家利益社会公共利益的妨害，检察机关得职权介入提起诉讼；二是在涉及公共财物管理的特定领域，如预算财政纪律法院和审计法院的检察机关的检察长，可以对预算财政审计等违法违规行为提起诉讼或请求。② 另外，在诉讼体系以外，检察机关还承担了特定人员、机构的监督。比如，对司法助理人员的纪律制裁，对法院工作人员的纪律追诉，以及对监狱、私人教育机构、精神病院等公共机构的检查、监督等。

德国检察机关由联邦总检察院和州检察系统组成，分别受联邦司法部长和州司法部长领导。司法部和检察院之间并不存在严格的命令与服从的关系，司法部主要是对检察工作进行指导，一般不过问具体案件。检察机关的监督作用主要体现在公益代表人制度。"1960 年联邦德国《联邦行政法院法》明确规定设立行政诉讼公益代表人制度，认可联邦、州和地方三级检察官有权作为相应公益代表人。"③ 公益代表人在认为有公益保护必要或者联邦政府指令的情况下，可以参与任何行政诉讼。

苏联等社会主义国家依据列宁的法律监督思想构建了区别于英美法系和大陆法系的行政检察制度，也是中国检察制度的源头。苏联建立了完整系统的检

---

① 闻红钰：《行政检察的基本问题研究》，河南大学 2012 年硕士学位论文。
② 谢鹏程等：《行政执法检察监督论》，中国检察出版社 2016 年版，第 44 页。
③ 肖中扬：《论新时代行政检察》，载《法学评论》2019 年第 1 期。

察体系，形成了总检察长领导下的统一集中检察体制。检察机关的职能具体包括两大类：侦查、审判、执行等诉讼监督和一般监督。前者与我们当前的三大诉讼监督类似。而一般监督则具有显著特征：首先，监督对象广泛，"一切部、国家委员会和主管部门、企业、机构和组织、地方人民代表苏维埃执行和发布命令的机关、集体农庄、合作社和其他社会组织、公职人员以及公民是否严格和一律遵守法律，由苏联总检察长及其所属各级检察长行使最高检察权"①。其次，监督方式灵活，可以提出抗议、意见书，也可以列席会议、开展调查等。苏联解体以后，俄罗斯等国家虽然在一定程度上弱化了检察机关的法律地位和职能，但是基本上传承了苏联检察机关一般检察监督的制度设计，并且进一步丰富和完善。根据《俄罗斯联邦检察机关法》，检察机关可以对执行法律情况进行监督，包括规范性文件的合法性；也可以对公民权利和自由情况进行监督，比如，对于侵犯众多公民权利与自由的行为，检察机关可以向法院提出起诉。

2. 反思与启示

各国权力构架、制度体系以及历史传承不尽相同，因此，行政检察制度与实践也各具特色。通过梳理考察，对完善中国特色行政检察制度具有借鉴意义。

首先，要在历史渊源中反思。域外各国检察权在分权制衡的内核下主要包括三项权能：诉讼监督权、侦查权和公诉权。在具体职能配置上，因为各国体制、法律文化差异，大陆法系国家检察权边界更宽泛，英美法系国家配置检察权更注重谦抑性。而中国检察制度的理论基石是列宁的法律监督理论，检察权是监督法律正确统一实施的法律监督权，是人民代表大会制度下的权力监督制约。这是完善中国特色行政检察制度的基本立场，对域外法律制度借鉴和吸收必须契合法律监督的定位，必须结合传统历史政治文化。

其次，要在权力体系配置中探寻。检察权是国家权力组成的部门，检察机关在国家治理体系中的地位和权力配置是国家权力体系制衡的结果。探究检察权边界，构建行政检察制度离不开对国家权力体系研究，更需要立足于不同国家权力机关相互关系分析。比如，行政执法监督问题，涉及检察机关与监察机关职责边界。习近平总书记在《关于〈中共中央关于全面推进依法治国若干重大问题的决定〉的说明》第三部分"关于需要说明的几个问题"中，在第九个问题对此专门作了说明。总书记指出："现在，检察机关对行政违法行为的监督，主要是依法查办行政机关工作人员涉嫌贪贿赂、渎职侵权等职务犯罪案件，范围性对比较窄。而实际情况是，行政违法行为构成刑事犯罪的毕竟是

---

① 谢鹏程等：《行政执法检察监督论》，中国检察出版社 2016 年版，第 66 页。

少数，更多的是乱作为、不作为。如果对这类违法行为置之不理、任其发展，一方面不可能根本扭转一些地方和部门的行政乱象，另一方面可能使一些苗头性问题演变为刑事犯罪。全会决定提出，检察机关在履行职责中发现行政机关违法行使职权或者不行使职权的行为，应该督促其纠正。作出这项规定，目的就是要使检察机关对在执法办案中发现的行政机关及其工作人员的违法行为及时提出建议并督促其纠正。这项改革可以从建立督促起诉制度、完善检察建议工作机制等入手。"显然，四中全会提出行政执法检察监督的前提是职务犯罪案件查办，因此，在职务犯罪查办制度改革以后，研究行政执法检察监督更需严格恪守检察机关与监察机关的职责范围，避免"在别人地上造房子"。

最后，要在借鉴学习中扬弃。实践中，各国制度体制存在差异，检察制度运行状态也各有千秋，但也存在共性，或者值得借鉴的制度创设。首先，各国不同程度赋予检察机关国家利益、公共秩序和公共利益守护人定位，使得检察机关得以主动介入诉讼活动。其次，积极肯定赋予检察官独立地位的必要性。即便附属行政机关，也具有独立的法律地位。如德国司法部领导检察机关，但是也仅限于一般指导，而不能干预个案。最后，检察机关发挥作用不囿于诉讼领域。[1] 法国检察官享有一些诉讼域外的监督权限，比如，需要对公证人等采取禁止再犯等严厉制裁措施的，检察官可以启动纪律制裁程序。

三、做实行政检察的基本理念

(一) 服务保障全面依法治国战略

党的十九大明确提出到 2035 年基本建成法治国家、法治政府、法治社会，习近平总书记先后主持召开两次中央全面依法治国委员会会议，对新时代推进全面依法治国提出明确要求。行政检察是司法体制改革的重要方面，也是以法治思维促进行政管理现代化的重要方式。作为国家法治体系的重要组成部分，作为宪法确定的法律监督机关，检察机关应当积极参与全面依法治国战略的推进过程。行政权在世界范围内都具有不断扩张且难于限制的特点，如何有效地确保行政权高效、依法行使是衡量法治国家进程的重要标准。

首先，要确保立法体系统一。我国法律体系分为中央立法与地方立法，中央立法位阶较高，规定往往较为原则。地方立法以中央立法为依据，并在符合中央立法原则的基础上最大限度地满足行政治理需求。地方立法位阶较低，但在数量上地方立法占绝大多数，而且实际上已经成为法院裁决行政争议的直接依据或参考依据。从我国立法实践来看，地方立法违反上位法、掺杂地方保护

---

[1]　谢志强：《行政检察制度比较研究》，载《河北法学》2010 年第 9 期。

成分、体系混乱等问题始终存在，反映出对地方立法的规制缺乏行之有效的方法。如此庞大且复杂的规范体系，除依靠立法机构主动依法审查予以规制外，同样需要承担行政违法行为监督职能的检察机关在工作中发现、审查并移送。

其次，要确保行政机关适法统一。正如季卫东教授在《法治秩序的建构》中的描述，由于行政技术官吏具有高度职业特性，现代社会治理又日益复杂化，行政裁量权的扩张在所难免。局部的失策会立即演变成整体的责任问题，为了防止由此而引起的沉重政治代价，行政机构内部和外部的监督机制必须强化。我国目前对行政权的监督主要有人大监督、审判机关监督、行政机关内部监督、社会监督等，但也因存在着立法监督流于形式，审判监督被动、滞后，行政内部监督缺乏独立性，社会监督过于柔性等问题，行政监督体系需要不断完善。检察机关作为国家专门的法律监督机关和重要的司法机关，理应充分发挥包括行政检察在内的法律监督职能作用。加强行政检察工作是推进法治政府建设的重要手段。推进全面依法治国，法治政府建设是核心和重点任务。检察机关作为国家的法律监督机关，理应在推进法治政府建设、促进依法行政方面发挥更大的作用。

（二）践行双赢多赢共赢

双赢多赢共赢的理念注重从目的、效果的角度对检察工作作出评价，以实现在确保法律效果的同时，实现良好的社会效果，努力构建互有增益的良性监督关系。行政检察的根本目的在于促进司法、行政执法的法治化，同时，确保司法权、行政权对社会问题的有效干预，维护社会体系高效有序运转。行政检察效果的实现依赖于监督手段的有效性，也依于监督模式的选取。现阶段，行政检察的手段除抗诉外，主要通过发出检察建议形式督促问题整改，总体看来缺乏刚性，如果被监督单位不采纳建议内容，检察机关没有有效跟进手段，监督的目的便难以实现。为此，应更加注重监督模式的选择。法律监督的根本目的在于帮助被监督者解决问题、补齐短板，共同维护社会公平正义，共同推动法律贯彻落实到位，共同推进全面依法治国。为此，要坚持双赢多赢共赢理念，通过正确把握监督内涵、准确选择监督方式，在监督者与被监督者之间形成良性互动，共同推动问题解决，实现事半功倍的效果。实践中，应综合运用检察建议、再审检察建议、抗诉等方式，更加注重与执法机关的沟通协作，消除对立立场，实现深度互信，在现有制度框架下，实现行政监督权的有效行使。

（三）穿透式监督

穿透规则，源于金融领域"穿透条款"，即发现事实本质，实现特定规范目的。最早可以追溯到美国《1940年投资公司法》和《1940年投资顾问法》。

2016 年国务院发布了《互联网金融风险专项整治工作实施方案》（国办发〔2016〕21 号），在工作原则上提出"采取'穿透式'监管方法，根据业务实质明确责任"。之后，穿透式监管逐渐成为国内金融监管领域一项重要原则，得到大量运用。细言之，"穿透式监管是一种监管的手段和方式，在于透过交易的现象或表征，看穿交易的实质，根据金融商品或者业务行为的法律关系和性质来确定监管主体和监管规则，其核心功能在于事实发现和确定规则"①。

基于穿透式监督的理念，行政检察既监督人民法院公正司法，又促进行政机关依法行政，而且实质性地影响到公民、组织的合法权益。首先，要明确行政检察"一手托两家"的职责定位。亦即，立足诉讼监督，行政检察既监督人民法院诉讼活动，又监督行政机关执法行为，既审查诉讼活动合法性，也审查涉诉行政行为合法性。其次，要发挥行政检察在国家治理体系中的积极价值。行政检察通过个案办理，延伸关注案件涉及的社会治理问题。比如在行政诉讼案件审查阶段，注重行政争议的实质性解决，通过引导当事人和解、强化释法说理以及第三方介入等方式，协调化解纠纷，完善社会综合治理。

（四）保持监督的谦抑有限

谦抑有限既是检察权的权利属性，也是平衡检察权与审判权、行政权关系的必然要求。保持谦抑有限，要准确把握行政检察监督成效与促进社会管理高效有序之间的关系。

严格监督程序、合理确定监督范围。检察机关对于行政权运行的监督应符合法律的原则和精神，监督者具有监督的优位性，更应严格依法行使监督权，决不能以检察官之"恣意"易行政执法者之"恣意"②。检察机关的监督应该具有严格的程序性要求，包括线索发现途径、程序启动的条件、监督的范围方式等，这是对行政监督职权的自我设限，也是确保监督的正当性的必然要求，否则，容易造成检察权对行政权的不当干预。行政权运行体系庞大，行政行为复杂多样，无论是从专业能力角度还是从监督力量角度，行政检察监督都必须要明确侧重点，正如应松年教授所言，行政检察监督仅是监督体系的一个环节，不要期望通过行政检察纠正所有的违法行为。检察权虽具有一定的主动性，但不同于行政机关的主动性，不宜像传统的监督模式一样，主动出席其他部门的会议、检察监督、介入其他部门的活动中。即使对于监督范围内的事项，也要注意把握好主动干预和自我节制的尺度。对监督范围的适当限缩更有利明确重点，集中办案力量避免潜在的人案矛盾，提升行政检察监督成效。

---

① 孙卫：《穿透式监管的法律研究——以资产管理产品治理为例》，西南政法大学 2018 年硕士学位论文。

② 林钰雄：《检察官论》，法律出版社 2008 年版，第 134 页。

充分尊重行政行为的公定力、先定力。行政机关处理的事项涉及社会管理的方方面面，行政执法行为政策性、专业性较强，可以说行政机关是政策、技术专家，检察机关是法律专家，检察机关要保证对行政决定的充分尊重，选取适当的监督方式，确保行政行为的连续性和稳定性及行政管理的效率，以免造成对行政的不当干预。① 要将行政监督限于合法性审查范围。行政自由裁量权是行政权实现的重要形式，其精髓在于在法律规定的范围内，发挥执法人员的主观能动性，高效、有序的应对行政事务。在行政执法过程中，涉及行政自由裁量权的案件，应严格把握介入尺度，以合法性监督为权力行使边界。此外，发现行政违法行为后，应当首选寻求其他救济解决途径，在其他救济途径无法解决或是难以解决时，方可介入。

（五）立足国情创新实践

检察制度作为政治制度的重要分支，深深植根于一国法律传统与社会基础，具有一定的国别性。纵览各国检察制度，检察权对行政权的监督形式各不相同。如俄罗斯的检察机关独立存在，在国家的多个领域行使广泛的检察监督职能，包括对抵触法律的文件提出异议、送达消除违法行为提请书、提起行政违法诉讼等；英国设立了独立于行政、司法权的皇家检控署，除享有一般的检控职能外，可以对非法行使职权的公共机关申请禁止令，此外，针对损害公共利益的行为有权实施监督；而在德国、美国，检察机关依附于政府或是法院设立，虽然在职权行使方面具有一定的独立性，但在监督行政权行使方面则主要依附行政诉讼展开，不具有广泛的制约行政权运行的职能。

在长期的法治实践过程中，我国逐步建立起了中国特色社会主义法律体系，因为历史传统、政治体制、社会需求的不同，我国检察体系与其他各国差异较大，难以寻得直接借鉴的样本。而且从我国检察权发展的历史来看，为了应对新情势新变化，检察机关的职权范围处于不断的变动之中。新时期检察职能的重新调整，也在不断更新着检察权的内涵及理念，借此改革大潮，应当探索适合国情的、体现东方智慧的行政检察方案，而不应片面受限于现有的他国实践方式。为此，在行政检察的实践探索中，应树立创新实践的理念，推进行政检察制度的不断发展和完善。

---

① 傅国云：《行政检察监督的特性、原则与立法完善》，载《人民检察》2014 年第 13 期。

四、做实行政检察路径之监督体系

（一）监督人民法院诉讼活动

生效裁判监督，是行政诉讼检察监督运用时间最悠久的，早在1990年施行的行政诉讼法中就已明确规定，人民检察院对人民法院已经发生法律效力的判决、裁定，发现违反法律、法规规定的，有权按照审判监督程序提出抗诉。行政裁判结果监督的本质是对审判权与行政权的监督与支持，这是共识基础。对于法院而言，通过接受检察机关的抗诉、再审检察建议等，共同维护司法公正、司法理性和司法权威，共同实现个案的公平正义，共同将社会主义核心价值观融入法治实践；对于当事人而言，检察机关对行政裁判结果的监督，客观上也契合了当事人对私权利救济的需求。对于行政机关而言，检察机关的监督也是进一步保障其行政执法权落实到位、保障行政执法权威性、合法性，从而起到更好地促进依法行政的作用。社会公众包括案件当事人，虽然对司法公正有各种期待，但最为看重的仍然是裁判的结果。因此对于裁判结果的监督应当牢牢坚持张军检察长提出的"精准监督"要求，做精做细夯实裁判结果监督。正如最高检七厅厅长张相军所言，行政生效裁判案件本身体量就小，经过法定的重重步骤最后来到监督环节的案件本已就经过过滤筛选，法院能自行纠正错误的早已自行纠正，检察监督难度本身极大，且行政诉讼案件法律体系庞杂，行政法律法规专业性强，检法法律认识存在分歧较多，因此产生行政生效裁判监督案件的抗诉改变率、再审建议采纳率较之民事偏低的现实情况，这就更需要我们必须树立好监督理念，狠抓生效裁判监督案件质量，充分全面运用调查核实权、公开听证、改变书面审查、坐堂看卷的习惯，除与承办法官沟通外，应当要与涉案行政机关沟通，了解行政行为作出背后的来龙去脉、政策情况等，做精做细。

审判人员违法行为监督和执行活动监督则是2015年行政诉讼法修改后赋予检察机关的新的行政诉讼监督职能，填补了以往只能监督生效裁判的不全面，为构建多元化行政诉讼监督格局奠定了基础。且修改后的行政诉讼法也增加了新的监督方式，即同级监督，针对审判人员违法行为与执行活动可以由同级人民检察院提出检察建议，可以说这是基层行政检察工作开展的发力点之一，然而这两项工作开展这几年来成效不佳，案源少、职能宣传不够到位、监督难，是当前审判人员违法行为监督的共同难点。而行政诉讼的执行监督，涉及当事人申请对行政机关的强制执行更是少之又少，导致这两类案件在司法实践中量十分的少。因此目前对审判人员违法行为与执行监督的重构应当以进一步扩大案源、找准监督重点、充分运用调查核实手段、同级监督方式等打开工作局面。如审判人员违法行为监督中重点关注立案难、举证责任分配。

（二）监督非诉执行活动

现实中，由于行政机关怠于向法院申请执行或法院裁定后不实施强制执行，以及法院违法不受理执行申请或受理后不作裁定等，造成大量行政处罚案件未得以执行，损害国家利益，有损行政执法权威。且目前法院受理的行政非诉执行案件总量已超过行政诉讼案件总量，行政非诉执行已经成为基层法院行政审判庭的主要业务，要聚焦人民群众反映强烈的自然资源、社会保障、环境保护、食品药品安全、减税降费等重点领域非诉执行难问题，通过开展各类专项活动有效推进非诉执行监督工作。① 同时，应该把非诉执行监督与各类新兴业务结合起来，探索创新，形成一定规模，推动非诉执行监督工作向常态化发展。在监督方法上除了提出个案检察建议，针对有普遍性、共同性问题的提出类案检察建议外，还可以采用其他灵活多变的方式，如针对非诉执行案件中发现的问题涉及需要统筹协调多个行政机关的，可以形成调研报告呈阅上级检察机关，引起进一步重视，从更高层面推动解决问题，取得更好效果。同时要把深化行政非诉执行监督与促进社会治理体系和社会治理能力现代化、法治化结合起来，对监督工作中发现的社会治理方面存在的问题和漏洞，深入查找原因，研究对策建议，向有关部门提出加强社会治理的检察建议。② 此外，在监督方向上也可以尝试探索新的方向，如对有强制执行权的行政机关自行强制执行活动进行监督。③

（三）促进和规范行政机关依法行使职权

新时代行政检察要"一手托两家"，检察机关的监督内容不仅仅针对法院诉讼活动，还包括对案件所涉行政机关行政行为合法性的监督。行政检察人员要改变以往的监督理念，充分开展穿透式监督，对案件所涉行政行为从程序与实体上全面依法审查是否存在违法情形，尤其是行政执法程序，由于行政权的强制性与单方性，如果在程序方面不能保障相对人合法权益，其执法效果会大打折扣，影响行政执法权威。通过穿透式监督促进依法行政，进一步规范行政行为。

党的十八届四中全会通过的《中共中央关于全面推进依法治国若干重大

---

① 龚云飞、应松年、姜明安、张相军、傅国云：《新时代行政检察监督："做实"的路径与方法》，载《检察日报》2019年9月9日。

② 张相军：《以行政非诉执行监督为突破口做实行政检察工作》，载《检察日报》2019年5月27日。

③ 黄金娜：《非诉执行检察监督——一个地方实践和经验》，载《行政检察实务培训讲义》，法律出版社2018年版，第226页。

问题的决定》明确提出，"完善对涉及公民人身、财产权益的行政强制措施实行司法监督制度"，"完善检察机关行使监督权的法律制度"，"检察机关在履行职责中发现行政机关违法行使职权或者不行使职权的行为，应该督促其纠正"等这些重大举措，为检察机关推进行政执法监督提供政策依据。显然，在习近平新时代中国特色社会主义思想的指引下，行政检察的内涵已经发生根本性变化。虽然，在《人民检察院组织法》修改过程中出现一些波折和争议，但是《中共中央关于全面推进依法治国若干重大问题的决定》在司法改革层面的指导意义和理论、制度层面创新价值是不言而喻的。新时代做实行政检察，要善用政治智慧、法律智慧、监督智慧，将党中央坚强领导的政治优势转化成行政执法检察的实践效能，积累更多实践经验，促进自下而上实现国家层面的立法完善。

（四）参与社会治理及行政争议实质性化解

社会治理现代化，以多元化协同共治为基础思想理念，采用法治途径和方式，全面推动政府、社会组织和公民等社会各阶层的力量共同在法治的理念下参与到对社会的管理活动中来，[①] 其核心是国家治理体系和治理能力的法治化，即社会治理的制度化、科学化、规范化、程序化。除了监督行政权规范行使，检察机关发挥法律监督作用更体现在提供法律服务，保障依法行政，亦即参与社会治理，促进行政管理法治化和执行执法规范化。2019 年 2 月 26 日，最高人民检察院颁布《人民检察院检察建议工作规定》，对检察机关参与社会治理进行类型化列举，明确检察机关履行职责的方式——检察建议。当下，要用好《人民检察院检察建议工作规定》，把参与社会治理作为拓展行政检察内涵外延的重要渠道和内容，边总结个案边推广应用，引领行政检察工作创新发展。

参与社会治理完善，尤其要关注行政争议实质性化解。正如学者所言，传统行政法学研究行政救济只研究行政复议、行政裁决、行政诉讼等正式解纷机制和正式法律救济行为，新行政法学则必须同时研究信访、调解、协商、协调、意见沟通、谈判、网上讨论等各种非正式解纷机制和非正式法律救济行为。[②] 新时代行政检察监督则应汲取枫桥经验，以努力化解实质争议矛盾为工作目标调整监督方法。行政诉讼监督案件应当以此为借鉴，在行政争议解决领域有所作为，加大对有条件开展和解调解的案件的协商化解矛盾纠纷力度，在

---

① 林蓉：《社会治理的法治化研究——以福州新区为例》，大理大学 2017 年硕士学位论文。

② 姜明安：《新时代中国行政法和行政法学的转型和使命》，载《行政检察实务培训讲义》，法律出版社 2018 年版，第 32 页。

案件审查阶段或者作出监督后，根据当事人意愿，引导和解调解，从根本上解决争议矛盾，通过实质化解争议维护人民群众合法权益、促进行政执法落实到位。

五、做实行政检察路径之监督模式

（一）穿透式监督

《行政诉讼法》第1条规定："为保证人民法院公正、及时审理行政案件，解决行政争议，保护公民、法人和其他组织的合法权益，监督行政机关依法行使职权，根据宪法，制定本法。"开宗明义列明行政诉讼四大功能：保证公正审判、解决行政争议、保障合法权益、促进依法行政。同时，《行政诉讼法》第11条又规定，人民检察院有权对行政诉讼实行法律监督。显然，立足行政诉讼监督，实现行政诉讼法四大功能，是行政检察的价值和目标。而要实现第11条到第1条的飞跃，必须要透过审判行为与审判结果去监督行政行为的合法性，透过行政行为审查相应的行政法律关系的正当性，即开展穿透式监督。

1. 加强履职过程中对行政机关的监督

《行政诉讼法》第20条第4款关于检察公益诉讼的规定，"四大领域"负有监督管理职责的行政机关违法行使职权或者不作为，检察机关应当向行政机关提出检察建议，督促其依法履行职责。该规定本质上是在基本法层面对检察机关监督行政机关的具体授权，只是在检察机关内部职能划分的时候，将其归属检察公益诉讼范畴。因此，可以说检察机关监督行政机关具体行政行为具有制定法上的正当性。具体到行政检察领域，首先，要积极推进对行政机关在行政诉讼中的监督。在行政诉讼监督案件审查过程中，同时审查案件涉及的行政行为合法性和合理性，从推进法治政府建设和保障相对人合法权益的角度，根据不同情况，采用检察建议、情况通报、函等形式，向行政机关提出规范行政行为的意见和建议。比如，《人民检察院检察建议工作规定》第9条、第11条规定的相关情形。其次，要谨慎开展对行政机关在行政诉讼外的监督。现阶段，在行政诉讼以外对行政行为进行监督应秉承审慎立场，注意抓住典型案件，适时探索。笔者认为，有两种情况检察机关可以依职权对行政机关行政行为提出意见和建议：一是涉及国家利益和社会公共利益的情况下。即便没有行政公益诉讼的规定，国家利益和社会利益作为最高法益，在民事、行政和刑事法律范畴都有体现。作为法律监督机关，当然有介入的合理性和正当性。比如，始于2003年浙江检察机关的探索：督促起诉和督促履职。二是检察机关在办理刑事、民事案件中发现行政机关存在不当履行职责情形，可以依法进行监督纠正。这也符合司法效率原则。

2. 结合办案促进依法行政和社会治理

法治是实现国家治理体系和治理能力现代化的基石，是社会治理的基础性保障。检察机关作为国家法治建设的重要力量，积极参与社会治理是责无旁贷的政治责任和法律义务。行政检察作为检察机关参与社会治理的最重要的环节，其意义体现在两方面：促进依法行政和完善社会治理。首先，要提高主动性。结合案件深度研判分析，针对诸如企业产权保护、财产征收、市场准入、自主经营、减税降费等当前社会热点问题，进行系统梳理和深入分析，有针对性提出意见建议。比如，2018年10月19日最高人民检察院结合性侵未成年犯罪案件中反映的问题向教育部发出历史上首次以最高检名义发出的检察建议书。其次，要创新形式。可以探索情况通报、报告、年度报告、白皮书等形式向执法单位和监管部门反馈，推动个案监督向类案监督转变，行为监督向机制监督延伸。比如上海市人民检察院第三分院建立的行政诉讼监督年度报告制度，对提升行政检察监督的全面性、综合性和系统性具有积极意义。该院通过对办理的行政诉讼监督案件量化分析，抓住行政审判和行政执法的症结，提出法治化的解决方案，形成年度报告，向党委政府汇报，向法院、行政机关通报。2019年上海市人民检察院第三分院专门制定《关于建立行政诉讼监督年度报告制度的规定（试行）》，使之成为检察建议、抗诉之外一项行政检察监督的新方式。

3. 促进行政争议实质性化解

行政争议实质性解决是行政诉讼的基本功能，当然也是行政检察的重要工作内容。尤其当前行政诉讼和行政复议失灵或缺位的情况下，更加急迫和必要。行政检察必须将实质性化解行政争议贯穿执法办案始终，把依法开展监督与促成当事人和解、调处纠纷相结合。对不符合监督条件的案件，认真做好释法说理和心理疏导，引导当事人服判息诉；对涉及人数众多、敏感性强、易引发群体性事件的案件，重点关注，做好风险预警防控。同时，要积极建立检察环节由检察机关牵头，人民法院和行政机关配合，三方合力化解矛盾的工作模式。加强检察监督与其他行政纠纷解决机制的对接，构建协商、调解、仲裁、行政裁决、行政复议、行政诉讼、行政检察有机衔接、相互协调的多元化纠纷解决机制，为依法合规、高效便捷解决行政争议提供制度保障。最后，探索司法救助助力纠纷化解，对无法通过诉讼或者监督获得有效赔偿、生活又面临急迫困难的行政相对人，协同控告申诉检察部门及时启动国家司法救助程序，促进息诉罢访。

4. 强化规范性文件附带审查

赋予审判机关规范性文件司法审查权，是《行政诉讼法》的一项制度创新，那么检察机关对规范性文件附带审查的边界如何界定呢？《立法法》第99

条规定，最高人民检察院认为行政法规、地方性法规、自治条例和单行条例同宪法或者法律相抵触的，可以书面要求全国人民代表大会常务委员会进行审查；公民认为行政法规、地方性法规、自治条例和单行条例同宪法或者法律相抵触的，可以向全国人民代表大会常务委员会书面提出进行审查的建议。举重以明轻，公民可以对行政法规、地方性法规、自治条例和单行条例同宪法或者法律相抵触情形行使建议权，那么检察机关对于规章以下的各类规范性文件与上位法抵触的情形，向制定机关提出检察建议，并不存在法理上的障碍，也不与现行制度冲突。实践层面，《上海市行政规范性文件管理规定》第 55 条、第 56 条已经设定了行政机关与人民检察院规范性文件审查衔接机制，并且明确制定机关对书面审查建议的处理程序。当然，对规范性文件进行审查，影响规范性文件稳定性，应当谨慎把握，严格把关，以附带审查为主。主要在办理行政检察案件中，对涉及规范性文件一并审查，注重与法院和行政机关的联络和反馈，并规范附带式审查程序。当然，不依托案件的规范性文件审查也可以探索，但需要以广泛的共识为前提。比如 2018 年 1 月 12 日上海市法治政府建设工作领导小组办公室与上海市高级人民法院、上海市人民检察院签署的《行政规范性文件审查衔接工作机制的意见》。

（二）一体化监督

所谓检察一体化，就是在坚持检察权整体统一的前提下，赋予检察官相对独立性，进而组成统一的组织体，秉承所有活动一体化准则。检察一体化是大陆法系国家普遍施行的检察机关组织原则。

我国检察一体化原则体现在三个层面：首先，组织结构一体化。即检察机关是一个整体独立的权力主体，检察官具有职责可替代性、行动协调性和命令服从性。其次，职权功能一体化。上下级检察机关、检察官之间是领导关系，上级检察机关对下级检察机关的监督活动具有监督、命令和保障等权力，并可以直接改变下级检察机关的监督意见。最后，法律监督一体化。提请抗诉、跟进监督等监督方式，上下级检察机关可以实现协同，而不要求层级间的独立性。正如《中华人民共和国人民检察院组织法》第 24 条规定："上级人民检察院对下级人民检察院行使下列职权：（一）认为下级人民检察院的决定错误的，指令下级人民检察院纠正，或者依法撤销、变更；（二）可以对下级人民检察院管辖的案件指定管辖；（三）可以办理下级人民检察院管辖的案件；（四）可以统一调用辖区的检察人员办理案件。"

遵循检察一体化原则，推进行政检察一体化监督，实现系统整体监督效能，涉及不同行政检察层级之间的职权配置、业务支撑、人员互动，也关乎检察机关内部"四大检察""十大业务"全面协调充分发展。具体而言，就是要创新监督指导机制，以办案统率线索、人员动态管理，整合三级行政检察部门业务，形成上下协调、各有侧重、密切配合、全面履职的监督格局。

1. 纵向一体

纵向一体核心是建立协同互补的业务模式。随着司法文明的进步，效率或者效益的概念在司法活动中不断彰显。行政检察部门不同层级之间的优化，实现人员、业务的合理化匹配，就是行政检察监督效益或者效率的价值追求。

倒三角结构是三级行政检察业务最大的特征，也是出现基层行政检察荒漠化的重要原因。根据民事诉讼法设定的行政检察监督体系，裁判结果监督案件主要集中到省市一级检察机关，基层检察机关主要负责审判程序违法监督和执行监督，但因为不能办理裁判监督案件，导致难以有效发现审判违法和执行监督案件线索。要从根本上解决"案源"问题，提升整体诉讼监督效果，需要在现有监督体系下，实现层级之间的协同与互补。要积极探索基层检察机关参办、协办机制，让基层检察人员参与省、市级检察机关裁判监督案件办理，实现裁判监督对审判程序违法和执行监督的反哺。也要进一步发挥跟进监督作用，对监督意见正确但未被采纳的案件，及时采取抗诉、向领导机关汇报、沟通协调等形式，加大跟进监督力度。同时，要形成各有侧重的业务格局，基层检察机关要充分发挥贴近社会、收集和掌握案件信息、发现线索、调查核实等方面的优势，上级检察机关则要着力加强分析案情、研究对策、调配力量，补足基层检察院力量和能力不足的短板，并强化备案审查和跟进监督，确保监督的质量和效果，进而各有侧重、取长补短的良性互动。要建立办案统率业务、人员动态管理模式，围绕案件办理构建要素动态管理机制。比如探索行政检察办案中心，在省市一级检察机关建立统一调用辖区内检察人员机制，采取参办、协办、交办、集中办案、跨单位组建行政检察办案组织等形式，实现案件、人员、线索大联动。再比如，上海检察机关建立统筹三级检察机关办案力量的行政检察核心办案团队。

2. 横向一体

纵向一体主要解决检察机关内部各业务部门之间配合，跨区划检察机关之间协同，以及流域联动，实现同级之间有效互动。

首先，探索"一案双查一跟进"机制。即从提升"四大检察"协同配合角度，在办理刑事检察案件中，同时查明有无涉及行政机关不当履职、人民法院不当审判执行问题，将情况即时移送行政检察部门跟进监督，实现内部联动。其次，探索异地监督协作。比如，行政诉讼案件管辖改革，无论是集中管辖，还是交叉管辖，对现有行政检察监督体系都带来一定挑战，可以探索建立行政诉讼监督案件异地监督协作机制，在监督法院依法审判和执行的同时，对同级人民法院审理的异地行政案件，需要向异地行政机关提出监督意见的，向异地检察机关发函协商，由异地检察机关向其同级行政机关提出监督意见，并及时向上级检察机关备案。最后，要探索流域行政检察实践。流域社会兴起，流域治理成为当前一个重要的课题，国家层面也提出了长江经济带、长三角一体化等宏观战略。行政检察作为检察机关参与依法治国战略的重要一环，流域行政检察是时代责任，更有现实需求，也是检察机关发挥服务保障职能的重要切入点。

3. 同质业务办理一体

同质业务归口一体办理，即由行政检察部门专门办理涉行政机关检察建议，并对口联系相关行政机关，实现对外统一。行政检察既监督人民法院行政审判和执行活动，又促进行政机关依法行政，是检察机关法律监督职能的重要组成部分。这是理论层面和实务层面的基本共识，但是不可否认，在对行政机关监督的边界和范围上存在不同认识。从党的十八届四中全会的《中共中央关于全面推进依法治国若干重大问题的决定》到《人民检察院组织法》修改，这种分歧从未消弭。但是有一点是可以肯定的，检察建议是实践中检察机关履行法律监督职权的一项重要手段和方式。2019 年 2 月 26 日最高人民检察院公布的《人民检察院检察建议工作规定》，充分肯定了实践探索，并将之上升为法律规范。最高人民检察院借助该规定列举了检察机关可以提出检察建议的类型（纠正违法、公益诉讼和社会治理等），以及可以提出检察建议的十余种情形。但是另一方面，也反映出检察建议种类较多，性质差异的特点。而目前，涉及行政管理和行政执法事项，尤其社会治理类检察建议，在检察机关内部呈现"碎片化"状态，由"十大业务"部门负责，必然存在"建"出多门，尺度不一。从行政机关角度，会产生认知上的困惑，今天是刑事检察部门，明天是民事检察部门。因此，构建大行政检察概念，归口办理涉行政机关事项检察建议，有助于提高检察建议的规范化和权威性。

4. 智能化指导一体

检察一体化是整体与部分、原则性与灵活性的统一，首先强调的是上级检察机关主导下的上下一体，注重发挥整体效能。司法责任制的改革，更加强调检察官主体地位，不但没有否定或者削弱上级检察机关的监督指导地位，反而对上下级之间的监督指导提出更高要求：更加精准化的宏观指导为主、微观指导为辅的办案模式。基于检察机关统一业务系统等一系列的智慧检务和司法办案辅助系统，可以提供具体类型案件办理指引、同类案例智能检索、案件线索和审查方法的共享、新类型案件的个性指导等精准化、高效化的指导。比如，最高人民检察院推出的检答网，就是集法律法规检索、相关案例推送、司法难点答疑等一体的智能化指导平台。

当然，推进行政检察一体化监督，需要发挥上级检察机关宏观精准监督指导，更需要发挥基层检察机关创新智慧。基层是依法行政的薄弱环节，基层行政检察同样是行政检察体系的短板，这样的反差，恰恰说明基层行政检察大有可为，行政检察在应然状态下还有广阔的空间。因此，在当前阶段，应当赋予基层检察机关更大的自主空间，在实践层面探索行政检察的内涵和外延。当然，是在上级检察机关宏观指导下的探索，是在遵循检察权运行规律下的实践。上级检察机关可以确定阶段性重点改革项目，推动基层检察机关试点，同步指导评估，适时总结提炼，把探索实践上升为制度规范，为行政检察发展提供丰富改革样本和实践标杆。

（三）精准化监督

精准化包括精细和准确两层意思。"精"主要是指方式方法的简化、易操作，降低了目标到结果的成本，从而提高效率；"准"主要是效果意义上清楚，强调结果与目标的一致性和匹配性。概言之，精准化是效率和效果有机统一的评价指标。精准化最早作为一种管理理念，源于20世纪50年代日本的企业管理，具有四个核心特征：一是精，就是要做精，追求最优；二是准，就是要务求准确；三是细，就是要细致入微；四是严，就是要严格执行制度和流程。所以，精准化管理，就是把战略和目标分解细化到末端的具体流程和程序，在整个过程中贯穿目标导向，是提升组织运行效益的重要途径。

精准化监督是以人民为中心的监督理念的内在要求。随着法治进程的推进，人民群众对公正司法的期待不断提高，检察机关必须提高司法办案能力，以精准化监督为导向，向社会公众提供更优质的检察产品和检察服务，回应社会公众的新需求。诚如张军检察长所言，"规模小没关系，关键是要做到精准，抓好典型性、引领性案件的监督，做一件成一件、成一件影响一片"。现阶段，行政检察必须要质效导向，在精准化上发力，优化程序流程，提高办案效率，提升司法质效，确保行政检察取得实实在在的成效，才能获得社会公共认可。

1. 精细化审查

行政诉讼案件往往历史原因复杂、利益关系交织、矛盾对抗激烈，导致行政诉讼监督工作存在"五难"：经过多次审理，监督发现问题难；法律争议大，检法统一认识难；程序空转，实体错误纠正难；行政法律法规体系庞杂，法律适用难；当事人诉求强烈，服判息诉难。因此，必须推进重大疑难复杂案件的精细化审查，建立精细化审查机制和规范指引。可以借助办案指南或者指引等的实务操作规范，明确重大疑难复杂案件的范围。比如，行政诉讼监督案件具有下列情形之一的，可以确定为重大疑难复杂案件：（1）案情重大或者案件事实、证据、法律关系复杂的；（2）案件专业性强或者属于新类型案件的；（3）法律适用疑难或者涉及规范性文件附带审查的；（4）社会关注度较高或者有重大执法办案风险的。重大疑难复杂案件由检察官办案组办理，入额领导干部应当带头办理重大疑难复杂案件。实行"三必须"制度。检察官办案组必须当面或通过远程视频系统听取申请人或代理人意见、必须与原审法官沟通、必须与提请抗诉检察院办案人沟通。落实调查核实制度。改变以往"坐堂办案"模式，检察官办案组在听取当事人意见、查阅案卷材料基础上，围绕申请监督请求、争议焦点或者疑点开展深入细致的调查核实工作。实行类案强制检索制度。检察官办案组办理重大疑难复杂案件，应当围绕案件争议焦点、法律适用难点，依托办案平台、司法文书公开系统、类案智能检索平台等进行类案检索，查找以往类似案件处理情况，进行对比分析研判，参考借鉴裁判思路、裁判规则及理由，并在审查报告中作出说明。

2. 快速化办理

当然，对于如属于政府信息公开案件的；不服人民法院不予立案裁定的案件的；原一审人民法院适用简易程序或者速裁程序审理的；申请人对原审认定的事实和采信的证据没有异议，仅对适用法律提出异议，且法律适用较为明确的；案件事实清楚，权利义务明确，法律关系简单，法律适用较为明确的等简易案件，采取适合简易案件特点的审查方式，可以由独任检察官办理。独任检察官可以采取更为灵活的方式听取当事人及其代理人意见，除当面或者通过远程视频接访系统听取意见外，经当事人及其代理人同意，也可以采取电话、微信、传真、电子邮件等方式听取意见。办理简易案件，主要采取书面审查案卷材料方式，必要时可以进行调查核实。同时，加快简易案件办理进度。对于简易案件，一般应当在受理后两个月内办结。严格适用中止审查，一般不得以"其他可以中止审查的情形"为由对简易案件中止审查。探索简易案件法律文书的简化模板，但应当围绕争议焦点进行充分说理。

3. 善用智慧借助

智者借力而行，慧者运力而动。推进检察产品和服务供给侧改革，需要专家学者、资深律师和法官、人大代表、政协委员等法律专业力量，也需要社会生活各个领域的专业技术人员。2018年4月，最高人民检察院出台《关于指派、聘请有专门知识的人参与办案若干问题的规定（试行）》，明确检察院可以指派、聘请有专门知识的人参与办案。借助"外脑"办案，成为提升新时代检察工作质效的一项重要顶层设计和制度规范。2018年7月，最高人民检察院又出台《最高人民检察院民事行政诉讼监督案件专家咨询论证工作办法》，聘请包括专家学者、退休法官、律师在内的103名专家，组成民事行政诉讼监督案件专家委员会。作为一项自上而下推进的改革创新，之后各地检察机关纷纷跟进。

智慧借助，首先，是提高监督意见精准度。重大疑难行政诉讼案件，及时邀请专家学者、人大代表、政协委员研判、评议，尤其涉及重大司法理念、法律适用分歧较大的，进行专家论证。涉金融、知识产权等专业性案件，可以邀请专业领域人才参与办案，对技术问题进行分析，补强检察人员专业技术知识。这样，行政检察监督案件的监督意见才是权威性的，有引领意义的，才有可能通过一个案件的办理引领司法乃至社会进步。其次，是提升行政检察实务与理论的互动。"问渠哪得清如许，为有源头活水来。"引入各行各业专家学者，在参与互动中，提升行政检察的包容性和开放性，确保行政检察能够契合社会生活的新变化，与时俱进。同时，与科研院校的交流和合作，共同研究行政检察实践难点和理论热点，为行政检察精准监督提供理论支持和智力保障。当然，智慧借助还包括朴素生活经验的借鉴。比如行政监督案件听证审查，邀请人民监督员、人大代表、政协委员等参与公开听证，将社会公众朴素的经验判断与检察官严谨的法律逻辑有机统一。

4. 加强调查核实

调查核实是检察机关在履行法律监督职责过程中，为查明事实、收集证据等依法进行的专门活动。2018年《人民检察院组织法》首次在基本法层面设定了检察机关调查核实权。调查核实权派生于法律监督权，是检察机关开展法律监督活动的保障性措施，有助于强化检察监督的精准度和公信力。从2001年《人民检察院民事行政抗诉案件办案规则》到2013年《人民检察院民事诉讼监督规则（试行）》，再到2016年《人民检察院行政诉讼监督规则（试行）》都有调查核实权的相关规范。通过分析不难发现，虽然调查核实权在实践中还面临诸多困惑，比如保障措施等，但是至少这是基本法层面赋予检察机关的权力，也有法律层面的规范依据，应该充分发挥调查核实权作用，把行政检察案件办深、办透。

首先，更加强调主动性。相较于民事检察，行政检察中调查核实权更具有职权性和扩张性。行政诉讼在法治治理中的缺位，是行政检察的价值所在，故其以审判权和行政权规制为核心目标，鲜有涉及当事人私权利处分。如果说民事检察侧重于核实，在书面审查无法核实案件的情况下才启动调查核实权，那么行政检察调查核实权应该侧重调查，以启动调查核实为常态。其次，要注重规范化。规范是公正公信的前提，更关乎通过调查核实取得证据的效力。如前文所述，关于行政检察调查核实权的规范只有《人民检察院行政诉讼监督规则》，相对比较原则，而且实践中调查核实在刑诉诉讼监督、民事诉讼监督、行政诉讼监督和公益诉讼检察等领域各有侧重和差异。所以，检察机关应当从法律监督的角度制定涵盖"四大检察"的调查核实办法，规范调查核实权运用。最后，要不断完善调查核实惩戒保障体系。现有规范体系中，调查核实权不具有强制性，缺乏行之有效的保障措施，制约了调查核实作用的发挥。完善调查核实保障体系，除了推动制定法依据外，还可以运用系统思维，运用追责、舆论监督等方式。比如，建立同步录音录像制度，将勘验、询问等过程全程录音录像，增加威慑力；再比如，对于不配合检察机关调查核实的，检察机关可以向其上级机关或主管部门发送检察建议书，并将检察建议书向社会公开或者抄送党委、人大、监察部门等。

六、做实行政检察路径之保障机制

（一）权力机关的有力支持机制

行政检察是法律监督的重要内容，是中国特色社会主义检察制度的重要组成部分。党委人大的领导和支持是推进行政检察工作的重要保证，更是开展跟进监督的重要手段。在当前阶段，行政检察边界存在争议的情况下，通过基层丰富的实践探索进而推动法律和制度完善，是比较务实的选择。

1. 统筹协调推进地方人大专项决议

中国特色社会主义检察制度的发展史，就是检察权与审判权、行政权探索—共识—探索—共识周而复始的过程。经过基层实践，推动各级人大形成支持意见，进而上升为法律规范，是检察制度发展的一条基本经验。2008 年至 2011年，全国集中出现了一轮由北京引领的省级人大常委会相继出台关于加强检察机关（对诉讼活动）法律监督工作的决定、决议，为随后刑事、民事、行政三大诉讼法修改时完善检察监督制度作出了积极、重大贡献。2015 年到 2017年两年检察公益诉讼试点亦是如此，2018 年黑龙江率先出台关于加强检察机关公益诉讼工作的决定，为新一轮支持、规范检察公益诉讼的地方人大专项决议形成了良好的开端。要积极争取各级人大制定相关加强检察机关法律监督工作的决定或决议，力争各级党委、人大对检察环节实质性化解行政争议、行政检察参与社会管理等行政检察工作的支持，创造良好的外部环境和制度保障。

2. 探索在行政规范体系中重申行政检察监督

行政检察的规范依据，尤其对行政权的监督，来源于《宪法》和《人民检察院组织法》的相关条文的解释和推导，更多是从组织法的视角抽象的表述，在实践中存在认识分歧和适用障碍。如前文所述，检察机关对行政权的监督具有正当性和现实性，因此，应当从行政部门法的角度，在行政规范体系中表述行政检察监督，将《宪法》和《人民检察院组织法》的规定在具体行政规范中细化落实，破解行政检察法律适用的尴尬。如党中央、国务院发布的推进生态文明建设的意见、法治政府建设实施纲要（2015—2020）、安全生产领域改革发展意见、进出口商品质量安全风险预警和快速反应监管体系意见、国家生态文明试验区（贵州、江西、福建）建设实施方案等一系列重要规范性文件，对检察机关开展公益诉讼"等"外探索的规定都是可以借鉴的经验。

（二）审判机关、行政机关的良性互动机制

强化新时代法律监督，维护法律权威，需要监督者和被监督者合力，建立监督与被监督的良性关系。行政检察是我国一元体制下机关对机关的监督与制约，在人民性上具有一致性和统一性，监督体系运行和效果实现有赖于与审判机关、行政机关的协同互动。

1. 完善与审判机关、行政机关常态化交流机制

完善与审判机关、行政机关人员挂职交流、联合教育培训机制，形成相互学习、相互理解、相互支持的良性互动。如上海市人民检察院第三分院、浦东新区人民检察院探索的特约检察官助理制度等。完善与审判机关、行政机关疑案探讨、联席会议、信息共享和联合调研等协作配合机制，通过执法检查、案件评查等方式，共同维护司法公正和行政权威。

2. 探索行政检察监督办公室工作机制

党的十八大报告明确指出，必须加快建设社会主义法治国家，更加注重发挥法治在国家治理和社会管理中的重要作用。要健全权力运行制约和监督体系，加强法律监督，让权力在阳光下运行。因此，在依法治国委员会的框架下，配置行政检察的运行机制，发挥行政检察对公权力制约作用，是落实依法治国战略的一个重要方面。应当依托中共中央办公厅、国务院办公厅《法治政府建设与责任落实督察工作规定》，立足检察职能，探索行政检察监督办公室工作机制，灵活运用检察建议、督促履职、同类问题通报等多种方式，对严重违法行政行为依法规范监督，进一步推动检察权与行政权的良性互动。

（三）社会公众的积极参与机制

行政检察作为一种对公权力监督的制度安排，相较于民事检察依职权监督更具主动性，行政诉讼在法治治理中的缺位是行政检察正当性和现实性所在。但并不因此就可以忽视社会公众的广泛参与。检察公共关系理论认为，检察机关在开展监督过程中，与社会公众之间的双向互动关系，既是一种动态存续状态，又是一种司法活动，有助于实现检察监督与社会公众良性互动，提升检察工作社会认同感。

1. 畅通社会公众参与案件办理机制

广泛开展行政监督案件公开听证，回应人民群众司法需求，把释法说理、教育引导贯穿办案全过程，增强当事人对检察机关的信任度和满意感。推进不支持监督申请公开宣告，对重大复杂监督案件，当面宣读不支持监督决定，讲清事实，讲明理由，"零距离""面对面"争取当事人认同，推动矛盾化解。

2. 建立社会公众评价机制

双向传播和沟通是构建良性公共关系的重要手段。通过检察开放日制度、

人民监督员制度、检察长接待日制度等常态化引导社会公众参与、了解和评价检察工作，加强与代表委员的联系，借助"两微一端"等新媒体手段加强反馈和互动。尤其要明确，检察办案是社会公众评价的核心目标和根本支撑，要通过向社会公众提供优质的检察产品来丰富和活化社会公众评价机制。

（四）检察官能力建设专业化机制

正如最高人民检察院第七检察厅张相军厅长所言，"行政检察的现状目前还处于短、弱、小、冷的阶段"。所谓的"弱"，就是指行政检察力量弱，专业化监督能力弱。行政法律规范极其庞杂，法律条文检索和识别难，而且行政案件经过复议、诉讼等多重程序审查，往往法律争议较大，法律适用难，这些都对行政检察办案人员提出更高的要求。

1. 完善教育培训机制

在内设机构改革的背景下，加强队伍专业化建设，加强高层次人才的培养和有针对性地分类培训、岗位练兵工作，建立专业化的行政检察队伍。加强行政检察理论研究，尤其是对行政检察内涵与外延、职权配置与运行规律等重大问题的研究，为行政检察工作创新发展提供理论引领与支撑。

2. 创新引领评价机制

建立跨院际、跨层级办案专业化核心团队，发挥领军人才的示范效应，推动专业领域重大案件公正高效办理、专业领域前沿问题专精研究，促进行政检察队伍整体素质的全面提升。注重考评机制指引作用，适当加大对办案专业化水平和办案质效的考核力度，注重专业化导向。

特邀检察官助理制度研究[*]

上海市崇明区人民检察院课题组^{**}

一、特邀检察官助理制度构建的探索及意义

（一）域内外的理论研究状况

"特邀检察官助理"这一制度是在开展公益诉讼工作过程中，考虑到一些案件涉及领域专业性极强，取证难度大，需要更多具有专业背景的人参与到公益诉讼案件办理的过程中来，为更好发挥检察机关提起公益诉讼制度的优点，有利于检察机关行使诉讼权而进行的一次探索创新。

在 2015 年全国人大常委会授权最高人民检察院在部分省市试点提起公益诉讼之前，无论是司法实务层面还是理论研究层面，对公益诉讼提起主体、诉讼模式、诉讼程序等的探讨研究可谓硕果累累，也确实为公益诉讼的司法实践助益良多，但是笔者通过检索相关文献，发现对于公益诉讼制度的研究多偏重于宏观、立法性的研究，对于公益诉讼工作开展具体的制度需要、工具方法需要研究甚少，尤其对特邀检察官制度的研究更是付之阙如，这与检察公益诉讼工作开局时间尚短，理论界的聚焦重点还主要停留在顶层设计、法律适用等破局方面的研究有关，随着公益诉讼工作的不断深入，无论是理论界还是实务界的视角会更多地投向司法实践中遇到的难题，对特邀检察官助理制度的研究就是一个很好的切入点，也是上海检察机关对中央和全国人大常委会对公益诉讼工作提出更高要求的一个回应，也为检察机关在公益诉讼实践中找准问题、精准施策提供有力的制度保障。

在比较法的视野下，国外理论界关于特邀检察官助理制度研究的文章也是无迹可寻，究其原因主要是世界各国和地区的社会制度、历史传统、司法体制、检察机关的权力运行模式与我国不尽相同，公益诉讼的开展方式也各有特

---

* 上海市检察官协会 2019 年重点研究课题。

** 课题组负责人：朱庆华；课题组成员：卢雪华、袁勇兵、刘红艳、李翠昉、聂怀广、马春晖、蔡颖男、茅城懿。

点，最高检张雪樵副检察长曾提出"只有我们中国的检察机关能提起真正意义上的行政公益诉讼，这是全世界范围内的首创"。[①] 基于填补理论空白，完善实务操作的需要，特邀检察官助理制度研究在我国无疑是一个较为前沿且具有创新性的研究课题。

（二）域内外的司法实践情况

1. 域外国家的司法实践情况

不同法系、不同国家和地区，公益诉讼制度有着不同的运行模式，无法直接循迹特邀检察官助理制度方面的异国规定，但是欧美等一些发达国家和地区的公益诉讼制度很早就兴起并在现代得到了迅速发展，为应对公益诉讼专业性强、取证难等现实困境，英美法系国家在证据收集方法、专家证人制度、"法庭之友"等方面也积累了一些较为成熟的实践经验，通过不同国家在制度建设和实践操作等层面的比较研究，对增进了解，交流借鉴，推动发展完善特邀检察官助理制度，乃至检察公益诉讼制度有启发意义。

（1）英美法系国家的实践情况

《美国联邦民事诉讼规则》第 17 条规定"在制定法另有规定的情形下，对于保护他人利益的案件可以以美国政府的名义提起诉讼"[②]，在美国的公益诉讼中，负责代表政府对违反公共利益的行为提起诉讼的是总检察长及各州检察官。总检察长是美国政府、各州政府的首席法律官员，是联邦政府和州政府机构及立法机关的法律顾问和公共利益的代表，[③] 从而赋予了美国检察机关代表国家提起公益诉讼的权利。英国的检察机关也可以代表国家提起诉讼，英国总检察长的职责有在对涉及侵害公共利益的民事诉讼中参加诉讼，[④] 或者授权公民以总检察长的名义向法院提起诉讼。英美法系国家为减轻对抗制产生的负价值而注重听取专家的意见，旨在发挥专家客观中立的作用，"法庭之友"、专家证人制度的发展都为公益诉讼案件审判提供了咨询、指导作用，成为法官审理公益诉讼案件的辅助者，也为公益诉讼原告收集证据提供了专业有效的帮助。

在这里值得一提的是印度的公益诉讼制度，印度广泛吸收、采纳了美国的

① 张雪樵：《检察公益诉讼比较研究》，载《国家检察官学院学报》2019 年第 1 期。

② Federal Rules of Civil Procedure Rule 17（a）（2）：Action in the Name of the United States for Another's Use or Benefit. When a federal statute so provides, an action for another's use or benefitmust be brought in the name of the United States.

③ 最高人民检察院民事行政检察厅编：《检察机关提起公益诉讼实践与探索》，中国检察出版社 2017 年版，第 22 页。

④ 王公义、许兵：《中外司法体制比较研究》，法律出版社 2013 年版，第 21 页。

公益诉讼制度，并结合自身情况进行了改进。印度在公益诉讼方面取得的进步和成绩得到了世界的关注，也对其他的国家产生了有益的影响，较于同是发展中国家的处境，在此可以进行对比了解一下，印度通过任命"法庭之友"，帮助原告收集证据。由于公益诉讼的形式简化，原告在提起诉讼时证据不全的情况非常多见，法院通常会任命专门委员或者"法庭之友"代替原告收集相关证据。① 可见，有专业知识的人给原告收集证据提供了极大的便利，而收集的证据也被法院运用到庭审过程中。

（2）大陆法系国家的实践情况

德国、法国、日本等典型的大陆法系国家也都规定检察机关可代表国家依法直接提起、参与公益诉讼，与英美法系国家对抗式的庭审要求不同，大陆法系国家的专家多为法官在审判时遇到的难题提供专业意见，大陆法系国家诉讼调查中往往多倾向于使用鉴定制度，法院将鉴定结论作为一种独立的证据种类使用，深得法官的信任，而专家辅助人制度在庭审中的运用则会遭遇"冷落"。

随着两大法系制度融合、交流和借鉴的迹象越来越显现，为弥补当事人在专业性知识方面的短板，大陆法系国家也设置了"诉讼辅佐人"制度，② 在有些情形下帮助当事人出庭，解决当事人在诉讼中遇到的问题。日本的民事诉讼法中有"诉讼辅助人"的规定，我国专家辅助人或者说"有专门知识的人"的规定也是对日本这一制度的借鉴。尤其在日本的环境公益诉讼中，专家对推动调查的重要作用自不待言。③

俄罗斯与我国都在一定程度上对苏联的检察制度进行了继承和发展，两国都将检察机关定位为国家权力机关，④ 并赋予了检察监督职能。俄罗斯颁布的《俄罗斯联邦民事诉讼法典》第45条规定："检察长有权请求法院维护公民、不确定范围的人的权利、自由和合法利益或者维护俄罗斯联邦、俄罗斯联邦各主体、地方自治组织的利益。"俄罗斯的检察机关在国家和社会利益受到损害的时候可以提起公益诉讼，同大陆法系国家一样，俄罗斯奉行鉴定人制度，为更好维护当事人的权益，俄罗斯也规定可以聘请专门人员对案件事实进行查明。

无论是大陆法系国家还是英美法系国家，在公益诉讼制度发展的过程中，

① 胡云红：《比较法视野下的域外公益诉讼制度研究》，载《中国政法大学学报》2017年第4期。

② 周静：《略论诉讼辅佐人制度及其在我国民事诉讼中的引用》，载《湖北经济学院学报（人文社会科学版）》2005年第3期。

③ 日本律师协会主编：《日本环境诉讼典型案例评析》，皇甫景山译，中国政法大学出版社2011年版，第9页。

④ 李昕：《俄罗斯民事检察制度研究》，中国检察出版社2012年版，第17页。

专家对当事人、检察机关参与诉讼起到了帮助作用。对此可以充分结合我国的国情实际，吸收其他国家好的经验教训，在检察机关调查过程中进一步发挥专家或者其他具有专业经验的人的辅助作用，让检察机关在公益诉讼中能够更高效、更精准的厘清案件事实，更有力地维护国家、社会公共利益。

2. 国内各地的司法实践情况

公益诉讼试点以来，"专家"的角色发挥越来越明显的作用，以湖北省检察机关为例，湖北省检察机关指派、聘请有专业知识的人员参与公益诉讼案件办理，共对专业问题进行回答、解释、说明102件，对涉案专门性问题进行评估、审计52件，对涉及复杂、疑难、特殊技术问题的鉴定事项提出意见30件，在检察官的主持下勘探物证或者现场93件，对行政执法卷宗材料中涉及专门性问题的证据材料进行审查42件等。[①] 从宏观的时代背景看，公益诉讼是近些年检察机关新开展的一项工作业务，作为"检察业务"的"四梁八柱"之一，随着反贪污贿赂和反渎职侵权部门的转隶、职务侦查权的转移，此项业务越发显得重要。公益诉讼工作范围广，涉及方方面面；同时专业性强，与侦查工作一样，需要调查核实。目前的检察官所擅长的是法律适用，自身的调查取证能力有待提高，因此需要强力外援——特邀检察官助理。

2018年7月，中央政法委在深圳召开"全面深化司法体制改革推进会"，在此次推进会上，郭声琨书记明确指出，在公益诉讼领域探索建立特邀检察官助理制度。随后全国各地的检察机关都在积极响应郭书记关于建立特邀检察官助理制度的指示和要求。例如重庆市检察机关从专家学者、专职律师等具有专业知识背景的人员中聘请检察官助理，积极参与到公益诉讼、民事行政诉讼监督等司法办案活动中来，直接协助开展公益诉讼证据提取、现场勘查等办案工作，帮助检察机关提高办理专业性强的案件的能力和水平，共同提升司法公信力。[②] 齐齐哈尔市龙沙区检察院聘任8位具有专门知识的人才加入到齐齐哈尔市首批特邀检察官助理队伍里，直接参与办理检察公益诉讼案件。湖北省洪湖市人民检察院还制定了《公益诉讼案件特邀检察官助理工作办法实施细则》，[③] 用文件的形式规定了特邀检察官助理的聘任要求、参与调查案件的范围、调查开展的形式等内容，更加规范了特邀检察官助理制度的运行方式，切实提升检

[①] 阎晶晶：《专业问题，交给"有专门知识的人"》，载《检察日报》2018年4月18日，第5版。

[②] 内容来源于正义网，http://www.jcrb.com/procuratorate/jcpd/201808/t20180810_1895532.html，2019年12月15日访问。

[③] 内容来源于湖北省洪湖市人民检察院网，http://hh.jz.hbjc.gov.cn/hjkx/201909/t20190902_1436878.shtml，2019年12月15日访问。

察机关公益诉讼的质和效。2019 年 1 月 2 日最高人民检察院和生态环境部等九个政府部门联合出台的《关于在检察公益诉讼中加强协作配合依法打好污染防治攻坚战的意见》第八部分"八、关于人员交流的问题"提到"检察机关可邀请部分行政执法机关业务骨干，任命为特邀检察官助理，共同参与公益诉讼办案工作"。这也为"特邀检察官助理"制度的构建提供了一定的法律依据。

上海检察机关在公益诉讼中推进特邀检察官助理制度建设也在逐步推进。2018 年 9 月，在全国尚无先例可循的情况下，上海市浦东新区人民检察院率先探索建立公益诉讼特邀检察官助理制度，聘请具有环境资源保护、食品药品安全、勘验鉴定等专门知识的专家人才及行政执法部门相关资深人员担任浦东区院公益诉讼特邀检察官助理，直接参与公益诉讼案件办理，借助"外脑、外力"推进公益诉讼制度化、专业化发展。2018 年 10 月，上海市检察院第三分院出台的《加强知识产权司法保护八项措施》，从办案机制、调查机制、检察一体化机制等方面强化知识产权司法保护。为配套该规定，第三分院聘请了首批知识产权特邀检察官助理，7 名研究商标、著作权、专利、商业秘密等领域专门知识的专家，成为该院办理知识产权案件的"外脑"。同年 5 月、6 月，上海市静安区人民检察院、长宁区人民检察院以及崇明区人民检察院相继举行特邀检察官助理聘任仪式，向外部借力，形成检察机关与专家学者、行政机关等共同维护国家利益和社会公共利益的格局。2019 年 3 月 22 日上海市人民检察院出台了《2019 年上海市检察公益诉讼工作要点》，提出"探索建立市院公益诉讼专家咨询库和特邀检察官助理制度，为办案提供智力支撑"。但由于目前的规范性法律文件没有明确而完整地对"特邀检察官助理"的运行机制予以规定，仅仅停留在提出"特邀检察官助理"称谓的层面。因此各地自行探索，做法不一，下表仅以上海检察机关为例。①

上海检察机关	探索做法
普陀区院	聘请 14 名法律界专家学者、区人大代表、律师、企业家、媒体记者担任区院公益诉讼特约检察官助理，在拓宽案源、评估线索、专业咨询等方面提供助力，并有针对性地开展专题授课、案件研讨等
浦东新区院	浦东新区院公益诉讼特邀检察官助理主讲"第五课堂"之环保执法实务

① 以下经验介绍材料引用出处除崇明院外，都来自上海市检察机关内网。

续表

上海检察机关	探索做法
金山区院	积极扩展公益诉讼案源，争取党委政府支持，加大公益诉讼案件办案力度，深化特邀检察官助理制度，完善与行政机关干部互派交流机制
宝山区院	发挥好桥梁纽带作用，及时反馈收集到的案件线索，帮助拓宽案件来源；发挥好专家智库作用，为公益诉讼工作开展提供专业化意见建议，帮助提高办案质量；发挥好办案监督作用，加强对公益诉讼各个环节的监督，帮助提升办案能力和水平；发挥好宣传员作用，结合参与公益诉讼办案实际，共同做好法律、案例宣传工作，帮助提高公益诉讼影响力
长宁区院	聘任 13 名司法鉴定研究院、区市场局、区生态环境局、区卫健委等 9 家单位推荐的人员为长宁区人民检察院公益诉讼特邀检察官助理
崇明区院	上海崇明检察院向崇明生态环境局 2 名业务骨干发放了特邀检察官助理聘书，2 名特邀检察官助理将共同参与检察机关办案工作，在调查取证、鉴定评估等方面提供专业咨询和技术支持①

可见，目前特邀检察官助理制度仍在探索阶段，而且只是作为众多公益诉讼工作机制之一。上海各个基层检察院在开展公益诉讼中都注意到"特邀检察官助理"工作机制，但是重视程度不一：有的是单独开展，如长宁区院、崇明区院；有的是和其他工作机制放在一起开展，如宝山区院。

（三）特邀检察官助理的概念和特征

虽然相关法律法规并未对特邀检察官助理进行概念上的界定，但是从各地关于特邀检察官助理制度的实践探索可以发现，受聘成为特邀检察官助理的人，无论是行政机关内部的人，比如环保局的公务人员，还是体制外的人士，比如食品药品安全领域的专家，均是在特定领域理解和掌握、具有专业技术性认识和经验的人员，因此笔者认为特邀检察官助理是在科学、技术以及其他专业知识方面具有特殊的专门知识或经验的，在办理公益诉讼案件过程中协助检察官分析技术问题、评定鉴定意见、对案件所涉专门问题进行说明或发表专业

---

① 季张颖：《深化行政执法与公益诉讼衔接机制》，载《上海法治报》2019 年 6 月 10 日，第 A5 版。

意见和评论的业务辅助人员。①

特邀检察官助理的首要特征表现为"专业性"，类似于"专家"，即拥有较高学历，擅长某类技术，在某一领域里有深入研究，能够在社会中拥有很高权威的那类人。"专业性"是特邀检察官助理制度存在的基本要素，是其在整个刑事诉讼过程异于其他诉讼参与人的闪光点，也使得其在诉讼过程中起到不可或缺的作用。传统意义上的检察官助理的基本职责包括处理实体性法律工作和程序性法律工作，对于检察官助理难以完成的部分工作，如某些非法律类专业问题的解决只能依靠鉴定，但目前的司法鉴定体制尚不十分健全，不能完全排除鉴定机构受雇主委托出具鉴定意见的倾向性，如果没有相应的专家辅助人对鉴定意见进行质证，将会影响法院对鉴定意见的正确判断和采纳。特邀检察官助理可以弥补传统检察官助理在专业性问题上的不足，一辅"法律性"工作，一辅"专业性"工作，两者相辅相成，使检察官专注于处理核心性、关键性的法律工作，提高办案效率和质量。例如在上海市崇明区人民检察院督促长兴镇等履职行政公益诉讼案中（简称"806"案，此案入选2018年最高人民检察院服务保障长江经济带典型案例），上海市崇明区人民检察院与上海海事大学签订全面合作协议，借助"外脑"，对崇明水治理重点工作，结合水环境治理部门职能交叉，法律法规规章量多分散的特点，共同梳理不同水环境治理主体法定职责、法律责任及相关案例，为司法办案提供专业支持和专业智慧，保证案件办案质量。

其次表现为"辅助性"，这一特征的来源主要是检察官助理。检察官助理是协助检察官或者在检察官的授权或者指导下参与部分实体性和程序性法律工作的业务辅助人员，主要有两个特征，一为辅助性，一为法律性。法律性，即从事该工作的人需要具备一定的法律知识、技能和经验，而特邀检察官助理在其擅长的领域具备特定的能力，即上文所述的"专业性"，对其"法律性"的要求可有可无。从设立特邀检察官助理的初衷——辅助检察官解决专业问题——可知"辅助性"也是其特征表现之一。检察官助理设立的初衷就是为检察官分担大量的辅助性事务，特邀检察官助理设立的目的是辅助检察官解决专门性问题。作为特邀检察官助理完成每一项职责的前提是检察官提出案件涉及的专业性的问题，特邀检察官助理对这个问题在自己擅长的领域给出专业性答复，检察官得到答复后再对案情的性质——罪与非罪、罪轻罪重提出意见，特邀检察官助理不能"越俎代庖"行使检察官的权利，不得代办检察官亲历性办案事项。同时，不能因为特邀检察官助理法律性不强，就从事送达文书、装订卷宗等偏向技术性、劳务性的书记员的业务。特邀检察官助理是介于检察

---

① 张保生：《证据法学》，中国政法大学出版社2009年版，第225页。

官和书记员之间，相对独立的个人。

综上，特邀检察官助理作为一种新型的诉讼参与人，拥有"专家"与"检察官助理"的部分特征，但并不完全相同，更像是"专家"与"检察官助理"各自部分职能拼接在一起的职业群体。

（四）特邀检察官助理参与办案的功能与价值

上述检察机关关于特邀检察官助理制度的积极探索亦是在认真贯彻落实最高检张军检察长关于"特别注意发挥社会力量，充分用好外脑"的要求，牢固树立践行"双赢多赢共赢"的监督理念。毋庸置疑，在公益诉讼案件中引入特邀检察官助理制度的意义是显而易见的。

1. 增强检察机关办理复杂疑难、专业化强案件的能力

众所周知，环境污染问题专业性强是环境公益诉讼面临的固有难题。此类案件涉及鉴定意见、排污行为与损害后果之间的因果关系认定、生态环境修复方式的选择、生态修复功能损失费的计算等专业性问题，这就需要检察机关申请具有一定资质和环境工作经验的专家辅助办案，厘清关键证据中的专业性问题。根据最高人民法院《关于审理环境民事公益诉讼案件适用法律若干问题的解释》第 15 条的规定，专家辅助人可以在法庭上就鉴定人作出的鉴定意见以及其他专业性问题提出意见，即专家意见。专家意见经质证之后可以作为认定事实的依据。至此，环境公益诉讼中就引入"专家辅助人"，就案件中的环境专业问题提出意见，为环境公益诉讼案件办理降低了难度。"特邀检察官助理"在公益诉讼中的地位类似于"专家辅助人"，可以有效地解决办案人员专业性不足的问题，即其在调查取证阶段可以指导检察机关调查取证，在法庭辩论阶段可以就专业性问题与对方的鉴定人进行辩论，帮助法官厘清案件事实，增强法官对于证据证明力的内心确认。"特邀检察官助理"的专家意见在法庭上经过质证可以作为认定事实的依据，影响法官对案件事实的认定，从而极大地缓解了办案人员专业性不足带来的压力。

以最高人民检察院发布的第八批指导性案例中"江苏省常州市人民检察院诉许玉仙、许建慧民事公益诉讼案"为例，在庭审过程中，公益诉讼人向法院申请由市环保局从常州市环境应急专家库中甄选的环境专家苏衡博士作为专家辅助人，就本案涉及的环境专业性问题发表意见。具体而言，本案中的两名被告应对其污染环境的行为承担民事侵权责任，消除继续污染危险并将被污染的环境恢复原状。但由于该案造成的直接损失难以估算，检察机关无法通过刑事附带民事诉讼予以一并解决民事责任问题，而被污染的环境可以通过被告承担生态环境修复费用方式，要求二被告承担治理污染和修复生态的责任。但是该案如何确定赔偿费用等方面问题，涉及较强的环境专业技术问题。为了更加公正、准确地认定事实，公益诉讼人向法院申请，由常州市环保局从常州市

环境应急专家库中甄选的环境专家作为专家辅助人，就该案涉及的环境专业性问题发表意见。

专家辅助人的专业意见论证了案件中土壤被污染的鉴定意见和环境修复技术方案的科学性，得到法院的认可。专家辅助人是一种专业人士，他们所体现的价值就在于当事实认定上出现专业性问题时，法官需要得到专家的协助。对于"特邀检察官助理"的引入，在公益诉讼案件办理的过程中能就检察官遇到专业问题需要作出判断时承担辅助人的角色，帮助其厘清关键的专业性技术证据。在庭审过程中，"特邀检察官助理"可以随检察官一同出庭举证、质证，增强检察机关办理复杂疑难、专业化强案件的能力。

2. 促进"检察官作为公共利益代表"职能的实现

公益诉讼是当前检察事业新的增长点。经调研发现，在公益诉讼案件的决定立案、调查收集证据和法庭审理过程中，检察官往往会遇到大量专门性问题，迫切需要有专门知识的人提供帮助。"特邀检察官助理"将在相关案件办理中担当"外脑"角色，发挥专业特长和优势，在公益诉讼案件中为检察机关答疑解惑，为检察官就证据或事实争议点提供科学论证、技术认定和专业意见，提升办案精准度，助力检察机关公益诉讼工作。

实际上，检察机关在公益诉讼案件办理中普遍存在借助"外脑"的现象。早在2015年9月，北京检察科技信息研究基地指派相关鉴定人员与公诉检察官、公安办案人员共同研讨案情。"特邀检察官助理"也能为公益诉讼提供专业化的意见，他们可以协助解决专门性问题或者提出意见，为检察机关的司法办案提供智力支持。以环境公益诉讼为例，环境公益诉讼作为一种新型专业化的诉讼，是弥补环境所受损害、维护公众环境利益的司法途径。环境公益诉讼的专业性、公益性、审判程序的公正性及新问题的出现强烈需要相关科技专家参与，以保障诉讼的顺利、公正进行。其不同于传统的环境侵权诉讼：一方面，环境公益诉讼当事人争辩的是某一特定环境的功能是否受到了损害或有受害之虞及损害大小。受侵害对象是某一特定的环境，由于环境的复杂性、综合性、变动性导致在证明过程中会遇到大量的专业性问题，法官和当事人难以解决，需要专家运用技术手段或专业知识以不同方式参与其中，以推动诉讼过程的顺利进行。另一方面，环境公益诉讼最终目的是对环境损害进行修复，科学、可行的生态修复方案不仅是法院裁判的重要部分，更是实现环境公益诉讼目的必不可少的途径，而科学、可行的修复方案制定的每个细节均离不开专家，尤其是环境科学专家提供专门性指导。例如在2019年最高人民检察院发布12起检察机关服务保障长江经济带发展典型案例（第二批）之六：上海市人民检察院第三分院诉宁波某贸易公司等进口"洋垃圾"污染环境民事公益诉讼案中，上海市人民检察院第三分院为了查清案件的被告范围、铁渣的处置方式和处置费用等问题，分别走访了上海海关、上海市固体废物管理中心等多家单位。邀请司法部司法鉴定科学研究院、华东师范大学生态与环境科学学院专家作为专家辅助人协助办案，以证明"洋垃圾"存在环境污染风险，本案是跨区划公益诉讼一体化协作机制的有益尝试，为办理跨区划公益诉讼案件积累了有益经验。在案件办理过程中，运用专家辅助人协助办案、委托第三方确定处置方式和处置费用等手段，有力地推动了案件的成功办理，开阔了办案人员的思路。

作为专业人士，"特邀检察官助理"不仅可以协助解决专业案件出庭支持公诉、公益诉讼遇到的问题，而且可以辅助检察官进行技术性证据审查、鉴定等工作，最大限度地弥补办案人员的专业知识缺陷，保障诉讼程序的顺利进行，既能有力地打击犯罪，也能更好地实现检察机关公共利益代表的职能。

3. 助力检察机关专业化队伍建设

党的十九大报告提出，要"注重培养专业能力、专业精神，增强干部队伍适应新时代中国特色社会主义发展要求的能力"。近年来，各种各样的专门性问题不断涌入诉讼活动，其远远超出司法人员的知识储备范围，使检察机关办理刑事案件、公益诉讼案件以及控告、申诉等大量案件的过程中，都有引入专业力量提供帮助的强烈需求。

对于检察官而言，"特邀检察官助理"制度能够构建检察官向有专门知识的人学习的机制。他们的"跟跑"能够弥补检察官在专业知识方面的短板，确保针对专业技术性事实的检察办案质量，避免在一些案件中出现检察官应对专业性问题不力的窘境。例如最高人民法院、最高人民检察院发布10起检察公益诉讼典型案例之十：湖北省利川市人民检察院诉吴明安、赵世国、黄太宽刑事附带民事公益诉讼案，在本案中吴明安、赵世国、黄太宽三人两次销售死因不明的牛肉共计获得销售价款4890元。利川市食品药品监督管理局组织有关专家就病死牛肉的危害后果进行认定，结论为：吴明安、赵世国、黄太宽等人经营销售死因不明的牛肉及其制品，足以造成严重食物中毒事故或者其他严重食源性疾病。专家意见为提起公益诉讼奠定基础，本案是检察机关提起的全国首例法院判决支持惩罚性赔偿的食品安全领域民事公益诉讼案件，也是检察机关综合运用检察职能加强对行政机关违法不行使职权、公安机关刑事立案监督和对违法犯罪行为人刑事责任和民事责任追究的典型案例，加强了对行政机关违法行使职权的监督和对行为人刑事责任、民事责任的一并追究，最大限度地维护了社会公共利益。

对检察技术人员（一般指检察系统内部的有专门知识的人）而言，他们能够拓展、辅助检察官办案的类型，即由单纯的司法鉴定转向全面的技术辅助办案。这是为面临发展瓶颈的检察技术队伍积极转型提供强有力的制度支撑。

"特邀检察官助理"制度将检察机关通过长期司法实践积累的司法鉴定力量顺势导入业务办案中,将更好地助力检察机关坚持法律监督宪法定位,认真履行司法办案和检察监督法定职责。

二、特邀检察官助理制度构建亟须解决的问题

在看到特邀检察官助理制度优势的同时,我们也应当看到当前其尚处于探索阶段,对于"特邀检察官助理"缺乏法律法规的明确规定,各地对于特邀检察官助理制度的构建仅处于"开会发聘书"的阶段,对于特邀检察官助理诉讼地位、出具意见的属性、选任资格、启动程序以及参与诉讼的范围等方面没有明确的规定。具体而言,以下几个方面的问题较为突出:

(一)特邀检察官助理的诉讼地位不明

刑事诉讼中所称的诉讼参与人,是指由法律明确规定的,除国家专门机关及其人员以外的,参与刑事诉讼并在诉讼中享有法定的诉讼权利、承担法定的诉讼义务的人员的统称。2018 年《刑事诉讼法》只是将规定诉讼参与人的条文加以调整,由原来的第 106 条调整到现在的第 108 条,对诉讼参与人的范围和称谓并未作出修改。根据现行刑事诉讼法第 108 条的规定,以下七种人为法定的诉讼参与人:当事人、法定代理人、诉讼代理人、辩护人、证人、鉴定人和翻译人员。[①] 其中证人是知晓案件情况的、能辨别是非、正确表达的、除在生理上、精神上有缺陷或者年幼的人。鉴定人一般是指专业机构的鉴定人员。翻译人员是指在案件中存在语言不通的情况提供翻译的人员,一般多存在于涉外案件或者涉少数民族案件中。

特邀检察官助理因其身份的特殊性——兼具检察官助理与专家双重身份属性,与上述法定的诉讼参与人均存在区别。

首先,根据《中华人民共和国人民检察院组织法》第 40 条的规定:"人民检察院的检察官、检察辅助人员和司法行政人员实行分类管理。"检察辅助人员是协助检察官履行检察职责的工作人员,包括检察官助理、书记员、司法警察、检察技术人员等。检察官助理的工作具有辅助性,特邀检察官助理与检察官助理的区别只在于身份性质的不同,前者属于编制内成员,后者则是特邀人员,然而后者的工作仍然是辅助检察官处理相关案件,其工作仍具有辅助性,明显不同于当事人、法定代理人、诉讼代理人、辩护人和翻译人员。

其次,特邀检察官助理还具有专家身份,在案件审理的过程中,根据专业

---

① 《刑事诉讼法》第 108 条第 4 项规定:"诉讼参与人是指当事人、法定代理人、诉讼代理人、辩护人、证人、鉴定人和翻译人员。"

知识对案件中所涉及的专业问题进行科学的解答与鉴定，这与证人、鉴定人出庭承担的任务有着本质的区别。简言之，与证人的不同之处在于：其一，证人具有身份上的不可替代性，作为亲历案件的人，证人无法被事先指定，而特邀检察官助理是检察机关指派任命的，其身份具有可替代性。其二，特邀检察官助理与证人在诉讼中作证或者提供意见的方式不同。证人以其亲身感知的事实作证，不能对案件中有关问题进行假设性或推理性陈述。而特邀检察官助理以自己的专业知识来为检察官提供意见以帮助推进办案，有时必然会运用推理来发表自己的意见。与鉴定人的不同之处在于：其一，鉴定人的选任条件有明确的规定，常常需要特定的资质或证书等。而关于特邀检察官助理的聘任，目前没有具体的法律法规来规定，也没有相关的行业认证制度。其二，鉴定人通常是以鉴定机构的名义作出鉴定意见，而特邀检察官助理辅助办案是其个人行为，以自己的名义而非其工作单位或者所属机构。在这里不得不提的是一种特殊主体——专家辅助人，其虽不是诉讼法中明确规定的主体，但是其与鉴定人具有相同的诉讼地位，专家辅助人意见与鉴定意见具有了同等的证据效力。[1]《刑事诉讼法》第 197 条第 2 款规定，"公诉人、当事人和辩护人、诉讼代理人可以申请法庭通知有专门知识的人出庭，就鉴定人作出的鉴定意见提出意见"。目前，学界习惯于称此条款中的"有专门知识的人"为刑事诉讼"专家辅助人"。[2] 由此可见，专家辅助人就是有专门知识的人，特邀检察官助理是否等同于有专门知识的人，笔者认为前者属于后者的特殊类型（下文将展开详述）。

最后，根据《检察机关民事行政公益诉讼办案指南（试行）》关于公益诉讼起诉人的身份的规定，在民事公益诉讼中，公益诉讼起诉人首先为法律规定的机关和社会组织，其次才是检察机关。在行政公益诉讼中，目前公益诉讼起诉人只有检察机关。而对于特邀检察官助理的身份，现行法律法规没有具体的规定，实践中所聘任的均是在某一领域拥有专门知识的专家学者或是行政执法部门相关资深人员。两者在身份上有一定差异。不仅如此，特邀检察官助理虽然是由检察官指派或者聘请参与到刑事案件中来，但是其专家的身份具有独立性，不受各方利益左右，不属于公益诉讼起诉人。

（二）特邀检察官助理出具意见的属性不清

在证据法学的研究中，将证据划分为不同的种类分别进行相应的研究是通常的做法。我国的"三大诉讼法"均对证据种类有明确的规定。根据现行

---

① 张保生：《关于专家辅助人角色规定的变化》，载《证据科学》2018 年第 5 期。

② 李沁荷：《论刑事诉讼专家辅助人之诉讼属性》，载《怀化学院学报》2016 年第 3 期。

《刑事诉讼法》第50条第1款的规定，证据是指可以用于证明案件事实的材料。第2款即列举证据的种类，即"证据包括：（一）物证；（二）书证；（三）证人证言；（四）被害人陈述；（五）犯罪嫌疑人、被告人供述和辩解；（六）鉴定意见；（七）勘验、检查、辨认、侦查实验等笔录；（八）视听资料、电子数据。"其中证人证言是指证人就其所了解的案件情况向公安司法机关所作的陈述。被害人陈述是指刑事被害人就其被害情况和其他有关的情况向公安司法机关所作出的陈述。鉴定意见是指受公安司法机关指派或者聘请的鉴定人，对案件中的专门性问题进行鉴定后所作出的书面意见。

特邀检察官助理在参与办案过程中针对专业性问题给予的解释是为了解决案件中所涉及的专业问题，旨在辅助检察官查明事实真相，无论是在案件的立案、侦查、审查起诉还是在庭审的过程中，特邀检察官助理仅仅是根据自身所掌握的专业知识，以事实为依据，以科学为准绳，客观中立地对案件中所涉及的专业问题进行辅助性解答，不同于物证、书证、勘验、检查、辨认、侦查实验等笔录、被害人陈述、犯罪嫌疑人、被告人供述和辩解等法定证据种类，其是否属于鉴定意见或者证人证言，笔者认为答案是否定的。

简言之，与证人证言不同之处在于：其一，证人证言和特邀检察官助理所出具意见的效力不同。证人证言是法定的证据种类之一，拥有证明力和证据能力，而特邀检察官助理所出具的意见是否具有证据属性目前"无法可依"。其二，证人证言的形成是证人的主观感觉认识对客观世界的反应，因此，证人证言具有很大的主观性。而特邀检察官助理所出具的意见是基于其专业知识而来，较为客观与科学。与鉴定意见不同之处在于：其一，鉴定意见和特邀检察官助理所出具意见的效力不同。鉴定意见也是法定的证据种类，并且因为其专业性，一般来说在司法实践中具有较高的证明力。而特邀检察官助理所出具的意见是否可以作为裁判的依据抑或作为裁判的参考来增强或者削弱裁判者对于案件事实的内心确信尚不明确。其二，鉴定意见与特邀检察官助理所出具意见的形式不同。鉴定人在依法完成鉴定程序后必须出具书面的《鉴定书》，而特邀检察官助理所出具意见的形式目前并无规定，可以是书面的，也可以是口头的。故而，在现行的法律框架之内，特邀检察官助理在办案过程中出具的意见不能直接归属于现行法律规定的任何一种证据类型，那么其就案件中专业问题出具意见的法律属性为何，这也是必须解决的问题。

（三）特邀检察官助理权利义务、工作内容不清

明确"特邀检察官助理"享有的权利和应当履行的义务，是确保该制度在司法办案中发挥作用和保证案件效果的前提条件。在司法体制改革之后，检察官不再仅仅是个人，而是一个履行司法办案职责，在检委会、检察长的直接

领导下，由检察官负责、检察辅助人员协助具体案件承办及承担司法责任的组织。① 检察官是案件的主导，居于主动地位，主持整个案件的办理流程。在公益诉讼领域，引入特邀检察官助理制度，旨在解决案件涉及的专门性问题，特邀检察官助理不能对事实认定和法律适用发表自己的看法，检察官仍然应当担任案件办理过程中的主导角色。但是在法律上和实际办案过程中，对于特邀检察官助理的相关规定的缺失，导致特邀检察官助理职责不清，检察官对于特邀检察官助理的定位不准，不能很好地发挥特邀检察官助理的专业特长，以上海检察机关为例，特邀检察官助理的工作大都聚焦于公益诉讼工作领域，特邀检察官助理的工作内容也是较为多样。虽然一般都是较高级别的脑力劳动，技术含量较高，但各个基层检察院的做法又不同。例如浦东新区院是特邀来院授课，宝山区院是特邀来拓展案源，提供意见，加强监督，做好宣传，而崇明区院是调查取证、鉴定评估。

（四）特邀检察官助理选任与启动程序缺位

程序之于实体相当于鸟之双翼、车之两轮，只有程序规范才能保障实体的正义。从法学理论上，程序具有自身独立的重要价值，"在价值一元化的状态不复存在时，民主的程序便代之成为正当化的根据"，② 在司法程序中，程序正义可以保障判决的公正性，增强判决的公信力。"特邀检察官助理"这一工作机制属于诉讼程序的一部分，它服务于诉讼程序，运用于公益诉讼，具有程序价值。从法律的功能来看，明确的规定具有明确预期、指引人们行为的作用。因此，从方便工作、降低经济成本、提高效率的角度，规范性文件的出台可以使得相关干警能够有章可循、按图索骥，从而能够更有效、顺畅地开展公益诉讼工作，从而更好地保护社会公共利益。

如同刑事诉讼中的鉴定人一样，特邀检察官助理对于查明案件事实、保障案件质量具有重要意义。因此也要像鉴定人需要专业技术能力和专业资质一样，特邀检察官助理也需要一定的资格和门槛，以保证出具意见的权威性。特邀检察官助理制度设置的初衷在于帮助检察官解决法律专业之外的专门性问题，从而使得案件事实更加清晰、明了，法官断案依据更加充分，进而保障案件的客观、公平、正义，维护当事人的合法权益。因而，科学选任特邀检察官助理的方法、合理规范特邀检察官助理参与案件的启动程序确有必要，但是在司法实践中，"特邀检察官助理"都是聘任式的，临时性居多。一般的形式是检察机关和相关的专业机构通过事前沟通，达成意向，然后通过召开联席会

① 黄常明：《检察官与助理工作配合问题探讨》，载《人民检察》2017 年第 22 期。

② 樊崇义主编：《刑事诉讼法实施问题与对策研究》，中国人民公安大学出版社 2002 年版，第 19 页。

议，在会议上颁发聘书。例如长宁区检察院是发出邀请，然后由被邀请单位自己推荐。至于如何选择特邀检察官助理，什么样的专家适合担任特邀检察官助理，在什么时间、遇到什么类型的案件需要特邀检察官助理，没有任何法律法规加以说明，导致实践中操作的随意性很大，不利于实体正义的实现。

三、特邀检察官助理制度构建问题破局的法律基础

（一）特邀检察官助理属于"有专门知识的人"

在上文已明晰特邀检察官的概念和特征之后，笔者认为"特邀检察官助理"应当属于"有专门知识的人"，属于后者特殊的类型。主要理由如下：

从文理解释的角度出发，根据最高人民检察院《关于指派、聘请有专门知识的人参与办案若干问题的规定（试行）》（以下简称《规定》），"有专门知识的人"是指运用专门知识参与人民检察院的办案活动，协助解决专门性问题或者提出意见的人。其中"专门知识"是指特定领域内的人员理解和掌握的、具有专业技术性的认识和经验等。上文已述，特邀检察官助理是在科学、技术以及其他专业知识方面具有特殊的专门知识或经验的，在公益诉讼诉讼过程中协助检察官分析技术问题、评定鉴定意见、对案件所涉专门问题进行说明或发表专业意见和评论的业务辅助人员。这是符合"有专门知识的人"的定义的。只不过特邀检察官助理所参与的案件目前仅仅限于公益诉讼案件，而根据《规定》，"有专门知识的人"可以被指派、聘请"参与办案"，此处"参与办案"并没有对案件的类型予以限制，当然包括公益诉讼案件。所以将特邀检察官助理看作"有专门知识的人"的一种是符合文理解释的。

从目的解释的角度出发，"特邀检察官助理"与"有专门知识的人"都属于专家型诉讼辅助人，参与诉讼的前提和目的是相同的，参与诉讼的前提都是案件涉及专业性问题，参与诉讼的目的都是凭借其专业知识和技能等帮助法官发现案件事实的真相。详言之，对检察系统而言，指派、聘请有专门知识的人参与办案，是促进检察队伍专业化和落实科技强检战略的重要路径。近年来，各式各样的专门性问题不断涌入司法活动，远远超出检察人员的知识储备范围，使检察机关在办理各类案件的过程中，有引入专业力量提供帮助的强烈诉求。实际上，有专门知识的人参与办案制度可以为检察系统带来多重效益，它不仅能弥补办案人员专门知识的短板，切实提高检察公信力，还将为面临发展瓶颈的检察技术队伍提供转型契机。[1] 而特邀检察官助理制度的探索与构建顺

---

① 刘品新：《〈关于指派、聘请有专门知识的人参与办案若干问题的规定（试行）〉的理解与适用》，载《人民检察》2018 年第 10 期。

应检察公益诉讼事业的发展，将特邀检察官助理引入检察机关公益诉讼办案可能覆盖的程序中，可以弥补检察官在法律之外其他专业领域知识的不足，为检察官补齐办案短板，延伸检察官办理疑难案件的能力。由此可见，特邀检察官助理的制度构建与有专门知识的人的制度引入是一脉相承的。

从立法沿革的角度出发，第十三届全国人大常委会第六次会议对《人民检察院组织法》（修订草案）进行分组审议时，曾有多位委员建议在人民检察院组织法中明确特邀检察官助理的法律身份，建立特邀检察官助理制度。具体建议为在人民检察院组织法修订案草案第 43 条中增加规定："人民检察院可以从行政机关和社会组织中聘请有专门知识的人担任特邀检察官助理，辅助检察官办理案件，特邀检察官助理由检察长任命。"虽然立法并未采纳这一建议，但也从另一个侧面反映出特邀检察官助理属于有专门知识的人是得到很多立法委员认可的。① 承认特邀检察官助理属于"有专门知识的人"的特殊类型将会为构建特邀检察官助理制度提供路径参考，《规定》中关于"有专门知识的人"的含义界定、权利义务、参与案件的范围、选任的资格与方法等均有所规定，这将为构建特邀检察官助理制度提供有益借鉴。

当然，在这里不得不提的是"特邀检察官助理"与"有专门知识的人"相比还是有其特殊之处的，其特殊性体现在三个方面：

第一，资格条件不同。"有专门知识的人"只需对相关鉴定事项具有相当的专业知识即可，② 这种专业知识可以通过正规的教育或培训获得，也可以通过相关的工作经验获得。"特邀检察官助理"除了拥有相当的专业知识，还存在资质条件——获得检察机关"特邀检察官助理"的任命资格，何种资质由检察机关把握。

第二，中立性不同。"有专业知识的人"通常为诉讼一方聘请，并基于一方的申请而加入诉讼，其作为一方诉讼阵营的重要组成力量，其意见可能存在偏袒的情况。③ 在英美法系国家，专家证人一般是由当事人聘请的，当事人聘请专家证人的目的在于利用专家证人的专业知识在法庭上提供有利于己方的专业意见，从而增加赢得诉讼的概率。④ 在我国《刑事诉讼法》中，可以申请"有专门知识的人"的对象为公诉人、当事人和辩护人、诉讼代理人。专家辅

---

① 朱宁宁：《调查核实权应写入法律》，载《法制日报》2018 年 10 月 24 日，第 2 版。

② 王尚新、李寿伟：《〈关于修改刑事诉讼法的决定〉解释与适用》，人民法院出版社 2012 年版，第 192 页。

③ 胡冬阳：《新〈刑事诉讼法〉中"有专门知识的人"的法律地位》，载《广西警官高等专科学校学报》2012 年第 6 期。

④ 徐继军：《专家证人研究》，中国人民大学出版社 2004 年版，第 14 页。

助人身份具有三重性：一是具有当事人律师的角色，特别表现在质证方面；二是具有当事人证人的角色；三是在民事诉讼法的一些规定中又具有当事人身份。① 而"特邀检察官助理"是由检察机关聘任，作为检察机关阵营的一方力量参与到诉讼程序中，秉承客观中立的态度参与诉讼，帮助检察官解决诉讼案件中存在的专门性问题，如案件中存在有利于犯罪嫌疑人的倾向，"特邀检察官助理"也应坚持中立性原则，不能违背科学精神提出虚假意见。

第三，发挥的作用不同。"有专门知识的人"参与诉讼的作用是帮助法官发挥科学证据守门员的作用，打破了鉴定人"一言堂"的局面，可用其质疑使法官"兼听则明"。而特邀检察官助理的身份具有双重性：一是具有专家的角色，特别是在涉及专业性问题方面；二是具有检察官助理的角色，主要体现在辅助检察官办理案件方面。其是"特邀"来帮助检察官解答专业问题，其参与案件的范围显然比"有专门知识的人"要宽。

（二）"特邀检察官助理"成为法定诉讼参与人之可能

通过上文对法定诉讼参与人的梳理可以发现，特邀检察官助理与上述法定的诉讼参与人均存在区别。但是对于诉讼参与人的理解不能仅仅拘泥于"刑诉法"第108条的字面含义，而是应当从诉讼参与人的内涵理解确定其外延。② 根据诉讼参与人的概念可知，其内涵本质上包括三方面的内容：其一，诉讼参与人是依法参与刑事诉讼活动的主体；其二，诉讼参与人依法享有一定的诉讼权利，承担一定的诉讼义务；其三，诉讼参与人是国家机关及其工作人员以外的主体。③ 因为成文法固有的局限性，不可能完全列举诉讼参与人的种类及其范围，难以满足司法实践的需求。从诉讼参与人的内涵也可以看出，其范围不应该局限于法条列举的种类。司法实践中也常常出现见证人、保证人、单位犯罪的诉讼代表人等不是形式上的诉讼参与人，却实质上参与诉讼、享有法定的诉讼权利并承担诉讼义务，诉讼参与人的主体范围在一定程度上扩大。这也为特邀检察官助理成为诉讼参与人创造了可能。

（三）"特邀检察官助理"出具意见成为法定证据之可能

通过上文对法定证据种类的梳理可以发现，特邀检察官助理出具的意见不属于法定证据种类的任何一种，那么将其作为定案的依据是否会遭受"于法无据"的质疑，答案是否定的。理由如下：通过比较《民事诉讼法》和《刑

---

① 参见张保生：《关于专家辅助人角色规定的变化》，载《证据科学》2018年第5期。

② 参见许江：《论刑事诉讼参与人范围的完善》，载《南京大学学报（哲学人文社会科学版）》2008年第5期。

③ 参见陈邦达：《论"有专门知识的人"参与刑事诉讼》，载《大连理工大学学报》2014年第3期。

事诉讼法》关于证据规定的措辞改变，可以发现立法者对于证据的范围在有意无意地予以扩大，即将过去的"证据有下列 X 种"的规定，修改为"证据包括"。理论上的主流观点认为，"包括"一词所表达出来的意思是证据不仅仅是法律明文列举的这八种，还灵活地包容其他类型，其是一种"半开放型"的证据种类表达模式。① 这也使得特邀检察官助理在参与办案过程中出具的意见具有证据效力成为了可能。

四、特邀检察官助理制度构建的对策与建议

（一）明确特邀检察官助理的诉讼地位

如同"有专门知识的人"应当隶属于诉讼参与人的范畴一样，② "特邀检察官助理"的工作具有辅助性及其专家身份的独立性，③ 笔者认为也应当赋予其独立的诉讼参与人的地位。

从应然的角度出发，前文已述，特邀检察官助理属于"有专门知识的人"的特殊类型，"有专门知识的人"被视为独立的诉讼参与人是理论界和实务界的主流观点，不仅如此，根据《刑事诉讼法》的规定："有专门知识的人出庭，适用鉴定人的有关规定"这一立法原意可以看出，立法者有意将"有专门知识的人"作为与鉴定人并列的诉讼参与人。因此，"特邀检察官助理"也应当属于独立的诉讼参与人。

从功利的视角来看，其一，赋予特邀检察官助理独立的诉讼地位，有利于其坚持以事实为依据，以科学为准绳的原则，独立地分析案件中涉及的专业性的问题。④ 其二，可以在案件审理的过程中就专门性、专业性问题与鉴定人、有专门知识的人形成对抗机制，这将有利于推动我国职权主义的诉讼模式转变为抗辩式的诉讼模式。⑤

---

① 朱梦妮：《有专门知识的人出庭问题研究》，载《人民检察》2018 年第 17 期。

② 陈邦达：《论"有专门知识的人"参与刑事诉讼》，载《大连理工大学学报》2014 年第 3 期。

③ 朱华：《赋予"有专门知识的人"独立诉讼地位》，载《检察日报》2013 年 1 月 16 日，第 3 版。

④ 刘玫韩瀚：《刑事诉讼中"有专门知识的人"的诉讼地位、证据效力及质证范围》，载《中国政法大学学报》2016 年第 2 期。

⑤ 常林：《司法鉴定专家辅助人制度研究》，中国政法大学出版社 2012 年版，第 189 页。

（二）明确特邀检察官助理出具意见的属性

1. 认定特邀检察官助理出具意见的证据属性

《刑事诉讼法》中所列举的证据种类形式确实属于证据，但是由于此处法律用词的开放性，未进入此证据清单的相关材料也并不一定不具有证据能力，关键在于其是否具备成为法定诉讼证据的特征——客观性、关联性以及合法性。

关于特邀检察官助理在参与办案过程中出具的意见，笔者认为其满足证据学理上要求的"证据三性"，应当将其视为证据的一种。主要理由如下：第一，特邀检察官助理出具的意见对于案件中所涉及的专业性事实的更可能存在或者更可能不存在具有帮助作用，对于案件的评判会产生驳斥或者支持作用。这表明其意见对于待证事实来说具有实质的证明力。第二，意见是由特邀检察官助理立足理解和掌握的专业性认识或者经验的基础上，遵循科学原理和规律，以言词或者书面的形式表现出来，符合证据客观性的条件。第三，根据诉讼法以及《规定》等规范性法律文件的授权，"有专门知识的人"可以被指派、聘请参与办案。特邀检察官助理作为"有专门知识的人"的一种特殊类型，其严格遵守法律程序所形成的专业性意见，自然满足证据的合法性要件。不仅如此，在司法实践中已有将专家出具的意见作为证据使用的先例，例如在最高人民检察院第八批指导性案例第 28 号"江苏省常州市检察院诉许建惠、许玉仙民事公益诉讼案"中，公益诉讼人向法院申请环境专家进入案件诉讼程序，就案件涉及的环境资源专业性问题发表意见，并得到法官的认可，作为定案依据。① 2015 年最高人民法院发布的有关民事公益诉讼的司法解释也明确提出有专门知识的人提出的意见经质证可以作为认定事实的依据，这也肯定了该意见的证据属性。②

2. 确立明确的庭审采信规则

确认特邀检察官助理出具意见的证据属性之后，其意见如何让法官采信，认可其意见的科学性和合理性，这在立法和实践中均没有成熟的做法，对此可以参考鉴定意见的审查标准——形式审查与实质审查相结合。详言之，在形式

---

① 万春：《最高人民检察院第八批指导性案例解读》，载《人民检察》2017 年第 6 期。

② 2015 年最高人民法院出台的《关于审理环境民事公益诉讼案件适用法律若干问题的解释》第 15 条规定："当事人申请通知有专门知识的人出庭，就鉴定人作出的鉴定意见或者就因果关系、生态环境修复方式、生态环境修复费用以及生态环境受到损害至修复完成期间服务功能丧失导致的损失等专门问题提出意见的，人民法院可以准许。前款规定的专家意见经质证，可以作为认定事实的根据。"

审查方面着重审查意见出具的主体是否适格，即审查特邀检察官助理是否具有相应的专业能力、是否具有法律规定的任职资格、是否满足相应的启动程序等（对于特邀检察官助理任职资格、启动程序等下文将展开详述）。对出具的意见形式审查一般可以采取消极的审查方式，即一般认为适格主体所出具的意见结论程序正当，如确实存在违反程序正当之处，则否定其出具意见的合法性。在实质审查方面着重审查两个方面：第一，意见的科学性与专业性。对此可以借鉴美国目前通行的做法，即对于科学专家证据的采信标准采用"道伯特标准"。① 具体而言，有如下标准：其一，该理论或者技术是否已经得到或可以被检验；其二，该理论或者技术是否得到同行的认可或者已经公开发表论文；其三，适用该理论或者技术已知的或者潜在的错误概率有多大；其四，该理论或者技术是否已经得到普遍的接受。确立特邀检察官助理的意见的采信规则可以让该意见更具参考意义，增强其证明力，给予其意见的科学性以更加直观的规定，使得法官在采信其意见时可以做到有据可依。第二，意见的效力性。意见作为证明的一种，即使符合科学性和专业性也不必然具有证明力和排他的说明力，还需要将意见与全案的其他证据综合起来审查判断，使意见回归到具体案件情形中去接受检验审查——意见只能证明专门性的事实问题，不能越俎代庖对有关法律问题做出判断；意见只有与其他证据相互印证形成完整的证据链条才可以作为证据予以采信，即在审查意见的效力时，必须将意见与其他证据联系起来审查，确保证据链的完整性。

（三）厘清特邀检察官助理与检察官之间的关系

1. 确立检察官在案件中的主导地位

根据最高人民检察院发布的《关于完善人民检察院司法责任制的若干意见》第10条的规定，检察官与检察官助理的职责区分主要体现在"决定权"和"亲历性"上。检察官对所承办案件在职权范围内有决定权，包括对程序问题上的决定权。与此同时，为了保证检察官在案件办理过程中正确行使该权利，要求检察官参与案件办理的全部流程，并且留痕。特邀检察官助理的工作性质具有辅助性，其在案件办理的过程中仅仅承担辅助检察官的职责，检察官在处理相关专业性案件的过程中应当做到独立自主，对专门性问题的诠释、对专业问题的解释对特邀检察官助理做到依靠但不依赖，在办案组织的内部，检察官具有较强的办案能力和丰富的办案经验，应当做到以检察官为主，以特邀检察官助理为辅，前者是办案主体，后者是前者的助手。

---

① 胡文丽：《论"有专门知识的人"制度存在的问题》，载《中国检察官》2013年第12期。

2. 明确特邀检察官助理与检察官之间的司法责任

"决定权"和"亲历性"赋予检察官独立办理案件、享有决定案件内容和程序的权利，根据权责统一的原则，检察官应当对整个案件的办理流程全面介入、全面负责。对于特邀检察官助理的司法责任该如何认定，其对办理案件的结果是否需要承担责任这个问题。笔者认为，应当根据权责统一的原则予以确定。特邀检察官助理的工作具有辅助性，其虽然实质性地参与案件的办理，但是不享有案件的决定权，其必须服从检察官的指挥和主导。无论特邀检察官助理介入案件有多深，对最终案件的结果影响有多大，其总是辅助检察官办理案件，这也就表明其难以对最终的案件结果承担直接的责任。[1] 但是其要对辅助办案的行为承担责任。具体而言，当案件办理的结果出现问题时，首先应当追究检察官的司法责任，然后再调查检察官是否存在违法行为的过程中进行问题倒查，追究特邀检察官助理的司法责任。根据其在案件办理过程中主观上的故意、重大过失承担相应的责任。[2]

（四）明确特邀检察官助理的选任资格、方法、启动程序

1. 确认特邀检察官助理的选任资格

由于"特邀检察官助理"是特殊的"有专门知识的人"，所以对于"特邀检察官助理"的选任应当以符合"有专门知识的人"的条件为原则，以在生态环境、资源保护、食品药品安全等公益诉讼领域具有专门知识为补充。这样既可以做到选任时有法可依，又能在公益诉讼领域突出重点，提高实践的可操作性。具体而言，"特邀检察官助理"的选任可以参考如下重要要素：一是应当具有相应的专业技术能力，包括必需的教育、技能基础、学位和职业资格、培训或实践经验、科研成果等，[3] 尤其是在公益诉讼领域需要具有专业技术性的认识和经验。二是应当具备一定的基本素养，这里的基本素养包括知识、技能、职业操守、品格表现乃至生活秉性等客观化的标准。[4] 对于不适合作为"特邀检察官助理"的情形可以参照《规定》中关于"不得作为有专门知识的

① 高宗祥、李领臣：《检察辅助人员辅助办案机制检视》，载《人民检察》2017年第7期。

② 刘晴、段明学：《检察官与检察官助理职权关系研究》，载《人民检察》2018年第4期。

③ 刘慧：《构建我国"有专门知识的人"的资格要件》，载《中国政法大学学报》2018年第1期。

④ 李毅磊：《有专门知识的人制度在公诉环节的规范适用》，载《人民检察》2014年第14期。

人参与办案"的规定执行。①

2. 明确特邀检察官助理的选任方法

根据《规定》第3条第1款、第4条以及第5条的规定，"有专门知识的人"参与办案有两种方式——指派或者聘请。指派参与办案的一般是针对检察机关内部人士而言，如对本院、下级检察院或同一办案组的人员。当然对于上级、同级或外地检察院的人员也可以采取聘请的方式。对于检察机关外的有专门知识的人参与办案的方式则为聘请。② 从各地检察机关对于特邀检察官助理的选任方法上来看，多采取这两种方式，效果很好。因此，笔者认为指派和聘请可以成为特邀检察官助理选任的主要方法。

为了确保特邀检察官助理符合指派或者聘请的要求，笔者认为检察机关应当进行必要的条件核查。对于指派的特邀检察官助理，其资质和专业能力方面一般都有备案或者登记，因而无须再对其进行审查。对于聘请的检察机关以外的专家作为特邀检察官助理的，应当查明表明其专业能力的材料是否齐备属实。相关材料应当结合其选任资格进行审查，包括但不限于学历证、学位证、专业技术证书、从事专业工作的经历以及业务成果等。对于符合条件的，检察机关可以自行决定是否制作或者发放聘请文书。③ 对于审查专业能力和核查有关材料的工作，应当由承办案件的检察官负责，必要时可以申请检察机关技术部门予以协助。

3. 规范特邀检察官助理的启动程序

根据《刑事诉讼法》的相关规定，对于"有专门知识的人"的启动遵循我国特有的职权主义模式，即"有专门知识的人"由公诉人、当事人和辩护人、诉讼代理人提出申请并由法庭作出决定。然而，特邀检察官助理参与的案件具有特殊性，有可能从立案之初便需要其协助检察官进行专业性问题的分析与解答，所以仍按照"有专门知识的人"的启动程序是不切实际的。因此，特邀检察官助理的启动程序应另辟蹊径，从形式程序上和实质内容上予以

---

① 2018年最高人民检察院《关于指派、聘请有专门知识的人参与办案若干问题的规定（试行）》第3条第2款规定："有下列情形之一的人员，不得作为有专门知识的人参与办案：（一）因违反职业道德，被主管部门注销鉴定资格、撤销鉴定人登记，或者吊销其他执业资格、近三年以内被处以停止执业处罚的；（二）无民事行为能力或者限制民事行为能力的；（三）近三年以内违反本规定第十八条至第二十一条规定的；（四）以办案人员等身份参与过本案办理工作的；（五）不宜作为有专门知识的人参与办案的其他情形。"

② 刘品新：《〈关于指派、聘请有专门知识的人参与办案若干问题的规定（试行）〉的理解与适用》，载《人民检察》2018年第10期。

③ 刘品新：《〈关于指派、聘请有专门知识的人参与办案若干问题的规定（试行）〉的理解与适用》，载《人民检察》2018年第10期。

规范。

从形式程序上，特邀检察官助理的启动程序可以参考公益诉讼办案的实践经验：根据公益诉讼案件对特邀检察官助理的全程需要，只要有线索表明对"公益诉讼"需要作出专业化的判断，就可以启动该制度，指聘特邀检察官助理提供专业化的支持与帮助；特邀检察官助理的指聘主体应当是检察机关，并与特邀检察官助理订立委托聘任合同，明确约定权利义务关系、费用保障和作证要求。检察机关向法院申请特邀检察官助理出庭时，应向法院出具所指聘的特邀检察官助理具有与被诉公益诉讼案件所涉及的专门性问题相关的专门知识资料的证明。特邀检察官助理在庭审活动中应按照检察机关委托，就公益诉讼案件中所涉及的专门问题进行质证、说明或者发表意见，不得对案件事实认定或法律适用发表意见。①

从实质内容上，只有承办检察官对案件事实和证据所反映出的专业性、技术性的问题存在疑问时，才需要借助特邀检察官助理的专门知识或者经验进行解释或者说明，从而达到认定事实、固定证据的诉讼目的。为了避免司法资源浪费，提高诉讼效率，笔者认为，存在如下情形承办检察官不宜申请特邀检察官助理参与办案：第一，案件中所反映出的专业性的问题或者疑难点可以借助其他证据予以判断或者认定的；第二，案件中的存疑证据明显与其他证据不相符合，可以按照一般逻辑的经验法则加以排除的；第三，案件中的专业性问题，承办检察官可以依靠常识或者查询公开资料等常规信息渠道予以解释和认定的；第四，有争议的事实或者证据所反映出的专业性问题，在现有的理论和科技手段下无法得到合理性、肯定性解释的。②

（五）明确特邀检察官助理的权利与义务

1. 明确特邀检察官助理的参与范围

特邀检察官助理作为"有专门知识的人"的一种特殊的类型，其所参与案件的环节应当参考《规定》适用的范围，《规定》中关于"有专门知识的人"的工作范围，送审稿曾以"参与诉讼"进行概括。在对送审稿进行审议时，有人认为该表述不足以涵盖有专门知识的人的工作性质，《规定》最终将其确定为"参与办案"。③ 由此可以看出，解释者的原意是扩大此制度的适用

---

① 房家燕等：《行政公益诉讼中专家辅助人制度探析》，载《深化依法治国实践背景下的检察权运行——第十四届国家高级检察官论坛论文集》。

② 李毅磊：《有专门知识的人制度在公诉环节的规范适用》，载《人民检察》2014年第14期。

③ 刘品新：《〈关于指派、聘请有专门知识的人参与办案若干问题的规定（试行）〉的理解与适用》，载《人民检察》2018年第10期。

范围，不应将此制度限定于某一阶段，而应该在案件的全流程过程中予以适用。针对在公益案件中引入有专门知识的人，《规定》第12条、第13条进行了规定，明确了有专门知识的人可以参与立案、调查收集证据、法庭审理，第15条以概括性条文的方式——可以进行"其他办案活动"进行兜底。①《人民检察院提起公益诉讼试点工作实施办法》第6条和第33条也将有专门知识的人参与办案引入民事行政公益诉讼案件的调查工作，② 最高人民法院《关于因审理垄断行为引发的民事纠纷案件应用法律若干问题的规定》第13条也有类似的内容。③

对此，特邀检察官助理属于公益诉讼领域的具有专门知识的人，其参与案件的范围应当包含：第一，决定立案和调查收集证据。结合上述规定与相关调查研究，公益诉讼案件决定立案和调查证据时确实会遇到很多专业性、专门性的难题，对具有专业能力的人需求很大。将特邀检察官助理制度引入此阶段于法有据且满足实际需求。第二，法庭审理。特邀检察官助理可以就案件涉及的专门性问题形成客观、公正、科学的专家意见，在庭审阶段就专业问题参与质证。第三，其他办案活动。相关调研表明，其他情形包括但不限于批捕或者决

---

① 2018年最高人民检察院《关于指派、聘请有专门知识的人参与办案若干问题的规定（试行）》第12条规定："人民检察院在对公益诉讼案件决定立案和调查收集证据时，就涉及专门性问题的证据材料或者专业问题，可以指派、聘请有专门知识的人协助开展下列工作……"第13条规定："公益诉讼案件法庭审理中，人民检察院可以申请人民法院通知有专门知识的人出庭……"第14条规定："人民检察院在下列办案活动中，需要指派、聘请有专门知识的人的，可以适用本规定：……（五）需要指派、聘请有专门知识的人的其他办案活动。"

② 2015年最高人民检察院颁布的《人民检察院提起公益诉讼试点工作实施办法》第6条第1款规定："人民检察院可以采取以下方式调查核实污染环境、侵害众多消费者合法权益等违法行为、损害后果涉及的相关证据及有关情况：（一）调阅、复制有关行政执法卷宗材料；（二）询问违法行为人、证人等；（三）收集书证、物证、视听资料等证据；（四）咨询专业人员、相关部门或者行业协会等对专门问题的意见；（五）委托鉴定、评估、审计；（六）勘验物证、现场；（七）其他必要的调查方式。"第33条第1款规定："人民检察院可以采取以下方式调查核实有关行政机关违法行使职权或者不作为的相关证据及有关情况：（一）调阅、复制行政执法卷宗材料；（二）询问行政机关相关人员以及行政相对人、利害关系人、证人等；（三）收集书证、物证、视听资料等证据；（四）咨询专业人员、相关部门或者行业协会等对专门问题的意见；（五）委托鉴定、评估、审计；（六）勘验物证、现场；（七）其他必要的调查方式。"

③ 2012年最高人民法院《关于审理因垄断行为引发的民事纠纷案件应用法律若干问题的规定》第13条第1款规定："当事人可以向人民法院申请委托专业机构或者专业人员就案件的专门性问题作出市场调查或者经济分析报告。经人民法院同意，双方当事人可以协商确定专业机构或者专业人员；协商不成的，由人民法院指定。"

定逮捕、庭前会议、证据开示、化解矛盾和展开息诉工作以及民事公益诉讼案件的和解、调解等。①

2. 明确特邀检察官助理的工作内容

将特邀检察官助理制度引入公益诉讼的全部流程的初衷在于发挥有专门知识的特邀检察官助理的专业技能，为检察官在处理高度专业化的公益诉讼案件提供支持和帮助，其核心工作在于就案件所涉及的专门性问题进行答疑解惑。明确特邀检察官助理的工作内容需要解决两个问题，一是何谓专门性的问题，二是针对专门性的问题，特邀检察官助理应当如何展开协助。针对第一个问题，参考《人民检察院提起公益诉讼试点工作实施办法》《关于审理环境民事公益诉讼案件适用法律若干问题的解释》的相关规定，相关专门性问题包括但不限于生态环境、资源保护、食品药品安全、国有财产保护、国有土地使用权出让等领域内的违法行为、损害结果、因果关系、修复费用、损失等。针对第二个问题，参考《人民检察院提起公益诉讼试点工作实施办法》第 6 条和第 33 条，特邀检察官助理开展的工作具体包括：在检察官的主持下进行勘验或者检查；就需要鉴定，但没有法定鉴定机构的专门性问题进行检验；实践中为解决比较常见、突出问题所需要的其他必要工作。该兜底条款包括但不限于：就涉案专门性问题进行审查、评估、解释或说明；物证、书证数量较多时，就发现、提取、固定相关证据提供专业意见；协助进行侦查实验；就涉及复杂、疑难、特殊技术问题的鉴定事项或存疑鉴定意见提出咨询、复核意见等。②

3. 明确特邀检察官助理的诉讼权利

明确"特邀检察官助理"享有的权利和应当履行的义务，是确保该制度在司法办案中发挥作用和保证案件效果的前提条件。笔者认为应当参照刑事诉讼法以及《规定》关于"有专门知识的人"的权利规定，结合实际情况赋予其以下权利：

一是知情权，特邀检察官助理履行对专业问题提出意见的职责，其履职基础是充分了解案件资料，所以应当给予其查阅、摘抄、复制基本案情等与案件有关的诉讼材料的阅卷权利，特邀检察官助理只有在充分了解案件涉及的争议点以及技术性专业性问题，才能作出科学合理的专业意见。

二是调查取证权，由于特邀检察官助理专家身份的特殊性，其对专门问题

---

① 刘品新：《〈关于指派、聘请有专门知识的人参与办案若干问题的规定（试行）〉的理解与适用》，载《人民检察》2018 年第 10 期。

② 刘品新：《〈关于指派、聘请有专门知识的人参与办案若干问题的规定（试行）〉的理解与适用》，载《人民检察》2018 年第 10 期。

给出的意见往往需要建立在实践操作的基础上，所以应当赋予其在办案过程中的调查取证的权利，即在检察人员的主持下参与案件的调查取证，对案件中所出现的专门性问题进行勘验、检查、检验等。

三是就专业问题提出意见权，作为诉讼参与人，特邀检察官助理在案件办理的过程中应当有权对涉案专门性问题向检察官、法官和当事人进行询问，表达其专业意见。

四是质证、辩论权。在庭审中，特邀检察官助理可以辅助检察官向法庭解释证据来源、对案件所涉及的专门问题进行质证，并可以与鉴定人、对方申请的"有专门知识的人"就专门问题进行相互辩论。① 简言之，特邀检察官助理在庭审的过程中有权进行询问和辩驳，对专门性问题予以诠释。

五是特邀检察官助理及其近亲属的人身受到保护的权利，特邀检察官助理在参与到公益诉讼案件中可能会遭到有关利益方的侮辱、诽谤甚至是人身伤害等威胁，所以应当对其及近亲属予以保护。对于特邀检察官助理的保护可以参考《规定》第 16 条;②《保护司法人员依法履行法定职责规定》第 17 条、第

---

① 朱华:《赋予"有专门知识的人"独立诉讼地位》，载《检察日报》2013 年 1 月 16 日，第 3 版。

② 2018 年最高人民检察院《关于指派、聘请有专门知识的人参与办案若干问题的规定（试行）》第 16 条规定:"人民检察院依法保障接受指派、聘请参与办案的有专门知识的人及其近亲属的安全。对有专门知识的人及其近亲属进行威胁、侮辱、殴打、打击报复等，构成违法犯罪的，人民检察院应当移送公安机关处理;情节轻微的，予以批评教育、训诫。"

18 条；①《人民检察院刑事诉讼规则（试行）》第 76 条等规定。②

六是报酬取得权，特邀检察官助理因参与办案而支出的交通、住宿、就餐等费用，由人民检察院承担。对于聘请的特邀检察官助理，应当给予适当报酬。由人民检察院从办案经费中列支上述费用。

4. 明确特邀检察官助理的特定义务

权利与义务的对等是法律的基本原则，在赋予特邀检察官助理权利的同时，也要明确其义务，特邀检察官助理应当履行的义务包括客观义务、出庭义务、保密义务以及回避义务。第一，客观义务。公益诉讼的原则是维护公共利益，特邀检察官助理不得一味追求偏向于公诉方利益而歪曲解释科学原理，而应当保持专业人士冷静的科学态度和中立客观的素养。为了保证特邀检察官助理在案件过程中意见的发表符合客观公正的事实，可以在每个案件邀请两至三名特邀检察官助理单独发表意见，互相不得沟通、协调，如果有矛盾之处，再商讨如何解决这一矛盾，最终形成统一意见。第二，出庭义务。特邀检察官助理不仅在案件办理的全过程提供专业支持，在诉讼审理阶段，原则上也应当出庭，这是保证其意见真实的要求。同时为了保证诉讼力量的均衡，应当建议法

---

① 2016 年中共中央办公厅、国务院办公厅印发的《保护司法人员依法履行法定职责规定》第 17 条第 1 款规定："对干扰阻碍司法活动，威胁、报复陷害、侮辱诽谤、暴力伤害司法人员及其近亲属的行为，应当依法从严惩处。"第 18 条第 1 款规定："人民法院、人民检察院办理……危险性高的案件，应当对法官、检察官及其近亲属采取出庭保护、禁止特定人员接触以及其他必要的保护措施。对法官、检察官近亲属还可以采取隐匿身份的保护措施。"

② 2012 年最高人民检察院发布的《人民检察院刑事诉讼规则（试行）》第 76 条规定："对于危害国家安全犯罪、恐怖活动犯罪、黑社会性质的组织犯罪、毒品犯罪等案件，人民检察院在办理案件过程中，证人、鉴定人、被害人因在诉讼中作证，本人或者其近亲属人身安全面临危险，向人民检察院请求保护的，人民检察院应当受理并及时进行审查，对于确实存在人身安全危险的，应当立即采取必要的保护措施。人民检察院发现存在上述情形的，可以主动采取保护措施。人民检察院可以采取以下一项或者多项保护措施：（一）不公开真实姓名、住址和工作单位等个人信息；（二）建议法庭采取不暴露外貌、真实声音等出庭作证措施；（三）禁止特定的人员接触证人、鉴定人、被害人及其近亲属；（四）对人身和住宅采取专门性保护措施；（五）其他必要的保护措施。人民检察院依法决定不公开证人、鉴定人、被害人的真实姓名、住址和工作单位等个人信息的，可以在起诉书、询问笔录等法律文书、证据材料中使用化名代替证人、鉴定人、被害人的个人信息。但是应当另行书面说明使用化名的情况并标明密级。人民检察院依法采取保护措施，可以要求有关单位和个人予以配合。对证人及其近亲属进行威胁、侮辱、殴打或者打击报复，构成犯罪或者应当给予治安管理处罚的，人民检察院应当移送公安机关处理；情节轻微的，予以批评教育、训诫。"

庭通知被告一方也可以通知有专门知识的人出庭，由双方专家就案件涉及的专业问题展开争论。第三，保密义务。特邀检察官助理应当遵守相关法律法规和检察机关办案纪律的规定，对于在办理案件过程中知晓的国家秘密、商业秘密、个人隐私以及其他不得公开的秘密应当予以保密，不得泄露。第四，回避义务。为了保证案件的公平公正，与案件相关的人员或者有利益的人员应当进行回避。众所周知，公益诉讼涉及的往往都是公共的重大利益，在办理的过程中应当确保其客观公正，因此特邀检察官助理应当履行回避义务，由于其履行职责的范围涵盖立案、侦查、庭审等阶段，因此其回避的情形具体可参考《刑事诉讼法》关于检察人员、侦查人员以及鉴定人的回避规定。①

（六）建立特邀检察官助理的管理、退出机制

为了充分发挥特邀检察官助理的作用，发挥资源整合优势，保证特邀检察官助理制度科学高效的为公益诉讼服务，可以探索建立"特邀检察官助理"的管理、退出机制。

1. 建立特邀检察官助理智库：统一管理

为了方便个案适用、提高工作效率，对特邀检察官助理可以进行集中统一管理，整合资源，形成合力，更快更好地解决公益诉讼领域的疑难问题。对此，笔者建议可以由省、自治区、直辖市检察机关牵头建立特邀检察官助理智库，建库路径可以参考有专门知识的人的建库方法。具体而言，建库路径有两种：一是检察机关主动收集符合特邀检察官助理资质的人的信息，人员包括检察机关内部和外部。二是检察机关外的人员可以经本人申请或者他人推荐，由检察机关核实材料后纳入特邀检察官助理智库。② 待特邀检察官助理制度成熟后，检察机关可以将智库内的人员信息编制成特邀检察官助理推荐名册向外公布，做到司法公开透明，接受人民监督。对于已经建库的检察机关在办案的过程中可以直接指聘智库中的特邀检察官助理参与办案，当然也可以指聘库外的有专门知识的人参与办案。对于未建库的检察机关，可以从上级检察机关已建库的名单中挑选合适的人员，也可以指派库外人员参与办案。

---

① 《刑事诉讼法》第29条规定："审判人员、检察人员、侦查人员有下列情形之一的，应当自行回避，当事人及其法定代理人也有权要求他们回避：（一）是本案的当事人或者是当事人的近亲属的；（二）本人或者他的近亲属和本案有利害关系的；（三）担任过本案的证人、鉴定人、辩护人、诉讼代理人的；（四）与本案当事人有其他关系，可能影响公正处理案件的。"

② 刘品新：《〈关于指派、聘请有专门知识的人参与办案若干问题的规定（试行）〉的理解与适用》，载《人民检察》2018年第10期。

2. 明确特邀检察官助理退出原则

为了保证特邀检察官助理制度的科学性、合理性，对于特邀检察官助理应当明确退出原则，保证智库的流动性、与时俱进。因此，笔者认为可以从两个方面明确退出原则：一方面主动退出，由智库中的特邀检察官助理主动提出申请退出智库，由于其不属于编制内成员，检察机关一般应当允许；另一方面被动退出，由于个人原因不再适宜继续担任特邀检察官助理，比如专业知识已跟不上时代的发展，或者在办案的过程中，特邀检察官助理违反相关法律法规，故意或者重大过失，出现严重错误，影响正常办案的，人民检察院应当停止其参与办案，并从智库中除名。当然对于后者，可以参考《规定》的相关规定，确有必要时，检察机关可以建议相关单位对其予以行政处分，构成违法犯罪的依法予以追究行政责任或者刑事责任。①

---

① 2018 年最高人民检察院《关于指派、聘请有专门知识的人参与办案若干问题的规定（试行）》第 22 条规定："有专门知识的人违反本规定第十八条至第二十一条的规定，出现重大过错，影响正常办案的，人民检察院应当停止其作为有专门知识的人参与办案，并从推荐名单库中除名。必要时，可以建议其所在单位或者有关部门给予行政处分或者其他处分。构成违法犯罪的，依法追究行政责任或者刑事责任。"

罪错未成年人分级处遇制度研究[*]

上海市人民检察院第九检察部、
上海市长宁区人民检察院联合课题组[**]

2019 年 2 月 12 日，最高人民检察院在《2018—2022 年检察改革工作规划》（以下简称《改革规划》），指出"检察机关将探索建立罪错未成年人临界教育、家庭教育、分级处遇和保护处分制度"，以深化罪错未成年人的教育、感化、挽救工作。本文通过研究分级处遇的缘起和理论基础，提出罪错未成年人分级处遇的适用范围；在对相关立法和处遇措施现状进行评析的基础上，提出构建分级处遇制度和配套衔接机制的初步设想。

一、罪错未成年人分级处遇制度概念边界

（一）罪错未成年人分级处遇相关概念背景

1. 处遇概念的缘起

处遇一词为舶来品，在现代汉语中，一般是指处理、对待、矫正、治疗等意思。① 处遇概念缘起于刑事实证学派的兴起，立足于犯罪行为，是现代监狱学中的一个基本概念。犯罪人的处遇，即指国家为了防止犯罪、促进犯罪人重返社会而对犯罪人所施加的处置和待遇的总和。② 服刑人员处遇被迅速地推崇是在 1955 年日内瓦召开的联合国第一次"关于预防犯罪及犯罪人处遇"的会议之后。这次会议通过了《囚犯待遇最低限度标准规则》，将服刑人员处遇作为"以服刑人员的改造自新以及重返社会为目标的对应对象需要的处置"的含义得到各国一致响应。"处遇"是行刑个别化理念的重要内容，广义可以指国家和社会如何对待和处理犯罪人，是施予监禁刑还是非监禁刑。"处遇"一

---

* 上海市检察官协会 2019 年重点研究课题。

** 课题组负责人：吴燕；课题组成员：黄冬生、孙萍、钟芬。

① 熊波：《分层次构建罪错未成年人分级处遇制度》，载《检察日报》2019 年 2 月 24 日，第 3 版。

② ［日］大谷实：《刑事政策学》，黎宏译，法律出版社 2000 年版，第 160 页。

词也可指针对犯罪人特有的人身危险性和社会危害性来制定矫治措施，包括惩罚性的行为矫治、心理矫治以及社会力量的援助等。①

2. 分级处遇的最初内涵

分级处遇是处遇的形态概念，是一种管理制度，最早出现在监狱学范畴中。分级处遇将服刑人员按照不同的表现类型进行分级管理，配合以不同的处遇待遇，即监狱对服刑人员分类调查，对其改造表现、服刑时间和剩余刑期、犯罪性质及恶习程度等因素进行综合分析、评价之后，依据处遇方式和处遇内容宽严分级原则，确定对服刑人员的处遇方案。分级处遇要求在狱政管理、教育和劳动等监狱对服刑人员实施管理和矫正的各个方面，按照不同级别分别对服刑人员给予不同的处遇方式和处遇内容。其目的在于对服刑人员遵循区别对待的原则，实行不同的矫治和管束方法，逐步由强制管束向自觉管束转变，达到矫正恶习，提高改造质量的目的。

从处遇与分级处遇的概念可见，矫正是目的，分级处遇是手段和方式。研究罪错未成年人的分级处遇，要吸收"罪犯处遇"理论的精髓，体现预防和制裁双向功能，将规制与调整的个别化与差异化作为制度的核心思路进行构建。

（二）分级处遇制度适用主体的罪错未成年人范围界定

传统的处遇或分级处遇的对象适用于罪犯，如若将"罪错未成年人"直接理解为"未成年罪犯"，既达不到《改革规划》的要求与目的，也无法体现处遇的层次性。

1. 目前关于少年罪错的法律规定

我国在立法上明确规定了违法与犯罪的区别。少年犯罪，指具有刑事责任能力的未成年人，触犯刑法规定的罪名，应当受到刑罚处罚的行为。少年违法，指未成年人违反法律规定但尚未构成犯罪的行为。由于我国没有专门的少年法或少年刑事法，所以，对于违法行为的相关规定，只能在其他的法律法规中寻找相关依据。

（1）刑法中关于少年犯罪的规定

我国《刑法》第 17 条规定，已满 16 周岁的人犯罪，应当负刑事责任；已满 14 周岁不满 16 周岁对八类社会危害性极大的犯罪（故意杀人、故意伤害致人重伤或者死亡、强奸、抢劫、贩卖毒品、放火、爆炸、投放危险物质罪）应当负刑事责任。可以看出，我国《刑法》中采用的是狭义上的少年犯罪，

---

① 林宇虹：《我国 14 周岁以下"严重不良少年"司法处遇制度探究》，载《法制与社会》2014 年第 6 期。

包括年满 16 周岁不满 18 周岁的人犯罪和年满 14 周岁不满 16 周岁的人犯八种重罪的情形。

（2）其他法律中关于不良行为的规定

在刑法中的专门条款之外，我国关于未成年人犯罪的保护和预防主要体现在《未成年人保护法》和《预防未成年人犯罪法》两部法律中。我国 2012 年《预防未成年人犯罪法》第 14 条、第 34 条分别列举了未成年人的"不良行为"和"严重不良行为"共 18 类。① 从兜底条款来看，"不良行为"似乎与严重违背社会公德的行为相对应；"严重不良行为"似乎与严重危害社会的行为相对应。然而全面分析所列举的 18 类行为：这些行为中，有些属于违法行为（比如"打架斗殴"等）；有些可能恰好处在犯罪的边缘，甚至就是犯罪行为（比如"传播淫秽读物、影像制品"等）；有些仅违背社会公德或学生行为规范但并不违法（比如"旷课、夜不归宿"等）②；有些行为虽然违法但对于未成年人而言更适合定位为受害者（比如"进行卖淫活动"等）。客观上讲，《预防未成年人犯罪法》将多种性质的行为，仅以"不良行为"和"严重不良行为"予以界定，并不利于对未成年人危害社会行为的发现和矫治。③ 如前文所述，《预防未成年人犯罪法》中"不良行为"和"严重不良行为"与《刑法》《治安管理处罚法》之间产生了责任竞合关系。由于责任主体是未成年人，通常实践中优先适用《预防未成年人犯罪法》已经成为习惯性选择，对未成年人"不良行为"或"严重不良行为"是否构成违法或犯罪，往往不再进行认真的司法审查，直接导致执法效果不佳。④

---

① 2012 年《预防未成年人犯罪法》第 14 条规定："未成年人的父母或者其他监护人和学校应当教育未成年人不得有下列不良行为：（一）旷课、夜不归宿；（二）携带管制刀具；（三）打架斗殴、辱骂他人；（四）强行向他人索要财物；（五）偷窃、故意毁坏财物；（六）参与赌博或者变相赌博；（七）观看、收听色情、淫秽的音像制品、读物等；（八）进入法律、法规规定未成年人不适宜进入的营业性歌舞厅等场所；（九）其他严重违背社会公德的不良行为。"第 34 条规定："本法所称'严重不良行为'，是指下列严重危害社会，尚不够刑事处罚的违法行为：（一）纠集他人结伙滋事，扰乱治安；（二）携带管制刀具，屡教不改；（三）多次拦截殴打他人或者强行索要他人财物；（四）传播淫秽的读物或者音像制品等；（五）进行淫乱或者色情、卖淫活动；（六）多次偷窃；（七）参与赌博，屡教不改；（八）吸食、注射毒品；（九）其他严重危害社会的行为。"

② 吴海航：《街头辅导与少年商谈：日本不良少年矫正教育的启示》，载《中国青年研究》2010 年第 4 期。

③ 吴海航：《街头辅导与少年商谈：日本不良少年矫正教育的启示》，载《中国青年研究》2010 年第 4 期。

④ 吴海航：《街头辅导与少年商谈：日本不良少年矫正教育的启示》，载《中国青年研究》2010 年第 4 期。

2. 分级处遇制度适用主体的罪错未成年人范围界定

本文认为，分级处遇适用的罪错未成年人，既包括狭义上的实施犯罪行为的未成年人，也包括实施严重不良行为的未成年人。从客观事实的角度来看，少年违法犯罪活动并非一触即发，而是一个逐渐积累和演进的过程，绝大多数的违法犯罪行为都源于不良的行为习惯。一旦未成年人形成了不良的行为习惯，而这种不良的行为习惯不能得到及时的矫正，少年就容易越陷越深，最终走上犯罪的道路。此外，对于未成年人的犯罪行为、违法行为以及不道德行为之间的界限和区别难以进行划分和界定。为了达到对犯罪进行有效预防的目的，应及时地对"前违法犯罪活动"进行社会干预。

然而，少年司法并非解决少年问题的唯一手段和最佳手段，基于《北京规则》提出的减少根据法律进行干预的必要和我国少年司法传统的"社会优先、司法兜底"模式，同时考虑刑法的谦抑性和司法资源的有限性，对于实施逃学、夜不归宿、离家出走、吸烟酗酒、结交不良朋辈或加入不良团体、出入未成年人不宜入内的场所等身份罪错行为的虞犯未成年人，不宜纳入司法范围，以家庭、学校、公益组织、社区等社会力量以及教育行政部门等力量进行干预为宜，由《预防未成年人犯罪法》进行规定即可。对于少年的一般不良行为，则应避免国家强制力的过度干涉，尤其是避免行政权和司法权的过度干涉而产生标签效应。因此，分级处遇的对象应是实施了触犯治安管理处罚法和刑法行为（以下简称触法）的未成年人。

二、罪错未成年人分级处遇的理论基础和域外机制的借鉴比较

（一）分级处遇的理论基础

1. 教育刑理论

教育刑是刑罚理念之一，有别于传统的报应刑，其适用刑罚的目的是教育犯罪人改恶从善，复归社会。[①] 教育刑理论关注具体的犯罪行为人，注重刑罚的预防功能，从行为人思想的改造入手，最终让行为人矫正不良行为。现代科学研究表明，未成年人处于快速成长期，生理和心理仍处于发育状态，适应能力和控制能力也不足，极易受到外部环境的影响。相对于成年人更容易受到外界因素影响，未成年人犯罪后更需要的是教育而不是惩罚。正如德国学者阿尔布莱希特所言：尽管少年也应对犯罪负责，但最为根本的还是对其教育和使其康复，对少年的处理不是建立在其罪行或者罪行的严重程度之上，而是建立在

[①] 参见《法学辞源》，黑龙江人民出版社 2002 年版，第 2932 页。

少年犯罪者及其需要之上。① 教育刑理论强调特别预防，主张通过教育使犯罪人得到改造而复归社会，认为刑罚不是对已然之罪的报应，而是对未然之罪的防范，目的是使犯罪人将来不再犯罪。在这一理念下，犯罪人的性格是科刑的重要考量因素，刑罚的中心由行为转向行为人，科刑时根据犯罪人的不同情况实行个别化处遇。②

2. 国家亲权理论

"国家亲权（parens patriae）"一词源自拉丁文，指国家对儿童和其他法律上无行为能力人享有一般的监护权。③ 国家亲权的起源与发展经历了一个比较漫长的过程，其发展经历了绝对亲权、国家亲权辅助和国家亲权时期。国家亲权时期，当父母亲权不当时，国家有权力取代父母，履行监护职责，保护未成年人的合法利益。④ 就未成年人的个人利益而言，由于未成年人的主观能动性和客观判断能力并未发展完全，需要国家基于未成年人的利益考量，以家长主义形式替其作出抉择。未成年人代表着一个国家的未来，其身心发展代表着一个社会未来人才的发展趋向。国家对未成年人自身和相关行为采取家长主义予以干涉和限制，在打击违法范围、保护未成年人合法权益的同时，能从短期和长期保护社会的长治久安。⑤

3. 儿童利益最大化原则

儿童保护的"最大利益原则"，最早由1959年《儿童权利宣言》确认为保护儿童权利的一项国际性指导原则。在为此目的而制定法律时，应以儿童的最大利益为首要考虑。《儿童权利宣言》原则七还规定：儿童的最大利益应成为对儿童的教育和指导负有责任的人的指导原则；儿童的父母首先负有责任。凡是跟儿童有关的事物和行为，应首先从儿童的最大利益出发，首先保障儿童的一切利益。儿童最大利益这一原则不仅是现在国际社会普遍接受的，并且在解决有关儿童问题时，该原则被作为解释相关法律条文的依据。

---

① 转引自北京市海淀区人民法院课题组：《在帮教中司法——以海淀法院少年审判为样本》，载《预防青少年犯罪研究》2013年第6期。

② 陈希：《教育刑理念下我国少年司法体系的完善》，载《中州学刊》2017年第6期。

③ BLACK H R. Black's Law Dictionary：6th edition［M］. Sanit Paul：West Publishing Company，1990：1114.

④ 姚建龙：《国家亲权理论与少年司法——以美国少年司法为中心的研究》，载《法学杂志》2008年第3期。

⑤ 肖姗姗：《少年司法之国家亲权理念——兼论对我国少年司法的启示》，载《大连理工大学学报（社会科学版）》2018年第4期。

（二）未成年人人格身心特质

未成年人的生理发育还不成熟，对于外界事物的影响反应较为激烈，容易冲动，不能够正确控制自己的情绪，容易产生过激行为，但其所造成的危害与成年人犯罪存在着程度的不同。未成年人心理发育不成熟主要表现在认识能力较低和控制能力较差。认识能力是指行为主体对行为的性质、后果的判断能力，也是对主体进行处罚的基础。而未成年人大多心理尚未成熟，社会阅历浅，受认识能力的限制，对其行为的社会意义不能有深刻的认识，缺乏正确的是非标准，而对违法性缺乏正确认识的最明显证明就是犯罪的未成年人多为偶犯，事先并无明确的犯罪预谋，其犯罪动机往往非常模糊，具有临时起意的特点。同时，由于年龄的限制，未成年人的控制能力也比较差，在社会不良因素的影响下，较容易实施犯罪行为，或者被他人所指使、教唆、诱骗和利用。但由于未成年人未成熟的生理、心理特点，其又容易接受教育，只要积极地进行教育、感化、挽救，可以转变其思想和行为。

研究教育刑理论、国家亲权理论、儿童利益最大化原则和未成年人群体的特殊性对我们构建分级处遇机制提出要求：其一，国家负有少年立法的责任。目前我国的少年刑事法律体例略显不足，需要国家行使立法这一权力予以体现。其二，少年司法程序或处遇程序应有别于成年人，需进行特别设计。其三，设计处遇制度或机制时应着力体现预防性与回归性。

（三）域外机制借鉴比较评判

1. 制度运行层面

从制度运行效果来看，美国、德国相关措施的矫治效果并不理想，形成反差的是，日本的矫治制度却卓有成效。从制度比较上看，日本的未成年人危害社会行为矫治制度具有以下鲜明特色：第一，对危害社会行为未成年人分为犯罪少年、触法少年、虞犯少年，不良行为少年四类，分类清晰、涵盖面广。第二，将犯罪少年、触法少年、虞犯少年均纳入司法审理范畴，并设计了不同的司法程序。不良行为少年虽未纳入司法审理，但设置了少年警察"街头辅导"和"继续辅导"制度。上述四类少年均不同程度上受到公权力干预。第三，建立了未成年人矫治、保护、福利一体化机制，各类矫治措施在政府主导下运行，"软""硬"结合，确保了矫治实效。日本的上述制度特点，值得我们重视。

2. 国家立法层面

在国家制定专门的少年法方面，一般而言，有两种途径：第一，借鉴德国、日本等成文法国家的经验，制定少年刑法，专门规定和处理少年违法犯罪行为；第二，借鉴英国、美国等判例法国家的经验，将父母虐待、疏忽等相关的监护事宜和少年犯罪、少年违法行为都纳入少年法范围。

3. 程序设计层面

从世界上少年司法制度较为健全的国家来看，其少年司法体系都是与一般成人司法体系相脱离的。除有专门的审判机构外，这些国家也注重少年案件在立案、侦查、起诉、审判到执行各个关键的程序性环节的衔接性。如德国的警察局设置了专职承办少年案件并负责侦查的警察。检察院也配备了专门负责进行侦查移送少年案件的检察人员。到审判环节，除了专门的少年专职法官外，还有社会工作者承担的少年法官部分职责，在诉讼过程中提出对少年的处置方案。在注重程序法的美国，对少年案件从立案、侦查、起诉、审判到执行，注重承接性与连贯性。从立案到执行，除专门机构负责外，还设置多层听证程序，环环相扣，注重少年司法各程序之间的融合与贯通。

笔者认为，域外分级处遇做法的共通之处包括：一是均坚持"未成年人特殊司法保护""儿童利益最大化原则"等国际共识；二是均制定并及时修订、完善了专门的未成年人保护和矫治法律，且操作性较强；三是均建立了专门的未成年人司法机构；四是社会力量参与未成年人矫治的机构健全。

三、我国未成年人罪错行为分级处遇现状及必要性、可行性

（一）罪错未成年人处遇措施的立法现状

我国《未成年人保护法》（2012 年）、《预防未成年人犯罪法》（2012年）、《刑法》（2017 年）、《治安管理处罚法》（2012 年）等有关条文对相关措施的适用作出了规定。

矫治措施	法律依据	适用对象	实施主体
①收容教养	《刑法》第 17 条第 4 款；《预防未成年人犯罪法》第 38 条	未成年人因不满 16 周岁不予刑事处罚，有收容教养必要的	政府
②治安管理处罚	《预防未成年人犯罪法》第 37 条《治安管理处罚法》第 12 条	已满 14 周岁不满 18 周岁，构成违反治安管理行为的	公安机关
③训诫	《预防未成年人犯罪法》第 37 条	未成年人构成违反治安管理行为，因不满 14 周岁或者情节特别轻微免予处罚的	公安机关

矫治措施	法律依据	适用对象	实施主体
④工读学校 专门学校	《预防未成年人犯罪法》第35条 《未成年人保护法》第25条	有严重不良行为或不良行为的未成年人	父母或者其他监护人，或者原所在学校提出申请，经教育行政部门批准
⑤严加管教	《刑法》第17条第4款；《治安管理处罚法》第12条；《预防未成年人犯罪法》第38条、第35条第2款、第49条	因不满16周岁不予刑事处罚的； 不满14周岁违反治安管理的； 有严重不良行为的未成年人	责令监护人；学校
⑥教育挽救；帮教	《预防未成年人犯罪法》第47条	对因不满16周岁而不予刑事处罚、免予刑事处罚的未成年人	司法机关；监护人；学校；居（村）委员会及其聘请的协助人员

（二）当前罪错未成年人处遇措施实施情况评鉴

1. 收容教养客观上处于停滞状态

《刑法》规定"因不满16周岁不予刑事处罚的，责令他的家长或者监护人加以管教；在必要的时候，也可以由政府收容教养"，但《刑法》并未明确何为"必要的时候"。根据公安部颁布的《公安机关办理未成年人违法犯罪案件的规定》，未达刑事责任年龄危害社会行为未成年人能否予以收容教养，决定因素之一在于家长是否同意负责管教，凡是家长同意管教的，一律不予收容教养。在这一前提下，收容教养措施，在实践中的应用一直不多。以上海为例，2009年至2014年，上海市5年来共收容教养未成年人6人，其中自2013年劳动教养制度废止后，无一例被收容教养。

2. 治安管理处罚主管机关适用积极性不高

《治安管理处罚法》规定，已满14周岁不满18周岁的未成年人违反治安管理的，应予以治安管理处罚；处罚种类包括警告、罚款、行政拘留、吊销公安机关发放的许可证四类。但是在具体操作上，财产罚、人身自由罚、行为罚均无适用空间。警告、罚款、行政拘留、吊销公安机关发放的许可证等四类处罚措施，能够以未达到刑事责任年龄未成年人为适用对象的，仅包括警告和"行政拘留不执行"。客观上二者均属于声誉罚的范畴，实际执行效果有限。

3. 训诫相关规定操作性不强

《刑法》《预防未成年人犯罪法》均规定了"训诫"措施，但是二者在适用主体、适用对象、性质方面有所不同。如在适用主体方面，前者的适用主体为法院、检察院；[①] 后者的适用主体为公安机关。如在适用对象方面，前者适用对象为依照刑法规定免予刑事处罚的被告人，后者适用对象为因不满 14 周岁或者情节特别轻微免予治安处罚的未成年人。对未成年人适用训诫措施，现行法律制度中缺少操作性的细化规定，执法效果不佳。

4. 工读学校或专门学校瓶颈突破难

工读学校是我国对 12 岁至 17 岁以内具有不良行为的未成年人开设的一种特殊教育学校，[②] 性质上不属于行政处罚或刑事处罚。专门学校在实践过程中，也面临着诸多困境。[③] 一是公众对"专门学校"性质仍存误区，认为是对危害社会行为未成年人的一种强制措施；二是公众对"专门学校"的教学效果不信任，认为"专门学校"是"大染缸"，容易造成未成年人的交叉感染；三是"专门学校"收生以自愿性为主，因上述误区和不信任，造成招生难、数量减少、规模缩小的困境；四是生源少、投入少、师资不稳定相互交织，形成恶性循环，影响了教育、矫治效果等。其中，最主要的困境是无法落实"三自愿原则"而导致适用举步维艰。

5. 责令家长或监护人管教缺乏保障

"责令管教"是对危害社会行为未成年人的监护人科以的一项义务。但是法律本身对"责令管教"的定位并不统一（比如《刑法》表述为"加以管教"，而《治安管理处罚法》《预防未成年人犯罪法》表述为"严加管教"）。实践中，危害社会行为未成年人的监护人对这类未成年人根本管不了，"管教"或"严加管教"成了一句空话。[④] 责令管教的内涵外延不清，关于"责令管教"的制度在执法实践中无法落地执行。

---

① 《人民检察院刑事诉讼规则》第 373 条规定，人民检察院决定不起诉的案件，可以根据案件的不同情况，对被不起诉人予以训诫。有观点认为，此处的训诫是对《刑法》第 37 条的细化规定。

② 《国务院办公厅转发国家教育委员会、公安部、共青团中央关于办好工读学校几点意见的通知》和《上海市工读教育暂行规程》。

③ 路琦：《创新和完善我国工读教育的现实思考》，载《青少年犯罪问题》2012 年第 5 期；何银松、夏军：《未成年人犯罪预防体系下的工读教育》，载《行政与法》2010 年第 10 期。

④ 郭开元主编：《未成年人法制教育和不良行为矫治研究报告》，中国人民公安大学出版社 2013 年版，第 152 页。

6. 社会力量介入缺乏配套措施

《预防未成年人犯罪法》以倡导性规范的形式提出了社会力量参与危害社会未成年人矫治工作的原则性的规定外，① 尚无其他关于社会力量介入未成年人处遇的专门规定。在实践层面，由于缺少政策、经费、人员安置等一系列必要保障和支撑，我国部分经济不发达地区的社会力量介入还比较薄弱。

（三）本市分级处遇工作探索和成效的实证分析

1. 分级处遇实施概况

上海检察机关先行先试，在罪错未成年人分级处遇工作中做了不少有益探索。2004 年，上海部分基层未检部门开始探索对不捕、不诉但确有违法犯罪的未成年人开展保护处分性质的跟踪帮教。2010 年，上海检察机关开始对依法不追究刑事责任的未成年人落实训诫、责令具结悔过、责令家长管教等保护处分措施。2015 年，上海市院开始全面推进对办案中发现的虞犯或触法未成年人落实分级处遇的保护处分措施。据统计，2016 年至 2019 年，上海各级未检部门共对 3900 余人次实施了保护处分措施，上海未成年人犯罪数量逐年下降，其中受理审查逮捕和审查起诉的涉罪未成年人分数分别下降了 31.6% 和 21.6%；未成年人犯罪案件占全部刑事案件的比例，下降至 1.7%。

2019 年，全市各级未检部门对严重不良行为、不满刑事责任年龄、情节显著轻微的涉罪未成年人开展保护处分共 381 人，同比上升 161%；共落实训诫 312 人次，责令具结悔过 142 人次，责令赔偿道歉 23 人次，责令家长管教 122 人次，移送行政主管部门处罚 14 人次，送专门学校 13 人次，联合社工跟踪帮教 274 人次。

2. 分级处遇的具体做法

（1）探索建立社会观护制度

1993 年，长宁区检察院以"国家亲权"和"儿童利益最大化"为理念指导，在个案中探索将涉轻微犯罪的未成年人交由社会力量在诉讼期间开展帮教矫治工作，形成了我国首个观护员制度。1997 年，虹口区检察院与上海富大胶带制品公司共建"青少年教育阳光基地"，建立了新型的社会性教育考察机构。2003 年，闵行区检察院在借鉴域外先进经验及本市其他区院探索经验的

---

① 2012 年《预防未成年人犯罪法》第 47 条规定："未成年人的父母或者其他监护人和学校、城市居民委员会、农村村民委员会，对因不满十六周岁而不予刑事处罚、免予刑事处罚的未成年人，或者被判处非监禁刑罚、被判处刑罚宣告缓刑、被假释的未成年人，应当采取有效的帮教措施，协助司法机关做好对未成年人的教育、挽救工作。城市居民委员会、农村村民委员会可以聘请思想品德优秀，作风正派，热心未成年人教育工作的离退休人员或者其他人员协助做好对前款规定的未成年人的教育、挽救工作。"

基础上，以"政府购买社会服务"为契机，以专业化社会帮教力量为依托，建立了全国首个依托专业社工力量开展帮教的涉罪未成年人社会观护点。2005年，上海市政法委召开全市推进未成年人司法保护工作现场会，推广闵行观护模式，各区根据各自区位特点积极开展观护工作。至2010年，覆盖全市所有区（县）和街镇的涉罪未成年人观护体系建成。2016年，这一制度已被写入中共中央办公厅、国务院办公厅联合下发的《关于进一步深化预防青少年违法犯罪工作的意见》中。截至2019年底，全市共建立观护总站16个、观护点214个、观护基地48个、累计对5671名涉罪未成年人落实观护帮教，其中99.4%涉罪未成年人没有脱保或者重新犯罪，顺利回归社会；涉罪未成年人非羁押措施适用率从24.6%上升到45.4%，不诉率从6.4%上升到50.9%。

（2）推动构建未成年人司法服务体系

2016年，为加强未成年人检察工作专业化办案与社会化保护的配合衔接，形成社会力量参与未成年人检察工作的长效机制，完善对罪错未成年人的教育矫治，本市16个区均挂牌成立了未成年人检察社会服务中心。2017年，在市检察院的积极推动下，上海市未成年人检察社会服务指导中心正式揭牌，专业化、集约化的未成年人司法保护转介机制在上海初步成立。[1] 2017年开始，徐汇、闵行等区院在前期探索经验基础上，积极推动将"未成年人检察社会服务中心"升级为"未成年人司法社会服务中心"，将委托主体范围扩大至法院和公安机关，有力强化了依托社会力量对罪错未成年人开展专业化教育、保护和管束工作。2019年9月，全国首个专门教育研究和评估中心——上海市专门教育研究和评估中心揭牌成立，将有效破解专门学校收生难的问题，进一步推动分级处遇制度的有效落地。

（3）出台相关规范性文件

在提炼总结相关实践探索的基础上，上海检察机关出台《关于对罪错未成年人开展保护处分工作的规定（试行）》（以下简称《保护处分规定》），规定以下四种适用对象可以适用保护处分措施：一是实施预防未成年人犯罪法规定的不良行为、严重不良行为的未成年人；二是违反治安管理处罚法的未成年人；三是违反刑法，但因情节显著轻微，不认为是犯罪的未成年人；四是违反刑法，但因未达刑事责任年龄不予刑事处罚的未成年人。同时明确检察机关应当结合罪错行为的严重程度、产生原因、犯罪预防需要等，决定采取训诫、责令具结悔过、责令赔礼道歉等十种保护处分措施。

为进一步保障分级处遇措施的有效落实，上海检察机关还专门出台了《关于规范亲职教育工作的指导意见（试行）》，明确亲职教育是指检察机关在

---

① 吴燕主编：《上海观护二十五年》，中国检察出版社2018年版。

办理未成年人案件过程中，发现涉案未成年人的父母或其他监护人存在侵害未成年人合法权益、不依法履行监护职责或者履职不当、不力等情形的，对父母或其他监护人采取相应的教育和惩戒措施，责令其加强对未成年人的教育和保护。该指导意见将亲职教育措施的类型分为训诫、责令严加管教、责令接受亲职教育辅导、建议公安机关治安处罚四种，并规定未成年人父母或者其他监护人不依法履行监护职责或履职不当、不力的，检察机关可以责令其在一定时间内接受专业机构或者人员的亲职教育辅导。责令接受亲职教育辅导的，检察机关应当会同专业机构或人员制定针对性的教育辅导计划。

四、我国未成年人罪错行为分级处遇制度的构建

（一）未成年人罪错行为分级处遇应遵循的原则

本文认为，对未成年人罪错行为进行分级干预应遵循以下几项原则：第一，从理念上看，对涉罪未成年人必须坚定不移实行"教育、感化、挽救"方针，坚持教育为主、惩罚为辅的原则；对涉案罪错未成年人，应一体贯彻好"保护、教育、管束"未成年人检察办案理念，[①] 针对不同的分级处遇对象采取有针对性的处遇措施。第二，从时间上看，应坚持早干预、早预防原则。实务中可见，涉罪未成年人之前的不良行为或违法行为，大多都经历了一个由轻到重逐渐演变的过程，应早发现、早干预。第三，从主体上看，应当立足中国国情和现行法律、司法制度，按照罪错行为类型和案件处理阶段的不同，由公、检、法、司分别负责罪错未成年人的分级处遇工作，检察机关依法履行法律监督职责。第四，从人员上看，应引入专业社会力量。对行为偏常的未成年人简单惩罚，容易阻断其社会化进程，引发更严重的后果或重新犯罪，专业社会力量可增强介入的针对性以及避免回归社会时的不利影响。第五，从力度上看，应坚持适度原则，既要保证一定的强制力，也要避免矫枉过正。

（二）不良行为不纳入分级处遇范围

不良行为是指轻微违法或者违背社会公德的举动，但这些行为轻于犯罪活动，[②] 或者说尚未触犯治安管理处罚法和刑法，但又不符合中小学生日常行为规范的行为。作为一个法律概念，首见于2012年《预防未成年人犯罪法》第14条。《预防未成年人犯罪法》第14条通过列举的方式规定了不良行为的具体表现，基本涵盖了实践中常见的未成年人不良行为，但仍有完善空间，如应

---

① 张军检察长在2020年1月《全国检察机关未成年人检察工作会议》上的讲话。
② 上海市青少年保护委员会办公室、上海市教育委员会办公室编：《〈中华人民共和国预防未成年人犯罪法〉学习辅导材料》，上海教育出版社1999年版，第33页。

将触犯《治安管理处罚法》的行为移入严重不良行为，如偷窃、故意毁坏财物；携带管制刀具等；如增加"沉迷网络"等有关行为表现。本文认为，"不良行为"，是指下列不利于未成年人身心健康成长，不予干预会日益严重的行为，如多次旷课、逃学；无故夜不归宿、离家出走；沉迷网络以至于影响正常学习和生活等。不良行为如不及时干预，极易发展成为后果更为严重的违法犯罪行为，并且需要付出更高的矫治成本，矫治难度也会明显增强，因此家庭、学校、社会应共同对未成年人的不良行为及时采取强有力的措施加以防范，将未成年人违法犯罪及时扼杀在萌芽之中。

（三）行为类型划分及处遇措施模型构建

1. 治安违法行为或严重不良行为

（1）严重不良行为的界定

严重不良行为的一个典型特征是具有社会危害性。1999 年颁布《预防未成年人犯罪法》时，我国尚未制定出台《治安管理处罚法》。因此，当时根据常见的未成年人违法行为，对严重不良行为进行了列举。2005 年《治安管理处罚法》颁布，如前所述，就现行法律框架而言，对严重不良行为的界定不清晰，范围较大，既包括治安违法行为，也包括触犯刑法相关规定的行为。笔者认为，为建立具有可操作性、层次清晰的矫治措施，应当将违法与触犯刑法有关规定的行为分离，明确严重不良行为的范围，将其界定为违反治安管理的行为，以便法律规定相衔接、相协调，以保障实践中准确识别严重不良行为。"严重不良行为"，是指下列违反治安管理有关规定的行为：（1）结伙斗殴，或者寻衅滋事；（2）追逐、拦截他人；（3）非法携带枪支、弹药或者弩、匕首等国家规定的管制器具；（4）辱骂、殴打他人，或者故意伤害他人身体；（5）盗窃、哄抢、抢夺或者故意损毁公私财物；（6）传播淫秽的读物、音像制品或者信息等；（7）卖淫，或者进行淫秽表演；（8）吸食、注射毒品，或者向他人提供毒品；（9）参与赌博赌资较大；（10）其他违反治安管理有关规定的行为。①

---

① 《治安管理处罚法》相关规定如下：第 26 条规定的结伙斗殴，追逐、拦截他人，强拿硬要或者任意损毁、占用公私财物，其他寻衅滋事行为；第 32 条规定的非法携带枪支、弹药或者弩、匕首等国家规定的管制器具；第 43 条规定的殴打他人，或者故意伤害他人身体；第 49 条规定的盗窃、诈骗、哄抢、抢夺、敲诈勒索或者故意损毁公私财物；第 66 条规定的卖淫、嫖娼；第 68 条规定的制作、运输、复制、出售、出租淫秽的书刊、图片、影片、音像制品等淫秽物品或者利用计算机信息网络、电话以及其他通讯工具传播淫秽信息；第 70 条规定的以营利为目的，为赌博提供条件，或者参与赌博赌资较大；第 72 条规定的向他人提供毒品，吸食、注射毒品。

（2）处遇措施

①吸收训诫帮教、观护帮教、心理矫治等处遇措施

根据现行法律规定，未成年人违反治安管理，不满 14 周岁的不予处罚，已满 14 周岁不满 16 周岁的治安拘留不予执行，已满 16 周岁不满 18 周岁初次被发现治安违法的治安拘留不执行，通常由公安机关予以训诫，但没有其他后续矫治措施跟进，等于一放了之，导致很多未成年人一犯再犯，直至走上犯罪道路。这已经成为实践中非常突出的一个问题。本市探索的对未成年人治安管理处罚行为采取训诫帮教、观护帮教、心理矫治等措施，效果良好。故在相应措施中予以吸收。

②专门教育措施：专门学校

根据中央办公厅、国务院办公厅印发的《关于加强专门学校建设和专门教育工作的意见》（厅字〔2019〕20 号）的精神和实践做法，完善送专门学校的程序，采取"建议—申请—决定"的模式，既保障了送专门学校的可行性、可操作性，又赋予了一定的强制性。

明确送专门学校的程序。对需要送专门学校进行教育矫治的未成年人，公安机关应当向其父母或者其他监护人或者其所在学校提出送专门学校的建议。父母或者其他监护人或者其所在学校，根据公安机关的建议向教育行政部门提出申请。教育行政部门根据申请，组织教育学专家、心理学专家、未成年人社会工作者专业人员进行评估，必要时可以进行听证，根据评估结果和听证结论作出决定。父母或者其他监护人对决定不服的，可以依法提起行政复议或者行政诉讼。

转回普通学校制度。专门学校应当每个学期对就读未成年学生的教育矫治情况进行评估。对经评估适合转回普通学校就读的未成年学生，专门学校应当向原决定机关提出转回普通学校就读的书面建议。原决定机关在听取未成年学生本人、其父母或者其他监护人、原所在学校的意见后，作出是否转回普通学校就读的决定。决定转回普通学校就读的，其原所在学校不得拒绝接收；有特殊情况，不适宜转回原所在学校继续学习的，由教育行政部门安排转学。

指标	内容
主体	公安机关可责令父母或其他监护人和学校相互配合，可通过购买服务等方式委托社会工作服务机构
依据	《预防未成年人犯罪法》《治安管理处罚法》
原则	以实现教育矫治目的为必要，与未成年人严重不良行为的事实、性质、情节、危害程度以及人身危险性相当

续表

指标	内容
处遇措施（可选一项或者几项）	（1）予以训诫；（2）责令赔礼道歉、赔偿损失；（3）责令具结悔过；（4）责令特定期限内定期报告思想状况和活动情况；（5）责令遵守特定行为，不得实施特定行为、与特定人员交往或者出入特定场所；（6）责令接受心理辅导、矫治或者其他治疗；（7）责令接受未成年人社会工作服务机构的观护帮教；（8）责令遵守其他促进未成年人遵纪守法的要求；（9）未成年学生打架斗殴、辱骂他人、强行向他人索要或者偷窃少量财物等行为，情节轻微的，公安机关可以交由学校作为不良行为予以处理
	送专门学校：两种情况送专门学校，一是严重不良行为情节恶劣；二是拒不配合、接受上述规定的教育矫治措施的未成年人。同时设置专门学校转回普通学校的相关程序

2. 不予刑事处罚行为

（1）不予刑事处罚行为的界定

不予刑事处罚行为，是指未成年人触犯刑法有关规定，根据刑法第 17 条的规定不予刑事处罚的行为。

（2）处遇措施

①参照上述教育矫治措施和专门学校措施

《公安机关执行〈中华人民共和国治安管理处罚法〉有关问题的解释（二）》规定了关于未达到刑事责任年龄不予刑事处罚的，能否予以治安管理处罚问题。① 根据本解释的精神，不予刑事处罚行为可以参照适用违反治安管理行为的措施，故规定对不予刑事处罚行为适用教育矫治措施、专门教育措施。很多情况下，到了审查起诉阶段人民检察院或到了审判阶段人民法院，才发现未成年人未达刑事责任年龄，此时按照《刑事诉讼法》的规定，人民检察院和人民法院不能再退回给公安机关予以处理。因此，应当规定人民检察院、人民法院对不予刑事处罚行为适用教育矫治措施、专门教育措施。

---

① 公安部关于印发《公安机关执行〈中华人民共和国治安管理处罚法〉有关问题的解释（二）》的通知之三，关于未达到刑事责任年龄不予刑事处罚的，能否予以治安管理处罚问题，对已满 14 周岁不满 16 周岁不予刑事处罚的，应当责令其家长或者监护人加以管教；必要时，可以依照《治安管理处罚法》的相关规定予以治安管理处罚，或者依照《中华人民共和国刑法》第 17 条的规定予以收容教养。

②收容教养

收容教养是针对未达刑事责任年龄不予刑事处罚的涉罪未成年人的教育矫治措施。由于劳动教养的废除，收容教养失去了执行场所，收容教养制度在实践中基本处于停滞状态。为了更好地预防未成年人犯罪，同时防止收容教养的滥用，应加强收容教养制度的重构。

适用条件和情形。对适用条件和情形的设计，应与《刑法》第17条、《刑事诉讼法》的有关规定、表述相衔接。具体来说包括两类：一类是径行收容教养。对于未满14周岁未成年人实施的《刑法》第17条规定的八类严重危害社会的行为，直接予以收容教养。另一类是裁量收容教养。对于已满14周岁不满16周岁未成年人触犯刑法有关规定，依法不予刑事处罚的，只有同时符合两个条件时才可以予以收容教养：实施了根据《刑法》有关规定可能判处3年以上有期徒刑的行为；适用教育矫治措施、专门教育措施不足以防止发生社会危险性。对于未满14周岁未成年人实施的除《刑法》第17条规定的八类严重危害社会行为之外的其他违反《刑法》的行为，原则上不予收容教养，但是对于情节特别严重或者屡教不改，采取其他保护处分措施难以预防再犯的，也可以适用收容教养。

适用和执行程序。收容教养与强制医疗措施具有类似性，同样已经达到限制人身自由的程度，因此可以借鉴《刑事诉讼法》强制医疗程序的规定，对收容教养的决定和执行作出如下要求：其一，准司法化的适用程序，由公安机关移送检察机关审查后提请人民法院决定。其二，借鉴刑事诉讼法关于强制医疗程序的有关规定，公安机关对于符合收容教养的未成年人可以采取临时的保护性约束措施。其三，审理程序应当注重参加主体的多元，保障各方的参与。同时设置救济制度。其四，保障被收容教养未成年人及其父母或者其他监护人的权利。包括接受义务教育、探视以及符合条件时探亲。其五，设置科学合理的弹性期限制度和解除制度，以切实发挥收容教养的预期功能。其六，明确解除收容教养后的安置帮教。

执行收容教养的机构。收容教养的核心是教育矫治，执行收容教养的机构理论上应当是一类特殊的教育机构。参考借鉴国外设立的少年感化院、少年院等类似机构，考虑我国的实际情况、适用收容教养的现实需要以及人数、实践中的探索以及专门教育的资源优势，可以在省级范围内设置专门的收容教养机构，或者选择具备条件的一所专门学校设立教养部，实行司法行政部门和教育行政部门联合管理，专门负责执行收容教养。收容教养机构实行单独管理，场所和设置以及人员独立配置，教师负责教育教学，司法行政人员负责管理和行为矫治，二者优势互补，相互合作和配合。

指标	内容
主体	公安机关：责令其父母或者其他监护人严加管教，参照针对严重不良行为的教育矫治措施和专门教育措施 人民法院、人民检察院：办理未成年人涉嫌犯罪的刑事案件时，发现未成年人有不予刑事处罚行为的，适用上述公安机关的相关做法
依据	《预防未成年人犯罪法》《治安管理处罚法》《刑法》《刑事诉讼法》
原则	以实现教育矫治目的为必要，与未成年人严重不良行为的事实、性质、情节、危害程度以及人身危险性相当
处遇措施	参照前述针对严重不良行为的处遇措施

收容教养措施具体架构

指标	内容
适用条件	（1）未满14周岁未成年人实施故意杀人、故意伤害致人重伤或者死亡、强奸、抢劫、贩卖毒品、放火、爆炸、投毒行为的；（2）已满14周岁不满16周岁未成年人实施根据刑法有关规定可能判处3年以上有期徒刑的行为的，适用本法第36条规定的教育矫治措施、第37条规定的专门教育措施不足以防止发生社会危险性的
申请与决定	公安机关发现未成年人符合收容教养条件的，应当出具收容教养意见书，移送人民检察院。对于公安机关移送的或者在审查起诉过程中发现的未成年人符合收容教养条件的，人民检察院应当向人民法院提出收容教养的申请。人民法院在审理案件过程中发现被告人符合收容教养条件的，可以作出收容教养决定。对符合收容教养条件的未成年人，在人民法院决定收容教养前，公安机关可以采取临时的保护性约束措施
决定与救济程序	人民法院审理未成年人收容教养案件，参照刑事诉讼法未成年人刑事诉讼特别程序进行。人民法院应当通知未成年人及其父母或者其他监护人、被害人及其近亲属或者被害一方委托的人员、所在学校、未成年人保护组织的代表、社会工作者等参加案件的审理，就事实认定、风险评估、法律适用等听取各方意见。人民法院审理收容教养案件，应当在20日以内作出书面决定，确定收容教养的期限，并说明收容教养的理由。收容教养的决定书副本应当送达该未成年人及其父母或者其他监护人。被决定收容教养的未成年人及其法定代理人对收容教养决定不服的，可以向上一级人民法院申请复议

指标	内容
期限	6 个月以上 3 年以下
机构	专门收容教养机构由省级人民政府设置，或者指定辖区内具备条件的专门学校设置教养部。收容教养机构实行封闭式管理，场所和教职人员独立配置。司法行政和教育行政部门相互配合，协同开展教育、矫治工作
执行	人民法院将收容教养对象交付收容教养机构执行时，应当送达收容教养决定书。未成年人在被收容教养期间，应当保证其继续接受文化知识、法律知识或者职业技术教育；对没有完成义务教育的未成年人，由专门学校负责选派教师承担义务教育工作，保证其继续接受义务教育。收容教养期间，被收容教养的未成年人的父母或者其他监护人应当进行定期探视。根据情况需要，未成年人可以在有人陪同的情况下探亲
期限变更与解除	收容教养机构应当定期对被收容教养的未成年人进行评估。根据矫治情况，可以向作出决定的人民法院提出缩短或者延长收容教养期限的书面建议。对于已不具有社会危害性、不需要继续收容教养，或者收容教养期限即将届满的，应当向作出决定的人民法院提出解除收容教养的书面建议。人民法院在收到建议后，应当在 30 日内作出是否批准的决定。对于解除收容教养但仍不适合在普通学校接受教育的，可以参照本法有关规定转入专门学校
解除后的安置帮教	对解除收容教养的未成年人，除转入专门学校学习的以外，收容教养执行机构应当提前通知其父母或者其他监护人按时接回，协助落实安置帮教措施
转化	对人民检察院决定相对不起诉、人民法院判处免予刑事处罚的未成年人，可以适用针对严重不良行为的教育矫治措施

3. 犯罪行为

在我国现行的法律框架下，根据未成年人实施的罪错行为的性质与轻重程度，以便有针对性地实施处遇措施，将犯罪行为分为犯轻罪行为和犯重罪行为。

（1）针对犯轻罪实行非刑罚处遇措施

第一，对于犯罪情节轻微符合《刑事诉讼法》关于相对不起诉（捕）、附条件不起诉条件的未成年人，要侧重未成年人心理、行为等方面矫治，检察机关会同社工组织、家庭、学校及有关单位对其进行充分帮教考察后，作出相应的非刑罚处罚决定，并进行司法化宣告；同时，增加前述针对严重不良行为一项或者多项处遇措施。

第二，相关记录封存。为避免"标签效应"给未成年人带来的不良影响，应对未成年人相关记录予以封存。根据刑事诉讼法的相关规定，犯罪的时候不满18周岁，被判处5年有期徒刑以下刑罚的，应当对犯罪记录予以封存。笔者认为，相应地对于被刑事立案或撤案、采取或不采取刑事强制措施、采取刑事侦查措施、不捕不起诉、终止审理、免予刑事处罚或者宣告无罪等记录，也应当予以封存。被封存的人员因复学、升学、就业等需要开具相关证明时，除涉及国家安全等重大利益的情形以外，公安机关应当出具无犯罪记录证明。未成年人在就业、入伍时不负有报告上述记录的义务。

（2）针对犯重罪实行刑罚干预措施

第一，非监禁刑，主要为社区矫正，是指将符合社区矫正条件的罪犯放在社区内，由专门的国家机关在相关社会团体和民间组织以及社会志愿者的协助下，在判决、裁定或决定确定的期限内，矫正期犯罪心理和行为恶习，并促进其树立回归社会的非监禁刑罚执行活动。① 符合社区矫正条件的罪犯包括五类：由法院宣告缓刑、经法院裁定假释、由监狱等部门予以监外执行、被判处管制及被剥夺政治权利在社会上服刑等。对于这一定义，可以这样理解，"社区矫正的目的是使矫正对象顺利回归社会，途径方法是社会资源的运用"②。笔者认为，它至少包含了两层意思：一是从法学角度来说，社区矫正是一种刑罚执行方式；二是从社会工作的角度来说，它具有矫正的含义，即矫正罪犯的犯罪心理和行为恶习。

对未成年社区服刑人员实施社区矫正，应当参考对其作出的社会调查、心理评估报告等材料，与成年社区服刑人员分别管理、教育和评价，教育矫治其心理、行为偏差。社区矫正机构应当结合未成年人的年龄、心理特点、身心发育需要和家庭情况，采取有针对性的矫正措施。另外，当监护人教养失职导致未成年人犯罪时，国家应对监护人进行亲职教育，为其家庭教育提供必要的指导和支持。社区矫正机构在必要时可以要求未成年社区服刑人员进入社会观护基地，并针对其身心特点进行相关观察保护措施，开展评估、考察和帮教。社区矫正期满前，社区矫正机构应对安置未成年人的帮教提出建议，并与安置帮教工作部门做好对接工作，就其教育、就业、心理疏导等提供必要的社会化支持。

第二，对未成年人执行监禁刑应当坚持教育矫治的原则，安排的活动应当

---

① 最高人民法院、最高人民检察院、公安部、司法部《关于开展社区矫正试点工作的通知》。

② 姬莉平：《社区矫正研究综述》，载《社会科学论坛》2007年第5期。

符合未成年人的身心特点，以学习文化知识、接受职业教育和技能培训为主。组织未成年服刑人员从事相关劳动的，要严格控制工作时间和强度，不能简单地以工作量来考核评价其表现，并应当定期的对未成年犯罪人进行心理状况评估并且对其进行心理干预，对于即将离所的未成年服刑人员提供适应社会的相关技能培训和心理辅导，以期使未成年犯罪人更好的复归社会。服刑期间，应当督促未成年人的父母或者其他监护人探视未成年人，做好未成年人教育矫治的配合工作。对即将刑满释放的未成年人，在征求未成年人及其监护人的意见后，可以建议作出过渡性辅助安排，利用未成年人司法转介机制，转介联系社会工作组织或者社会观护基地，进行跟踪帮教等社会化支持，帮助未成年人尽快适应社会。

（四）配套衔接机制

1. 完善未成年人处遇法律体系

罪错未成年人分级处遇，纳入法治化轨道是其应有之义，本篇域外国家、地区的借鉴评析也充分证明了统一、操作性强的未成年人矫治体系的重要性。分级处遇措施的改革也是一种渐进式的发展，并非一蹴而就，可适当有近期、中期和远期的目标。近期看，以《未成年人保护法》和《预防未成年人犯罪法》修订为契机，在前者明确"保护与教育相结合""未成年人特殊、优先保护"的原则，在后者明确"对未成年人的不良行为和违法犯罪行为及时进行预防、干预和矫治"，融入分级处遇理念的基本框架结构。中期看，罪错未成年人分级处遇的细化和落地，还有赖于未成年人收容教养、专门学校、保护处分、未成年人社区矫正等相关制度的出台、修订、完善，并配套制定单行法律法规、部门规章或司法解释。远期看，应该在充分的理论创新、实践创新和制度创新基础上，参照域外国家的立法模式，推动制定《未成年人司法法》等，将散见的相关规定予以统一。

2. 建设专业的未成年人处遇队伍

（1）配备专门的少年司法力量

为避免对未成年人危害社会行为进行司法审查的标签效应，借鉴日本"少年援助中心""儿童鉴别所""家庭裁判所"等机构设置经验，建立我国的"少年警务""少年调查院""少年法院"等专门机构。实行相关工作民警、检察官、法官的分类管理，把矫正业务纳入专业化管理和成长轨道，强化专门岗位的岗位责任和矫正能力。

（2）配置少年司法人员的专业辅助人员

为开展精准帮教矫治工作，建议借鉴日本相关经验，如可以考虑借鉴日本儿童鉴别所调查官，健全少年司法人员的专业辅助人员队伍，为司法人员对罪错未成年人进行准确科学的人格甄别和制定有针对性的教育矫治措施提供专业支持。

（3）建设专业的未成年人矫治人员队伍，完善人才储备

第一，强化对"专门学校"教师的资格条件要求，通过对"专门学校"经费的财政倾斜保障，汇聚专业的矫治师资，承担"专门学校"的心理辅导、行为矫治等教学任务。第二，强化"社会辅导"的专业化，依托"社会工作者"队伍，以政府全额保障为后盾，弥补编制缺口，充实矫正力量，加大对社会矫治队伍的心理学、社会学等针对性教育，提升队伍的专业水平。第三，要在政府主导下，加强对未成年人危害社会行为教育、矫治理论的研究，加快高校未成年人矫治专业建设，形成未成年人矫治工作的专业人才储备力量。

3. 构建监护人责任体系

未成年人的家庭及监护人对未成年人危害社会行为的发生有重大影响。调查数据显示，37.4%的在押未成年犯经常接受消极或粗暴的家教（其中属于放任不管型占12.2%，打骂体罚型占25.2%）；30.8%的在押未成年犯从小经历留守生活，基本上是由祖父母或外祖父母抚养长大；25.3%的在押未成年犯家庭关系已经破裂，其中16.8%的父母已经离婚，另有8.5%虽未离婚但已名存实亡。[1] 此外，未成年犯（男性）与同龄中学生对父母形象描述的对比研究，也表明父爱、母爱的缺失让未成年人的成长更危险。[2] 行为学家认为，创设环境是更高明的行为矫正，有利于潜移默化地影响和改进个体的行为，达到教育无痕迹的效果。[3] 建构未成年人监护人的责任体系，创设未成年人成长的健康家庭环境，对保证危害社会行为未成年人的矫治、教育成效，意义重大。为此，有必要细化我国法律中对监护人责任的原则规定，[4] 督促监护人切实履行监护职责。

（1）在民法上确立监护人"自己责任"的归责原则

以前我国《民法通则》《侵权责任法》"将未成年人侵权行为责任的承担简化为一个纯粹的财产责任承担问题，规定未成年人有财产的，未成年人以其财产承担民事责任，监护人不再承担民事责任。如此，《民法通则》实质上规

---

① 戴相英等：《未成年人犯罪与矫正研究》，浙江大学出版社2012年版，第41页。

② 戴相英等：《未成年人犯罪与矫正研究》，浙江大学出版社2012年版，第102页。作者对男性未成年犯与同龄中学生对父亲形象描述的数据统计，表明男性未成年犯对父亲、母亲形象的负面描述远高于同龄中学生。女性未成年人犯的统计数据缺失。

③ 管荣赋等主编：《未成年人不良行为防治》，江苏教育出版社2012年版，第243页。

④ 我国对监护人责任的相关规定见《未成年人保护法》第12条、第62条；《预防未成年人犯罪法》第49条；国务院办公厅《关于加强和改进流浪未成年人救助保护工作的意见》（国办发〔2011〕39号）等。上述规定均属于原则性规定，操作性不强。

定的是监护人的补充责任……"① 在民事立法上有必要明确"监护人责任是行使监护权的责任或行使监护行为之责，是监护人的自己责任而非替代责任"②，以强化未成年人监护人的责任意识，引导其充分履行监护责任。

（2）强化监护人的公法责任

未成年人的监护人对未成年人的监护既是法定权利，也是法定义务，监护人应当恰当履行监护责任，否则应当予以制裁。建议借鉴英国"养育令"的规定，③ 规定未成年人审判组织可以判令危害社会行为未成年人的监护人按要求参加"未成年人监护指导课程"或颁发"禁止令"，禁止监护人"在未成年人面前抽烟""体罚未成年人"等不适当行为，如违反命令，将处以罚款处罚甚至剥夺监护权等。④

（3）强调监护人履行责任的社会干预和政府托底

一方面，通过政府主导、社会共建方式，建立"亲子教育工作坊"等培训组织。以重点群体未成年人家长为主要对象，帮助家长提高正向有效的沟通能力，确立正确积极的家庭教育理念。⑤ 另一方面，为未成年人及其监护人之间的亲子交流提供法律和政策支持（比如赋予职工"亲子假"等），引导社会形成重视未成年人家庭教育的社会氛围。再者，重点关注"被监护权"救助问题。⑥ 对留守儿童、流浪儿童、监护人不适格以及离异家庭未成年人等，应当从"儿童福祉最大化"角度，构建政府主导下的"被监护权"恢复机制，由相关社区、村委会予以重点关注，并落实责任主体，确保恰当监护。

4. 构建未成年人司法社会支持体系

未成年人司法工作有一个很大的特点，就是专业化和社会化要紧密结合，

---

① 姜战军：《未成年人致人损害责任承担研究》，中国人民大学出版社 2008 年版，第 129 页。

② 刘士国等：《侵权责任法重大疑难问题研究》，中国法制出版社 2009 年版，第 194 页。

③ 英国"养育令"规定，少年法庭可要求少年犯的父母或其他监护人参加为期两个月、每周一次的教育少年指导会议或咨询活动，如果违反养育令，将被处以 1000 英镑的罚款。李贤华：《国外少年司法制度的发展趋势》，载《人民法院报》2012 年 6 月 1 日，第 8 版。

④ 2014 年底，最高人民法院、最高人民检察院、公安部、民政部印发《关于依法处理监护人侵害未成年人权益行为若干问题的意见》（法发〔2014〕24 号），从监护侵害行为的角度，明确了七类法院可以判决撤销监护人资格的情形。但是，现行法律、法规对未成年人出现危害社会行为应由公权力对监护权进行干预的规定尚缺失。

⑤ 郭开元主编：《未成年人法制教育和不良行为矫治研究报告》，中国人民公安大学出版社 2013 年版，第 141 页。

⑥ 吴海航：《未成年人被监护权的法理辨析》，载《中国青年研究》2006 年第 9 期。

这是办理未成年人案件中应该树立的一个司法理念。① 未成年人司法保护工作意义重大，离不开社会力量，尤其是专业社会力量的支持。在探索经验方面，上海市普陀区蒲公英未成年人社会培育中心 2019 年 11 月 8 日揭牌，该中心系全国首个实体化注册的未成年人保护民办非企业组织。目前该中心的核心职能为司法中转职能，即在接收政府机关提出的需求后，将边缘化问题未成年人，如未成年犯罪嫌疑人（非羁押）、不良行为未成年人、未达刑事责任年龄的涉罪未成年人等安排到不同的社会服务机构，进行职业技能培训及再融入社会培训。这无疑为建立未成年人司法社会服务体系提供了借鉴经验。

第一，培养专业化、多样化、组织化的社会支持力量，夯实社会支持体系的基础。通过社会力量尤其是专业的青少年司法机构开展社会调查、心理干预、人格甄别、行为矫正、社会观护、技能培训等工作，让"专业的人做专业的事"，能有效促进办案专业化与帮教社会化的良性互动。

第二，建立自主运转的社会支持转介机制，形成社会支持需求方与提供方的高效对接。建立一个统一的转介机构，把分散的资源整合起来，就会避免检察机关费时费力去多方联系。目前，上海已构建和发展了相对成熟的、覆盖全市的青少年事务社工组织，并于 2017 年在市、区两级均成立了未成年人检察社会服务中心，标志着未成年人司法保护转介机制走向专业化、集约化，开启了探索开展罪错未成年人的干预转介协调工作之路。

第三，建立科学、中立的社会支持质量评估机制。对工作流程、质量标准、效果评估、责任承担等方面进行规范评估，并建立信息通报制度和沟通协调机制，定期通报情况信息，实现数据共享，及时研究解决存在的问题和困难，总结推广成熟有效的工作经验。既提高工作质量，也对工作效果建立评估长效机制，促进工作良性发展。

第四，以政府购买服务、社会捐助支持、公益组织无偿服务等多种形式确保社会支持体系的可持续发展。经费保障不到位，势必影响合作机制的稳定，不利于工作的发展、队伍的培养，影响工作质效。要积极争取政府财政支持，将购买社会服务、培育社会力量等工作纳入办案经费，并通过社会捐助支持、公益组织无偿服务等形式予以补充，动员全社会关心关爱未成年人健康成长，共同筑起保护未成年人的社会支持网络体系。

---

① 童建明：《建立罪错未成年人分级处遇、临界预防等制度》，载《民主与法制时报》2019 年 3 月 14 日，第 1 版。

案件质量评价标准体系研究*

上海市人民检察院案件管理办公室课题组**

一、案件质量评价标准体系的发展历程及实证比较

关于检察机关案件质量评价标准体系，从国内来看，严格意义上的案件质量评价体系尚未建立起来。实践中，宏观的案件质量，即对某一检察机关的整体办案情况是通过上级院对下级院的业务考评方式，即执法规范化建设考评实现的，这一方式能够从一定程度上反映某一检察院在某一时期的整体检察工作情况和水平。微观的案件质量，即对某一具体案件的质量进行评价，往往通过相对独立的第三方对个案进行案件质量评查实现的。可见，案件质量评价标准体系既着眼于宏观的院层面的业绩考评，也有机结合微观的个案评查结果。换言之，对案件质量评价标准体系进行历史和现状考察，应紧紧围绕业绩考评机制和案件质量评查机制展开。

（一）业绩考评机制的历史沿革

1. 酝酿阶段（1978 年至 1998 年）

1978 年检察机关恢复重建以来，最高人民检察院办公厅会商各业务部门逐步确立了几种检察业务数据统计指标①，通过统计和通报检察业务数据的形式指挥着整体检察职能的履行。② 1980 年起，这些统计数据以反映工作成绩和

---

* 上海市检察官协会 2019 年重点研究课题。

** 课题组负责人：葛建军；课题组成员：何静、周霞琴、李文军、何斐明、赵珏。

① 这几种检察业务数据统计指标主要包括：审查起诉的绝对数、起诉率的相对数、平均数，以及抗诉案件的绝对数、改判与发回重审案件的相对数等。

② 最高人民检察院办公厅通过省级院每月报送的纸质统计报表，来掌握上述确定的几类业务数据指标加以汇总、统计和通报。通报本身虽不具有考核意义，但是，实践中各地检察机关对业务数据通报的使用和重视程度各不相同，有的地方检察机关将通报数据排名情况作为考核评价优劣的意义，实际上是起到了考核评价下级检察机关作用，为检察业务绩效考核奠定了基础，也是检察业务绩效考核的最初雏形。么宁：《检察业务考评机制研究》，西南政法大学 2014 年博士学位论文。

分析问题的形式出现在最高检向全国人大所作的年度工作报告中，在一定程度上反映检察机关履职主责主业的整体工作情况。严格来讲，这段时期并没有形成真正意义上的检察业务考评制度。

2. 发展阶段（1998 年至 2010 年）

党的十五大以来，业务考评机制进入发展时期，最高人民检察院对外积极开展研究合作①，对内出台了一系列规范性文件，检察业务考评模式在这一阶段形成了"一人一风格、一院一模式"的局面。② 1998 年《关于加强基层检察院建设的意见》就明确提出要建立科学的办案考核机制；③ 2002 年的《人民检察院基层建设纲要》，第一次比较系统地推出检察系统的量化考评方式及程序，并明确将考核结果与奖励直接挂钩；2010 年，印发了《最高人民检察院考核评价各省、自治区、直辖市检察业务工作实施意见（试行）》，标志着最高人民检察院开始尝试对全国各省级人民检察院检察业务工作进行统一考评。④

3. 完善阶段（2011 年至 2017 年）

2011 年，中央政法委印发《关于建立健全政法机关执法办案考评机制的指导意见》。⑤ 同年 8 月，最高人民检察院印发《关于进一步建立健全检察机

---

① 典型的如 1999 年，最高人民检察院与欧盟开展绩效管理合作研究项目，并以哈尔滨铁路检察院为试点；2002 年，最高人民检察院与瑞典罗尔·沃伦堡法学院、瑞典国际行政管理局合作开展中瑞绩效管理试点项目，以上海黄浦区检察院为试点。师清正：《论我国检察机关绩效考核制度》，上海交通大学图书馆，2008 年；马林：《检察绩效管理评估与考核——哈铁检察绩效管理模式》，中国检察出版社 2006 年版。

② 王晋：《以刑事诉讼规则为指导推进案件管理工作》，载《国家检察官学院学报》2013 年第 1 期。

③ 最高人民检察院《关于加强基层检察院建设的意见》（高检发〔1998〕32 号）第22 条、第 23 条。这体现出最高人民检察院希望通过办案考核来提高办案质量、加强对下指导。1999 年，最高人民检察院组织开展的"五好""两满意"的争创活动，在全国范围内表彰检察机关先进集体和先进个人，其评选标准依据《办案考核办法》，这进一步促使将检察业务绩效考核作为加强规范化管理的手段。

④ 最高人民检察院一系列规范机制的出台，激励着全国各级检察机关不断实践探索本地区的绩效考核机制，典型的有：将经济领域的绩效管理方法引入刑事司法领域的郑州二七区检察院考核模式，根据经济发展水平和社会经济状况不同而开展分类考核管理的黑龙江省检察院考核模式，以及建立办案质量考评机制的深圳市检察院考核模式。

⑤ 中央政法委员会《指导意见》从考核原则、考核目标、重点内容、考核方法、考核结果运用、组织领导等 6 个方面对司法考核进行了详细规定。

关执法办案考评机制的指导意见》。① 该"指导意见"改变了原来由最高人民检察院制定考评制度、统一考评各省级人民检察院检察业务的做法，确立了由各省级检察机关自行考核检察业务的新思路。② 这一思路赋予了省级院更多的业务考评权，对于强化对下级院的业务指导、更好发挥检察机关在服务工作大局方面的作用具有积极意义，但也存在一些问题。③ 在总结实践经验的基础上，2014 年 2 月，最高人民检察院印发《关于进一步改进检察业务考评工作的意见》④，对于推动新时期检察业务考评工作的科学发展具有里程碑式的意

---

① 2011 年，时任最高人民检察院检察长曹建明在第十届全国人民代表大会第四次会议上表示"推行案件集中管理，建立统一受案、全程管理、动态监督、综合考评的执法办案管理监督机制"；2012 年，最高人民检察院制定下发了《案件管理暂行办法》，同年重新修订的《人民检察院刑事诉讼规则（试行）》都明确将检察业务考评作为案件管理的重要内容之一，这些都成为我国检察业务考评的渊源。

② 2011 年 8 月，最高人民检察院《指导意见》确立了新的总体考核思路为：由各省检察机关自行考核检察业务，最高人民检察院只负责宏观方向指引、各级检察机关决定具体考核指标。

③ 朱桐辉：《"数目字管理"下的刑事诉讼》，载《中国社会科学报》2010 年 4 月 6 日，第 10 版。

④ 《意见》基本思路：一是坚持正确的考评方向，通过对检察业务的考评，引导各级检察机关牢固树立正确的政绩观和理性、平和、文明、规范的执法观，最大限度地调动各方面的工作积极性；二是坚持遵循检察工作规律，充分认识检察业务的司法属性、部门之间相互制约的特殊性、执法办案活动的复杂性以及地区因素的差异性，综合运用多种手段和方式，正确处理考核中的矛盾和冲突；三是坚持定量考评与定性评价相结合，在充分发挥定量评价积极作用的同时，将定性评价纳入考评机制，改变简单通过数字指标、比率控制线等方式评价办案质量的做法；四是坚持内部评价与外部评价相结合，积极稳妥地引入外部评价机制，听取群众呼声，回应社会关切。

义。① 其主要内容是：检察业务核心数据②、案件质量评查情况③、落实上级检察院重要业务工作部署情况④、社会评价情况⑤。该意见对 2011 年确立的对各省级人民检察院自行考核检察业务的思路予以继承完善，⑥ 最高检对各省级院的检察业务考评主要采取通报核心数据的方式进行，不对各地的检察业务进行量化打分和排名。各省级院的业务考评标准一般由各业务部门制定，统计数据由省级院案件管理办公室提供，最终由考核办核定。

（二）各地检察机关的实践探索

案件质量评价标准，就是从规范的角度对案件质量的构成要素进行梳理，设定各类评价指标，在全面衡量的基础上对办案质量作出一定的评价。一段时期以来，各地检察机关积极开展案件质量评价工作，积累了大量的经验，并进行了机制探索。我们通过对辽宁、山东、上海三地区案件质量评价工作的简要梳理，从案件质量评价工作的原则、主体、标准、结果运用方面进行分析研判。

---

① 我们之所以将 2014 年的《考评工作意见》评价为"推动新时期检察业务考评工作的里程碑"，原因在于：一是基本思路新；二是考评方式方法新，要求积极推进信息技术在考评工作中的应用，充分利用统一业务应用系统开展考评工作，实现考评数据实施自动生成。开展网上案件质量评查、网上通过考评结果、网上收集反馈考评意见，实现考评工作的日常化、动态化。对纳入案件质量评查范围的案件，要求从办案程序和实体处理等方面进行核查、分析，实事求是地对办案质量作出评价并予以通报。要求及时汇总人大代表审议、政协委员讨论工作报告的意见建议，并通过其他多种形式收集意见建议，在认真梳理分析的基础上予以通报；三是考评结果运用新，要求与业务建设、队伍建设、基层院建设相结合，通过考评及时发现问题，促进制度完善，提高队伍素质，总结推广经验，服务指导决策，充分发挥考评结果的引导、规范、督促、激励等作用。

② 根据《意见》要求，设置核心业务数据项目要注意突出重点，不搞面面俱到，减轻考评负担；要统筹兼顾办案数量、质量、效率、效果和安全；要客观公正，纳入考评的数据原则上都应当由统一业务应用系统产生，坚决防止和纠正弄虚作假等问题。

③ 案件质量评查，是指对一些特定种类的案件开展案件质量评查，将评查情况纳入考评工作，改变过去简单通过数字指标评判执法办案质量的做法。

④ 落实上级院业务工作部署，主要考评落实上级院工作部署和要求，推动检察业务工作健康发展，在本地区检察机关实施并产生一定成效的工作措施等情况。对于纳入考评的工作部署、任务，笔者认为要立足全局、突出重点，不宜过多。

⑤ 社会评价情况，主要是指将人大代表、政协委员以及人民监督员等对检察机关执法办案情况的评价或者对检察业务工作提出的意见、建议作为社会评价的重要内容纳入考评。

⑥ 各省级检察机关可以参考最高人民检察院通报的项目，根据本地情况适当增减后确定考评内容和方式。截至目前，全国大多数省份采取业务数据和质量评查结果相结合方式来实现对检察业务的绩效考核工作。

1. 案件质量评价原则

一是突出办案质量原则。检察机关在兼顾数量基础上，更加注重对法律监督成效的考核，以突出司法办案的精准化，突出办案质量对数量的刚性制约，推动各地真正以最少的司法资源支出获得最大办案成效。如山东省在兼顾数量的基础上，更加注重对法律监督成效的考核。指标设置方面更加侧重质量要求。考核权重上更加向质量倾斜，质量考核项目权重占到全部考核权重的57%，同时将案件质量评查作为总体评价的重要手段，重点对影响数据质量的案件等开展评查，促进提升办案质效，防止弄虚作假问题发生。

二是分类制定原则。检察机关受理的案件类型多、涵盖范围广，而各个业务阶段都有各自的程序和实体要求，不同性质的案件其质量标准也不尽相同。目前各地区在制定评价标准时，针对不同案件类型设定相应的评价指标。例如，上海市检察机关制定瑕疵案件评定指引，将案件进行分类，分别围绕事实认定、证据采信、法律适用、程序规范、文书质量、风险评估、涉案财物处理、办案效果等内容作出相对细致的规定。

三是可衡量原则。案件质量评价标准应当是明确的，而不是模糊的，应当有一系列明确的指标，作为衡量案件质量高低的依据，应当遵循"能定量的定量，不宜定量的进行定性"的原则，使案件质量评价有一个统一的、标准的、清晰的可度量的标尺，从而评定出不同的案件质量状况。如山东省设定11项考核指标，重点考评各地法律监督工作质量和效果。其中正面评价指标8项，负面评价指标3项。正面指标计分方面，先以各项指标的全省平均比率为基准，计算出各地办理当前数量的案件所付出的相对办案工作量，再与当前实际工作量进行比较，真正的把张军检察长提出的"办案精、准"的要求落到实处。

四是综合评价原则。对于案件质量评价工作而言，不仅要将质量问题、法律问题纳入审查的视野中，也要注重对优秀案件的认同推广（案件在事实认定、法律适用和执法效果等方面是否正确并具有典型性，对同类案件是否具有指导和参考价值，在侦查技巧、审查质量、出庭水平等方面是否具有示范作用等）和社会效果的评价，综合考量，全面地加以判断。如上海市检察机关在《案件质量评查标准（试行）》中，明确指出认定优质案件一般应同时符合下列情形：（1）符合该标准第5条规定的合格案件认定要求；（2）体现较高的证据审查、分析、运用能力；（3）针对个案进行及时有效的释法说理；（4）案件办理的政治效果、社会效果、法律效果突出。

2. 案件质量评价主体

案件质量评价的实质是"从案件到数据，再从数据到办案"的过程，基于案件质量评价主体在案件管理工作中的作用主要是发现案件质量存在的具体问题，提高执法管理工作的内在水平。目前对省级以下检察院的业绩评价主体是省级院；对检察官办案质量的评价主体，大部分地区已经实现了单一主体向复合主体的转变，就个案而言，由案件质量评查检察官或领导小组对全院检察官办理的案件质量进行评查，领导小组一般由检察长或检委会专职委员任组长；就检察官的办案业绩及总体办案质量而言，各级院基本都成立临时性或相对固定的考评委员会或考评工作小组，成员由院领导及相关业务部门负责人组成。这种复合型的主体结构，有利于更好地促进业绩考评和案件质量评价结果的客观、公正和必要的权威性。

如山东省检察机关严格落实中办《关于统筹规范督查检查考核工作的通知》的要求和最高检部署，按照"一类事项由一个部门统筹，一件事情由一个部门负责"原则，规定案件质量评估工作在检察长、检务会领导下，由案件管理部门统一组织实施。办案部门重在加强日常办案指导和监督管理，提高案件办理质量。这一做法，有效避免了多头评估等问题，切实减轻基层负担，为评估工作一体化运行提供坚强组织保障。

3. 案件质量评查标准

目前检察机关案件质量评价标准的统一体系正在建立，案件质量的评价标准主要针对个案，也就是案件质量评查标准。上述三个地区的检察机关都依据程序法、实体法的有关规定，出台了案件质量评查的办法、意见等规范性文件。归纳而言，案件质量评查标准大体上呈现以下几点共性：

一是关于评查方法。都是采取随机评查、重点评查、专项评查和交叉评查等。其中重点评查范围囊括了法院判决无罪、撤回起诉、捕后不诉、诉判不一、绝对不捕等普遍关注的情形。随机评查又称"日常评查"，与重点案件每案必查不同，随机评查的对象是已经审结的所有案件。正是由于这种对象的不确定，因此实践中往往对评查案件的比例进行一定的控制。如上海市院规定评查人员对每年每名办案人员评查的案件数应当不低于两件，在条件允许的情况下尽可能多评查案件，保持评查工作的常态化，以客观反映各办案人员的实际办案水平。专项评查可以建立在重点评查和随机评查的基础上，亦可以结合各阶段形势，针对特定的案件进行专项评查。交叉评查就是上级院定期组织对下级院的案件进行评查，评查人员不得审查其所在检察院的案件，该种评查方式有利于解决因"熟人关系"导致监督不力的问题，使得评查的广度和深度得到切实提升。

二是评查档次的认定。案件质量评查是对照评查发现的具体问题，根据问题数量和严重程度综合评判后，对案件质量所进行的评定，评查结果一般分为优质案件、合格案件、瑕疵案件、不合格案件。其中瑕疵根据情节轻重分为轻微瑕疵、一般瑕疵、严重瑕疵，若存在轻微瑕疵，一般不认定为瑕疵案件或不合格案件。

三是核心指标。案件质量评查的核心指标囊括了实体、程序、文书或者办理效果等方面。总的来说，主要包括：证据的审查和采信、事实认定、法律适用、办案程序、文书制作和使用、释法说理、办案效果等七个方面。其中证据的审查和采信、事实认定、法律适用三大类属于实体性指标，办案程序、文书制作和使用、释法说理、办案效果更加侧重于程序性指标。在实践中，程序性指标往往在认定瑕疵等级时，需要以案件造成的结果为导向，以综合认定案件办理的等级。我们认为，该种设置较为合理、科学，可以充分发挥案件质量评查工作的质效，提升评查工作的权威性。

4．评价结果运用

根据目前全国检察机关的现状，大体上有如下四种结果运用方式：

一是通报与报告：对发现的普遍性、倾向性问题，案件管理部门和办案部门及时进行会商研判，报经检察长同意并在一定范围内通报评查结果，推进建立健全长效机制。对于发现的优秀典型案例、法律文书，及时进行通报并按照相关规定予以考核加分和表彰奖励。

二是问责与处理：发现办案人员故意违反法律或者有重大过失行为、需要追究司法责任的，移送检务督察部门依照相关规定处理。

三是分析和研判：发现办案存在法律政策适用疑难问题或分歧意见的，及时提交法律政策研究部门研究解决，案件管理部门也会对共性或者典型问题归纳总结，开展专题业务分析和案例讲评，及时将评查结果转化为理论成果，供业务部门和领导决策参考。

四是考核和管理：目前上述省级院和许多院都将案件质量评查结果纳入检察官和检察官助理的司法业绩档案，作为等级晋升、择优遴选、员额管理的重要依据。对案件被评定为不合格，并且经相关程序认定应当承担司法责任的人员，该年度考核不得被评定为优秀和称职，并视情作出处理。

二、案件质量评价标准体系目前存在的主要问题

（一）案件质量评价标准相对分散，尚未形成体系

案件质量评价指标体系是最高检最近提出的概念，我们认为，案件质量评价指标与本课题研究的案件质量标准是指标与指标具体应用的关系，后文将做具体论述。全国各级检察机关对于与此相关的工作机制的探索及应用一直没有停止且初见成效。但是，无论是案件质量评价指标体系还是标准体系，面临的首要问题是体系尚未建立。这种探索主要集中在具有内在关联的两大领域，即检察业务考评机制和案件质量评查机制的建立和实践运行。

关于检察业务考评机制的内涵，存在着广义说和狭义说等不同的观点。广义说又根据考评主体、考评对象、考评内容的不同，有不同的论述。比如一种观点认为，广义上的检察业务考评机制是指上级检察院依据考核评定办法对下级检察院进行整体考评，并对司法实践产生积极或消极作用的机制。① 另一种观点则认为，广义上的检察业务考评主要包括：检察业务核心数据、案件质量评查、落实上级检察院重要业务工作部署、社会评价四部分。② 而狭义的检察业务考评机制，仅指省级检察院依据检察业务核心数据、案件质量评查等业务考核指标对地市级检察机关进行整体考评，并对市级院、基层检察院办案监督工作产生积极或消极作用的机制。③ 因此，狭义的检察业务考评仅指检察业务核心数据和案件质量评查。简言之，案件质量评查是检察业务考评的下位概念。

2011 年，最高人民检察院《关于进一步建立健全检察机关执法办案考评机制的指导意见》首次提到"执法办案考评机制"。2014 年，最高人民检察院《关于进一步改进检察业务考评工作的意见》使用了"检察业务考评"这一概念。我们认为，检察业务与检察机关执法办案二者实为同一概念。④ 根据有关法律，检察业务涵盖刑事检察、刑事执行检察、民事检察、行政检察、公益诉讼检察、控告申诉检察等检察机关专有的检察业务；而检察机关执法办案实质是履行检察业务职能的过程。因此，检察业务考评与检察机关执法办案考评应属同一概念。与本课题研究的案件质量评价标准体系相比，无论是检察业务考评还是案件质量评查体系，都存在着内涵与外延上的区别，检察业务考评的外延大于案件质量评价，而案件质量评查又侧重于对个案事后的实体性质量检查。总体而言，目前还缺乏专门的、统一的案件质量标准体系。

---

① 张琳琳：《检察院执法办案考评机制研究》，山东大学 2016 年硕士学位论文。

② 2014 年最高人民检察院《关于进一步改进检察业务考评工作的意见》中"三、科学设置考评内容"。

③ 本文的检察业务考评机制仅指省级院对市级院的考评，不包括最高人民检察院对省级院、市级院对基层院的考评。省级院对市级院的业务考评，包括"检察业务核心数据"和"案件质量评查"两项内容。对于落实上级检察院重要业务工作部署、社会评价等则不在本文讨论范围。盖因"检察业务核心数据"和"案件质量评查"属纯粹的业务考评内容，且由业务管理部门统筹负责。

④ 2015 年之前，检察机关使用"执法"概念频频出现于规章制度、内部文件、领导讲话中，典型的如《检察机关执法工作基本规范》2010 年版和 2013 年版。但"执法"仅体现了检察机关的行政管理属性，对于检察机关的监督性、司法性没能得到很好的体现。2015 年以来，对"司法"的提法明显增多，典型的如将"执法规范化建设"更名为"司法规范化建设"。

从各级检察机关对检察业务考评机制的探索情况看，目前基本处于各自为政、五花八门的状态。由于《人民检察院基层建设纲要》明确要求各级检察机关进行量化考核并将其作为评选优秀检察院的依据，之后最高人民检察院又于 2003 年相继出台关于案件管理的决策部署，进一步促使全国各级检察机关加大探索、积极实践。如一些省检察院根据最高检《2009—2012 年基层人民检察院建设规划》的规定"省级检察院可以根据本地区经济社会和基层检察院发展的差异性和不平衡性等实际情况，制定分类标准，实行分类考核"，会在每年的上半年通过本年度的考核办法。各省辖市检察院根据省院年度考核办法并在其基础上再制定本市对基层院的考核办法，形成省院对市院，市院对基层院逐级考核的模式。省辖市院在制定考核办法时，通常是征求本院各个部门的意见，增添一些考核指标，或者加重一些指标任务。但各部门增加的这些考核指标，是否必要、科学、合理，并没有一个切实有效的审核程序，虽有案件管理部门、政治部等牵头组织考评办法制定工作，但这两个部门对考核点只行收集汇总工作，对考核的内容往往出于尊重各部门意见而不作实质性审核。各个部门的考核点如何设置，基本由部门负责人、分管检察长决定。而作为检察业务考评机制的"母系统"的检察案件管理机制正式形成后，在全国各地的实践中业务考评机制基本可以分类为几种模式：一种是以程序性审查为主的流程管理模式，一种是程序和实体审查并重模式，还有一种是以质量监督为主的模式，另外还有以文本规范为主的 ISO 9000 国际质量标准管理模式等。

从案件质量评查工作机制的探索实践情况看，也存在类似的状况，各地各级检察机关结合自身实际，出台一些案件质量评查办法或者称作案件质量监督管理办法之类的文件，其中关于案件质量评查主体、对象、标准、程序以及结果运用等环节角度各异、做法不一；也有的虽然在某个地区存在一些比较一致的标准，但是评查标准在适用过程中经常变化，甚至年年变化，评查机制应有的确定性、稳定性得不到保证，其科学性、合理性、可行性也受到一定质疑，影响了检察人员参与案件质量评查工作的积极性与热情，制约了评查效果。

（二）已有的绩效考核偏重于对检察院和业务条线的考核

按照考核对象的不同，检察机关的绩效考核可分为针对检察机关和检察人员两个不同层次的考核，目前检察业务考评的对象主要是省级以下的各级检察机关，包括地市分州检察院以及各基层人民检察院；检察官等检察人员虽然也是考核对象，但是，目前没有形成上级院直接考核辖区内检察官和其他检察人员的机制。对检察机关的考核，是指以检察院作为被考核对象所进行的业绩考核，由检察系统上级检察机关对下级检察机关考核，通常是通过对一个单位各部门的工作情况在同级别检察院间进行横向对比办案业绩，再综合评价该院工作业绩。相关的规定有 2009 年最高人民检察院印发的《2009—2012 年基层人民检察院建设规划》、2010 年的《考评意见》以及《计分细则》等。

在探讨上级院对下级院业绩考评机制时，上级院业务部门与下级院相应业务部门的关系，是一个不容回避的问题。尽管检察业务考评的主体是上级检察机关，但由于上级院考评领导机构通常是临时性机构，因此具体承担考评职责的部门多由检察机关内设机构兼任，包括综合部门以及相关检察业务部门，这些机构负责具体的规则制定和执行。其中各省市参与检察业务考评的综合部门不尽相同，主要包括办公室、政治部、研究室、案件管理部门等。就考评文件的制定主体来看，一般由综合部门负责草拟，征求各业务部门意见后报由考核评审委员会负责审定、修改年度工作目标、考核办法和考核指标。就考核执行主体来看，包括负责本业务条线数据收集、整理工作的业务部门和负责全面综合数据汇总以及折算的综合部门，以及负责考评情况初审的考核评审委员会等。根据有关规定，上级院的业务部门不是考评主体；被考评检察院的具体业务部门亦非检察业务考评的对象，但从目前业务考评的具体运作情况看，一般由上级院政治部负责考核，案件管理部门负责业务考核的部署和统筹，下级院业务工作总体情况是通过各个业务部门的工作业绩上报，经上级院相应业务部门审核后，再将考核结果汇总于政治部，最后由考核领导小组综合评估。其中上级院业务部门的审核具有实质性的作用，下级院整体的考评业绩是由不同业务条线考评得分综合而成。因此，上级院业务部门对下级院业务部门乃至全院考评业绩的优劣起着实质性甚至某种程度的决定性作用，下级院业务部门实际上承担了考评对象的角色，而上级院业务部门则成了"隐形"的考评主体。

相较而言，真正应当作为考核对象的检察人员，尤其是司法责任制改革后的检察官，其面临的考核机制目前却并不完善，不能体现检察官职业特点、真实水平和相互间的素质差异。首先，一些地区仍然沿用对普通公务员考核的模式，检察官和其他检察人员的年度考核，一般由检察人员填写公务员年度考核表，按照"德、能、勤、绩、廉"的要求进行个人年度总结，由本单位政治部等综合部门进行考核。之前很多检察院并没有具体的考核标准；也有的检察院制定了自己的考核准则，以被考核人的岗位职责和所承担的工作任务为依据，考核工作实绩、思想品德、检察业务和法学理论水平、工作态度和工作作风等。但这种考核缺乏体现检察工作特性的标准体系和具体标准。其次，对检察官的业绩考核正处于起步和探索的阶段，各地在司法改革和综合配套改革的大背景下，对建立健全检察官业绩考核评价体系进行了不少探索，不少检察机关初步建立了以办案数量、办案质量、办案效率、办案效果、司法技能、理论水平等为主要内容的考评指标体系，构建司法责任追究制度，通过明确办案权限、责任与免责条件，努力实现评价机制、问责机制、惩戒机制、退出机制与保障机制的有效衔接，提升办案工作质效与规范化水平，把责任追究落到实处。但是，这种探索还是初步的、不系统的，还有一些理论和实践中的问题需要加以解决。

相对于检察人员考核，对检察院，包括对其业务部门的考核显得更受重视，相关的规范性文件也较多。司法实践中，"考核制度被上级检察院用作对下级检察院实施业务管理与评价的重要手段，也是引导下级检察院开展检察工作的重要措施"。[①] 对考核发现的普遍性、倾向性问题，及时提出建章立制的意见建议，促进源头性、机制性问题的改进完善。下级院把考核结果与业务建设、队伍建设、基层检察院建设相结合，进一步整合考评资源，拓展考评结果运用的广度和深度，充分发挥考评结果的激励、引导、规范等方面的功能作用。同时通过考核来督促各项检察工作均衡发展，确保中央、最高检和地方党委部署的重点任务有效落实。

毫无疑问，上级院对下级院实施的业绩考评具有非常重要的意义，其重要性和必要性毋庸置疑。但是，在落实司法责任制、凸显检察官办案主体地位的形势下，如何将法律赋予检察机关的职权落实到检察办案实践中，不仅需要检察人员的自觉性、主动性，更需要制度机制的规范约束，其中，检察业务考评制度就是很重要的一项机制。科学设置检察业务考评指标，通过上级院对下级院的考核，将规范司法的压力层层传递到下级院，进而传递到检察人员个人身上，正向激励检察人员在办案实践中多办案、办好案，保障检察权的有效运行，提高办案质量效率，进而提高司法公信力，也是一个需要进一步关注并研究解决的课题。

（三）考核评价重结果轻过程，侧重于事后评价

当前许多考评模式事后评价为主的特征主要体现为三个方面：一是对被考评的检察机关而言，体现为平时考核相对薄弱而年度考核比较受重视，对下级检察机关，包括其业务部门的考核基本上都是年度考核，也就是工作已见成效或案件已经办结，属于事后或案后的一种评价。虽然也会出现个别情况下上级院对辖区内的检察机关年中进行不定期专项工作的绩效考核，但事后评价无疑占据主导地位。二是对检察官和其他检察人员而言，同样体现为年度考核为主的特点。即使少数检察院按照司法改革的要求，探索实行对检察人员动态考核机制，但年度考核依然是考核检察人员的重要内容，每个检察院都会对检察人员一年内的工作表现、业绩情况进行考核。三是对以办案为核心的业务活动而言，也存在着以案后评查为主、事中流程监控为辅的特点。案件质量评查的事后性固然有利于在强化对办案权力进行监督制约的同时，确保检察官司法办案

---

① 陈颖之：《绩效考评与检察权运行的关系》，上海交通大学 2015 年硕士学位论文。

权力行使的独立性，但是相对薄弱的事中流程监控，仍然无法改变对案件质量监督考评以事后为主的格局。

我们认为，这种事后为主、缺乏动态化监督的评价流程，容易导致考评的片面性。上级院考核采用年终考核方式，根据下级院的自评，然后给出排名，这种绩效考核制度自上而下的单一性，本意在于确保对于下级院的考核权威。但是在缺乏临时到下级抽查案件等动态化监督的情况下，容易导致绩效考核管理的空心化。事后为主的静态化考核可能带来两个后果：一方面，每年的绩效考核都是在年终举行，年底成了上级院对下级院整体工作和办案情况进行评价的唯一机会，其评价的信息主要甚至唯一的来源就是电脑统计出来的数据信息和其他上报材料，上级院被动消极地集中接受下级院年终上报的大量材料和上传的数据，很难杜绝考核中的"水分"等弊端。另一方面，这种考评模式也容易造成上级院对下级院监督的削弱。上级院建立绩效考核制度的初衷是及时准确了解下级院的案件办理情况和工作进展情况，确保对下级院的有效监督和业务指导管理，确立上级院对于下级院领导关系的权威。但是，当前的考核采用的是年终事后的一次性考核，也就是说每年的大部分时间，上级院与下级之间的联系并不紧密，管理的深度和效果难以得到有效保障。对检察人员的考核以及对案件质量的评查考核同样存在上述弊端。特别是对案件质量强调事后考评，一定程度上助长了以案件实体的处理结果为考核重点的功利主义倾向，导致了很多在行使检察权办理案件过程中应当遵守的正当程序，因为事中监控和考评的相对弱化而被规避。

三、案件质量评价标准体系构建的基本定位

（一）案件质量评价标准体系的内涵界定

研究案件质量评价标准体系首先要厘清其内涵和外延。我们认为，质量标准体系源于企业管理中的概念，是指由反映产品质量、工作质量等质量因素的多元、多层次质量指标和对指标进行度量、排序、加权的方法模型构成一个综合质量评价系统。通过质量标准体系可以对企业的产品（服务）质量状况、质量体系运行状况进行科学统计、分析和评价。

以"检察产品"为逻辑起点，检察机关案件质量评价标准体系是以案件（即"检察产品"）为评价对象，不涉及对案件之外的其他检察工作的评价；评价的是案件法律层面的质量以及与社会及案件当事人感受度密切相关的办案效率、效果和数量，与外部感受度无关的办案数量、效率及效果不在评价之列；是关于案件质量优劣的依据及准则，而不是单纯的案件质量评价内容或项目；是针对案件全流程各环节的质量而设定的标准并按照一定的逻辑所形成的

体系。简而言之，检察机关案件质量评价标准体系是以向人民群众提供优质检察产品为最终目标，借鉴运用企业质量管理的思维，按照检察工作的目的、功能、特点，科学设置若干反映办案质量、效率和效果各方面情况的评估指标，并相应设定合理的评价标准，综合运用科学的评价方法，依托信息化工具提取数据资料，形成案件质量评价结果。案件质量评价标准体系的构建，应当在尊重检察工作规律的前提下，打破以业务条线为纬度，按诉讼阶段分段开展案件质量评价的分散模式，以全面评价"四大检察"涉及的办案活动为目的，以案件为评价对象，分类设置涵盖全办案流程节点的评价指标，实现评价结果与过程并重，优劣评判与引导激励并举，主观评价与客观评价并施，内部评价与外部评价兼顾，并在省级乃至全国检察机关实现评价标准与评价方式相统一的体系。

根据张军检察长的指示和 2019 年年初《高检院机关落实全国检察长会议部署具体任务分工方案》要求，最高检于 2019 年 3 月起按照全国检察长会议部署具体任务分工，成立了案件质量评价指标研制工作小组。经过半年时间的起草和反复修改，初步形成了《检察机关案件质量主要评价指标》（以下简称"评价指标"），并于 2020 年 1 月 9 日公布实施，"评价指标"将检察机关"十大业务"主要案件类型、主要办案活动、案件诉讼流程，以及立案监督、直接受理侦查案件、抗诉、纠正意见、检察建议、公益诉讼等检察办案活动，全部纳入指标评价范畴；按照内设机构改革后的序列设计，针对同质化的检察业务，未按条线区别，而是设置了相对统一的评价指标；各业务厅设置通用指标，一至五厅和九厅设置通用的"捕诉一体"/直诉案件共性化指标以及民事和行政指标分开表述，九厅个性化指标单列，控告申诉指标单列。"评价指标"共设 51 组/87 项指标，其中设置"案－件比"为核心指标，刑事指标 4 项，直诉案件指标 26 项，刑事诉讼监督案件指标 15 项，刑事执行检察案件指标 6 项，检察机关直接受理立案侦查案件指标 3 项；民事检察案件指标 8 项；行政检察案件指标 5 项；公益诉讼案件指标 4 项；未成年检察案件指标 7 项，控告申诉案件指标 7 项，通用指标 5 项。

我们认为，最高检发布的上述案件质量评价指标体系是适应当前人民群众新的司法需求、顺应检察机关内设机构改革和以审判为中心诉讼机制改革新形势需要的，比较科学和规范的体系，是今后各级院确定案件质量指标、完善绩效考评制度及案件质量评查机制的指导性依据。

从最高检案件质量评价指标体系与本课题研究的案件质量评价标准体系的关系看，两者是"指标"与"标准"之别。单从字面上理解，两者之间存在一定的差别。指标强调的是从哪些方面对案件质量进行评价，解决"评价什么"的问题，主要界定评价的范围、类型和项目，其本身是客观的，一般不代表正向或负向，指标的数值才会显示正向或负向的评价。而标准注重的是由谁评价，对谁评价，评价什么，按照什么尺度、采取什么方式进行评价，被评价者在各项指标上分别应达到什么样的水平等。因此，本课题研究主要研究案件质量评价标准目前需要解决的一些问题，主要不是对最高检已经形成的较为成熟的案件质量指标的具体研究。

（二）构建案件质量评价标准体系的必要性

1. 构建案件质量评价标准体系是深化内设机构改革，推动"四大检察"全面协调充分发展的现实需要

国家监察体制改革、内设机构改革、"四大检察"全面协调充分发展、捕诉一体、专业化建设等重大变化，导致检察机关组织机构、管理架构、办案模式发生重大改变，必然会对案件的质量管理产生影响。在"四大检察""十大业务"新格局下，过去传统的以基层院考评为主导、按部门、案件诉讼阶段确定的评价指标体系显然不能适应新形势新要求，亟待构建与法律监督全面充分协调开展相适应的案件质量评价标准体系。

2. 构建案件质量评价标准体系是适应新形势新要求，加强和改进检务管理的必然要求

从检察实践情况来看，虽然大部分地方检察院已经开展了案件质量评价工作，但主要是依靠传统的业务数据对检察工作进行评价，存在重数量轻质量，简单粗放，科学、严谨的案件质量评价指标体系尚未建立等不足。比如：有些地方考核指标设计重结果轻过程，指标往往偏重办案结果的评价，而缺乏过程性的指标设定；也有些地方在传统的重实质轻程序的理念影响下，忽视或轻视效率指标，比如"对延长审查起诉期限和退回补充侦查的必要性评价"未纳入考核，而若能将上述指标控制在合理范围内，往往能减少隐性超期羁押，起到较好的导向作用；此外，普遍存在考核指标的运用范畴仅限于业务考评，带来的问题是将对院、条线、部门及检察官个人的考核指标混同于案件标准体系。虽然两者之间会有交叉，或言之，这种对指标体系狭隘化运用很容易导致纯粹指标化、数字化管理的异化，背离初衷。因此，随着新的检察工作机制运行，建立一套科学、严谨的质量评价标准体系势在必行。

3. 构建案件质量评价标准体系是检察机关满足人民日益增长的法治需求的有力回应

中国特色社会主义进入新时代，社会主要矛盾转化，人民群众在民主、法治、公平、正义、安全、环境等方面有更高水平、更丰富内涵的需求，进而要求检察产品加强自身供给侧改革，提供优质的"法治产品"。以一套相对科学严谨的、可测量的外部指标体系，对检察产品的质量进行全面衡量、评价、引导，通过标准化的案件质量管理对检察产品的质量进行控制，有助于规范司法

行为、提高办案质效、提升司法公信力。

因此，我们认为，在当前各种改革形势叠加的背景下，在全面落实司法责任制的要求下，在司法腐败、司法不公问题仍然存在的情况下，并且不得不承认，扁平化管理模式下检察官个人素能还不能与改革的要求完全匹配，引入企业管理中的质量管理理论，建立一套反映检察产品质量、办案工作质量等质量因素的多元、多层次质量指标体系，通过质量指标体系对办案质量状况、质量体系运行状况进行科学统计、分析和评价，对于落实改革要求，提升办案质效，维护司法公正具有显著的现实意义，也是现实可行的。

（三）案件质量评价标准体系构建的基本原则

基于上述分析，我们认为，案件质量评价标准体系的构建应当遵循以下基本原则：

1. 以办案为中心原则

案件质量评价标准体系，顾名思义是对案件质量进行评价的一系列标准体系，这也是案件质量评价标准体系区别于原有的检察业务考评体系的主要界限。尽管检察业务考评体系同样涉及案件质量评价的内容，但是，其评价的范围大于案件质量评价的范围，评价内容涵盖了检察工作的方方面面。从实践情况看，省级院针对下级院的检察业务考评主要包括检察业务核心数据、案件质量评查、落实上级检察院重要业务工作部署、社会评价等方面；而相关检察机关对本院检察官和其他检察人员的业务考评机制，同样涵盖了办案（工作）数量、质量、效率、效果等检察业务工作核心指标，同时还包括信息调研宣传等综合性工作指标以及清正廉洁、作风纪律等检察形象方面的指标；少数检察院对检察人员的业绩考评还停留在原有的对公务员"德能勤绩廉"等考核内容。因此，从严格意义上分析，检察业务考评体系实际上针对的是检察机关和检察人员的执法办案行为，案件质量仅仅是作为其中衡量执法办案行为优劣的核心指标。因此有学者甚至提出，需要将案件质量排除在绩效考评的范围之外。不对个案进行评估，已成为域外司法管理绩效考评的基本准则。[1]

案件质量评价标准体系则是以特定检察机关及检察官在特定时段所办理案件的质量为评价对象，既不涉及检察人员工作态度、专业修养、职业操守、业务能力等与办案行为密切相关的行为表现内容，也不涉及案件之外的其他综合性、事务性检察工作内容，其着眼点就在于"案件"而不是"执法办案行为"或综合业务行为。因此，一方面，有必要对检察机关所办理的"案件"的范围进行科学界定。在当前的新形势下应当将"四大检察"涉及的主要案件类

---

① 郭松：《绩效考评与司法管理》，载《江苏行政学院学报》2013 年第 4 期。

型、主要办案活动、案件全诉讼流程，以及直接受理侦查案件、立案监督、抗诉、纠正意见、检察建议等所有检察监督方式，作为"案件"的基本范畴。在此基础上，可以进一步将在司法改革和综合配套改革中探索形成的检察长审批、审核案件、评查案件质量等具有办案特质的活动纳入办案的范围。

另一方面，和案件质量评查机制相比，案件质量评价体系所针对的案件质量主要不是个案质量，而是特定检察机关和检察官在特定时段所办理案件的总体质量，是关于检察办案核心指标动态变化方向和发展趋势的一种价值评判。案件质量评查解决的是"点"性层面的案件质量问题，其标准根据不同业务门类所涉及的案件类型确定，主要涉及事实认定、证据认定、法律适用、办案程序、文书制作和使用、释法说理、风险防控等方面，以"优质、合格、瑕疵、不合格"为等次评判具体个案的质量优劣。案件质量评价解决的是"线"性层次乃至由"线"及"面"意义上的案件质量问题，是通过对检察机关和检察官一段时间办案所反映的变化态势进行信息收集、归纳分析后所作出的某种价值评判，而不是单纯地对个案质量优劣进行评价。尽管在一定条件下，线性和面上的案件质量评价也需要借助点性的案件质量评查进行一定程度的对照或矫正，但两者之间存在着比较明显的区别。

2. 质量为主，兼顾数量效率效果原则

案件质量评价所针对的案件质量概念是广义的，既包括案件定性、证据认定、法律适用等案件办理实体意义上的质量，也包括办案程序规范性方面的质量；既包括狭义的案件质量，同时还包含与质量密切相关的办案效率、办案效果等广义上的案件质量内容。检察机关追求好的案件质量主要是为了达到三个层次的目标：第一层次目标是事实清楚，证据确实充分，定性准确，处理适当，程序合法，经得起历史检验，这也是法律效果层面上的案件质量，属于狭义的案件质量范畴；第二层次目标是案结事了，不留后遗症，不发生新的矛盾和涉检上访，确保社会和谐稳定；第三层次目标是在第二层次目标的基础上，向前跨一步，延伸职能，将检察办案置于服务党政工作大局、推进社会治理体系和治理能力现代化、引领法治价值、社会风尚等高度，促进源头性、根本性、基础性问题的解决。第二、第三层次的目标是社会效果、政治效果层面上的案件质量，属于广义的案件质量范畴。检察机关执法办案必须在实现第一层次目标的基础上，确保实现第二层次目标，力争实现第三层次目标。

鉴于此，我们认为，构建案件质量评价标准，必须坚持以质量为主，兼顾数量效率效果的原则。具体而言，首先，要确立质量标准，即以事实为依据、以法律为准绳，严格执行实体法和程序法，确保法律适用上的公平公正，做到事实清楚，证据确实充分，定性准确适当，同时在办案期限、文书使用和制作、涉案款物处理、犯罪嫌疑人、律师以及其他案件当事人合法权益保障等方面，确保程序合法规范，提升案件办理的社会公信力。其次，要确立与案件质量密切相关的效果标准，即办案对服务工作大局，化解社会矛盾，推进社会治理，引导法治价值等方面的贡献率。比如结合办案制发检察建议，促进有关企事业单位和行政机关完善经营管理和行政管理，预防违法犯罪，改善营商环境，完善社会治理；结合办案，归纳总结工作经验和典型指导性案例，推动相关工作，弘扬社会正义，引领法治价值等，都应当作为广义上的案件质量的范畴。再次，要确立与案件质量密切相关的效率标准，即主要是最高检张军检察长提出的"案－件比"指标。所谓"案－件比"，指的是发生在人民群众身边的案（"案"），与案进入司法程序后所经历的有关诉讼环节统计出来的件相比（"件"），形成的一组对比关系。①"件"和"案"之间的比越高，司法资源付出就越多，案件的质效往往就越低，当事人的感受可能就越差。从实践情况看，影响"案－件比"的最主要因素是延长审查起诉期限、退回补充侦查、二审上诉案件等。尽管从指标的外观上看，"案－件比"指向的是司法资源的耗费和办案效率的高低，但是，由于"案－件比"直接影响当事人的感受度，同时也与办案人员的业务能力、审查案件的责任心等因素密切相关，因此，应当将其作为案件质量的评价指标，并根据延长审查起诉期限、一退、二退等相关情形进行具体评价。最后，要引入少量与质量密切相关的数量指标并以比率进行设置，以避免片面追求办案数量的倾向。比如提前介入率、不捕率、控告申诉 7 日内答复率等。其中，有通过单个指标可以独立进行评价，比如提前介入率、不捕率。同时也有与办案人员的业务能力、审查案件的责任等反映一审公诉案件判决情况的关联指标（捕后判轻刑/缓刑率、判处免予刑事处罚率、无罪判决率），对检察机关提起公诉案件的办案质量、检察官在庭审中主导责任的发挥等进行评价。

总之，我们认为，在案件质量指标设计时，应当引入部分办案效果、效率和数量指标，做到"有数量、效率和效果的质量"与"有质量的数量、效率和效果"的结合，从案件质量、效果、效率和数量四个维度综合考量，使得评价结果更加客观全面。例如对刑事抗诉案件，就以刑事抗诉率（数量指标）、抗诉改变率（质量指标）这两个指标组合起来进行评价，就比较科学。

3. 引导与评价相结合原则

通常认为，绩效管理的价值追求有三个方面：实现管理、提供信息、激励员工，这也是绩效管理的三个基本目的。信息目的（informative purpose）是指通过绩效考核为员工提供有关绩效的信息，以使他们了解自身的优缺点并加以

---

① 最高人民检察院《检察机关案件质量主要评价指标》附件 2《关于"案－件比"》指标测算使用的说明。

发扬或改进；激励目的（incentive purpose）是指通过考核激发员工的工作潜能、提升工作积极性。①

作为检察管理和业务考评机制的下位概念，案件质量评价标准体系同样是绩效管理运用于检察活动的一种具体形式，其价值目标与绩效管理上述三个价值追求是契合的。检察业务考评的价值目标除了具备任何一种绩效管理机制都应当具有的共性价值追求外，还具有其自身独特的价值追求，促进检察权的良性运行就是检察业务考评的特有价值追求。检察业务考评机制对检察业务活动进行调控的根本目的在于促进检察权的良性运行，因为检察权的运行效果直接决定着法律赋予检察机关的职责是否得以有效实现，也最终决定着司法公正的目的能否实现。

从管理目的、信息目的、激励目的三者在案件质量评价价值目标中的关系来看，案件质量评价的管理目的是通过促使检察机关和检察官不断提升业务能力，提高办案质量，提供更多优质的检察产品以满足人民群众日益增长的司法需求来实现的；信息目的是依据设定的评价指标和评价标准，对案件质量进行评价，让检察机关和检察官了解所办案件质量优劣得失的相关信息，从而对案件质量和业务能力的提高起到引导和规范作用；激励目的则通过对案件质量优劣的评价、奖罚，从而激励优质案件，惩戒次质劣质案件以达到奖优罚劣的激励和督促目的。因而缺少了信息反馈和激励机制，管理目的难以实现。从这个意义上说，无论是检察业务考评还是案件质量评价，其信息目的和激励目的都决定着管理目的能否得以正确实现。

而一段时期以来，检察机关案件质量评查的目的很大程度上是为了查找和纠正案件质量问题和错误，强调对错案执法责任的追究。"办案质量评查"（亦称"案件质量评查"），这一概念首次见于检察机关的正式文本是在 2012年最高人民检察院第十一届检察委员会第七十三次会议通过的《最高人民检察院案件管理暂行办法》中，该文件列出一章规定了办案质量评查的内容。办案质量评查是由最高人民检察院案件管理办公室对最高人民检察院各业务部门办理的案件组织定期评查；对投诉最高人民检察院有关业务部门办案质量问题的案件，组织个案评查；组织、协调本院各业务部门对检察机关办理的案件进行评查。办案质量评查以实事求是、客观公正、突出重点、注重效果为原则，从证据采信、事实认定、法律适用、程序规范、风险评估、文书使用和制作、涉案款物处理、办案效果等方面进行，通过审阅案卷、实地调研等，发现、解决办案中存在的问题，实现提高办案质量和效率的目的。和案件质量评

---

① 文鹏：《转型背景下企业绩效考核目的研究》，华中科技大学出版社 2012 年版，第 11 - 12 页。

价相比，案件质量评查更侧重于"查"，即查找问题、发现问题，纠正问题，强调管理、监督和后续的司法责任落实。因此很多情况下，在案件质量评查工作结束之后，检察机关普遍重视的是办理的哪些案件质量存在问题，存在何种问题，案件由谁负责办理，如何纠正错误，办案人员应当承担何种责任等。而对于办理优质案件的检察人员的激励表扬相对而言显得比较薄弱，缺乏机制保障；对于检察机关和检察官办理案件所反映出来的共性突出问题和趋势性发展方向，则鲜有涉及和关注。同样，传统的业绩考评也主要是作为年终的规定动作，仅仅把考核作为基层院和部门评先进、发奖金、人员竞争上岗等的依据，对如何通过考评改善工作缺乏应有的重视，对考核业绩不理想的单位和个人也很少有后续的引导帮扶措施和解决问题的办法。这种以查找问题和负面评价为主、引导不足、重罚轻奖的评价机制，缺乏有效的正面引导和正向激励，影响了评价效果。久而久之，势必导致检察人员对于办案质量和业务能力的提升缺乏积极性。

因此，我们认为，案件质量评价标准体系的构建，应当在立足强化检察业务管理，注重案件质量监控、实现检察权良性运行价值目标的同时，更加有效地体现案件质量评价标准体系的信息目的和激励目的，也就是通过提供评价信息和有效激励，发挥评价机制应有的评价功能、导向功能和规范功能，为检察机关和检察官的办案质效提供客观真实地描画，进而通过规范化标准的提供和更高标准的引领，为检察机关和检察官的发展和办案能力的提升服务。导向功能有助于培养检察官整体统一的司法理念，引导检察官正确办案。① 纠错功能不是案件质量评价标准体系的主要功能，因为查找问题、落实责任主要解决的是对检察机关和检察官已经发生的办案状况及优劣如何评判如何奖惩的问题，而案件质量评价的目的不仅在于对已然状况的监控，同时更在于对未来案件质量进行方向性的引领、指导和规范。

4. 多维度评价原则

首先，分层级对检察机关和检察官的案件质量进行评价。积极顺应司法体制改革新需求，在检察机关职能调整、转型发展和内设机构改革新形势下，不断完善案件质量评价标准体系。在评价主体方面，坚持"一类事项由一个部门统筹、一件事情由一个部门负责""评估指标一体化"原则，建议由业务管理部门统筹负责案件质量评价工作，改变过去按业务条线分别设置指标体系的做法，由省级人民检察院业务管理部门统一设置对下级院业务考评指标，完善对下级院案件质量的总体评价和引导。在评价对象方面，应当正确处理集体和

---

① 谢国伟：《案件质量监督评查的理论基础与制度构建》，载《人民司法》2012年第1期。

个人两种评价对象的关系。在强调对检察机关业务考评的同时，突出检察官的办案主体地位，注重对员额检察官个人业务绩效，尤其是案件质量的评价。司法责任制改革后，检察官的主体地位被突出强调，把对部门的考核转移到对检察官个人的考核是大势所趋。① 因此，要逐步构建由上级院业务管理部门统一设置不同业务条线检察官案件质量评价标准，并对辖区检察官依照业务门类统一进行案件质量评价的体系。目前条件下，可先由检察官所在检察院业务管理部门按照上级院统一设定的案件质量标准对全院检察官案件质量进行评价。

其次，合理把握定量评价的范围及其与定性评价的关系。定性考核在评价体系中发挥其导向性功能，定量考核在评价体系中发挥其激励性功能。② 案件质量评价标准并不仅仅用于业绩考核，它还兼有引导、规范等功能。就案件质量而言，只有一部分能够运用客观性的定量指标加以衡量，这就意味着案件质量评价中定量评价的适用范围是有限的。加之目前有不少检察新职能尚处于探索试点阶段，并不具备全面进行定量评价的可行性和必要性。因此，应当根据评价事项能否被准确量化，合理确定定量评价的对象范围，不盲目追求考评的定量化与数字化；在此基础上，处理好定量评价与定性评价的关系，恰当把握客观评价与主观评价在整个绩效考评系统中的比重构成。

最后，注重从内部外部两种视角进行全面评价。为更全面、多角度评价检察机关和检察官的案件办理质量，应当设置从公安机关、法院、辩护律师、被告人等不同主体的视角进行评价的指标。如从被告人视角进行评价的刑事案件上诉率，从当事人视角评价的刑事申诉纠正率、刑事申诉案件息诉率，从辩护律师视角进行评价的听取辩护律师意见率，从法院视角评价的刑事案件法院自行决定再审改判率等。

四、健全案件质量评价标准体系的具体路径要点

健全案件质量评价标准体系，要进一步明确案件质量标准体系的价值取向和功能定位，搭建一套涵盖可能影响案件质量各方面各种因素的指标库是基础工作，作为体系，应包括静态评价指标的提出、评价主体、评价对象、数据的统计抓取在内的一个完整的评价系统。

（一）案件质量评价标准体系的价值取向和功能定位

1. 以人民群众对公正司法的满意度为价值导向

习近平总书记提出"公正是司法的灵魂和生命"，促进社会公平正义、让

---

① 徐逸峰、蔡亮亮：《检察官业绩考核问题探讨》，载《检察工作》2018 年第 1 期。

② 徐逸峰、蔡亮亮：《检察官业绩考核问题探讨》，载《检察工作》2018 年第 1 期。

人民群众在每一起案件中感受到公平正义是司法机关的核心价值追求，也是司法工作者的核心价值追求。因此，检察机关构建案件质量评价标准体系，应坚持以"公正"作为价值追求和导向，最大限度地发挥案件质量评价标准化管理的导向作用、引领作用。同时，在明确公正为首要价值追求的前提下，要处理好公正与效率的对立统一关系。张军检察长提出的"案－件比"指标评价概念，就是将新时代人民群众的新需求作为检察机关案件质量评价的重要考量。

2. 遵循检察工作规律，契合司法改革的价值取向

案件质量评价指标属于内部行政控制权的范畴，虽然管理的应有之义是控制，也是当前凸显检察官办案主体地位形势下加强检察业务管理的现实需要，但是案件质量指标管理不应凌驾于法律规定的检察办案权之上，应在尊重检察官独立办案的基础上，从服务办案的视角出发进行构建和应用。

3. 注重发挥预警提示功能

案件质量标准体系的构建和运用要利于办案质量的持续改进与提升，避免案件管理指标绩效化，质量评价指标体系主要是通过体现办案质量的客观数据反映司法办案活动的整体情况和趋势，并不是用某一个指标来直接评价某项工作乃至某个具体案件的好与坏。案件质量评价标准体系的作用是在于引领、推动、激励，以把检察官的个人能力、素质最大限度调动起来、发挥出来。同时，也要通过建立质量评价标准体系来补齐办案中的短板。

（二）关于评价主体和评价对象

评价主体、对象是案件质量评价标准体系的必备要件，也是目前与案件质量评价相关机制所存在的一个比较突出的问题。我们认为，在厘清检察业绩考评、案件质量评价和案件质量评查之间关系的基础上，有必要对不同体系的评价主体和评价对象从不同层次上做一简要梳理。

1. 关于评价主体

首先，由于检察业绩考评是对检察机关和检察官的办案业务和综合业务情况所做的评价，考评内容包括检察业务核心数据、案件质量评查、落实上级检察院重要业务工作部署、社会评价等方面。因此，其评价主体应当是上级检察机关的业绩考评委员会。办案业务核心指标、案件质量评查标准、重要业务工作及社会评价的要求，可以由最高检、省级院各业务部门确定，综合业务部门负责统一汇总制定考评依据，提供数据、核算数据，并对考评结果和检察业务核心数据进行汇总公布。其次，由于案件质量评查主要是对检察官办理的个案质量的检查和评判，其功能定位主要在于"查"。因此，评查主体的层次可适当降低，强调在检察官所在院检察长统一领导下，由业务管理部门牵头负责，并督促落实由其会同办案等部门共同制定的评查工作年度计划；具备条件的检

察院可以设立案件质量评查工作领导小组，以加强对评查工作的统一领导；可以在业务管理部门专设案件评查检察官，也可以由全院入额检察官随机担任案件质量评查员。最后，关于案件质量评价的主体，我们认为，由最高检和省级院业务管理部门统一承担较为适合。

2. 关于评价对象

由于案件质量评价对象的多层次性，案件质量主要评价指标确定后，应当综合运用指标群组合实现对不同层面案件质量的多维度评价。我们认为，可以通过不同的指标组合，分别从以下四个维度——地区（院）、条线、类案、检察官办案组织，对其所办理案件的质量进行评价。

一是用全部指标的组合对各地区院进行总体评价和分析研判。最高检可以运用全部指标的组合对省级院案件质量进行总体评价和业务态势分析，重在对办案趋势的把握和工作办案方向的指导。各省级院可以对指标进一步细化或灵活组合后用于评价辖区内各院的案件质量。如为更精准评价捕诉一体办案模式下的不捕案件质量，可以根据不捕情形进一步将指标细化为证据不足不捕率、无社会危险性不捕率和不构成犯罪不捕率等；也可以根据不同案件类型或是区域特点，进一步细化相应案件不捕率的合理区间。如为评价、鼓励检察官积极引导侦查取证，在不同的诉讼环节设置了多项指标，在提前介入环节设置引导侦查取证率指标，在审查起诉环节设置经过审查逮捕环节的案件一次退回补充侦查率和二次退回补充侦查占一次退回补充侦查率和"不退不延"案件占比率等指标，通过跨办案流程的各项指标的组合，实现指标的评价、引导、鼓励等功能。主要评价指标中，有很多可以实现跨办案流程灵活组合进行评价的目标。如为引导降低审前羁押率，可选取审查逮捕环节的不捕率、审查起诉环节的捕后不诉率、法庭审理环节的捕后判轻刑或缓刑率、羁押必要性审查案件的羁押必要性审查提出建议采纳率和采纳羁押必要性审查建议人数占批准和决定逮捕人数的比率等指标，从正、负两个方向上组合评价，综合引导。

二是用部分指标的组合对专项工作、各条线案件质量进行评价。比如，可以通过一定的指标组合，推动、引导各级检察机关、检察官围绕党和国家的中心工作，根据上级检察机关的重要工作部署办理案件。服务保障民营经济健康发展、深入推进扫黑除恶专项斗争等重点工作都可以选取一定的指标组合进行单独评价。例如针对涉民营企业的刑事案件，可选取不捕率、捕后不诉率、不诉率等指标对其进行评价，部分指标也可区别于其他刑事案件，以此实现指标的引导、鼓励等功能。再比如，一厅对全国普通刑事案件质量进行评价，就可以选取刑事"捕诉一体"/直诉案件、刑事诉讼监督案件等指标的组合进行评价。

三是用部分指标的组合对类案进行评价。比如对民事生效裁判、调解书监督案件进行评价，可以选取民事裁判监督案件审结率、民事裁判监督案件三个月内审结案件数比率、民事提请抗诉案件采纳率、民事抗诉改变率、民事再审检察建议法院采纳率5个指标进行组合评价。

四是用部分指标的组合对检察官办案组或检察官办案质量进行评价。比如可以选取一审公诉案件审结率、"不退不延"案件占比率两个指标，对某检察官办案组或检察官的办案效率进行评价，"不退不延"案件占比率越高，表明"捕诉一体"案件办案效率越高，在审查起诉阶段经过的诉讼环节越少。这组指标还可与"提前介入率"指标相组合，引导承办人在捕前、（不）捕后介入引导侦查取证工作，减少检察机关退回补充侦查、延长审查起诉期限等办案环节，降低"案－件比"，节约诉讼成本，提高办案效率和质量。

（三）设定案件质量评价指标与标准应注意的问题

全面评价检察机关的案件质量，要从宏观和微观两个层面组合进行评价。宏观层面就是通过客观数据对整体司法办案质量进行评价，微观层面就是通过质量评查对个案质量进行评价。指标项目是案件质量评价标准体系的主体框架，是重要基础。强调评价体系中的指标项目不等于考核指标，也不等于统计指标，需要根据新时期检察工作特点和全面评价需要进行重构。

1. 构建案件质量评价标准体系，应打破以传统业务条线为基础设计评价标准的模式

要从数量、质量、效率、效果四个评价维度设置指标项目，建立统一评价指标与个性评价指标相结合的评价模式，既能够覆盖"四大检察"，又能避免指标项目的重复。比如可以将涉及多个部门的评价项目如刑事抗诉等进行统一归并设置，针对特定案件个性化指标，如针对"捕诉一体"案件可以设置"两退三延案件审结率""不延不退案件审结率"等，结合"介入引导侦查率"，引导承办人在捕前、捕后、诉前提前介入引导侦查取证工作，减少检察机关退回补充侦查、延长审查起诉期限等办案环节，降低"案－件比"，节约诉讼成本，提高办案效率和质量等。

2. 以相对值设置评价标准

我们认为，这样设置更为合理。原因如下：一是有的地区案件量少、有的地区案件量大，评价标准的设置要充分考虑地区的差异性；二是有利于避免为片面追求办案数量而忽视办案质量；三是能最大限度地避免为片面追求办案数量而可能导致的数据造假。因此，评价标准不以绝对数或是平均数设置，而是设置成比率对案件质量进行评价。

3. 通过容错机制修正指标项目的评价结果

基于司法办案的复杂性，为了避免个别指标在应用中出现误差，偏离实际，在构建案件质量评注与个案质量评查的衔接配套，引入了以案件质量评查

为基础的指标校正机制，在必要时通过对个案的质量评查，实现对部分指标的校正。实际上，通过对重点案件的逐案评查，能够一定程度上修正仅根据诉讼结果评价办案质量的评价偏差。① 比如质量评价指标中的"无罪判决率"，是一个根据诉讼结果得出的客观数据，并不绝对体现案件质量的优劣，可以根据某一地区该指标的高低，对相关案件进行质量评查。具体的无罪个案是否存在质量问题要通过质量评查来明确，并据此对质量评价指标中的无罪判决率进行校正。再比如捕后不诉案件，不单纯以结果论对错，而是通过个案质量评查的介入，鼓励检察官在审查起诉环节自我纠错。

（四）信息化开发的设想与展望

最高检《2018—2022 年检察改革工作规划》中指出，要健全运用科技手段提升司法办案、检察管理与服务能力机制，深化检察改革与现代科技的结合，推进智慧检务工程。工欲善其事必先利其器，要实现科学化的检察机关案件质量评价，必须依托信息管理平台，以检察机关统一业务应用系统 2.0 版开发建设为契机，依托人工智能、大数据等技术，进一步优化统计子系统、开发建设案件质量评模块等，不断完善数据抓取、分析、比对、反馈功能，推动提升案件质量评价的客观性、透明性、公正性。

1. 有效发挥信息化评价的优势

传统的案件质量评价模式存在职能分散、数据分散、信息掌握不全等弊端，势必会影响案件质量评价工作的效率和效果。依托信息技术，能够有效破解上述问题，打破陈旧的人工、手动管理模式，进一步减轻重复繁琐的事务性工作，释放人的主观能动性。对承担案件质量评价职能的部门而言，运用信息技术，能够自动关联、采集数据，自动匹配案件质量评价指标、自动计算分值，大大提高效率，提升评价结果的准确性、可信度；对评价对象而言，信息化有助于动态了解掌握自身的办案质量情况，及时查找不足、补齐短板，引导检察官主动去思考怎么把案件办到最好，把质效做到极致；对管理层而言，有利于实时掌握不同业务条线、不同层级检察院甚至检察官的办案质量情况，及时掌握当前和历史的相关业务情况，把握发展趋势，科学决策管理。

2. 充分发挥信息技术在案件质量评价中的具体应用

一是系统集成。比如，根据案件质量评价标准，整合分散在统一业务应用系统、案件质量评查系统（上海）、流程监控智能预警系统（上海）、案件信息公开系统、电子卷宗系统等各系统内的数据，形成数据池并建立统一的数据

---

① 葛建军、周霞琴：《科学推进案件质量评查的体系化构建——以上海市检察机关的工作实践为样本》，载《人民检察》2019 年第 12 期。

标准进行清洗。

二是数据分析处理。数据只有经过处理、运算才能形成有用的信息，根据案件质量评价的标准、对象及应用维度，建立数据计算模型，以需求为导向，由计算机对数据池内的数据进行自动筛选、关联和计算，实时、高效地生成案件质量评价结果。

三是支持决策管理。应用信息技术不仅能够客观呈现案件质量数据信息，而且能够按需定制数据分析维度，由计算机自动生成分析报告，为服务大局工作、重点工作部署、人员配置、司改成效评估等提供数据支撑。

检察业务数据分析研判会商机制研究[*]

上海市人民检察院案件管理办公室、
上海市松江区人民检察院联合课题组^{**}

一、检察业务数据分析研判会商机制概述

（一）检察业务数据分析研判会商的政策渊源

2018 年 6 月，最高人民检察院制定了《业务数据分析研判会商工作办法》，这是在司法实践层面首次提出这一概念。根据最高检的表述，"检察业务数据分析研判会商"是指相关业务部门以及受邀的其他人民检察院或者专业研究机构围绕业务数据进行会商，共同分析研究检察业务数据反映的问题、原因或者值得关注的特点、规律、趋势、影响等。其功能作用主要是为充分发挥各业务部门和其他人民检察院的专业优势，进一步提高人民检察院业务数据分析研判工作质量与效果，为检察决策和业务开展提供高质量有价值的参考依据，更好地服务经济社会发展全局和检察工作大局。在《2018—2022 年检察改革工作规划》中，则细化提出要"建立健全横向纵向相结合、系统内外相结合的业务数据分析研判会商机制"。

在组织保障方面，最高检还成立了业务数据分析研判会商工作小组，定期对检察业务数据进行会商，并根据动议对专门性问题组织临时会商，目前该机制已成为最高检决策层调度业务工作的重要平台。此后，最高检后对各级检察机关提出参照《业务数据分析研判会商工作办法》建立健全业务数据分析研判工作机制的要求，以便于及时分析涉及经济社会发展大局和社会关注热点的本地区业务特点、规律、趋势等，为检察决策和业务开展提供高质量有价值的参考依据。

2018 年底，上海市人民检察院出台了本市的《业务数据分析研判会商工

---

* 上海市检察官协会 2019 年重点研究课题。

** 课题组负责人：葛建军；课题组成员：赵晓凌、吴真、郁卫平、杨旭垠、陈奥琳、秦婧雯。

作办法》，全国各地的业务数据分析研判工作办法也先后出台，依托各自区域特点探索检察业务数据分析研判会商机制的架构和实施路径，为本文开展深度研究提供了实践支撑。

（二）检察业务数据分析研判会商的历史沿革

检察业务数据分析研判是检察统计分析发展的更高形态，本质上属于检察统计分析范畴。检察统计最早开始于 20 世纪 80 年代，后主要经历了三个发展阶段，分别为检察统计初步探索期、检察统计分析转型期和检察业务数据分析研判期。而检察业务数据分析研判会商作为检察业务数据分析的一种工作方法，也随之经历了三个阶段的发展。

1. 初步探索期

20 世纪 80 年代以来，最高人民检察院经国家统计局批准备案，建立统计报表制度。1989 年最高检根据《中华人民共和国统计法》《中华人民共和国统计法实施细则》，结合检察工作的实际情况，制定了《最高人民检察院检察统计工作暂行规定》（以下简称《暂行规定》）。

根据《暂行规定》第 4 条规定①，检察统计工作归口于办公室。工作伊始，受制于手工统计效率较低和人员不足等因素，检察统计工作以数据统计、核查和汇总为主。后随着电子信息化的发展和电脑的普及，检察统计方式经历了由手工到自动化、网络化的几个阶段，工作效率大大提升，且收集的数据范围也得到极大扩展。但是办公室作为司法行政部门，在进行数据分析时存在一定的业务局限性，与检察业务的贴合度不够，且综合数据统计与各条线业务分析间各自为政，数据不匹配现象较明显。

2. 检察统计分析转型期

2011 年 10 月，最高检成立案件管理办公室，对检察机关案件流程、案件质量和案件统计信息等进行集中管理，其标志着检察统计工作剥离办公室，正式成为案管办的一项检察业务工作。2012 年修订的《人民检察院刑事诉讼规则（试行）》首次以司法解释的形式，明确统计分析是案件管理部门的职能之一。实务界基本达成共识：检察统计分析是检察机关的一项综合性业务基础工作，通过对检察工作中各种数据的收集、整理、汇总和综合分析，客观、真实地反映检察工作的发展状况和发展趋势，揭示检察工作的活动规律，是检察工

---

① 《最高人民检察院检察统计工作暂行规定》第 4 条规定："检察统计工作实行统一领导、分级负责的原则。上级人民检察院领导下级人民检察院的统计工作，最高人民检察院领导地方各级人民检察院的统计工作。上级人民检察院的统计机构指导下级人民检察院的统计工作。各级人民检察院的统计工作由本院办公厅、室统一管理，在统计业务上接受同级人民政府统计部门的指导。"

作的重要组成部分。[①]

但因为处于转型期，统计分析诸多项目需要磨合，如工作交接、人员配备和考核机制确定等，虽然各级检察机关案管部门多方收集数据，努力反映检察业务情况、突出问题和发展态势，为领导提供咨询建议和对策方案，但更多的统计分析仍停留在常规数据堆砌和浅层成因分析，缺少观点，分析亦不够深入，未能充分发挥统计的深层次服务功能。

3. 检察业务数据分析研判成型期

2013年底，全国各地检察机关根据最高检统一部署，全面铺开全国检察机关统一业务应用系统（以下简称统一业务应用系统），业务数据标准不统一、数据不兼容、归集不规范等问题逐步得到改善，为下一阶段开展业务数据分析研判工作提供强大的数据背景和技术支持。最高检案件管理办公室根据这一趋势，在全面履行业务监管职责的同时，把检察业务分析研判放在重要位置。

目前实务界对检察业务分析数据研判定位为：作为检察统计分析更高层次的数据服务形式，运用统计分析和数据分析的方法，对检察办案活动中形成的案件信息数据，进行分类整理、汇总描述、量化分析，剖析各种指标的相互联系，反映业务运行情况，研判业务运行态势，发现业务运行问题，总结业务运行规律，提出相应对策建议，为领导决策和业务指导提供依据和参考的活动。[②] 检察业务数据分析研判不仅是案件管理部门的重要职责，也是提升案件管理核心竞争力，引领新时代案件管理工作创新发展的重要抓手。

（三）检察业务数据分析研判会商的现状与瓶颈

为进一步提升业务数据分析研判工作质量和效果，为检察决策和业务开展提供高质量有价值的参考依据，更好地服务经济社会发展全局和检察工作大局，最高检制定《业务数据分析研判会商工作办法》，并成立会商工作小组。在此背景下，各地纷纷开始探索建立检察业务数据分析研判会商机制，海南、浙江、上海等省市也相继制定了《业务数据分析研判会商工作办法》，但是在实务中，当前业务数据分析研判会商工作的开展仍面临诸多瓶颈，成为制约该项工作进一步提升能效的桎梏。

1. 部门数据存在孤岛现象

数据孤岛是当前大数据和信息化发展中面临的普遍性问题。经过多年统一

---

① 胡勇：《检察业务分析研判——理论、方法与实例点评》，中国检察出版社2019年版，第27页。

② 胡勇：《检察业务分析研判——理论、方法与实例点评》，中国检察出版社2019年版，第27页。

业务应用系统的部署发展，检察机关内部积累了海量数据，但是由于国家机关间条块分割相对泾渭分明，同时受到权限、秘密保护等因素的影响，大部分检察数据仅限于"内部公开"，无论是检察机关内部上下级、跨区域之间，还是公检法司四家单位之间都无法做到数据共享，遑论打破检察机关与其他单位之间的数据壁垒。因此，数据呈现出强烈的局限性和碎片化的特点，数据信息交互性低，大量的数据被闲置，数据智能化程度较低，严重影响和制约检察大数据的集成、分析应用和效能发挥。

2. 业务数据采集遗漏、失真

统计数据的生命在于真实、全面、及时。用于分析研判的数据主要依赖于办案人员对统一业务应用系统内案件信息的手工填录，随着案件信息录入愈加精细化、全面化，支持大数据源进一步丰富，有助于获得准确的情报分析。但是受不熟悉填录规则、追求办案指标、办案不严谨不规范等因素的影响，办案人员存在选择性填录、错误填录的现象，统一业务应用系统中信息填录不完整、不准确、不规范问题不同程度的存在，数据质量有待提高。如"认罪认罚从宽制度的适用"这一条案卡信息，因为增设之初不是必填项，因此很多办案人员在填写案卡信息时未能如实填写，造成分析报告数据失真。

3. 数据分析缺乏专业槽深度

业务数据分析研判会商的对象是检察业务数据分析报告，因此撰写一份高质量的数据分析报告是有效会商的前提，但是数据分析能力不足，难以形成富有针对性、前瞻性的业务分析报告，之后的研判及会商便会成为无本之木。

数据分析缺乏深度和专业槽主要体现在两个方面：一是技术发展限制，智能化水平不高。当前数据库主要还是来源于提取案卡信息，尚未对文书信息、附件信息进行碎片化提取，导致无法从纷繁复杂的诉讼环节提取出检察官办案情况、证据对比、案件评查等相关数据集，只能依靠人工筛选，分析研判的效率不高，影响分析研判结论的形成；二是人力资源制约，专业人才欠缺。检察机关分析队伍专职人员较少，大多为非统计学专业出身，而且统计人员的大多数时间精力都花费在数据审核统计上，没有注重累计分析统计素材，对案件信息的收集、整合力度较小，科学分析、深入研判的主动性不高。

4. 相关配套制度存在较大空白

业务数据分析研判会商机制是对检察业务数据分析报告的研究判断，其终极价值是通过分析研究为检察决策和业务开展提供高质量有价值的意见和建议，为实现这一目的，仅依赖于业务数据分析研判会商机制本身是不够的。前期业务数据分析报告的高质量形成、中期会商工作的顺利开展以及后期会商成果的有效利用等都还需要相关配套制度的保障，如技术、组织、制度、人员、培训、资金和最重要的共识，目前这些配套制度都尚处于空白阶段。

（四）检察一体化视角下的业务数据分析研判会商

检察一体化的基本要义是检察权的合理运作，具体是指各级检察机关和检察官构成同一整体、上下统一、横向协作、内部整合、总体统筹。大多数大陆法系国家都将其作为维护检察权权威性的重要制度，无论是在理论上还是司法实践中，一体化对检察权的集中统一行使，集中有效打击犯罪，维护社会公共利益，保护国家法治的统一正确实施发挥了非常重要的作用，构建业务数据分析研判会商工作机制对于充分发挥检察一体优势有着促进作用。

1. 追求业务尺度的衡平

我国是单一制国家，维护法治的统一和平等的适用法律具有重要的意义。就审判系统而言，审级制度可以作为统一法律适用标准的保障。但检察系统没有审级制度，统一办案标准只能通过一体化机制来实现。① 张军检察长在 2019 年最高检领导干部业务讲座上提出新时代要更新检察办案理念，检察官要树立慎刑思想，"宁失不经，不伤无辜"，在惩罚犯罪的同时也要维护各方当事人合法权益。要实现办案尺度的衡平，就需要上级检察机关利用数据统计，对各个区域的办案情况进行整体把握，并通过会商确定出一个合理的办案标准，对下级检察机关的办案提供从定性化到定量化的业务指导。

2. 有助于调动管理资源适配任务

检察一体化工作机制使检察机关在办案机制、组织管理机制、协调沟通机制上形成一体化，通过上级院对下级院的领导、检察长对检察官的领导，最大限度发挥检察资源纵向整合，提高办案质量和工作效率。如在办理检察公益诉讼、黑恶势力犯罪、职务犯罪等疑难复杂和社会影响力大的案件时，受工作难度大，取证要求高，涉及面广，办案过程中可能遇到的地方阻力等因素的影响，十分有必要形成统一指挥，协作有力的一体化工作机制；如在推进服务保障营商环境这类全局性的工作时，需要有宏观的工作指导和引领，从法律政策、司法尺度的把握，在刑事、民事检察环节为民营企业的发展做好法律保障。业务数据分析研判会商工作的开展为加强上级检察机关对下级检察机关、检察长对检察官的指导提供了最佳平台。在对数据分析报告分析研究的过程中，可以及时发现当前检察工作中面临的困境和出现的问题，大范围的集合检察力量，为下一阶段工作的顺利开展提供指导性意见和支撑，保障高质、高效完成工作任务。

---

① 单民、上官春光：《检察一体化的内部实现方式——以职务犯罪侦查和公诉为视角的考察》，载《第二届国家高级检察官论坛论文集》，中国检察出版社 2006 年版，第 316 页。

3. 对检察权运行开展数据监督

检察机关作为宪法确认的法律监督机关，负有法律监督职能，但检察权作为司法权之一，客观上也存在着被滥用的可能性和危险。检察一体化的目的在于统一追诉标准及法律解释，有效打击犯罪，在此基础上进行业务数据分析研判会商，更能通过数据监督办案总体态势，防范检察官滥权。①

从实体上来说，在检察一体机制下，"人财物省级统管"后，省级检察机关在进行业务数据分析研判会商时可以根据分析研判中掌握的下级各检察机关办案情况调整人财物的分配管理，以达到对检察权的实体制约。从程序上来说，通过备案制度以及检察长和上级检察院的指挥和命令，可以形成对下级检察官或检察院的监督和制约，防止检察权的滥用。通过会商加固上级检察机关对于下级检察机关、检察长对于各部门检察官的业务指导和内部程序监督。

（五）检察自由裁量权与业务数据分析研判会商

经济分析法学注重效率和利益最大化，起诉便宜主义主张赋予检察官不起诉裁量权，二者在优化司法资源配置和提高诉讼效率方面是观点一致的。当前，我国暴力犯罪等严重危害社会治安犯罪案件呈现下降趋势，但轻罪案件的数量不断增加，刑事犯罪总量始终处于高位，在保证司法公正的前提下，着眼于司法效率的最大化，优化司法资源配置，推动繁简分流，构建多层次的案件处理机制，已成为迫切需要解决的问题。而不断扩大检察自由裁量权正是基于我国这一客观司法现状，从经济分析法学和起诉便宜主义角度提出的有效解决途径之一。可以说扩大检察自由裁量权是在对我国整体司法状况认真研究和分析后作出的审慎决定，是广视角、高层次数据分析研判会商的成果之一。

2018年修改的刑事诉讼法在立法上正式确立了认罪认罚从宽制度，赋予了检察自由裁量权更为实际的工具，如检察官在办理认罪认罚案件时要加大相对不诉、附条件不诉的力度；对于认罪认罚案件，检察官在移送起诉时可提出精准的量刑建议，法院判决时无特殊情况，应当采纳检察机关的合理量刑建议。作为一把"双刃剑"，量刑建议也存在被滥用的可能。而业务数据分析研判会商工作机制不仅能为检察自由裁量权的优化行使提供参考，还可以对自由裁量权的行使起到柔性制约的作用，使检察官知道自己的量刑建议是在大数据的合理区间内的。

1. 检察自由裁量权的优化行使

当前，检察自由裁量权的行使主要存在两个方面的问题：不起诉裁量权不

---

① 拜飞：《法治思维视野下检察机关自身监督制约机制建设探讨》，载《第九届国家高级检察官论坛论文集》，中国检察出版社2013年版，第99页。

敢用、不会用以及量刑建议的能力水平有待提高。针对第一个问题，上级检察机关和本级检察机关可以通过对不起诉案件、危险驾驶罪在内的轻罪案件以及涉未成年人案件等组织专题数据分析研判会商，研究当前实务中不起诉裁量权行使中存在的问题和面临的困境，并有针对性地研究讨论解决的方案。对于量刑建议精准化方面，在"两高"尚未研究协商出台有关罪名的量刑相关指导意见前，上级检察机关可以借助业务数据分析研判会商这一工作平台，对下级检察机关精准化量刑建议进行业务指导，加强区域内量刑规范化建设，促进量刑建议的整体均衡，以弥补检察官精准量刑能力的不足。

2. 业务数据分析研判会商对检察自由裁量权的柔性制约

权力的扩张必然带来权力滥用的风险，检察自由裁量权也不例外，需要对检察官的权力行使机制进行规范。海外的检察权监督举措有：要求检察官承担对警察侦查活动和结果进行实质性审查、权利告知、庭前证据开示、解释说明、告知诉讼进程、保障辩护权充分行使、听取被害人意见、对案件处理过程和结果进行书面记录等义务。[①] 而我国主要包括：检察系统内部的案件质量评查、检务督察部门的监督、案件审核审批程序制约、检务公开、人民监督员和廉政监督员等，实践中这些制度从不同层面发挥出监督效应。而业务数据分析研判会商机制，主要是依托对案件数据定期分析研判，在一定程度上对自由裁量权发挥柔性制约的作用。

二、构建检察业务数据分析研判会商机制的背景分析

（一）大数据时代的到来

"大数据"即"BigData"，全球知名咨询公司肯锡全球研究院给出的定义为，一种规模大到在获取、存储、管理、分析方面大大超出了传统数据库软件工具能力范围的数据集合，具有海量的数据规模、快速的数据流转、多样的数据类型和价值密度的四大特征。四大特征也被简称为"4V"特征，即：海量化（Volume）、多样化（Variety）、快速化（Velocity）和价值化（Value）。1997 年 10 月，迈克尔·考克斯和大卫·埃尔斯沃斯在第八届美国电气和电子工程师协会（IEEE）关于可视化的会议论文集中发表了《为外存模型可视化而应用控制程序请求页面调度》的文章，大数据作为一个术语第一次登上历

---

① 熊秋红：《域外检察机关作用差异与自由裁量权相关》，载《检察日报》2019 年 4 月 22 日，第 3 版。

史舞台。① 之后，随着互联网和信息技术的飞速发展，大数据对研究、商业、公共管理等领域的影响越来越明显，大数据的概念也逐渐为人所知。

牛津大学教授维克托·迈尔·舍恩伯格在其所著的《大数据时代》中说"大数据是人们获得新的认知、创造新的价值的源泉，还是改变市场、组织机构，以及政府与公民关系的方法"。鉴于大数据潜在的巨大影响，很多国家或国际组织都将大数据视作战略资源，并将大数据提升为国家战略。2012 年 3 月，美国奥巴马政府在白宫网站发布了《大数据研究和发展倡议》，这一倡议标志着大数据已经成为重要的时代特征，并宣布将投资 2 亿美元在大数据领域，是大数据技术从商业行为上升到国家科技战略的分水岭。同年 7 月，联合国在纽约发布了一份关于大数据政务的白皮书，总结了各国如何利用数据资源，包括旧数据和新数据，来对社会人口进行前所未有的实时分析。2014 年 5 月，美国白宫发布了 2014 年全球"大数据"白皮书的研究报告《大数据：抓住机遇、守护价值》。② 2014 年，"大数据"被首次写入中国政府工作报告。2015 年，党的十八届五中全会明确提出要实施"国家大数据战略"，加快建设数据强国。"数据驱动"成为新的全球大趋势。

近年来，检察机关信息化建设得到了快速发展，科学技术在检察机关应用的深度和广度不断提高，现代科技逐步融入各项检察工作，检察人员运用大数据的意识和能力逐步加强，科技手段在强化司法办案、深化检务公开、提升司法公信力中的作用日益凸显。特别是统一业务应用系统、电子卷宗系统等司法办案类应用陆续上线运行后，实现了对全国四级检察机关办理的各类案件数据的全面采集，成为检察机关的核心数据资源，积累了海量的案件信息数据并呈现指数级增长，检察机关正式迈入大数据时代。大数据为检察业务数据分析研判提供强大的数据资源和技术支撑，检察业务数据分析研判面临着前所未有的历史机遇。③ 2018 年最高检决定组建业务数据分析研判会商小组，期待可以借由对业务数据分析报告的研判会商，深挖大数据的潜在价值。

（二）新时代司法价值的嬗变

关于司法价值的具体内涵，学界通常认为公正是其最一般的价值形式。④

---

① 王梦瑶：《大数据背景下侦查创新研究》，中国人民公安大学 2018 年博士学位论文，第 20 页。

② 王梦瑶：《大数据背景下侦查创新研究》，中国人民公安大学 2018 年博士学位论文，第 21 页。

③ 胡勇：《检察业务分析研判——理论、方法与实例点评》，中国检察出版社 2019 年版，第 11 页。

④ 程竹汝：《论当前中国司法价值的变迁态势》，载《湖北行政学院学报》2004 年第 5 期。

而公正作为一种价值判断，是内含一定价值标准，带有明显的价值取向的，它侧重的是社会的"基本价值取向"，并强调这种价值取向的正当性，所以没有人能为公正下一个令所有人都满意的定义，因为没有永恒的确定的公正，公正是随着时代的变化而变化的，并且不同的人所追求的公正也不相同。正如美国法理学家博登海默所说："正义有着一张普洛透斯式的脸，变幻无常、随时可呈现不同形状，并具有极不相同的面貌。"①

改革开放四十多年来，中国经历了翻天覆地的变化，无论是社会经济、思想文化还是司法制度都发生了深刻的变革，党的十九大报告中通过对当前中国经济社会生活的新情况、新问题、新特点综合分析后，做出了"中国特色社会主义进入新时代，我国社会主要矛盾已经转化为人民日益增长的美好生活需要和不平衡不充分的发展之间的矛盾"的重大政治判断。随着物质生活条件的不断改善和生活水平的显著提升，人民群众的需要日益广泛，不仅对物质文化生活提出了更高的要求，而且对法治发展和司法工作寄予了新的更高的期望。如公丕祥教授在《社会主要矛盾变化：新时代人民司法的高质量发展》一文中所说，在新的时代条件下，人民群众对司法的程序公正和实体公正的要求都显著增强。② 昆山反杀案、于欢辱母杀人案、携程虐童案等引起网上、网下热议，也是人民群众对于司法公正关注度不断提升的重要表现。受这一时代变革的影响，司法价值也产生了深刻的变化，朴素的报应观念和文明法治的程序观、刑罚观有了更尖锐的碰撞。

一个时期以来，社会上、司法机关内部往往把检察机关看作是犯罪的追诉人，但作为国家监督机关的人民检察院，捍卫的是法律不折不扣正确实施，实事求是、依法准确、客观公正才是根本的价值追求。检察机关不只是犯罪的追诉人，同时也是无辜的保护人，追诉中的公正司法人。修订的《检察官法》第3条、第5条也对此作出明确规定：检察官必须"维护社会公平正义"，"秉持客观公正的立场"，"尊重和保障人权，既要追诉犯罪，也要保障无罪的人不受刑事追究"。

无论是当今社会的基本司法价值取向，还是检察机关在新时期的司法价值追求都对检察机关提出新的更高要求，业务数据分析研判会商机制的构建则是集众人之力，更新办案理念，优化办案质效。分析研判会商透过数据审视背后的民生、社情、国情，然后有针对性加强和改进工作，提升检察产品质量，满

---

① ［美］E·博登海默：《法理学——法律哲学与法律方法》，中国政法大学出版社1999年版，第252页。

② 公丕祥：《社会主要矛盾变化：新时代人民司法的高质量发展》，载《浙江大学学报（人文社会科学版）》2019年第1期。

足人民群众对法治发展和司法工作的热切期盼，做到为大局服务，为改革发展、社会稳定服务。

（三）司法责任制度的完善

2014 年 6 月，中央全面深化改革领导小组第三次会议审议通过《关于司法体制改革试点若干问题的框架意见》，新一轮司法体制改革就此展开，此次改革的关键在于建立和完善司法责任制。2015 年 3 月，十八届中共中央政治局第二十一次集体学习时，习近平同志强调，推进司法体制改革"要紧紧牵住司法责任制这个牛鼻子"。司法责任制改革的核心要义是在遵循司法权运行规律和司法亲历性的前提下，按照权责明晰、权责统一、监督有序、制约有效、程序公正等要求，让司法人员对所办理的案件真正承担责任，并明确司法人员的职责和权限、责任范围、责任承担和责任追究，[①] 具体到检察机关就是"谁办案谁负责，谁决定谁负责"。

2015 年 9 月 25 日，最高检发布了《关于完善人民检察院司法责任制的若干意见》（以下简称《若干意见》），从司法办案组织及运行机制、检察委员会运行机制、检察人员职责权限、检察管理与监督机制以及司法责任认定和追究等方面，提出了检察机关司法责任制的改革意见。《若干意见》一改长期以来检察系统内部"承办人承办—部门负责人审核—检察长（检委会）审批决定"的"三级审批"办案模式，明确规定"检察官对检察长（分管副检察长）负责，在职权范围内对办案事项作出决定"，通过对检察官合理授权，凸显检察官在司法办案中的主体地位，以落实"谁办案谁负责，谁决定谁负责"的改革要求。

各地检察机关据此纷纷展开司法责任制改革的探索，通过授权方式扩大检察官权力。如云南省第一批试点的昆明市西山区检察院，实行司法责任制改革后，通过制定检察官权力清单下放了 145 项权力由检察官行使，检察官可独立作出决定的刑事案件达 80% 以上；贵州省第一批试点的 4 个检察院，检察官有权对 92.7% 的批捕案件和 93.58% 的审查起诉案件独立作出处理决定。[②]

但随着司法责任制的深入推进，以及司法人员分类管理、司法人员职业保障等配套制度的不断完善，削弱行政审批放权检察官，使得检察机关内部行政一体的权力运行约束减弱，检察官自由裁量权进一步扩大，不免出现办案标准不一致情况，并带来类案不同判、办案质效滑坡、廉政风险放大等问题。业务

---

① 陈树森、陈志峰：《司法责任制改革背景下法律适用统一的再思考》，载《中国应用法学》2018 年第 5 期。

② 王玄玮：《检察机关司法责任制之规范分析》，载《国家检察官学院学报》2017 年第 1 期。

数据分析研判会商机制的构建虽然不能够从根本上解决这些问题，但是就目前来说，却是及时发现并有针对性解决上述问题的有效途径之一。检察机关通过定期组织等召开研判会商对阶段性的检察业务数据分析报告展开分析研究，及时发现当前检察工作中存在的办案差异化现象，深入分析导致这一现象的具体原因，研究解决方案，并及时修正。上级检察机关还可以通过研判会商确定统一的检察办案标准，以解决区域内司法不均衡问题。业务数据分析研判会商机制不仅有利于修正检察官办案中的差异化趋势，研判会商小组在就业务数据分析报告进行研究讨论过程中，通过对办案情况的整体把控，也能对检察官权力发挥有效的制约作用。

（四）司法管理机制的变革

修订前的《人民检察院组织法》第 9 条就明确规定"人民检察院依照法律规定独立行使检察权，不受其他行政机关、团体和个人的干涉"。然而在实践中，检察机关的人事编制权由地方党委、政府的人事部门行使，日常开支、办案经费由地方财政支付，检察官的政治经济待遇也都是参照公务员执行，检察机关的人财物都掌握在地方手中，导致检察权地方化和法律监督职能弱化。

为保障司法权的独立统一行使，避免检察权"地方化"的不利因素，《中共中央关于全面深化改革若干重大问题的决定》提出"改革司法管理体制，推动省以下地方法院、检察院人财物统一管理，探索建立与行政区划适当分离的司法管辖制度，保证国家法律统一正确实施"。2016 年 7 月 21 日中共中央办公厅、国务院办公厅印发的《保护司法人员依法履行法定职责的规定》则以前所未有的突破性规定，为落实审判机关、检察机关依法独立公正行使审判权、检察权提供了强有力的保障。

人财物归省级统管不仅有助于去除检察机关内部的"地方化"和"行政化"，而且有利于加强上级检察机关对于下级检察机关的工作指导，但对于省级检察机关来说带来了更多的工作挑战，要在管辖范围内妥善处理好各检察机关的办案资源统筹工作。尤其是司法人员分类管理实施后，检察人员被分为检察官、检察辅助人员和检察行政人员，如何做好辖下各检察机关的人员调配是司法管理体制改革后省级检察机关面临的重要问题之一。而且根据事物发展规律，办案资源配置方案并不是一成不变的，工作开展过程中会受到多方因素的影响，省级院需要通过阶段性的业务数据分析研判会商对办案资源配置方案进行审视和检验，并根据当前实际工作情况对之前的办案资源配置方案进行调整，以保障检察工作的有序开展。如一段时期以来，某基层院案件数量激增，检察人员紧缺，原有的资源配置方案制约了检察工作的开展，省级院可以适当将人财物等资源向其倾斜。当然这种变动应该是以保持基本稳定为基础的，只有在严重影响当前工作开展的情况下才需要做出适当的调整。

（五）检察内设机构的重组

内设机构既是检察权分解的结果和组织表现形式，也是检察官行使检察权的行政组合。[1] 因此，内设机构的调整一直都是检察改革中不可忽视的一部分。而机构设置不合理、职能划分不清晰、运行不规范等问题必定影响和制约了检察工作的有效开展。2018 年，最高检在深入调查研究和广泛听取各方意见后，向中央提出了最高检内设机构改革的建议方案。2018 年 12 月 4 日，中央审议通过并正式印发《最高检职能配置、内设机构和人员编制规定》。2018 年 12 月 17 日，最高检机关召开内设机构改革动员部署会；同年 12 月 24 日，最高检第一至第十检察厅按照新的职能和办案机制正式运行。根据最高检印发的《关于推进省以下人民检察院内设机构改革工作的通知》，各级检察机关要在 2019 年 3 月底前基本完成内设机构改革任务。

目前来看，检察机关内设机构调整是一次系统性、整体性、结构性的重塑。所谓系统性，是把检察机关的刑事、民事、行政、公益诉讼检察职能整体进行布局和调整。所谓重构性，即原来的捕诉分开、控申分开，以及其他一些随着时代的发展相关职能部门的作用已不突出，而进行重新调整。这一按案件类型重组专业化办案机构、刑事办案机构内部实行"捕诉一体"办案机制的改革，对内不仅可以有效地整合司法资源，优化检察官配置，缓解当前案多人少的矛盾，明晰检察官责任，推进检察专业化建设，保障司法责任制的落实；对外，一到四厅的刑事检察分设为普通刑事犯罪、重大刑事犯罪、职务犯罪和经济金融类新型犯罪四个专业，与公安机关按罪名分类设置机构，法院按照专业化设审判庭相对应，便于公检法之间的工作对接和提升办案质效。[2]

但部分学者和实务工作者提出，审查逮捕职能和审查起诉职能被合并到一个部门中，一件案件由一个办案机构、一个检察官负责到底，原先基于侦监和公诉两个部门之间的监督制约不复存在，对检察官权力的制约被削弱。正如上文阐述的，业务数据分析研判会商机制是对于检察官权力进行制约的有效方式之一，它和检察官联席会议和检委会一样作为内部制约机制与法院、公安机关、人民监督员等外部制约机制可以对检察权起到制约和监督作用，共同保障检察权力的合法规范运行。

此外，重组专业化的办案机构虽然促进了检察办案的专业化和专门化，也可能出现办案内容单一化、信息传递不畅等副作用。虽然检委会作为检察院的

---

[1] 邱学强：《恢复重建以来检察机关内设机构改革的历史经验与启示》，载《检察日报》2018 年 11 月 13 日，第 3 版。

[2] 北京市海淀区人民检察院课题组：《检察专业化专门化建设问题研究》，载《检察工作》2018 年第 6 期。

业务决策机构，也可以就重大案件和事项进行审议并作出决定，但其主要侧重于具体案件的讨论研究。业务数据分析研判会商机制则能畅通各部门间的沟通渠道，有助于工作合力的形成，在管理层面上解决这一问题。

三、服务"四大检察"视角中的业务数据分析研判会商

业务数据分析研判会商在业务环节的特点是从个案向类案、局部向整体、现象向本质的深入研究。在捕捉到检察业务在数据层面的规律后，又能通过对数据偏离、异常的监测发现个案、个罪或个体的办案问题和监督线索。该机制能开拓传统检察办案视野，提升类型化问题监督水平，创造出新的检察知识，进而转化为业务动能。具体到"四大检察"工作，"做优、做强、做实、做好"的不同工作推进理念使得现阶段"四大检察"有着各自不同的关键点，与之对应可以梳理出一套研判会商的工作重点。在研判会商过程中关注这些分析点能够更有针对性地总结得失，找准发力点，切实助力"四大检察"全面协调充分发展。

（一）刑事检察的业务数据分析研判会商——报应均衡和功利平衡

刑事检察作为业务流程最复杂、数据量最大的检察业务板块，是业务数据分析研判的重中之重，其多个业务流程之间的关联关系更为业务数据分析研判活动提供了许多分析点。刑事检察业务中的繁多数据在业务数据分析研判中是一把"双刃剑"，过多的分析点意味着分析的时间成本将倍增，且聚焦困难，所以必须要找到一个相对集中的分析模型，我们认为张军检察长提出"做优刑事检察"可以成为一个破题路径。

在原本"刑强民弱"的检察工作中，做优并不是追求规模体量的更大，而是力求办案质量、监督效果的上升，笔者认为其核心就是——"公平"，正如习近平总书记所要求的"努力让人民群众在每一个司法案件中感受到公平正义"，公平是司法的应然标准，也是每一个案件的努力方向。如何做到公平，韩非子说"悬衡而知平"，在现代法治中，法治之衡除了立法外，也在于司法中的衡平。在刑事司法中，衡平的难点在于报应主义和功利主义的价值均衡，在于对正义实质的无限追求和有限司法资源之间的均衡。"质量和效率"两者一直是司法价值追求的两个目标，虽然有所交叉，甚至冲突，但在个案或整个执法面上如果能够找到两者的衡平点，那无疑是更好地兼顾了公平正义。

在技术上，业务数据分析研判会商是服务报应主义和功利主义两个目标的共同手段。从业务数据分析研判会商能够提示执法公平性的偏差，实现报应主义所追求"同案同判"的精准确定刑；另一方面，纵向研究能够揭示罪犯个体、有效刑罚和再犯罪之间的关系，推进刑罚学的知识创新，并据此调整刑事

政策实现整体刑罚效能的优化。

在报应均衡中，研判会商最典型的就是关注执法尺度的均衡，例如通过罪名和情节看起诉和相对不起诉是否有聚类差异①，起诉后法院适刑是否保持线性聚类，相邻地区的适刑是否存在较大差异。如果个罪在控制变量后整体执法尺度的离散度过高，那么说明对这个罪名的执法随意性过强，需要加强专题调研和业务指导。功利平衡中，实际存在实体和程序两方面的内容：实体层面的功利主义研究对象是犯罪本身，包括犯罪的控制，犯罪嫌疑人的特殊矫治等；程序层面的功利主义研究对象是刑事诉讼活动的效率，包括"侦查效率和监督博弈优化""办案周期和司法成本控制""办案强度和人力资源调配"等。虽然程序层面的功利主义与刑法意义上的功利主义有所不同，但其本质亦是刑事司法有效性的优化，契合"做优刑事检察"的本意，乃检察实务数据分析研判会商中的应有之义。

具体到阶段性研判中，应关注捕诉判等环节的纵向数据异常波动，对数据升降绝对值和幅度在同比环比时均有较大变化的，应当对变动原因进行分析。如果排除司法标准、刑事政策等因素的调整，那么极有可能存在执法尺度纵向不均衡的风险，会影响案件处理时公平正义的实现。同时，还应关注同一时间段内横向办案主体间的数据差异情况。虽然各单位间的公检协作和检法关系的基础有较大不同，办案习惯和组织文化也存在差异，但整体的办案数据应当呈正态分布态势，集中趋势应当常态，对数据偏离较大的，应当予以研判分析办案活动中是否存在问题。以不捕率为例，当某单位不捕率过高或过低时，就应当关注是否存在限制公安报捕、公检社会危险性认识分歧或捕前引导侦查不力等问题。再如复议复核数据异常的，就要检视是否存在捕诉标准把握不当，公检认识分歧或不捕不诉过程中的释法说理不到位等问题。

有时多个指标之间的结合分析能够帮助更深入发现数据异常的本质。如二退三延案件占比过高或过低，结合办案罪名类型、延长羁押期限、人均办案量、平均办案周期、不起诉数据和承办人分析，会分析出究竟问题出现侦查环节的取证不力，还是审查起诉中的办案效率低下，抑或是个别检察官对起诉的证据要求过于严苛。

在专题性研判中，数据的聚类分析可能较波动更能够反映出司法活动的均衡性。专题性研判聚焦范围更小，本质上就是控制变量下的深度数据分析。由于司法活动就是适用法律，作为司法三段论中的"大前提"——法律法规和司法解释是不变的，所以通过有效控制变量，大部分的检察办案数据应当呈一

---

① 指将对象的集合分组为由类似的对象组成的多个类的分析过程，并分析其分组的差异性。

定的聚类分布或体现出集中趋势，反映对标法条或相关规定。简单地说，检察官在适用逮捕标准时的依据都是《刑事诉讼法》第81条，所以在相同罪名和犯罪情节时，批准逮捕和不批准逮捕的数据应当分别聚类，当控制犯罪嫌疑人特征、认罪态度等因素后，数据聚类将更为明显。量刑更是如此，根据"罪责刑相适应"的原则，个罪的犯罪情节一般都与量刑呈正相关，即犯罪情节越严重，量刑越重。虽然除犯罪情节以外，量刑情节也会影响最终宣告刑，但个罪中整体相关趋势不会改变。以盗窃罪为例，盗窃数额（自变量 x）与宣告刑（因变量 y）之间可以拟合出一条指数函数，大部分的判决应当聚拢在函数周围，各散点和函数之间的 y 轴差就可以计算偏离度，如果有偏离函数曲线较大的，则需要关注该案的量刑适当性。如果大幅偏离在函数曲线上方，那么可能是量刑过重，反之则量刑畸轻。如果在散点图可视化过程中区分未遂、不认罪等情节，将之分列使用出不同形状和颜色，那么就能直观地看出个罪中量刑偏度情况。因此在检验过程中发现的离群案件就值得通过质量评查来看是否存在罪责刑适用上的不准确，从而启动纠正司法裁判不公的法律监督程序。另一个角度来看，如果出现批量离群案件，则说明刑事政策有调整的现实需求，有必要研判刑事政策和当前社会治理的契合水平。典型例子就是 2019 年 9 月浙江对于醉驾案件刑事政策的调整。

（二）民事检察的业务数据分析研判会商——线索广度和监督深度

相对于刑事检察，民事检察业务无论从体量还是发展水平上来说都处于"弱势"，特别是在整个司法活动中，民事裁判原本是绝对多数，但民事检察一直未能发展做强，成为检察业务的一个薄弱环节。因此服务"做强民事检察"成为民事检察业务数据分析研判的核心所在。

做强实际上是对数量和质量两方面都提出了要求：一方面，在民事裁判基数巨大的情况下，缺乏基础办案量的民事检察工作不能算强；另一方面，如果民事检察只是围绕一些低品质、浅层次的内容进行监督，拿不出有影响力的监督品牌和案例，那么也无法算强。所以如何找到数据价值，推动监督数量和质量上的强化，是民事检察业务对数据分析研判提出的现实需求。

目前，民事检察案件的线索主要依靠当事人申请提供，这在一定程度上限制了民事检察业务的线索广度。通过业务数据分析研判推动检察业务数量，决定了业务数据分析研判的对象不只是现有的检察数据，而是要包括司法审判等外部数据。通过信息化手段的数据抓取和建模，能够帮助民事检察业务找到类型化的业务线索，拓展依职权启动的民事检察业务空间。较为典型的就是航天科工和嘉兴市院打造的虚假诉讼线索分析研判平台，该平台利用裁判文书数据，通过嵌入数据研判会商后确立的模型，自动推送民事检察案件线索。在整个过程中，基础数据是重要的，但更重要的是要形成数据模型。模型的来源之一就是业务数据分研判会商，要知道究竟什么样的数据形态是有价值的民事检察监督线索，唯有通过现有数据分析研判获得；同时，模型的优化也离不开业务数据分析研判会商，针对于模型自动发现数据办案质效的业务数据分析研判就是一个有效性评估和校验过程，能够帮助提升和优化数据模型。借鉴数据分析的经验，民事检察能够发掘出一批传统工作方式下无法获取的监督案件，实现监督线索广度的扩展。

较之民事检察线索的广度，我们更要触及类案问题背后的机制性原因。会商研判提供了一个从表象到本质的原因发现机制，在数据异常聚类时，针对性的进行分析研判，找到类案司法裁判问题背后的实质性因素，并针对性地开展监督，力争标本兼治，解决机制性问题。例如对司法实践中有的刑事案件审结后，对侵犯涉案产权的民事责任追究、执行不到位，相关错误民事生效裁判难以纠正，个案的移送是一个途径，但通过一类现象的梳理和数据分析会商研判，能够更好地发现类型化问题和群众需求迫切的监督重点。

（三）行政检察的业务数据分析研判会商——行政质效和监督实效

行政检察一方面监督人民法院公正司法，另一方面促进行政机关依法行政，其追求的不仅是裁判监督，更是要促进整个政府的依法行政水平。正因为这个原因，最高检提出了"做实行政检察"，"做实"就是要从行政诉讼向行政行为前端传递法律监督的效果，把监督实效化。

类案数据汇集后的分析研判能够帮助从多方面挖掘在单独的个案中无法发现的行政检察业务关键点，以及行政执法标准化偏离问题。通过找到行政检察业务的共性是发现该类案件本质的有效方法，例如行政生效裁判监督中被诉具体行政行为的类型、被诉单位或者是原告都可以帮助理解行政诉讼争议的核心所在。行政检察中经常会出现的申诉人、被诉单位和具体行政行为种类的聚类实际有着很高的相关性。以生效裁判监督为例，本市案件具有明显的"二八规律"，就是那几名因动拆迁纠纷中不满行政强制执行的当事人，反复提起大批不具有胜诉可能的行政诉讼，败诉后再到检察机关寻求监督。通过办案数据的聚类分析，我们能够梳理出至少两个办案关键点——当事人和行政机关，前者帮助我们做实现有案件的处理，通过做好关键人物的工作，有效实现息诉罢访；后者帮助做实行政检察法律监督的长效机制，通过梳理行政检察的常发类型和常见对象，帮助向相应的行政机关提出做好执法规范的检察建议，从办理个案上升到预防类案。

从近期的行政检察监督案件来看，行政活动的标准化水平也确实有很大待提升空间，特别是在执行监督的领域中，案际间差异较大。与其说是行政活动的便宜主义，不如说是行政执行的随意性较强、缺乏标准、合理性不足所致。出于这个目的，执行监督的会商研判需要引入外部数据和行政检察中的办案数据结合分析，以类型化行政执行监督工作的合理性、一致性为标准，既能确保检察环节监督效果的优化，和行政机关实现监督上的双赢多赢共赢，也能促进行政活动的效果落地，有力推进行政实效水平。

（四）公益诉讼检察的业务数据分析研判会商——监督效力和社会福利

公益诉讼检察试点至今实现了办案数量和办案规模的较大增长。在监督数量增长的同时，监督效力的提升和社会福利的增加是公益诉讼检察工作下一阶段的重点，也是检察机关就人民群众对公益维护迫切需求的能动回应。检察工作好不好，提供的检察产品好不好，最重要的是用户评价，是人民群众对检察产品的获得感和认可度。因此，"做好公益诉讼"关注的不是公益诉讼办案数量和规模的持续增长，而是案件效果能让受众产生较高的体验度和满意度。

作为一项新兴业务，公益诉讼的业务数据分析研判缺乏可供参考比对的历史数据，我们几乎不知道业务数据的合理区间，对于其开展研判难度更高。所以分析研判更集中于当前业务的横向研究和聚类分析。同时通过结合部分外部数据的分析可以帮助发现公益诉讼高质量的监督线索，让公益诉讼监督能够精准高效。例如通过信访、市民热线数据的碰撞，发现民众反映强烈的公益诉讼线索，还可以利用现有的行政数据，如通过对本地区水质样本数据的分析，对整体水域 II 类的区域，如果有个别河道水质是 IV、V 类，主动了解异常数据的出现原因是否存在公益受侵犯的情形，以及检察机关的工作空间。对已经办理的公益诉讼案件，要通过外部数据跟踪了解监督成效，是否真正修复弥补了受损的公共利益。

通过业务数据分析研判会商就突出、高发的问题加强公益诉讼检察，能够实现同等检察资源投入下的监督效力优化，也能最大限度地弥补公益损失，实现社会总体福利的增加。在横向数据比较时，要关注线索的成案效率、成案后的监督有效性、监督后的公益修复情形等。如针对不同院间的线索成案率差异，可以分析成案率低的院是在前端线索排摸时投入过多精力，导致线索量大，但无暇办理到立案，还是立案标准把握过高，错失了有价值线索的挖掘；又如成案率过高的院，是对线索选择过于苛刻，导致人为排除调查难度较大的线索，还是立案标准失之于宽，结合立案后进入诉前程序的比例可以印证相关判断。通过横向比较，找到公益诉讼案件各环节的合理尺度，确保将有限的检力投入到最有价值的线索中去。同时要分析"等"内的各个领域中，哪些数据最为集中，哪些案件涉及数额较大，这就反映了公益受损的关键点，也提示了下一阶段的工作重点，要针对性地开展公益诉讼，这样有助于优化公益诉讼的最终效果，让社会福利最大化，民众更有获得感，自然就会对公益诉讼检察"拍手叫好"。

四、检察业务数据分析研判会商的运行机制

（一）组织内部的业务数据分析研判会商工作机制

单个院内的业务数据分析研判会商是该项工作的基础模型，也是研判会商的最通常形态。根据院的规模，研判会商的主体、组织形式可以有所调整，但分析对象限定于本院的检察业务数据。研判可以是阶段性的整体业务数据趋势，也可以是具体的专项数据。其外部对比研究主要集中于同级院的业务数据，或本行政区域的外部数据相关性。而该项工作主要依托于各级院的案件管理职能。

案管职能在监督、管理、参谋、服务的框架下，四级院案管工作发挥职能的重点和着力点应有所侧重和不同，业务数据分析研判会商作为新时期业务指导管理工作的引领和抓手也不例外。最高检、省（直辖市）级院案管工作既要全面履行职能，又要突出业务态势分析研判等宏观业务监管职能，还要在业务标准、司法办案流程引导等司法标准的制定上开展顶层设计，市级、基层院重在案件流程监管、案件质量评查等中开展业务监督管理。最高检、省（直辖市）级院的业务数据分析研判会商有一定的共通性，主要对于全国、本省（直辖市）范围内的整体业务运行情况、检察业务数据态势进行宏观分析研判，协助领导研判检察工作基本走势，发现改革进程中的重点问题和难点问题，而市级、基层院的业务数据分析研判会商应聚焦于本区域、本院的业务数据，从中观、微观层面深挖数据背后的原因，纠正偏差并有针对性地研究改进措施，为业务工作开展指明方向。

下文将从上海实际出发，分市院和分院、基层院三个层面展开阐述。

1. 市院（省级院参考）业务数据分析研判会商工作机制

会商研判机制由案管部门负责牵头推动，具体负责日常协调联络、召集会议、数据提供、报告撰写等事宜，市院各业务部门确定联络人积极配合业务数据分析研判会商工作，并根据数据研判需要提供业务支持。在研判报告的撰写上，市院各业务部门也可就本业务条线的重点关注问题、业务运行态势进行专题性分析研判，独立撰写报告或与案管部门就报告选题、架构、关键点加强合作，分别发挥数据归集分析和业务指导优势，合作撰写出问题更加准确、原因分析更加深入、对策建议更加详实的数据分析报告，共同提交会商研判。

市院会商研判的对象分为以下几类：一是综合性会商，主要涵盖"四大检察"业务的季度、半年度、年度全市检察业务数据，反映检察业务总体面上的情况和发展态势，重点围绕业务数据反映的规律、趋势、特点、影响、问题以及需要预警、提出对策的事项等进行。充分发挥业务会商研判的"指挥

棒"作用，通过对全市的核心业务对比分析，引导各院、市院各业务条线改进短板，发挥优势，从而推进"四大检察"业务工作全面协调充分发展。二是专题性会商，主要关注单项业务工作、重点业务环节、突出业务问题，重点围绕中央、市委中心工作和重大决策，针对当年检察工作重点、焦点问题或在统计分析工作中发现的某些类案问题、某一时间段内的工作形势开展会商，尤其关注影响经济发展、社会稳定、民生安全等领域的检察业务工作，比如聚焦服务保障三大攻坚战、扫黑除恶专项斗争、加强民营经济平等保护、食品药品安全等民生案件，助力检察机关立足司法办案参与社会治理，当好法治参谋。

会商研判的形式可视情况灵活开展，无须拘泥于固定形式。既可由检察长召集，各业务部门负责人参加的会商会议，该形式一般针对综合性会商，也可以作为检委会事项议程，由检察长带领委员进行会商研判，还可以由分管检察长牵头，召集相关业务部门人员开展专题性会商。

2. 分院（地级院参考）业务数据分析研判会商工作机制

人民检察院组织法中明确直辖市分院属于"设区的市级人民检察院"一级，主要负责领导、指导下辖基层院业务工作。上海市院下辖三个分院，一、二分院分别领导上海南片、北片①区域检察院的工作，具体负责业务上的指导等，三分院（铁检分院）领导五家铁检基层院②的工作，并作为跨行政区划检察院，负责走私、食品药品、环境资源保护、知识产权等领域案件的集中管辖。下面将根据三家分院的特点分两个方面具体阐述：

（1）一、二分院业务数据分析研判会商工作机制

一、二分院的业务数据分析研判会商机制和形式可参考市院的做法，在此不再赘述。研判对象上，一方面应当聚焦于本院办理的重大、有影响力的典型案件，另一方面，还要注重对所辖片区的检察业务数据进行分析研判，在此基础上对基层院做好指导工作，发挥分院一级"承上启下"的功能。

（2）三分院（专门检察院参考）业务数据分析研判会商工作机制

2014年末，在上海市人民检察院上海铁路运输分院的基础上成立了上海市人民检察院第三分院，对于保障法律统一正确实施，优化司法资源配置，推动司法专业化建设等起到了积极的作用。③ 三分院（铁检分院）在研判会商的对象上，一方面可以发挥走私、食品药品和环境保护、知识产权等领域案件集中管辖优势，进行类案专题性研商，反映本市该类案件办理特征和规律、预判

---

① 南北片区仅为通称，不与区域实际地理位置一一对应。

② 分别为上海、南京、杭州、合肥、徐州五家铁路运输检察院。

③ 樊荣庆：《跨行政区划检察院设立模式及前瞻性研究》，上海市人民检察院第三分院2015年度重点课题。

案发走势；另一方面可以充分发挥铁检系统原有的"去行政化"体制基因和"跨行政区划"优势，把分布在长三角"三省一市"的5个铁检基层院纳入会商研判的视野，探索建立跨区域业务数据分析研判会商新机制。

3. 基层院业务数据分析研判会商工作机制

为减少频繁开会对办案工作的影响，切实减轻检察官负担，可将要会商的业务数据分析研判作为检委会议程。在会商对象上，既要分析研判案件增减、类型变化等背后的深层次原因，也要分析本院检察工作在横向比较中的水平。通过数据对比、类案分析和工作研判，定期将业务工作中的短板和司法办案中的重点、难点问题，形成专题数据分析报告提交检委会会商审议，找准本地区、本单位的办案特点，透过数据分析案件发生规律特点，总结提炼好的经验做法，固强补弱，服务业务部门提高司法办案能力，为领导准确把握检察业务工作态势，科学决策和办案部门建立健全工作机制提供参考。

（二）跨组织架构下的分析研判会商工作机制

1. 上下级检察机关的业务数据分析研判会商工作联动机制

人民检察院组织法明确规定检察机关上下级之间是领导关系，要进一步加强上下一体化管理，在上级院领导下，切实建立起资源共享、分工配合、互动协作的纵向管理机制，做到上下一盘棋，既充分发挥检察一体化优势，又坚决落实各级院的监督管理主体责任。上下级检察机关的业务数据分析研判会商是上级院对下级院业务指导的重要手段，通过对下级院（一般是多个）的检察业务数据情况分析，掌握下级院检察工作的发展状况，发现需要解决的问题，并指出业务改进的途径。上级院一般为该类业务数据分析研判会商的主体，下级院可以参与分析，也可由多级检察院之间联动开展专项业务数据分析研判。

2. 跨区域院间的业务数据分析研判会商工作协作机制

同级院间的业务数据分析研判着眼于检察业务标准的统一和业务效能的比较，一般情况下可以由两个以上的同级院合作开展。跨行政区域间的检察工作开展状况和效果情况是协作会商的重点，业务标准的均衡发展是协作会商的基础价值取向，避免业务不均衡导致的负外部性[①]是其高级价值追求。例如，为进一步发挥检察机关在服务保障"长三角区域一体化发展"国家战略中的作用，长三角毗邻地区青浦、嘉兴、苏州三地检察机关以业务分析研判合作为切入点，就如何"聚焦高质量、聚力一体化"主题进行探讨，更好地发挥服务决策参谋、服务业务发展的作用，通过组建青嘉苏三地案管部门分析研判团

---

① 负外部性，也称外部成本或外部不经济，是指一个人的行为或企业的行为影响了其他人或企业，使之支付了额外的成本费用，但后者又无法获得相应补偿的现象。

队、建立分析研判工作协作制度，在跨区域研判会商中依法依规共享案件信息、数据采集，进一步加强区域间业务分析交流。

3. 检察机关和系统外的业务数据分析研判会商合作机制

借助"外脑"进行业务数据分析研判会商是检察机关强化分析质量、提升会商影响力、促进会商成果转化的一个有效途径。加入"外脑"的合作分析研判能够引入检察外部声音，帮助检察机关更好地听取系统外对检察业务的需求，让检察工作找到服务社会发展的更好结合点。"外脑"能够拓展分析视野、加强分析客观性，并弥补检察机关技术能力不足，帮助形成高质量的分析研判结论。同时，合作分析研判能够形成一种新的检察产品，基于分析研判得出的检察建议内容更容易实现双赢多赢共赢。

另外，检察机关可参与和推动政法机关跨部门大数据平台建设，与审判机关、公安机关、司法行政机关等政法部门进行信息数据对接，实现政法机关跨部门案件信息网上流转和业务协同办理，在数据共享的基础上，选择业务交叉、互相关联的专题共同进行会商研判，形成司法机关保障人民安全、服务社会发展的合力。也可以加强与市大数据中心、高校、研究机构的合作，依托专业部门进行分析研判，提升分析研判高度、深度与价值。

五、检察业务数据分析研判会商的数据管理机制

（一）数据的准确性和完整性

对办案情况的整体分析要产生价值，必须依托于数据真实的基础上。业务分析研判首先要关注数据源头的真实性问题，通过前端数据质量管理和后期数据校验修正来促进检察数据的质量，以防止"garbage in garbage out"的现象。检察统计是国家统计的重要组成部分，最高检对案件数据质量高度重视，要求对数据异常问题要及时发现、及时核查、及时纠正。要特别认识到，在统一业务应用系统中，业务数据由办案信息自动生成，统计调查活动与办案活动融为一体，这意味着网上办案行为也是网上统计行为。只有源头填录真实完整，才能实现数据准确可靠。办案人员要增强责任意识，规范使用统一业务应用系统，严格遵守系统设定的办案程序、期限规定等要求，遵循填录标准，及时、完整、准确录入各种案件信息和相关数据，确保信息资源准确、可靠、可用。

第一，完善统一业务应用系统，切实增强数据采集的全面性、准确性。建议对前端案卡填录规则进行调整，主要是完善案卡信息相互之间的逻辑控制，就案卡数据项逻辑控制和校验规则进行全面梳理，加强填录控制，从源头上确保相关案件信息采集的完整、准确。

第二，建立健全问责机制，层层压实责任，将案件信息填录工作与司法责

任制改革、检察官业绩考评联动起来，将填录责任落实到具体部门、具体办案人，确保数据真实准确适用。建立流程监控和信息监管有机结合的常态工作模式，全面建立与公安、法院数据的定期核对机制，定期开展核心数据的内外部通报、核实、校正，及时纠正瑕疵信息。

第三，引用技术手段，将大量的人工填录工作，转化为技术支撑，通过OCR识别等功能，从承办检察官的报告、文书中提取信息，完成自动回填功能，降低数据源的差错率。

（二）做好数据的分级管理使用和保密工作

在各种形式的联合数据分析研判会商中，要考量不同主体间的权限差别，通过建构标准化数据分级管理使用制度或专项数据分析的解密流程，解决具体分析中的数据使用权限问题。一方面通过对数据内容的前置审查，控制开放范围，另一方面通过开发技术方式检查，防止业务数据超范围或未授权使用。

检察机关要加强数据安全保障体系建设，在现有信息安全体系的基础上，加强大数据环境下的检察系统网络信息安全问题和相关技术研究，建立健全检察大数据安全保障体系，推进自主可控安全产品和服务试点，逐步提升基础设施关键设备的安全可靠水平，确保硬件基础设施层、平台系统运行层和软件应用层的安全可靠，加强数据访问权限控制，保障检察大数据应用安全。[①]

（三）数据分析的智能化

建立数据模型帮助发现有价值的分析研判会商线索，专题性的分析研判会商可以来源于经验甚至直觉，但基于数据异常偏移的分析将更有价值和针对性。检察机关要研发、引入数据挖掘分析软件、创设业务数据智能分析化和人工分析相结合的模式，以更好地实现对检察业务数据价值的开发利用。

一方面是智能化挖掘数据。信息技术是大数据的核心，依托大数据开展检察业务分析，必须提升数据挖掘能力。检察机关从事业务分析的人员应熟练使用各种系统。最重要的是要熟练应用全国检察机关统一业务应用系统统计子系统，统计系统所具备的数据自动生成和案件信息查询两大功能，对实现检察业务数据由办案活动记录自动、实时生成，提供业务分析自动生成和个性化、便捷化、可视化查询使用提供方便。[②]

另一方面是提升数据分析的智能化手段。对于数据的清洗、分析智能化程度不够，目前还是处于基本依赖人工手段处理、分析数据，进而影响数据分析

---

① 最高人民检察院 2017 年印发的《检察大数据行动指南（2017—2020 年）》。

② 何小华、杜娟：《试论大数据背景下案管部门检察业务分析工作的开展》，载《中国检察官》2017 年第 8 期。

研判的效率和深度。特别是对于常态化、周期性、全视角的综合类检察业务数据分析报告，适宜制成基础模板，预置数据采集方案、计算公式和图表格式，按需"一键生成"数据基础报告，以最大限度提高效率、节约人力，便于集中精力在此基础上对数据进行深度挖掘分析。

（四）业务数据分析研判会商工作机制的戴明环①

最高检张军检察长对于检察机关的业务数据分析研判会商有着形象生动的表述："会商我们的总体工作情况，数据就是做核磁共振的结果，数据报告就是CT的片子。是很健康还是有需要注意哪些内容毛病，我们分析一下这个数据是有问题还是好的现象，从而加强研究。业务数据分析研判就要发挥这样的作用。"

业务数据分析研判会商的成果应当反馈到业务中，并通过业务调整来检验会商结论的准确性。所以会商工作机制不能终结于得出会商结论，而是要以会商结论为起点形成一个PDCA的戴明环，通过分析研判会商的结论促进检察工作的全面质量管理。对于业务数据分析中发现的业务数据异常、升降，通过研判会商，深入挖掘背后的深层次原因，确定检察工作着力方向，会商结论既是检察长、检委会作出科学决策的重要依据，又为业务部门有针对性的加强业务建设，切实提升办案质效指明方向，真正发挥研判会商对于检察业务工作的触发、牵引、推动、提升作用。

---

① 又称PDCA循环。PDCA是英语单词Plan（计划）、Do（执行）、Check（检查）和Act（处理）的第一个字母，PDCA循环就是按照这样的顺序进行质量管理，并且循环不止地进行下去的科学程序。

加强民生领域检察工作研究[*]

上海市奉贤区人民检察院课题组^{**}

一、民生领域检察的界定

（一）我国民生领域检察的思想基础

1. 民生思想的历史演进

马克思认为，民生问题的解决必须通过生产关系变革实现。"无产阶级政党毫不隐瞒自己的政治意图，而是公开宣布，无产阶级的目的只有用暴力推翻现存的社会制度才能达到。"① 中国共产党领导新民主主义革命取得成功，建立新中国，使中国人民摆脱了三座大山的压迫，使民生实现具备了制度保障。毛泽东主席指出，"人民，只有人民，才是创造世界历史的动力"。② "全心全意为人民服务，一刻也不脱离群众；一切从人民的利益出发，而不是从个人或小集团的利益出发；向人民负责和向党的领导机关负责的一致性；这些是我们的出发点。"③ 同时，毛泽东也敏锐地注意到："吃饭问题，住房问题，柴米油盐问题，疾病卫生问题，婚姻问题。综治，一切群众的实际生活问题，都是我们应当注意的问题，假如我们对这些问题注意了，解决了，满足了群众的需要，我们就真正成了群众生活的组织者，群众就会真正围绕在我们的周围，热烈地拥护我们。"④

新中国成立后，毛泽东仍高度重视民生，他强调："要把衣、食、住、用、行五个字安排好，这是六亿五千万人民安定不安定的问题。"周恩来认为

---

  * 上海市检察官协会 2018 年重点研究课题。

  ** 课题组负责人：孙军；课题组成员：樊华中、陈皓、黄声龙、侯彦伟、黄冰洁、刘怡春、马鼎。

① 《马克思恩格斯选集》（第 1 卷），人民出版社 2012 年版，第 307 页。

② 《毛泽东选集》（第三卷），人民出版社 1991 年版，第 1031 页。

③ 《毛泽东选集》（第三卷），人民出版社 1991 年版，第 1094－1095 页。

④ 《毛泽东选集》（第一卷），人民出版社 1991 年版，第 136－137 页。

要关心人民的当前利益。刘少奇也指出："一个好党员、一个好领导的重要标志，在于他熟悉人民的生活状况和劳动状况，关心人民的痛痒，懂得人民的心。"①

党的十一届三中全会以后，以邓小平同志为核心的党的第二代中央领导集体在新的历史条件下进行了"什么是社会主义、怎样建设社会主义"的探索。邓小平提出，"在经济政策上，我认为要允许一部分地区、一部分企业、一部分工人、农民，由于辛勤劳动、智慧发家而收入先多一些，生活先富裕起来。这部分人生活好起来，就必然产生极大的示范力量，影响左邻右舍，然后再带动其他地区、其他单位的人们以他们为榜样。这样一来，整个国民经济就会不断地向前发展，使全国各族人民都能比较快地富裕起来"。② "用三五十年的时间，在经济上接近发达国家的水平，使人民生活比较富裕。"③ 1992 年，邓小平在南方谈话中指出："社会主义的本质，是解放生产力，发展生产力，消灭剥削，消除两极分化，最终达到共同富裕。"④

以江泽民同志为核心的党的第三代中央领导集体进一步与时俱进，面对新世纪党所面临的新情况和新任务，面对人民群众在解决温饱实现总体小康之后精神文化生活的新要求，提出了"三个代表"重要思想，即中国共产党要始终"代表中国先进生产力的发展要求，代表中国先进文化的前进方向，代表最广大人民的根本利益"。党的十六大提出"全面建设惠及十几亿人口的小康社会"，"就业是民生之本"。

改革带来经济高速发展的同时，一些社会矛盾问题也开始显现，贫富差距，教育、医疗、住房、食品安全问题等逐渐成为社会关注的焦点。以胡锦涛同志为总书记的新一代领导集体，站在新的历史起点上，深刻分析认识我国改革发展新变化和时代发展催生的民生问题，提出"情为民所系，权为民所用，利为民所谋"，提出"以服务人民为荣，以背离人民为耻"，提出了以人为本的科学发展观。党的十七大用"加快推进以改善民生为重点的社会建设"作为社会建设部分的标题，提出了五大具体目标，"努力使全体人民学有所教、劳有所得、病有所医、老有所养、住有所居"。

党的十八大以后，为解决当代中国的民生问题，习近平发表了关于新形势下保障和改善民生的一系列重要论述，形成了包括政治、经济、文化、社会、

---

① 《刘少奇选集》（下卷），人民出版社 1985 年版，第 401 页。
② 《邓小平文选》（第 2 卷），人民出版社 1994 年版，第 152 页。
③ 《邓小平文选》（第 3 卷），人民出版社 1994 年版，第 109 页。
④ 《邓小平文选》（第 3 卷），人民出版社 1994 年版，第 373 页。

生态文明等方面的先进的民生理念。① 党的十九大作出中国特色社会主义进入新时代的重大判断，在新时代，我国社会主要矛盾已经转化为人民日益增长的美好生活需要和不平衡不充分的发展之间的矛盾。习近平提出要"让改革发展成果更多更公平惠及全体人民，使人民获得感、幸福感、安全感更加充实、更有保障、更可持续"。习近平在 2018 年新年贺词中说："我们伟大的发展成就由人民创造，应该由人民共享。我了解人民群众最关心的就是教育、就业、收入、社保、医疗、养老、居住、环境等方面的事情，大家有许多收获，也有不少操心事、烦心事。我们民生工作还有不少不尽如人意的地方，这就要求我们增强使命感和责任感，把为人民造福的事情真正办好办实。"民生思想内容不断发展、理论不断完善、内涵不断丰富。本文所研究的民生领域，必须立足于 2018 年人民群众最关心的领域，想群众之所想，急群众之所急。

2. 检察语境中的民生

近年来，"民生"一词常见于各级检察机关的各类文件、规定和报告之中。因使用语境的不同，其"民生"的内涵也有所差别。最高人民检察院 2009 年发布的《关于进一步加强对诉讼活动法律监督工作的意见》中提及"重点做好对涉农维权、弱势群体保护、劳动争议、保险纠纷、补贴救助等涉及民生的确有错误案件的审查抗诉工作"。2013 年，最高人民检察院曾部署开展危害民生刑事犯罪专项立案监督活动，其工作重点主要是与百姓生活息息相关、群众反映强烈的领域，包括食品药品产品安全、涉农惠农、卫生教育、环境资源、劳动保障等。2015 年印发的最高人民检察院《关于贯彻落实〈中共中央关于全面推进依法治国若干重大问题的决定〉的意见》采用列举说明的方法，规定："积极保障和改善民生。牢固树立以民为本、司法为民的理念，围绕教育、收入分配、社会保障、医疗卫生、食品安全、扶贫救灾等重点环节和领域，严厉打击侵害群众切身利益的刑事犯罪，加大对涉及民生问题案件的法律监督力度，促进解决涉及人民群众利益的热点难点问题。"由此可见，最高检正式文件中所界定的民生领域，是与人民生活最紧密联系、最密切相关的领域，即通常理解的狭义的民生。

在各级检察机关的宣传稿件中，也常常将检察与民生结合起来。"民生是最大的政治……检察机关要对照人民群众在民主、法治、公平、正义、环境、安全等方面的需求，密切关注老百姓舌尖上的安全有没有保障、校园中的孩子受不受欺负、辛苦一年的农民工能不能拿到工资回家过年……民生检察工作看起来琐碎、做起来劳累，但人民群众、人民代表看在眼里、记在心上，既是检

---

① 于慧颖：《习近平关于民生论述的本质特征及其现实意义》，载《马克思主义研究》2018 年第 11 期。

察机关为民司法的职责所系，也是检察机关提升司法公信力的重要途径。"①
"检察机关立足检察职能，聚焦环境、食品药品、教育、就业、医疗、居住、
公共安全等民生领域，突出办理涉及人民群众最关心最直接最现实利益问题案
件，民生民利受到倾心呵护。"② 值得注意的是，检察宣传语境中，民生领域
检察概念常与"司法为民""检察为民""执法为民"等概念混同，如"司法
为民，民生检察暖民心"③，一些宣传报道将检察机关的司法救助、信访接待、
普法宣传等工作也称为"民生检察"④。由此可见，宣传语境下的"民生领域
检察"含义常常超出基础民生领域的范围，涉及政治民生、文化民生等更广
义的民生领域，也涉及检察机关司法为民的举措。

以上对民生领域检察的诸多描述本身并无对错之分，只是因为文章目的、
阅读受众、宣传语境等方面的差异，而对民生的概念采取或为广义、或为狭义
的取舍。为避免不同语境中"民生"的不同对本课题研究产生误导，在此宜
明确本文"民生领域检察"采取的是"基本民生"的视角。

（二）民生领域检察的内在特性

1. 人民性

习近平总书记指出，权力是人民赋予的，要为人民用好权，让权力在阳光
下运行。我国的检察权具有鲜明的人民性。根据我国宪法，中华人民共和国成
立后，中国人民是国家的主人，掌握着国家的权力，国家的一切权力属于人
民。全国人民代表大会和地方各级人民代表大会是人民行使国家权力的机关。
检察机关都由人民代表大会产生，对其负责，受其监督。检察官法也规定，检
察官必须忠实执行宪法和法律，全心全意为人民服务。同人民群众密切联系，
倾听群众的意见，接受群众的批评，是对每一个检察机关和检察人员的基本要
求。在新时代，检察机关要始终站在人民的立场上考虑问题，排除眼前利益、
部门利益的干扰，检察工作应当发展执法为民的理念，把满足民众司法新需求
作为出发点和检验标准。

检察权来源于人民，因此把实现好、维护好、发展好最广大人民群众的根
本利益应当是检察工作的根本出发点，在实践中关注民生需求，化解民生矛

---

① 《立场坚定顾大局奋发有为护民生》，载《检察日报》2018年3月30日，第1版。

② 张昊：《检察机关倾心办案呵护民生民利》，载《法制日报》2018年3月9日，
第3版。

③ 闫晶晶：《司法为民，民生检察暖民心——人大代表热议最高人民检察院工作报告
之三》，载《检察日报》2018年3月13日，第2版。

④ 周洁、庄岩、郎建强：《太仓"四心"提升民生检察绩效》，载《江苏法制报》
2018年9月19日，第1版。

盾，破解民生难题，维护好群众利益，必须真诚倾听群众呼声，真心顺应群众要求，真实反映群众愿望，真情关心群众疾苦。"为谁执法，为谁服务"是思想上必须要首先解决的重大问题。打击犯罪和保障人权都应从人民的立场出发。检察官在办理案件时，既要考虑法律效果，也要考虑政治效果、社会效果。检察官除了需要掌握法律知识，也要了解社会，了解人民群众所思所想，善于从不同的视角审视问题，提升释法说理的能力。检察官不能将自身工作局限于办案，而是要意识到与人民群众沟通是每个检察官都应具备的能力，要掌握群众工作方法，检察工作也是群众工作。

习近平强调："坚持人民性，就是要把实现好、维护好、发展好最广大人民根本利益作为出发点和落脚点，坚持以民为本、以人为本。"① 在物质生活得到普遍提高的情况下，人民对美好幸福生活的追求标准必然水涨船高，已不仅仅局限于经济增长和物质财富。人民更加注意到自己各方面的合法权益，也更加注重政府机关是否在依法行使权力。把人民当成经济竞争中的工具和手段，必然会招致反感和敌对。② 尤其是在网络时代，人民群众的诉求表达呈现出碎片化和非正式化的倾向。随着网络和信息技术的快速发展，特别是"Facebook""Twitter""微博""微信""知乎"等自媒体的广泛应用，一方面信息传播更为迅捷、大众交流更为便利，另一方面非主流意识形态获得了更为"自由"的话语表达空间。③ 检察机关必须改变传统观念，正视人民通过自媒体表达的诉求。

现实中存在很多的民生问题，住房、就业、医疗、教育等领域都暴露出许多问题，仅仅依靠检察机关的力量是不可能解决全部问题的，检察机关需要通过在职权范围内监督法律实施，维护社会秩序，保护人民群众的合法权益。不能脱离检察职能去关注民生、服务民生，检察工作不能脱离主责主业。但是民生领域检察的内涵也不应仅仅局限于相关领域的"民生案件"，对于人民群众最关心、最直接、最现实的利益问题，检察机关应有转变思路积极主动的作为，强化全面履行检察职责的意识。在依法履职的同时，要关注嫌疑人、被告人、被害人等各方当事人的利益诉求，尊重和维护当事人的人格尊严。在追求惩治犯罪过程同时，必须注重保障人权，注重释法说理，努力使案件结果获得

① 习近平：《人民对美好生活的向往就是我们的奋斗目标》，载《人民日报》2012 年11 月16 日，第 4 版。

② 任帅君：《作为人权价值的民生价值》，载《重庆邮电大学学报（社会科学版）》2018 年第 2 期。

③ 曹建文：《警惕自媒体舆论场中非主流意识形态话语表达的"泛自由化"》，载《红旗文稿》2017 年第 20 期。

各方认同。

2. 发展性

党的十九大报告指出，坚持在发展中保障和改善民生。中国改革已进入深水区，十八大以来，国内改革发展稳定任务艰巨繁重，经济体制改革已进入攻坚期，触及更多深层次矛盾，涉及利益关系深度调整，复杂性和艰巨性前所未有。新时期出现了许多前所未有的新情况、新问题。例如人民对环境问题日益关注，更多的民众反对为了追求经济发展而破坏环境的模式，从追求金山银山转为绿水青山。民生的内涵随着社会的发展而不断丰富，曾经能够吃饱穿暖就是民生的大部分内涵。如今随着时代发展和社会进步，民生需求更加复杂多样，环境保护、信息安全等新型、多样的民生需求应运而生。民生需求不断发展，民生领域检察的内涵也由此不断发展。

应当承认，很长一段时间检察机关对民生领域检察的重要性认识不够，部分检察机关宣传过度，致使民众产生对检察机关的不合理期待，进而使民众误解民生领域检察的职能；部分检察机关法律监督能力不强，存在重办案轻监督的现象。造成这种现象的原因不能仅仅归因于检察机关对民生领域检察不够重视，也要考虑到检察机关除了查办案件以外，能够动用的"手段"不多，检察人员的群众工作能力不足，检察权内部配置和机构设置不合理等因素。然而时代在不断发展，检察机关不能再抱着老观念来看待民生领域检察问题，而是应当转变思路，把更多的工作力量投入民生领域检察。随着司法体制改革的稳步推进，检察院组织法和三大诉讼法相继修订，检察机关开展民生领域检察工作的制度障碍已经消除。今后检察机关应当更加充分的运用检察建议、公益诉讼等法律赋予检察机关的监督手段，更好地履行民生领域检察职能。

改革开放近40年来，中国政治、经济、文化、社会建设取得了巨大成就，也出现了贫富差距等一系列的社会问题，但其中许多问题是由发展而产生的前所未有的新问题。当代中国的民生话语，其理论蕴含、政治语境，和中国古代的民生、近代的民生主义有着本质的不同。[1] 党的十八大以后，为解决当代中国的民生问题，习近平总书记发表了关于新形势下保障和改善民生的一系列重要论述，这些论述形成了先进的民生理念。[2] 民生领域检察工作，必须立足于最先进的民生理念，必须以习近平总书记关于民生的重要论述为指导。

3. 实践性

中国特色社会主义法律体系已经形成，民生立法已经趋于完备，但是

---

[1] 付子堂、常安：《民生法治论》，载《中国法学》2009年第6期。
[2] 于慧颖：《习近平关于民生论述的本质特征及其现实意义》，载《马克思主义研究》2018年第11期。

"徒法不足以自行"，法律规范能不能在民生实践中发挥应有的作用，就目前实际状况来看还是存在着许多亟待解决的问题。民生领域检察是检察机关对社会民生需求的积极回应，是一项伟大的社会实践，而不是止于笔端的美好构想。尽管民生领域检察可以参考借鉴古今中外的相关理念和成果，但是绝不会找到现成的标准答案。因此，民生领域检察绝不是形而上学的理论，也不是仅通过理论推导就可以构建的书斋设想，而是应当立足于当时、当地实际，回应人民和社会对于民生的现实需要。

民生领域检察的实践性，要求检察机关找准民生切入点。对于检察机关而言，主要职责一个是办案，一个是监督。民生建设的规划现实中，一些本应承担起民生建设重任的公权力机关，并没有真正找准民生需求，而是自说自话地盲目行动，不仅不利于解决民生问题，甚至出现损害民生利益的情况。民生领域检察的决策和执行，要充分听取人民群众的意见和利益诉求，要掌握人民群众的真实想法，要建立起有制度保障的民意采集渠道。

民生领域检察的实践性，要求民生领域检察的实践操作必须严格符合我国现行法律法规，遵循法律程序。要防止利用民生领域检察的名义滥用检察权，不该管的事情不要管，不该做的事情不能做。民生领域检察的各个环节都应当是透明清晰的，能够接受各方面的监督。

民生领域检察的实践性，要求民生领域检察的决策和执行必须因地制宜、因时制宜。民生领域检察应当考虑社会各个不同阶层的民生诉求。中国地域辽阔，不同地方有不同的经济状况、风土人情，各地的民生诉求也有较大的差别。即使同一个城市，城市和郊区、工业区和居住区、本地居民和外来人员等不同主体的民生需求也有区别。民生领域检察绝不是对法律、法规的机械适用，而是需要检察机关在不违反法律制度统一性的前提下审慎裁量，在办案和监督中加入人性关怀的价值判断。

（三）民生领域检察的工作方向

1. 党的政策决定民生领域检察根本的方向

检察机关是政治性极强的业务机关，同时也是业务性极强的政治机关。检察机关作为宪法规定的法律监督机关，在中国共产党的统一领导下各级检察机关肩负着维护国家法治统一和尊严的神圣使命，履行强化法律监督，维护社会公平正义、保障服务民生的重大职责。这种属性和法律地位决定了检察机关必须始终坚持党对检察工作的绝对领导，这是推进检察工作的政治前提也是根本保证。民生领域检察工作亦是如此，民生领域检察工作的方向由党的政策决定。没有党对检察工作的坚强领导，检察工作就不可能顺利开展，更加无法保障与服务民生。党的根本宗旨就是为人民服务，民生领域检察工作的根本目标是维护社会公平正义、保障与服务民生。民生领域检察工作就是党的根本宗旨落实到检察事业的具体实践。

2. 司法理念确定民生领域检察的具体对象

司法理念，是指在司法活动中形成的，对司法的系统化认识和理论化观念，包括司法的性质、功能、目标方向、价值取向和实现途径等。具体到检察工作中，司法理念就是指在检察工作中形成的，对检察性质、功能、目标方向、价值取向和实现途径等重大问题的认识和观念。检察司法理念是指导检察工作的重要理论基础和主导价值观念，以检察工作的思维、判断的过程为载体，以具体的检察工作制度机制和检察司法办案实践为表现形式，贯穿于检察全过程。理念是支配行为的关键因素，是一切问题的前提和先导，可以说，检察司法理念决定着检察机关司法活动的价值取向。实践证明，树立正确的、符合国情民情、贴近民生民意的司法理念，对于检察工作是否能保障国计民生、维护社会稳定具有重大而现实的意义。

（1）以人民为中心的司法理念。坚持以人民为中心，是习近平新时代中国特色社会主义思想的核心与灵魂，是贯彻以习近平同志为核心的党中央治国理政新思想的一条重要主线。司法为了人民、依靠人民、造福人民、保护人民、由人民评判，构成了习近平总书记以人民为中心司法理念的核心内容。[①]2019 年中央政法工作会议上，习近平总书记将"坚持以人民为中心的发展思想"作为新时代政法工作的重要指导思想。在检察工作中，坚持以人民为中心的司法理念就是在检察工作上坚持人民的主体地位，践行全心全意为人民服务的根本宗旨，让人民在每一件司法案件中感受到公平正义，让人民群众共享实实在在的获得感、幸福感、安全感。民生领域的检察工作，是坚持以人民为中心的司法理念在检察实务中最集中的落实和体现；坚持以人民为中心的司法理念，就是在认知和理论层面对民生领域检察工作最根本、最核心的指导。坚持以人民为中心的司法理念指导检察工作，进而实现民生价值和追求，具体包括以下几个方面：第一，履行检察职能，根本的目的是保护人民。第二，检察工作向人民公开，接受人民监督，检察工作效果由人民评判。第三，让人民更多的参与检察工作。第四，不断提高司法公信力，取信人民，让人民感受到司法的权威和秩序的稳定。

（2）坚持以人为本的司法理念。以人为本的司法理念，即在司法活动中"尊重人的价值、维护人的权利、关注人的生存、重视人的发展"[②]，体现对人的

①　高一飞、贺毓荣：《习近平以人民为中心的司法理念》，载《岭南学刊》2018 年第 4 期。

②　高新华：《论以人为本司法观的理论基础——从新宪法修正案谈起》，载《安徽大学学报》2005 年第 3 期。

密切关怀和全面照顾，将以人为本的价值观贯穿于司法中，以人的尺度评判司法活动。如果说以人民为中心的司法理念，是从整体上、宏观上指导民生领域检察工作，那么以人为本的司法理念相对更关注个体，强调对人的具体的关注，以人为本价值观的核心内容，也是开展民生领域检察工作最为关切的内容，具体有以下几方面：第一，人的生命和健康。对生命和健康的威胁，是对人的最大的威胁，对生命和健康的关怀和保护，是对人的最大的关怀和保护。第二，人的自由。司法活动对社会的意义在于其对秩序的维护，即对人的自由的维护。第三，人的财产。人的物质财富的破坏，是对人的生命、健康和自由的限制。第四，人的精神利益。如人的尊严、人格、感情，甚至在一定程度上超过了其物质性存在的意义。① 第五，人的其他利益。即除上述以外的其他利益，如涉法涉诉的时间成本以及对相应服务的感受，不影响生命、健康、自由，但可能遭受威胁和破坏的生活秩序、生活环境等。现代法律，也将随着人类文明的不断进步，以对人的精神和其他利益更多的保护，进一步彰显"以人为本"的法治精神。

（3）坚持"三个效果"统一的司法理念。政治效果、社会效果、法律效果相统一，是中国特色社会主义司法制度的必然要求，是新时代形势下推进全面依法治国的现实需要，也是检察工作历史经验的科学总结。政治效果是法律效果和社会效果的前提，法律效果是政治效果和社会效果的根本保障，社会效果是政治效果和法律效果的目标。这种"三个效果"统一的要求，在民生领域的检察工作中，体现得最为充分。一方面，保护民生，是政治效果与社会效果的统一，民生是最大的政治，保护民生就是对政治效果的维护，同时，民生问题往往都是社会普遍关注，具有较大社会影响的问题，对社会效果的追求，是解决这些民生问题的题中之义。另一方面，法律是否得到平等、公正的实施，是基础性、全局性的民生工作之一。实现法律效果，是对"让人民在每一件司法案件中感受到公平正义"最基本的回应，没有法律效果，司法案件中的公平正义无法落实到人民群众的生活中，是对民生更大的破坏。由此可见，"三个效果"的统一性在民生领域检察工作中格外突出，民生领域检察工作也应在"三个效果"统一的司法理念指导下推进和提升。

（四）民生领域检察工作的职能外延

民生问题与人民群众的生存发展直接相关、紧密相连，各级党委政府都高度重视，人民群众也非常关注。检察机关是宪法赋予的法律监督机关，打击犯

---

① 高新华：《论以人为本司法观的理论基础——从新宪法修正案谈起》，载《安徽大学学报》2005 年第 3 期。

罪、保障人权、监督法律正确实施的职能看似与人民群众相去甚远，但其实与民生工作紧密相关，不可分离。自检察机关恢复重建以来，各级检察机关始终紧密围绕党委工作大局，以具体职能为抓手，通过法律监督、打击犯罪、保障人权等具体检察职能维护社会公平正义、保证公民合法权益不受侵犯，① 这些检察工作无一不是有助于保障与改善民生，目前各级检察机关按照最高检的部署，结合具体检察职能，扎实推进民生领域检察工作，为人民群众提供优质的民生领域检察产品。

1. 严厉打击涉及民生类刑事犯罪

刑事犯罪严重侵害人民群众生命、财产利益。检察机关依法通过批捕、起诉等职能打击犯罪，使犯罪嫌疑人受到应有的处罚，本质就是在保护社会秩序，维护人民群众的合法权益。检察机关打击犯罪始终坚持"以事实为根据，以法律为准绳"，既满足人民群众对正义的渴望，也严守法律程序、依法取证、坚持疑罪从无的司法理念，坚持宽严相济的刑事政策，妥善处理个体办理与服务大局、惩治犯罪与保障人权、预防犯罪与回归社会等价值理念的相互关系，实现政治效果、法律效果与社会效果的统一。

严厉打击涉黑涉恶犯罪。目前黑恶势力在个别地区蔓延，甚至达到猖狂的地步，严重侵害了群众的生命健康与财产安全。去年以来党中央审时度势，决定在全国范围开展扫黑除恶专项活动，严厉打击涉黑涉恶犯罪，保障群众的生命健康与财产安全不受到侵犯，这也是事关社会大局稳定和国家长治久安，事关人心向背和基层政权巩固，事关进行伟大斗争、建设伟大工程、推进伟大事业、实现伟大梦想的重大决策，目前各级检察机关根据党中央的重大决策部署深入开展扫黑除恶专项活动。紧密依靠群众，认真抓好宣传、积极发动群众提供有效线索。怀着对历史高度负责的态度办理涉黑涉恶案件，依法审查确认是涉黑涉恶犯罪行为的依法严厉打击，审查后并不属于涉黑涉恶犯罪行为的坚决不纳入涉黑涉恶犯罪范畴。案件审查过程中深挖涉黑涉恶保护伞，并向监察机关移送犯罪线索。善于运用检察建议积极参与综合治理，推动从源头上遏制黑恶势力犯罪滋生蔓延。②

严厉打击环境资源犯罪。目前一些企业因为盲目追求经济效益忽视了对环境的保护，乱排乱放现象非常严重，造成当地污染非常严重，严重影响附近居民的正常生活甚至造成癌病高发，群众不断上访，甚至发生人群大规模聚集，针对这种情况，检察机关加强与环保部门沟通联系，加强行政执法与刑事司法

---

① 蔡彰：《构建和谐司法，切实关注民生》，载《中国审判》2007年第1期。

② 周常春：《新形势下加强民生领域检察工作再思考》，载《江苏法制报》2012年4月23日，第6版。

的有效衔接，形成环境资源司法保护的工作合力，并及时要求公安机关予以立案侦查，不断加大对破坏环境资源违法、犯罪行为的打击力度，还群众一片蔚蓝天空，一片干净水域，保障群众生命健康权不受侵害。

严厉打击侵犯公民权益犯罪。近年来各级检察机关积极响应党中央的决策号召，加大对公民权益的保护，严厉打击侵犯公民权益的犯罪。针对大城市人口密集、流动人口多导致盗窃、抢劫等侵财案件高发，检察机关主动作为，一方面与公安机关加强沟通主动作为，另一方面加大对该类型案件的量刑力度，保持对侵财案件打击的高压态势，针对农村地区销售假冒种子等侵犯农民权益案件依法严厉打击。

2. 强化民生案件的诉讼监督

强化刑事案件立案侦查监督。刑事立案监督权是刑事诉讼法赋予检察机关的一项重要的法律监督权，刑事立案监督职能扩大了检察机关的监督范围，增强了对侦查机关的监督刚性，对保障人权、维护民生具有巨大作用。立案是刑事诉讼程序的起点，没有侦查机关的刑事立案，无法启动侦查、起诉、审判等刑事程序，但是，因为对侦查机关的制约不够，导致侦查机关存在该立案的不立案，不属于刑事案件的却立案等现象，特别是一些盗窃数额较低的民生案件，公安机关因为侦查难度大，办案社会影响小，公安机关不予立案，导致人民群众安全感显著降低。检察机关通过办案了解到侦查机关有案不立或者不该立案予以刑事立案确实存在错误的情况，通过制发检察建议或者纠正违法通知书等方式纠正。再者检察机关在案件审查过程中始终把握证据标准，认为不符合起诉条件的及时退回侦查机关补充侦查，如发现侦查过程有违法犯罪问题及时纠正或者立案，并加强与侦查机关的沟通、引导侦查活动，确保案件质量，保障了公民合法权益不受到侵犯。

强化民生案件审判监督。审判监督是指法院、检察院和其他有监督权的机关或组织，抑或当事人认为法院已经发生法律效力的判决、裁定确有错误，发动或申请再审，由人民法院对案件进行再审的程序。习近平总书记强调要让每个人在每一件司法案件中感受到公平正义，一个案件的不公正审判影响的不仅仅是案件当事人，有可能是一个家庭甚至影响整个社会，但是不可否认的是案件审理难免存在偏差，检察机关始终把人民利益放在第一位，认真接待申诉人，认为符合再审条件的依法建议法院重新审理，还老百姓公平正义，保障人民合法权利不受到侵犯。

公益诉讼是指检察机关在生态资源和环境保护、国有财产保护、国有土地使用权出让等领域为了社会和国家利益，向法院提起诉讼。检察机关提起公益诉讼以特定领域内对国家、社会公共利益的损害为前提，而其中生态环境、资源保护、食品药品、土地使用权出让等多个方面都是民生的重要组成部分，公益诉讼也是重要的民生领域检察职能。检察机关提起公益诉讼，是利用法律诉讼程序，代表国家对上述民生领域的危害行为进行的直接干预，直接针对公共利益的破坏者或相关领域的管理者，起到的效果是直接制止对民生的危害，修复对民生造成的损害，维护和保障民生利益。各级检察机关积极与相关单位联系，发现在生态环境、资源保护、食品药品、土地使用权出让的领域有侵犯国家、社会公共利益的行为，积极向相关主管单位建议纠正，没有纠正的及时向法院提起公益诉讼，保护社会公民的合法权益不受侵犯。

3. 积极做好申诉司法救济及文书公开工作

近年来检察机关作为司法机关不仅履行好法律监督职能，同时也时刻把人民群众的根本利益放在首位，主动深入群众倾听意见及反馈，认真听取当事人的申诉，积极为困难当事人办理司法救济，同时全国各级检察机关按照最高检的要求积极做好文书公开工作。

刑事申诉检察是检察机关依照宪法、法律和有关规定处理因对人民法院已经发生法律效力的判决、裁定不服的合格主体的法律活动。当事人在监狱服刑时或者刑期结束后向检察机关申诉，各级检察机关都认真听取申诉人的意见，经过严格审查认为符合再审条件的依法要求法院重新审理，有助于及时地纠正司法机关的错误，保障公民的合法权益。

司法救济是指司法机关对有困难的被害人给予必要的恰当的物资补助。刑事被害人因犯罪嫌疑人导致的物资损失或者身体受到侵害，一般由犯罪嫌疑人或者其他法定监护人依法赔偿。但是有些案件的犯罪嫌疑人家庭本身就非常困难，根本就没有能力赔偿被害人的损失，或者有些案件侦查机关并未侦破或者犯罪嫌疑人因为证据不足被判无罪释放，刑事被害人及其家属难以获得相应的赔偿，生活陷入困境或者没有能力及时就医，他们可能会向司法机关不断申诉或者上访，会对社会产生不满甚至产生极端行为。近年来，各级检察机关切实加强和保障被害人及其家属的合法权益，不断向有关部门申请加大司法救济资金，对符合救济条件的被害人及其家属尽可能的予以司法救济，对有困难的被害人雪中送炭解决他们的燃眉之急。

近年来各级检察机关主动建立案件文书及信息公开工作机制。主要形式有：（1）全国统一的案件信息公开网，向案件当事人公开了审查起诉相关的案件流程信息，向社会公众公开了判决生效的起诉书等主要法律文书。（2）检察开放日等检务公开活动，邀请社会各界人士实地考察检察工作，专题或者全面了解检察工作。（3）检察媒体，随着新兴媒体的发展，微信公众号、官方微博成为检务公开最为及时快速，普及率最高的媒体之一。无论是检务公开类，还是参与检务类，社会监督机制对民生领域的检察工作，主要作用是主动地、长效地、机制性地接受社会监督，始终以人民的标准，从人民的角度检验检察工作成效。但由于这类工作是一种信息公开和监督机制，所以是间接的需要通过更多的实务工作去转化而对民生产生直接影响。

二、民生领域检察工作的变革趋势

（一）新时代背景下民生领域检察的革新

1. 社会主要矛盾转化对民生领域检察提出新要求

党的十九大报告指出，"中国特色社会主义进入新时代，我国社会主要矛盾已经转化为人民日益增长的美好生活需要和不平衡不充分的发展之间的矛盾"。[①]这一重要论断也为新时代背景下检察工作革新与深化指明了目标与方向。随着我国社会主要矛盾的转化，保障和改善民生水平已然成为当前社会建设的重点任务，对检察机关而言，这一变化也要求检察工作在民生领域进一步扩大范围、突出重点、提升层次。

（1）司法保障范围更宽广。"增进民生福祉是发展的根本目的"[②]，人民群众对美好生活的向往不仅是党的奋斗目标，同样也是检察工作的目标导向。人民群众的获得感、幸福感和安全感始终是司法保障的核心内容，也是检察工作的关切所在。随着城市现代化水平与人民生活品质的不断提升，检察机关的司法保障范围也从对人民群众物质文化需要的重点保障，"转向全面保障人民包括物质文化、民主、法治、公平、正义、安全、环境等在内的各方面美好生活需要"[③]。例如检察机关对于破坏环境资源、电信网络诈骗等近年来高发的侵害民生民利领域的新型案件开展重点打击与专项监督活动，不仅体现出检察机关在民生领域积极参与社会治理创新的积极性与行动力，也显示出新时代背景下司法保障的范围更加宽广，内容更为多样化。

（2）民生领域检察重点更突出。进入新时代，人民群众对于生活品质的追求不断提升，如何抓牢抓紧人民群众最关心最直接的利益问题，在与群众生活密切相关的现实领域积极作为，是民生领域检察工作革新的重中之重。例如，在教育领域加强未成年人检察工作，加强对校园贷等涉未成年人违法犯罪活动的防控与源头治理，努力营造安全和谐的校园环境；在社会保障领域持续发力，依法严惩金融保险、银行诈骗等领域犯罪，在服务保障区域经济发展的

---

① 习近平：《决胜全面建成小康社会夺取新时代中国特色社会主义伟大胜利——在中国共产党第十九次全国代表大会上的报告》，人民出版社 2017 年版。

② 习近平：《决胜全面建成小康社会夺取新时代中国特色社会主义伟大胜利——在中国共产党第十九次全国代表大会上的报告》，人民出版社 2017 年版。

③ 朱良平：《全面做好新时代检察工作努力为人民提供更多高质量的司法服务》，载《人民论坛》2018 年第 3 期。

同时，加强对群众财产安全尤其是特殊弱势群体合法财产权益的司法保护；在食品药品安全与生态环境领域，紧紧围绕健康中国、美丽中国战略，加强对危害食品药品安全犯罪、破坏环境资源犯罪的专项打击与集中管辖，加强与公安、市监、环保等行政机关的衔接联动，形成执法合力，保障人民群众对绿水青山与"舌尖"安全的需求。

（3）办案履职更加人性化。伴随当前社会诸多领域改革创新的不断深化，人民群众的法治意识也随之增强，司法需求日益丰富。在司法活动中，人民不仅需要法律的公平公正，而且对司法工作的便利性提出了更高的要求。体现在检察工作中，既要求检察机关不仅要依法、充分地履职，保障法律的正确实施，更要创新办案方法与工作路径，让履职更加智能化、人性化，真正做到司法惠民。例如检察机关开展的智慧检务工程，通过统一业务应用系统使办案信息全程留痕，依托大数据与互联网平台做好风险防控，与区域网格化中心联动实时掌握动态信息，利用微信等 APP 方便群众随时在线申请监督等做法，不仅与新时代法治建设的总要求相契合，也在强化检察工作质效的同时，让人民群众有更多的司法获得感，同时也有利于促进社会不断向和谐稳定的法治化环境发展。

2. 法治中国建设推动民生领域检察向纵深发展

党的十八大以来，针对我国如何进行法治建设等问题，习近平总书记作了一系列重要论述，并在党的十八届三中全会上确认了"法治中国"这一创新性的概念，党的十八届四中全会进一步号召，全党全国人民"向着建设法治中国不断前进"，"为建设法治中国而奋斗"[1]。

"法治中国"是以习近平同志为核心的党中央领导集体在我国新的发展时期、发展阶段，针对我国法治建设作出的总的指导性、纲领性概括。[2]

民生领域检察工作体现了法治中国建设的价值目标。从宏观角度讲，"法治中国建设"是一种治国方略，其以一种宏大的理论性话语说明了当前中国进行制度改革的主要方向和目标，是中国特色社会主义法治建设理论的升华；从微观角度讲，它是治国理政的具体制度要求，是一种合理运用国家权力以实现善治的治理模式，并通过"保障权利"与"限制权力"的制度设计来回应深化改革进程中的社会要求。[3] 法治中国建设的目标是实现中国的繁荣富强，从而保障每一位公民的权利，最终让人民真正成为国家的主人。虽然从属性上

---

① 习近平：《在第二届世界互联网大会开幕式上的讲话》，载《人民日报》2015 年 12 月 17 日，第 2 版。

② 朱海龙：《试论法治中国建设的几个关键问题》，载《学理论》2018 年第 3 期。

③ 陈骋：《论法治中国建设与刑法的价值目标》，载《汉江论坛》2018 年第 6 期。

来说检察机关是法律监督机关，并不会直接参与群众的生活中，但检察权是人民授予的国家权力，"人民性是人民检察院最根本的政治属性，检察权来源于人民，属于人民，必须用来为人民服务"，① 人民检察院的宗旨在本质上体现着法治中国建设的内涵，在建设法治中国进程中，检察机关必须要充分发挥职能作用，为建设法治中国作出积极贡献。

法治中国建设在民生领域，给检察工作提出了更全、更高的要求。一是对打击刑事犯罪提出更高要求。对直接和人民群众生命健康安全息息相关的犯罪，如危害食品药品安全、公共卫生、环境污染等领域的犯罪，要坚持依法从严惩处的原则，充分认识到此类犯罪活动的危害性，保持持续打击的高压态势，对报复社会为目的的个人极端暴力犯罪，要以"零容忍"的态度，予以严惩，以提高人民群众安全感和满意度为奋斗的目标。二是对检察机关的监督职能履行提出了更高要求。法治中国建设要求检察机关在民生领域做到敢于监督、善于监督、依法监督、规范监督。要按照修改后的刑事诉讼法、民事诉讼法有关规定，抓住群众反映强烈的问题，拓宽监督领域，强化监督措施，提升监督实效。三是对检察机关的队伍建设提出了更高要求。法治中国建设对检察队伍的要求，不仅仅是要求建设一支忠诚可靠、务实进取、公正廉洁的高素质检察队伍，更要求增强检察队伍的"人本意识"，做到思想上尊重群众，感情上贴近群众，利益上维护群众。在坚守法律底线的前提下，用心体察群众需求，善于从情理视角分析和处理问题，将尊重和保障人权，维护最广大人民群众的根本利益融入到检察队伍的灵魂之中。

3. "三大攻坚战"为民生领域检察设立更高目标

防范化解重大风险、精准脱贫、污染防治"三大攻坚战"是党的十九大为决胜全面建成小康社会设立的重大政治任务。"打好三大攻坚战，说到底是为了实现高质量发展，更是为了满足人民日益增长的美好生活需要。"② 对于当前民生领域检察工作同样提出更高要求、设立更高目标。对于检察机关而言，深入贯彻落实推进党中央关于打好"三大攻坚战"的决策部署，不仅有利于切实找准检察机关提供司法服务的着力点，也为促进区域社会稳定与发展提供保障助力。

防控金融风险，护航经济健康发展。当前我国金融领域整体呈现良好稳定形势，但其中仍存在许多风险，如监管体制不健全、非法集资、套路贷等犯罪活动频发等，检察机关需从三方面入手，全方位为区域经济提供司法保障。一

---

① 曹建明：《执法为民是检察机关永恒的历史使命》，载《求是》2011 年第 12 期。

② 张永军：《顺应群众需求围绕核心问题坚决打赢精准脱贫攻坚战》，载《西部大开发》2018 年第 1 期。

是依法维护市场经济秩序，加强对市场准入制度的监督把控，防范不正当竞争行为的出现，加大对串通投标、偷税漏税、非法经营等严重扰乱市场经济秩序的犯罪行为的打击力度，平等保护各类市场主体合法正当的经济权益。二是积极防范化解金融风险，依托人工智能应用系统与大数据平台深入排查互联网金融方面的潜在危险，针对非法集资、网络传销、"套路贷"等经济犯罪开展专项监督行动，通过媒体平台定期向公众发布金融犯罪相关案例，提高群众防范意识。三是促进新型实体经济健康发展，通过建立知识产权案件专业化办案工作组，对涉知识产权类案件进行专门办理，依托部门间信息联动机制，从刑事、民事、行政等多角度监督把控，为工业现代化和规模化发展提供司法保障。

保障脱贫工作，有效帮扶特殊群体。"农村贫困人口全部脱贫、贫困县全部摘帽"，是全面建成小康社会的标志性指标，对此检察机关需全力服务保障地方扶贫脱贫攻坚工作。一是对产业扶贫、就业扶贫、教育扶贫等重点领域加强法律监督，严格把关对于困难群体、贫困人口的审核认定工作，重点监督国家扶贫资金的划拨发放流程，督促行政依法全面履行职责。二是加强对特殊弱势群体的司法保障服务，对于侵害农村留守儿童权益犯罪以及针对老年人、残疾人等弱势群体实施的犯罪活动开展集中治理工作，针对涉农民工讨薪领域案件开展专项监督，维护弱势群体合法权益。三是加强社会矛盾预防和化解机制建设，依托智慧检务信息平台对信访数据进行集中分析研判，有利于尽早发现城市建设中土地征收征用、房屋拆迁安置等领域可能发生的矛盾纠纷，并及时预警，通过逐案督查、立案复查、公开审查等多元化方式，有效化解信访维稳中的突出矛盾，切实保障重点脱贫项目的推进工作。

防治环境污染，保卫蓝天碧水净土。习近平总书记指出"环境就是民生，青山就是美丽，蓝天也是幸福"，"建设生态文明是中华民族永续发展的千年大计"[①]。我国当前环境治理力度不断增强，生态环境得到很大改善，但环境污染仍是目前亟须面对的社会治理重点问题。在生态环境保护领域，检察机关要做到：一是以坚决打击治理当前突出的环境问题，加强针对破坏生态环境和自然资源类犯罪的打击力度，建立涉生态环境与资源保护类案件的集中管辖与快速办理机制，加强对森林、湿地等生态保护区域的司法保障工作。二是积极探索推进检察机关提起公益诉讼工作，对于涉及生态环境保护的公益诉讼线索及时发现收集，并依职权进行立案监督，健全完善对环境污染案件的督促与支持起诉制度，督促行政机关在环境资源管理领域正确全面履职。三是积极参与

---

① 习近平：《决胜全面建成小康社会夺取新时代中国特色社会主义伟大胜利——在中国共产党第十九次全国代表大会上的报告》，人民出版社 2017 年版。

地方生态环境保护综合治理，依托"行刑衔接"平台加强与公安、环保等部门的沟通交流，协商建立区域生态环境保护相关制度文件，共同推进生态环境领域行政管理规范化与长效化。

（二）司法改革进程中民生领域检察的变化

1. 转隶带来的职能范围变化

第十八届中央纪律委员会提出了要健全国家监察组织，改革国家反腐败机构体制的构想。2016年10月，中共中央办公厅印发《关于在北京市、山西省、浙江省开展国家监察体制改革试点方案》，监察体制改革正式启动。2018年3月11日，第十三届全国人民代表大会第一次会议通过了宪法修正案："国家行政机关、监察机关、审判机关、检察机关都由人民代表大会产生，对它负责，受它监督。"此次监察体制改革，对检察机关的原有机制改变最大的，就是职务犯罪侦查权的转隶。在此之前，职务犯罪侦查权是检察机关的重要职权，这项职权甚至被称作是检察机关的一把"利刃"，改革后，查处贪污贿赂、渎职犯罪的职能转移至监察委员会，检察机关原来与查办职务犯罪紧密相关的监督手段和方式必须从根本上加以改变，开启检察机关在民生职务犯罪领域工作的转型升级，与监察委共同构建强有力的反腐败机制。

随着国家对民生领域工作的逐渐重视，国家对教育、社保、医疗、养老、"三农"等方面扶持力度不断加大，尤其是近年来，投入的资金也随之不断增加。资金的增量，从某种程度上导致了上述民生领域职务犯罪的发生，且一旦发生，手段通常更加多样、隐蔽，涉案数额也往往更加惊人，在和农村、农业、农民有关的领域，诸如"补偿地款""扶贫救灾专项资金""三农补贴"等方面更是高发。民生领域职务犯罪案件如果不加紧、加快从严惩处，及时、有效挽回损失，会严重侵害老百姓的切身利益，损害党和政府在人民群众心中的形象。

针对民生领域的职务犯罪案件，检察机关应当在当前与监察委共同构建的反腐格局里，充分承担起"衔接"与"制约"两个方面的作用和职责，与监察机关一同维护好人民群众最关心、最切身的利益。

（1）衔接监察机制，筑牢反腐格局。职务犯罪侦查权转隶后，检察机关必须清晰地认识到自己"法律监督机关"的本位。一方面，监察委员会调查后，认定对象确有涉嫌职务犯罪的事实，将案件移送到检察机关，由检察机关依法提起公诉。检察机关必须发挥专业优势，对贪腐案件专注以合法性判断为中心的行为监督。另一方面，检察机关在履行法律监督职责时，例如在公益诉讼过程中，发现存在公职人员腐败、渎职的线索，或是对公安机关、人民法院、监狱、看守所行使法律监督职权的过程中，发现公职人员存在腐败、渎职的线索，应当立即将线索移交至监察委员会处理。检察机关与监察机关各司其职，并通过提前介入、补充调查、强制措施以及案件处理结果通报等环节的衔接，顺接好监察程序向刑事程序过渡的流转、配合。

（2）互相制约监督，强化人权保障。检察机关要发挥制约监察机关的作用，同时接受监察机关的制约，从而切实保障犯罪嫌疑人的人权。一方面，检察机关要加强对监察委员会侦查手段和限制人身自由司法措施的司法监督。监察委员会采取的各项措施一旦涉及公民人身权和财产权，诸如强制措施、查封、扣押、冻结等，就必须接受检察机关的法律监督，如有不当，检察机关有权予以纠正。另一方面，监察体制改革后，检察机关人员作为国家公权力的行使者，在行使职权的过程中，当然的接受监察委员会的监督。监察委员会对检察人员履行职责过程中的职务违法行为和职务犯罪行为，可能构成犯罪的，有权进行调查和处置。

2. 司法办案责任制促进专业化发展

近年来，民生领域案件呈现出高发态势，案件的办理随之出现了很多新的专业化要求。一是涉众型犯罪案件数量不断上升，以我院为例，2014—2017年，我院受理的非法吸收公众存款案件的数量分别为0件、3件、8件、39件，同比上升近4倍；二是侵财类、民刑交织类案件占比加大，这类案件的侦查取证难度大、证据规格要求高、适用法律易出现分歧，办理难度大；三是案件中出现利用互联网犯罪的情况日益突出，从传统的电信诈骗向销售假冒注册商标的商品、销售假药、买卖假证、组织介绍卖淫、贩卖淫秽物品等罪名延伸，对准确认定犯罪数额、审查判断电子证据提出了更高要求。

虽然检察机关并不直接参与社会的生产生活，但其性质和地位决定了其不仅应当承担惩罚犯罪、保护人权的责任，在维护大局稳定、保护生态环境等方面也应当承担起重任。党的十九大报告明确指出："深化司法体制综合配套改革，全面落实司法责任制，努力让人民群众在每一个司法案件中感受到公平正义。"司法办案责任制的改革，是实现民生领域检察工作的重要路径，更将民生领域检察工作向三个"专业"推进。

（1）人才选任专业化。树立以建一流队伍促一流业务的核心指导理念。一方面要完善检察官遴选机制，规范入额程序，实行"定岗选人"，把优秀的检察官安排到办案一线，形成良好入额导向，防止乃至杜绝因人设岗情况的发生。另一方面要拓宽检察官选拔通道，建立从社会公开录用检察官的选拔制度，从律师、法学专家中公开选拔检察官，为检察机关注入专业力量。此外，还要注重提高检察官素能，加强对知识产权、金融等民生领域专业化能力的培养。

（2）办案机制专业化。通过"充分放权、充分激励"，细化权力清单，突出检察官在办案组织中的核心地位，让检察官真正成为办案主体，从而强化检察官司法责任。例如上海探索了"命名检察官"模式，命名检察官办公室主要承办新型、疑难、复杂、敏感案件，承担相关前沿课题。以上海浦东区院为例，该院在公诉、未检部门试点成立了 4 个命名检察官办公室，将涉及自贸区犯罪、金融犯罪、未成年人犯罪领域的案件，归口专人专业化集中办理，充分发挥承办检察官的业务专长，倒逼检察官提高该领域的专业素能，助推检察办案专业化建设。通过此类举措，逐步健全检察官权力运行机制，减少业务审核层级，由检察官直接对检察长或检委会负责，真正实现扁平化管理。

（3）评查监督专业化。监督工作在监察体制改革之后对检察人员自身的专业能力和职业化水准提出了很高的要求，要确保案件质量，让人民真正满意，就必须把"谁办案谁负责、谁决定谁负责"落到实处。一要细化评查标准，在《人民检察院案件质量评查工作规定（试行）》的基础上，结合地域自身的特点，对规定内容分别予以明确和细化，全面覆盖侦查监督案件、公诉案件、未成年人刑事检察案件、民事检察案件、行政检察案件、刑事执行监督案件、刑事申诉案件、国家赔偿案件等八大类检察业务。对瑕疵案件、不合格案件的评查标准要进一步具体和细化，贯彻案件质量评查精细化、规范化要求，为科学、准确评价案件质量，落实司法责任制奠定坚实基础。二要强化外部监督制约。坚持在"阳光下"办案，牢固树立"监督者更要自觉接受监督"的意识，积极主动接受外部监督。探索由案件当事人、亲属、律师等对检察人员办案活动评价的机制，全面客观收集社会对司法办案的评价。对审查逮捕、羁押必要性审查等行权风险较大的案件应当探索建立听证审查制度，规范程序，邀请人大代表、政协委员、人民监督员、廉政监督员等外部人员参与其中，主动接受外部评价。三要将评查结果落到实处。要避免"评完了事"的情况，真正将评查结果应用到纠错、问责环节，推动检察权运行内部监督制约机制落到实处。设立通报机制，按月、按季度、按年度进行通报，为业务部门对照整改、提升办案质量提供依据；将评查结果纳入绩效考核，办案质量应当作为一项核心指标，与检察官等级晋升、奖惩相衔接，并覆盖到所有业务种类及所有检察官；对评查结果梳理总结，形成专项分析报告，逐项送交各部门，并就整改的情况进行反馈监督。

3. 公益诉讼新职能拓宽监督路径

党的十八届四中全会提出探索建立检察机关提起公益诉讼制度以来，经过两年多的试点经验积累以及民事诉讼法与行政诉讼法的修改，2017 年 7 月 18 日我国开始全面实施检察机关提起公益诉讼制度。检察公益诉讼制度是党和国家贯彻新发展理念的具体产物，其设立目的在于充分发挥检察机关法律监督职能，更有效、更有力地维护国家利益与社会公共利益。

发现线索是检察机关提起公益诉讼的第一步。根据最高人民法院、最高人民检察院《关于检察公益诉讼案件适用法律若干问题的解释》（以下简称《解释》）规定，检察机关公益诉讼重点监督范围包括行政公益诉讼的四大领域以及民事公益诉讼的两大领域，对于履职过程中发现的相关领域行政机关违法行使职权或者不作为的情形以及民事领域中损害社会公共利益的行为，人民检察院均有权进行监督。值得一提的是，在详细列举的同时，《解释》同样也为检察公益诉讼监督范围划出了"等"外领域，对于履职过程中发现的其他涉及民生与公益的案件线索，检察机关也同样有权开展公益诉讼监督工作。

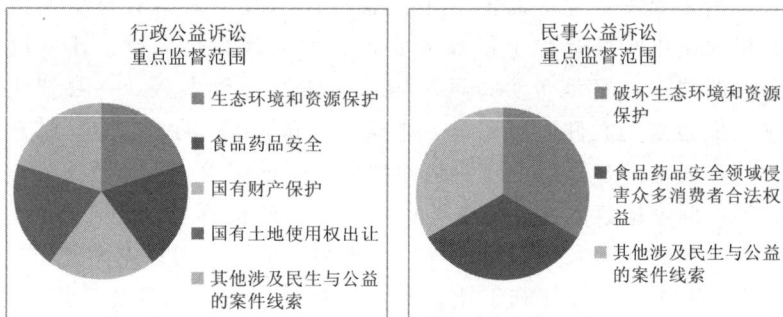

图1 检察机关公益诉讼重点监督范围

在对案件线索开展初步审查评估之后，检察机关对确有监督价值的案件线索予以立案。在充分运用调查核实权广泛收集证据的基础上，对于经审查发现国家利益或者社会公共利益确实受到侵害或有重大侵害危险的，如为民事领域案件则可由检察机关督促相关机关组织提起民事公益诉讼；如为行政领域案件则可由检察机关针对相关行政机关的不依法履职行为制发诉前检察建议。在行政公益诉讼中，诉前程序是检察机关提起公益诉讼制度必须经过的中间环节。在多数案件中，行政机关对于收到的诉前检察建议会予以高度重视，并及时自查整改，在检察建议回复期内采取措施及时对受到损害的公共利益进行补救和保护，让检察公益诉讼监督在起诉前及时收获成效，节约司法资源。诉前程序的设置不仅有利于及时有效督促行政机关依法履职，也能极大减少诉讼成本、节约司法资源，更高效、便捷地保护社会民生与公共利益。

诉前程序流程结束后，如果民事领域相关机关组织在检察机关督促后仍未提起民事公益诉讼，或行政机关没有依照检察建议内容自行查处并纠正违法行为，国家利益与社会公共利益仍持续处于受侵害或有侵害危险状态的，检察机关以公益诉讼人的身份依法提起公益诉讼，要求民事被告主体停止侵害、排除妨碍、消除危险、恢复原状、赔偿损失等，或要求被告行政机关撤销违法行政行为、履行法定职责、确认行政行为违法或无效等。

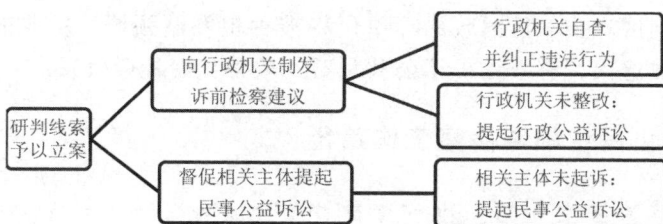

图 2　检察机关提起公益诉讼流程图

公益诉讼是为了保护国家利益和社会公共利益而设置的新制度，目前仍处于探索实践阶段。以本院为例，自公益诉讼工作全面开展以来，截至 2018 年 12 月共收集公益诉讼线索 197 件，经过排摸评估后立案 27 件，相继对 10 个镇（局）制发行政公益诉讼诉前检察建议 15 件，均收获回函采纳，并依照建议内容依法对存在的问题进行了相应整改。提起刑事附带民事公益诉讼 1 件，目前尚在法院审理中。

表 1　奉贤区院公益诉讼案件办理情况

时间	排摸线索数	立案案件数	制发检察建议数	提起公益诉讼数
2017 年	14	3	5	0
2018 年	183	24	10	1

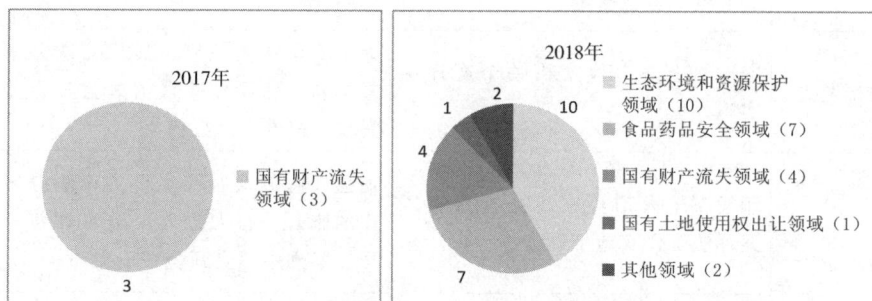

图 3　奉贤区院公益诉讼立案案件类别变化

由以上图表可见，本院公益诉讼工作自全面开展以来取得了明显成效与进展，线索及案件的数量不断增多，办理案件类型也逐渐丰富。在紧贴本区经济社会发展大局，聚焦民生民意、支农惠农等社会关切问题基础上，积极向四大领域之外的"等"外领域进行探索，多角度全方位保障社会民生与公共利益。例如在某镇垃圾违法堆放案中，向该镇党委政府制发检察建议获高度重视并迅速整改，由专人委托第三方在三周内将约 3000 平方米临时垃圾堆场清理整治、恢复原状。又如在某镇种粮补贴领域国有财产流失案中，该镇政府采纳检察建议内容，协同区农委、区财政局等单位将涉种粮补贴领域被骗取的 35 万余元国有财产悉数追回，有效维护了公共利益，取得良好社会效果。

三、强化民生领域检察工作路径

（一）科学建章立制，以制度规范保障民生

制度问题具有根本性、全局性、稳定性和长期性，强化民生领域检察工作必须强化建章立制，形成科学完备且操作性强的制度体系。上海市人民检察院从落实中央及最高检关于扫黑除恶专项会议精神、贯彻落实办案机制建设等方面提升检察制度的社会认知度和影响力，增强人民群众参与检察工作的积极性，提升检察机关在人民群众工作的地位与公信力，制定多项检察工作规范，分类统计如下：

上海市人民检察院内部制度规范		
类别	项目、制发内容	目的
开放活动	开展"检察公益诉讼宣传周"活动	提升检察公益诉讼制度的社会认知度和影响力，增强人民群众参与保护社会公益积极性
内外部监督	公布上海检察机关刑事诉讼监督优秀案事例评选结果	体现"三个效果"有机统一的优秀案事例
内外部监督	印发《上海市检察机关个案评鉴实施办法》	为落实司法责任制，强化司法办案监督机制，确保检察官依法公正行使检察权，提升司法公信力
办案机制建设	印发《上海市检察机关检察官以案释法工作实施细则》	加强人民群众对检察机关司法办案工作的监督，努力让人民群众在每一个司法案件中感受到公平正义
	印发《上海市检察机关捕诉合一办案规程（试行）》	确保捕诉合一办案模式顺利运行，实现办案质量和效率的统一
	关于认真组织学习最高检通知深入推进扫黑除恶专项斗争的通知	深入推进检察机关扫黑除恶专项斗争向纵深发展
	印发《上海市检察机关开展扫黑除恶专项斗争工作方案》	充分发挥检察职能作用，依法严惩黑恶势力犯罪
	印发《上海市检察机关服务保障优化营商环境的意见》	为上海打造具有国际竞争力的一流营商环境提供强有力的检察保障

上海市人民检察院内部制度规范		
类别	项目、制发内容	目的
办案机制建设	印发《关于开展保障和促进非公经济健康发展专项侦查监督活动的通知》	营造法治化营商环境，平等保护公有制经济与非公有制经济，保障非公经济健康发展，激发非公企业活力，促进非公经济持续成为最具活力的经济增长点
	印发《关于对全市检察机关"窗口"部门开展检务督察的情况通报》	要切实负起主体责任，经常走一走、问一问，坐下来亲自接待，积极作为，解决群众反映的问题，并注意整风肃纪，擦亮"窗口"

以上海市奉贤区人民检察院为例，2016 年以来，该院围绕服务保障民生，制定多项检察工作规范，分类统计如下：

上海市奉贤区人民检察院内部制度规范	
刑事检察	1.《上海市奉贤区人民检察院捕诉合一办案操作细则（试行）》 2.《上海市奉贤区人民检察院开展扫黑除恶专项斗争工作方案》 3.《上海市奉贤区人民检察院关于重大案件讯问合法性核查机制的暂行规定》
民事、行政检察	《上海市奉贤区人民检察院关于开展检察建议公开宣告工作的实施细则（试行）》
公益诉讼	《上海市奉贤区人民检察院助力打好污染防治攻坚战工作办法（试行）》
服务保障	1.《上海市奉贤区人民检察院关于提供优质执业环境、保障律师执业权行使的十二条意见》 2.《"不忘初心、牢记使命，勇当新时代排头兵、先行者"大调研方案》 3.《上海市奉贤区人民检察院进一步服务保障优化营商环境"检察专项行动"实施细则》 4.《关于服务保障奉贤区"东方美谷"建设的工作意见》 5.《奉贤区人民检察院服务保障中国国际进口博览会倒计时 100 天专项行动实施方案》 6.《关于为奉贤推进生态文明建设、争创国家生态园林城区提供检察服务保障的意见》

续表

上海市奉贤区人民检察院内部制度规范	
服务保障	7.《关于服务保障奉贤"四区"建设优化法治化营商环境的若干意见》
	8.《关于成立"东方美谷"检察工作室的暂行办法》
	9.《服务保障"东方美谷"建设工作实施办法（试行）》
	10.《关于设立以检察官姓名命名的检察官办公室的暂行办法》
	11.《控告申诉首办责任制实施办法（试行）》

上述制度规范在实际检察工作中严格履行，运转良好，但是党的十九大以来，中国特色社会主义进入新时代，社会主要矛盾转化，人民群众在民主、法治、公平、正义、安全、环境等方面的要求日益增长。检察机关经历国家监察体制改革、反贪转隶，检察职能发生重大变化，因此，良好的检察制度规范也应当与时俱进，不断调整完善。

1. 以政法改革为蓝图，创新工作机制

习近平总书记在中央政法工作会议上提出，要优化政法机关职权配置，构建各尽其职、配合有力、制约有效的工作体系。习近平总书记为新时代政法事业发展擘画了蓝图，检察机关应当在司法体制改革的基础上，创新工作机制，发挥主导作用，让公安机关以检察机关的证据标准侦查、报请逮捕、移送审查起诉；让法院以检察机关的公诉主张和证据为审判载体；让律师以检察机关的指控为辩护"靶子"。同时检察机关必须强化主导意识，承担全程法律监督职责，要全面落实司法责任制，以改革创新为驱动，突出以司法办案为中心、突出检察官主体地位，探索以罪名划分的"检察官办案组"，促进办案更精细化、专业化，提高司法质量、效率、公信力。在依法的前提下，把握少捕慎诉慎押和群众安全感之间的关系，既不放纵犯罪，也不过分打击。要深化诉讼制度改革，利用大数据、人工智能等技术，推动"智慧检务"发展，推进案件繁简分流、轻重分离、快慢分道，推动科技创新成果同司法工作深度融合。要聚焦人民群众反映强烈的突出问题，抓紧完善权力运行监督和制约机制，坚决防止执法不严、司法不公甚至执法犯法、司法腐败。

2. 以内设机构改革为转机，理顺职能规划

2018年12月，最高人民检察院内设机构改革落地，地方检察机关同步部署，刑事、民事、行政、公益诉讼"四大检察"法律监督总体布局有利推进。改革不仅解决了多年来没有理顺的机构混乱，优化了检察职能以及检察资源配置，而且将原来的短板型职能通过机构建设和组织建设、人员配置予以大幅度强化，使民事检察、行政检察以及公益诉讼检察与刑事检察并驾齐驱，形成"四大检察"平衡推进。检察机关要主动适应形势发展变化，深化内设机构改

革，推动"四大检察"全面协调充分发展。一要做优刑事检察工作，突出专业化，完善办案机制，发挥捕诉一体在办案质量和效率方面的优势。二要做强民事检察工作，延伸监督职能，聚焦"执行难"问题，提升检察建议刚性。三要做实行政检察工作，以行政诉讼监督为中心，实现精准化监督，加强与审判机关、行政机关的沟通，争取双赢多赢共赢的效果。四要做好公益诉讼检察工作，加大工作力度，善于发现问题，扩大公益诉讼案源。

3. 以自侦转隶为契机，建立防控网络

检察机关要坚持党的领导和我国社会主义制度，在惩治贪污腐败过程中发挥党的领导和社会主义制度优势，在党的领导下，鼓励群众参与，建立检监联合、社会协同、法治保障的贪污腐败惩处一体化机制，形成不敢腐、不能腐、不想腐的长效机制。要创新司法机关与相关部门的工作协调机制，联合多部门力量，共同打击贪污腐败，形成惩治贪腐长期高压态势。一方面拓展监督线索来源，以办案监督为主，多部门联合监督为辅，建立起检察机关、公安机关、法院、监察机关、审计等各个行业与单位信息资源共享体系，对相关部门内部的涉及贪污腐败的党纪处分及行政处分，在一定范围内公开通报，避免部分单位以罚代刑，包庇纵容贪污腐败犯罪的现象发生；另一方面畅通群众检举揭发渠道，监督司法权力在"阳光"下运行。检察机关应当畅通群众控告申诉渠道，保护检举揭发人的隐私，探索开通网络匿名举报系统，让群众"有渠道、敢于说"。对于群众检举揭发的线索进行核实并及时反馈，对属于检察机关管辖的案件立案侦查，其他线索移送相关部门处理。

（二）聚焦主责主业，以"四大检察"职能服务民生

1. 深化刑事检察职能

（1）稳字当先，维护国家政治安全。全面贯彻总体国家安全观，强化斗争精神，坚决维护国家政治安全，严厉打击境外非政府组织渗透、利用网络传播有害信息、冒用党和国家名义招摇撞骗等犯罪，防范"颜色革命"阴谋。依法惩治"法轮功""全能神"等邪教组织犯罪，切断境外宗教渗透漫延渠道。坚决惩治暴力恐怖活动、民族分裂活动、宗教极端活动，健全打防管控一体化机制，守住不发生暴恐事件的底线。

（2）坚持不懈，深化扫黑除恶斗争。习近平总书记在中央政法工作会议上强调，黑恶势力是社会"毒瘤"，严重破坏经济社会秩序，侵蚀党的执政根基。检察机关要紧紧围绕中央"一年治标、两年治本、三年治根"的总体目标，坚持不懈深化扫黑除恶专项斗争，"是黑恶犯罪一个不放过，不是黑恶犯罪一个不凑数"。立足检察职能，以持续打击面上犯罪为主要任务，以深挖彻查"保护伞"为主攻方向，以推动综合治理为着力点，扎实推动扫黑除恶专项斗争向纵深发展。

（3）以人为本，关注特殊群体保护。检察机关要做好预防未成年人犯罪工作，从未成年人心理和生理特点出发，做好未成年人帮扶教育挽救工作，落实和健全相关司法制度，积极寻求社会力量参与预防。要从学校和家庭入手，将未成年人犯罪预防工作拓展到未成年人生活的各个角落，落实检校联合制度，巩固未成年人犯罪的群众基础；要加大探索力度，积极试行未成年人刑事执行检察、民事检察、行政检察集中统一办理；要创新探索未成年人保护处分、亲职教育等特殊机制，研发涉罪未成年人心理测评系统，完善少捕慎诉慎押配套措施，有效地预防、遏制和减少犯罪；要不断丰富未成年人检察监督职能的内涵和外延，建立"捕诉监防"一体化工作模式，建立未成年人羁押必要性审查、看守所检察、社区矫正监督等刑事执行检察工作机制，探索开展未成年人民事权益保护及督促、支持起诉工作，积极推动未成年人全面综合司法保护。

在做好未成年人检察工作的基础上，总结经验，积极探索未成年人和老年人案件集中办理路径。加强老年人权益司法保护，加大保健品诈骗、集资诈骗等涉老多发性案件办理力度，落实专办快办、督促和解、法律援助等涉老诉讼特殊化办案机制，提升追赃挽损效率，实现法律效果和社会效果的统一。

2. 优化民事检察职能

（1）加大民事执行监督力度。执行关系到司法审判权威的落地，是实现司法公平正义的最后一公里。检察机关作为法律监督部门，对于法院的执行担负监督职责。检察机关从外部对于法院执行监督，既能有效防止执行腐败，又能防止其他不当干预。检察机关要加强与法院的协调，争取法院对民事执行监督工作的理解和支持，在充分协商的基础上，进一步细化执行监督工作的操作规程，使法院的执行活动与民事执行监督工作既互相监督又互相配合。一方面拓宽监督方式，以保证民事生效裁判的正确执行。检察机关综合运用抗诉、检察建议、现场监督、发现和移送职务犯罪线索等多种监督方式，实施执行全程监督；另一方面建立信息沟通与反馈制度，法院执行局与民检部门应定期召开联席会议通报执行活动中的具体情况，了解掌握对方的工作重点及有关部署，法院对检察机关提出的检察建议等，应当将处理理由及结果书面函告检察机关。

（2）加大虚假诉讼检察监督力度。随着"套路贷"案件的集中爆发，虚假诉讼成为"套路贷"案件的重要犯罪手段，虚假诉讼不仅扰乱正常的诉讼秩序，而且严重损坏法律权威和尊严。检察机关首先要完善虚假诉讼线索发现机制，深挖"套路贷"等案件背后隐藏的虚假诉讼线索，重点筛查刑事案件中涉及的当事人之间关于财产的民事判决，采取"以案找案、以人找案"的方式拓展案件线索来源。其次，检察机关通过内部联合、外部联动，配合刑事检察部门、行政检察部门以及监察机关、法院，形成监督合力。对于发现的错误判决，向法院提出监督纠正意见；对于案件中当事人涉嫌其他刑事犯罪的，向公安机关移送线索；对于案件中审判执行人员涉嫌职务犯罪的，向监察机关移送线索。最后，检察机关要加强与公安机关及法院的协调沟通，畅通线索移送渠道，敦促法院及时纠正虚假诉讼涉及的生效判决及执行情况。

3. 落实行政检察职能

（1）划定行政检察范围。首先，行政检察监督以合法性审查为宜。行政自由裁量权是行政权运行的重要形式，只要裁量尺度在合法的范围内，检察监督的权力便没有必要介入。一旦自由裁量权的行使超越了法律赋予的限度，检察监督才有介入监督的必要。其次，行政检察监督以保护公益为重。检察机关具有公力救济性质，应当重点承担对国家利益、社会公共利益保护的责任。在涉及生态环境和资源保护、食品药品安全、国有财产保护、国有土地使用权出让等领域，发现行政机关不作为、乱作为导致公益受损时，应积极介入，增强监督的主动性，确保公益保护及时、到位。最后，行政检察监督以事后监督为主。发现行政违法行为后，应当首选寻求法律赋予的其他救济解决途径，只有在其他救济途径无法解决或是难以解决时，检察权才有必要介入监督，以免造成对行政的不当干预。

（2）拓展行政诉讼监督案源渠道。涉及损害公益的行政行为，检察机关应保持适当的主动性，积极行使监督职能。在生态环境和资源保护、食品药品安全、国有财产保护、国有土地出让领域，搭建信息共享平台，主动出击寻找案源，确保监督效果。在非涉及公益类行政监督领域，以接受当事人控告、申诉为主。通过扩大宣传面，提高行政监督职能社会知晓度。

（3）提高检察建议刚性。检察机关应当充分发挥检察建议的优势，健全检察建议的制作、审核、送达、跟踪及质效评估机制，全面推行检察建议公告、宣告，向被建议机关的上级机关或主管部门抄送，向人大备案等制度，使检察建议达到高质量、强针对、可操作的标准，增强检察建议的刚性和效果。

4. 强化公益诉讼检察职能

习近平总书记在中央政法工作会议上指出，要加大关系群众切身利益的重点领域执法司法力度，让天更蓝、水更清、空气更清新、食品更安全、交通更顺畅、社会更和谐有序。检察公益诉讼制度处于探索发展阶段，为克服制度体系不健全、案源较少的困难，首先，从媒体等各种渠道寻找案源。建立以省市级检察机关为主导的公益诉讼统一指挥机制，加强线索集中收集、研判、分发。充分利用两法衔接平台、媒体报道、环保督察等方式，依托市民热线、基层大联动机制、舆情监控系统等，加强与媒体、行政执法机关等互动联系，多维度扩展案件来源，从严惩治教育、医疗、社会保障和食品药品等领域犯罪，守护民生法治底线。其次，以刚性检察建议落实诉前程序。针对案件反映出的倾向性问题和管理漏洞，及时提出检察建议，落实检察建议公开宣告制度，把诉前实现维护公益目的作为最佳状态。检察机关诉前发出公告或检察建议，促使有关主体提起诉讼、行政机关依法履职，不仅可以及时保护公益，更以最少司法投入获得最佳社会效果，努力做到办理一案，治理一片。诉前检察建议不能有效落实，就以诉讼、庭审接力推动问题解决，警示一片，教育社会面，将提起诉讼做成生动法治课。最后，开展公益诉讼检察官下基层活动，定期深入社区、村居走访、座谈，了解群众关注问题。在做好工作的同时，也要注重加强解释宣传，建立公益诉讼宣讲团以及常态化的公益诉讼宣传周活动，在宣传中，要强调提起诉讼不是目的，让受损的公共利益得到修复和保护才是目标，促进社会各界更准确全面地了解检察公益诉讼，提升对检察公益诉讼的理解与支持，凝聚广泛社会共识。

（三）延伸检察触角，以群众路线完善民生

习近平总书记指出，检察工作要坚持群众路线，坚持检察工作为了人民，创新组织群众、发动群众的机制，创新为民谋利、为民办事、为民解忧的机制，让群众的聪明才智成为检察工作创新的不竭源泉。

1. 以基层调研了解民意

检察机关要鼓励检察干警参与基层调研，了解基层实情，让检察工作更贴民生、更接地气。要进一步拓展调研对象的类别、范围、数量，特别是平时不大关注到的沉默少数和弱势群体，以及问题多、情况复杂的地方。要根据工作实际、特点、规律和工作对象、服务对象等全要素综合运用多种调研形式，在现有座谈、走访等常规方式基础上，多采取暗访、蹲点、体检式、开放式调研形式，同时还要注重采用微博、微信、客户端等新媒体手段以及依托12309检察服务平台开展调研，提升调研效率和调研质量。

2. 以良好形象聚拢民心

人民是检察事业的根基，民心齐则根基稳。在信息爆炸的自媒体时代，检察机关不仅要会干，还要善说；既要有"酒香不怕巷子深"的底气，也要有"墙内开花墙外香"的思谋，要注重个人以及典型案事例的宣传，树立良好的检察形象，聚集人气、聚拢民心。通过短视频、微信公众平台等新媒体方式，宣传一批具有个人特色的检察干警，用人民群众喜闻乐见的方式，培养一批检察"网红"，树立一批先进典型，让检察故事借助全媒体，"飞入寻常百姓家"。对社会热点问题，及时响应，从法律专业领域正确引导、深入分析问题，出产更多刷爆"朋友圈"的爆款检察文章。要深化检务公开，不断拓展公开的范围，丰富公开的形式，对重大工作部署、重大案件信息、重要司法解释等第一时间公开，提升阳光检察形象，让人民群众迅速、便捷地了解检察工作。

3. 以高品质服务回应民声

检察机关要努力提供普惠均等、便捷高效、智能精准的公共服务。要持续开展"减证便民"行动,加快推进跨域立案诉讼服务改革,推动诉讼事项跨区域远程办理、跨层级联动办理,解决好异地诉讼难等问题。要深化公共法律服务体系建设,加快整合律师、公证、司法鉴定、仲裁、司法所、人民调解等法律服务资源,尽快建成覆盖全业务、全时空的法律服务网络。要健全人民监督员等司法民主制度,建立完善对人民群众举报、投诉、申诉的办理,推进12309检察服务中心建设,实现"信、访、网、电"全面融合,提供全方位、一站式服务,将心比心对待群众信访,建立7日内程序性回复、3个月内办理过程或结果答复制度,提升群众司法满意度。

公益诉讼的理论与实践研究[*]

上海市松江区人民检察院、上海铁路运输检察院联合课题组^{**}

一、上海检察机关 2018 年来开展公益诉讼情况

2015 年 7 月开始，全国 13 个省市检察公益诉讼试点两年，2017 年 7 月开始在全国全面推开，上海检察机关也开始探索这项制度，2018 年 3 月，"两高"司法解释正式规定了检察机关提起公益诉讼的三种方式，确立了破坏生态环境和资源保护、食品药品安全领域侵害众多消费者合法权益等损害社会公共利益可以提起民事公益诉讼、刑事附带民事公益诉讼；在生态环境和资源保护、食品药品安全、国有财产保护、国有土地使用权出让等领域，就行政机关违法行使职权或者不作为，致使国家利益或者社会公共利益受到侵害的，向行政机关提出检察建议，督促其依法履行职责，行政机关不依法履行职责的，人民检察院依法提起行政公益诉讼。

（一）立案情况

2017 年 7 月以来，上海检察机关共立案 295 件。

1. 类型

行政公益诉讼案件 243 件，民事公益诉讼案件 52 件。

2. 领域

生态环境和自然资源领域案件 152 件，食品药品安全领域案件 88 件，国有财产保护领域案件 42 件，国有土地使用权出让领域案件 8 件，英烈保护领域案件 5 件。

（二）启动诉前程序情况

2017 年 7 月以来，上海检察机关共启动公益诉讼诉前程序案件 139 件。其中，行政公益诉讼诉前程序案件 123 件，民事公益诉讼诉前程序案件 16 件。

---

* 上海市检察官协会 2018 年重点研究课题。

** 课题组负责人：倪峰；课题组成员：邱燕、苏正洪、王刚、贺英、周玲、陈超、黄潇筱、张烨、李茹茹、秦婧雯。

（三）提起公益诉讼情况

根据最高检 2018 年 1—11 月公益诉讼数据通报，上海检察机关共提起公益诉讼 15 件，在直辖市中位列第二，仅次于重庆；其中民事公益诉讼 5 件，位列直辖市第一；行政公益诉讼 0 件，次于重庆；刑事附带民事公益诉讼 10 件，位列直辖市第二。

（四）办案情况分析

1. 公益诉讼案件量稳步增长

上海检察机关自 2017 年 7 月办理公益案件以来，立案量和启动诉前程序案件量稳步增长。尤其在启动诉前程序中，大部分单位案件量都有所增长。另外，行政公益诉讼立案占比、发出行政检察建议占比也大幅提升，检察机关监督行政机关依法履职的力度不断加强，保护国家和社会公共利益取得了一定的成效。

2. 积极探索"等"外领域，凸显公益诉讼制度价值

上海检察机关积极探索"等"外领域，公益诉讼案件范围不断拓展。虹口等区院积极探索公益诉讼"等"外领域，办成了一批有影响力的优秀历史建筑物保护案件，突出了上海特色，凸显了公益诉讼制度价值，扩大检察机关社会影响力。闵行区院、崇明区院办理的英烈保护案件，也是响应国家传承和弘扬英雄烈士精神、爱国主义精神，激发实现中华民族伟大复兴中国梦的强大精神力量，彰显检察公益诉讼的价值。

3. 公益诉讼工作仍然面临一定的差距和压力

从最高检 1—11 月通报来看，4 个直辖市中上海线索的成案率是最低的，一方面反映了上海线索收集工作的积极性，另一方面成案率过低也反映出线索评估排摸工作有效转换不足，案件办理能力有待提升，另外一些单位对线索的审核把关不严，没有进行严格规范的评估。除成案率较低外，上海在诉前程序和起诉数方面，同其他省市相比也存在较大的提升空间。总体而言，虽然上海不是公益诉讼试点省市，起步较晚，但仍要认清上海公益诉讼工作面临的差距与压力。需要全市各区院继续努力，争取办理更多有影响力的案件，突出上海特色。

二、上海检察机关办理的公益诉讼典型案例

（一）顾某破坏国家野生动物资源案

1. 案件线索来源情况

2017 年 11 月中旬至 2017 年 12 月 6 日期间，顾某在上海市崇明区陈家镇大学城东侧一小树林内悬挂张网 2 顶，用于捕获野生鸟类。顾某先后捕获野生

鸟类 37 只，并将捕获鸟捕杀后藏匿于家中。上海市崇明区系野生动物禁猎区，顾某使用的网具为禁用工具，顾某所捕获鸟均属于野生鸟类。

2. 国家利益或者社会公共利益受到侵害情况

本案系上海首例刑事附带民事公益诉讼案件。检察机关委托上海动植物鉴定中心对涉案 37 只野鸟作物种鉴定，明确其中 35 只鸟包含有灰背鸫、珠颈斑鸠等国家三级保护名录或地方重点保护野生鸟类，后委托上海市崇明区发展和改革委员会根据国家林业局《野生动物及其制品价值评估方法》对鉴定出具体物种的野生鸟类作价格认定，向嫌疑人顾某要求其赔偿因非法狩猎导致 35 只重点保护野生鸟类死亡造成的国家野生动物资源价值损失共计 10500 元，法院对检察机关的诉讼请求全部予以支持。

3. 案件参考价值

这一案件的最大意义是向社会公众宣传野生鸟类的司法保护理念，崇明是世界级生态岛，崇明岛是许多珍贵野生鸟类的栖息地，非法狩猎的行为不仅会造成野生鸟类死亡，还会影响整个鸟类生态环境，2017 年 4 月，上海铁检院与崇明区检察院共同签订《关于办理破坏环境资源保护刑事案件加强配合协作的工作意见》，促进破坏环境资源保护刑事案件和公益诉讼等有效衔接方面达成一致意见，推动崇明岛生态环境保护。

（二）上海某公司污染环境案

1. 案件线索来源情况

上海某公司主要从事铝合金门窗的生产，该公司自 2012 年投产至今，未通过环保部门的审批，在未配套相应环保设施的情况下擅自生产。该公司生产车间西北侧为铝材表处池，表处池共有 1—5 号处理单元，分别为除油后清洗池、除油池、钝化后第一次清洗池、钝化池、钝化后第二次清洗池，每个处理单元均有设立阀门的管道与一根总管相通，该总管排放口位于公司北侧围墙脚处的雨水沟渠，洗涤后的清洗废水定期打开 1 号、3 号、5 号处理单元池的阀门并通过总管排放至车间外面的雨水沟渠，最终通至公司外侧雨水窨井。

2. 国家利益或者社会公共利益受到侵害情况

上海某公司明知通过上述暗管直接排放清洗铝合金废水的行为可能会污染外环境，仍然长期从事或放任员工将清洗铝合金产生的生产废水直接排放至雨水沟渠，最终进入公司外的 Ⅳ 类地表水体，严重污染环境，损害社会公共利益。

2017 年 12 月 13 日，上海市松江区环境保护局对该公司进行现场检查，经检测，该 5 个处理单元池内、总管排口处雨水沟渠内、东外侧雨水窨井内均检出锌、铬、锰等重金属。

经上海市环境科学研究院鉴定评估，排放的废水中检出的特征污染物与处理池中废水的特征污染物具有高度关联性，违法排污行为对外环境地表水体造成了环境损害。根据虚拟成本治理法计算，本案的环境损害数额＝（设备折旧费用 73683 元＋运行成本 48142 元）×3 倍＝365475 元。另，上海市环境科学研究院的鉴定评估费用为人民币 25000 元。

3. 案件参考价值

本案系上海检察机关提起污染环境领域公益诉讼的首例判决，也是上海环境公益诉讼领域首次采用虚拟治理成本法确定环境损害数额。检察机关在案件办理过程中，首先与市环境科学研究院沟通咨询，就本案环境损害鉴定评估采用虚拟成本治理法①达成共识，这也是上海环境公益诉讼领域采用虚拟治理成本法的首次司法实践。其次，因污染环境罪案件中刑事证据与民事公益诉讼证据要求存在较大差异性，检察机关围绕污染环境领域民事公益诉讼中的证据要求，从污染排放量、污染治理成本、外环境水体类型、侵权人赔偿能力等方面做了全面诉前调查取证工作，收集大量证据资料，作为市环境科学研究院鉴定评估的基础性材料，并与市环科院围绕评估范围、评估依据、环境污染与损害的因果关系、环境损害的具体数额等进行多次咨询、反复论证，确保诉讼请求有理有据。

该公益诉讼案的出庭应诉具有挑战性，尤其是围绕环境损害鉴定评估数额，在虚拟治理成本法的计算方法、第三人过错的侵权责任承担等与对方诉讼代理人展开了激烈辩论，要求准备充分庭审预案，通过该起污染类公益诉讼案件的办理，明确此类型环境民事公益诉讼中的取证标准，包括涉及侵权主体及行为的范围、因果关系的认定、外环境污染结果确定、环境损害数额的评估固定等，规范取证工作；该案的办理还厘清了环境民事公益诉讼的法律适用问题，包括环境侵权法律关系中无过错责任、第三人侵权、因果关系的举证责任、诉讼请求的依据等问题，为上海今后同类型污染类环境公益诉讼案件的办理提供一定的参考性。

（三）上海市 J 区 L 镇人民政府不依法履行职责案

1. 案件线索来源情况

2004 年至 2016 年 12 月期间，傅某通过侵占或者承包的方式，实际控制 J 区 L 镇东新村金展路、亭南路、金飞路及林慧路之间总面积约为 25200 平方米

---

① "虚拟成本治理法"依据《环境损害鉴定评估推荐方法（第Ⅱ版本）》中"虚拟治理成本法适用于环境污染所致生态环境损害无法通过恢复工程完全恢复、恢复成本远远大于其收益或缺乏生态环境损害恢复评价指标的情形"。本案中，因凯莉玛公司通过暗管排放清洗废水至外环境河道，因河道流动性造成生态环境损害无法调查，故本案适用虚拟成本治理法。

的农业用地。2016 年 7 月至 2016 年 12 月 27 日，傅某为了牟取不法利益，擅自与顾某等人在上述农业用地 9 个地块内倾倒、填埋混有建筑垃圾和生活垃圾的混杂物。傅某等人因涉嫌污染环境被公安机关立案侦查，2017 年 11 月 6 日，上海铁路运输检察院以傅某等人涉嫌污染环境罪向上海铁路运输法院提起公诉。

2. 行政机关的法定职责

（1）《国务院办公厅关于加强环境监管执法的通知》《J 区环境监管网格化管理方案》相关规定，"全区按行政区划共划分 12 个二级网格区域，9 镇 1 街道 2 工业区，责任主体为镇人民政府、街道办事处、工业区管委会。工作职责：……2. 承担本辖区日常环保监管执法任务，依法查处辖区内各类环境违法行为……"

（2）《上海市城市管理行政执法条例》第 4 条第 4 款的规定，乡、镇人民政府负责本辖区内城市管理行政执法工作，其所属城管执法机构以乡、镇人民政府名义，具体承担本辖区内的城市管理行政执法工作，并接受区、县城管执法部门的业务指导和监督。根据《J 区建筑垃圾和工程渣土处置管理办法》规定，各街镇（工业区）是辖区内建筑渣土排放处置和综合利用管理的责任主体。

（3）J 区行政权力和行政责任清单列明，L 镇镇政府具有下列职权：对擅自设立弃置场所收纳建筑垃圾的处罚；对随意倾倒、抛洒或者堆放生活垃圾的处罚；对任何单位和个人随意倾倒、抛洒或者堆放建筑垃圾的处罚等。实施主体是 J 区 L 镇城管中队。

（4）2017 年 4 月 20 日，该案件垃圾处置工作协调会形成会议纪要，明确 L 镇政府负责垃圾处置工作，要求 5 月 30 日前完成一般建筑垃圾处置；6 月 30 日前完成 5 号地块的原位修复工作；7 月开展场地污染状况评估和修复工作。

3. 行政机关违法行使职权或者不作为情况

2017 年 5 月 8 日至 6 月 2 日，L 镇市容环境服务所委托上海胤满建筑工程队对除 5 号地块外的 8 个点位、3.4 万方固废实施开挖、分拣、清运、覆土，处置费用共计 153.6149 万元。

2017 年 12 月 22 日，办案组走访 L 镇政府，分管镇长表示，5 号地块涉及危险废物，已与上海纺织建筑设计院联系协商，但目前尚未签约和施工修复。

4. 诉前审查意见

L 镇政府作为辖区环境安全、城市管理责任主体，在处置案件过程中，未完全履行监管职责，致使国家利益、社会公共利益长期处于受侵害状态，根据《行政诉讼法》第 215 条第 4 款、最高人民法院、最高人民检察院《关于检察公益诉讼案件适用法律若干问题的解释》第 21 条第 1 款的规定，建议 L 镇政府依法履行监管职责，及时开展场地污染状况评估和修复工作。

（四）上海市 B 区市场监督管理局不依法履行职责案

1. 案件线索来源情况

上海市 B 区人民检察院在办理黄某某销售有毒、有害食品罪一案中发现，被告人黄某某销售含有莱克多巴胺成分的牛肉，被法院判处犯销售有毒、有害食品罪，判处有期徒刑 3 年 6 个月，并处罚金人民币 3 万元，撤销（2017）沪 0107 刑初 270 号的缓刑部分，决定执行有期徒刑 4 年 6 个月，并处罚金人民币 5 万元。根据相关规定，对因食品药品安全犯罪受到刑事处罚的，应当纳入食品药品安全重点监管名单，但 B 区市场监管局未对其采取任何限制措施，也未向社会公布，社会公共利益受到侵害。

2. 行政机关的法定职责

B 区市场监管局负责对受到刑事处罚的当事人在获悉刑事判决生效后及时送达《重点监管名单纳入事先告知书》，并听取当事人陈述、申辩；对拟纳入重点监管名单的生产经营者及相关责任人员报市食品药品监管局。

职责依据：

（1）关于县级以上人民政府食品药品监督管理部门的信息公开及纳入重点监管名单职责。《中华人民共和国食品安全法》第 113 条规定：县级以上人民政府食品药品监督管理部门应当建立食品生产经营者食品安全信用档案，记录许可颁发、日常监督检查结果、违法行为查处等情况，依法向社会公布并实时更新。

《上海市食品药品严重违法生产经营者及相关责任人员重点监管名单管理办法》第 9 条规定："市局直属执法单位和区（县）市场监管局应及时将拟列入重点监管名单的生产经营者及相关责任人员报市食品药品监管局……"

食品药品监管总局、公安局印发《关于加大食品药品安全执法力度严格落实食品药品违法行为处罚到人的规定的通知》第 5 条规定：强化信息全面公开，……县级以上地方食品药品监督管理部门要加强与人民法院的沟通协调，主动跟踪食品药品刑事案件的审理进展，收集食品药品犯罪案件判决相关信息……县级以上地方食品药品监督管理部门要按照行刑衔接机制的要求，及时汇总相关信息，建立数据库备查，并在网站予以公开。

（2）关于食品安全严重违法生产经营者应纳入重点监管名单、记入监管信用档案，并采取相关限制措施或重点监控措施的相关规定。

《中华人民共和国食品安全法》第 135 条第 2 款规定，因食品安全犯罪被判处有期徒刑以上刑罚的，终身不得从事食品生产经营管理工作，也不得担任食品生产经营企业食品安全管理人员。

《上海市食品药品严重违法生产经营者及相关责任人员重点监管名单管理办法》第4条第1款第14项规定：符合下列情形之一的，受到行政处罚或刑事处罚的生产经营者及其责任人员，应当纳入食品药品安全重点监管名单，记入监管信用档案，并依法采取相关限制措施或重点监控措施：……（14）因食品、药品、医疗器械、化妆品生产经营违法犯罪行为受到刑事处罚的。

3. 行政机关违法行使职权或者不作为情况

B区市场监管局未将因食品安全犯罪被判处有期徒刑以上刑罚的黄某某上报纳入重点监管名单，也没有采取相关的限制措施或重点监控措施。

4. 国家利益或社会公共利益受到侵害情况

黄某某因犯销售有毒、有害食品罪被判处徒刑以上刑罚，其应当被纳入重点监管人员名单，并依法采取相关限制措施或重点监控措施，但区市场监管局并未将其纳入重点人员监管名单，也未向社会公布，侵害社会公众知情权，也不利于对食品安全犯罪人员落实终身禁业的要求和规定，使食品安全犯罪人员可能继续从事严重危害食品安全生产经营，进而损害社会公众利益。

5. 诉前审查意见

黄某某因食品安全犯罪被判处有期徒刑以上刑罚，根据食品安全法规定，终身不得从事食品生产经营管理工作，也不得担任食品生产经营企业食品安全管理人员。根据相关规定，应纳入食品药品安全重点监管名单，记入监管信用档案，并依法采取相关限制措施或重点监控措施。但区市场监管局在刑事判决生效后，既未按照规定告知当事人纳入重点监管名单，也没有向上级部门报送对其应纳入重点监管名单，导致社会公众对食品安全领域的违法犯罪不知情，影响食品安全管理的秩序，导致食品安全生产领域存在一定的隐患，损害社会公共利益。

6. 其他需要说明的情况

自2014年10月至2017年12月31日，B区人民检察院办理的生产、销售有毒食品犯罪，生产、销售不符合安全标准的食品犯罪中，被判处有期徒刑以上刑罚的被告人共有46人，均应当纳入重点人员监管名单，但经查询与核实，只有3人被纳入重点人员监管名单，B区市场监管局对其他43人均没有履行纳入重点人员监管名单的职责。

（五）上海市H区住房保障和房屋管理局未依法履职案

1. 案件线索来源情况

位于H区四川北路71号2幢、崇明路82号的德邻公寓系上海市第四批优秀历史建筑，编号4F003，保护要求为三类。

2015年6月18日，上海鸿镁物业发展有限公司将其名下的德邻公寓1至2层、3至6层分别租赁给上海鸣屹投资管理有限公司、上海箐悠舍物业管理有限公司。随后，两家公司在未经依法申报审批的情况下，即对德邻公寓开展了违法施工，并对公寓重点保护部位造成不同程度的破坏。上海市 H 区房管局曾在 2015 年 8 月 25 日对该 3 家公司出具《责令改正通知书》，要求其立即停止违法行为，并开展修复整改工作。

为了解德邻公寓的违法施工情况、现在的修复整改情况以及 H 房管局的履职情况，本院对该线索开展调查。经调查发现，德邻公寓因违法施工而受损的重点保护部位现仍未得到修复，持续受损时间长达 3 年之久，虹口房管局在出具《责令改正通知书》后存在怠于履职的情况，未能采取有效措施促使相关责任单位对受损的德邻公寓开展修复工作。

2. 行政机关的法定职责

H 房管局作为 H 区房屋行政管理部门，负责本辖区优秀历史建筑的日常保护管理，应当对危害优秀历史建筑的行为及时调查处理。

职责依据：

《上海市历史文化风貌区和优秀历史建筑保护条例》第 3 条规定："……市房屋土地管理部门负责本市优秀历史建筑的保护管理。区、县房屋土地管理部门按照本条例的有关规定，负责本辖区优秀历史建筑的日常保护管理……"第 5 条规定："……规划管理部门或者房屋土地管理部门对危害历史文化风貌区和优秀历史建筑的行为应当及时调查处理。"第 41 条规定："违反本条例规定，未按建筑的具体保护要求设置、改建相关设施，擅自改变优秀历史建筑的使用性质、内部设计使用功能，或者从事危害建筑安全活动的，由市房屋土地管理部门或者区、县房屋土地管理部门责令其限期改正，并可以处该优秀历史建筑重置价百分之二以上百分之二十以下的罚款。"第 43 条规定："违反本条例规定，对优秀历史建筑的修缮不符合建筑的具体保护要求或者相关技术规范的，由市房屋土地管理部门或者区、县房屋土地管理部门责令其限期改正、恢复原状，并可以处该优秀历史建筑重置价百分之三以上百分之三十以下的罚款。"

3. 国家利益或者社会公共利益受到侵害情况

在本案中 H 房管局未依法履行职责，未采取有效措施及时促使相关责任单位开展优秀历史建筑的评估和修复工作，也未采取任何行政处罚措施或申请人民法院强制执行，致使优秀历史建筑损害状态持续。

4. 诉前审查意见

为有效保护优秀历史建筑，协调城市建设和历史文化传承，维护国家利益和社会公共利益不受侵害，根据《中华人民共和国行政诉讼法》第 25 条第 4 款，向 J 房管局提出如下检察建议：一是依法履行行政监管职责，采取有效措施促使相关责任单位立即启动德邻公寓修复整改方案的编制及审核批准程序；

二是修复整改方案经法定程序审核批准后，责令相关责任单位立即委托有资质的单位开展修复工作；三是对修复整改全程进行有效监管，确保德邻公寓修复工作及时有序开展，恢复优秀历史建筑原状。

（六）上海市 J 区国有资产监督管理委员会未依法履职案

1. 案件事实情况

涉案房屋原属公房。1990 年 12 月 14 日，华东医院将涉案房屋调配给周建华使用。1998 年 9 月 10 日，华园公司与周建华签订《上海市公有住房差价交换合同》，将坐落于 J 区愚园路 627 弄 18 号 302 室公有房屋与涉案房屋进行交换，华园公司取得涉案房屋使用权。后华园公司将涉案房屋调拨给实施延安西路 323 基地房屋拆迁项目的上海创家房屋拆迁有限公司。华园公司将时任办公室主任蒋若燕挂在了租赁户名为张自妹的动迁安置居民名下，虚构蒋若燕的动迁户身份，由上海创家房屋拆迁有限公司开具《住房配售单》，从而将涉案房屋分配给蒋若燕。2009 年 7 月 21 日，上海新长宁（集团）有限公司与蒋若燕签订《上海市公有住房出售合同》，以 25279 元的价格将涉案房屋出售给蒋若燕。2009 年 8 月 25 日颁发的沪房地长字（2009）第 014467 号《上海市房地产权证》载明涉案房屋的权利人为蒋若燕。

2. 行政机关的法定职责

上海市 J 区国有资产监督管理委员会（以下简称 J 区国资委）对全区国有（集体）资产具有监督管理的职责。

职责依据：

（1）关于 J 区国资委代表区政府履行出资责任职责，对区属企业国有资产具有监督管理的职责。《中华人民共和国企业国有资产法》第 11 条第 1 款规定，国务院国有资产监督管理机构和地方人民政府按照国务院的规定设立的国有资产监督管理机构，根据本级人民政府的授权，代表本级人民政府对国家出资企业履行出资人职责。第 14 条第 1 款规定，履行出资人职责的机构应当依照法律、行政法规以及企业章程履行出资人职责，保障出资人权益，防止国有资产损失。

《企业国有资产监督管理暂行条例》第 13 条第 1 款第 1 项规定，国有资产监督管理机构的主要职责是：（1）依照《中华人民共和国公司法》等法律、法规，对所出资企业履行出资人职责，维护所有权权益。第 14 条第 1 款第 3 项规定，国有资产监督管理机构的主要义务是：（3）……防止企业国有资产流失。

（2）关于 J 区国资委对区属国有企业资产损失具有稽查和追责的职责。《上海市国有资产监督管理委员会国有资产稽查试行办法》第 6 条规定，上海市国有资产监督管理委员会稽查中心（以下简称稽查中心）是市国资委负责国有资产稽查工作的专职机构，承担组织、协调、实施本市国有资产稽查工作职能。第 10 条规定，稽查中心的主要职责：（1）负责对本市占有、使用国有资产的企事业单位可能或已造成重大国资损失情况的稽查；（2）负责对审计、评估、产权交易中反映本市国有企事业单位问题的延伸稽查；（3）负责对市国资委出资监管单位的专项稽查以及市国资委交办的其他调查工作。

《中央企业资产损失责任追究暂行办法》第 4 条规定，国资委在资产损失责任追究工作中的主要职责包括：（1）研究制定企业资产损失责任追究有关规章、制度；（2）负责管理权限范围内相关责任人的资产损失责任追究工作；（3）负责特别重大和连续发生的重大资产损失责任追究工作；（4）指导和监督企业资产损失责任追究工作；（5）受理企业直接处罚的相关责任人的申诉或者复查申请；（6）其他有关资产损失责任追究工作。

《上海市国资系统企业资产损失责任追究管理暂行规定》第 7 条规定，上海市国资委按照干部监管权限依法对相关责任人进行资产损失责任追究，并监督和指导企业开展资产损失责任追究工作。第 53 条规定，各区县国有资产监督管理机构可参照本规定执行。

3. 国有财产遭受侵害情况

涉案房屋本系国有财产，蒋某某以虚构的住房配售单取得了涉案房屋的承租权并通过公房出售合同将产权登记至其个人名下，侵害了国有财产的所有权，损害了国家利益。J 区国资委代表区政府履行出资人职责，对全区国有资产具有监督管理的职责，为避免国有资产流失，维护国家利益，应向 J 区国资委提出检察建议，建议其履行监督管理的职能，保证国有资产的安全、完整。

三、检察机关开展公益诉讼的实践困境及疑难破解

（一）检察机关提起公益诉讼的执法理念问题

我国《宪法》第 134 条[①]和第 136 条[②]的规定确定了人民检察院在履行法律监督职责中的特殊地位，从我国《人民检察院组织法》来看，检察机关的法律监督职能仅停留在对公安机关的侦查活动、法院的审判活动是否合法实行专门监督。从实际情况看，行政机关的自律性是有限的，人大的监督遵循的是合议的程序和原则，具有一定的宏观性和指导性。而在民事公益诉讼中，法律规定的机关和组织不提起诉讼的情况下导致国家利益与社会公共利益长期处于

---

① 《宪法》第 134 条规定："中华人民共和国人民检察院是国家的法律监督机关。"

② 《宪法》第 136 条规定："人民检察院依照法律规定独立行使检察权，不受行政机关、社会团体和个人的干涉。"

受侵害状态，这时检察机关有必要提起诉讼以及时保护公益，使宪法规定的检察机关作为"国家的法律监督机关"真正落到实处。但检察机关的监督并不是无条件的全面监督，而是适时有必要的监督。

检察机关提起公益诉讼的过程中要注意适度性和谦抑性，检察机关的法律监督权并非全面监督，而是在有限条件和法定的程序下进行。无论是民事公益诉讼还是行政公益诉讼，检察机关都应明确的是，其自身行使的是法律监督权而非诉权，是辅助起诉的机关。在民事领域，公权不应过度介入私权，因此在诉前程序中必须先向适格的主体提出督促或者支持法律规定的机关和有关组织提起民事公益诉讼的检察建议，只有在无适格主体或者适格主体不依法提起诉讼的前提下，检察机关才能提起诉讼。同样，在行政领域，检察机关也应在诉前程序中督促怠于履行职责的行政机关依法履行职责，如果行政机关拒不纠正违法行为或者不履行法定职责，且公益仍处于受侵害状态，检察机关方可提起行政公益诉讼。

（二）检察机关提起公益诉讼的案源线索问题

检察机关提起公益诉讼主要通过三大途径获取案件线索：一是公民、法人或其他组织的控告和检举；二是有关机关移交线索；三是检察机关主动发现。但是一直以来，公益诉讼案件的三大主要案件线索来源存在着一定的问题，一是社会公众对公益诉讼了解不多。一方面检察机关提起公益诉讼制度刚刚确立一年多时间，具体实施制度还在不断完善之中；另一方面检察机关对公益诉讼的宣传强度还不够大，导致社会公众对检察机关提起公益诉讼这项新职能不甚了解。二是群众对司法机关的畏惧心理。随着社会的发展，人们的维权意识虽愈加强烈，但法律基础仍略显不足，对于作为新生事物的"公益诉讼"，大多数群众仍然知之甚少，缺乏相对全面的了解。同时，公民的公共意识与司法参与度仍有待进步，因提起公益诉讼难免涉及司法部门调查核实等环节，人们大多处于观望的态度，缺乏提供案源线索的主动性。此外，检察机关对公益诉讼尚在探索完善之中，检察机关未对"公益诉讼"的典型情形与案件特征进行合理地分析、归类与整合，经常无针对性地去主动寻找案件线索来源，无法保障检察机关提起公益诉讼的有效性。

现阶段线索来源匮乏，这就需要公益诉讼检察官办案组主动拓宽线索发现渠道，科学建立起多渠道收集公益诉讼的线索机制。首先，鼓励群众积极举报。通过社区普法宣传、微信公众号推送等多种方式加大社会群众对公益诉讼的了解，设立公益诉讼举报中心，鼓励广大人民群众积极主动地保护社会公益，为了有效提高群众保护公益的积极性，可以尝试合理的有偿举报制度，公众举报线索经检察机关查处，能有效制止公益侵害行为，促进公益诉讼工作开展的，检察机关可以对举报人予以相应奖励。目前我院设立的网上举报与电话举报已收到9起线索，其中一起因管辖权问题已移交徐汇区检察院立案，初步取得一定效果。其次，建立履行职责中发现机制。对于《行政诉讼法》与《民事诉讼法》中提到的"人民检察院在履行职责中发现"不能做狭隘的解读，根据文义解释，检察机关各业务部门在履行职责中所发现的案件线索，原则上都可以作为检察机关提起公益诉讼的案件线索来源。并非只有民事、行政检察部门履职过程中发现的案件线索才可提起公益诉讼，检察机关各业务部门、各工作人员在履行职责中，都有发现公益受损害线索的义务，履职过程中发现的案件线索都应移交公益诉讼检察部门予以起诉。最后，探索外部线索获取机制。检察机关应当与行政机关之间建立长效稳定的线索移送机制，检察机关及时接收移送的案件线索，并跟踪调查相关情况，将相关处理结果适时反馈给行政机关，促进行政机关对检察公益诉讼工作的支持。同时，检察机关与行政机关应当定期开展联席会议交流公益诉讼案件线索，通过沟通交流，增强对彼此工作的了解互信。行政机关作为公益的首要责任机关，其所掌握的案件线索更为的详实可信，线索精度更高，这有利于检察机关对公益诉讼案件有较为清晰与准确的把握。

（三）检察机关提起公益诉讼的案件范围问题

《行政诉讼法》与《民事诉讼法》以列举的方式规定了检察机关提起公益诉讼的案件范围，在实际操作中要准确界定公共利益的内涵，避免将涉及多数人利益但实为私益的案件作为公益诉讼案件处理。确定的民事公益诉讼和行政公益诉讼案件范围，在列举项后面都有个"等"字，这不免会让我们产生思考，未来检察机关提起公益诉讼的范围是否会进一步扩大，对于"等"字是"等"内还是"等"外也有不同的理解，如何准确把握"等"字的理解也是一个大问题。

目前，民事公益诉讼的案件范围主要包括生态环境和资源保护、食品药品安全领域侵害众多消费者合法权益类案件，行政公益诉讼的案件范围除以上还包括国有财产保护、国有土地使用权出让等领域。在实践中，侵害国家和社会公共利益的案件范围远不止这几类案件，将未成年人保护、个人信息保护、军人地位和权益保障、安全生产领域案件、侵害英烈名誉荣誉案件和侵犯公民个人信息案件都纳入了公益诉讼案件范围。此外，对于"等"字的理解，从公益诉讼试点时期列举的三个领域后来发展为最终确定的九个领域来看，对于公益诉讼案件范围应当是一个开放的范围，当作为"等"外来理解，允许检察机关在司法实践中逐渐探索拓展，例如对于弱者保护等领域的探索，理论研究适当超前，所以有必要在立法中适度扩大检察机关提起公益诉讼案件的范围。若行政公益诉讼限定范围仅针对上述领域的几家单位，可能也不利于公益诉讼这项制度的长远发展。但也应当注意到，并不是所有侵害社会公共利益的行政违法行为，都适合通过检察机关以提起行政公益诉讼的方式加以监督，最基本的出发点还是维护公共利益，围绕着人民群众所关切的热点问题和领域能够进一步有序、有条件地拓展公益诉讼的范围，更好地保护社会公众的利益，才是检察机关提起公益诉讼制度的应有之义。

（四）检察机关提起公益诉讼的诉讼时效问题

目前对于检察机关提起公益诉讼的诉讼时效并没有明确的规定，对于环境污染、食品药品安全的诉讼时效在相应的法律条款中有不同的规定，对于检察机关提起公益诉讼是应该按照不同的领域加以区分还是统一设定，这个问题如果不及时厘清，可能会造成检察机关提起公益诉讼与法院审判实践的不统一。

诉讼时效的设定是为了督促权利人及时行使诉权，维护自身权利，对于民事公益诉讼来说，由于检察机关的职能定位，其提起民事公益诉讼是代表国家维护社会公共利益，不是追求私人利益，检察机关提起民事公益诉讼是履行法律监督职能的需要，并且由于环境污染存在隐蔽性、长期性、不确定性，设定诉讼时效可能无法有效挽回损失，维护生态环境，因此，检察机关提起民事公益诉讼应不受诉讼时效的限制，只要在履行职责中发现在环境、食品药品安全领域违法行为人的行为损害社会公共利益时，检察机关就可提起民事公益诉讼。但对于行政公益诉讼，法律同样也应维护行政管理秩序的稳定，虽然检察机关对行政机关提起行政公益诉讼，不同于行政相对人起诉行政机关维护私人权益，社会影响更为广泛而重大，应根据具体情况设置合理的诉讼时效。

（五）检察机关的调查取证权问题

由于确定检察机关提起公益诉讼制度时间较短，相关规定还不够成熟，虽然在《人民检察院组织法》第21条①与《人民检察院民事诉讼监督规则》第71条②明确规定了检察机关具有调查核实权，有关单位和个人应当配合，但立法只规定应当配合，并没有规定不配合检察机关调查取证的后果，这样在调查过程中相关机关或者个人有时怠于配合，导致检察机关在开展公益诉讼过程中行使调查取证的权力受阻。

---

① 《人民检察院组织法》第21条规定："人民检察院行使本法第二十条规定的法律监督职权，可以进行调查核实，并依法提出抗诉、纠正意见、检察建议。有关单位应当予以配合，并及时将采纳纠正意见、检察建议的情况书面回复人民检察院。抗诉、纠正意见、检察建议的适用范围及其程序，依照法律有关规定。"

② 《人民检察院民事诉讼监督规则》第71条规定："人民检察院调查核实，有关单位和个人应当配合。拒绝或者妨碍人民检察院调查核实的，人民检察院可以向有关单位或者其上级主管部门提出检察建议，责令纠正；涉嫌违纪违法犯罪的，依照规定移送有关机关处理。"

为了查清案件的真实性，维护社会公共利益，课题组认为在公益诉讼中检察机关应该享有类似刑事诉讼中的调查取证权，包括询问当事人、证人，搜集书证、物证和有关证据，进行鉴定、勘验等，以立法的形式明确不依法配合检察机关调查取证将承担的法律责任，参照《民事诉讼法》第110条的规定进行处理。一方面因为公益诉讼案件大多都是涉及社会公共利益的复杂案件，需要收集许多证据，才能确定具体的侵害程度以及证明行政机关的行为是否合法，若调查权强制性不够，将无法收集到充足的证据，很难理清公益诉讼案件中的真实关系，以致公益诉讼流于形式，难有实质性进展。另一方面因为检察机关的性质，为了树立其专业的权威，塑造监督机关依法办事的形象，在提起公益诉讼前，必须要有充分的证据，这样也避免滥用公益诉讼权。

需要注意的一点是，检察机关在公益诉讼中的调查取证权与在刑事诉讼中的调查取证权是有所不同的。在公益诉讼中，检察机关不应采用刑事侦查中讯问、搜查等带有强制性质的侦查措施和手段。[①] 检察机关提起公益诉讼并调查收集证据，是职权行为，即代表国家行使法律监督权，因此，当检察机关向有关单位和个人调查取证具有法律正当性，公民应当加强法律意识积极主动配合司法机关。

（六）检察机关与外部机关的协调配合问题

1. 与行政机关的协调配合问题

由于公益诉讼工作开展尚不成熟，对于很多行政机关而言甚至是一项新事物，由于对检察机关提起公益诉讼的职能性质了解不足，导致诸多行政机关对于公益诉讼工作存在认识误区，从而影响检察机关公益诉讼工作的推进。

公益诉讼制度建立的根本目的在于维护公共利益，而行政主管机关作为承担各自管辖领域公共利益保护的首要责任人，对于管辖领域公共利益的现状最为熟悉，同时，比照当前公益诉讼的开展情况，行政公益诉讼案件在案件总量中所占比重较大。因此，检察机关若要在行政公益诉讼中取得成效，切实发挥检察机关在公益诉讼中的作用，加强与行政机关之间的协调配合不可或缺。针对公益诉讼案件办理过程中与行政机关之间存在的协调配合问题，检察机关应积极取得其上级领导单位的理解和支持，上级领导单位从中起到协调作用。除此之外，检察机关也应和行政机关建立信息共享、沟通协调、工作协作机制，通过建立联席会议制度，加强各级行政机关对公益诉讼案件的正确认识，熟悉了解其中的办案程序。通过建立信息员制度，尽快确定相关责任人员与各行政机关的工作对接，增强日常与行政机关的工作联系。落实特约检察官助理等项

---

① 胡卫列：《论行政公益诉讼制度的建构》，载《行政法学研究》2012年第2期。

目，与行政机关配合做好本辖区内的公益诉讼工作，破除行政机关与检察机关在公益诉讼中存在的对立状态，主动承担公益保护责任，与检察机关共同维护好社会公共利益。

2. 与审判机关的协调配合问题

在公益诉讼制度的具体实施过程中，法院作为重要的组成部分，切实地发挥其审判职能，与检察机关形成司法监督合力，完善国家利益和社会公共利益的司法保护机制。法院作为公益诉讼中的重要主体，检察机关应当做好与法院之间的沟通协调，促进公益诉讼工作取得良好制度效果。检察机关与一般诉讼中的原告有所区别，在公益诉讼中，检察机关既是案件的原告同时也是检察公益诉讼的监督机关，检察机关一方面要尊重法院的独立裁判权，服从法院的居中裁判，另一方面也要对诉讼活动进行监督。因此，在公益诉讼过程中，检察机关诉前应当根据判决的标准准备相关证据，和法院做好沟通，对案件事实和定性取得一致意见。在案件审理过程中，坚持以审判为中心的原则，维护和谐的司法工作氛围。同时，在法院判决存在错误时，应当及时督促法院主动纠正错误，将分歧降到最低限度，确保检察机关承办的公益诉讼案件，诉得出、诉得赢，发挥出检察公益诉讼制度的功能作用。

（七）生态环境损害赔偿金账户设置及管理问题

随着中共中央办公厅、国务院办公厅 2018 年颁布的《生态环境损害赔偿制度改革试点方案》工作展开以及民事公益诉讼、刑事附带民事公益诉讼工作的全面铺开，全市公益诉讼案件量必将大幅上升，需要解决公益诉讼赔偿款从哪里来，到哪里去的问题。目前一些环境污染案件中，环境污染先行处置和后续治理修复费用很多由政府垫付，这些费用应该从哪里来？另外还有一些公益诉讼案件中，当事人愿意赔偿治理及修复费用，那么钱应该赔偿到哪里去？

目前各地做法不一，有的地方采取纳入地方财政使用，但是还是应当对这些资金使用范围有明确限定，否则很难起到生态修复和保护的目的。为了解决诉讼成本高和诉讼利益归属问题，可借鉴一些地方的做法，本市设立专门环境公益诉讼专项资金账户，统一管理使用专项资金，并可探索通过基金管理办法来运作环境损害赔偿，保证专款专用，用于支付环境公益诉讼所需的调查取证、评估鉴定等诉讼费用，用于修复生态环境，还可以对专项资金进行审计监督，解决公众对于公益诉讼资金的质疑，也能规范公益专项资金的管理使用。

对于长三角区域破坏资源保护和环境污染案件，尤其是沪苏浙皖跨省互涉大气、水污染、跨地区倾倒危废、垃圾等导致土壤等污染类案件，也可探索成立长江经济带生态环境公益诉讼专项资金账户，按照"谁受益谁补偿"的原则，促使企业缴纳补偿金，同时政府可以引导社会资金投入补偿金机制，逐步建立以公共资金为主导，社会资金广泛参与，多渠道投资的资金筹措机制，为长三角地区环境的可持续发展提供有力的资金保障，积极服务长江经济带一体化发展。

（八）污染环境案件损害结果鉴定评估费用高的问题

由于刑附民公益诉讼案件必须要明确损害结果，因此在相应的损害结果评估与认定上遇到一定障碍。该类评估主要由市环科院完成，其他鉴定机构无该类鉴定资质，且评估鉴定费用较高，目前与市环科院达成的初步意见是：对于侵权行为较为简单，且环保部门已经提供前期检测数据的案件，评估费用为5万元/件，而对于较为复杂的污染案件，则一案一议。根据民事公益诉讼相关规定，民事赔偿请求内容可包含鉴定评估费用，但基于目前评估机构市场化的运作情况，评估费用普遍较高，一些案件中当事人即使有赔偿意愿，也无力承担整体费用。面对将来公益诉讼案件数量大幅提升，尤其是在我国环境保护和保护绿水青山的大环境下，环境公益诉讼案件可能会大幅攀升，届时鉴定评估机构的费用标准也是环境公益诉讼开展过程中一个非常重要的问题。

（九）行政、刑事、民事赔偿顺位问题

刑事附带民事公益诉讼案件办理中，虽然依照《生态环境损害赔偿制度改革试点方案》赔偿义务人在依法承担行政或刑事责任后，还应当承担生态环境损害赔偿责任，也就是民事赔偿责任。但司法实践中，很多嫌疑人及辩护律师提出意见认为，行为人因同一违法行为承担行政、刑事、民事责任，赔偿负担过重，有点惩罚过重的问题，同时由于承担行政、刑事以及民事责任，也会导致无力承担问题。

虽然行政、刑事、民事三个维度的责任互相独立，但考虑未来生态环境领域行政执法、刑事司法以及公益诉讼案件量会大幅上升，关于三个维度钱款执行顺位问题会更加凸出。根据2017年环境保护部、公安部、最高检发布的《环境保护行政执法与刑事司法衔接工作办法》第16条规定，环保部门向公安机关移送涉嫌环境犯罪案件，未作出行政处罚决定的，原则上应当在公安机关决定不予立案或撤销案件、人民检察作出不起诉决定、人民法院作出无罪判决或免予刑事处罚后，再决定是否给予行政处罚。通过我们实践调研发现，目前有的区环保部门对涉嫌环境犯罪的污染企业暂不作行政处罚，而由法院最终判处罚金，但不影响环保部门对企业作出责令停产停业的相关处罚决定。课题组认为这个做法实际上已经将污染环境案件中的行刑衔接领域涉及的行政、刑事责任作了一个区分，但实践中仍然存在各区环保执法部门操作不一致的情况，还有待于进一步统一和明确。

关于刑事、民事责任，也就是罚金与公益诉讼中生态损害赔偿金的执行顺位问题，应依据相关规定，建议将来就该问题通过地方规范性文件予以明确，在环境公益诉讼领域，行政罚款、刑事罚金以及生态环境损害赔偿金的执行上，应优先保障生态损害民事赔偿金的执行，用于环境污染应急处置及修复，赔偿主体确实无力履行的，可以采取其他替代性修复方式，保证实际执行效果和社会效果。

四、完善检察机关提起公益诉讼的几点设想

（一）检察机关提起公益诉讼的诉前程序的设置

《人民检察院提起公益诉讼试点工作实施办法》规定行政机关应当在收到检察建议书之日起 30 日内办理并书面回复检察机关。修改后的《行政诉讼法》并没有对 30 日的回复期限作出规定，主要考虑的是行政机关履行监管职责的专业性、复杂性，原则上可以要求行政机关在 30 日内整改并回复，但对于一些特殊情形可以适当放宽。从试点实践情况看，77% 以上的行政机关在收到检察建议书后一个月内进行了整改，说明 30 日整改期限总体上是符合实际情况的。对于一些特殊情形，如恢复植被、修复土壤、治理环境等，只要行政机关在积极履行职责，如制定了相关修复方案，方案也具有可行性，即使没有整改完毕，也应尊重行政成熟性原则，暂时不提起诉讼。对于行政机关以移送司法机关追究刑事责任为由不履行监管职责的，应具体分析。根据两法衔接的有关规定，在刑事案件不立案、不起诉、判无罪的情况下，行政机关需要进行行政处罚。但并不是说移送司法机关就履行了职责。从性质、形式、功能等方面看，行政处罚与刑事处罚是不同的，行政处罚的种类包括警告、罚款、没收违法所得、责令停产停业、行政拘留等多种方式，很多方式是刑事处罚无法实施的。因此，移送司法机关追究刑事责任并不影响，也不能代替行政机关行政处罚职责的履行。

（二）明确检察机关提起公益诉讼的起诉条件

检察机关直接提起公益诉讼是需要具备一定条件的，即法定的起诉条件。公益诉讼因有民事公益诉讼与行政公益诉讼之分，相关的起诉条件又存在一定的差别。

1. 检察机关提起民事公益诉讼的起诉条件

检察机关提起民事公益诉讼的起诉条件主要包括：（1）属于污染环境、侵害众多消费者合法权益等检察机关可以提起民事公益诉讼案件范围内的情形；（2）没有适格主体或者适格主体不提起诉讼，导致社会公共利益遭受侵害；（3）具有得为起诉的被告，即实施损害社会公共利益行为的公民、法人或者其他组织；（4）经过诉前程序，社会公共利益仍处于受侵害状态；（5）具有具体的诉讼请求、国家和社会公共利益受到损害的初步证据。

2. 检察机关提起行政公益诉讼的起诉条件

检察机关提起行政公益诉讼的起诉条件包括：（1）属于生态环境和资源保护、国有财产保护、国有土地使用权出让等检察机关可以提起行政公益诉讼案件范围内的情形；（2）公民、法人和其他社会组织由于没有直接利害关系，没有也无法提起诉讼；（3）具有得为起诉的被告，即违法行使职权或者不作为的行政机关以及法律、法规、规章授权的组织；（4）经过诉前程序，行政机关拒不纠正违法行为或者不履行法定职责，国家和社会公共利益仍处于受侵害状态；（5）具有具体的诉讼请求、国家和社会公共利益受到损害的初步证据。

对比可知，检察机关提起民事公益诉讼和行政公益诉讼的实质要件中的相同点在于，检察机关都是作为相当于原告的公益诉讼人，并且经过诉前程序之后，公共利益仍处于受侵害状态，而且必须具有具体的诉讼请求、社会公共利益受到损害的初步证据。而二者的相异点在于被告的不同以及受案范围的区别。

（三）审查起诉应该注意的问题

第一，对于调查终结的检察机关提起行政公益诉讼案件，检察机关有责任根据调查的结果，对案件的事实和证据以及适用的法律进行审查，以决定是否提起诉讼。审查的重心与刑事诉讼中的审查起诉类似，分为程序性审查和实质性审查。前者一般审查案件中所确定的被告人是否适格，其诉讼主体资格是否合法；案件中涉及的调查手段和证据收集是否合法等；后者审查的内容分两方面：一方面审查事实是否清楚，即行政机关有无违法行政行为，是否存在或即将发生对社会公共利益的损害，损害与行政机关的行政行为之间是否有因果关系，是否有必要提起行政公益诉讼等；另一方面审查所获得的证据的相关性、客观性和合法性，质和量两方面是否达到了起诉的要求。对于证据表明行政机关行政行为合法，不存在也不会即将发生公益受到损害的情况，以及证据不足的应当作出不起诉或撤案的决定，并及时通知当事人；除此之外作出起诉的处理结果。

第二，审查起诉的期限和救济的问题。鉴于检察机关的公权属性，提起行政公益诉讼不仅是其权力，也是一种职责，为体现对公权的约束和限制，应规定其审查起诉的期限。[①] 具体期限的设置，既要保证检察机关能够对案件进行全面、深入的审查，也要充分考虑提高诉讼效率和司法成本，并维持与其他诉讼环节有关办案期限的协调和平衡，根据《检察机关民事公益诉讼案件办案

[①] 胡卫列：《论行政公益诉讼制度的建构》，载《行政法学研究》2012 年第 2 期。

指南（试行）》《检察机关行政公益诉讼案件办案指南（试行）》的规定，应以两个月为宜。课题组认为，在此基础之上，对于重大复杂案件，可以延长30日，但也需要明确延长办案期限的决定主体和程序。①

第三，行政机关收到检察建议书后超过两个月仍未改正不法行为的，发出检察建议书的检察院可以依法按程序向人民法院提起诉讼，请求人民法院依法判令涉案行政机关承担相应责任。对人民检察院提起的行政诉讼案件，人民法院必须受理。

第四，在检察机关提起行政公益诉讼中，如果检察机关认为被诉行政行为严重损害社会公共利益，应在规定的诉讼期间内，制作起诉书向法院提出诉讼。同时指派检察官出庭支持公诉。在庭审过程中，检察官阐明起诉的根据和理由，指控行政机关的违法行政行为，要求法院追究其相应的责任。在出庭支持公诉的过程中，检察机关同时应当履行监督职责，对审判行为、诉讼参与人的诉讼行为的合法性进行监督。

第五，二审和再审抗诉应注意的问题。基于检察机关的法律监督职能，法院作出的未生效或者生效判决应当在检察机关法律监督的范围内，对于法院作出的未生效判决认为有错误的，在上诉期内，在其法律监督范围内享有二审抗诉权；对于法院作出的生效判决认为有错误的，在抗诉期内，对于法院作出的生效判决在其法律监督范围内享有再审抗诉权。

（四）其他问题

1. 明确检察机关提起公益诉讼的管辖权问题

检察机关提起公益诉讼应当采用集中管辖，民事公益诉讼案件由侵害行为发生地、损害结果地或者被告住所地的中级人民法院管辖，行政公益诉讼案件由最初作出行政行为的行政机关所在地基层人民法院管辖。上述两项规定基本确定了现阶段公益诉讼的管辖法院。但是，公益诉讼不同于一般的民事、行政诉讼，公益诉讼的管辖应有其特殊性。在履行了诉前程序后，能够提起诉讼的案件，一般具有案情复杂、所涉及利益范围较广、社会影响较大等特点，且在行政公益诉讼中被告为当地行政机关。因此，探索公益诉讼案件跨区域集中管辖，既可以提高检法两院对公益诉讼案件的专业性，又可以减轻外来的压力。

2. 明确举证责任分配原则问题

《行政诉讼法》将举证责任归于行政机关，主要原因是行政机关在作出该行政行为时，必须有充分的事实根据和法律依据，如果该行政机关在诉讼中不能举出上述事实及依据，说明它所作的该行政行为违法。检察机关提起行政公

---

① 胡卫列：《论行政公益诉讼制度的建构》，载《行政法学研究》2012 年第 2 期。

益诉讼，是基于履行法律监督职责而提出的追究违法行使职权或者不作为的行政机关责任的一种诉讼类型。检察机关对于行政行为违法性和行为危害后果的调查能力相较于公民、法人或者其他组织具有明显优势。但是检察机关不是行政行为的相对人，很难掌握行政机关违法行使职权或不作为的全部情况。因此，仍应由行政机关对其行政行为合法性承担举证责任。在作为类的行政公益诉讼中，检察机关需要证明履行诉前程序发出了检察建议，以及国家利益或者社会公共利益处于受侵害状态，由行政机关证明其履职行为的合法性。

在不作为的行政公益诉讼中，检察机关需要证明：

（1）人民检察院履行了诉前程序；

（2）相关行政机关负有法定监管职责，也即行政机关具有相应的作为义务；

（3）行政机关拒不纠正违法行为或者不履行法定职责；

（4）国家利益或者社会公共利益处于受侵害状态。

3. 加强检察机关公益诉讼队伍的能力建设问题

一是培养检察官的"维护公益"思想意识。就是要求检察官对来自民众举报的公益案件信息有高度的敏感性，对来自其他政府部门和人大交办的公益案件保持强烈的责任感。

二是加强检察官行政公益诉讼业务培训。与刑事公诉针对犯罪构成要件分析、犯罪分子思想防线突破不同的是，行政公益诉讼的开展重心转移到了行政领域，涉及对行政主体行政行为合法性的审查、违法证据的收集、直观的公共利益的保护等，其工作内容和专业重心都发生了巨大的变化，因此，必须加强检察官行政公益诉讼业务的培训。

三是建立行政公益诉讼信息公开化制度。我国行政公益诉讼需要强大的舆论支持，舆论的力量是强大的，以普遍大众的道德观制约行政机关的违法势力。只有把信息公开了，行政机关才能真正处于老百姓的监督之下，可以促使行政机关的工作人员依法办事。

4. 检察机关提起公益诉讼的诉前程序与诉讼程序的衔接问题

在检察机关提起民事公益诉讼或是提起行政公益诉讼过程中，检察机关向相关的机关或团体提出了诉前检察建议，如果相关的机关或团体履行了检察建议的内容，则检察机关可以作结案处理；如果相关机关或团体没有履行相关法律职责的话，即诉前程序没有达到预定的效果，则按照相关的法律规定，检察机关就要提起诉讼。

根据《检察机关行政公益诉讼案件办案指南（试行）》《检察机关民事公益诉讼案件办案指南（试行）》的规定，检察机关提起民事公益诉讼诉前由诉前程序进入诉讼程序的前提条件是法律规定的机关和有关组织没有在检察建议规定的期限内提起民事公益诉讼或者没有适格主体提起诉讼，且社会公共利益持续处于受侵害状态。检察机关提起诉讼前，要进一步收集并固定社会公共利益持续处于受侵害状态的充分证据，且有证据证明危害行为与损害后果之间存在关联性，并根据《检察机关民事公益诉讼案件办案指南（试行）》规定，从诉前建议规定的期限届满之日起两个月之内按照相关法律程序依法进行。

而根据《检察机关行政公益诉讼案件办案指南（试行）》规定，经过诉前检察建议程序，行政机关仍未在诉前检察建议规定的法定期限内依法履行相关职责，国家利益或社会公共利益持续处于受侵害状态的，检察机关应当从诉前建议规定的期限届满之日起两个月之内依法提起行政公益诉讼。

性侵害违法犯罪人员从业禁止与困境未成年人特殊保护机制研究[*]

上海市闵行区人民检察院课题组[**]

一、困境未成年人的概念界定及其与性侵害违法犯罪人员从业禁止机制的内在关联性

在研究困境未成年人概念之前，首先要厘清"未成年人"和"儿童"的概念。根据我国法律规定，未成年人是指不满 18 周岁的人。而对于儿童的概念，长期以来是指不满 14 周岁的人，但自 1992 年 4 月 1 日国际《儿童权利公约》在中国正式批准生效，儿童的概念扩展到不满 18 周岁的人。由此，在我国未成年人与儿童的概念是一致的。

困境未成年人或困境儿童深受理论界和实践工作者的关注。关于困境未成年人，目前尚无统一的概念界定。理论上一般分为狭义说、中义说和广义说三种。狭义的困境未成年人是指生存权受到侵害而陷于困境的未成年人，主要指孤儿、残疾儿童、流浪儿童等传统上由民政部门负责救助的群体。中义的困境未成年人概念立足目前我国经济发展水平、儿童保护理念等实际状况，主要是指生存权和发展权受到侵害而陷于困境的未成年人，包括生活、就医、就学、康复、照料、护理和社会发展困难以及人身安全受到威胁或侵害。广义的困境未成年人概念代表了未成年人保护的发展方向，囊括了未成年人所有权利受到侵害而导致的困境，除了上述困难外，学业困难、人际交往困难、亲子关系紧张、隐私权受到侵害、财产权受到侵害、参与权受到侵害等，都属于广义困境的范畴。

从法律规定或实践的角度看，由于不同的未成年人保护领域是基于相应的工作重点和工作范围开展工作，其对于困境未成年人的概念界定并不一致。2016 年国务院《关于加强困境儿童保障工作的意见》对困境儿童的范围作了

---

  * 上海市检察官协会 2018 年重点研究课题。

  ** 课题组负责人：孙静；课题组成员：吴燕、李文军、杨珍、王秀梅、田笑依。

非常宽泛的规定：困境儿童包括因家庭贫困导致生活、就医、就学等困难的儿童，因自身残疾导致康复、照料、护理和社会融入等困难的儿童，以及因家庭监护缺失或监护不当遭受虐待、遗弃、意外伤害、不法侵害等导致人身安全受到威胁或侵害的儿童。而2018年最高人民检察院《全面加强未成年人国家司法救助工作意见》，将获国家司法救助的困境未成年人限定为因本人或其抚养人遭受不法侵害等陷入困境的未成年人：受到犯罪侵害致使身体出现伤残或者心理遭受严重创伤，因不能及时获得有效赔偿，造成生活困难的；受到犯罪侵害急需救治，其家庭无力承担医疗救治费用的；抚养人受到犯罪侵害致死，因不能及时获得有效赔偿，造成生活困难的；家庭财产受到犯罪侵害遭受重大损失，因不能及时获得有效赔偿，且未获得合理补偿、救助，造成生活困难的；因举报、作证受到打击报复，致使身体受到伤害或者家庭财产遭受重大损失，因不能及时获得有效赔偿，造成生活困难的；追索抚育费，因被执行人没有履行能力，造成生活困难的；因道路交通事故等民事侵权行为造成人身伤害，无法通过诉讼获得有效赔偿，造成生活困难的；其他因案件造成生活困难，认为需要救助的。

本课题因着眼于检察机关办案过程及其相关工作领域来研究困境未成年人保护，将困境未成年人界定为因本人或其抚养人遭受不法侵害或违法犯罪等与案件有关的原因陷入困境的未成年人，具体范围：（1）因抚养人受到犯罪侵害致病致残引起监护缺失的未成年人；（2）因家庭财产受到犯罪侵害造成重大损失引起生活困难的未成年人；（3）因抚养人服刑、吸毒等原因引起监护缺失的未成年人；（4）因抚养人没有能力支付抚育费引起生活困难的未成年人；（5）遭受家庭暴力、虐待、遗弃、拐卖、性侵、故意伤害等侵害的未成年人；（6）被法院判处刑罚、在社区接受矫正的未成年人；（7）因涉嫌轻微违法犯罪由检察机关作出不起诉和附条件不起诉，急需帮抚、帮教、就业培训以及法定代理人不尽监护义务的未成年人；（8）其他因案件陷入困境的未成年人。

理论层面、法律规定以及实践层面对于困境未成年人概念的界定可谓角度各异，但是概括起来看，造成未成年人困境的主要原因可以简单概括为因病、因贫和因违法犯罪侵害等几大类型。检察机关研究困境未成年人问题的着眼点主要放在因违法犯罪所导致的困境，其中因遭受性侵害而导致未成年人困境是值得引起关注的社会热点问题。针对性侵害违法犯罪人员的从业禁止机制和针对因性侵等违法犯罪而陷于困境的未成年人的保护机制，是保护这一特定群体机制体系的两个不同的侧面，前者重在防患于未然，后者重在"救助于已然"，因而在保护因性侵而致困的未成年人这一特定领域，两者具有高度的契合性和内在的关联性。当然，两者也存在关注点上的差别和一定的交叉。因此，本课题将两者放在一起加以研究。

二、我国性侵害违法犯罪人员从业禁止与困境未成年人特殊保护的立法现状

（一）刑法关于从业禁止的规定

《刑法修正案（九）》第 1 条作为《刑法》第 37 条之一第 1 款规定："因利用职业便利实施犯罪，或者实施违背职业要求的特定义务的犯罪被判处刑罚的，人民法院可以根据犯罪情况和预防再犯罪的需要，禁止其自刑罚执行完毕之日或者假释之日起从事相关职业，期限为三年至五年。"从业禁止作为我国刑法规定的一种非刑罚性处置措施，其价值在于防止犯罪人利用职业和职务之便再次犯罪，法院按照犯罪情况自由裁量适用的预防性措施。

与此同时，我国《刑法》第 38 条规定了管制禁止令，第 72 条规定了缓刑禁止令，第 100 条规定了前科报告制度。这些规定与第 37 条之一的从业禁止制度，共同构成对犯罪的预防体系。

（二）其他法律与司法解释的相关规定

最高人民法院、最高人民检察院、公安部、司法部印发的《关于依法惩治性侵害未成年人犯罪的意见》第 28 条规定，对于性侵未成年人的犯罪分子判处刑罚同时宣告缓刑，可以根据犯罪情况，同时宣告禁止令，禁止犯罪分子在缓刑考验期内从事与未成年人有关的工作、活动，禁止其进入中小学校区、幼儿园园区及其他未成年人集中的场所，确因本人就学、居住等原因，经执行机关批准的除外。

"两高两部"的上述意见是对在缓刑考验期内的从业禁止规定，而《刑法》规定的从业禁止是在刑罚执行完毕或假释之日起禁止从事相关职业，两者之间形成了一定的补充和衔接。

关于教师、医师入职品行的相关法律规定有：

《教师法》第 14 条规定："受到剥夺政治权利或者故意犯罪受到有期徒刑以上刑事处罚的，不能取得教师资格；已经取得教师资格的，丧失教师资格。"《教师资格条例》第 19 条第 1 款规定："有下列情形之一的，由县级以上人民政府教育行政部门撤销其教师资格：（一）弄虚作假、骗取教师资格的；（二）品行不良、侮辱学生，影响恶劣的。"

《医师法》第 16 条规定，医师注册后有受刑事处罚等情形之一的，医师所在医疗卫生机构应当在 30 日内报告准予注册的卫生健康主管部门；卫生健康主管部门依职权发现医师有前款规定情形的，应当及时通报准予注册的卫生健康主管部门。准予注册的卫生健康主管部门应当及时注销注册，废止医师执

业证书。

（三） 困境未成年人保护的相关规定

困境未成年人属于未成年人的一部分，而我国关于未成年人保护的立法尚不完善。《未成年人保护法》对未成年人的家庭保护、学校保护、社会保护、网络保护、政府保护和司法保护以及实现儿童的生存权、发展权、受教育权和参与权作了原则性规定。《预防未成年人犯罪法》《义务教育法》等法律则从不同方面对未成年人的预防犯罪、义务教育等进行规定。而未成年人监护则规定在民法典法律法规中。另外，我国1990年签署了《儿童权利公约》，1991年签署了《儿童生存、保护和发展世界宣言》，这标志着我国已接受国际社会普遍认同的儿童福利理念和权利保障规定。[①]

我国关于困境未成年人保护的行政法规和司法解释规定同样比较分散，未形成统一完整的体系。国家不同主管部门从各自的职责领域对困境未成年人保护作了相应规定。国务院办公厅发布了《关于加强孤儿保障工作的意见》（国办发〔2010〕54号），国务院发布了《关于加强农村留守儿童关爱保护工作的意见》（国发〔2016〕13号）、《关于加强困境儿童保障工作的意见》（国发〔2016〕36号），对困境儿童的社会保护作出规定。最高人民法院、最高人民检察院、公安部、司法部《关于依法惩治性侵害未成年人犯罪的意见》（法发〔2013〕12号），最高人民法院、最高人民检察院、公安部、民政部《关于依法处理监护人侵害未成年人权益行为若干问题的意见》（法发〔2014〕24号）和最高人民检察院《全面加强未成年人国家司法救助工作意见》相继出台，则从司法办案过程中如何保护受性侵害未成年人、受监护人侵害未成年人和困境未成年人司法救助作出规定。上述法律规定从不同层面和角度对困境未成年人保护作出规定，旨在为困境未成年人营造安全保障、生活幸福、充满关爱、健康发展的成长环境。

三、性侵害违法犯罪人员从业禁止与困境未成年人特殊保护的实证研究

（一） 从业禁止在我国实践探索中的三种典型模式

2016年8月，上海市闵行区检察院办理一起教师利用补课之机猥亵学生的案件。检察机关以林某某涉嫌强制猥亵罪向法院提起公诉，并提出对林某某判处禁止从事教育及相关工作的从业禁止建议。被告人林某某因强制猥亵罪被

---

① 李洪波：《实现中的权利：困境儿童社会保障政策研究》，载《求是学刊》2017年第2期。

判处有期徒刑 2 年 6 个月，并被判处自刑罚执行完毕之日起 3 年内禁止从事教育及相关工作。这是《刑法修正案（九）》实施后全国首例针对侵害未成年人权益犯罪判处从业禁止的案件。随后，各地先后办理了一些适用从业禁止的案件，并结合实际，在执行《刑法修正案（九）》规定的基础上，对相关工作进行了延伸性、拓展性的探索和实践。主要形成了三种典型的模式。

1. 浙江慈溪模式

2016 年，浙江省慈溪市检察院牵头，与法院、公安、司法等机关联合出台《性侵害未成年人犯罪人员信息公开实施办法》（以下简称《办法》）。《办法》规定：法院、检察院、公安分局、司法局等单位对符合一定条件的实施严重性侵害未成年人行为的犯罪人员，在其刑满释放后或者假释、缓刑期间，通过各单位门户网站、微信公众号、微博等渠道对其个人信息进行公开，方便公众随时查询，防止该类人员再犯。

《办法》规定，对符合条件的实施严重性侵害未成年人行为的犯罪人员，其刑满释放后或者假释、缓刑期间，通过发文各单位的门户网站、微信公众号、微博等渠道对其个人信息进行公开，方便公众随时查询，防止该类人员再犯，预防未成年人受到性侵害。所谓符合条件，即根据行为人的犯罪情节、所判处刑罚、再犯的可能性以及行为人是否存在性侵害病态心理几个方面对公开的条件进行了限制，只对人身危险性大的性侵未成年人犯罪人员进行信息公开，并根据人身危险性的程度不同，规定了信息公开的不同期限。对人身危险性大的规定 5 年的公开期限，对于人身危险性极大的则对其信息进行终身公开。信息公开的方式包括：门户网站、微信公众号、微博、官方报纸、电视台、广播等方式。信息公开的内容包括：照片、身高、罪名、判处刑期、户籍信息、信息公开期限、现住地址、工作单位等。

慈溪市的这一规定是探索性侵未成年人犯罪人员信息公开制度，希望以此来实现特殊预防和加强对未成年人的保护。《办法》的相关规定与美国著名的"梅根法"规定的性犯罪记录社区公告制度有类似之处，因而被称为慈溪版"梅根法"。

2. 江苏淮安模式

2017 年 9 月，江苏省淮安市政法委、法院、检察院、公安局、关工委、教育局等 9 家单位共同发布《关于性侵害未成年人犯罪人员从业禁止及信息公开制度》（以下简称《制度》）。《制度》规定：性侵未成年人严重刑事犯罪人员，除未满 18 周岁及被判处有期徒刑以下刑罚的，在刑事判决生效一个月后，个人信息将通过司法机关的门户网站、微信公众号、微博等渠道向社会进行公开，公开的内容包括犯罪人员的姓名、身份证号码、照片、年龄、性别、案由等，并被禁止在刑满释放或者缓刑、假释考验期间，在淮阴区从事与未成年人密切接触的工作。对性侵未成年人罪犯的从业禁止，将由检察院在起诉时提出从业禁止建议，法院判决时决定是否采纳。

3. 上海闵行模式

2018 年 5 月上海市闵行区检察院牵头，与公安分局、法院、教育局、民政局、文广局、体育局、卫计委共同出台《关于限制涉性侵害违法犯罪人员从业办法（试行）》，建立"涉性侵害违法犯罪人员信息库"，将闵行区 5 年来实施强奸，猥亵、组织、强迫卖淫、引诱、容留、介绍卖淫等行为的违法犯罪人员纳入限制从业范围，禁止其在闵行区从事与未成年人密切接触的工作。

各职能部门和主管部门可以通过政务网登录信息库系统。公、检、法三家可以通过各自端口定期录入相关违法犯罪人员信息，其他主管部门可以通过各自端口，录入拟招录人员的姓名和身份证号码，查询其是否与信息库内既有信息相匹配，从而确认拟招录人员是否有涉性侵害违法犯罪记录。对违反查询规定并造成后果的，将严格责任追究。

截至 2018 年底，信息库已汇总涉性侵违法犯罪人员信息 3800 余条，主管部门通过信息库对 1000 余名新招录人员情况进行查询比对，并对 14000 余名在职人员开展筛查。

4. 主要模式之比较与分析

上述三种模式都涉及对涉性侵害违法犯罪人员信息公开的问题。信息公开，可以增加犯罪的成本，尤其是信誉成本，并且通过禁止或者限制从事某些职业，减少犯罪的机会，以此达到预防犯罪的目的。但是，对性侵害未成年人犯罪人员相关信息公开应当兼顾保护未成年人与不过度侵犯犯罪嫌疑人权益之间的平衡。因为相关信息的不当公开，可能侵犯犯罪人员的隐私权、名誉权，不利于犯罪人员回归社会。国外有这样的先例，由于对犯罪嫌疑人相关信息的公布，公众会下意识做出过激举动，甚至集结起来组成类似于"反性侵害未成年人犯罪人员"的组织，在犯罪人员活动区域进行示威、静坐等活动。如位于美国马萨诸塞州的普利茅斯县，民众在疑似恋童癖住所处自发组织抵制活动，通过多种途径恐吓疑似恋童癖住户，直接导致一名恋童癖者失踪，两名疑似恋童癖者自杀。① 由此可见，民众自发的抵制行为会严重扰乱性侵害未成年人犯罪人员的工作和生活，更有行为过激者，给犯罪人员的身体健康、生命安全带来威胁。犯罪人员与其亲属容易被社会隔离，被迫落向社会最底层，进入

① 牛旭：《性侵未成年人犯罪及风险治理——一个新刑法学的角度》，载《青少年犯罪问题》2014 年第 6 期。

社会犯罪亚文化圈，致使社会分化现象加重，社会的不和谐、不稳定因素增多。[1] 犯罪人员回归社会和重新正常生活是一种权利，也是刑法追求的一种最佳结果。

基于此，浙江慈溪最初推出公开有性侵未成年人犯罪前科人员身份信息的试点，因存在较大争议，因此到目前为止还没有公开一例前科人员身份信息。后来慈溪对"中国版梅根法案"进行了改进，2017 年 7 月慈溪的九个部门推出了修订版的《性侵害未成年人犯罪人员信息公开办法》，建立了包括性侵未成年人犯罪人员的信息登记、申请查询、信息公开、从业禁止的一体化机制。江苏淮安模式与慈溪模式比较接近，在此不作进一步分析。

相对而言，上海闵行模式在限制涉性侵害违法犯罪人员从业机制方面的思路比较稳健。闵行模式没有把着眼点放在公开有性犯罪前科人员身份信息这一容易产生争议的敏感点上，而是选择建立涉性侵违法犯罪人员信息库以及与未成年人密切相关职业的从业禁止上，因而其探索的法律依据和法理依据更为充分，因为《刑法修正案（九）》已经明确规定了从业禁止制度，《刑法》第100 条也有前科报告的规定。当然闵行模式应当作更加细致的实践和研究，在充分试行的基础上进行系统的经验总结。首先可以在上海市推广，然后考虑建立全国范围内的涉性侵害违法犯罪人员信息库，最终发展方向是参考吸毒人员动态管控系统，对此类人群实施动态管控，并建立完善的与未成年人相关职业的从业禁止制度。

（二）困境未成年人特殊保护机制的实践探索

从国内情况看，各地积极开展困境未成年人保护的社会实践，积累了大量经验，并进行了工作机制探索。例如，大连市 2015 年出台了《未成年人社会保护试点工作实施意见》，针对 8 类主要困境儿童，发挥政府主导作用，整合社会资源，打造"家庭、社会、政府"三位一体的未成年人社会保护工作格局。[2] 又如，南通市积极推进困境未成年人保护工作，加强组织领导，建立分管市长为总召集人的联席会议制度，建立十几个主管部门参加的联动工作机制，定期召开会议，听取情况汇报，会商工作难点。[3] 再如，北京市门头沟区引入社工参与困境未成年人社会保护工作，构建起"政府主导、民政牵头、

---

① 吴杰丽、朱伟清：《西方性侵犯者登记制度的发展及对我国的启示》，载《上海公安高等专科学校学报》2015 年第 6 期。

② 刘湘竹：《年底前将建成四级困境未成年人社会保护网络》，载《大连日报》2015年 6 月 2 日，第 1 版。

③ 朱文香、何伟：《让困境未成年人在阳光下成长——江苏省南通市深入做好困境未成年人保护工作》，载《中国社会报》2016 年 11 月 15 日，第 3 版。

部门配合、社会参与"的工作格局；通过摸索和实践，建立了三级发现报告、两级问题解决、急难一站式速决、问题解决跟踪督导等六项机制。① 2017 年 5 月，上海市政府出台《关于加强本市困境儿童保障工作的实施意见》，标志着上海市困境儿童保障制度正式建立。2018 年 6 月 1 日起实施的《上海市困境儿童安全保护工作操作规程》则为政府各部门"无缝衔接"保护困境儿童提供了可能，为社会力量参与困境儿童保护搭建起平台。② 2017 年 10 月，重庆市开州区检察院出台了《关于进一步加强检察环节监护困境未成年人保护工作的意见（试行）》，明确规定监护人因监护侵害行为被提起公诉且符合剥夺监护权条件的案件，检察院应当书面告知未成年人及其临时照料人有权依法申请撤销监护人资格，并告知其有权获得法律援助。该意见从操作层面明确了检察机关在剥夺监护权案件中所应担负的司法责任。③

从域外情况看，一方面，关于困境未成年人保护，很多国家都有专门的政府机构集中管理未成年人福利工作，如英国的未成年人、学校与家庭部，冰岛的未成年人保护政府机构，美国联邦政府的人力和卫生服务部下属的未成年人、青少年和家庭管理办公室等。④ 另一方面，关于未成年人保护的工作重点随着时代发展也在不断变化。以美国为例，美国自 20 世纪 30 年代开始，儿童福利工作的内容主要涵盖经济援助和儿童保护两大领域，20 世纪 70 年代以后的工作重点则是防范儿童受虐风险，20 世纪末儿童福利工作则发展为服务于儿童的长期、稳定、幸福生活的目标。⑤

四、预防和保护性侵害未成年人制度的域外考察

（一）性犯罪登记制度

1. 美国"梅根法案"

1994 年 7 月，美国新泽西州年仅 7 岁的女孩梅根·康卡受邻居邀请，前去看宠物，结果被邻居奸杀。该邻居曾有两次恋童癖定罪记录，且刚刚假释出

---

① 刘军勇：《为困境未成年人编织救助安全网——北京市门头沟区扎实推进困境未成年人社会保护试点工作》，载《中国社会报》2015 年 11 月 27 日，第 3 版。

② 张俊：《保护困境儿童，上海在行动》，载《中国社会工作》2018 年第 16 期。

③ 李立峰、贾晓星：《涉案未成年人无人管护怎么办》，载《检察日报》2017 年 11 月 22 日，第 2 版。

④ 张新梅：《困境未成年人犯罪被害预防与对策探讨》，载《法制与社会》2015 年第 33 期。

⑤ 何芳：《美国儿童福利立法的历史演进及对我国的启示》，载《青年发展论坛》2018 年第 3 期。

狱。梅根案破获后，梅根的父母开展各类活动，推动新泽西州立法确保公众有权查阅或当局应公开性侵犯罪者在册内的资料。他们的要求得到了公众的大力支持。1996 年，国会通过了名为《梅根法》的联邦法令。至 1997 年，全美 50 个州制定了类似法案。2006 年美国国会又通过了《亚当·沃尔什儿童保护与安全法》，其中第一章即为"性犯罪者登记和信息披露法"。根据该法律，全国性的性犯罪登记系统得以创建。

梅根法的主要内容包括四个部分：首先，性犯罪者信息登记制度。要求性犯罪者向政府提供姓名、住址、工作地、学习地以及驾照等基本信息以便备案。其次，性犯罪者信息更新制度。根据性侵行为的严重程度将性犯罪者分为三级（1 级最轻，3 级最重），就不同等级的性犯罪者规定了不同的信息更新期，要求性犯罪者在规定期限内自动更新个人信息，否则可能被判处监禁刑。再次，性犯罪者社区公告制度。建立专门的性犯罪者信息公开网站，并且对公开的内容进行了限制，分为强制性不予公开的信息和选择性不予公开的信息，强制性不予公开的信息包括被害人的身份、性犯罪者的社会保障号码、尚未定罪的案底等；选择性不予公开的信息有被界定为 1 级的性犯罪者的信息、性犯罪者雇主姓名以及性犯罪者就读学校的名称。最后，设置专门的性犯罪者量刑、监控、逮捕、登记及追踪办公室，全权负责上述各项制度的具体实施。

梅根法至今实施 20 余年，对其的争论依然存在于西方国家的各大媒体和论坛，并且通过相关调查显示，在梅根法实施之后，性侵害未成年人案件的数量并没有因此减少，在美国爱荷华、华盛顿州以及早在 1995 年就颁布性侵罪犯登记法案的纽约州，研究者进行了长达 4 年的跟踪调查，根据研究显示，在性侵害罪犯登记法案颁布前后，相关犯罪率以及性侵害罪犯的再犯率并无显著变化，因而部分研究人员表明对性侵害犯罪人进行登记通告对减少该类案件的犯罪率并无显著作用。①

2. 其他模式

英国当局为了保护儿童免遭性侵，要求设立性侵犯罪者名册、有条件地公开性侵犯者资料、对求职申请进行刑事犯罪记录查询以及禁止性侵犯者从事与儿童有关工作。与美国的"梅根法"不同的是，公众无权查阅英国的性犯罪者的登记资料。1997 年 8 月英国内政部颁布法令，允许警方对有犯罪记录的恋童癖者进入某地区时，向当地居民发出警告。自 1997 年 9 月 1 日起，儿童性犯罪前科人员凡搬家或更名都须向所住地区的政府报告。这项法令允许警方将有儿童性犯罪前科人员相关情况披露给该人的单位和当地的地区组

---

① 吴杰丽、朱伟清：《西方性侵犯罪者登记制度的发展及对我国的启示》，载《上海公安高等专科学校学报》2015 年第 6 期。

织。此外，2006 年英国"侵犯儿童与在线防护中心"（CEOP）成立（网址：www.ceop.gov.uk），用于公布没有遵守社区通报规定且不知所踪的高风险性犯罪者的详细资料，包括照片、姓名及别名、出生日期及其他可识别身份的资料。英国"性犯罪法"（Sex Offenders Act）采取的是"披露制"而非"公告制"，即针对危险性较大的性犯罪人也可以实行选择性的通知或通告。

加拿大联邦政府于 2004 年制定了国家性侵犯罪者登记法令（SOIR ACT）。该部法律就信息披露的权限、信息准确性以及保护性犯罪者的隐私等方面作了规定，加拿大皇家骑警为性侵犯罪者登记制度的管理机构，即只有获得皇家骑警的正式批准才能进行登记，且登记以掌握具体的性犯罪情况为前提。同时，加拿大对性犯罪者的登记并非是强制性的。

澳大利亚性侵犯罪者登记制度从 2002 年起开始推行，各州政府负责掌握性侵犯罪者在该地区的行踪动态，并将收集的资料通过刑事侦查局提供给其他州政府分享，联邦刑事侦查局负责全国侵犯儿童罪犯名册。澳大利亚政府不支持将性侵犯罪者登记信息在社区公开披露，故刑事侦查局通常只将登记的信息提供给相关特定单位或场所。澳大利亚国家儿童犯罪登记系统（ANCOR）是向所有司法管辖机关提供网上数据的平台。截至 2011 年 3 月，澳大利亚共有12596 名登记在册的性侵犯罪者。

综上所述，性犯罪登记主要可以归结为两种方式：一是登记制。这种做法通常是要求性犯罪者在服刑完毕后的一定时间内向警方报告，同时要求犯罪者提供姓名、住址、前科记录、指纹、相片及血液样本等信息资料。这些资料将被汇总至警察机关，以建立全国性犯罪者档案。例如，美国要求性犯罪者登记信息的年限视罪行严重程度和服刑年限而定，各州的规定有所不同，有 10 年、15 年或 20 年不等的登记年限，登记义务的规定也不同。英国以服刑 30 个月为界限，性罪犯服刑期 30 个月以上的为终身登记制，6 个月至 30 个月的登记年限为 10 年，少于 6 个月的登记年限为 7 年。

二是社区公告制度。其要求警方在收集到犯罪者资料后，由指定的人员按规定向社区公告。有的国家要求信息公告仅限于执法机构或与儿童有关的机构如学校。有的国家则规定不需主动告知，只在居民或机构申请查询时，才提供犯罪者资料，当然，也有的是完全向民众公开，鼓励民众通过免费电话或互联网进行查询。如美国路易斯安那州要求性犯罪者不仅要向执法部门报告，还要通知学校校长，犯罪者还得自费在一个月内以邮寄方式通知方圆 1 英里的住户，并同时在报纸上公告两次，提醒民众注意自己是性犯罪者。美国法院甚至可以要求犯罪者以其他方式如举牌、发送传单等方式告知公众。

此外，有的是登记制与社区公告制度同时使用，这在美国是最为普遍的。[1]

（二）域外关于从业禁止的立法考察

我国在刑事立法中没有明确规定保安处分的概念，故学界称"有保安处分之实，但无保安处分之名"。《刑法修正案（九）》将从业禁止制度纳入刑法范畴，规定在"免予刑事处罚与非刑罚处罚"章节，是一种非刑罚处遇措施。

1. 作为刑法资格刑的模式

意大利将从业禁止规定为一种附加刑。意大利刑法第 31 条、第 32 条规定，"禁止从事特定职业或者技艺""暂停从事特定职业或技艺"以及"暂停担任法人或企业领导职务"。[2] 在意大利刑法典中，附加刑具有绝对的从属性，只能附加适用，不能独立适用，犯罪人被判处主刑为适用附加刑的必要前提。[3]

法国在理论上将从业禁止规定在保安处分措施，认为系附加刑，或者系从属性处分，是以刑罚的名称运作的保安处分措施。而法国新刑法典却将禁止执业作为一种附加刑或者特别规定在刑罚章节以及分则中的每一章、每一节，有时亦可作主刑宣告。[4]

2. 保安处分的模式

一些国家和地区的法律明确规定了对性侵犯罪采取强制医疗的保安处分。除了医疗手段，还可以用科技手段治理犯罪的保安处分行为。

在美国和韩国，假释或刑满释放后的性侵犯者需要终身或长期佩戴 GPS或"电子脚镣"，接受警方监督与管理。

韩国 2010 年《对特定犯罪者定位的电子装置佩戴法》（俗称《新电子脚镣法》）要求向未满 16 岁儿童实施性暴力的罪犯或者性犯罪惯犯最多佩戴 30年电子脚镣。具体要求如下：性暴力犯罪得到徒刑判决，且在服刑期满后 10年内再犯；犯了两次以上性暴力犯罪，被认证为惯犯；对未满 16 岁儿童性暴力犯罪。佩戴电子脚镣的人必须严格遵守夜间禁止外出或禁止出入学校等事项，同时，佩戴电子脚镣者必须在一定范围内居住，如果搬家必须提出申告。据韩国法务部统计，2008—2010 年佩戴电子脚镣的 616 人中，只有 1 人再犯，

---

① 吴杰丽、朱伟清：《西方性侵犯罪者登记制度的发展及对我国的启示》，载《上海公安高等专科学校学报》2015 年第 6 期。

② 《最新意大利刑法典》，黄风译，法律出版社 2007 年版，第 15－16 页。

③ 陈忠林：《意大利刑法纲要》，中国人民大学出版社 2001 年版，第 268－269 页。

④ 《法国刑法总论精义》，罗结珍译，中国政法大学出版社 1998 年版。

证明电子脚镣对遏制犯罪效果显著。①

3. 其他模式

为预防教师、医生等与未成年人有紧密接触的特殊工作人员对未成年人实施性侵，美国建立了性犯罪历史审查制度，要求司法部对儿童福利机构、公立或私立学校的员工进行犯罪历史审查，允许有关机关使用国家犯罪信息数据库对上述单位的工作人员进行指纹查询，了解犯罪历史。由于人力资源的限制，司法部难以对所有特殊工作人员进行犯罪历史审查，严重影响了犯罪历史审查制度的可操作性。为解决这一问题，宾夕法尼亚州于 2014 年通过了《停止教育者性侵、不当行为和剥削法案》，将犯罪历史审查的具体职责下放到学校层面，要求学校对应聘者进行犯罪历史审查。此外，学校还应在审查时联系应聘者的前任雇主，了解应聘者的品行与作风，禁止学校雇用基本信息不详或有性侵记录的人员。②

五、当前因性侵等违法犯罪导致困境未成年人保护面临的主要问题

（一）刑法规定的禁止令对性侵违法犯罪人员的规制不足

根据《刑法修正案（八）》的规定，对判处管制、宣告缓刑的犯罪分子，法院可根据情况，同时禁止犯罪分子在缓刑考验期内从事特定活动，进入特定区域、场所，接触特定的人。

禁止令的实施，对于限制包括性侵害犯罪分子在内的人员在一定期限内接触未成年人无疑是有利的，但其主要问题在于适用对象和适用范围狭窄。根据刑法的规定，禁止令仅适用于判处缓刑和管制的犯罪分子，对于罪行更为严重的徒刑人员，却无法对其形成约束。而且，禁止令仅仅能够在短时间内形成约束。对于被判处管制的犯罪分子来说，仅在其管制执行期间适用禁止令；对于被宣告缓刑的犯罪分子，则只能在其缓刑考验期限内适用。但是管制执行期间最长为 2 年，缓刑考验期也在 5 年以下，禁止令在如此短的时间内能否实现其应有的价值，仍然存在疑问。禁止令对于未成年受害群体的保护力度不够，不足以实现对性侵者的规制作用。

（二）从业禁止的适用存在一些需要厘清的问题

从业禁止在规制特定犯罪，保护特定主体方面，与禁止令相比，无论是在

---

① 刘慧：《我国性侵害未成年人犯罪实证研究》，吉林大学 2016 年硕士学位论文。

② 何挺、林家红：《中国性侵害未成年人立法的三维构建》，载《青少年问题》2017 年第 1 期。

适用对象、适用范围，还是禁止的期限，都有了相当程度的深化。但是，从业禁止的适用仍存在一些需要明确的问题。

1. 关于从业禁止的期限及作出禁止的主体

这个问题主要涉及刑法与《教师法》《医师法》等法律法规的衔接。首先，关于从业禁止期限的把握。尽管《刑法修正案（九）》第 1 条规定，其他法律、行政法规对其从事相关职业另有禁止或者限制性规定的，从其规定。《教师法》第 14 条和《教师资格条例》第 19 条，以及《医师法》第 16 条都有相关规定。由于刑法从业禁止与《教师法》《医师法》等法律法规的从业禁止的目的不尽一致，前者着眼于防范再犯可能性和社会危害性，关注与行为人所从事职业密切相关的犯罪，而后者的着眼点在于行为人违反特定的素质要求、职业操守和社会信赖，且存在刑法从业禁止的期限短而《教师法》《医师法》等法律法规的从业禁止期限长的反差，需要进一步加以明确。

其次，关于作出禁止的主体。对于利用教师、医师等职业便利实施犯罪，或者实施违背其职业要求的特定义务的犯罪被判处刑罚的，根据刑法的规定，按照《教师法》《医师法》中有关终身从业禁止的规定执行，这一点在理论上不存在障碍。问题是，"终身从业禁止"应该由司法机关通过刑事程序依照刑法来认定，还是可以由相关行政机关依据行政法规直接认定，这一点在司法实践和具体操作层面容易产生分歧，亟须明确。

2. 关于从业禁止的范围和方式

按照《刑法修正案（九）》第 1 条规定，从业禁止针对的是利用职业便利实施犯罪，或者实施违背职业要求的特定义务的犯罪人员，这里的"职业"应当与犯罪行为具有内在关联性，从事的职业很可能为其实施犯罪提供便利和机会，犯罪行为与其身份紧密相关。但是，刑法本身并未对应当禁止的职业作明确规定或列举，而且从立法本意看，也不仅仅针对与未成年人相关的职业。因此，对从业禁止适用的职业或行业的范围，所禁止的职业是长期的、固定的，还是临时履行一定的职责，缺乏明确的依据。

（三）困境未成年人保护存在的问题

1. 有关困境未成年人保护的法律分散，尚未形成完善的立法体系

如前所述，国家不同部门分别从各自的社会管理职能、司法办案职能出发，对孤儿、留守儿童和受侵害儿童等困境未成年人的保护作出规定。这些立法规定相互交叉，存在概念不一致、规定有缺失、程序不衔接、保护有疏漏、救济较滞后等诸多问题。如我国现有法律法规对被性侵未成年被害人的赔偿还局限于财产损失，主要体现在医疗费上，对被性侵未成年被害人的精神损害赔偿尚是空白。最高人民法院《关于适用〈中华人民共和国刑事诉讼法的解释〉》第 175 条第 2 款规定："因受到犯罪侵犯，提起附带民事诉讼或者单独

提起民事诉讼要求赔偿精神损失的，人民法院一般不予受理。"但事实上，被性侵被害人受到精神伤害远远大于肉体伤害，却由于无法通过司法程序获得精神损害赔偿，只能寄托于民事协商，有些被害人家庭往往为了获得赔偿，被迫和犯罪嫌疑人、被告人达成协议，违心地对其表示谅解甚至不予报案。又比如，"两高两部"《关于依法惩治性侵害未成年人犯罪的意见》第31条虽然规定"对于未成年人因被性侵害而造成的人身损害，为进行康复治疗所支付的医疗费、护理费、交通费、误工费等合理费用，未成年被害人及其法定代理人、近亲属提出赔偿请求的，人民法院依法予以支持"，该条规定似乎包括精神康复的治疗费用，但是由于目前未成年人的心理咨询与治疗体系不完善，精神康复耗时漫长，很多家庭无法对孩子落实有效的精神康复，费用更难以举证，实践中基本无法通过该途径获得有效赔偿，严重地侵犯了被性侵未成年被害人的合法权益，影响了司法公正，需要在以后的立法中不断完善。我国困境未成年人保护立法与发达国家相比存在一定差距。例如，许多欧洲国家的儿童保护政策与措施能够遵照《欧盟基本权利宪章》（The EU Charter of Fundamental Rights）的相关高标准要求，日本则有专门的《儿童福利法》。①

2. 困境未成年人保护的相关综合评价体系缺失

对困境未成年人进行保护救助的基础和前提是科学合理地确定困境未成年人。但目前存在困境未成年人的范围标准模糊，负责认定的机构不明确等问题。另外，法律规定，对于因不依法履行监护义务丧失监护资格的监护人，可在一定期限后向法院申请重新取得监护人资格。但由于有权对监护人资格进行评估的机构不足、评估标准不全和社会调查报告不完善等原因，法院在认定是否应重新恢复监护人资格方面困难重重。例如，"朵朵"案是上海市首例由民政部门申请撤销监护权的案例。2014年，刚出生的朵朵在上海市儿童医院就医时被父母遗弃，父亲"下落不明"，母亲"拒不抚养"。医院在联系朵朵的父母亲不成功的情况下，承担起临时看护责任，之后司法部门以遗弃罪判处朵朵母亲有期徒刑，并通过民事判决撤销朵朵母亲对孩子的监护权，指定上海市儿童福利院为监护人。②

3. 困境未成年人救助机构和工作人员力量不足

很多省市仅有市级层面的儿童福利院和儿童看护中心，缺少区属的福利院和儿童看护中心，无法满足对困境未成年人的救助需求。除了政府方面提供的保障，虽有少量参与困境未成年人保护的专业社会组织和社工，但仍有大量困

---

① 傅昌波、黄颖：《完善困境儿童国家保障制度的思考》，载《社会治理》2017年第1期。

② 张俊：《保护困境儿童，上海在行动》，载《中国社会工作》2018年第16期。

境未成年人处于无法解困的境地。各地社工人数远不能满足未成年人保护需要。例如在上海，青少年数与社工数比例为 150∶1，广东省的这一比例为 300∶1，而湖北省 2 万多名社会工作专业人才中，专职从事青少年事务的社工仅 400 余人，相当于每 3 万青少年中才有 1 个从业人员。①

4. 困境未成年人保护的配套机制不健全

困境未成年人保护是一个系统工程，涉及未成年人生存发展的众多领域，包括基本生活、教育、医疗、安全等各个方面，与之相关的主管部门繁多。因此，在其保护救助方面，往往出现"条块化"、不衔接等问题，职能部门的联系沟通和资源整合不够，相关联络机制和监督机制有待完善。另外，受我国城乡二元分化的户籍制度影响，留守儿童问题较为突出，城乡儿童的生存发展保护水平也存在较大差异。

六、困境未成年人特殊保护机制的构建与完善

由课题研究的特定语境出发，构建和完善困境未成年人特殊保护机制的路径，主要从与违法犯罪相关的致困原因着眼，从防止再犯罪和保护救助未成年人两个层面着手，从立法、司法和社会三个维度着力。

（一）完善困境未成年人保护的相关立法

1. 制定专门的《未成年人权益保障法》，健全未成年人法律保护体系

如前所述，我国《未成年人保护法》对未成年人的各方面保护作了原则性规定，而《预防未成年人犯罪法》《义务教育法》等法律则从不同侧重点对未成年人权益保护作出规定。建议将《未成年人保护法》和《预防未成年人犯罪法》合并为《未成年人权益保障法》，因为预防未成年人犯罪的目的也是为了保护未成年人权益，规定在一部法律中可以全面对未成年人保护作出规定。另外，应将《义务教育法》和《民法典》等法律中有关未成年人保护的内容也纳入《未成年人权益保障法》中，并在该法总则中明确未成年人保护的原则规定，而在家庭教育、学校教育、社会教育、医疗、救助、司法等各分则中结合实践保护需求作出具有操作性的规定。

2. 制定专门的困境未成年人保护法，明确困境未成年人概念并加强权益保护

国务院《关于加强困境儿童保障工作的意见》出台后，很多省市出台了相关实施落实规定。例如，《湖南省加强困境儿童保障工作的实施意见》要求

---

① 彭小萍、杨伶俐：《帮扶困境未成年人亟盼留住更多社工》，载《湖北日报》2017 年 9 月 3 日，第 4 版。

专业社会工作力量为困境儿童提供专业服务；《云南省加强困境儿童保障工作的实施意见》则明确了儿童福利督导员对儿童进行动态管理等事项；《湖南省加强困境儿童保障工作的实施意见》规定要利用现有公共服务设施开辟儿童之家等儿童活动和服务场所；《甘肃省加强困境儿童保障工作的实施意见》则要求各级卫生计生、教育部门和残联组织大力培养困境儿童服务保障专业人才，提升从业医护人员、特教教师、社会工作者、康复师等人员的职业化和专业化水平。[①] 建议全国人大等立法机关在充分调研各省市困境儿童保障实践和制度的基础上，出台专门的困境儿童保护法。在该法中，明确规定困境儿童或困境未成年人的概念和范围，并对困境儿童的评估认定、特殊保护、司法救助等作出明确规定。

3. 注重立法体系一，加强困境未成年人相关法律规定有效衔接

对侵害未成年人的行为人实施从业禁止，不仅从刑法方面作出规定，还应在行政处罚法等法律中作出规定，由此可使未成年人保护更加细致周全。对于困境未成年犯罪嫌疑人，应通过困境报告、提起诉讼、法院裁判、判后执行等配套立法规定，完善对其合法权益的保护，并促进其健康成长融入社会。

（二）完善性侵害违法犯罪人员从业禁止机制

1. 树立保护未成年被害人与犯罪嫌疑人权益平衡的理念

根据性侵未成年人案件的特点和儿童利益最大化原则，应同时平衡犯罪人员的基本权利。我们认为，与其向社会不特定的人群、不特定的区域公布犯罪人员的个人信息，不如将这些信息交由相关职能部门，有针对性地合理使用信息，并应特定主体的申请和查询而定向提供涉性侵违法犯罪人员的相关信息。从而在实现儿童利益最大化、惩治和预防犯罪的同时，兼顾犯罪人员基本权利的保障。

2. 厘清从业禁止的期限和适用主体

首先，关于从业禁止期限的确定。对于利用教师、医师等职业便利实施犯罪，或者实施违背职业要求的特定义务的犯罪被判处刑罚的，应当按照《教师法》《医师法》中有关终身从业禁止的规定执行。对于利用教师、医师以外的职业便利实施犯罪，或者实施违背职业要求的特定义务的犯罪被判处刑罚的，应当依照刑法关于从业禁止3至5年的期限执行。如果相关法律、行政法规对其他职业禁止期限另有禁止或者限制性规定的，也应当从其规定。这是刑法用援引规定按照法律、行政法规的相关从业禁止的条件、期限来宣告，不受

---

① 《关于加强困境儿童保障工作的政策亮点概览》，载《中国社会工作》2017 年第 16 期。

刑法规定期限的限制。

其次，关于适用从业禁止的法定主体，我们认为，人民法院是适用从业禁止条款的唯一法定主体，其他任何机关都无权对犯罪人采取从业禁止。刑法与行政法规定的从业禁止既有相同之处，也有一些区别。从适用条件看，行政法规中的从业禁止适用条件是行为人实施了法律、法规或者规章规定的违反行政管理秩序的行为，包括与行为人从事职业密切相关的犯罪，但是其着眼点在于行为人违反特定的素质要求、职业操守和社会信赖。因此，对于即使与职业资格无关的犯罪人也剥夺或者限制其从业资格。而刑法中的从业禁止则是立足于防范再犯可能性和社会危害性，以与行为人所从事职业密切相关的犯罪为前提。从决定的性质看，法院作出的从业禁止决定不同于其他法律法规授权部门作出的职业禁止，它是一种司法权力，是比职业禁止具有更强约束力的带有强制性的司法裁决。如果行为人在从业禁止期间违反该决定的，情节严重的可以构成拒不执行判决、裁定罪。而如果行为人违反其他有权机关作出的职业禁止，则只能根据其他法律或者《治安管理处罚法》对其进行处罚。从适用程序看，刑法中的从业禁止需要经过人民法院的宣告，通过刑事诉讼程序。相比行政主管部门作出决定，刑法中的从业禁止则更加权威，也更加具有公开性。因此，《刑法修正案（九）》第 1 条适用从业禁止的主体是人民法院。

3. 明确与未成年人密切相关的职业禁止范围

对于性侵学生的教师来说，根据我国《教师法》第 14 条的规定，受到剥夺政治权利或者因故意犯罪受到有期徒刑以上刑事处罚的，不能取得教师资格；已经取得教师资格的，丧失教师资格。《刑法修正案（九）》并未明确从业禁止所涉及的"相关职业"的具体内容。这样一来，虽然受过刑罚的性侵者无法再担任教师，但能否担任诸如学校保安、校车司机、教辅人员以及从事与未成年人密切相关的行业，比如教育培训行业、医疗、文化娱乐（游乐场、儿童图书馆、科技馆）等，法律并未明确。而如果这些常年接触儿童的职业依然对有性侵前科者敞开大门，对他们网开一面，一旦这些人员通过教师以外且与未成年人密切接触的领域再次就业，其再犯的可能性和社会危害性是毋庸置疑的。

从闵行区近 3 年间审查起诉的性侵未成年人案件的情况看，熟人作案和利用职业便利作案的为 38 人，占 58.5%。犯罪人员往往利用特定的身份关系，如老师、邻居等对未成年人下手，由于在日常生活中与被害人有一定的交往，容易使被害人放松思想警惕，产生信赖与服从心理，使犯罪人员更易获得接近的机会。因此，为了体现从业禁止防止再犯的立法意图，应当明确职业禁止的范围，将与未成年人密切相关的职业，即工作中能够紧密接触未成年人的职业纳入职业禁止的范围。

4. 逐步构建辖区范围不断扩大的涉性侵违法犯罪人员信息库并完善动态管控机制

闵行区已在辖区范围内建立限制从业人员查询信息库。为防止在本区被列入黑名单信息库，被限制从业后，前往其他区实施犯罪，在闵行模式探索的基础上，上海市检察院拟将限制涉性侵害违法犯罪人员从业机制在全市推行，建立全市的涉性侵害违法犯罪人员信息库，以在全市层面加强未成年人保护。我们认为，在条件成熟时，还应将涉性侵违法犯罪人员信息库的范围进一步覆盖至全国，并将境外人员的性侵记录信息纳入其中。同时，应当建立性犯罪人员动态管控数据库，由司法机关对数据库进行管理，具体可参照国家对于吸毒人员的动态管控做法。如性犯罪者是否接受矫正或者治疗，矫正和治疗效果如何，人身危险性是否已经消除。若经过一系列评估，其已不具有再犯可能性，则可以将其从黑名单信息库中删除。

（三）完善遭性侵未成年人司法保护的专业体系

1. 在刑事诉讼各环节建立相应的案件专办机制

一是推动建立侦查环节性侵案件专办机制。加强与公安机关的沟通协作，积极推动将性侵害未成年人犯罪案件同步纳入公安机关未成年人案件专办组的办理范围，确保侦查阶段未成年被害人诉讼权利得到保障。二是全面建立检察阶段性侵害案件归口办理机制。在全市范围将性侵未成年人的案件归口至未检部门或未成年人案件专办组，由具有丰富心理学专业知识、熟悉了解未成年人特性的未检检察官专门办理此类案件，以提升案件办理专业化水平。同时，制定完善案件归口管理的实施细则，理顺受案范围和流转程序。三是推动法院少年庭受理性侵害未成年人案件。加强与具有管辖权的未成年人案件综合审判庭联系，推动法院综合审判庭受理成年人性侵害未成年人案件。四是助力性侵害未成年被害人援助律师队伍建设。努力推动建立由热心公益、经验丰富的律师组成的专业法律援助队伍，为未成年被害人及其家属提供法律帮助。

2. 逐步建立"一站式"综合保护机制

一是"一站式"调查取证机制。通过"一站式"取证场所建设，取证询问特殊机制的构建等，满足性侵害未成年被害人的权益保护和心理恢复的特殊需求，防止在不同诉讼阶段遭到反复询问而受到的"二次伤害"。二是"一站式"综合救助保障体系。首先，会同教育、民政、妇联、团委、社会团体、公司企业等相关部门，落实司法救助，帮助未成年被害人解决暂时的生活、医疗等困难，切实保障其权益。其次，联手司法行政部门，通过简化申请法律援助的流程手续，降低提供法律援助的条件范围等措施，为未成年被害人及其家属提供法律援助。再次，在"一站式"调查取证过程中联合医疗机构及时为未成年被害人检查身体及治疗，提供医疗救助。最后，通过开展心理咨询、疏导并借力专业心理咨询机构的专业人员对心理问题严重的未成年人进行个案疏导等形式，提供心理救助。三是"一站式"犯罪防控体系。首先，依法惩治性侵未成年人犯罪，通过严厉打击性侵犯罪，严格执行从业禁止，对犯罪嫌疑人开展心理疏导或者心理矫治等措施，降低再犯可能性。其次，依托检校共建平台、法治副校长、青保维权热线、妇联知心小屋等关爱维权平台，强化全方位多层次的一般预防。最后，运用多种形式，加大法制宣传教育的力度。依托典型案例，运用新媒体和其他青少年喜闻乐见、丰富多样的形式，加强侵害预防工作，提升教育宣传效果。

（四）完善困境未成年人社会保护的综合体系

1. 建立多方位、立体化的困境未成年人保护体系

民政、教育、团委、妇联、司法等职能部门都承担着保护困境未成年人的工作，在未成年人遇到监护困境、就学困境、成长困境、性侵等违法犯罪侵害等情况下需要履行相应的职责。现阶段，为了在相关职能部门之间形成工作合力和资源整合，有必要形成联席会议等机制，共同沟通协调并会签相关工作制度，促进形成以区域综治办、公检法为职能部门，以教育局、民政局、妇联等为主管部门的组织架构。长远来看，应借鉴其他国家的先进经验，建立专门的未成年人保护政府机构或在政府机构下设未成年人管理办公室，以此更好地实施未成年人权益保障有关规定，牵头将未成年人保护的家庭教育、学校教育、社会教育、医疗、救助、司法等各个方面落到实处。此外，还可通过建立未成年人保护网站、热线服务电话、微信公众号，创建困境未成年人信息管理系统等途径加强未成年人保护管理工作。

2. 明确困境未成年人的发现报告、应急处理、评估认定、精准帮扶等具体的工作流程

在困境未成年人的发现报告方面，既要明确监护人、教师、医生等特定人员的强制报告义务，又要发挥居民（村民）委员会等群众性自治组织的作用。应急处理方面，救助机构应当对因经济原因陷入困境的未成年人及时安置照料、落实救助措施，公安机关应当对因受性侵等非法侵害陷入困境的未成年人快速保护、落实临时监护人。评估认定方面，要在国家有关困境未成年人评估认定法律规定的基础上，结合各地实际出台困境未成年人的具体认定标准。在及时有效发现、处理、认定困境未成年人情况的基础上，对困境未成年人按照致困原因、困境程度等进行细分，致困原因包括监护缺失、低保贫困、重病重残、心理障碍、非法侵害、涉法涉诉等，并将困境程度由高到低分为若干等级。根据致困原因，对应确定负责精准帮扶的民政、医疗、教育、司法等具体主管部门；根据不同困境等级，落实相应等级的帮扶标准。

3. 建立遭受性侵等困境未成年人救助机制，落实专项基金与专业化人员

基于国家监护权理论，国家系未成年人的最终监护人，在司法无法有效救济受害未成年人的情况下，政府及有关部门有责任、有必要建立未成年被害人的救助机制。一是设立未成年被害人救助专项基金。明确当未成年被害人遭受性侵等违法犯罪后，在犯罪嫌疑人无法及时赔偿的情况下，由政府根据其受害程度进行救助补偿，范围包括身体损害赔偿及精神损害赔偿。二是加强困境未成年人救助机构建设。逐步建立省市级、区县级困境未成年人救助机构，并充分利用学校、社区的相关资源，创建"假日未成年人活动中心"等机构，提供读书屋、绿色网吧、科普活动室、心理咨询室、法律咨询室等功能区域，为包括困境未成年人在内的未成年人提供服务和帮助。三是建立专业救助队伍。加大对社工的招录和专业培训，使其更好地为困境未成年人提供心理疏导、精神关爱、权益维护、社会融入等专业服务；通过政府采购服务、项目合作等方式，吸引更多的社会服务机构、慈善组织、志愿者等社会力量参与困境未成年人保障工作。可借鉴武汉市救助管理站的成功经验，该站采取向爱心天使社会工作服务中心购买专业社工服务的模式，为武汉市江岸区等 11 个区域内的163 名重点困境未成年人提供服务。①

---

① 汪首梓：《点点微光，照亮童心——武汉市"城市微光"困境未成年人社工服务项目》，载《中国社会工作》2017 年第 6 期。

刑事案件一类案件证据标准与证明差异化研究[*]

上海市金山区人民检察院课题组[**]

一、刑事案件证据标准及其差异化

（一）刑事证据标准的含义

刑事证据标准是建立在刑事证据之上的概念。对于刑事证据，理论法学界存在较多的争论，有的视为"证明案件事实的根据"[①]，有的认为证据是"依照法定程序收集并审查核实，能够证明案件真实情况的材料"[②]，还有的将证据视为"由内容和形式共同构成"[③]，在理论上一直没有统一的定义。但在法律文本中，1996 年《刑事诉讼法》规定"证明案件真实情况的一切事实，都是证据"。而在 2012 年修改后却改变为"可以用于证明案件事实的材料，都是证据"。[④] 可见，随着《刑事诉讼法》修改，"材料说"为立法所采纳，是较为权威的定义，即只要是用来证明案件事实的材料，都是证据。

但对于刑事证据标准，目前证据法学相关较为权威的著作一般探讨证据制度、证据规则、证据能力、证据资格、证据种类、证明力等法律概念，对证据标准没有深入研究，也没有明确的定义。[⑤] 笔者认为，要研究证据标准，首选要明确"标准"的内涵。"标准"一词有两种含义，一是"衡量事物的准则"，例如实践是检验真理的唯一标准；二是"供同类事物比较核对"，例如

---

[*] 上海市检察官协会 2018 年重点研究课题。

[**] 课题组负责人：陶建平；课题组成员：潘春伟、范勤、徐亚之、赵德亮、李轲。

① 何家弘、刘品新：《证据法学》，法律出版社 2004 年版，第 108 页。

② 樊崇义：《证据法学》（第六版），法律出版社 2017 年版，第 125 页。

③ 陈光中：《证据法学》（第三版），法律出版社 2015 年版，第 142 页。

④ 《刑事诉讼法》第 48 条。

⑤ 陈光中主编的《证据法学（第三版）》（法律出版社 2015 年版）、樊崇义主编的《证据法学（第六版）》（法律出版社 2017 年版）、卞建林主编的《证据法学》（中国政法大学出版社 2000 年版）等。

标准音、标准时等。① 因此，笔者认为，"证据标准"是证据的"准则""标杆"。显然，该概念是个中位概念，不同于证据制度、证据规则等上位概念。证据制度是法律规定的关于在诉讼中如何收集证据，如何审查、判断证据，如何运用证据认定案件的规则体系。② 证据规则是"确认证据范围、调整和约束证明行为的法律规范总称"③，其主要内容是有关证据资格或证据能力的规则和司法证明的规则。所以，对于证据标准，应将其定位于证据规则体系中去理解，类似于证据能力、证据资格等概念的地位，均是证据制度或证据规则的一部分。

在司法实务界，《刑事诉讼法》、最高人民法院《关于适用〈中华人民共和国刑事诉讼法〉的解释》等法律和司法解释中并无"证据标准"的说法，该词较多出现在部分司法文件或领导讲话中。例如，2005年4月25日，最高检公诉厅下发《毒品犯罪案件公诉证据标准指导意见》，其中认为，根据毒品犯罪案件证据的共性和特性，公诉证据标准可分为一般证据标准和特殊证据标准。一般证据标准，是指毒品犯罪通常具有的证据种类和形式，包括证明毒品犯罪的客体、客观方面、主体和主观方面的证据种类和形式；特殊证据标准，是指对某些毒品犯罪除一般证据种类和形式外，还应具有的特殊证据形式，包括主体特殊的毒品犯罪、有被害人的毒品犯罪、毒品犯罪的再犯，以及某些个罪所需的特殊证据形式。除了将证据标准进行分类，该意见还对各证据标准中具体包含的证据内容进行了较为详细的说明。④ 显然，《毒品犯罪案件公诉证据标准指导意见》认为证据标准是"证据种类和形式"。又如，2011年5月24日，上海市人民检察院、上海市公安局共同印发《关于本市办理合同诈骗、职务侵占犯罪案件立案证据标准的意见》，指出"在立案审查阶段，当具有以下证据时，应当予以立案……"并对证据一般具有的形式进行了说明，如合同诈骗罪客观方面应具有以下证据：一是当事人之间订立的合同。一般需要提供书面的合同文本，若为口头合同至少要有一名中立旁证的直接证明，并有一方实际履约的书面凭证。二是被害方的财物损失情况：（1）财产损失为货物，一

---

① 参见"标准"释义，《现代汉语词典》，商务印书馆2016年版，第85页。
② 陈瑞华：《刑事证据法学》（第二版），北京大学出版社2014年版，第3页。
③ 樊崇义：《证据法学》（第六版），法律出版社2017年版，第80页。
④ 例如，《毒品犯罪案件公诉证据标准指导意见》认为犯罪主体（自然人）的证据主要参考以下内容：（1）居民身份证、临时居住证、工作证、护照、港澳居民来往内地通行证、台湾居民来往大陆通行证、中华人民共和国旅行证，以及边民证；（2）户口簿或微机户口卡；（3）个人履历表或入学、入伍、招工、招干等登记表；（4）医院出生证明；（5）犯罪嫌疑人、被告人的供述；（6）有关人员（如亲属、邻居等）关于犯罪嫌疑人、被告人情况的证言。

般要求被害方提供已经发货的凭证，例如财务账册、出货单、提单等。（2）财产损失为钱款，一般要求被害方提供已经付款的凭证，例如对方的收据、银行转账凭证、有价票证存根等。

"证据标准"一词在政法部门领导讲话中亦多有涉及。例如，2017年7月，时任中央政法委书记的孟建柱在全国司法体制改革推进会上的讲话中谈到"大数据""人工智能"时，认为"贵州、上海创造性地运用大数据、人工智能分析证据，明确不同诉讼阶段的基本证据标准指引，研发智能辅助办案系统，构建跨部门大数据办案平台，探索了一条司法体制改革和现代科技应用融合的新路子"。其特别强调"刑事诉讼基本证据标准指引，是从侦查、起诉、审判阶段不同特点出发，有针对性地制定不同类型刑事案件基本证据的操作性要求，从而规范不同阶段的证据收集和判断活动"。孟建柱书记在讲话中没有对"证据标准"作出定义，但揭示出证据标准的"五个特性"，即"证据标准指引具有'阶段性'，分阶段制定证据标准指引，侦查、起诉、审判各环节基本证据标准指引一致，但内涵各有差异和侧重；具有'递进性'，证据标准要求按照诉讼程序的推进层层递进，最终达到事实清楚、证据确实充分的程度；具有'制约性'，用现代科技手段体现公检法三机关互相配合、互相制约原则，使证据标准指引在侦查、起诉、审判不同环节之间及每一环节内部，均能起到发现和纠正错漏的作用；具有'基本性'，只列明同一类型的案件应具备的基本证据要求，不需要也难以做到包罗万象、穷尽所有具体情况；具有'差异性'，对不同类型的案件，坚持差异化的证据标准指引，防止简单案件与疑难复杂案件标准一个样而影响办案效率"。① 上述论述，深刻揭示了"证据标准"的规范意义和指引作用，对于深入研究"证据标准"提供了较为系统、清晰的路径。

对"证据标准"作出较为明确定义的恰恰是司法实务部门。2014年5月，最高检公诉厅编写《公诉案件证据参考标准》，其中对"公诉证据标准"作了明确的定义，认为"公诉证据标准是从检察机关代表国家指控犯罪的角度，运用我国刑事诉讼法所确立的刑事诉讼证据，依照刑事诉讼证明规则，对刑法所规定的罪名、罪状进行论证所要求的证据总和。是根据我国刑法和刑事诉讼法的有关规定，检察机关指控犯罪嫌疑人、被告人犯有某罪并要求人民法院对

---

① 《孟建柱在全国司法体制改革推进会上强调 主动拥抱新一轮科技革命 全面深化司法体制改革 努力创造更高水平的社会主义司法文明》，载《检察日报》2017年7月12日，第2版。

被告人处以某罪所应具备的证据框架和证据规范"。① 可见，上述概念强调证据标准是"证据总和"及"证据框架""证据规范"，于是，证据标准可以理解为检察机关提起公诉时至少应当提起的符合规范的法定证据数量，缺少其中任何一项都将无法证明罪名成立和处以相应刑罚。为了便于理解，按照构成公诉证据体系所需证据划分，可以将公诉证据标准分为两类，一类是证实实体法证据，包括证实犯罪主体、犯罪客体、犯罪主观方面和犯罪客观方面的证据；另一类是证实程序法证据，包括有关管辖、回避、采取强制措施、退回补充侦查、延期审理、中止审理等证据。按照证明事实的不同，还可以分为证明犯罪事实的证据和证明量刑事实的证据。简而言之，无论是实体还是程序，其公诉证据标准即是哪些种类的证据是提起公诉时必须具备的。正如最高检公诉厅在2015 年 8 月编写的《刑事公诉案件证据审查指引》中所述"紧扣犯罪构成要件，提出公诉案件应当达到的证据参考标准，为公诉部门审查判断证据和监督引导取证提供参考"。② 而最高检侦监厅 2015 年 8 月编写的《刑事案件审查逮捕指引》也强调"准确把握逮捕的证据标准""'有证据证明'主要要求定罪证据齐备"等。③

综上所述，刑事证据标准可以理解为要达到证明所需要的证据的规格或种类要求，易言之，就是刑事证明所需要证据的最大公约数。

（二）刑事证据标准的差异化

1. 待证事实证据标准差异

既然证据标准是证明所需要的证据规格或要求，由于案件中待证事实的不同，自然就会出现证据标准的差异，突出表现在犯罪事实与量刑事实证据标准上。区别于犯罪事实的证据标准，量刑事实的证据要求中不涉及犯罪构成要件的证据，而是分为法定情节证据标准和酌定情节证据标准。法定情节证据标准主要包括从轻、从重情节的证据标准，例如自首情节的证据标准中，犯罪嫌疑人、被告人首次供述是必须具备的，其他譬如公安机关或有关组织接受投案、报案的受案笔录，以及公安机关"案发经过""到案或抓获经过"等案发经过材料乃至侦查人员证言，有时还需要陪同犯罪嫌疑人、被告人投案的亲友证言或者被害人陈述，通过综合判断这些证据而认定是否具有自首情节。同样，对

---

① 最高人民检察院公诉厅：《公诉案件证据参考标准》，法律出版社 2014 年版，第 22 页。

② 最高人民检察院公诉厅：《刑事公诉案件证据审查指引》，中国检察出版社 2015 年版，第 1 页。

③ 最高人民检察院侦监厅：《刑事案件审查逮捕指引》，中国检察出版社 2015 年版，第 1 页、第 11 页。

于"检举立功",必不可少的证据是犯罪嫌疑人、被告人检举揭发材料和有关线索得以侦破的"查证属实"材料,缺一不可。又如累犯的证据标准必然需要具备行为人故意犯罪被判处有期徒刑以上刑罚的刑事判决书、裁定书、释放证明书或者保外就医证明、监外执行证明、赦免证明等书证。而证明从犯的证据标准却是由犯罪嫌疑人、被告人供述和辩解以及被害人陈述、证人证言等言词证据构成。在犯罪预备、未遂、中止情节的证据标准上,也表现出差异。证明犯罪预备的证据一般需要犯罪嫌疑人、被告人供述和辩解以及被害人陈述、证人证言,有时还需要查获的作案工具等;证明犯罪未遂的证据除了上述证据之外,有时可能还需要相关鉴定意见证实"已经着手";而证明犯罪中止的证据中,没有造成损害后果的证据通常需要鉴定意见来证明,鉴定意见往往不可或缺。

在酌定情节证据标准上,也表现出证明情节不同而证据标准不同的现象。比如证明被害人过错的证据,通常需要犯罪嫌疑人、被告人供述和辩解、证人证言以及有关物证、书证或鉴定意见等,被害人陈述并不具有重要地位,但对于损害赔偿证据标准而言,被害人陈述应是最重要的证据,其他如证人证言、赔偿的协议、收条等书证以及犯罪嫌疑人、被告人提出赔偿的供述等证据处于相对次要的地位,显然呈现出明显的不同。

2. 证据标准的类型化与差异性

(1) 类案的划分

除了因待证事实不同而造成的证据标准差异,证据标准在一类案件上的差异化也比较明显。所谓"类"是指"性质或特征相似或相同的事物"①,而"一类案件"显然是指具有相同或相似性质(或特征)的案件。司法实务中往往依据案由进行划分,即案由作为人民法院对诉讼案件所涉及的法律关系的性质进行概括后形成的案件名称,为类案提供了界定标准。因此,类案是指"统一案由之下的所有案件的总和"②,刑事案件案由则是指涉嫌的罪名,所以按照罪名即可划分出不同的类案。罪名既包括个罪的罪名,也包括类罪名,比如非法集资类案件、毒品犯罪类案件、商业贿赂类案件等,这可以看作是较为基础的刑事案件分类。目前,司法实务部门针对不同案由的案件加强了证据标准的指导,比如最高检公诉厅编写《公诉案件证据参考标准》等,最高人民检察院在 2018 年 3 月 9 日第十三届全国人民代表大会第一次会议上的工作报告中亦提到"发布 50 个常见罪名批捕、起诉证据指引"等。可见,按照案由

---

① 参见"类"释义:《现代汉语词典》,商务印书馆 2016 年版,第 791 页。

② 赵国滨、李宁:《类案证明标准的研究价值及路径》,载《人民法院报》2018 年 6 月 27 日,第 5 版。

划分类案是法律实务中的常见分类。随着类案研究的加强，按照其他标准划分类案愈来愈受到重视，丰富了类案的领域。比较常见的有以下分类：按照犯罪主体的不同和特征，划分成不同类别的犯罪。比较典型的有单位犯罪、未成年人犯罪等，其他的还有国家工作人员犯罪①、军人犯罪等，近年来亦出现老年人犯罪、妇女犯罪等特殊犯罪主体犯罪的法学研究；按照刑事诉讼的阶段性特征划分，刑事案件分为侦查阶段案件、逮捕阶段案件、公诉阶段案件和审判阶段案件；按照案件办理的特点，刑事案件依据被告人认罪与否、罪行轻重、案情难易划分不同类型案件。比较而言，被告人认罪案件、轻罪案件和案情简单案件一般证据标准的梳理和把握较容易，而被告人不认罪案件、罪行重刑罚重案件和案情疑难复杂案件证据的要求和指引概括相对较难。显然，按照上述不同标准划分的一类案件，不同类型的案件具有自己的特征，运用证据的侧重点不同，各类案的证据标准也不同。

（2）证据标准的共性

证据标准中，有些涉及普遍适用的类型，同时也具有类型化的特征，主要包括犯罪主体证据标准和量刑情节证据标准，是最基本的证据标准，其中犯罪主体证据标准可以分为自然人、单位和特殊主体证据标准。自然人证据标准主要用来证明自然人个人身份情况，其中关于刑事责任能力的证据，主要反映在涉及年龄的证据尤其突出，主要包括居民身份证、临时居住证、户口簿、户籍证明以及工作证、护照、个人履历表或入学、入伍、招工等登记表，在证据不足或存在矛盾的情况下，有时还需要医院出生证明、犯罪嫌疑人供述乃至亲属或邻居等证言。自然人犯罪刑事责任能力证据标准在办理未成年人犯罪案件时具有特别重要的地位。同样，单位和特殊主体证据标准有其证据材料收集的重点，量刑情节证据标准对证据收集范围和规范也有自身要求，在体现其类型化的共性特征的同时，也反映着其与其他不同之处。

（3）证据标准的阶段性

就同一案件而言，不同的刑事诉讼阶段导致出现侦查收集证据的要求、逮捕证据的要求、提起公诉证据要求以及审判定案证据要求具有差异性。比较而言，侦查以收集证据为主要目的，势必要求尽可能收集与案件相关联的证据材料，由此产生的证据标准显得难以固定和体系化，自身也存在一个去粗取精的过程，特别是立案阶段，此时由于案件处于侦查初始阶段，收集的证据一般是证实存在犯罪结果、犯罪客观事实的证据，至于证实犯罪是何人实施、是否需要追究刑事责任，随着侦查的深入、侦查方向的调整，需要收集、固定的证据亦可能发生较大的变化；因此，侦查阶段的证据标准无疑只有在决定采取强制

① 国家工作人员犯罪还可以细化为司法工作人员犯罪、税务工作人员犯罪等。

措施包括决定拘留、提请逮捕以及侦查终结诉讼环节中考量才更成型和具有相应的意义。逮捕证据标准不仅仅考虑有证实犯罪事实的证据，而且需要证明行为人存在社会危险性的证据，证据范围指向性更为明确，相比之下，公诉证据标准则全面和精细，既包括犯罪构成要件的事实证据，也包括证明量刑情节事实的证据；而审判定案证据标准则是法院判决确定被告人有罪和处以刑罚所需证据的总和，其与公诉证据标准最为接近，甚至可以说是其定罪证据标准主要建立在公诉证据标准基础上，但需要充分考虑公诉指控证据与辩护、辩解以及辩方证据之间的关系。例如，合同诈骗罪在立案和侦查时，主要考虑的是犯罪事实是否发生，有没有证据证实犯罪事实，证据标准的重点在于证据的种类、表现形式等，主要包括犯罪构成要件的载体——符合要求的合同或书面协议；财产损失——收据、账册、存根等书面凭证；欺骗行为——使用伪造、变造或者无效的印章、单据、介绍信等。[①] 具备上述证据，基本上就可以立案侦查。而在逮捕阶段，其证据标准仍然将犯罪事实的证据作为重点，强调实施诈骗行为的证据、危害后果的证据，重点收集诈骗行为发生在签订履行合同过程中的证据等，而且对诸如犯罪嫌疑人供述稳定情况、赔偿情况、涉案财产扣押情况、逮捕影响等社会危险性证据要求收集，[②] 证据侧重点有所不同。在公诉证据标准中，证据标准要求更加细致，特别指出要"正确区分合同诈骗和经济合同纠纷的界限"，对犯罪主体、主观方面、客观方面和客体方面的证据种类和形式进行了详细说明，并且从签订合同目的、采用手段、履行能力、财物去向、毁约原因等方面提出对证据的要求，而且要求对可能影响量刑的证据一并收集，[③] 显然比立案侦查和逮捕的证据标准更为完整和细化，要求的证据种类、数量和形式亦更丰富。同理，审判定案证据标准在公诉证据标准上则更需要体现兼听的特点。

（4）证据标准的特殊性

对于依据被告人认罪与否、罪行轻重、案情难易划分的不同类案，其证据标准也有不同。对于不认罪案件，其证据标准中往往包含对其证实主观故意的证据收集要求，同时，还必须兼顾其辩解需要进行查证带有不确定的证据，而认罪案件在主观故意的证据压力明显减小，其供述还可以进一步衍生出其他相

---

① 上海市人民检察院、上海市公安局《关于本市办理合同诈骗、职务侵占犯罪案件立案证据标准的意见》（沪公发〔2011〕173号）。

② 最高人民检察院侦监厅：《刑事案件审查逮捕指引》，中国检察出版社2015年版，第178－186页。

③ 最高人民检察院公诉厅：《公诉案件证据参考标准》，法律出版社2014年版，第232－236页。

互关联、相互印证的证据。例如诈骗类案件，不认罪案件在证实"非法占有为目的"方面经常是"重头戏"，以合同诈骗为例，上海市人民检察院、上海市公安局共同印发的《关于本市办理合同诈骗、职务侵占犯罪案件立案证据标准的意见》中详细规定了对于不认罪案件可以用来认定"非法占有为目的"的证据种类、形式等，① 但如果犯罪行为人对合同诈骗认罪，显然认定主观目的方面的证据就会相对简单许多，由此导致两者证据标准的差异。而在重罪轻罪的证据标准方面，差异同样明显。对于重罪案件，由于犯罪嫌疑人可能面临更为严厉的刑罚处罚，基于人权保障和犯罪自身的严重程度，司法办案中往往要求证据更为丰富，相比轻罪案件，其依据的证据标准必将更为审慎、要求尽可能穷尽相应的证据，这在死刑案件中表现得尤为突出。"两高三部"出台的《非法证据排除规定》和《办理死刑案件证据规定》，正是死刑等重罪案件证据标准的直接体现。同理，疑难复杂案件和案情简单案件相比，其证据标准也有明显差异，所谓疑难复杂案件，除了与嫌疑人认罪与否有关外，更多与犯罪行为本身的样态以及案件证据先天基础有关，前者主要是犯罪行为本身繁复，如犯罪涉及的环节多、犯罪方法手段具有智能化、关联的人和事复杂新颖，证据错综庞杂；后者主要是犯罪行为的隐秘性强，案件证据生成的条件差。为了有效地指导办案，对司法实践中常见的疑难复杂的案件种类制定证据标准指引，比如最高检公诉厅制定的《刑事公诉案件证据审查指引》就挑选出内幕交易、非法吸收公众存款、诈骗、贪污受贿等罪名在证据方面进行指导。又如最高检公诉厅下发的《毒品犯罪案件公诉证据标准指导意见》，对司法实践中容易碰到的毒品类案件中的疑难案情的证据标准提出了较为详细的要求，包括犯罪主观方面证据要求、有被害人的毒品犯罪所需具备的证据形式、毒品犯罪的再犯所需具备的证据形式、"控制下交付"技侦手段侦破的毒品案件所需的

---

① 《关于本市办理合同诈骗、职务侵占犯罪案件立案证据标准的意见》规定"主观方面证据"：1. 符合下列情形之一，可以认定嫌疑人具有"非法占有目的"的重大嫌疑：（1）使用伪造、变造或者无效的印章、单据、介绍信等证明文件，以虚构单位或冒用他人名义签订合同的；（2）使用伪造、变造或者无效的证明文件，虚构不存在的标的；（3）"一物多卖"，就同一合同标的与他人签订多份合同的；（4）其他不可能依约履行义务的行为。2. 符合下列情形之一，且嫌疑人无法提出合理辩解的，可以认定其具有"非法占有目的"的重大嫌疑：（1）使用伪造、变造或者无效的证明文件，提供虚假的担保证明的；（2）收受对方当事人给付的货物、货款、预付款或者担保财产后逃匿、躲避、出走不归，或者以其他方法逃避承担民事责任的；（3）以低价变卖等方法占有财物的；（4）对财物进行挥霍使用的；（5）财物用于进行非法经营活动或者违法犯罪活动的；（6）抽逃、转移资金、隐匿财产的，以逃避返还资金的；（7）隐匿、销毁账目，以逃避返还资金的；（8）其他非法占有资金、拒不返还的行为。

特殊证据形式等。① 而对于危险驾驶等轻罪案件，即使制定证据标准指引，也相对简单易行。

综上，不同类型案件在证据标准上存在差异，而且有时表现各异；由此，在司法实务上，应当充分认识到这种差异性以及其呈现出的特点，以归纳、梳理、总结类型化的、递进性的证据标准，将有利于司法经验的积累和规则化，有利于借助现代信息技术进一步规范、引导办案。

二、刑事证明及其差异化

(一) 刑事证明标准的一致性

证明指"用可靠的材料来表明或断定人或事物的真实性"②，但在诉讼法中，"证明"有其特定含义。在英美法系国家，证明被界定为"双方当事人（或控辩双方）在法庭上举证以说服法官确认本方所主张的案件事实的活动"③，这种界定其实是将证明局限于审判阶段，认为是当事人举证说服法官的活动。但有的国家并不是如此限定，如《俄罗斯联邦刑事诉讼法典》第85条规定证明是"收集、审查和评定证据"④，显然是将整个刑事诉讼过程中诉讼主体实施的证据收集、审查和判断活动都纳入到证明的范畴。一直以来，我国证据理论中普遍主张证明活动贯穿诉讼整个过程，不限于审判阶段。在刑事诉讼立法上，也一直秉持这种理念。例如《刑事诉讼法》第116条规定：公安机关经过侦查，对有证据证明有犯罪事实的案件，应当进行预审，对收集、调取的证据材料予以核实。此处的"证明"系发生在侦查阶段。而该法第81条第1款则规定：对有证据证明有犯罪事实，可能判处徒刑以上刑罚的犯罪嫌疑人、被告人，采取取保候审尚不足以防止发生下列社会危险性的，应当予以逮捕……此时的"证明"显然适用于侦查、起诉乃至审判阶段。因此，司法实务中，证明是整个刑事诉讼过程中均能发生的司法活动。可见，证明在诉讼活动中有其特有的内涵，严格意义上，诉讼活动中的"证明"应称为"诉讼证明"或"司法证明"，应当是指"承担证明责任的一方提出证据证明各项待证事实的证明活动"⑤，其具有证明主体、对象、程序等方面的特定法定性，

---

① 最高检公诉厅：《毒品犯罪案件公诉证据标准指导意见》（高检诉发〔2005〕32号）。

② "证明"释义，《现代汉语词典》，商务印书馆2016年版，第1673页。

③ 陈光中：《刑事诉讼法学》（第3版），北京大学出版社、高等教育出版社2009年版，第165页。

④ 陈光中：《证据法学》（第三版），法律出版社2015年版，第287页。

⑤ 陈瑞华：《刑事证据法学》（第二版），北京大学出版社2014年版，第9页。

即其构成要素都是法律预先设定的，必须依照法律的规定进行证明，否则会产生消极的法律效果。一般来说，其法定性主要包括证明主体的法定性、证明对象的法定性、证明标准的法定性、证明程序的法定性、证明方法和手段的法定性等。

刑事证明的构成要素一般可以按照证明过程来确定，即首先确定证明的范围和对象，随之就是证明责任的分配和证明标准的确定等。具体来讲，刑事诉讼中的证明一般包括以下构成要素：证明对象，又称"待证事实"，是解决"证明什么"的问题；证明责任，解决的是"谁来证明"的问题；证明手段，证明刑事案件事实的手段就是使用证据；证明方法，即证明主体利用证据对案件事实进行论证、辩论直至说服裁判者的各种方法，包括逻辑推理、推定等；证明标准，即"承担证明责任的一方需要将某一待证事实证明到何种程度，才能成功促使法庭确信该项事实成立的规则"。① "承担证明责任的一方提出证据论证待证事实存在的可信程度，也就是裁判者对待证事实的真实性和可靠性所达到的内心确信程度。"② 所以，证明标准解决的是"证明到何种程度"的问题，是"证明主体履行证明责任所要达到的程度或要求"③。证明标准在刑事诉讼证明活动中具有重要地位，因为只有达到法定的证明标准，诉讼主体才能进行相应的诉讼行为，比如侦查机关采取强制措施，检察机关提起公诉，乃至审判机关作出有罪判决，都需要达到法定证明标准才能产生上述法律后果。也只有达到法定证明标准，证明主体才能解除应尽的证明责任，否则其证明责任不能解除，也将承担败诉的风险。无论是侦查人员，还是检察官或者法官，对没有达到法定证明标准的案件事实进行认定，都将是违法的。

按照我国刑事诉讼制度，公诉案件一般要经过立案、逮捕、移送审查起诉、提起公诉和判决等环节。在各个环节上，关于案件证明标准的规定有所不同。我国《刑事诉讼法》第112条规定，人民法院、人民检察院或者公安机关"认为有犯罪事实需要追究刑事责任的时候，应当立案；认为没有犯罪事实，或者犯罪事实显著轻微，不需要追究刑事责任的时候，不予立案"，可见，立案的事实条件是只需要有证据证明犯罪事实发生即可，至于作案人、作案时间、方法、手段、目的、动机等亦无须证明，在立案后的侦查阶段再查明犯罪全部事实。审查批准逮捕时，《刑事诉讼法》第81条第1款规定："对有证据证明有犯罪事实，可能判处徒刑以上的刑罚的犯罪嫌疑人、被告人，采取取保候审尚不足以防止发生下列社会危险性的，应当予以逮捕……"所以，

---

① 陈瑞华：《刑事证据法学》（第二版），北京大学出版社2014年版，第10页。
② 陈瑞华：《刑事证据法学》（第二版），北京大学出版社2014年版，第260页。
③ 陈光中：《证据法学》（第三版），法律出版社2015年版，第292页。

检察机关或者人民法院批准或者决定逮捕犯罪嫌疑人、被告人，证明标准应当达到"有证据证明有犯罪事实"的法律要求。而对于什么是"有证据证明有犯罪事实"，公安部发布的《公安机关办理刑事案件程序规定》第 134 条[①]作了界定，最高检发布的《人民检察院刑事诉讼规则》第 128 条第 2、3 款也作了相同规定。而在侦查终结阶段，《刑事诉讼法》第 162 条规定："公安机关侦查终结的案件，应当做到犯罪事实清楚，证据确实、充分……移送同级人民检察院审查决定……"提起公诉时，《刑事诉讼法》第 176 条规定："人民检察院认为犯罪嫌疑人的犯罪事实已经查清，证据确实、充分，依法应当追究刑事责任的，应当作出起诉决定，按照审判管辖的规定，向人民法院提起公诉……"最后在判决阶段，《刑事诉讼法》第 200 条第 1 项规定："案件事实清楚，证据确实、充分，依据法律认定被告人有罪的，应当作出有罪判决。"《刑事诉讼法》第 55 条[②]从三个方面对什么是证据确实、充分作了解释。从上述法律规定来看，我国刑事侦查终结证明标准、提起公诉证明标准、有罪判决证明标准是完全一样的，都是"犯罪事实清楚，证据确实、充分"，而立案证明标准中的"有犯罪事实"和逮捕证明标准中的"有证据证明有犯罪事实"含义有近似之处，前者是指犯罪事实的客观存在，后者加入了嫌疑人实施犯罪行为的要求。再进一步比较，立案证明标准和逮捕证明标准仅仅是针对特定诉讼阶段采取的侦查措施，与侦查终结、审查起诉等具有诉讼阶段的结论性判断不可同日而语。因此，我国刑事证明标准是"犯罪事实清楚，证据确实、充分"，而且是刑事诉讼唯一的证明标准，仍然具有统一性、一致性。

囿于"犯罪事实清楚，证据确实、充分"的抽象，从加强可操作性出发，我国刑事证明标准引入了西方法学的"排除合理怀疑"标准[③]以用来互相参考，但两者实质上都是对事件进行实证证明，而在实证领域，绝对的确定性不可能达到。[④] 其实，在实证领域所能达到的最高程度的可能性，应称之为"道德上的确定性"，是一种没有理由怀疑的确定性。在刑事诉讼中，从逮捕、搜

---

① 有证据证明有犯罪事实是指同时具备下列情形：（1）有证据证明发生了犯罪事实；（2）有证据证明该犯罪事实是犯罪嫌疑人实施的；（3）证明犯罪嫌疑人实施犯罪行为的证据已有查证属实的。前款规定的"犯罪事实"既可以是单一犯罪行为的事实，也可以是数个犯罪行为中任何一个犯罪行为的事实。

② 证据确实、充分，应当符合以下条件：（1）定罪量刑的事实都有证据证明；（2）据以定案的证据均经法定程序查证属实；（3）综合全案证据，对所认定事实已排除合理怀疑。

③ 《刑事诉讼法》第 55 条。

④ 以洛克为代表的实证主义哲学家则将人类知识分为两个领域：在第一个领域可能达到数学证明的绝对确定性，如一个直角三角形的斜边的平方等于其他两边的平方之和；在另一个领域，即对事件进行实证证明的领域，达到绝对的确定性是不可能的。

查和扣押，到起诉、审判，随着证据的质和量的变化，可能性的程度发生着移转，从而在人的内心形成不同的判断，法律上将其表述为怀疑、可能的原因、排除合理怀疑等。作为实证证明的最高标准，"排除合理怀疑"强调有罪结论的可靠性、确定性，只不过它将这种确定性称之为"道德上的确定性"，以区别于数学证明中的"绝对的确定性"。在我国理论界，有学者甚至认为，"犯罪事实清楚，证据确实、充分"实际上与"排除合理怀疑"及"内心确信"相同，都是相对于特定认识主体的一种主观信念的要求。[①] 认为在刑事诉讼中不可能存在具有确定意义的、不会受主观差异影响的证明标准，"犯罪事实清楚，证据确实、充分"是对特定主体的主观相信程度所作的要求，并不是刑事诉讼法中的证明标准，其并没有提供具有可操作性的法律规定，充其量只能算是对主观信念的一种"证明要求"。[②] 上述言论固然是一家之言，但实践中，"犯罪事实清楚，证据确实、充分"的判断确实受到案件主客观情况的影响。案件是由千差万别的犯罪事实和情节形成的，这些客观情况又会影响到办案人员的主观认识，从而影响到办案人员内心形成的证明标准。比如对于同一类型案件，被告人不认罪或认罪，司法人员承担的证明责任轻重显有差异，不认罪案件仿佛需要更加严格的证明标准，但其实只是由于存在更多的"待证事实"的外在证明需要，构罪的证明标准和认罪案件并无不同。不仅在同类型案件中，在不同类型案件中证明标准的差异表现得更为明显，因为由于不同的犯罪构成造成待证事实的繁简和数量存在较大不同，以至于外在表现上仿佛存在证明标准的巨大差异。同理，办案人员的重视程度不同也会影响其构罪证明标准的形成，进而表现出证明标准的差异化。比如对于可能判处死刑的案件，由于是重罪案件，即使被告人认罪，案件事实清楚，证据确实、充分，办案人员也会慎之又慎，仿佛适用了很高的证明标准，其实只是证据严格审查的外在表现，而对于案情简单案件，因为刑罚轻，办案人员自然对其不如重罪案件重视，办案压力的减轻造成心理上误认为适用了较低证明标准就可以定案，事实上两种案件的证明标准是一样的。

（二）刑事证明方式的差异

正如前文所述，证明是使用证据的活动，其构成要素中的证明对象、手段、方法等是证明活动中共性的要素，证明标准在我国也使用统一的法定标准。但司法实践中，案件中的证明活动却存在不少差异，有时还比较明显，特

---

① 王敏远：《一个谬误、两句废话、三种学说——对案件事实及证据的哲学和历史学分析》，中国政法大学出版社 2013 年版，第 98 页。

② 王敏远：《一个谬误、两句废话、三种学说——对案件事实及证据的哲学和历史学分析》，中国政法大学出版社 2013 年版，第 102 页。

别是在不同类型案件之间。

案例 1：李某危险驾驶案

2015 年 3 月 19 日 20 时 25 分许，被告人李某醉酒驾驶粤 B1PV 号机动车行至盐田区北山道盐田食街路口路段时，被深圳市公安局交通警察支队执勤民警现场查获。经对被告人李某进行呼吸式酒精检测，含量为 120mg/100ml。经鉴定，被告人李某血液中检出乙醇，含量为 140.48mg/100ml。

该案使用的证据有被告人身份证明材料，受案登记表，立案决定书，查获经过，呼吸式酒精测试结果，全国机动车/驾驶人信息查询情况，公安交通管理行政强制措施凭证，驾驶证、行驶证复印件，证人王某的证言，被告人李某的供述和辩解，鉴定意见，视听资料等证据。被告人李某承认控罪，对指控的上述事实和证据均无异议。后判决李某犯危险驾驶罪，判处拘役 3 个月，缓刑 6 个月，并处罚金人民币 1000 元。①

案例 2：朱炜明操纵证券市场案

2013 年 2 月 1 日至 2014 年 8 月 26 日，被告人朱炜明在任国开证券营业部证券经纪人期间，先后多次在其担任特邀嘉宾的《谈股论金》电视节目播出前，使用实际控制的 3 个证券账户买入多支股票，于当日或次日在《谈股论金》节目播出中，以特邀嘉宾身份对其先期买入的股票进行公开评价、预测及推介，并于节目首播后一至二个交易日内抛售相关股票，人为地影响前述股票的交易量和交易价格，获取利益。

朱炜明对于指控其实际控制涉案账户买卖股票的事实予以否认。上海市人民检察院第一分院分别于 2017 年 1 月 13 日、3 月 24 日二次将案件退回上海市公安局补充侦查，查证犯罪嫌疑人的淘宝、网银等 IP 地址、MAC 地址（硬件设备地址，用来定义网络设备的位置），并与涉案账户证券交易 IP 地址作筛选比对；将涉案账户资金出入与犯罪嫌疑人个人账户资金往来作关联比对。经查证，账户登录、交易 IP 地址大量位于朱炜明所在的办公地点，与朱炜明出行等电脑数据轨迹一致；涉案 3 个账户之间与朱炜明个人账户资金往来频繁，初始资金有部分来自于朱炜明账户，转出资金中有部分转入朱炜明银行账户后由其消费，证明涉案账户资金由朱炜明控制。2017 年 7 月 28 日，上海市第一中级人民法院作出一审判决，以操纵证券市场罪判处被告人朱炜明有期徒刑 11 个月，并处罚金人民币 76 万元，其违法所得予以没收。②

从案件特点来看，上述案例虽均不是重罪，但案例 1 属于认罪、案情简单

---

① 广东省深圳市盐田区人民法院（2015）深盐法刑初字第 111 号刑事判决书，https://www.tianyancha.com/lawsuit/eae707371cbb11e6b554008cfae40dc0。

② 《最高检第十批指导性案例》，载 http://www.sohu.com/a/240995185_718512。

案件，案例 2 属于不认罪、疑难复杂案件，显然，在证明犯罪事实上，两案使用证据达到证明目的过程明显不同。案例 1 证明过程简单，仅使用较少证据就达到了构罪的证明标准；而案例 2 证明过程复杂，补充较多证据，通过行为人资金往来记录、MAC 地址（硬件设备地址）、IP 地址与互联网访问轨迹的重合度与连贯性，身份关系和资金关系的紧密度，涉案股票买卖与公开荐股在时间及资金比例上的高度关联性，相关证人证言在细节上是否吻合等入手，构建严密证据体系，最终才确定构罪。笔者认为，两案诉讼目的均是要达到"事实清楚，证据确实、充分"的定罪证明标准，但证明中表现出巨大差异，而造成这种差异主要是证明方式的不同，而且在认罪与否和案情简单复杂等不同类型案件之间表现得尤为明显。

1. 刑事证明的基本方式

对于证明方式，学界并无统一的概念。笔者认为，证明方式又可以称作证明模式，借用龙宗智教授的观点，证明方式是指"实现诉讼证明的基本方式，即人们在诉讼中以何种方式达到证明标准，实现诉讼证明的目的"。[①] 龙宗智教授还认为我国的证明模式不同于自由心证，把我国的证明方式概括为"印证证明模式"，即单个证据必须得到其他证据的印证，据以认定案件事实的全部证据必须相互印证，以证据之间的相互支持与印证来形成一个稳定可靠的证明结构。还有的学者认为，"印证证明模式"特点在于强调证据之间的相互印证作为审查证据的关键，突出被告人口供作为印证机制的中心。[②] 其他许多学者也对我国的证明方式开展研究，提出了诸多观点，比如，有的认为认罪案件可以建立"推理—印证证明模式"[③]；有的认为我国刑事司法证明模式应当是"以印证为中心的整体主义证明模式"或"亚整体主义证明模式"[④] 等，上述观点基本上是对印证证明模式提出观点，并未从根本上推翻印证模式。事实上，在刑事司法实践中，长期以来，证据互相印证是侦查、审查起诉、审查判断案件的司法传统，虽然"印证"一词在 2004 年以前的法律、法规、规章或者解释中并不多见，但却是司法实践中司空见惯的办案思维模式。2004 年以后，该词愈来愈多出现在法律法规中，其中最为突出的是，在 2010 年《办理死刑案件证据规定》的 8 个条文中出现了 11 次，最高人民法院《关于适用

① 龙宗智：《印证与自由心证——我国刑事诉讼证明模式》，载《法学研究》2004 年第 2 期。

② 谢小剑：《我国刑事诉讼相互印证的证明模式》，载《现代法学》2004 年第 6 期。

③ 纵博：《论认罪案件的证明模式》，载《四川师范大学学报（社会科学版）》2013 年第 3 期。

④ 谢澍：《迈向"整体主义"——我国刑事司法证明模式之转型逻辑》，载《法制与社会发展（双月刊）》2018 年第 3 期。

〈中华人民共和国刑事诉讼法〉的解释》的 7 个条文中出现了 10 次。例如最高人民法院《关于适用〈中华人民共和国刑事诉讼法〉的解释》第 141 条规定：根据被告人的供述、指认提取到了隐蔽性很强的物证、书证，且被告人的供述与其他证明犯罪事实发生的证据相互印证，并排除串供、逼供、诱供等可能性的，可以认定被告人有罪。

相比"印证证明模式"，自由心证证明模式是刑事诉讼证明的基本模式，"自由心证"简单地说就是证据的证明力由办案人自由判断。不同于印证模式将证据之间相互印证作为审查证据关键、孤证不能定案的特点，自由心证模式将证据证明力的判断依赖于办案者理性思维能力，包括运用经验法则、逻辑规则、间接推理等手段对证据予以审查和评判。大陆法系的"内心确信"或者英美法系的"排除合理性怀疑"，就是自由心证的证明模式表现。

我国的印证证明模式没有完全脱离自由心证，"事实清楚，证据确实、充分"的认定也还是需要办案人用理性和良知进行评价，同样是依赖心证的过程。但同时，"自由心证"也离不开"印证"，一定程度的"印证"是建立"心证"的基础，否则难以形成稳定的证明结构。日本学者田口守一认为，"自由心证主义当然不允许法官恣意判断。自由心证要求根据经验法则、逻辑法则进行合理的心证。自由心证主义必须是合理的心证主义"。①

所以，笔者认为，印证和自由心证可以看作我国证明的两种基本方式，并且是互相融合的，并没有完全对立的证明方式，在此基础上还产生了若干致力于完善证明方式的"亚分类"，这都充分表明了证明方式的丰富多样性，是证明方式差异化的有力表现。

2. 差异化证明方式的必要性

从前文论述可以得出，证明方式并不是固定不变的，存在差异化现象，这是由司法规律和司法实际决定的。

首先，差异化证明方式符合公正和效率兼顾的司法价值。刑事诉讼其实通过事后痕迹来认识已经发生的客观事实，这种认识活动具有逆向性，不可能全面还原客观事实，所能收集到的证据只能是碎片性、片段性的，只能反映部分事实，收集的证据只能是尽可能地接近客观事实。正是这种客观实际，使得刑事诉讼始终面对公正和效率的取舍。通常以来，刑事诉讼总是将公正作为首要目标，但效率越来越成为设计法律制度时必须考虑的因素。正如贝勒斯教授所说："没有充分的理由，谁也不能增加经济成本"，"我们应当使法律程序的经

---

① 李勇：《坚守印证证明模式》，载《检察日报》2015 年 7 月 9 日，第 3 版。

济成本最小化。"① 实际上，差异化的证明方式体现和反映了两大价值目标的实现程度。证明方式愈复杂，揭示事物的能力愈强，其结果更可能接近于公正，但投入的成本就会相应较高，离效率的价值目标就会远些。相反，证明方式的要求简单，就会出现相反情况。最佳情况是案件适用适合的证明方式，兼顾公正与效率的同时而有所侧重。

其次，差异化证明方式契合繁简分流的司法办案需要。目前，我国刑事案件每年受案的数量有不断增多的趋势。2013 年至 2017 年，全国检察机关共起诉 717.3 万人，较前 5 年上升 19.2%。② 而且，其中较明显的现象是轻刑化犯罪数量的增长，在轻微刑事案件的比重越来越大的情况下，为有效解决案多人少矛盾，实现案件繁简分流必然成为现实选择。实践中，在侦查阶段，刑事案件种类繁多，数量庞杂，但是侦查力量是有限的，鉴于轻罪案件、认罪案件和案情简单案件占有绝大部分数量，而重罪案件、不认罪案件和案情疑难复杂案件占比较少，因此，应重点打击这些犯罪性质恶劣、社会影响较大或新领域新类型疑难复杂案件。如果对每一件案件都分配同样的警力，就会导致重罪、不认罪和疑难复杂案件在侦查力量上的不足，往往直接影响侦查效果，也就影响到后期的审查起诉和审判，严重损伤整体打击犯罪的成效，应当通过证明方式的差异化来办理不同类型案件，避免上述弊端。同理，在审查起诉和审判阶段，检察机关和法院适用差异化的证明方式思维，对轻罪、认罪和案情简单案件适用速裁、认罪认罚等办案模式，从无差别的审查办案中解脱出来，集中精力应对数量虽少但费时费力的重罪、不认罪和案情疑难复杂案件，通过契合案件特点的证明方式严格把关，使办案质量和效率均得到保障。

最后，差异化证明方式是公正高效办理不同类型案件的需要。证明差异化实际上是对不同类型的犯罪证明其构成要件所要求的证据不同，并由此带来的证明方式不同，即证明差异化实际上是证明方式差异化。证明方式的差异化并不是根据犯罪构成要件的不同使用不同的证明标准，更不是轻罪、案情简单的案件不需要达到"证据确实、充分"。犯罪构成要件在不同类型的案件里是不同的，刑事诉讼证明的过程，就是紧密围绕犯罪构成要件提供证据进行，犯罪构成要件也就决定了需要提供的证据范围、种类、内容。事实上，对于不同类型案件，主观上形成"事实清楚，证据确实、充分"的程度所需的证据要求是不同的。比如危险驾驶罪和交通肇事罪，两者的犯罪构成要件是截然不同的。对于同一辆在道路上驾驶运行的机动车，如果因醉驾涉嫌危险驾驶罪，最

---

① ［美］迈克尔·D. 贝勒斯：《法律的原则——一个规范的分析》，张文显等译，中国大百科全书出版社 1996 年版，第 26 页。

② 详见 2018 年最高人民检察院工作报告。

关键的证据是行为人血液中酒精含量达到法定标准，而对于交通肇事罪而言，最重要的证据是违反交通法规造成重大交通事故，而且二者之间存在刑法上的因果关系。显然，虽然证明的标准都是"证据确实、充分"，但由于所证明的犯罪构成要件的区别，由此造成所需的证据不同，其证明任务和要求不同，则证明方式也必然有所区别，于是应当通过恰当的证明方式，避免对简单案件苛求无关紧要的证据，影响诉讼进程的进度乃至司法资源的浪费。又如被告人认罪案件，如果又有其他证据能够证明犯罪事实，办案人员较为容易形成"事实清楚，证据确实、充分"的判断，但对于被告人不认罪案件，即使有较多证据可以证明犯罪事实，此类案件在办理时也会慎之又慎，往往要求较多的证据相互印证，内心形成法定证明标准的难度也较大，由此造成两种案件的证明方式显然不同。

综上，证明方式的差异化现象是有充足的法理基础和现实需求的，充分认识到这一结论，对开展差异化证明方式探索有重要意义。

三、差异化证据标准和差异化证明方式的运用

（一）证据标准、证明方式和证明标准的关系

我国刑事诉讼中，证明标准在适用时是采用统一的"事实清楚，证据确实、充分"标准，[①] 这在我国《刑事诉讼法》中得到确认。证据标准研究和建设也较为成熟，这充分表现在司法实务部门制发的各种办案证据指引中，如最高检公诉厅编写的《公诉案件证据参考标准》《毒品犯罪案件公诉证据标准指导意见》等，也表现在不同部门联合制定的一类案件证据标准，比如上海市人民检察院、上海市公安局共同印发的《关于本市办理合同诈骗、职务侵占犯罪案件立案证据标准的意见》等，以及在法律法规和司法解释中往往也能体现对一类案件证据标准的要求，比如《办理死刑案件证据规定》及最高人民法院、最高人民检察院《关于办理危害药品安全刑事案件适用法律若干问题的解释》等。但对于证明方式，往往停留在"印证"的习惯思维和"印证是否恰当"的探讨，还没有形成较为理想的证明方式体系机制。鉴于证明方式无法脱离证据标准和证明标准单独存在，为了构建理想的证明方式体系，下文将对三者的关系进行论述。

首先，证据标准、证明方式和证明标准存在层层递进的密切关系。案件证据标准本质上是证据指引，其能够引导侦查、检察和审判人员进行证据的分析、梳理，但不可替代上述人员的判断，更多解决证据本身"有"和"无"

---

① 参见前文论述，移送审查起诉、提起公诉、定罪判决的证明标准相同。

的问题，而非待证事实"是"和"否"的问题，因此在证据标准的基础上，需要采取有效的证明方式，进一步判断证据的证明力，直至达到案件证明标准的要求。

其次，证据标准的不同体现出证明方式的差异。证据标准是证明方式的基础，证明方式是证据标准的外在表现。案件办理的基础在于证据，只有证据的数量、种类和形式达到案件特点和办理要求，才能顺利开展具体的审理案件工作，这也是司法实务中频繁组织完善证据标准工作的原因。同理，证据标准又决定着证据的运用方式，证据标准的不同也会造成证明方式的不同，这不仅表现在对犯罪事实和量刑事实的证明方式上，也表现在认罪和不认罪案件上，即便是同一类型案件中的认罪、不认罪也存在较大差异，同样，在死刑等重罪案件和轻罪案件之间表现得也尤为明显。所以，证明方式不能脱离证据标准而虚化。

最后，证明方式又影响证据标准，对证据标准具有反作用。任何类型的案件在办理中都不可回避如何运用证据进行证明的问题，使用的证明方式越简单直接，对该类型案件的证据标准要求越低，一般在证据数量上表现明显；而证明方式越复杂，案件的证据标准要求就越高，就需要有契合证明方式需要的证据以达到证明目的，导致普遍需要较多的证据数量，这在使用自由心证证明方式的案件中可以充分体现。

所以，证据标准、证明方式和证明标准相互作用，相互影响。司法实务中，在证据标准和证明方式紧密联系的基础上，充分运用证据标准和证明方式差异化的特点，对指导类案办理、提高办案效率等具有重要作用。

（二）差异化证据标准的建设和应用

1. 发挥指导办案作用

目前，司法实务中对证据标准的建设成果颇多，既有最高司法机关制定的，也有地方司法机关制定的，代表性的有最高检公诉厅编写的《公诉案件证据参考标准》等，不再赘述。但值得强调的是，鉴于各种一类案件的证据标准有自身的重点内容和关键证据，无论是司法实务部门制发的"证据标准"指导文件，还是编印成册的"证据指引""证据参考标准"，抑或是实践中检察机关开展的类似恶性暴力案件、疑难复杂案件提前介入指导和类案指导意见、类案侦查通报意见等，都应当体现出各种一类案件证据标准的特点，紧紧抓住证据标准中的关键证据开展指导活动，以体现差异化证据标准的积极作用。例如部分侵财犯罪案件的构成要件要求"以非法占有为目的"，在区分司法实践中常见的合同纠纷与合同诈骗以及集资诈骗与非法吸收公众存款等罪与非罪或者此罪与彼罪时非常重要。在具体证明"以非法占有为目的"时，犯罪嫌疑人、被告人供述和辩解的证据往往不是重点，被害人陈述、证人证言、反映主观故意内容的书证等客观证据是判断行为人心态的主要证据，其中，行为人对非法占有财产处分的证据尤为关键，因此，对此类案件的证据标准，应当尤为重视上述证据的收集和规范。又如"过失"类案件，证明"过失"的证据通常包括犯罪嫌疑人、被告人供述和辩解、证人证言，其他诸如电话记录、手机信息记录等书证或者现场勘验、检查笔录及鉴定意见、事故责任技术分析报告等有助于判断主观内容的客观事实，在这些证据中，犯罪嫌疑人、被告人供述和辩解以及证人证言往往占主要地位，其他客观证据主要起到辅助判断作用，所以，此类案件证据标准又有其自身的侧重点。

2. 应用于智能辅助办案系统

目前，上海司法机关正在积极建设"206"工程（上海刑事案件智能辅助办案系统），该系统服务公检法三机关执法办案，运用大数据、云计算、人工智能等现代科技手段，契合刑事办案流程实际和公检法三机关的办案需求，确保侦查终结、审查起诉阶段的办案证据标准符合法定定案标准，对办案人员办理刑事案件提供证据指引，为办案人员提供智能化办案辅助，提高办案质量和效率。事实上，该工程正是差异化证据标准应用的表现，通过该工程，实现证据标准对一类案件证明提供最大公约数式的规范指引的功能。例如，该系统在制定命案的证据标准时，将命案分成四种类型：第一种是现场目击型，也就是现场有目击证人或者有监控录像，能够完整反映案件情况的命案类型；第二种是认罪供述型，也就是定案主要依靠犯罪嫌疑人的供述与现场情况进行判断的命案类型；第三种是现场留痕型，比如现场有血指纹、血脚印等能够证实犯罪嫌疑人作案的客观性证据的命案类型；第四种是拒不认罪型。以上四种类型虽然都属于命案，但是存在巨大差异，因此针对不同类型的案件制定个性化的证据标准，这突出体现出差异化证据标准的细化应用。比如认罪供述类命案，证据标准的关键是犯罪嫌疑人的供述是否和现场情况一致，这两方面的证据应是收集重点，假设犯罪嫌疑人交代是"用榔头敲他的头，用匕首捅刺胸部数刀"，但尸检报告显示被害人"头颅完好、胸骨也没有刺戳的痕迹"，这显然无法排除凶手是他人的合理怀疑，从而甄别出案件疑点，体现出证据标准建设的价值，实现借助"206"系统人工智能技术发现证据之间的逻辑冲突之处的目的。

可见，差异化的证据标准通过"206"系统在证据指引、提示、检验、把关、监督上发挥重要作用，而且在批捕、移送审查、提起公诉程序节点，系统会根据相应的证据标准综合提示证据是否缺失，事实上将证据标准嵌入公检法三机关的数据化刑事办案系统中，连通了公检法三机关的办案平台，促进所有办案机关和诉讼参与人都严格执行统一的证据标准，"倒逼"侦查、审查起诉、审判各个诉讼环节严格按照统一证据标准办理刑事案件，提高司法质量、司法效率。

（三）差异化证明方式的构建和运用

1. 现行主要证明方式评析

目前，我国刑事诉讼证明方式主要是"印证"，强调证据要能够互相印证，孤证不能定案，尤其在对定罪量刑有直接影响的关键事实上，往往将证据印证作为事实认定的基本要求。应当看到，印证模式有其自身的特点和优势，是证明案件事实的直接有效做法，而且具备一定的刚性，便于实践操作，所以在我国长期占据主导地位，确实也发挥出重要的司法作用。但也必须看到，印证模式也有着缺陷。在我国刑事司法实践中，对证据印证的要求很高，在关键事实上更是往往要求必须得到印证，否则就作疑案处理，这在多数案件中可以起到相对准确认定事实的作用，防止出现重大特别是根本性的事实认定错误。但面对那些客观证据薄弱、严重依赖侦查机关取得的主观性证据的重大、复杂案件，过于强调印证可能使办案难以达到理想结果，特别是随着"聂树斌案""张氏叔侄案"等一系列冤假错案的出现，印证模式的缺陷必须引起重视。

首先，过于强调印证而忽视经验法则。证据法上的经验法则是法官依照日常生活中所形成的反映事物之间内在必然联系的事理作为认定待证事实的根据的有关规则。① 经验法则是国外经常使用的法学术语，具有重要的司法价值。美国大法官霍姆斯曾言"法律的生命不在于逻辑，而在于经验"，体现了该法则的重要性。经验法则主要是根据法官基于个人体验对于事物或现象之间内在联系的一般性知识，是重要的司法实践结晶，在证据判断中过于强调证据印证，必然会使证据的印证性大于经验法则的作用，从而使该规则不能发挥出其应有的功能。一味追求形式印证、表面印证、完全印证，极有可能导致司法走向僵化、极端，"刑事诉讼是对过往案件事实的还原和再现，要求每个案件证据之间都做到相互印证，完全印证，不符合司法认知规律。有时候证据之间存在一定的矛盾，反而是一种正常的表现、可靠的表现"。② "对于证据无法相互印证的案件，即使裁判者内心十分确信，也不允许下判。对于证据表面印证的案件，即使裁判者心存疑虑，也不得不勉强下判。"③ 可见，印证证明模式过于强调证据之间相互印证，一定程度上会忽略或限制裁判者经验和逻辑规则的作用，这在"孤证"和"一对一"案件中表现得尤为明显。

其次，印证侧重证立，忽视去伪，过于强调印证容易造成冤假错案。证据相互印证的证明方式，一般就是强调证立之意，即要求有罪证据相互印证。在

---

① 李祖军：《自由心证与法官依法独立判断》，载《现代法学》2004 年第 5 期。

② 龙宗智：《聂树斌案法理研判》，载《法学》2013 年第 8 期。

③ 陈瑞华：《刑事证据法学》，北京大学出版社 2014 年版，第 315 页。

这种证明模式的引导下，普遍重视有罪证据，忽视无罪、罪轻证据。一旦形成相互印证的有罪证据体系，即使有无罪证据也往往仅仅是孤单的个体而难以动摇有罪证据基石。一些供证基本吻合但存在不同程度出入或者矛盾的案件，问题常被表面印证掩盖。

2. 构建差异化证明方式的主要原则

实践证明，单纯适用过于注重印证的证明方式有其自身的缺陷，并不完全适应司法办案的需求，应当建立差异化的证明方式，并遵循以下原则：

首先，差异化证明方式针对不同类型的案件，而非针对个案。案件特点千差万别，适用的证明方式也就不会相同，不能针对个案设定证明方式。适用差异化证明方式即是从办案实践中总结一类案件的证明规律提炼形成的具体规则。它不是个案在客观证据条件限制下的一种被动选择，是由不同类型案件特点决定的，不是针对个案的特殊化，更不是消化案件。类案是遵循结合犯罪特点、国家历史文化传统、司法规律等，合理划分的不同类型，例如是否认罪、重罪轻罪、案件繁简等，具有共同的犯罪特征，自然可以适用相同的证明方式。

其次，差异化证明方式是融合互补的，不是截然分割。对具有我国鲜明特色的印证证明模式，不少学者依然认为实质上也是自由心证模式。即使承认两者的区别，但不可否认的是，自由心证一般也需要能够印证的证据作基础，自由心证也并不完全排斥证据印证，毕竟"孤证""一对一"等案件是少数。因此，证明方式可以各种各样，但并不互相排斥，有时还可以互相补充，互相辅助，没有绝对孤立的证明方式。

最后，差异化证明方式需要符合刑事政策要求。差异化证明方式与一定阶段的刑事政策存在直接关系，对于某些特定的犯罪，如毒品犯罪，基于犯罪手段的隐蔽性和严厉打击的必要性，在被告人自愿认罪的前提下，在证据的把握上和普通案件应有所区别；再如醉驾案件的证明也可能随着案发形势的变化而出现变化。

3. 差异化证明方式的具体构建

构建差异化证明方式，是在类案基础上进行证明方式的优化，根本目的是追求公正和效率的统一，现实目的是为办案提供指导和解决案多人少的矛盾，提高诉讼机制的运转效能。在下文中，笔者将结合实践案例，探讨差异化的证明方式。

（1）证明程序的差异化

公正和效率一直是刑事诉讼追求的两大基本价值。证明方式承载于庭审程序中，尤其控辩审三方以何种架构探求刑事诉讼真相的过程，集中体现了证明的过程。从该意义上来讲，刑事证明方式的差异化既体现在案件办理中证明方式的差异，也体现在不同诉讼程序中证明过程的差异。

一是诉讼程序与司法证明的多元化。2014 年，全国人大常委会授权最高人民法院、最高人民检察院在全国 18 个城市试点"刑事速裁程序"工作。2016 年，在刑事速裁程序试点基础上，全国人大常委会再次授权"两高"进行为期两年的"认罪认罚从宽制度"的试点工作。2018 年修改的《刑事诉讼法》充分吸收了试点改革的经验，将"认罪认罚从宽制度"和"速裁程序"写入其中，其中第 176 条第 2 款规定了"犯罪嫌疑人认罪认罚的，人民检察院应当就主刑、附加刑、是否适用缓刑等提出量刑建议，并随案移送认罪认罚具结书等材料"。第三编第二章第一审程序中专门列一节对速裁程序予以说明。由此可见，我国刑事诉讼已经建构起了"普通程序—简易程序—速裁程序"由繁至简的三级诉讼构造，即在被告人认罪的情况下可以选择适用简易程序、速裁程序；不认罪的则适用普通程序。试点经验充分证明程序分流是优化司法资源配置、提升诉讼效率、破解案多人少矛盾的有效途径。被告人是否认罪已成为审判程序划分的第一标准。

党的十八届四中全会《关于全面推进依法治国若干重大问题的决定》提出"推进以审判为中心的诉讼制度改革"，其实质是为了实现庭审的实质化，贯彻证据裁判原则，一切证据都要经过法庭的检验，改变以往"侦查中心主义"的错位。但是，笔者认为，以审判为中心与认罪认罚从宽制度中证明过程的简化并不冲突，二者存在契合性。司法活动处于特定场域之中，具有独特的运作逻辑，庭审实质化并非是由各项程序简单叠加即可形塑，程序繁简、对抗程度、庭审时长，亦不是影响其实现的"命门"——法官的心证形成于庭审之外、之前，抑或庭审之上，才是庭审实质化能否兑现的关键之所在。① 正如本文前面所述，认罪认罚案件虽然控辩双方减少了对抗的积极性，但是其证明标准仍然是统一的，即"犯罪事实清楚，证据确实、充分"。在此标准下，要想实现案件的诉讼程序分流，提高诉讼效率，唯有在程序简化的前提下探究证明程序的差异化，实现有效的司法证明，促成司法证明模式向多元化转型。也有学者将我国的证明标准分为实体要件、程序要件和心证要件，即定罪量刑的事实必须有证据证明；各项证据必须查证属实；证据程度达到确实、充分。为防止冤假错案，其中实体要件与心证要件均不存在放宽或降低之可能性，因此认罪认罚案件之证据调查程序的严格性程度，可较不认罪案件做一定程度的降低。② 由此可见，当下证明程序的多元化与诉讼程序的多元化紧密相连，并集中体现在庭审调查程序的多元化，具备接受法官自由心证检验之资格的证

① 汪海燕：《认罪认罚从宽案件证明标准研究》，载《比较法研究》2018 年第 5 期。
② 孙远：《论认罪认罚案件的证明标准》，载《法律适用》2016 年第 11 期。

据，必须是经过法定程序予以调查的证据。

二是证明程序差异化的适用。要想实现证明程序的差异化，首先要明确两个概念：严格证明与自由证明。所谓严格证明是指，对于有关认定犯罪行为之经过、行为人之责任及刑罚之高度等问题的重要事项，法律规定需以严格之方式提出证据。① 自由证明是用某种证据经某种程序的证明；自由证明的证据是否在法庭出示，出示后用什么方式调查，由法院裁量，不受直接言词原则、公开审理原则的限制，法官拥有更多的自由裁量权，法庭可以在讯问被告人的基础上，结合案卷、其他证据作出判决。② 因此认罪认罚案件在证明标准不降的前提下，要想实现诉讼的集约化，就必须由严格证明转向自由证明。

首先，证据规则的适用上要有所区分。即在普通程序、简易程序、速裁程序中如何适当地运用证据规则，查明案件事实就显得尤为重要。根据刑事诉讼法第224条第1款规定"适用速裁程序审理案件，不受本章第一节规定的送达期限的限制，一般不进行法庭调查、法庭辩论，但在判决宣告前应当听取辩护人的意见和被告人的最后陈述意见"。更有甚者提出速裁程序应当采用书面审理的方式，以达到快速高效的目的。如依照德国的处罚令程序审理的案件，由检察院书面申请，可以不经法庭审理直接以书面处罚令确定行为的法律后果。

根据刑事诉讼法规定，普通程序、简易程序审理的案件并未省略法庭调查和法庭辩论。但是笔者认为基于被告人是否认罪的标准划分，对于被告人认罪认罚的案件，应当简化证据规则的适用。对于被告人不认罪的适用普通程序的案件，则要严格遵循相关证据规则的适用。如实践中法院对于某些认罪认罚案件，基于被告人有部分辩解，仍然决定适用普通程序审理，且证据规则与普通程序完全一致，如申请被害人、证人出庭等。笔者认为该种情形完全可以排除直接言词原则的适用，可以通过宣读证人笔录、被害人陈述进行法庭质证。如美国《联邦证据规则》第802条原则规定了传闻证据不可采，但是其也有例外情形，那就是在辩诉交易案件中，传闻证据是可采的。英、美实行对抗式审判，其理论前提是当事人之间存在直接的冲突与对抗，如果这种对立不复存在，既不必要也不能够再进行对抗式审判。

其次，根据不同程序，实现证明重心的转移。在美国，在大陪审团决定对被告人提起公诉后或者检察官提交起诉书后，如果被告人作出认罪答辩，则具有规避审判的程序法功能，案件会直接进入量刑程序。在我国认罪认罚协商内容仅限于量刑协商，其是否有罪仍然要经过法庭认定，但是对于该类案件，法

---

① ［德］克劳斯·罗科信：《刑事诉讼法》，吴丽琪译，法律出版社2003年版，第208页。

② ［日］田口守一：《刑事诉讼法》，刘迪等译，法律出版社2000年版，第220页。

庭的审理重点应放在量刑事实的证明，应当注重量刑程序的独立性，且应当适用自由证明方式。对于证明其犯罪构成的证据不应再一一列举，进行质证；而应当简化证明流程，概括、归纳予以出示。对于被告人庭前已经认罪的案件，应当着力推动量刑程序的相对独立，诉讼证明的关键环节放在量刑事实的证明以及被告人认罪的自愿性审查方面，速裁程序中也应当就量刑的问题听取控辩双方的意见，简易、普通程序中，则应当允许控辩双方就量刑的证据进行质证，围绕量刑事实进行辩论。

（2）认罪与否案件印证证明差异化

印证证明模式是我国刑事诉讼中主要的证明方法，应该承认印证模式的科学性和合理性，但也不能无视司法实践中印证证明表面化、片面化和教条化的倾向。事实上，印证证明的运用并非千案一面，对于不同案件，印证证明也应当差异化。这其中最重要的莫过于认罪案件和不认罪案件在印证证明方法运用上的差异性。对于认罪案件而言，印证证明应该围绕被告人有罪供述和口供补强规则展开。重点审查有罪供述的自愿性、稳定性、合理性，并通过口供补强规则，以其他的间接证据从不同的侧面来印证口供的真实性。

案例3：张某、祖某盗窃案

2013年8月28日1时许，被告人张某、祖某携带钢丝钳、弹簧刀到青岛市城阳区一民房，撬锁入室盗窃黑色新宝牌摩托车1辆，经鉴定价值人民币3150元。同日，被告人张某、祖某被抓获归案。

该案主要证据有：①被告人张某、祖某供述，案发当日凌晨，张某用钳子将大门的挂锁、东厢房门上的挂锁剪断进入东厢房，祖某把里面的一辆摩托车推出，走到大门外面的路上被人发现，后被抓住。②证人江某甲、江某乙的证言，证实二人抓获两名盗窃摩托车的人，对二被告人进行辨认并确认。③证人孙某的证言，证实购买的摩托车被盗的事实，对被盗的摩托车进行辨认并确认。④山东省涉案物品价格鉴定结论书，证实被盗摩托车价值人民币3150元。⑤辨认笔录及照片，证实二被告人对盗窃的摩托车进行辨认并确认；辨认现场笔录及照片，证实二被告人对盗窃的地点及被抓获的地点进行辨认并确认。⑥检查笔录、扣押清单及照片，证实从张某处检查出弹簧刀、钢丝钳、塑料袋等物品予以扣押，并将扣押的摩托车发还的事实。2014年2月27日，山东省青岛市城阳区人民法院认定被告人张某、祖某犯盗窃罪，均被判处有期徒刑6个月，并处罚金人民币3000元。①

从上述案例可以看出，该案例案情简单，是认罪案件，有被告人供述，有

---

① 山东省青岛市城阳区人民法院（2014）城刑初字第76号刑事判决书，http://lawyers.66law.cn/s280936893418d_ anli44002.aspx。

抓获被告人的证人证言，这都可以看作是证实犯罪的直接证据，因此，通过其他证据对直接证据稍加验证，比如失主的陈述、扣押笔录等，就可以迅速定案，司法效率较高。因此，笔者主张，对于认罪案件，犯罪嫌疑人、被告人自愿认罪的供述等往往就是直接证据，可以直接适用直接证据验证的证明方式，通过其他间接证据的验证直接定罪，验证的数量不必太多，少数验证即可，从而把司法资源解放出来。当然，对于认罪供述这种主观证据，必须是自愿认罪，认罪供述的证据必须按最严格的要求，绝不能是刑讯逼供、诱供等形成的。笔者主张应大力推广这种证明模式的应用，将节省下的司法资源投入到其他需要加大司法资源投入的案件之中，使公平正义在更广大的范围中实现。

对于不认罪案件而言，印证证明不依赖于口供印证，主要是要通过间接证据的相互印证，形成证据锁链来实现。应当遵从这种规律性，既不必叠床架屋，在有罪供述辅以口供补强规则已经达到证明标准的情况下，怀疑证据不足，再去强求客观印证；也不必南辕北辙，在不认罪案件中，忽视客观上存在的间接证据锁链，一定要在口供上寻求突破。需要指出的是，就达到证明标准的难度而言，有罪供述辅以口供补强原则要易于间接证据锁链的发现，这种难易差别很容易被误解为认罪案件的证明标准低于不认罪案件。其实这里无涉证明标准，只是证明路径、证明方法因案件类型的不同而存在难易之分，但殊途同归，两种印证证明路径最终所要达到的都是"证据确实、充分"的标准。

案例4：吴某某"零口供"盗窃案

2014年6月的某日深夜，一犯罪分子通过攀爬楼房阳台，并钻过阳台栅栏间隙的方法，潜入到六楼的一户人家行窃，在盗走3000多元现金后逃离现场。次日清晨失主报案，公安机关勘查现场后，在失主家阳台瓷砖上提取指纹一枚，在203栋六楼楼梯处提取沾有泥巴的鞋印一枚。公安机关将现场提取到的可疑指纹录入到指纹系统进行比对，发现案发现场的可疑指纹与盗窃前科人员吴某某（身材瘦小）的指纹一致，遂对吴某某进行跟踪调查，后依法在吴某某的住处搜获运动鞋一双，经鉴定，203栋楼梯处的鞋印与吴某某所穿运动鞋鞋底纹样相符。吴某某被抓获归案后，拒不供认其实施了盗窃行为。

本案吴某某涉嫌盗窃的主要证据：①吴某某留在现场的指纹；②现场外楼梯处吴某某运动鞋留下的鞋印。因为检察机关认为本案的间接证据无法形成完整严密的证据锁链证实吴某某实施了盗窃的事实，故本案最终对嫌疑人吴某某作了存疑不起诉的处理。[①]

---

① 冯强：《自由心证模式和印证证明模式——对我国刑事诉讼证明模式的反思》，载《铜陵学院学报》2015年第4期。

（3）证明难易案件印证与心证的差异化

印证证明固然是我国刑事诉讼实践中居于主导地位的证明方法，很多案件的证明也确实是通过印证证明的方式完成的。但不可否认，在实践中也存在一些案件由于只追求证据的表面印证而造成冤假错案，另一些案件则由于过于强调证据的形式印证而放纵了犯罪。实践中，在坚持印证原则的基础上，不应该忽视心证方法的运用，特别是对于疑难案件，由于案件自身特点或取证条件局限，客观印证无法完全达到的情况下，应运用经验法则判断证据，完成刑事证明。

案例 5：戚某猥亵儿童案

2015 年 5 月 16 日 16 时 20 分许，被害人霍某（女，6 岁）在本市徐汇区乐山路 25 弄 1 号地下室寻找小伙伴未果，被居住在该地下室的犯罪嫌疑人戚某（男，50 岁）抱进卧室床上猥亵。被害人母亲在室外呼叫寻找被害人，戚某遂放手并给被害人一瓶饮料，威胁被害人不许将其行为告诉他人，后被害人离开现场。随后被害人母亲发现被害人异常，询问后得知上述情况。遂与戚某发生激烈争执后报警。

本案的证据情况：一是言词证据上"一对一"，仅有被害人的指认，犯罪嫌疑人到案后拒不承认。二是被害人关于被猥亵经过的陈述不能得到客观证据的直接印证：案发地点在偏僻的地下室，监控录像只有小女孩进出地下室的情形，地下室内发生的事情无监控录像；无目击证人；未造成伤势。三是现有证据所能证实的间接性、边缘性事实情况：①犯罪嫌疑人辩解左手有伤，无法实施被害人描述的猥亵行为，但证人证言和就诊记录可以证明其辩解不实。②监控录像显示小女孩蹦蹦跳跳进入地下车库，掩面哭泣出来。③犯罪嫌疑人尾随小女孩走出地下车库，看到小女孩母亲迎面过来，即和小女孩分开，假装收衣服，后经查证犯罪嫌疑人所收衣服并非其本人所有。④小女孩的母亲找到犯罪嫌疑人后，情绪激动，并有推搡，犯罪嫌疑人无反抗，只是否认和回避。⑤根据实地勘察，案发地下室阴暗潮湿，排除小女孩主动长期停留的可能性。⑥犯罪嫌疑人心理测试不稳定。

上述案例如果我们仅依赖印证证明方法，要求案件核心事实，即实施猥亵过程的事实一定要有两个以上的证据相互印证，则案件将无法认定。而如果我们重视心证在刑事证明中的重要作用，不拘泥于证据的表面印证，充分发掘证据的内在信息，尊重司法者的内心判断，则本案的现有证据足以让人形成犯罪嫌疑人实施了猥亵行为的内心确信。本案最终一审法院认定被告人戚某构成猥亵儿童罪。一审判决后被告人戚某未上诉。

通过上述案件的分析，笔者认为，针对类似案件的证明应该强化心证的作用，重视证据的内省性判断。在双方各执一词，核心事实无法简单印证的情况下，可以通过间接证据的印证先固定间接事实或边缘事实，在此基础上，依据经验法则，通过常识判断、逻辑推演，以及来源于已查证的间接、边缘事实的联想、推论和直觉判断，来完成核心事实的证明。① 强调心证而不仅仅依赖于印证，不应被理解为降低了证明标准，而是为达到"证据确实、充分"的证明标准提供了另一条路径。事实上，心证证明的运用需要司法者具备更高的法律素养和更丰富的实践经验，是一种更难把握和驾驭的证明方法。

（4）特殊类型案件证明方式差异化

一是死刑案件证明方式。笔者认为，死刑案件的证明方式应当在印证基础上适用自由心证。联合国《关于保护面对死刑的人的权利的保障措施》第 4 条中明确规定："只有在对被告的罪行根据明确和令人信服的证据，对事实没有其它解释余地的情况下，才能判处死刑。"即使被告人认罪，也要"对事实没有其它解释余地"，这是比"排除合理怀疑"更为强调事实判断结论的唯一性与排他性，也是印证加心证证明方式的必然要求和目的。

案例 6：黄某故意杀人案②

被告人黄某与被害人曾某长期有姘居关系。2004 年 12 月 30 日下午，黄某和曾某一起到黄某的暂住处过夜。2004 年 12 月 31 日下午开始，曾某以前段时间自己的发廊被公安机关查处和提包被窃为由向黄某索要人民币 2000 元，黄某因手头拮据，遂于当晚 7 时许和曾某一起到黄某的亲戚处借钱。当晚 8 时许，至途中一桥上时，曾某因天冷而牢骚抱怨，不愿再走，并对黄某讲了"死掉好了""你有本事把我扔到河里去"等言语，黄某气愤之下便将曾某抱起从桥上扔到河中，致曾某溺水身亡。2005 年 2 月 4 日，曾某的尸体在位于该桥以北的另一码头被发现。2005 年 2 月 18 日，黄某被公安机关抓获归案，经审讯，黄某交代了杀害曾某的犯罪事实。

由于本案犯罪发生前和发生当时均只有被告人和被害人在一起，没有直接的目击证人，第一现场也没有留下痕迹、指纹等实物证据，因此能证明本案犯罪行为实施的证据，只有被告人的有罪供述。如何排除例如死者系自杀的可能呢？本案因是命案，其判案思维和理由反映出其证明方式的特色：

首先，从本案黄某的供述状态看，黄某在作了第一次有罪供述后，在随后的侦查和审查起诉阶段中，对不同的承办机关和承办人员作了 8 次有罪供述；并指认了犯罪现场。前后 9 次有罪供述中，黄某仅曾辩解自己"无意"杀人，其余供述内容基本一致，没有出现明显的矛盾。由此可以断定，黄某的供述具

---

① 龙宗智：《刑事印证证明新探》，载《法学研究》2017 年第 2 期。

② 陶建平、皇甫长城：《口供补强规则的理解与适用——以黄某故意杀人案的成功指控为例》，载《上海检察调研》2007 年第 2 期。

有足够的稳定性，即使其在庭审时翻供，如此稳定的庭前供述亦足作为"弹劾证据"，来反驳其当庭供述的证明力。从本案证据体系的形成过程看，除证明被害人身份以及黄某转手被害人手机事实的证据外，其余大多数证据，包括证明被害人发廊被公安机关查处和提包被窃的事实、黄某和被害人约会的住处、黄某经济拮据的状况、被害人遗留的钥匙等，都是先由黄某自己供述，而后侦查机关根据其供述查证的。此即为通常所称之"先供后证"的证据体系形成方式。在这种情况下，根据"当事人没有动机承认一项导致对己不利的案件事实，除非这个事实是真实的"的法谚，如果承认绝大多数人出于本能会趋利避害，一般情况下是不会自己给自己捏造出一个犯罪事实，而使自己身陷囹圄的话，那么也就没有理由因该有罪供述内容某些环节缺少其他证据的印证而轻易否认整个有罪供述的可信性。

其次，本案第一现场处于偏僻地段，被告人黄某并不经常在此活动，其住在第一现场附近的亲戚也证明和黄某不经常联系。在这一前提下，本案有罪供述中有三处内容可以作为"隐蔽性知识"证明黄某所供系其在第一现场将被害人抛入河中这一事实的真实性：①关于到第一现场的有关车费情况，被告人曾供述，其与被害人从暂住处去第一现场是先乘坐公交车，车费是 2 元/人；再转乘出租车，费用为 20 元；作案后，其从第一现场乘出租车返回暂住处，费用为 40 元。经查证，在上述路线，当时乘坐公交车和出租车的费用与被告人的供述相吻合。试想，如果被告人没有到过现场，又怎么可能精确地说出有关费用的数额？②关于被害人落水后的情景，被告人黄某在供述中提到，被害人掉进河里后，所穿的白色鞋子有一只脱落，并浮在水上往南漂，从当时的自然条件看，本案发生在冬季的晚上 8 时许，周围无光亮，且水文资料证实，受潮汐影响，该条河在当晚的流向为 21 时前向南流，21 时后向北流；同时，经检察机关承办人会同侦查机关侦查实验表明，在水文、气象等自然环境相同的条件下，一般人是能够从桥上看到往南漂的白色鞋子的。根据经验常识，如果被告人不是本案的行为人，在没有相关水文、气象等知识的情况下，其如何能对犯罪场景作出如此细致的描述？③在被害人落桥溺水后，被告人既没有采取任何施救措施，事后也没有告诉其他人，反而将被害人遗留在其住处的财物拿走、转卖。从被告人与被害人的关系看，如果被害人是自杀身亡的话，被告人是不应该有上述举动的。而在审查起诉期间通过退回补充侦查获取的包括被害人丈夫在内的和被害人关系密切之证人的证言，证实了被害人在遇害前没有异常情绪及自杀倾向。同时，侦查机关通过调查与被害人关系密切的人员，证实本案第一现场并非被害人经常活动范围，且其他关系密切人员也没有作案嫌疑。

综上，被告人供述中的大部分内容予以印证，可以排除被害人自杀及其他与被害人关系密切者作案的可能，从而得出被害人是被告人杀害的唯一结论，体现出死刑案件在印证基础上适用自由心证的证明方式的运用。

二是"一对一"案件证明方式。司法实践中，例如强奸、毒品、贿赂等案件，具有"一对一"言词证据的特点。此类言词证据往往难有旁证，如果系认罪案件，办案难度还可能减轻，但如果系不认罪案件，证明犯罪事实的难度则较难，适用"印证"模式通常并不能解决问题，一般需要自由心证的辅助，而且最终可能必须使用心证模式才能判断，试举例展现不同办案人员在此类案件中的自由心证运用。

案例 7：陈某强奸案①

2004 年 11 月 1 日下午 13 时许，被告人陈某在某酒店××号房间，趁被害人处于孤立无援、酒后性保护能力较弱之机，不顾被害人的哀求，采用强行剥扯其衣物的暴力手段强行与被害人发生性关系，并造成被害人身体多处轻微伤。陈某辩称，被害人自愿与其发生性关系，不构成强奸罪。一审法院认为，被害人是否有激烈的反抗行为并非构罪的必要条件。虽然在本案中有多位证人证言及辩护人提供的照片、录像证明陈某与被害人在共同参与的集体活动中，相互之间曾有一些开玩笑及亲热的举动，但这与是否愿意发生性关系之间并无必然联系。案发当日，被害人与其他同事一起进入房间后随即电话告知并督促其男友马上来接，说明其当时并无与陈某发生性关系的意愿。即使被害人的先行行为使陈某产生了两厢情愿的误解，但当其他同事离去、陈某欲与被害人发生性关系，遭到被害人语言拒绝、行为抗拒的情况下，仍不顾被害人的躲避及哀求，强行与其发生性关系并致性行为成功，主观上具有强奸的故意，其行为应当认定为违背了妇女意志。判决被告人陈某犯强奸罪，判处有期徒刑 3 年。

宣判后，陈某不服，以没有对被害人实施暴力，双方系自愿发生性关系为由提出上诉。二审法院经审理认为，原判认定陈某采用暴力手段对被害人实施强奸的事实不清，证据不足，裁定撤销原判，发回重审。原审法院经重新审理后，作出了与原判决相同的事实认定，再次判决被告人陈某犯强奸罪，判处有期徒刑 3 年。被告人陈某及其辩护人上诉提出无新的证据能够证实其构成强奸罪，请求二审法院宣告无罪。二审法院认定：本案可以排除被害人酒醉导致不知反抗或不能反抗的情形；本案可以排除上诉人采用胁迫手段迫使被害人不敢反抗而强行与之发生性行为的情形，无论上诉人还是被害人均无这方面的供述与陈述；本案能够证明上诉人陈某是否使用暴力手段强行与被害人发生性行为的直接证据只有被害人的陈述和上诉人陈某的供述。被害人陈述矛盾之处很多，对一些细节无法说清，甚至对性行为到底有无完成都前后反复，而且事发

① 《刑事审判参考》2006 年第 3 集（总第 50 集），法律出版社 2006 年版，第 19 页。

前后表现反常，可信度令人怀疑；现有的间接证据不能排除合理怀疑，被害人无反抗迹象。勘验、检查笔录证实被害人的衣物除裙子拉链损坏外，外衣、衬衫、胸罩、连裤袜、内裤均无损坏迹象，被害人佩戴的领结很整齐地放在枕头旁边。被害人身上留下的轻微伤痕也不能必然推断出系上诉人暴力所致。被害人第一次陈述中称："陈某没有暴力动作，身上的伤怎么来的我不清楚"，这与陪同被害人进行身体检查的证人高某证言能相印证，在被害人当时上身所穿的西服、衬衫、领花、胸罩等完好无损的情况下，是否是上诉人强行剥脱其衣服所造成令人怀疑；而且由于在事发后被害人与其男友有过推拉动作，伤痕是否因此形成的可能性也不能排除。最终，二审法院认为上诉人陈某及其辩护人所提上诉意见有理，判决上诉人陈某无罪。

上述案例说明，对类似强奸案等"一对一"类型案件，往往需要办案人员对言词证据进行"自由心证"，上述案例就体现出这种特点，当然，"心证"是建立在被害人陈述等是否能够被客观证据"印证"的基础上。

三是侵害未成年人案件的证明方式。侵害未成年人的案件中，被害人陈述不同于其他案件中的被害人陈述，应当具有特别重要的地位，特别是性侵未成年人案件。2018 年 11 月，最高人民检察院发布第十一批指导性案例，以案例的形式专门对强奸、猥亵儿童案件的犯罪事实认定提出指导意见，其中特别强调了"被害人陈述"在证明中的作用，认为"被害人陈述稳定自然，对于细节的描述符合正常记忆认知、表达能力"[1]，可以认定案件事实。可以说，此次最高检的案例为性侵未成年人犯罪的证据审查提供了崭新的证据判断依据，也对此类案件的证明方式产生重要影响。

司法实践中，未成年被害人言词证据往往存在模糊甚至偏差，证明力不被重视，很可能导致性侵案件被当成"疑罪"，从有利于被告人的角度从轻处理。但按照上述最高检指导性案例的精神，"应承认被害人陈述的证明力，重点审查被害人陈述的完整性、印证性、合理性，并以被害人陈述为证据核心构建证据链条，辅以其他证据予以印证"[2]，因此，笔者主张对性侵未成年人案件适用围绕被害人陈述证明犯罪事实的证明方式，体现此类案件的特殊性。事实上，此种做法在域外司法上也有体现，比如，美国对强奸未成年人案件的审判原则更倾向于有利于被害人，儿童言词作证只需具备最低标准，即能够理解真实和虚幻之间的差别，能够了解说真话的义务或者责任，在被指控的行为发

---

① 最高人民检察院第十一批指导性案例：齐某强奸、猥亵儿童案（检例第 42 号）。

② 金泽刚：《性侵未成年人案件，"被害人陈述"很重要》，载 http：//www. bjnews. com. cn/opinion/2018/11/21/523438. html。

生时有能力观察并记住该行为, 有足够的记忆力、沟通能力即可。① 下文通过案例说明被害人陈述在性侵未成年人案件证据中的重要性。

案例 8: 齐某强奸、猥亵儿童案②

被告人齐某, 男, 1969 年 1 月出生, 原系某县某小学班主任。2011 年夏天至 2012 年 10 月, 被告人齐某在担任班主任期间, 利用午休、晚自习及宿舍查寝等机会, 在学校办公室、教室、洗澡堂、男生宿舍等处多次对被害女童 A (10 岁)、B (10 岁) 实施奸淫、猥亵, 并以带 A 女童外出看病为由, 将其带回家中强奸。齐某还在女生集体宿舍等地多次猥亵被害女童 C (11 岁)、D (11 岁)、E (10 岁), 猥亵被害女童 F (11 岁)、G (11 岁) 各一次。

被告人及其辩护人坚持事实不清、证据不足的辩护意见, 理由是: 一是认定犯罪的直接证据只有被害人陈述, 齐某始终不认罪, 其他证人证言均是传来证据, 没有物证, 证据链条不完整。二是被害人陈述前后有矛盾, 不一致。且其中一个被害人在第一次陈述中只讲到被猥亵, 第二次又讲到被强奸, 前后有重大矛盾。针对争议焦点, 检察官认为: 一是被害人陈述的一些细节, 如强奸的地点、姿势等, 结合被害人年龄及认知能力, 不亲身经历, 难以编造。二是齐某性侵次数多、时间跨度长, 被害人年龄小, 前后陈述有些细节上的差异和模糊是正常的, 恰恰符合被害人的记忆特征。且被害人对基本事实和情节的描述是稳定的。有的被害人虽然在第一次询问时没有陈述被强奸, 但在此后对没有陈述的原因作了解释, 即当时学校老师在场, 不敢讲, 这一理由符合孩子的心理。综合本案案情, 检察机关认为, 性侵害未成年人案件具有客观证据、直接证据少, 被告人往往不认罪等特点。本案中, 被害人家长与原审被告人之前不存在矛盾, 案发过程自然。被害人陈述及同学证言符合案发实际和儿童心理, 证明力强。综合全案证据看, 足以排除合理怀疑, 能够认定原审被告人强奸、猥亵儿童的犯罪事实。最终, 最高人民法院作出终审判决, 认定原审被告人齐某犯强奸罪, 判处无期徒刑, 剥夺政治权利终身; 犯猥亵儿童罪, 判处有期徒刑 10 年; 决定执行无期徒刑, 剥夺政治权利终身。

(四) 差异化证明方式的制度保障

证明方式的选择毕竟是办案人员主观选择的产物, 难免沾染个人的色彩, 但差异化证明方式的运用是法律行为, 会产生法律后果, 在构建差异化证明方式体系时, 为了防止证明方式被肆意不当滥用, 有必要建立保障机制。

---

① 金泽刚:《性侵未成年人案件,"被害人陈述"很重要》, 载 http://www.bjnews.com.cn/opinion/2018/11/21/523438.html。

② 最高人民检察院第十一批指导性案例: 齐某强奸、猥亵儿童案 (检例第 42 号)。

1. 加强重要节点诉讼文书说理

案件办理时是否达到"事实清楚，证据确实、充分"的证明标准，实际上是办案人员心证的过程，本身是一种主观性的活动。但是这样的心理活动可以通过对认定事实和证据采信的理由进行阐释说明的方式进行公开，使他人能够看到案件认定达到证明标准的过程。诉讼文书说理就是要求办案人员在重要诉讼文书中说明根据现有证据所做出的认定理由，是办案人员运用证据的心理总结，方便他人对其证明方式进行评价。因此，为了避免差异化证明方式可能造成的证据过于简略、肆意认定证据作用等弊端，可以在诉讼重要节点的法律文书中增加说理内容，比如提请批准逮捕书、批准逮捕决定书、移送审查意见书、补充侦查决定书、公诉书、判决书等。应当建立刑事诉讼文书的说理制度，比如规定若干重要阶段性文书需要附上说理内容，强调对证据分析和证明方式的说明，展现办案人员的心证过程。

2. 强化办案人员的职业素养建设

事实上，证明方式的选择是主观色彩较为浓厚的过程，对案件证明方式是否恰当需要办案人员的主观判断。这对办案人员的职业水平和道德要求较高。办案人员应当是具有相当的司法实务经验的，对于刑事审判中的证据运用等拥有深刻的理解，相关判断必须依赖办案人员的个人工作经验。所以应该不断加强对司法办案人员的培养，而且还要加强职业道德建设，使司法人员保持高度的自觉性和社会责任感，以自身专业素养与司法经验进行判断。为保证办案人员经验的可靠，今后还应当继续提高司法办案人员的条件，除要求过硬的业务知识和正直的个人品格外，应尽量由司法经验丰富的人员担当。

3. 进一步加强完善辩护制度

证明方式是由办案人员主观选择的，对案件的办理结果影响很大，单凭当事人的法律认知，可能很难对办案人员提出有效法律意见。在此情况下，要进一步完善辩护制度，鼓励和引导律师利用丰富的经验深度挖掘案件合理疑点，"被告人及其辩护律师为了摆脱被定罪课刑的危险，总是以消极辩护或积极辩护的方式揭露控方证明的合理疑点，削弱或破坏法官形成的有罪心证"。① 而办案人员要抛弃轻易就用证据印证去否定律师抗辩的惯性思维，认真倾听、判断律师的辩护观点和对证据提出的疑问，以便案件事实的认定更加理性和客观。

---

① 汪海燕、胡常龙：《自由心证新理念探析——走出对自由心证传统认识的误区》，载《法学研究》2001年第5期。

"三审合一"背景下知识产权刑事案件量刑规范化研究[*]

上海市人民检察院第三分院课题组[**]

自 1996 年上海市浦东新区人民法院开始尝试将设立专门的审判机构对知识产权案件进行统一审理以来，知识产权刑事、民事、行政"三审合一"的审判模式已经历经了 20 余年的探索历程，积累了许多宝贵的成功经验，但也存在着一些理论与实践的问题与困惑。其中，如何在这一模式下规范对侵犯知识产权的犯罪的量刑，配合审判机关的量刑规范化的改革，针对侵犯知识产权犯罪的特点，在"三审合一"特殊审判模式下，建立科学合理的量刑体系，从制度上避免量刑失衡，确保罪刑相适应，已经成为了知识产权审判亟待解决的问题。

一、量刑规范化的基本理论

（一）概念

量刑规范化，是指司法机关在立法机关所立之法的基础上，由各级司法机关进行的，将立法的规定具体化、定量化等方式，将法律的规定细化，以使法官的自由裁量权受到限制，使其滥用权力的余地变小甚至丧失。从这个概念可以看出，量刑规范化是一个动态的过程，通过实施、调整法律中的有关量刑规则，来制约法官的自由裁量权，最终实现刑罚的公平、公正。量刑规范化是把抽象的法律规则与具体的案件事实相结合并上升到理性具体过程的规范化，是在尊重量刑实质和遵循量刑规律的前提下，通过设置和适用完备的程序制度，使量刑产生公正有效及符合量刑目的的量刑判决。

（二）具体要求

量刑规范化是以量刑规范为依据的，是静态的量刑规范的动态体现，是量

---

[*] 上海市检察官协会 2018 年重点研究课题。

[**] 课题组负责人：谈信友；课题组成员：房长缨、陈丽天、吴晓峰、陶敬一、戴丽、张婷婷。

刑规范的系统化、体系化与模式化。包括以下几个方面的内容：

1. 合理确定起点刑

《人民检察院办理认罪认罚案件开展量刑建议工作的指导意见》《关于常见犯罪的量刑指导意见（试行）》《关于常见犯罪的量刑指导意见（二）》对于常见罪名的不同法定刑幅度内的量刑起点均作出了明确规定，法官只要根据案件的具体情况在相应的量刑起点幅度内确定具体的量刑起点即可。量刑起点只能在"量刑起点幅度"内根据案件的具体情况由办案法官主观判断后得出，而量刑起点幅度是由上述3个规范性文件已经规定好的，它不能超出法定刑的幅度。由此，法官的自由裁量权明显地得到了进一步的限缩和收敛。此外，量刑起点的确定还要注意协调好社会危害性与人身危险性的关系，确定量刑起点主要考虑到的还是犯罪行为的社会危害性因素，而对于人身危险性所表征出来的主观恶性等也需要进一步予以认真考量。

2. 科学选择基准刑

基准刑是在量刑起点的基础上，根据其他影响犯罪构成的犯罪后果、犯罪次数、犯罪数额等犯罪事实增加刑罚量而得出的刑罚的"点"。基准刑是在量刑起点的基础上通过增加刑罚量确定的。犯罪构成事实可以分为基本犯罪构成事实和基本犯罪构成事实之外的其他影响犯罪构成的事实，前者用来确定量刑起点，后者主要是指犯罪数额、犯罪次数、犯罪后果等犯罪事实，通过在量刑起点的基础上增加这些事实的刑罚量用来确定基准刑。

需要注意的是，根据相关规定，量刑起点幅度是在法定刑幅度的范围内确定的，量刑起点不能突破量刑起点幅度，而基准刑通过在量刑起点的基础上增加刑罚量后完全可能突破量刑起点幅度，但也要受到法定刑幅度范围的制约。基准刑不得超出法定刑幅度的范围来确定，超出法定刑幅度确定的基准刑也于法无据。

3. 准确适用量刑情节

量刑情节对最终量刑结果的影响是不言而喻的。在确定了起点刑与基准刑的基础之上，如何将与案件有关的各种量刑情节运用到量刑的审判实践中，关系到最终的量刑结果是否合理。因此，确保量刑情节在审判过程中能够得以准确适用，也是量刑规范化的重要内容之一。基于此，最高人民法院对于某些量刑情节如何具体应用作出了一些指导性的意见。例如，具有单个量刑情节的，根据量刑情节的调节比例直接对基准刑进行调节。具有多个量刑情节的，一般根据各个量刑情节的调节比例，采用"同向相加、逆向相减"的方法调节基准刑。被告人犯数罪，同时具有适用于各个罪的立功、累犯等量刑情节的，先适用该量刑情节对基准刑进行调节，在此基础上，再适用其他量刑情节进行调节。

（三）量刑规范化对检察机关的影响

按照传统观点，量刑是审判机关的职能，因此，量刑规范化并不在检察机关的业务范围之内。有观点认为，量刑权是法院独享的权力，一旦检察机关在对刑事案件提起公诉时就案件的量刑提出检察建议，就是对法院审判权的侵入。然而，检察机关是法律的监督机关，履行宪法所赋予的法律监督职能，因此，对刑事案件提出量刑建议，就是检察权对审判权的制约与监督的体现。这种制约与监督主要体现在以下三个方面：一是限定量刑权的范围，法院只能就检察院所起诉并提出量刑建议的被告人和罪行判处刑罚，而不能对另外的人和事判处刑罚。二是提醒法院审慎量刑，制约其自由裁量权。尽管量刑建议对法院没有约束力，但当检察院认为法院量刑裁判不当时，则有权提出抗诉。可见，量刑建议是以日后有可能提出抗诉为后盾的。三是在判定被告人构成犯罪的前提下，法院必须对量刑建议作出回应，即必须对被告判处一定的刑罚，并充分说明理由；如果法院没有采纳检察院的量刑建议，则应对不采纳的理由作出具体说明。①

正是因为检察机关对法院拥有提出量刑建议的权力，因此，所提出的量刑建议是否恰当合理，直接关系到相关请求能否被审判机关所采纳，关系到这一权力能否发挥其效能。所以，对于检察机关而言，无疑应当将量刑规范化作为合理提出量刑建议的制度保障。尤其是在修改后的《中华人民共和国刑事诉讼法》中，规定了犯罪嫌疑人的认罪认罚从宽制度。根据这一制度的规定，检察机关必须对自由刑的刑种、刑期、财产刑的数额以及相关刑罚的执行方式等提出明确的量刑建议，而不能像以前那样，只是建议一个科处的范围。因此，检察机关量刑建议权的行使也必然应当纳入量刑规范化的体系中来。

二、影响知识产权案件量刑的因素

知识产权犯罪是一种特殊类型的犯罪，相关的量刑理论以及量刑规范化的司法实践活动必须针对知识产权犯罪的自身特点，结合知识产权审判"三审合一"的特有模式来展开。

（一）知识产权保护的国家战略

知识产权司法保护政策的定位，取决于三个要素：一是知识产权专门法律与其他法律规范的基本精神、基本原则、基本政策。二是我国的基本国情和发展阶段。三是知识产权自身的特点和属性。我国知识产权的司法保护政策可以概括为"司法主导、严格保护、分类施策、比例协调"。其中，司法保护是最

---

① 朱孝清：《论量刑建议》，载《中国法学》2010年第3期。

主要的保护手段，无论是刑事、民事还是行政审判，都必须将严厉打击知识产权侵权行为与最大力度地保护权利人合法权益结合起来，按照不同的类别，区分不同的情况，考虑不同的知识产权的权利类型对产品价值的贡献度，在民事赔偿、行政处罚以及刑事责任等方面体现出与案件性质以及其危害程度相对应的审判结果。

（二）国内国际形势

知识产权保护制度的强度、深度与广度，与国家的经济形势、产业政策、国际贸易环境等因素密切相关，而这些国内国际因素，也会对知识产权的案件的审判产生极大的影响。

在知识经济时代，知识产权已经成为了国家竞争力的核心要素，对知识产权的保护也已经成为了提升一个国家科技实力的重要制度保障。对知识产权的保护，就是对知识经济的保护。同时，对知识产权的侵害，在当前知识经济的背景下也越来越普遍，其危害性也越来越凸显。因此，国家的发展形势决定了必须要对侵犯知识产权的犯罪行为给予及时而有效的打击。而这种打击能否产生效果，最终当然要取决于刑事责任的追究力度。

我国已经加入了《TRIPs 协议》，对知识产权能否进行有效的保护，还关系到中国作为一个负责任的国家在国际社会中的地位与形象。因此，综合运用民事、刑事手段打击知识产权违法犯罪行为，加大打击力度，丰富打击手段，是中国彰显保护知识产权的决心，履行条约所赋予的国际义务的重要制度保障。

（三）私法公法化理论的发展

长期以来，知识产权被认为属于私法的范畴，是单纯的由私法所拟制的私权，因此，以刑法为代表的公法不应该介入知识产权领域。即使产生了纠纷，也应当由民事法律予以解决。然而，从 20 世纪开始，尤其是"二战"之后，随着国家对经济活动的宏观管理手段的加强，公权也越来越多地介入原本由私权控制的领域，公法与私法的调整范围也发生了一定的重合，平等主体之间所开展的经济活动也有可能对公共利益产生一定的影响。因此，公法与私法的界限也出现了一定的模糊。越来越多的学者认识到，公权与私权并不是互相对立，互不干涉的，相反，公私权益是互相交织的。私权利是公权力的基础，但公共利益是私权利的依托。一旦对私权利过于放任而对公共利益造成损害时，就应当对私权利进行一定的限制以维护公共利益。而对公共利益的维护，同时也是对他人的私权利的一种保护。因此当私权利涉及公共利益时，公权力应当进行一定程度的干预，其中，知识产权案件就是典型的代表。就知识产权案件来说，刑民交织是其最显著的特征。尤其是在当前，人类社会已经全面进入了知识经济时代，知识产权作为知识经济的核心组成因素，其存在也并非单纯为了维护私权利，在很大程度上，知识产权也承担着保障社会正常运行的公共职能。因此，公权力日益介入知识产权领域，致使知识产权在一定程度上也呈现出了一些公法的特征，这就不可避免地对知识产权犯罪的刑事责任的确定与裁量造成了影响。

（四）知识产权利益平衡性原则

利益平衡既是知识产权制度的一项立法原则，也是一项司法原则。知识产权法是以利益平衡为基础的法，利益平衡构成知识产权法的基石。

知识产权利益平衡原则，是指知识产权所有人权利与义务之间的平衡，知识产权创造者、使用者与传播者之间的平衡，个人利益与公共利益之间的平衡。这既是知识产权的立法原则，也是一项重要的司法原则。从法律层面而言，这种利益的平衡是指通过知识产权的立法与司法，来协调各方面的冲突因素，从而使各相关方的利益在共存与相容的基础上达到合理的优化状态，最终实现知识产权既推动社会进步又保障个人权益的目标任务。

对于知识产权犯罪而言，这一利益平衡的原则对量刑也会产生一定的影响。在一般情况下，量刑更多的是考虑如何惩罚其犯罪行为，预防其再次犯罪，并不会将如何限制被害人的利益的因素考虑在内。但在审理知识产权犯罪的案件时，就必须要考虑这一利益平衡的原则。如果一味地打击严惩犯罪行为，只是单方面地维护知识产权所有人的利益，并没有兼顾均衡其他方面的利益，因此，反而有可能形成一家独大式的垄断局面。而从限制知识产权所有人的权利角度出发，在量刑时适当放宽对侵权人的处罚，是体现利益平衡的一种路径。

（五）知识产权"三审合一"模式

"三审合一"是知识产权民事、刑事、行政案件统一集中审理的审判机制，其做法是将涉及知识产权的民事、刑事和行政案件全部集中、统一审理。

"三审合一"模式下的量刑规范化，将刑事、民事、行政审判合为一体，在确定相关行为的法律责任时，不再像以往那样，各自站在不同的部门法立场孤立地进行判断，而是将某个知识产权侵权行为所应承担的法律后果作为一个裁量的整体，综合考虑民事责任、行政处罚对最终量刑的影响。

三、"三审合一"的基本情况及对量刑的影响

（一）"三审合一"审判模式演进发展

知识产权"三审合一"的最早司法实践来源于上海市浦东新区法院。1995 年，浦东法院知识产权庭、行政庭和刑事庭分别受理了假冒中美合资上

海吉利刀片公司"飞鹰"商标的民事、行政和刑事三起案件，在审查这三起案件中，相关法庭相互配合，进行了充分的沟通，最后取得了良好的审判效果。这对当时正处于关键时期的中美知识产权谈判也产生了积极影响。该三起案件在审理过程中反映的一些知产审判问题引起了浦东法院的思考：审查认定的基本事实相同，但对同一事实由不同的审判庭分别审理，造成了审判资源的浪费，增加了当事人的诉讼成本，还容易导致裁判标准的不统一。由此，浦东法院试图在相关案件的审理模式上进行突破。1996 年，经上海高院授权，浦东法院率先在全国尝试知识产权"三审合一"审判机制。这一机制被知产专家郑成思称为"浦东模式"。

自"浦东模式"开始试点之后，中国司法积极探索如何加强知识产权立体司法保护，知识产权"三审合一"模式的司法实践在全国遍地开花，逐渐形成了"武汉模式""南海模式""珠海模式""西安模式"和"重庆模式"等。[①]

2008 年，《国家知识产权战略纲要》把知识产权"三审合一"推向了战略的高度，其明确"设置统一受理知识产权民事、行政和刑事案件的专门知识产权法庭"。2014 年，北京、广州和上海知识产权法院作为专门的知识产权法院相继成立，积累了不少知识产权司法保护的经验。作为专门化司法的一种方式，成立专门化法院可以减轻一般管辖权法院的工作量并满足某类案件对于程序的特殊要求，或是规范审判人员的特定资质并统一各类案件的司法标准。[②] 2016 年，最高法下发了《关于在全国法院推进知识产权民事、行政和刑事审判"三审合一"工作的意见》，该意见要求在全国推进知识产权审判"三审合一"工作，高、中级人民法院成立相应的协调机构，组织协调辖区内的"三审合一"工作，具体负责辖区内知识产权案件的管辖布局和指导监督。各地从实际情况出发，综合考量本辖区内经济发展水平、交通便利条件及各类知产案件数量等因素，积极稳妥推进"三审合一"工作。

（二）"三审合一"对量刑的影响

"三审合一"将涉及知识产权的民事、刑事和行政案件集中到知识产权审判庭统一审理，在这种三大部门法交织的审理体制下，民事侵权审判、刑事犯罪审判和行政确权审判发生着相互之间潜移默化的影响，互为吸收、补充。这种审理体制又对刑事量刑具有一定的影响。

---

① 魏小毛：《知识产权"三审合一"的六大模式》，载《中国知识产权报》2010 年 7 月 9 日。

② 吴汉东：《论知识产权一体化的国家治理体系——关于立法模式、管理体制与司法体系的研究》，载《知识产权》2017 年第 6 期。

1. 对量刑根据和量刑原则的影响

（1）"三审合一"对量刑根据的影响

量刑根据分为事实根据和法律根据，量刑的事实根据是指量刑要以犯罪的事实、犯罪的性质、情节和对于社会的危害程度为根据。必须要认真查清犯罪事实，准确认定犯罪性质，全面掌握犯罪情节，综合评价犯罪的社会危害程度。[①]"三审合一"可以将民事法官对于权利人资质、侵权人行为及相关技术事实等进行更为充分详实的查明和释法说理，其民事审判经验对于刑事诉讼的事实认定具有基础性的借鉴意义。其中专业性极强的案件，涉及医药化工、生物科学、机械制造等前沿科技领域，即便是专门审查知产案件的专业型法官，也难以通晓各行各业的高新技术，不借助具有专门知识的专家，难以查明技术事实。目前在专门法院或者专门的知产庭，部分统一配置了技术调查官等专家辅助人员，这种机制建设极大凸显了"三审合一"在司法资源配置上的优越性，同时查明案件事实以更准确适用法律，更好提高案件质量和效率。而准确查明犯罪事实，是正确量刑的第一个关键。通过准确查明案件事实，全面掌握犯罪情节，综合评价犯罪危害程度，是定罪量刑的基础和根据。

（2）"三审合一"对量刑原则的影响

刑事犯罪与民事侵权审判思路是自成体系的。直接将民事侵权的程度作为是否纳入刑事管辖的标准，欠妥当。因此，"三审合一"审判模式下，并不是简单的奉行侵权严重可入罪的方法，既有借鉴和吸收养分的方面，也有保持相互独立的要求。一是要坚持刑法谦抑性原则，作为调整知识产权社会关系的最后屏障和防线，根据产权性质、特征、功能进行谨慎、合理、客观、理性、谦和的规制、引导和保护。[②] 二是坚持罪刑相适应。这也说明"三审合一"对于司法人员也提出了更高的要求，民事法官对于刑事法律的适用规则并不熟悉，不能简单用侵权行为情节和严重程度来权衡和套用刑法，而应从刑事犯罪构成要件、具有非难可能性等犯罪独立评价体系着手。从量的角度看，刑罚的轻重必然与行为人基于刑法所保护的利益相对应的不同主观罪过状态、行为的客观危害、行为人人身危险性、预防必要性等相适应。"三审合一"下置于同一审判组织中，并可以有效做到集中管辖，可以通过相关联的案件更好查明案件行为人的主观过错和侵权行为来认定行为人的刑责，也可以通过审判更多的案件积累更多的经验，作出更为罪刑均衡的裁判。

---

① 张明楷：《刑法学》（第五版），法律出版社 2016 年版，第 551 页。

② 张忠斌：《产权保护中刑法谦抑性原则之贯彻》，载《人民法院报》2017 年 9 月 7 日，第 2 版。

2. 对自由刑和罚金的影响

如何在刑事诉讼中将"民事赔偿优先"的理念和知产"私权利损失弥补"的特点落实到刑事案件审理中，并体现出惩罚性赔偿的趋势，"三审合一"给出了良好的解决方案。可以说，"三审合一"对自由刑和罚金刑均有一定程度的影响，做出更为公平、公正、均衡的量刑裁判。相关联的不同诉讼性质的案件，当统一置于同一个法庭的视野和范畴下，可以有效统筹民事责任和刑事量刑，做出落实刑罚民事赔偿优先原则、体现知识产权私权利特点的刑罚裁量。

"三审合一"审判机制下，以从横向和纵向两个维度影响自由刑。首先，从横向维度来看，当被告人在相关联的民事诉讼中进行了赔偿，或被告人在刑事诉讼中通过积极赔偿、赔礼道歉取得了被害人的谅解，均能反映出被告人对犯罪行为的认罪悔罪态度，表明其预防的必要性减少，能够缓解被害人的报应感情与社会的处罚感情，可以成为减少预防性的情节。① 被告人的悔罪表现也使得社会关系得以抚平和修复，有效化解矛盾和纠纷，成为量刑从宽的理由。这就是说，在"三审合一"机制下，被告人在民事诉讼中积极承担责任可能成为相关联刑事诉讼量刑时综合考量因素。被告人在刑事诉讼中取得被害人谅解，量刑时也应该树立民事赔偿优先理念，考虑到被害人损失得以一定程度的填补，而作为量刑的酌定情节之一。其次，从纵向维度来看，"三审合一"促进量刑均衡。"三审合一"在实践中多采取集中管辖的方式，将多区县的知产案件集中在某知产专门法院或某知产庭审理。这种方式可以有效提高知产案件的专业化审查，统一司法裁判标准和裁判结果，最大限度地防止量刑不均衡的问题发生。② 采取"三审合一"，法院最终对被告人的宣告刑能够更大范围得到均衡裁量。通过专业化队伍和专业化审查，对知产案件量刑也可以加强理论调研和实践的经验积累，提高量刑均衡。

"三审合一"审判机制还对罚金刑产生一定的影响。一方面，"三审合一"可以促进罚金刑的均衡和统一。相关司法解释虽然明确规定了"对于侵犯知识产权犯罪的罚金数额，一般在违法所得的一倍以上五倍以下，或者按照非法经营数额的 50% 以上一倍以下确定"。但实践中如何确定罚金数额仍有诸多问题。如实务中部分案件的犯罪金额是以市场中间价确定未销售的货值金额，这

---

① 张明楷：《刑法学》（第五版），法律出版社 2016 年版，第 597 页。

② 三分院知识产权检察处课题组于 2017 年对知产刑事案件量刑情况所作的课题研究报告中有这样两起销假案件，石某销假案和陶某销假案，两案案情相似，均是被告人租赁店铺，对外销售假冒注册商标的香奈儿手表、LV 皮包等商品，石某处被查扣的待售商品经鉴定货值约 1500 万元，陶某处被查扣的待售商品经鉴定货值约 300 万元，两人均具有自首情节，构成未遂并预缴罚金，最后均判处缓刑 2 年 6 个月，陶某的罚金比石某还要多一万元。

类案件的实际商品价值可能远远低于被侵权产品的价值，如果直接以非法经营额的 50% 以上一倍以下确定罚金，罚金明显过当，执行也可能难以操作。再如，该条款是针对每一个被告人确定罚金数额，还是针对所有共犯的罚金总金额？如果是罚金总金额的话，部分嫌疑人未抓获归案，是否需要对未归案的嫌疑人保留部分额度？运用"三审合一"审理模式，可以更大范围促进罚金刑尺度的统一和均衡。如，民事诉讼中确定赔偿数额时，考虑对未参与侵权诉讼的权利人保留部分额度。刑事诉讼可以吸收这种做法，在确定罚金刑时可对未到案的嫌疑人保留部分额度。另一方面，有效统筹被告人赔偿金额和罚金数额。由于知产 7 个罪名的法条和司法解释中均将罚金作为单处或并处的财产附加刑，当置于同一审判庭视野下，可以有效统筹被告人的赔偿数额和罚金数额，如被告人进行了积极退赃、赔偿损失，在罚金数额上可以酌情就低裁量。习近平总书记在进博会主旨演讲中明确提出"引入惩罚性赔偿制度，显著提高违法成本"，这可以在罚金数额中体现出来。被告人如能积极弥补被害人损失，依据民事赔偿优先理念，罚金酌情降低。被告人如不认罪不悔罪，可以在罚金数额中体现出预防的必要性。

（三）"三审合一"对量刑规范化的具体影响

1. 注重民事赔偿、行政处罚等量刑情节在刑罚中的适用，促进罪刑相适应

"三审合一"审判模式中，刑事审判可以更加充分考虑到被告人在民事侵权和行政处罚中的行为和表现，做到宽严相济，罚当其罪，体现罪刑相适应。

（1）民事赔偿作为量刑情节在刑罚中适用

在"三审合一"模式下，民事赔偿尤其是惩罚性赔偿可以实现与罚金的动态平衡。知识产权民事侵权实践中普遍存在侵权成本低、权利人维权成本高、损害赔偿数额低的困境。司法机关为解决该难题，提出建立以知识产权市场价值为指引，补偿为主、惩罚为辅的侵权损害司法认定机制，探索建立知识产权惩罚性赔偿制度。[①] 这些都表明知识产权民事立法和司法态度和立场是提高侵权人的违法成本，对权利人因被侵权遭受的损失不仅奉行一般侵权的损失填补原则，更要大力探索惩罚性赔偿制度。知产刑事诉讼不属于刑事和解范畴，不属于刑事附带民事诉讼范围，权利人解决损害赔偿问题，需要通过另行提起民事诉讼的方式。当前，在刑罚模式上，我国刑事司法模式已经从单一的报应性司法发展到报应性司法模式为主，协商性与恢复性司法模式为重要补充

---

① 详见 2017 年 8 月最高法《关于为改善营商环境提供司法保障的若干意见》。最高法在 2018 年 1 号文中强调，提高知识产权侵权赔偿标准，建立知识产权惩罚性赔偿制度。

的模式。① 在司法实践中，知识产权权利人私权属性强烈，出于填平其损害，恢复社会关系的现实需要，当被告人对权利人进行赔偿损失、返还违法所得弥补损害的，或通过赔偿、赔礼道歉取得权利人谅解的，就应该将其作为从宽处罚的量刑情节。通过从轻处罚被告人或酌情减少罚金等方式裁量刑罚，体现犯罪预防必要性低，再犯罪可能性小，综合评价犯罪的社会危害程度后的罪刑相适应。而量刑的从宽幅度又能反作用于被告人的赔偿幅度。

笔者建议，建立惩罚性赔偿与罚金的动态平衡机制。当赔偿体现出惩罚性力度时，加大被告人量刑从宽的幅度，对罚金的处罚可以加大从轻力度，以体现给予权利人足够的赔偿进行的量刑从轻考虑。当赔偿未体现出惩罚性力度时，对被告宣告刑可以作为酌情从轻的量刑情节，但对罚金刑不予以从轻处罚，以体现金钱上的惩处。这既体现刑法民事赔偿有限的理念，也能解决知产赔偿难的困境。

（2）行政处罚作为量刑情节在刑罚中适用

当被告人已经被行政处罚后，又经刑事司法程序裁决，依照《行政处罚法》第35条的规定，"违法行为构成犯罪，人民法院判处拘役或者有期徒刑时，行政机关已经给予当事人行政拘留的，应当依法折抵相应刑期。违法行为构成犯罪，人民法院判处罚金时，行政机关已经给予当事人罚款的，应当折抵相应罚金；行政机关尚未给予当事人罚款的，不再给予罚款"。该条款体现了法律禁止重复评价的原则，② 对同一违法行为已经进行行政处罚的，应在刑事处罚中予以折抵，以准确进行刑罚裁量。行政处罚的禁止重复评价原则与刑事犯罪中的禁止重复评价原则有异曲同工之处。而在"三审合一"审理模式下，更应该明确量刑情节的功能，防止多次评价。注重刑法自身独立的评价体系的同时，对相关其他处罚情节进行综合考量。

将民事赔偿、行政处罚作为量刑情节运用在刑罚裁量上，体现综合评价犯罪事实、情节和危害程度后的量刑适当，既体现刑罚与责任一致，又实现刑罚个别化，体现了"三审合一"审判模式下的罪刑相适应。

2. 促进量刑程序规范化

量刑是一个动态的过程，将实体的量刑规范通过一定的量刑程序转化落实到最终的刑罚裁量结果。量刑程序是否规范化，直接决定最终裁量结果是否公正公平。"三审合一"审判模式更能促进量刑程序规范化，以保证量刑均衡规范。

---

① 王林林：《多元刑事司法模式共存语境中的量刑基准研究》，载《政法论坛》2016年第3期。

② 杨立新：《侵犯知识产权中的责任聚合》，载《人民司法》2012年第21期。

理论界目前普遍同意量刑程序改革的一个重要使命就是要打破过去缺乏检察机关、被告方、被害方等各方主体充分参与的"封闭式"的量刑程序结构，实现量刑程序"诉讼化形态的回归"。① 民事、行政诉讼中各方均是通过充分参与以达到自身的利益诉求，刑事诉讼因为公权力的高度参与，无形中压缩了被告人的空间。为了保证被告人的人权利益，裁判结果的公正，量刑程序应当在"三审合一"模式下，可以更加体现各方参与主体的主观能动性、贯穿侦诉审全部环节、贯穿审前量刑建议到审后量刑监督的全过程。特别需要指出的是，认罪认罚从宽制度已经写入了刑事诉讼法，这种犯罪嫌疑人自愿认罪且同意量刑意见和程序适用的程序对检察院的量刑建议的精准性要求更为严格；加强对法院裁判结果中量刑不当的监督，检察院通过抗诉、审监抗等方式提高对法院裁判监督的范围和力度。通过上述量刑程序全环节全过程的有效衔接和相互促进，提升量刑整体质量和效果。

3. 促进量刑说理规则的运用

量刑说理体现了法官刑事审判的论证过程，能有效制约法官的自由裁量权，有利于实现量刑均衡，提高息诉服判率，体现司法的权威性与公信力。它不仅注重强调公开量刑理由，从形式上展示量刑公平公正，又注重强调说理的透彻，发挥实体法律规范的导向作用，一定程度上实现量刑程度公正与实体公正的统一。②

知识产权民行裁判文书侧重于对于权利人权属确定等民事基础法律关系的说理，而刑事判决书往往说理不充分。"三审合一"模式下，刑事量刑说理规则可以借鉴民行案件的说理方式，充分听取被告人及其辩护人、权利人等意见，参考检察院量刑意见，注重情理法的融合，对是否采纳公诉人、被告人及其辩护人的量刑意见作出充分的说明和解释。

四、"三审合一"背景下量刑规范化面临的问题

（一）量刑实体规则体系尚未完全建立

知识产权犯罪作为相对较新的犯罪类型，在我国起步尚晚，尽管近些年出台了多份关于知识产权犯罪的司法解释，但还有更多需要法律明确的领域尤其是量刑实体规则仍待立法者完善。

---

① 苏镜祥：《理论与实践之争：量刑规范化改革评析》，载《四川师范大学学报（社会科学版）》2015 年第 1 期。

② 戴承欢、黄书建：《"三位一体"量刑规范化模式的选择及架构——以对当前量刑规范化模式的反思为视角》，载《北京政法职业学院学报》2011 年第 3 期。

由于知识产权犯罪的量刑规范与量刑证据规则尚处于未确定状态，实践中多参考一般量刑规则。但知识产权犯罪本身有其特殊性，许多常见的具体问题仍需要由适应知产犯罪特性的量刑规则予以统一。目前有关知产犯罪的量刑规则主要还是适用"两高"制定的《关于常见犯罪的人民法院量刑指导意见（试行）》，但这一指导意见并没有知识产权犯罪的具体内容。知识产权犯罪主要还是适用规则总则部分有关量刑原则、量刑步骤方法等，此外，由于我国量刑程序长期依附于定罪程序，很多量刑规范所特有的制度并未进行明确规定。因量刑实体规则众多，本文选取代表性的制度予以阐述。

1. 缺乏量刑信息庭前调查机制

无论是为了约束法官自由裁量权，还是庭审阶段证据充分展示的刑事程序需要，有关量刑的事实信息都应该真实、全面的出现在法庭上，接受控辩双方的举证质证，也接受法庭的审查。

一般而言，侦查机关更注重有关证实犯罪行为的证据搜集，而检察机关提交的多是和定罪事实重合或交叉的量刑信息，或是法定量刑情节的相关证据，而那些有利于被告人的酌定量刑情节往往关注度不够，也缺乏有效的搜集手段。为解决这一难题，英美法系国家建立了"量刑前调查"制度，由隶属于法院的"缓刑考验官"就被告人的前科劣迹、平时表现、家庭状况、学校教育状况、再犯罪可能性等进行调查，提出一份"量刑前报告"，该报告经控辩双方及法官事前阅看后，就可以成为量刑信息重要来源之一，也成为各方就量刑展开质证和论辩的基础。缓刑考验官一般均具有良好职业操守，而且其出具的报告也要经受质证，因此量刑前报告的准确性可以得到制度的保证。[①]

知识产权犯罪作为经济犯罪的一种类型，其特殊性体现在这种犯罪必然会伴随具体的犯罪结果，总会有一个或更多的知识产权人的相关权益受到损害。因此就前述量刑信息调查制度而言，有关社会关系修复、知识产权权利补救的相关信息收集却并未受到足够重视。首先，由于办案效率的要求，司法机关对于被告人退赔退赃的要求并不严格，对于退赔退赃行为所可能产生的酌定从轻量刑情节也并没有明确的规定。其次，我国刑法中有关刑事和解的适用范围过窄，对于知识产权犯罪的刑事和解没有具体适用条件和对应的从轻、减轻量刑幅度的规定，导致实践中被告人及其亲友等与知识产权人达成和解协议的意愿也不强。

2. 量刑说理规则在刑事审判方面存在不足

量刑说理与定罪说理构成了裁判说理的两大组成部分，量刑说理，即要求法官的裁判（判决书）必须对案件事实和刑罚裁量结果进行严格的逻辑论证，

---

① 陈瑞华：《量刑程序改革的困境与出路》，载《当代法学》2010 年第 1 期。

其基础是对证据的认定和控辩双方辩论意见的取舍。① 我国刑事判决量刑理由说理不足,主要表现在:一是量刑说理语言程序化,缺乏对个案差异性和犯罪分子个体差异的关注;二是说理内容不完整,一般仅对主刑说理而对附加刑不予说明,对于被告人、辩护人的意见评判要么避而不谈,要么浅尝辄止。

就知识产权案件而言,由于犯罪嫌疑人、被告人从事侵权行为后一般均会产生较大收益,因此案发后从认罪悔罪从轻处理角度而主动要求退赔退赃、弥补被害人损失的意愿比较明显,实践中往往也能获得权利人谅解,反映在量刑说理上应该就知识产权案件的各种酌定量刑情节,及其所对应的刑种、刑期进行合法合理的论证,同时也要对相关辩护意见进行详尽论述。归根结底,量刑说理规则是判决书规范化的着力点,量刑说理是通往判决结论的必经之路,通过该项规则,最终可以实现实体公正与程序公正的功能一致性。② 而在知识产权案件的审判过程中,尤其是在刑事方面,量刑说理的部分相对于民事审判而言,无论是从完整性还是从系统性、理论性方面,都存在不足,释法说理不透彻,不能令人信服。

(二) 量刑过程缺乏协同配合

刑法语境下的"量刑"不应只是审判机关刑罚裁量的同义词,而应该是指司法机关(包括公安机关)依法追究犯罪嫌疑人、被告人刑事责任的完整司法活动,对被告人判处刑罚是量刑,对被告人判处非刑罚处罚或者免除刑法处罚也是量刑的内涵。按照刑事诉讼法的要求,公检法三机关均有义务收集有罪、无罪、罪轻罪重的各种证据,因此,包括侦查活动、审查起诉活动在内的司法活动均是与量刑密切相关的,从立案侦查开始,整个刑事诉讼工作就要始终为最终的刑罚裁量做准备。而在实践中,出于打击犯罪的需要,侦查机关对于法定、酌定量刑情节的证据收集不够重视,有关犯罪分子构成坦白、自首、退赃等情节的证据固定的积极性不高,而到审查起诉阶段,出于办案期限的考虑,除了法定量刑情节外,检察机关对于退赃退赔、取得被害人谅解、犯罪嫌疑人的背景调查等也不够积极。公检法三家对于量刑活动展开存在各自为政、配合默契度不高的问题。

(三) 量刑不均衡

知识产权犯罪模式已发生了巨大变化,新的犯罪手法层出不穷,但全国各地对打击知识产权犯罪的力度、尺度不尽相同。同时由于知识产权犯罪情节的复杂性、多样性、对情节恶性的认知差异性也导致知识产权犯罪的量刑存在不

---

① 谢佑平、贺贤文:《量刑公正与程序规制》,载《政治与法律》2009年第9期。
② 谢佑平、贺贤文:《量刑公正与程序规制》,载《政治与法律》2009年第9期。

均衡的情况。

1. 量刑失衡——以自首情节适用为视角

课题组曾以上海、北京、广东、浙江等四地的知识产权650余份刑事判决书为研究样本，针对其中的量刑问题展开研究。上海地区具有自首情节的知产案件有近90%的比例判处缓刑，这似乎符合轻缓化处理的刑事司法政策，但实际司法效果并不理想，被告人认罪的唯一目的其实就是寻求缓刑。这种情况下的坦白认罪实际上并不具有认罪悔罪的意识，此类情况在现实中较为普遍。虽然法院的量刑指导意见及其实施细则也将恶意利用自首规避法律制裁等不足以从宽处罚的情况排除在外，但实践中这一规定由于"恶意利用"难以认定而很少得到执行。法院有时将庭审前的主动认罪行为不加区分地认定为自首，不对具体案件情况进行个案分析，缺乏对犯罪分子不同心理状态的细致研判，导致多数案件的犯罪人被判处缓刑，知识产权犯罪成本大大降低，而这些从宽认定自首情节的量刑后果，不仅违背了宽严适当的量刑原则，往往也得不到被告人与知产权利人的认同，导致案件处理陷入尴尬境地。

2. 各地量刑差异过大，标准不统一

仍以前述自首情节下的量刑考量为范本研究。近两年上海地区有近4成的处以缓刑的案件具有自首情节；与之对应，江苏地区的占比为23%，而北京、广东两地的占比为5%和6%。这就表明上海与其他地区的审判机关对待自首情节的态度迥异：上海地区法院在量刑时更多的关注是否具有自首情节，而其余三地法院则会更多的考量自首以外的法定或者酌定因素，尤其是北京、广东两地有近95%的缓刑案件是没有自首情节的。上海地区的法院在知产案件处理上更多的依据自首情节考虑量刑轻缓程度，虽可以在一定程度上统一办案标准、提高办案效率，但容易忽视对侵犯知识产权案件的惩罚不仅要考虑刑法的威慑功能，也必须重视其对社会关系和经济秩序的修复功能，而修复功能应该是刑罚所应达到的更高层次。

（四）保护力度不一致，衔接有效性不够

1. 知识产权法律保护不均衡

知识产权制度作为一项历史并不久远的财产权制度，它的发展更多的是在民事法律范畴内进行建构和细化的，涉及侵犯知识产权方面，侵权的法律标准和审查体制一般由民事法律制度进行规范，知识产权的确权、交易等领域也一般由民事法律制度而不是由其他法律制度进行调整。因此，民事法律体系和审判体系对于知识产权的原理、原则和规则的把握相对于刑事、行政法律体系和审判体系要理解得更深刻,实践得更深入。[①] 同时,由于实践中知产民事案件占比较大,加之传统行政、刑事案件的数量庞大、司法人员配置的缺乏,使得知识产权行政、刑事案件的事实认定、证据采信等方面与民事案件处理的原理、规则等存在冲突。刑法重在打击严重的知识产权侵权行为,它的适用尺度,与重在修复社会经济关系、维护社会公益的知识产权民事、行政法律之间需要保持均衡。刑罚手段与民事、行政手段的有序衔接及区分界限有待明确、统一。

2. 司法保护的衔接性不够

知识产权民法、行政法与刑法各自的裁量体系各不相同,例如民法、行政法对比例原则的应用较多:一件商品上商标所发挥的价值应当是与商品本身的价值有所区分的,其中驰名商标、著名商标在商品价值所占的比例一般应当高于普通商标所占比例。而在刑法上并未引入比例原则,未对商标的独立价值进行计算,而是将商标犯罪的数额直接等同于商品价值,这一计算方式与民法、行政法的认定方式不尽相同。

目前,越来越多的知产民事案件在社会经济、国际争端中发挥着重要作用,推动民事立法、判决越发成熟、完善。刑法作为最严厉的法律制裁方式,触及的知识产权犯罪问题一般情节都较严重,相对案件来源和类型都不及民事及行政领域,故刑法在知识产权领域的推进相对较迟缓。在知产民事、行政立法司法活动都快速发展的大局下,刑法相对脱节,导致民、行、刑量刑裁量衔接不畅,权利主体得不到充分救济。

五、"三审合一"模式下量刑规范化的实现路径

实现量刑规范化不是草拟一部量刑规范就能解决的问题,实质上是从立法到司法、从程序设计到具体规则适用的全方位考量,以下即从司法层面、证据规则和量刑程序等方面予以阐述。

(一)建立量刑因素考量机制,提高量刑规范化

知产案件影响量刑的因素诸多,主要有犯罪金额、犯罪既未遂形态、法定量刑情节、酌定量刑情节等方面。本文试予以剖析,以建立起知识产权案件量刑因素考量机制。

1. 犯罪金额

犯罪金额是知产案件量刑考量的首要因素。犯罪金额既体现在定罪的层

---

① 张晓薇:《知识产权"三审合一"改革的审视与反思》,载《知识产权》2013年第6期。

面，也体现在如何准确量刑的层面。准确界定犯罪金额，才能适用对应的法定刑刑格。犯罪金额关系到是否升格法定刑，以及在同一刑种幅度内如何选择具体量刑。

犯罪金额的认定依据在知产犯罪的量刑过程中具有重要地位。按照司法解释，知产罪名中未销售的货值金额按照实际销售价格、标价或实际售价平均价格、市场中间价格的顺位计算，不同的计算依据对犯罪金额的影响很大。尤其是常见的销售假冒奢侈品案件，按照实际售价，或是奢侈品的市场中间价格计算，差距甚大。由于售卖假冒奢侈品的小商贩大都没有账簿，很多案件是以奢侈品的市场中间价计算犯罪金额。这种犯罪金额很明显不能准确认定犯罪分子对权利人造成的危害，以及对于市场秩序的破坏程度。对此类案件，如果简单地以司法解释要求的犯罪金额作为量刑依据，并不妥当。因此司法实务中销售假冒奢侈品却以市场中间价作为货值认定的案件，往往量刑上从宽处罚。

2. 既未遂犯罪形态

犯罪形态既体现在量刑上的差别，也体现在入罪门槛的差别。"两高"《关于常见犯罪的量刑指导意见（试行）》中规定对于未遂犯"可以比照既遂犯减少基准刑的50%以下"，这是对于未遂犯罪形态量刑的参考依据。但在知产犯罪中，部分犯罪对于未遂犯的犯罪金额与既遂犯有差异。如销售假冒注册商标的商品罪中，销售明知是假冒注册商标的商品，入罪门槛是销售金额5万元。但如果商品未销售，未遂犯的货值金额则要求在15万元以上。对此，有必要进一步明确相关标准。

3. 法定量刑情节

自首、坦白是知产犯罪案件中常见的法定量刑从宽情节。"两高"《关于常见犯罪的量刑指导意见（试行）》中，自首情节一般可以减少基准刑40%以下，坦白一般可以减少基准刑20%以下。笔者所在的课题组曾经做过2015—2016年京沪苏粤刑事案件量刑调研报告，调研指出，自首对于法院的量刑活动是重要的考量因素。以2016年上海取样样本为例，38件53人认定具有自首情节，其中33件47人被判处缓刑，缓刑率达86.8%。作为认罪层级最高的自首情节，相对于坦白和其他认罪情况，说明被告人具有较高程度的悔罪认罪意识，预防必要性较小，具有更高的从宽处罚幅度。

4. 酌定量刑情节

犯罪嫌疑人、被告人与被害人达成和解、取得被害人谅解、积极退赔退赃等，正如前所述，体现了协商性与恢复性司法模式，体现了知识产权权利人填平其损害的现实需要。尤其是认罪认罚从宽制度纳入到了修改后的刑事诉讼法，将积极退赔退赃、取得被害人谅解等酌定情节与认罪认罚从宽制度结合起来，既体现认罪认罚从宽制度加强被害人权益保障的初衷，也是解决知产案件权利人赔偿难的现实困境的重要方式。

5. 认罪认罚从宽

认罪认罚从宽是修改后的《刑事诉讼法》所设立的内容，是协商式司法理念在实践中的落实与体现。这一制度与自首坦白制度既有关联，也存在一定的区别，同时兼有实体与程序意义。根据这一制度，犯罪嫌疑人、被告人一旦选择认罪认罚，在量刑时，就应当考虑从宽处理。与先前试点不同的是，正是设立的该项制度适用于所有犯罪，知识产权案件的办理当然也被覆盖其中。一旦犯罪嫌疑人、被告人决定认罪认罚，在量刑时，就应当有所体现。

6. 探索建立"合规计划"量刑规则

"合规计划"是西方国家普遍采用的预防和发现企业犯罪的措施。"合规计划"能够成为外国企业管理中重要的项目，其威慑力在于这是刑法量刑的重要参考因素。因此，"合规计划"的实施必须有刑法予以保障，探索出符合中国国情的"合规计划"量刑规则。第一，"合规计划"作为被告单位在量刑程序中抗辩的事由提出，举证责任在被告方。企业日常经营是否尽到预防犯罪的注意义务，相关证据只有企业自身有能力获取，经量刑环节的庭审示证质证，由法官作出判断，达到优势证据标准即可采信。第二，"合规计划"一般作为单位犯罪从轻或减轻刑罚的抗辩事由，个别情况下可作为出罪要素。企业完全尽到注意义务，实际上是从主观要件上排除了其故意犯罪的可能性，我国刑法中明确将单位主观责任作为罪状的法条较为少见，对于将"合规计划"作为出罪抗辩的情形，则应当适用"排除合理怀疑标准"。第三，对于"合规计划"中企业应达到的要求，通过司法解释予以明确规定。

7. 其他因素

此外，还有犯罪客体类别、知识产权刑事政策等其他因素。部分知识产权犯罪涉及食品药品、母婴幼儿等领域，对于民生健康具有重大影响，可能危害人身安全，社会危害性大，对市场秩序的破坏更为严重，量刑上应该从严把握。知识产权案件量刑还受到刑事政策的影响，认真贯彻落实习近平总书记关于知识产权等系列重要讲话精神，严格知识产权保护，实行宽严相济的刑事政策，显著提高违法成本，实现法律效果和社会效果的统一。

为建立量刑因素考量机制，还需要将相关考量因素落实到案件办理过程中。在案件移送审查起诉后，加强与犯罪嫌疑人的沟通，加强释法说理工作，让犯罪嫌疑人认识到自己的罪行和量刑幅度。将所有的量刑因素体现到案件审查报告中，并对各个量刑因素加强说理，体现出法律文书和案件办理的质量。

（二）健全知产刑事案件证据规则，促进量刑规范化

在进行知识产权刑事审判的过程中，应当注意区分民事证明标准中高度盖然性与刑事证明的"事实清楚，证据确实、充分"标准，并贯彻在适用具体

证据规则之中。民事证明标准一般采取优势证据规则和证明责任的分配，一些案件事实只要达到足以推定证明的标准即可，而刑事证明标准则要求确实充分，以确凿的证据才能认定犯罪事实，对推定的适用非常谨慎。

最高人民法院、最高人民检察院、公安部在 2011 年发布的《关于办理侵犯知识产权刑事案件适用法律若干问题的意见》对知识产权刑事案件的证据规则作了相关规定，涉及刑事案件中对行政执法部门收集、调取的证据的效力问题，抽样取证和委托鉴定问题等。然而，对于实践中层出不穷的新问题，目前的知识产权刑事案件的证据规则尚不完善，尤其在"三审合一"的知识产权审理制度改革的浪潮下，刑事证据规则可以适当借鉴民事诉讼证据规则和行政诉讼证据规则，不断完善以适应知识产权案件审理需求。

最高人民法院在《中国知识产权司法保护纲要（2016—2020）》中提出"适时制定知识产权诉讼证据规则"：根据知识产权自身的无形性、时间性和地域性等特点，借鉴发达国家和地区经验，制定与之相适应的诉讼证据规则，引导当事人诚信诉讼。通过明确举证责任倒置等方式合理分配举证责任，完善诉前诉中证据保全制度，支持当事人积极寻找证据，主动提供证据。探索建立证据披露、证据妨碍排除等规则，明确不同诉讼程序中证据相互采信、司法鉴定效力和证明力等问题，发挥专家辅助人的作用，适当减轻当事人的举证负担，着力破解当事人举证难、司法认定难等问题。[1] 其中不同程序中证据互相采信、司法鉴定效力和证明力的问题，在"三审合一"模式下格外突出。应出台司法解释，规范"推定"的适用范围条件，明确对量刑情节特别是缓刑证据的采信规则。

在证据转化方面。知识产权案件常常出现同一案由同时涉及民、刑、行三种诉讼程序，在开展三种诉讼程序的过程中诉讼当事人有时会提交行政机关提取的证据，民事诉讼或者行政诉讼对行政机关取证的效力一般予以认可，但刑事诉讼中对行政机关制作的证言、当事人陈述等证据等还要经过"转化"程序才能采信，对书证、物证、鉴定意见等则经审查、质证后可以直接作为刑事证据使用。[2] 这已经是考虑到知识产权案件的特殊性作出的便利诉讼的司法解释，在除知识产权以外的其他案件中，尚未有此规定，但是这一规定其实挑战

---

[1] 最高人民法院 2017 年 4 月 20 日发布的《中国知识产权司法保护纲要（2016—2020）》（法发〔2017〕13 号）。

[2] 最高人民法院、最高人民检察院、公安部《关于办理侵犯知识产权刑事案件适用法律若干问题的意见》第 2 条规定：行政执法部门依法收集、调取、制作的物证、书证、视听资料、检验报告、鉴定结论、勘验笔录、现场笔录，经公安机关、人民检察院审查，人民法院庭审质证确认，可以作为刑事证据使用。行政执法部门制作的证人证言、当事人陈述等调查笔录，公安机关认为有必要作为刑事证据使用的，应当依法重新收集、制作。

了传统的取证主体合法性的观念。① 不妨转换思路，从取证方法和取证程序上予以规定相关证据规则，确立行政机关在满足一定取证条件的情况下，如满足证据三性、不违反证据排查规则等，收集的证据可以直接予以刑事诉讼认可。对于行政机关制作的证人证言等言词证据，则可以通过公安机关追认等方式予以适用到刑事诉讼中，而不必就相同内容重新制作。

在司法鉴定方面。司法鉴定在知识产权案件中是至关重要的证据，不仅在专利、商业秘密等技术鉴定上能为司法机关提供专业意见，在著作权、商标案件中也能提供同一性、商品价值等关键性意见。然而知识产权案件的司法鉴定意见在不同诉讼程序中是否可以相互承认，仍无定论。刑事案件中的司法鉴定按照严格的刑事诉讼规定应当由司法机关委托第三方鉴定机构完成，民事和行政诉讼中一般都是由当事人自行委托鉴定的，这就导致如果要追究知识产权的刑事责任，针对同一鉴定对象将进行重复的鉴定，由于鉴定技术的高低、鉴定方法的不同，有时还会出现鉴定意见不一致的情况。对此，建议建立专门的知识产权鉴定机构名录，统一受理知识产权的司法鉴定，规范委托鉴定及实施鉴定的程序，使鉴定意见适用于三种诉讼程序，通过完善司法鉴定的证据采信规则，促进刑事量刑的规范化。

（三）完善量刑程序构建，保障量刑规范的推进

"三审合一"就是呼应了社会对知识产权司法保护的现实需求而进行的制度探索。刑事诉讼作为其中至关重要的一环，应当从完善量刑程序的构建入手，推动量刑规范化。

在审查起诉阶段，注意审查量刑的事实证据。量刑事实通常包括三个方面：一是被告人的犯罪情节，包括涉及自首、立功、认罪态度、惯犯、累犯、在共同犯罪中的作用、退赃等在内的各种独特事实信息；二是被告人的个人情况，包括被告人的犯罪原因、平常表现、前科劣迹、成长经历、社会交往、家庭情况、受教育情况；三是被害人的情况，包括被害人受犯罪侵害的情况、受害后果、获得经济赔偿的情况及其所表现出的惩罚欲望等。② 针对这些量刑事实，公检法都应当予以单独关注，能保障对犯罪行为进行完整、充分的刑事评价，也让最终的判决更有说服力，达到刑事惩戒的目的。

在起诉案件时，规范检察机关量刑建议的提出。量刑建议是检察机关公诉权的一项重要内容。刑事诉讼法更是确立了认罪认罚从宽制度，更要求检察机

---

① 扈晓芹：《侵犯知识产权刑事案件若干证据规则评析》，载《知识产权》2014 年第 6 期。

② 陈瑞华：《论量刑程序的独立性——一种以量刑控制为中心的程序理论》，载《中国法学》2009 年第 1 期。

关提出精准的量刑建议，不但包括具体的自由刑，还应包括罚金以及刑罚执行方式的建议。为充分、合理行使量刑建议权，检察机关在《起诉书》中可以将量刑证据与定罪证据分开单独列明，以明确量刑所依据的事实证据，增强量刑建议依据的充分、合理性。检察机关认为应当提出量刑建议的，根据犯罪事实、情节、性质、后果、主观恶性等要件提出量刑建议。

在庭审阶段，建立诉权制约机制，强化检察建议制度并保障辩护人的辩护权利，形成有针对性的量刑上的控辩交锋。庭审中的争议焦点基本都围绕定罪事实，在量刑事实方面的控辩交锋并不充分，也时常流于形式。应当通过全面的事实调查、质证、辩论，确保检察机关的量刑建议、辩护人的量刑意见都经过有针对性的论证，保障最终的判决建立在充分、可靠的量刑事实基础之上，完善量刑的规范化。

在判决宣告之后，法院在判决书中应当针对量刑证据做出具体的评述，说明量刑的依据和论证，加强量刑说理。检察机关除了对犯罪定性进行审查以外，还要加强对量刑判决的审查，认为量刑判决确有错误的，依法提出抗诉。

（四）为量刑规范化提供组织保障机制

知识产权案件有别于一般的法律案件，往往同时存在私权与公权的结合、法律问题与技术问题的并存，民事纠纷、行政纠纷、刑事纠纷互相交织，导致案件在事实判断和法律判断上都存在较大的难度。此外，专利、商业秘密等案件多涉及前沿的科学技术，无形中增加了司法人员侦查、起诉、审理案件的难度，对主要以文科法律背景出身的司法人员的专业技术方面的知识储备要求较高，导致知识产权案件审理期限普遍较长。为了更好贯彻严格保护知识产权的司法目标，加强司法队伍建设、借助专业力量辅助办案等组织保障机制的建设也是不可或缺。

一是打破知产案件公检法队伍民、刑、行分立局面，对办案人员进行民、刑、行全方面培训，贯通知识产权办案"三审合一"。在知识产权"三审合一"的办案模式下，需要司法人员对刑事、民事、行政的法律规则都有相对全面的把握。司法人员不仅需要依靠自我加强学习，更需要司法机关加强组织业务培训，各部门积极沟通、分享办案经验，以较短的时间掌握基础、关键的业务技能，并随时对实践中新型的、疑难复杂的问题予以关注。

二是借助"外脑"智慧，深化技术调查官、特邀检察官助理等机制在知识产权案件中的运用。知识产权案件中的技术问题始终是难点和重点问题，有时决定案件的走向。当涉及的技术问题存在争议时，司法机关都会委托第三方进行技术鉴定，被告人、当事人等也有权委托鉴定，有时会出现针对同一问题的鉴定结论互相矛盾的情况，后续又需要补充鉴定，拖延了诉讼进程，也减损了司法权威性。针对这一问题，上海知识产权法院配备技术调查官解决专门的技术问题，作为司法辅助人员中的一类，负责研究案件中有关技术问题，担任法官的助手和技术顾问。上海检察三分院则建立了特邀检察官助理等机制，发挥"外脑""智库"的智慧，将具有商标、著作权、专利、商业秘密等专门知识的人纳入办案队伍，运用专门知识协助解决专门问题。司法机关可以依托技术调查官、特邀检察官助理等制度，加强与高校研究院、专业学会的合作，储备技术人才，建立技术专家库，助力提高办案质效，保障量刑规范化。

上海检察机关办理"套路贷""校园贷"案件情况与法律适用研究[*]

上海市宝山区人民检察院课题组[**]

一、"套路贷""校园贷"概述

"套路贷",并不是一个新的法律上的罪名,而是一类、一系列犯罪行为的统称。"套路贷"是指犯罪分子以非法占有为目的,假借民间借贷之名,虚构事实、隐瞒真相,与被害人签订"虚假、阴阳借款合同"等明显对被害人不利的各类合同,通过"制造资金走账流水""肆意认定违约""转单平账"等方式"强立债权""虚增债务",进而向被害人索要"虚高借款"的行为。[①]

"校园贷"是特指一系列以在校学生为目标群体、以借贷为名,骗人钱财的违法犯罪行为的统称。"校园贷"的目标群体非常明确,即在校学生,以在校大学生为主,少部分涉及未成年人。"校园贷"本质上是一种以学生为对象的"套路贷"。

(一)演变过程

"套路贷""校园贷"这类犯罪行为最初起源于民间高利贷,其后经过不断演变而成为这种不以获得被害人支付的高额利息为目的,而是以获得被害人财产为目的的犯罪行为,有如下演变过程:

第一阶段,是比较正常的民间借贷,放贷人是以本金生利息,追求利息的回报,目的还是希望借贷人能够正常地还本付息。此类民间借贷在法律框架之内,是银行等金融机构贷款的补充,对活跃民间资本、促进民营经济发展有一定的益处。

---

[*] 上海市检察官协会 2018 年重点研究课题。

[**] 课题组负责人:董学华;课题组成员:郭宗才、梅礼匀、孙丽娟、孟庆华、高秀梅、周欣。

[①] 上海二中院:《2016—2018 年"套路贷"案件审判情况分析》,载上海高院研究室微信公众号,2018 年 10 月 23 日。

第二阶段，是要获取更高利息的民间借贷，放贷人往往先收取一定的利息，实际放款额少于借条上所写的本金，俗称先收"砍头息"的高利贷。比如借 30 万元，一个月利息 3 万元，先扣掉一个月利息，借贷人实际借到 27 万元，但是借条上的本金是 30 万元，实际上借款人是以 27 万元的本金付 30 万元的利息。此类民间借贷已经是在灰色地带游走。

第三阶段，是要通过一系列违法犯罪手段攫取借款人房产、钱财等财物的"套路贷"。对于放贷人而言，通过运作事先设计好的"套路"，寻找偿还能力较弱但是有房产或者父母有房产的借款人，利用欺骗、暴力、威胁等手段获得高于本金数倍的钱财；对于借款人而言，本身或是债务缠身任由放贷人摆布签下巨额数目的欠条，或是忌惮放贷人的暴力、威胁，大事化小、小事化了，多方筹款归还债务以免再被"翻倍"，多数借款人没能力对抗放贷人。而且，在前些年，借款人也曾经求助过公安机关，因为认识方面的原因，这类案件当初多以民间借款纠纷而被拒绝刑事立案，也导致放贷人更加有恃无恐。从本市某区的案件来看，此类"套路贷"最早可能出现于 2014 年，此类"套路"逐渐蔓延开来，逐步形成放贷人、介绍人、提供资金账户的人走流水、办理公证、上门讨债、提起虚假民事诉讼等多方参与的犯罪团伙，借款人一旦"入套"，几乎不能凭一己之力解套。这正是当前我们司法机关要予以严厉打击的违法犯罪活动。

（二）行为特征

"套路贷""校园贷"犯罪中，贷是形式是手段，骗是本质是目的，之所以屡屡得逞，是因为其中有很深的"套路"。

一是假借民间高利贷的形式。犯罪分子往往以放贷人、"小额借款公司"等名义招揽生意，与被害人签订借款合同，制造民间借贷的假象，并以"违约金""保证金""上门看房费""中介费"等各种名目诱骗被害人签订虚高借款合同、虚高借条或房产租赁、车辆抵押合同等明显不利于被害人的合同。

二是虚走银行流水。犯罪分子向被害人账户转入与上述虚设借款合同、虚高借条等额的借款，再让被害人取出虚高部分的现金归还嫌疑人，刻意造成被害人已经获得合同所借全部款项的假象。

三是单方面认定被害人违约。犯罪分子编造多种理由单方肆意认定被害人违约，如被害人未按期至犯罪分子处报到、被害人在别处还有借贷等理由，并以被害人违约为由要求立即偿还"虚高借款"。

四是层层平账，垒高债务。在被害人一时无法归还比实际到手金额高得多的合同、借条金额时，犯罪分子则会威逼利诱被害人同意至他人处"平账"，再次签订虚高合同、借条，进一步垒高债务。经过多次"平账"后，被害人的债务甚至会出现从几万元被恶意垒高至数百万元的情况。

五是软硬兼施讨债。有的是通过雇用无业人员充当讨债的"马仔"，采取围堵、殴打、威胁、非法拘禁等方式讨债；有的是通过扣押车辆、占用房产、扣押产权证书的方式讨债；有的是通过虚假诉讼的方式讨债，目的就是要将虚设借款合同、借条"变现"，实现非法占有的目的。

（三）案件特点

一是放贷人员呈团伙化、职业化趋势。与早期高利贷不同，"套路贷"放贷人已经不再由个别人、少数人来实施，往往呈现出团伙化、职业化的特点，放贷人以此为业，除了利用自有资金还会拉来其他的"金主"作为出资人，还有与放贷人有联系紧密的中介人员，负责接待、签虚假借款合同、走银行流水、上门看房、签订房屋长期租赁合同、抵押合同、办理房产网签、上门讨债等事项的人员，甚至还会有专门的讨债团伙，部分案件中还有律师、公证人员等参与其中，从而形成一个或多个错综复杂的放贷团伙。

二是借款人员法律意识、证据意识缺乏。借款人员一般有以下几类：第一类是小企业主或个体经商户，第二类是名下有房产的无业人员甚至是有赌博恶习的人员，第三类是高中、职业学校等学校里与社会人员来往密切的学生。这些人的共性是自身信用资质较差而无法从正规的银行、小额公司借到钱，只能以应急的心态从放贷人处借钱，对于虚高借条、虚高的银行流水抱着无所谓心态，对于后续要被迫归还借条上巨额债务的后果无暇顾及、无从理会，法律意识普遍淡薄，证据意识普遍缺乏。

三是易触犯多种罪名。"套路贷"案件不仅触犯诈骗犯罪，还因通过敲诈勒索、非法拘禁、虚假诉讼或者滋扰被害人及其近亲属正常生活等方式催收欠款，而触犯非法拘禁、非法侵入住宅、故意伤害、寻衅滋事、敲诈勒索、强迫交易、侵犯公民信息、虚假诉讼等罪名。

四是刑民交织。该类案件往往是刑事犯罪行为与民间借贷行为交织在一起，放贷人员起初往往以高利贷为业，一旦发现有被害人可以"套路贷"的方式赚取更高利润时，往往"看人下单"，以保证金、违约金均系被害人自愿签署为由进行辩解，以此为自己开罪。由于被害人并未注意贷款期间的证据收集，导致被害人并无证据证明自己是被欺骗的或是被欺诈的，从而给案件的侦查、审查带来很大困难。

（四）"套路"模式

以有无抵押来分类，可分为无抵押模式、有抵押模式。无抵押模式多见于被害人系未成年人、学生的"校园贷"。此类案件见于本市 B 区。放贷人员以"未成年人凭身份证借钱不用还"为幌子，诈骗并无借款需求的未成年人举债，中介人员团伙则从未成年人借来的钱中分得大部分数额的中介费，放贷人则通过虚高借条、虚假银行流水中获取暴利，同时又可以从被害人父母处讨债而不用担心讨不到钱，这中间，唯一受损的就是被害人，往往在仅借到几千元的情况下背上数万元乃至十几万元的巨额债务。抵押模式多见于被害人系小企业主、无业但有房产的"套路贷"。此类案件比较普遍，大部分的放贷人均要求被害人提供一定的抵押。

以抵押物的种类来分类，可分为房产抵押模式和汽车抵押模式。房产抵押模式的"套路贷"案件较为普遍常见。放贷人员一般要求借款人提供产权调查证明，对房产的归属、抵押情况、居住人员情况作深入调查，以决定放贷的数额、"保证金""违约金"的数额以及放贷时间的长短，甚至在借款人因违约而不能按期归还本金、利息的情况下，派人撵走产权人并占用该房产。汽车抵押模式的案件见于本市 F 区。存在中介团伙和敲诈勒索团伙，以被害人汽车为抵押，使其写下虚高借条，而后将车开走，以卖车为名勒索受害人。该模式特征体现为中介团伙招揽顾客，而后将被害人介绍给出资的敲诈勒索团伙，该团伙通过以违约金、各种费用等名义提高合同借款金额，并欺骗被害人不违约就不需要承担借款和利息之外的钱款，而后出资团伙即以被害人违约为由私自开走抵押汽车，勒索被害人高额钱款赎车，否则即将抵押车辆处理掉。

以放贷人员的组成来分类，可以分为中介人员参与模式、公证人员参与全委托公证模式、律师参与提起虚假诉讼模式以及多家公司参与相互平账垒高债务模式。第一，中介人员参与模式。现实中，一方面，放贷人员要通过中介人员找到潜在的有借款需要的被害人，而另一方面，被害人因为缺钱而急需找到能借钱给他们的放贷人，在这种情况下，催生出一种为放贷人员和被害人牵线搭桥人的"中介人员"职业，专门撮合双方达成交易。如果这类中介人员仅仅从放贷人处按比例拿中介费也不会逾越法律的底线，但是，往往此类中介人员与放贷人串通好一起对被害人实施"套路贷"。第二，公证人员参与全委托公证模式。此类案件见于本市 B 区。放贷人团伙从事高利贷活动，在向社会人员出借高利贷过程中，以民间借贷行规为名，采用诱骗、恐吓的方式，让借款人签订翻倍借条，通过银行翻倍虚假走账，事先伪造证据，并要求借款人将自己的房屋进行抵押，采用欺骗手段让借款人配合做房产全权委托公证或者房产过户，放贷后通过故意制造违约事件等各种手段，让借款人再次借款。通过反复操作，让借款在短期内迅速增加数倍至数十倍，而后再以诱骗、威胁、非法拘禁等方式暴力讨债或者通过控制被害人的银行卡、银行 U 盾、身份证等材料，制造购房假象后利用委托公证直接将被害人的房产过户，从而骗取借款人的房产及资金。第三，律师参与提起虚假诉讼模式。此类案件见于本市某区。该类套路贷案件中，其"专业性"体现得更为明显，放贷人成立公司，企图以合法的外衣掩盖其非法目的。放贷人通过该公司经营高利贷业务，但其目的并不是高利贷的高额利息，而是通过虚高借条、银行走流水等方式，使被害人写下高额借条，而后律师参与其中，篡改借条，提起虚假诉讼，通过诉讼的方式实现自己的诈骗目的。第四，多家公司参与相互平账垒高债务模式。此类案件见于本市 H 区、M 区。放贷人团伙成立多家公司，被害人向其中一家公司借款后，一旦还不出虚高的债务，就会被放贷人带到另一家公司强行平账，期间，另一家公司要求被害人再写翻倍借条，并假装向前一家公司平账，前后借条的差额由两家公司约定二八分成。由此，欺骗被害人不断垒高债务。

二、案件办理情况及存在问题

（一）案件办理情况

上海市检察机关 2017 年 1 月 1 日至 2018 年 6 月 30 日共受理"套路贷"案件 120 件 480 人。

其一，从受理情况来看。时间分布上，2017 年上半年受理 35 件 192 人，2017 年下半年受理 27 件 104 人，2018 年上半年受理 58 件 184 人，呈逐年上升的趋势。区位分布上，受案最多的五家单位分别是：浦东新区院（19 件 52 人）、二分院（16 件 92 人）、宝山区院（15 件 54 人）、普陀区院（8 件 31 人）和奉贤区院（8 件 24 人）。

其二，从审结情况来看。2017 年受理的"套路贷"案件中，提起公诉的 47 件 226 人，不起诉 3 人，公安机关撤回案件的 2 件 5 人，存在二次退回补充侦查的案件 30 件。

其三，从法律适用来看。2017 年起诉的"套路贷"案件中，涉及诈骗罪 141 人、敲诈勒索罪 47 人、非法拘禁罪 31 人、合同诈骗罪 6 人、抢劫罪 4 人、寻衅滋事罪 3 人、虚假诉讼罪 2 人；认定犯罪集团的共 5 件。

其四，从量刑情况来看。2017 年起诉的"套路贷"案件中，已经判决的共计 124 人，判处 3 年有期徒刑以下刑罚的 53 人（缓刑 10 人），判处 3 至 10 年有期徒刑的 54 人，判处 10 年有期徒刑以上刑罚的 17 人。

项目	分类	案件数
被害人属性	成年	7
	未成年	2
媒介平台	线上	4
	线下	5

项目	分类		案件数
借贷方式	分期购物、网络刷单		3
	网贷平台		1
	未成年借钱不用还		2
	套路贷		3
是否抵押、担保	无抵押		6
	有（房产、裸照）		3
是否银行走账、翻倍借条	翻倍借条、走流水		5
	不走流水		4
是否采用暴力手段	是		3
	否		6
诈骗目的	高额利息、手续费		4
	分期购物的财产、刷单本金		3
	被害人房产		2
引发次生犯罪	是	嫌疑人	0
		被害人	3
		第三人	1
	否		5

（二）法律适用的主要特征

1. 诈骗罪是最常见罪名

例如在本市 S 区办理的陈某某诈骗案中，陈某某以刷单、做业务招兼职为名，以数百元好处费诱骗多名大学生通过网络平台贷款，并将所有钱转入其账户，告诉被害人上述贷款不需要本人还，仅仅是刷单行为，其会将贷款还上。但自始至终，陈某某就无力还款，其目的就是骗取众多被害人通过网络平台借贷来的钱供自己挥霍。至案发，陈某某以该手法诈骗几十名在校大学生的钱财，数额特别巨大。

又例如在本市 B 区办理的一起盗窃案中，犯罪嫌疑人 A 女孩实际上是一起"校园贷"的被害人，其系一名大三在校学生，其通过"裸照"等内容，获取了贷款，然而在投资的过程中，相信了犯罪嫌疑人提供的投资网站，当其将借来的钱全部投入该投资网站后，该网站却关闭并且无法登录，导致其血本无归，甚至无法诉诸于法律渠道，与此同时，她还需要归还"裸贷"借来的本金、利息种种。本案中，"裸贷"借钱过程的违法性不言自明，而放贷者在本案中，介绍被害人 A 女孩至某投资网站进行投资并告诉其会有高额回报，而当 A 女孩将钱全部转入后该网站即无法登录的行为，是典型的诈骗行为。

2. 敲诈勒索罪、非法拘禁罪是常引发的罪名

敲诈勒索罪、非法拘禁罪也是典型的罪名。例如在本市某区办理的张某某、刘某某 7 人诈骗案中，被害人张某影被诱骗向犯罪嫌疑人借贷，并且实际拿到的钱与签订借条的金额差距巨大，但是迫于犯罪嫌疑人对张某影一家的威胁，张某影的父母考虑到女儿的安全问题，被迫选择了答应犯罪嫌疑人一伙的要求，出钱还债，本案中该节事实属于典型的敲诈勒索。

非法拘禁行为的发生存在两种情形。一种情形是在借贷行为发生以前，犯罪嫌疑人为了强迫被害人向其借钱采取的非法拘禁行为。在本市 J 区办理的张某某 6 人诈骗案中，犯罪嫌疑人张某某等人，在以"未成年人借钱不用还"的幌子诱骗被害人向其借钱遭拒后，将被害人诱骗至宾馆非法拘禁长达 5 日，直至被害人屈服，同意向其借款并签署翻倍借条，走虚假流水；另一种情形则是发生在犯罪嫌疑人暴力追债过程中，同样是本市 J 区办理的张某某 6 人诈骗案件中，在后续追债过程中，张某某等为了向被害人父母追讨高额借款及利息，多次将被害人带离学校，非法拘禁并实施殴打行为。

3. 网络案例涉及的相关罪名

其一，强迫卖淫罪、介绍卖淫罪以及强奸罪。这三类犯罪行为是追讨高额债务时可能会发生的一些后续犯罪行为。在已公开的网络报道案件中，特别是涉及"裸贷"相关的案件中，该三类罪名可能涉及。其二，传播淫秽物品牟利罪以及传播淫秽物品罪。"裸贷"的视频及相关照片被上传至网络，其涉案犯罪嫌疑人已经触犯了上述罪名。其三，侵犯公民个人信息罪。"裸贷"案件中，被害人的信息及相关照片、视频被上传至网络甚至被交易，已经触犯了本罪名。

（三）法律适用中存在的主要问题

1. 罪与非罪的认定问题

"套路贷""校园贷"案件的办理，最大的难点是区分行为犯罪与否。首先，并非所有涉及借贷的行为都要进行打击，在办理"套路贷"案件中，放"高利贷"行为是否涉嫌犯罪。其次，被害人主观是否明知对定罪的影响，案件办理中，当被害人明确知道虚高流水、借条以及高额的还款金额时，是否依然认定为犯罪。最后，对于套路不深的行为，是否认定为犯罪，有些案件，可能并没有经过虚走银行流水、互相平账垒高债务等过程，应该怎样进行定性。

2. 具体罪名的选择问题

"套路贷""校园贷"案件办理过程中第二个难点就是罪名的选择,"套路贷"往往是一系列行为的组合体,如何透过现象发掘出行为的本质。首先,具体罪名的选择,是诈骗罪还是虚假诉讼、合同诈骗、敲诈勒索、非法拘禁等罪名。其次,对于同时触及不同罪名时如何选择,签订虚高合同后又以虚高金额提起诉讼的,是诈骗罪还是虚假诉讼罪;同样,在后续催讨债务过程中,触及了其他罪名,是选择数罪并罚还是从重处罚。最后,对于"套路贷"团体是否属于犯罪集团以及共同犯罪的认定,也是案件办理过程中需要慎重对待的。

3. 犯罪形态的判断问题

"套路贷"案件中,行为比较多,同时涉及不同罪名,往往不同罪名也会处于不同的犯罪形态,犯罪的既遂与未遂也是"套路贷""校园贷"案件办理中的一个难点。部分案件中,存在犯罪嫌疑人出借本金后,虽然已经实施了一系列虚高借条、走银行流水等行为,但由于被害人房产等尚未被过户,对此种情形,就需要厘清是犯罪既遂还是未遂。

4. 犯罪数额计算问题

犯罪数额的认定是"套路贷""校园贷"案件中一个难点,这会涉及当事人的量刑问题,我们要做到数额精准,不枉不纵,既维护被害人的利益,也保护犯罪嫌疑人的合法权利,充分体现司法的公正性。"套路贷""校园贷"案件中,有被害人签署借条金额、银行转账金额、被害人实际获得金额,同时还存在双方约定的利息以及被告人在借贷过程中以"违约金""保证金""中介费""服务费"等名义扣除或收取的费用,甚至还存在一些犯罪嫌疑人、被告人通过各种手段非法占有的被害人财物,上述种种,在犯罪数额的认定中,哪些计入犯罪数额,哪些予以排除,就需要研究。

5. 其他行为的评价问题

"套路贷""校园贷"案件中,一般都是多种行为并存,在部分案件中出现以公司形式向不特定多数人放贷行为,该公司以及员工的行为该如何界定、如何评价以及是否能够以非法经营的罪名来进行处置也是目前司法实践中尚未解决的问题。

三、案件法律适用研究

对于"套路贷""校园贷"的具体法律适用,我们通过案例代入的方式,从以下几个方面进行研究:

(一) 罪与非罪的认定

案例一:2015 年 1 月,在被害人杭某某(未满 18 周岁)原本只想借款

3000 元的情况下，傅某等中介人员以"未成年人借钱不用还"为由，诱骗杭某某借款 4 万元，并将杭某某介绍给瞿某某，谈妥由后者作为资方放贷。瞿某某"空放"高利贷 16 万元给杭某某，杭某某当场取现 12 万元还给瞿某某，余 4 万元交给傅某等人，其中 3.5 万元作为中介费由傅某等人分赃使用，杭某某实际得款 5000 元。同年 8 月，杭某某 18 岁生日刚过，且刚刚达到能够独立处分名下房产的年龄，被告人瞿某某在消失了 7 个月后带人找到杭某某，以上述 16 万元借款"利滚利"已达 90 万元为由向杭某某索要欠款，并给杭某某两个选择，一是拉到外面打一顿，回家跪在父母面前让父母还钱，二是瞿某某帮杭某某以名下房产抵押贷款，一部分归还欠款，一部分由瞿某某帮杭某某放贷赚利息赎房，以此诱骗杭某某作出抵押名下房产借新贷还旧贷的选择。随后的操作，被害人杭某某一直以为是在做房产抵押手续，实际上，其在房产中介所签的合同均是售房合同，最终导致杭某某名下一套房屋被骗出售，转入其账户里的 158 万元购房款也被瞿某某骗走。后直到房产买卖下家要求入住时，本案才被杭某某的家人发现。

案例一是本市首例提起公诉的"套路贷"案件。被害人于 2016 年初向公安机关报案，在本市《关于本市办理"套路贷"刑事案件的工作意见》出台之前，大家对于"套路贷"还未形成共识，公安机关以民间借款纠纷为由而不予立案，并建议被害人向犯罪嫌疑人所在地法院提起民事诉讼。在案件审查起诉过程中，对于该案是否构成诈骗罪，引发了较大的分歧意见。一种意见认为，被害人杭某某作为成年人，其对所签订的书面合同应当有辨别的能力，出售房产系其个人处分房产的行为，并非他人欺骗，故本案不构成诈骗罪。另一种意见认为，被害人杭某某作为未成年人以及刚满 18 岁的成年人，对何为"抵押"何为"出售"并没有清晰的认识，并且签订合同均系在犯罪嫌疑人及中介人员的欺骗下所为，故本案构成诈骗罪。

各被告人均辩解过其系在放高利贷，高利息是被害人愿意接受的，走流水是一种担保形式，并非是诈骗行为。仔细分析该案的证据发现，第一，从被害人的陈述来看，被害人先是被中介人员以"未成年人借钱不用还"欺骗，后是被放贷人员以"利滚利达 90 万元"欺骗，再是被放贷人员"做房屋抵押还债"欺骗，正是在这一连串的欺骗下，才产生错误处分房产的意识和行为。第二，从常识来看，被害人作为一名在读学生，在账户进了 158 万元"抵押款"的同时还向瞿某某借款 98 万元，明显不符合常情常理，同期被害人并没有大额支出也印证了该不合理性。第三，从被告人的供述来看，犯罪嫌疑人瞿某某无论如何也计算不出 4 万元滚到 90 万元的利息标准，所谓"高利息是被害人愿意接受的"明显是无理辩解，其主观目的根本就不在于利息，而是直指被害人的房产。第四，从同案犯的供述来看，犯罪嫌疑人瞿某某就是为了骗取被害人的房产而精心设计了一连串的骗术，一步步引诱被害人入套。因此，本案构成诈骗罪。

（二）具体罪名的选择

案例二：2015 年起，被告人徐某某开设"天行公司"经营高利贷业务，并伙同被告人杨某等人共同经营，由徐某某等人负责接待、签翻倍条、银行转账走流水、上门看房、制造违约、联系被害人催款、虚假诉讼等事项，由杨某负责放贷、签订租房合同、占用房屋、讨债等事项，从而骗取、敲诈勒索借款人钱财。犯罪事实如下：

2015 年 12 月中旬，被害人周某某向徐某某等人借款人民币 30 万元，约定期限一年，利息 25 万元，并被欺骗写下 110 万元的翻倍条，被扣留了房产证作为抵押，走完银行流水 110 万元。周某某按照协议约定两次支付每月 45800 元利息后，徐某某等人即以"未按月到公司报到已经构成违约"为由，要求周某某立即归还 110 万元，当周某某辩解时，徐某某等人即对周某某实施殴打，并威逼周某某书写"二日内还清人民币 110 万元"的保证书，当日周某某的奔驰越野车被徐某某等人扣押。在"二日"内周某某未能归还 110 万元的情况下，徐某某一边带人上门催讨债务，一边安排人将周某某的房产"网签"，导致周某某的房产因不能上网交易而面临支付他人违约金的风险。2016 年 4 月初，徐某某在收到周某某父亲转账的 98 万元后，才撤销"网签"并归还所扣车辆。至案发，被害人周某某实际借款人民币 28 万元，却在 4 个月内支付徐某某等人 107 万余元。

2016 年 6 月，被害人沈某某因借款 5 万元而被刘某诱骗签下 23 万元的借条，实际得款 2 万元。6 月 16 日，因沈某某无力还款，刘某将沈某某带至"天行公司"找徐某某"平账"，徐某某诈骗沈某某签下 60 万元借条并走了银行流水，期间，在沈某某提出其并不欠他人 23 万元的情况下，遭到徐某某同伙殴打、威胁。后因沈某某无力还款，徐某某即派人至沈某某的住处，采用堵锁眼、喷油漆等方式暴力讨债并强行入住，致使沈某某及其母亲无家可归。同年 7 月，徐某某同伙杨某以可以帮沈某某平掉所有外债为由诱骗沈某某签下 150 万元的借条并走完银行流水，并将其中 60 万元假装归还给徐某某，并从徐某某手中接管沈某某的房屋，派人将沈某某拘禁在该房屋内，直到同年 8 月 9 日，沈某某趁看管人员不备逃离后报警，杨某等人才从该房屋搬离。随后，被告人杨某让沈某某至法院进行民事诉讼调解，以法院裁定的方式确认沈某某欠王某海 150 万元。

2016 年 3 月中旬，被害人谢某向徐某某等人借款 30 万元，约定期限一个月，利息 7.5 万元，签下 100 万元、50 万元两张借条，走完了银行流水，当日仅获得 15 万元现金。被害人谢某向徐某某等人讨要约定的其余 15 万元借款时，遭到徐某某以其信用资质不好为由拒绝。谢某因为确实急需用钱，故只能按照徐某某等人的要求找其朋友吴某某帮忙担保。后吴某某帮助谢某借款 35 万元，徐某某等人要求吴某某出具 100 万元借条，在吴某某提出异议后，降至 80 万元，并走了银行流水。但是吴某某当天分文未得，徐某某等人说好给谢某 35 万元也未兑现。当日，徐某某就将吴某某的 80 万元借条转给刘某，由刘某带领二十余人，手持徐某某的委托书至吴某某家里讨债。期间，谢某的一辆轿车被徐某某等人扣押，徐某某的同伙采用断电断水、撬门锁等方式暴力讨债，致使被害人无法正常生活，直到谢某归还了 15 万元才赎回车辆。另查明，徐某某、刘某（徐某某将债权转给刘某）分别将谢某、吴某某起诉至法院，一审谢某、吴某某败诉，房产被法院冻结。

因行为手段"套路"的复杂，危害后果的复杂，行为与危害后果之间因果关系的复杂，"套路贷"可能触犯的罪名的复杂，我们特别搜集了案例二，对相关罪名的认定进行研究。

1. 诈骗罪与敲诈勒索罪

就单个行为的认定而言，诈骗罪与敲诈勒索罪不难区分，但是"套路贷"是由多名行为人多个行为集合而成的犯罪，在实践中难免会有两个罪名适用的区分。诈骗罪的行为特征是采用虚构事实、隐瞒真相的手段，让被害人产生错误认识，进而处分自己的财物。敲诈勒索罪的行为特征则是采用威胁、要挟，让被害人基于害怕、恐惧的心理，进而被迫交出自己的财物。案例二中，会发现诈骗、敲诈的手段兼而有之，甚至针对同一被害人也会存在先欺骗后敲诈的情形。那么，如何准确定罪呢？我们认为，第一，如果单纯采用"你只用按时归还就不用还借条上多出来的保证金"之类的欺骗手段诱骗被害人签订翻倍条、走完银行流水，并且在讨债的过程中采取较为"平和"的手段向被害人索要债务，一般认定构成诈骗罪。第二，如果当被害人对借条、嫌疑人讨债数额提出异议时，嫌疑人以暴力、威胁或要挟的手段，逼迫被害人接受虚高借条数额的，并且在讨债的过程中继续以该手段索要债务，一般认定构成敲诈勒索罪。第三，如果先是在借款阶段采用虚构事实、隐瞒真相的方式进行诈骗，后又采取威胁、引诱、恐吓等方式聚财的，前后行为侵犯的主要法益均为被害人的财产所有权，则前后行为已经构成类型化的牵连关系，根据牵连犯的基本处断原理，择一重处断。

就案例二而言，被告人徐某某等人的行为既有诱骗，也有暴力、威胁，需要针对每一节事实的行为特征进行具体分析。在第一节、第二节事实中，针对周某某、沈某某，分别在"制造违约""平账"的环节里采用暴力手段，而且暴力手段对其非法占有目的的实现起决定性作用，故，该二节构成敲诈勒索罪。在第三节事实中，针对谢某"签订虚高借条""走银行流水""编造违约"等一节均采用欺骗的手段，在"讨债"环节有暴力、威胁的手段，根据前述牵连犯的处断原理，该节属于宣告刑为 10 年有期徒刑以上的，该节构成诈骗罪。

2. 敲诈勒索罪与非法拘禁罪

在"套路贷"案件中，行为人除了采用欺骗、敲诈的手段，往往伴随着以暴力、威胁的方式拘禁被害人的情形，案例二中，针对被害人沈某某就有此种情形。对此情形如何定罪呢？有两种意见，一种意见认为，非法拘禁罪侵犯的法益是公民的自由权、健康权，而诈骗罪、敲诈勒索罪侵犯的法益是公民的财产权，二者侵犯的法益不同，所以在规范没有明确的情况下，应采取数罪并罚。[1] 另一种意见认为，罪数问题并不是单纯以侵犯法益为标准，牵连犯有四个特征，其中一个特征就是行为的异质性，[2] 也即构成牵连犯的方法行为或者结果行为与目的行为必须触犯不同的罪名，相同的罪名不能构成牵连犯。因此，在"套路贷"案件中，由于敲诈勒索行为常常与非法拘禁行为相随，根据手段与目的行为类型化的要求，可以根据牵连犯的原理处断。我们倾向后一种意见，认为构成敲诈勒索罪一罪。

3. 诈骗罪与虚假诉讼罪

"虚假诉讼罪"入刑以来，在一定程度上有效遏制了以法律名义骗取钱财和妨害司法秩序等恶劣行为。在"套路贷"案件中，行为人往往通过虚高借条、银行走流水的方式，欺骗被害人写下高额借条，而后据此提起虚假诉讼，通过诉讼的方式实现自己的诈骗目的。如在案例二第三节事实中，针对谢某、吴某某，被告人徐某某、杨某在明知受害人没有取得借款的情况下，以捏造的事实向法院提起诉讼，申请诉讼保全被害人的房产，并在法庭上提供了虚假的借条、银行流水等证据。该案中，被告人的行为符合《刑法》第 307 条之一第 1 款"以捏造的事实提起民事诉讼，妨害司法秩序或者严重侵害他人合法权益"的规定，且根据该条第 3 款的规定，"有第一款行为，非法占有他人财产或者逃避合法债务，又构成其他犯罪的，依照处罚较重的规定定罪从重处罚"。该案中，处罚较重的罪名是敲诈勒索罪，故，被告人的行为构成敲诈勒索罪。

2018 年 9 月 26 日，最高人民法院、最高人民检察院联合公布了《关于办理虚假诉讼刑事案件适用法律若干问题的解释》，对"以捏造的事实提起民事

---

① 李岳：《套路贷刑法规制的回应与展望》，载《延安职业技术学院学报》2018 年第 3 期。

② 刘宪权：《我国刑法理论上的牵连犯问题研究》，载《中国政法大学学报》2001 年第 1 期。

诉讼"作出了严格的界定，将虚假诉讼罪仅限于"无中生有型"虚假诉讼行为，而对于民事法律关系和民事纠纷客观存在，行为人对具体的诉讼标的额、履行方式等部分事实作夸大或者隐瞒的行为即"部分篡改型"虚假诉讼行为则排除在刑法规制以外。此外，《关于办理虚假诉讼刑事案件适用法律若干问题的解释》第4条明确了实施以骗取财物为目的的虚假诉讼犯罪又构成其他犯罪的处理原则。可以说虚假诉讼司法解释的出台对司法实践中"套路贷"案件的办理也产生了一定的影响。比如"套路贷"案件中，嫌疑人以虚高的借条向法院提起诉讼，申请诉讼保全被害人的相关财产的行为，按照现行解释的规定，就不能认定为虚假诉讼行为，亦不能根据解释第4条认定为诈骗罪。

对此，我们认为，民事诉讼中一般采取高度盖然性的证明标准以及"谁主张谁举证"的证明责任分配方式，原告在民事诉讼过程中实施虚构诉讼标的额、篡改履行方式、履行期限等行为的具体情况比较复杂，有的是对法律规定内容理解不当，有的是出于诉讼策略的考虑，不能一概认定其主观上具有非法占有他人财产的目的。实践中，在民事诉讼过程中违反诚实信用原则的原因也比较复杂，对"部分篡改型"虚假诉讼行为一般可以通过承担败诉后果、给予司法处罚使其受到制裁。因此，我们认为，虚假诉讼罪司法解释的出台并非专门针对"套路贷"案件，而是从坚持主客观相一致原则、坚持刑法谦抑性等多角度考虑，防止对类似民事纠纷案件打击面过大。对于"套路贷"案件中，签订虚高合同后又以虚高金额提起诉讼的，可以将其诉讼行为视为诈骗目的实现的环节，应当以诈骗罪予以认定。而对行为人在实施"部分篡改型"虚假诉讼行为过程中，其具体手段可能构成其他犯罪，如行为人伪造证据时伪造了某单位的印章或者行为人有指使他人作伪证的行为，对此可以依照刑法第280条、第307条等规定以伪造公司、企业、事业单位、人民团体印章罪和妨害作证罪等犯罪定罪处罚。

4. 诈骗罪、敲诈勒索罪与非法侵入住宅罪、寻衅滋事罪

在"套路贷"中，常见放贷人雇用专门的讨债人员参与讨债的情形，对此如何定罪呢？就放贷人而言，主观目的在于诈骗、敲诈勒索钱财，手段上有非法侵入住宅、寻衅滋事的行为，根据前述牵连犯的原理处断。就讨债人而言，如果主观上明知是虚假的借条而帮助以非法侵入住宅、寻衅滋事的方式讨债的，与放贷人构成共同犯罪，应当以诈骗罪、敲诈勒索罪定罪量刑；如果主观上确无证据证明其明知是虚假的借条，或无条件知晓是虚假的借条，而单独以非法侵入住宅罪、寻衅滋事罪定罪处罚。

案例二中，就被告人徐某某、杨某而言，其行为既构成诈骗罪、敲诈勒索罪，又构成非法侵入住宅罪、寻衅滋事罪，根据前述牵连犯原理，从一重处断，认定构成诈骗罪、敲诈勒索罪。就杨某所雇用的帮其讨债的"马仔"而

言，要仔细审查他们主观上是否有明知系虚高债务的故意，对于多次参与讨债且被害人有明确异议的情况，应当认定其主观上有明知，同样构成诈骗罪、敲诈勒索罪；对于仅是偶尔参与且无证据证明其主观上确实明知，则根据其行为及危害后果，以非法侵入住宅罪、寻衅滋事罪认定为宜。

5. 诈骗罪与合同诈骗罪

在"套路贷"的案件中，经常会出现借款合同、抵押合同、房屋租赁合同、委托合同等合同，那么如何区分诈骗罪与合同诈骗罪呢？我们认为，在"套路贷"案件中，借款合同一般是主合同，而抵押合同等合同一般是借款合同的附属合同，所以定性只要厘清借款合同的性质即可。借款合同既可能发生在经济往来活动之中，也可能发生于公民个人之间。对于法人（单位）与法人之间、法人与个人之间基于经济往来而签订的借款合同，应当属于合同诈骗罪中的合同；对于公民个人之间实施的借款行为，只要不是基于经济往来而产生，通常应当认定为是普通自然人之间的民事行为，不宜将其认定为经济往来活动中的合同。因此，对于在借款合同中存在诈骗的情形是构成合同诈骗罪还是诈骗罪，认定的关键就在于考察合同是否基于经济往来而签订。如果是基于经济往来而签订则可以构成合同诈骗罪，如果不是则属于诈骗罪。①

具体到案例二中，虽然被告人徐某某等人是以"天行公司"为名实施"套路贷"，但是具体的一笔笔借款均发生在个人之间，并不是基于经济往来而签订的合同，所以，涉及的罪名应为诈骗罪，而非合同诈骗罪。

6. 各平账团伙之间的共同犯罪故意

就共同犯罪的认定而言，目前在司法实践占主流的部分犯罪共同说认为："两人以上就重合的犯罪具有共同故意和共同行为，从而在重合的范围内成立共犯。"这要求行为人不仅要有共同的犯罪行为，而且要对犯罪结果有共同的认识，行为人在共同的认识范围之内成立共同犯罪。

案例二被害人沈某某案中，沈某某先后遭受"刘某""徐某某""杨某"等三批放贷人以"套路贷"的方式诈骗、敲诈勒索，如何认定这三批人的行为性质以及犯罪金额呢？我们认为，徐某某、杨某是有利益关联的关系人，作为"套路贷"的合作者，主观上对对方诈骗、敲诈勒索的犯罪故意心知肚明，甚至还有合谋，客观上通过二者之间的虚假平账恶意垒高被害人的债务，具有共同的犯罪行为，也对犯罪结果有共同的认识，因此，二者之间成立共同犯罪，对最终的金额承担共同的刑事责任。反言之，目前没有证据证明"刘某"等人对"徐某某""杨某"的"套路贷"有共同的犯意、共同的行为，所以

---

① 梅传强、胡江：《合同诈骗罪与诈骗罪界限的司法认定》，载《法治研究》2011年第11期。

不必对后续垒高的债务承担相应的刑事责任。所以，在司法实践中，遇到被害人被多次平账垒高债务的，还是要引导公安机关对各团伙（公司）之间的业务往来、资金往来、人员往来等情况予以详细查证，以此来厘清各犯罪团伙之间是否系共同犯罪。

7. 敲诈勒索、抢劫罪与强迫交易

《刑法》第 226 条规定，以暴力、威胁手段强迫他人提供或者接受服务，情节严重的，以强迫交易罪定罪处罚。强迫交易罪属于扰乱市场秩序类犯罪，敲诈勒索罪属于侵犯财产类犯罪，从犯罪构成要件而言是比较容易区分的。然而根据最高人民检察院《关于强迫借贷行为适用法律问题的批复》的规定，以暴力、胁迫手段强迫他人借贷，属于《刑法》第 226 条第 2 项规定的"强迫他人提供或者接受服务"，情节严重的，以强迫交易罪追究刑事责任；同时构成故意伤害罪等其他犯罪的，依照处罚较重的规定定罪处罚。以非法占有为目的，以借贷为名采用暴力、胁迫手段获取他人财物，符合刑法第 263 条或者第 274 条规定的，以抢劫罪或者敲诈勒索罪追究刑事责任。在"套路贷"案件中，往往也会有强迫被害人"借贷""平账"的行为，因此，有必要对强迫交易罪与敲诈勒索、抢劫罪之间的区分作研究。

我们认为，对于"套路贷"案件中出现的以暴力、胁迫手段强迫他人借贷的情形，如果放贷人给付本金与借条一致，没有非法占有借款人其他财物的主观故意的，可以认定构成强迫交易罪；如果放贷人给付本金明显少于借条、银行流水数额，主观上有侵占借款人财物的非法占有目的的，可以认定敲诈勒索罪或抢劫罪。

具体到案例二中，针对沈某某，被告人徐某某有强行给沈某某"平账"的行为，当沈某某对刘某所称的 23 万元借款提出异议时，即遭到徐某某等人的殴打，被强迫同意向徐某某借款 60 万元进行平账，并且在分文未得的情况下，又被强迫同意向杨某借款 150 万元进行平账，仍然分文未得。对此，我们认为，并非强迫交易能够进行评价，应当认定构成敲诈勒索罪。

（三）犯罪形态的判断

案例三：2013 年，被害人涂某某将动迁房出售他人，因未达过户年限而将房产证放在购房者处。2014 年 1 月，涂某某为归还赌债，欲通过抵押该房屋借款，于是向房地产交易中心申请挂失补办房地产权证。2014 年 3 月，涂某某通过中介人员，向伍某某、赵某借款 60 万元。被告人伍某某、赵某采用"套路贷"的方式，让涂某某签订了金额 90 万元的借款合同，声称其中 30 万元为"保证金"，并办理了房产抵押登记手续，还让涂某某出具了委托书并进行公证，全权委托赵某办理房屋的出租、出售和办理产证等事宜。之后，伍某某转账 90 万元至涂某某的账户，并让涂某某当场领取现金 36 万元交还给伍某某，其中 30 万元为"保证金"、6 万元为借款利息，涂某某实际得款 54 万元。涂某某则将补办的房地产权证交给赵某保管。2014 年 4 月至 6 月间，涂某某联系赵某，并通过中介人员出面与赵某协商，打算提前还款 60 万元，但赵某要求涂某某归还 90 万元，涂某某不愿归还 90 万元，伍某某、赵某等人多次向涂某某索要 90 万元的债务。后涂某某因担心上述全委托被伍某某等人利用，遂于 2014 年 6 月 20 日再次向房地产交易中心申请挂失补办房地产权证，以避免房产被伍某某、赵某等人骗走，后变更居住地点躲避伍某某、赵某追债。

案例三中，放贷人的行为是否构成诈骗罪（未遂），有两种观点：一种观点认为被害人实际上并没有钱财上的损失，反而从放贷人那里拿到了 54 万元的借款，放贷人的上述行为是为后阶段实施其他行为所作的准备，鉴于后阶段实施的行为已经构成其他犯罪，故对上述行为吸收，不再单独评价。另一种观点认为放贷人主观上具有实施"套路贷"主观故意，客观上以欺骗的方式诱骗被害人签订虚高的借条，诈骗的行为已经着手，在实施行为的过程中，因为放贷人意志以外的因素导致诈骗 30 万元的目的未得逞，属于诈骗罪（未遂）。

根据刑法学原理，犯罪形态就是发生在犯罪过程的一定阶段上的一种停顿状态，是犯罪的一种结局，是一个空间的概念。这里的犯罪形态，刑法理论通常概括为以下四种：犯罪预备、犯罪未遂、犯罪中止与犯罪既遂。以上四种犯罪形态又可分为两种类型：一是犯罪的未完成形态，即犯罪预备、未遂与中止，其特点是故意犯罪在其发展过程中由于主观或者客观的原因停顿下来而没有到达终点。二是犯罪的完成形态，即犯罪既遂，其特点是故意犯罪在其发展过程中未在中途停顿下来而得以达到终点。[1] 司法实践中，区分犯罪预备与犯罪未遂的关键点在于"行为着手"的认定，区分犯罪未遂与既遂的关键点在于"主观目的是否实现"。

我们认为，案例中，放贷人的"套路"从让被害人签订虚高的 90 万元借条即已经着手开始实施，并且想通过拒绝被害人还款的形式，侵占虚高的 30 万元债务，只不过是在"套路"实施的过程中，因为被害人有所警觉并采取了重新申办房产证、逃跑等方式避险的因素，导致放贷犯罪目的未能得逞，符合刑法上关于犯罪未遂的认定。因此，我们倾向于后一种意见。

（四）犯罪数额的计算

案例调研中我们发现，"套路贷"案件犯罪数额的认定一般有以下两个难点，一是数额认定的标准，二是既遂未遂并存情形下的数额认定。

---

① 陈兴良：《未完成罪研究》，载《中国政法大学学报》2000 年第 3 期。

1. 数额认定的标准

理论上，财产类犯罪数额认定的标准一般有两种观点，一是控制说，这是从行为人的角度以行为人控制的数额来认定，以诈骗罪为例，分为诈骗目标数额和诈骗所得数额；二是失控说，这是从被害人的角度以被害人失控的数额来认定，以诈骗罪为例，又可分为被害人被骗交付的数额和被骗实际损失的数额。司法实践中，失控说是主流观点。

就前述案例一而言，有以下因素与犯罪数额的认定有关，第一，杭某某在整个的借款过程中实际获利 5000 元；第二，杭某某共向瞿某某签过 3 张借条，一张 16 万元，其他两张共计 90 万元；第三，杭某某出售房产后从下家马某某处共计获得 158 万元，转账给瞿某某 95.2 万元，其余 60 余万元取现给了瞿某某；第四，以行为时间为基准日进行评估，该房产价值 194 万元。就该案的犯罪金额认定，有以下三种意见，一是以杭某某转账给瞿某某的 98 万元减去 5000 元来认定，二是以杭某某被骗的售房款 158 万元减去 5000 元来认定，三是以房产的估价 194 万元减去 5000 元来认定。这三种意见就对应了上述控制说与失控说的争论。我们认为，被害人杭某某基于瞿某某"抵押房产还借款"的思路同意"抵押"房产，没想到瞿某某"明修栈道、暗渡陈仓"，欺骗杭某某签署售房合同而将杭某某的房产出售，杭某某损失的财产是实实在在的一套房产，而非仅仅是转账的 95.2 万元和名义上收到的 158 万元售房款，因此，应当以被害人实际损失的数额即 194 万元减去 5000 元来认定犯罪数额。最终，法院也以该金额作了相应的判决。

2. 既遂未遂并存情形下的数额认定

就诈骗罪而言，最高人民法院、最高人民检察院《关于办理诈骗刑事案件具体应用法律若干问题的解释》第 6 条规定，诈骗既有既遂，又有未遂，分别达到不同量刑幅度的，依照处罚较重的规定处罚；达到同一量刑幅度的，以诈骗罪既遂处罚。那么，对于敲诈勒索犯罪未作如此解释的，能否以此标准来认定呢？

就财产型犯罪而言，以往对既遂未遂并存情形下的数额认定多有混乱，但是，就盗窃罪、诈骗罪，"两高"先后出台相关司法解释予以明确。因此，我们认为，就财产型犯罪，上述标准应当是趋势，同为财产型犯罪的敲诈勒索罪作此认定也并无不妥。

同样就案例一而言，对于中介人员傅某等人，因为其等对瞿某某等人诈骗杭某某一套房子的事实未参与且不知情，故对于"空放"的 16 万元，诈骗既遂的金额为 3.5 万元，属于数额较大，诈骗未遂的金额为 12 万元，属于数额巨大（未遂），可以减轻处罚，根据上述标准，属于在同一量刑幅度，以诈骗罪既遂处罚，未遂部分作为量刑情节予以考虑。

(五) 其他行为的评价

案例四：2015 年 12 月，被告人陈某注册成立博德公司。2016 年 1 月至 2017 年 3 月间，被告人陈某伙同被告人朱某等人以非法占有为目的，冒用小额贷款公司名义，针对有房产保障的借款人，以违约金、保证金、行业规矩等各种名义，诱骗借款人签订虚高借款合同、房产租赁合同等，并通过银行虚假走账，刻意制造借款人已获取虚高借款的痕迹，嗣后被告人通过肆意单方认定借款人违约、虚假诉讼等手段，强行要求被害人偿还全额虚高借款，并专门雇用社会人员采用暴力、威胁等手段追讨"债务"。

经审计，2016 年 3 月至 2017 年 3 月，被告人陈某等人还以博德公司名义向社会不特定人员发放高息贷款，共计人民币 3514.25 万元。

博德公司除了与其他公司平账进一步诱骗被害人钱财外，还以公司名义向社会不特定人员发放高息贷款，贷款共计人民币 3500 余万元，对此，高利贷公司、人员的违法放贷行为是否能够以非法经营罪来认定？

《刑法》第 225 条第 1 项至第 3 项明确规定了构成非法经营罪的方式，第 4 项是一个兜底条款，即"其他严重扰乱市场秩序的非法经营行为"。我们认为，如果使用第 4 项的兜底条款，目前至少有三个障碍。第一，最高人民法院在 2011 年《关于准确理解和适用刑法中"国家规定"的有关问题的通知》明确，对被告人的行为是否属于第 225 条第 4 项规定的"其他严重扰乱市场秩序的非法经营行为"，有关司法解释未作明确规定的，应当作为法律适用问题，逐级向最高人民法院请示。上述博德公司经营高利贷是否属于非法经营目前并无司法解释予以明确，认定其属于其他严重扰乱市场的非法经营行为没有法律依据。第二，非法经营罪的构成要件中，要求首先违反"国家规定"。《刑法》第 96 条明确了"国家规定"包括了国务院制定的行政法规、规定的行政措施、发布的决定和命令。目前小额贷款公司设立的主要依据是 2008 年中国银监会和中国人民银行《关于小额贷款公司试点的指导意见》，该文件应属部门规范性文件，不能按照《刑法》第 96 条认定为"国家规定"。最高人民法院 2011 年《关于准确理解和适用刑法中"国家规定"的有关问题的通知》对"国家规定"作出了扩张解释，即"国务院规定的行政措施"应当由国务院决定，通常以行政法规或者国务院制发文件的形式加以规定。以国务院办公厅名义制发的文件，符合以下条件的，亦应视为刑法中的"国家规定"：（1）有明确的法律依据或者同相关行政法规不相抵触；（2）经国务院常务会议讨论通过或者经国务院批准；（3）在国务院公报上公开发布。据我们检索，并没有查到上述《关于小额贷款公司试点的指导意见》被国务院公报发布过，所以，该指导意见不能被认定为刑法意义上的"国家规定"。第三，虽然 2003 年最高院刑一庭给公安部经侦局的《关于涂汉江非法从事金融业务行为性质认定问题的复函》中认为高利贷行为系非法从事金融业务活动，数额巨大，属于《刑法》第 225 条第 4 项所规定的"其他严重扰乱市场秩序的非法经营行为"，构成非法经营罪，之后也出现过私放高利贷入刑的案件，[①] 但是到了 2012 年，最高人民法院在《关于被告人何伟光、张勇泉等非法经营案的批复》[②] 中又否定了前批复的观点。因此，我们认为，在现行刑法及司法解释对放高利贷行为定罪依据尚不充足的情况下，应当严格按照罪刑法定原则，不宜将此类行为以非法经营罪定罪处罚。当然，我们也认为，确有必要针对前述高利贷的第二阶段收取"砍头息"的高利贷及第三阶段"套路贷"的这种高利贷予以行政规制，必要时要建议国家立法予以刑事规制，既保护正常民间借贷的发展空间和推动民营经济的发展，促进良好营商环境的营造，又能够保护人民群众的财产不受放贷人盘剥，维护社会的和谐稳定。

四、案件审查处理

"套路贷""校园贷"案件办理过程中，会涉及案件的具体审查，以下从一般与特殊两个角度，对该问题进行阐述。

（一）案件的一般审查

1. 书证、物证的审查

放贷人多以放贷为业，有的还成立了公司，组织公证人员、律师等人为其制作公证文书、贷款合同、房屋租赁合同、借条、收条、协议书等书证；为显正规，往往会有公司铭牌、公司印章、公司人员名片、合同专用章等印章等物证；进入委托讨债程序的，往往还会有委托书、转让书、上门讨债的照片等书证。对于公安机关收集到的这些物证、书证，要进行全面审查，与在案被害人陈述相关的，作为证据予以采集；与在案被害人陈述无关的，可以引导公安机关以此为线索继续查找其他被害人，对放贷人可能实施的其他犯罪事实继续进行侦查，符合移送起诉条件，建议公安机关补充移送起诉事实。

2. 被害人陈述的审查

在办案中，我们常常会碰到以下两种情况。第一，关于是否自愿双方各执

---

① 关研、马乐乐：《南京放高利贷涉罪第一案开审》，载《现代快报》2010 年 5 月 5 日。陆慧：《宝山警方侦破本市首例放高利贷案》，载《新闻晚报》2010 年 11 月 3 日。

② 最高人民法院《关于被告人何伟光、张勇泉等非法经营案的批复》（〔2012〕刑他字第 136 号）：被告人何伟光、张勇泉等人发放高利贷的行为具有一定的社会危害性，但此类行为是否属于《刑法》第 225 条规定的"其他严重扰乱市场秩序的非法经营行为"，相关立法解释和司法解释尚无明确规定，故对何伟光、张勇泉等人的行为不宜以非法经营罪定罪处罚。

一词。被害人陈述称自己是在被欺骗或被暴力殴打、威胁的情况下签订了虚高的借款合同、借条,但被告人则会辩解称其没有欺骗、没有暴力殴打、威胁被害人,被害人作为成年人,往往信用资质不良,又急着想借钱,因此是被害人自己同意签下包含"保证金""违约金"的合同的。第二,关于是否取现给被告人双方各执一词。被害人陈述自己只拿到银行流水中的一部分钱财,其他的钱都应被告人要求取现或转账给被告人的关系人,而被告人则会辩解称其不知道取现、转账的事情,银行流水进入被害人账户的钱都给了被害人。对于此两种情况,我们第一时间想到的是要调取伤势鉴定、银行取现视频监控录像等证据,可惜的是,由于被害人报案时间滞后较久,上述客观证据往往无从调取,案件的审查就此会陷入困境。

我们认为,当案件只找到一名被害人,且被害人的陈述与被告人的供述存在"一对一"各执一词的情况下,全面审查被害人的陈述、完善案件的证明体系则尤为重要。在以往我们办理的案件中,被害人为撇清自己的过错,往往会对事实做一些"粉饰"。此时,要尽量对被害人晓之以理、明之以法,引导被害人作如实供述。同时,要尽可能多地收集诸如监控录像、通话记录、银行交易明细、证人证言等与案件有关联的证据,尽可能多地印证被害人的陈述,印证点越多则说明被害人更为可信,同时证明被告人辩解的不可信,以此来完善证明体系。必要时,可以说服被害人及其他证人出庭作证,让法官、陪审员通过庭审活动的实质展现来增强内心确信,从而作出准确的判断。

3. 被告人供述的审查

一是要对各被告人的供述作全面细致地审查。案件往往体现出团伙性、职业性等特点,涉案人数多,只有全面细致地审查各被告人的供述,才能够准确地认定共同犯罪故意、共同犯罪行为以及各被告人对危害后果所要承担的刑事责任。特别对属于犯罪集团犯罪的,要通过言词证据的全面细致审查,厘清首要分子、积极参与者、一般参与者、未实质参与者的地位、作用,以及各节犯罪事实中所对应的嫌疑人,为准确定罪、量刑奠定良好的事实基础。

二是要尽量争取处于辅助地位、次要地位的从犯被告人对案件事实的如实供述。尽管有些从犯不能完整地供述整个"套路",但是,如果在某些关键事实、关键节点上的供述与被害人的陈述相互印证,与客观证据相互印证,也能证明被害人的陈述更符合法律真实,从印证、心证的角度可以更有力地指控犯罪。

4. 技术侦查证据的审查

对于严重危害社会的案件,公安机关在侦查的过程中可能会依法运用技术侦查措施。目前,技术侦查措施所获得的证据还不能直接出示在法庭上,但是对于检察官、法官而言,可依法申请复听,通过复听所得到的信息,可以在讯问犯罪嫌疑人时作更加有针对性的讯问，并通过这种方式进行证据转化，来完善控方的证据体系。

（二）涉及未成年人的特别保护

一是双向保护原则。办理未成年人刑事案件需要构建双向保护机制，既要保护犯罪未成年人，也要保护被害未成年人，从遭受创伤的严重性上讲，被害未成年人更需要司法保护和人文关怀。二是及时、快速原则。办理涉及未成年被害人的案件，应当秉持迅速、高效原则，将案件给被害人带来的负面影响降到最低。三是提供恰当的心理疏导。未成年被害人，在案件中多会形成心理创伤，对未来生活及发展产生影响，严重者甚至会导致被害人道德退化，所以在该类案件中，需要对被害人提供及时、完善、专业的心理辅导，保障未成年被害人能够健康的成长。四是重视民事赔偿以及司法救助。刑事案件被害人，多数会在身体或者经济方面遭受损伤，刑事案件办理过程中，会存在民事赔偿缺位的情况，在有未成年被害人案件中，一定要重视民事赔偿，同时提供恰当的司法救助。

检察大数据在检察工作中的运用[*]

上海市徐汇区人民检察院、
上海市人民检察院案件管理办公室联合课题组[**]

一、检察大数据的概念厘定

（一）大数据的定义

要明确检察大数据的内涵，首先要明确大数据的含义。根据国务院《促进大数据发展行动纲要》，大数据是"以容量大、类型多、存取速度快、应用价值高为主要特征的数据集合"。大数据技术以对数量巨大、来源分散、格式多样的数据进行采集、存储和关联分析为手段，发现新知识、创造新价值、提升新能力，正迅速发展为新一代信息技术和服务业态。大数据的特征是大量（Volume）、多样（Variety）、高速（Velocity）、精确（Veracity），[①] 被统称为"4V"特性。传统意义上的数据库需要不断地统计录入，耗费较多人力，且建成后封闭性十分明显，数据的更新速度也较为缓慢。而大数据由互联网技术衍生，继承了互联网能够对人们各种线上行为数据自动留下痕迹的特征，并不依赖于人工主动采集，也并非是对某一类数据的刻意筛选，而是对人们所有在线行为的数据体现。数据本身是没有价值的，但是把大量数据作为分析对象，以某一特定的角度进行挖掘，就能提炼出具有价值的信息，总结过去经验、判断当前形势、预测未来趋势。这就要求有海量的数据作为分析挖掘的基础，去除大量的干数据和无用数据，从中找到真正有价值的数据，通过价值关联点提炼出相应的规律。从生产方式到思维方式，以大数据为代表的科技革命正在逐渐改变世界。当今社会正在进入信息时代，信息技术与经济社会的碰撞下，数据呈几何倍数增长，大数据正在成为国家基础性战略资源，对包括生产、流通、

---

* 上海市检察官协会 2018 年重点研究课题。

** 课题组负责人：杨慧亮；课题组成员：葛建军、吴真、王晓岚、陆静、丁子瑶、马可雷、李文嫣、华维。

① 马建刚：《检察实务中的大数据》，中国检察出版社 2017 年版，第 19－21 页。

分配、消费在内的各项经济活动及经济运行机制、社会生活方式和国家治理能力产生重要影响。

（二）检察大数据的内涵与特征

凭借广泛的渗透性和先进性，大数据技术被广泛运用于包括法律领域在内的各行各业并取得快速发展，也对检察事业的科学发展带来了新的机遇和挑战。作为检察机关信息化发展的重大机遇，大数据时代对检察工作提出了更高的要求，要能够驾驭容量巨大的数据，还要能充分分析、挖掘和利用隐藏在如此庞大信息下的有效价值，实现从数据到信息再到知识的转化，进而提升检察生产力，维护检察机关的权威和公信力。因此，检察大数据，是指检察工作所涉及的一切有用信息数据，不仅包括检察机关在司法办案过程中直接产生的数据，还包括检察机关在非司法办案中产生的数据。检察大数据主要包括以下特征：一是具有检察工作相关性。检察大数据无论是在司法办案过程中产生抑或是非司法办案中产生，都与检察工作和业务紧密相连。二是体现检察工作智慧化。检察大数据的作用主要体现在实现精细管理、科学决策和为民服务上，通过大数据与检察工作深度融合，促进检务智能化发展。充分运用检察大数据，既是检察信息化的必然要求，也是智慧检务的基础保障。三是实现有条件的信息共享。就普通的大数据而言，流通性和开放性是大数据的重要价值之一，但也对用户的隐私构成了新的风险。大数据在公开和流通过程中需要注意用户的隐私保护，否则将会造成公民个人信息泄露、被不法人士利用，乃至造成损失等不利后果。检察大数据也要求开放，但却不是全面的、无差别的开放。检察大数据开放共享的目的之一是在不同的工作部门之间形成信息共享的通道，打破"数据壁垒"，连接"数据孤岛"。因此，检察大数据"对内"应当侧重"共享"，实现检察机关内部、公检法司系统，乃至与政府部门之间的信息共享，做到各司其职、相互配合、相互制约，切实提高工作成效。在"对外"公开上，检察大数据往往包含被调查对象涉嫌犯罪的信息，例如前科劣迹等，此种信息一旦泄露，不仅会给公民个人造成侵害，还会给司法工作带来不良影响，因此还应当根据不同信息的隐私程度，区别不同对象进行公开，对不同隐私层级的信息在采集和使用上有所区分。

（三）大数据建设对检察工作的重大意义

1. 提供案件研判数据，提高科学决策质量

大数据是处理数据的技术，通过对海量数据的统计分析，挖掘有价值的信息，变"大"为宝，让数据开口说话。随着全国统一业务应用系统以及各类相关业务系统的开发和运行，大量办案数据已经产生。大数据技术能够为决策提供高质量研判数据，帮助检察机关对数据进行全面精准的测算研究，从中分

析出有价值的信息，并把有价值的信息转化为相应的决策方案。一是为精准办案提供借鉴。检察大数据可以根据不同的关键词对案件进行分类分析，如犯罪嫌疑人基本信息、移送案由、审结情况等，逐步积累案件智能资源库。[①] 以当前试行的上海刑事案件智能辅助系统为例，可以通过计算机智能识别技术自动识别关键词，如案件要素和证据材料，与相应的法条进行关联，为检察官提供要素偏离分析、量刑偏离分析等办案辅助，对证据材料可能存在的风险及时预警，进而解决同案不同判、同案不同办的问题，保证实体公正。二是为科学决策提供依据。检察大数据还可以通过对其数据库相关信息的智能分析，从中提炼出案件规律，如案件地域规律、案件成因规律等，为科学决策提供依据。可以统一业务应用系统为基础搭建智能决策系统，构建数据分析模型，使围绕决策需求自动生成相关数据统计报表成为可能。

2. 实现智能信息管理，提升办案工作效率

首先，检察大数据的收集和处理手段不同于传统方式，而是通过建立数据平台，自动从互联网、银行、公安部门、行政执法部门收集大量信息，逐步积累建立犯罪信息和相关信息智能数据库，构建各部门间的查询共享机制和协调沟通机制，降低沟通成本和人力成本。其次，纸质卷宗电子化的推行，有利于实现数据共享与集中管理，还可以根据检察官办案所需关键字进行智能分析，减少重复性工作，有效节省办案时间，降低时间成本。最后，检察智能数据库所提供的法律文书模板，可以自动生成当前案件分类下的相关法律文书，再由承办人根据案件具体情况完善办案信息，有效减少繁琐重复的文书写作工作，切实提高检察工作的效率。

3. 完善检务公开渠道，强化外部参与监督

根据党中央、最高人民检察院党组的要求，探索完善"互联网＋检察工作"新模式，是当前各级检察机关面临的重大任务。"互联网＋检察工作"新模式将进一步拓展检察为民的新领域、新渠道：一是推进"12309"一站式检察服务大厅建设，为人民群众提供更便捷、更低廉、更个性化的检察服务，让群众尽可能少跑路、少花钱、少受累。二是通过检察大数据技术跟踪挖掘互联网数据及司法行政机关接待群众反映情况的数据，更好地满足人民群众对检察工作的多样化需求，切实感知人民群众的需求并进行预测，形成可行的解决方案，更好地服务来访群众。三是发挥新媒体即时互动、实时参与功能，及时回应社会关切，自觉接受人民监督，让群众更多地参与和监督检察工作，增强对检察机关和检察工作的信心。四是通过及时发布案件程序性信息、重要案件信

---

① 张晓：《大数据在检察工作中的运用及风险防范》，载《法制与经济》2017 年第 1 期。

息和法律文书等信息化手段，推动和保障检察机关严格、规范、公正、文明执法办案，为构建开放、动态、透明、便民的阳光司法机制发挥重大作用。

4. 规范司法办案行为，强化检察内部监督

大数据还有利于加强案件监督，规范检察官司法办案行为，强化检察机关内部监督，即通过大数据工程的实施，构建检察机关的"数据铁笼"，实现检察机关司法权力运行全程电子化、处处"留痕迹"，规范司法权力的运行。[①]利用信息技术，能够使检察机关实时监控案件办理情况，合理调配检察业务资源，严格规范办案工作流程和时限，控制和实现合理规范的业务流程，强化办案质量考评、相关责任追究机制，将办案流程网络化，大大提高检察机关内部的监督效能，促进规范办案、公正执法。此外，大数据应用于全程监督监控的范围也不局限于一级检察机关内部各业务部门之间，还可能打破省级院以下三级检察机关的信息壁垒，实现信息贯通，进而实现检察机关整体系统内部信息的公开透明，促进检察机关更好地履行法律监督职能。

二、检察大数据在构建内部业务模型层面的运用

（一）检察机关内部业务的概述和分类

检察职能，是指检察机关作为国家法律监督机关所具有的作用和功能。我国检察制度的基本特征，就在于检察机关法律监督机关性质的一元性和检察职能的多元性。在职务犯罪侦查权被剥离后对各项检察职能进行解析，是运用检察大数据辅助构建内部业务模型的基础和前提。

1. 刑事检察模块

犯罪是对国家法律秩序最为严重的破坏，审查批准逮捕、审查起诉是检察机关代表国家追诉犯罪最主要的活动，主要目的就是维护国家法律所确立和维系的法律秩序。"以审判为中心"的刑事诉讼制度改革背景下，庭审的实质化要求确保庭审在查明事实、认定证据、保障人权和最后公正裁判中发挥决定性作用。对刑事检察部门而言，落实以审判为中心的诉讼制度改革，就是要构建以证据为核心的刑事指控体系。[②] 这就对案件承办人的证据审查能力和公诉人出庭应对能力，提出了具体的要求。检察大数据信息技术应当注重解决统一审查办案和法律适用标准问题，并为办案人员提供最为便捷、精准的查询、参阅渠道。以上海刑事案件智能辅助办案系统为例，便是通过运用深度神经网络模

---

① 马建刚：《检察实务中的大数据》，中国检察出版社 2017 年版，第 43 页。

② 张相军：《公诉工作如何适应以审判为中心的诉讼制度改革》，载《人民法院报》2016 年 12 月 18 日，第 8 版。

型和图文识别（OCR）技术，基于对数万余份卷宗材料的学习，实现了对各种证据的印刷体文字、部分手写体文字、签名、手印、签章、表格、图片等智能识别、定位和信息提取，对单一证据实现了自动校验。

2. 诉讼监督模块

诉讼监督是检察机关对诉讼活动的合法性进行监督，发现和纠正违法诉讼行为，维护司法公正的职能。检察机关通过对诉讼违法行为的发现和调查核实，提出检察建议或纠正违法意见，促使执法不严、司法不公的情况得到矫正，从而维护司法公正和法治统一，是一种矫正性的法律监督。现阶段，诉讼监督仍属于一种被动式的监督，存在诉讼监督信息碎片化、诉讼监督效果不佳、诉讼监督工作机制乏力的情况。具体来看，诉讼监督部门由于无法了解侦查、审判的整个过程，对于书面材料没有反映出来的问题难以开展及时有效的监督，导致对于公安机关立案、侦查活动是否合法、法院在审判过程中的履职情况是否合规，很难全部审查到位。[①] 如果能运用大数据系统实现监督信息的实时导入，掌握侦查机关在刑事立案、侦查活动中的违法线索及审判机关在审判活动中的违法线索，实现信息共享、跟踪监督、统计分析发现一类问题等综合功能，就可极大提高诉讼监督的能力和效率。

3. 民事、行政检察和公益诉讼检察模块

民事、行政检察工作，是检察机关法律监督职能的重要组成部分。民事、行政检察部门分别承担着对民事、行政两大诉讼及其执行进行监督的职责。随着检察机关民事、行政法律监督职能的不断丰富和完善，以及民商事案件的增加，民事、行政检察工作面临着难得的发展机遇。2017 年 6 月 27 日，全国人大常委会表决通过了关于修改民事诉讼法和行政诉讼法的决定，将检察机关提起公益诉讼写入该两部法律，标志着检察机关提起公益诉讼制度正式确立。检察机关参与公益诉讼在民事公益诉讼中涉及食品药品安全、环境保护领域，在行政公益诉讼中涉及国有土地使用权出让、生态资源保护、国有财产保护等领域。[②] 因此，拓宽案件线索的来源渠道，是增加办案数量、扩大办案规模、提高办案质量的关键。检察大数据在民事、行政、公益诉讼检察工作中的运用可以通过对民事、行政诉讼及执行有关海量数据的高效挖掘和运用，以及与行政机关大数据之间的互联互通，实现有价值案件线索的移送，完成从独立建设、

---

① 田树平：《创建"大数据 + 检察工作"模式的思考》，载《中国检察官》2017 年第 7 期。

② 田凯：《初论探索行政公益诉讼的制度供给路径》，载《中国检察官》2015 年第 5 期。

自成体系向整合综合、资源共享的转变。①

4. 刑事执行检察模块

刑事执行检察监督是检察机关对执行机关执行刑罚是否合法实行的检察监督制度。作为法律监督职能的重要组成部分，刑事执行检察监督是人民检察院在整个诉讼过程中实行法律监督的最后环节，它对刑事判决或者裁定能够得到科学、规范、完整的执行起到终结性的保障作用。近年来，刑事执行检察在整个检察工作中的重要性在不断提升，如果仍然依靠传统的定期走访检查等方式很难实现全面有效的刑事执行监督，因此迫切需要通过信息化手段实现监所检察网络化管理和动态监督工作模式，打造立体化的刑事执行检察智能监管平台，促进刑事执行检察工作由办事模式向办案模式的转变，实现智慧监督处处留痕，切实增强监督力度和实效。

5. 职务犯罪侦查模块

侦查权作为一种行政性权力，具有主动性、效率性、强制性、秘密性等特点。② 随着司法体制改革和监察改革的深入推进，职务犯罪侦查权的去与留一度成为业内关注和热议的话题。《刑事诉讼法》第 19 条第 2 款规定："人民检察院在对诉讼活动实行法律监督中发现的司法工作人员利用职权实施的非法拘禁、刑讯逼供、非法搜查等侵犯公民权利、损害司法公正的犯罪，可以由人民检察院立案侦查。对于公安机关管辖的国家机关工作人员利用职权实施的重大犯罪案件，需要由人民检察院直接受理的时候，经省级以上人民检察院决定，可以由人民检察院立案侦查。"可见在监察体制改革后，国家立法顶层设计仍旧保留了检察机关对一类司法渎职犯罪的侦查权。在检察机关保留了部分侦查权的情况下，该如何用活、用好检察侦查权，进一步建构和强化改革背景下的侦查工作也应当与检察大数据在检察工作的应用紧密挂钩。相较于投入大量的人力、时间，重在对实物证据、人证等侦查线索和证据材料的收集和挖掘的低效益型的传统侦查模式，③ 基于大数据的侦查模式更加注重运用现代信息技术，依托各类数据信息系统，挖掘数据化的侦查线索和证据材料，并对海量数据进行分析与对比，可以使侦查效率大大提高，也更为精确、高效。

6. 控告、申诉检察模块

控申部门作为检察机关的窗口部门，承担着化解涉法涉诉信访矛盾、维护

---

① 最高人民检察院检察长曹建明于 2015 年 11 月 20 日在全国检察机关电子检务工程工作会议上的讲话。

② 朱立恒：《宽严相济视野下的刑事诉讼程序改革》，中国法制出版社 2008 年版，第 128 页。

③ 王彬：《论基于大数据的犯罪侦查》，载《犯罪研究》2017 年第 2 期。

社会公平正义的重要职责。当前我国经济发展进入新常态，伴随着全面深化改革的推进，信访形势更为复杂，信访处置出现了新的特点和难点：多头上访现象日趋普遍，信访老户中绝大多数存在长期在多个单位信访的现象，而由于有关部门信息不联通，无法获取信访人在其他单位上访的情况。正是由于目前数据不全面、不联通，无法做到因人建档，运用数据化方式分析个案。结合当前控申工作的现实需求，加快大数据在控申工作中的应用，建立一个能够对接各类信访处理系统的综合性大数据平台，实现信访数据的归集和分析，有助于切实提升信访处置质量、效率和效果。

（二）当前检察工作中检察大数据运用的渐进成效

1. 智慧化办案辅助系统投入使用，办案思维实现转变

大数据在带来技术上的变革的同时也带来了思维模式、意识理念的变化。以前述刑事案件智能辅助办案系统为代表的智慧化办案辅助系统的运用给检察办案思维模式带来了三个转变：从传统习惯思维向现代信息思维转变、从传统管理方式向现代管理方式转变、从传统单兵作战向现代智能辅助转变。检察官办案时间大大缩减，并且得以将更多的精力投入专业性的审查判断，办案质量和效率明显提高。

2. 检察业务流程不断优化，司法办案更为规范标准

检察数据标准化建设成效是衡量检察机关大数据驾驭能力的重要参考。2013 年以前，由于各省检察机关自行开发业务系统，导致全国检察业务数据存在数据不统一、数据不兼容、归集不规范等问题。2013 年底，最高人民检察院统一部署在全国各地检察机关推进使用统一业务应用系统，通过全程监控检察官办案，及时提醒办案时限，共享全国四级检察院案件信息、文书和卷宗，实时统计案件办理数据。[①] 从成熟电子检务应用对检察业务流程再造发挥"硬约束"的倒逼作用上讲，统一业务应用系统是对原有检察业务流程的冲击与再造。[②] 一是它对每个办案环节设置明确的流程指引和预警功能，对办案流程进行统一的规范化设计，实现了检察数据标准化，方便了检察业务数据的筛选和查询，提升了数据可识别几率和潜在利用价值。二是案件办理全程网上运行，尤其是基于检察官实际办案可能涉及的各种程序环节和法定职责义务履行，以及办案风险防范预警等重要节点，引入了自动化的系统性监控，有效辅助检察官案件办理。三是将司法规范的软约束固化为网络运行的硬要求，运用数字技术、数据治理，把观念、制度转化为程序上的

---

① 周媛：《渐进与跨越：大数据时代检察工作革新》，载《中国司法》2016 年第 8 期。

② 曹烨琼：《首份〈"互联网＋检察工作"研究报告〉解读》，载《检察日报》2016 年 1 月 13 日。

"硬约束"，实现了对检察机关办案更准确的监测、分析、预测和预警，使案件管理更加精细化、合理化、科学化，为规范司法行为提供了重要支撑。

3. 检察办案、办公模式向智慧检察、智能检务跃进

通过云计算和大数据技术，检察机关大大加强移动化办公、可视化管理、数据化分析等系统的开发和运用，积极打造了"智慧办案""智能办公"工作模式。例如，通过远程视频系统完成案件讯问、公诉指控、案件汇报讨论等，检察官"足不出院"完成相应工作，大大降低了交通时间成本，节约司法资源。此外，两法衔接信息共享平台上，工商、税务、社保等行政执法机关将查处到的可能涉嫌犯罪的案件录入平台，信息共享给公安、检察院和法院等，由司法机关进行下一步处理。这些创新性探索进一步提升了检察办案办公工作模式的信息化和现代化水平。

（三）检察大数据辅助构建新型业务模型基本构想

1. 智慧刑事检察

（1）大数据夯实智慧批捕建设基础。对现有批捕业务平台进行改造及二次开发，升级前端信息导入手段，提高案件卷宗等电子信息录入识别的准确性。在侦监讯问中探索引入语音智能识别显示技术、语言智能翻译技术、心理测试技术，促进讯问及笔录文书制作的高效规范；完善远程提讯、远程逮捕诉讼化审查、犯罪嫌疑人心理测试配套机制，实现有效应用，提高办案效率。

（2）大数据辅助生成起诉书。大数据时代的关联分析法能够减少案件因时空差异而造成的信息沟壑。一方面，检察机关统一业务应用系统和检察信息公开系统积累了海量的起诉书，最高人民法院裁判文书网同时发布了海量的判决书，为机器学习提供了海量的数据，可以发现各种不同案件的起诉书的规律，在技术层面实现对裁判文书等进行多维度智能分析，辅助办案人员生成相对完整、准确的法律文书，从而提高办案效率；另一方面，检察机关也可以通过大数据的信息分析研判功能，对相似案例进行对比分析，充分挖掘已判案例数据和检察已结案例数据，输出与目标案件相似的已判案例和已结案例，对案件的定性或裁量提供类案对比参考，从而智能化协助检察人员办案，实现在检察机关阶段的同案同处。①

（3）大数据辅助制作出庭预案。利用文本挖掘的技术进行出庭元的组建；利用数据挖掘技术预判控诉双方主要辩论焦点，了解控辩双方争议的诉求；利

---

① 季美君等：《大数据时代检察机关遇到的挑战与应对》，载《人民检察》2017 年第 15 期。

用社会关系网络分析去挖掘案件中人、事、物的关系。大数据还以辅助判断证据材料的可采纳性程度，将证据材料与待证事实之间的关联关系作为标签，对这种关联关系是否成立进行大数据分析，评估证据与案件事实间的关联关系，通过量化评价，可以辅助公诉人预判证据被法庭采纳的可能性大小。[1]

（4）大数据实现庭审举证质证可视化。举证质证可视化不是制作单一静态的图片，而是随着庭审的演进而变动的流程。庭审过程是动态的，而案件事实也是动态的发展过程。在通过庭审查明案件事实的过程中，只依靠单一静态的提纲或者图片必然不能反映证据的全貌。通过可视化的技术工具，可以根据举证顺序动态地展示各个节点或层次，也可以将案件事实分布在不同的节点上（包括时间节点和逻辑节点），动态地展示整个案发经过，使庭审的举证质证的对象更加立体、直观。通过图片和视频的运用使庭审指控更加直观、形象。举证质证可视化可以让参与庭审各方清楚了解到各证据的证据力和证明力以及各证据之间的印证关系，可以总结案件的焦点问题，对上衔接法庭调查，对下衔接法庭辩论。

（5）大数据构建智能出庭一体化平台。长期以来，"宣读式"的举证质证方式饱受诟病，为增强庭审效果，检察机关也尝试过在庭审中采用 PPT 等方式，但此类方式往往庭前准备工作量极大，且排版模式固化、单一。庭审如战场，这类多媒体举证质证不能适应庭审灵活多变的特点。智能出庭一体化平台建设，办案人员只需将电子卷宗、法律文书和电子卷宗系统外的视听资料等证据通过一键式下载、上传的方式导入该平台中，即可对原始卷宗证据进行组合并突出显示重点、关键内容，且在庭审中可以随着庭审的变化，调出公诉人所需要的证据内容。智能出庭一体化平台不仅可以实现证据展示在法庭，根据庭审中指控犯罪事实的需要适时对案件证据材料进行分类组合、现场标注，突出指控重点；还可以构建清晰的证据体系，精准指控犯罪，公诉人可以围绕指控的犯罪事实在平台中确定举证质证框架结构、证据体系，对相关证据进行分类整理、优化组合，形成环环相扣、相互印证的证据锁链。

2. 智慧监督

（1）实现内部数据共享。通过应用平台开发建设，在核心业务领域搭建覆盖全局的应用软件平台，深度挖掘办案、查询、预约、举报等功能，从数据分析、数据挖掘、关系洞察、趋势预测等环节逐一入手，将检察法律监督工作中类案、综合监督事项的成效和问题通过报表工具、统计分析图、数字地图等数据结果展示出来，最后将分析结果通过可视化操作呈现给最终用户（检察决策层、办案检察官和相关监督者）。使法律监督不仅仅停留在对已然案件的

---

[1]　马建刚：《检察实务中的大数据》，中国检察出版社 2017 年版，第 312 页。

回溯、检视，还可以进而前瞻，将批判性与建设性融为一体，帮助检察监督工作化被动为主动。实现现有部分办案应用系统、数据采集系统间的数据交换、整合，提高数据挖掘分析能力，保障两法衔接、立案监督、审查批捕、审查起诉的有序高效衔接。

（2）单一性检察数据向包容社会性相关数据的整合。检察机关作为国家法律监督机关，要想履行好监督职能，就必须有关于被监督对象的充分信息来源，这是开展监督的前提。[①] 要积极引入外部数据，构建检察机关与公安、法院、司法行政等执法司法信息资源对接，和相关社会公共服务领域的信息共享，实现跨部门、跨层级、跨业务的多维度数据融合，实现检察机关与外部信息环境的互联互通。尝试建立更广泛的检察数据网络，将社会相关各行业的数据都纳入到数据分析池中，并基于充足的数据库建立起标准化的法律监督体系及法律监督预警机制，辅助业务部门及时、有效开展法律监督。如通过对公安机关受理刑事案件与检察院接收的移送起诉案件进行数据分析，对公安机关可能存在超期侦查、破案而未移送审查起诉、刑事案件转行政处罚等案件进行预警提示，辅助监督部门主动掌握情况。又如，对犯罪嫌疑人的前科信息、社会信息的情况分析，评估其再犯罪的风险，加强对犯罪嫌疑人或被监控对象异常生活信息（如银行存款、酒精消费、跨国出行、资产处置等）及时进行评估预警，重点预防。再如，通过和相关环境保护、食品药品安全等司法、行政领域的数据整合与信息交换，加强对重点区域情况分析、重点案件行政处理结果的监督关注，提升检察机关公益诉讼的案件线索发现和查处实效。

3. 智慧民事、行政检察

（1）完善行政复议与行政检察信息共享平台。检察大数据在民事、行政检察工作中的运用通过对民事诉讼、行政诉讼、行政执法中海量数据的高效挖掘和运用，推动工作需求和技术实现之间的无缝衔接，逐步建设智慧民事、行政办案体系，实现有价值案件线索自动识别、自动推送，办案流程自动监控，办案结果自动分析。通过建立行政复议与行政检察信息共享平台，及时掌握行政案件信息，行政检察部门对于平台中发现的行政领域普遍存在的、有规律性的突出问题，可以与相关行政执法机关共同分析存在的原因，完善相关预防制度；对于行政执法部门怠于履职或者违法履职的，发出检察建议，督促依法履职，纠正违法行为，必要时提起行政公益诉讼。

（2）以推进公益诉讼检察为目的，开发公益诉讼案源挖掘智能辅审系统。通过开发公益诉讼案源挖掘智能辅审系统，将检察机关近年来办理的海量刑事

---

① 刘永强：《河南平顶山卫东区检察院："智慧检务"建设初见成效》，载《民主与法制时报》2017年9月3日，第9版。

案件审查逮捕意见书、公诉案件审查报告、起诉意见书、起诉书等数据经OCR识别后导入一个集中的数据池，在结构化数据库中建立食品药品、环境、公共利益等关键词搜索引擎，辅以智慧辅审功能，为检察官查找公益诉讼案源提供支持；同时系统也保留了非结构化数据，为检察官后续调查收集证据提供便利。

4. 智慧执检

（1）羁押必要性线索的自动发现。目前羁押必要性审查案件办理程序有明确的规定，但如何从大量的羁押人员中动态地发现哪些在押人员可能无羁押必要是一个难题。要探索研发能动态自动采集数据、自动判断可能无羁押必要的羁押必要性审查案件线索发现系统。一是对羁押必要性审查的条件进行梳理，将审查条件数据化。二是制定科学的数据分析规则，将采集的数据自动分析后提出是否需要审查的建议。三是与办案部门协调，完善羁押必要性审查所需要的填录、推送功能。四是制定硬性的办案规则，明确规定哪些案件必须审查，哪些案件可以审查。

（2）刑法执行监督职能分析。在刑法执行监督方面，一是及时采集在押罪犯计分考核、奖惩情况，每月及时采集所有在押罪犯相关信息；二是对采集的信息自动进行审查、分析，对于当月考核分异常、奖惩异常等情况提示承办人，承办人根据提示情况进行审查；三是考核分、奖惩情况监督系统与监管信息系统对接，对提示的罪犯自动形成人员全景，承办人可直接查看该罪犯的各种监管信息；四是承办人根据审查需要设定各种条件进行基于大数据的智能分析，从中发现异常。

5. 智慧控申

（1）构建来访数据平台。来访数据平台系通用功能平台，全面覆盖所有来访数据，对接业务管理系统，连通各类信访处置功能应用。该平台以信访人作为数据归集点，包括信访人的基本信息、信访风险等级标识、历史信访记录、历次信访诉求、主要案件信息及法律文书、历次信访处置情况、接访录像资料等，从而建立一个个立体化的信访"数据人"。

（2）引入人脸识别系统。人脸识别系统将自带报警和布防功能。当某一个具有极端访背景的信访人被纳入黑名单后，其一旦出现在接访场所，系统会立即通过场所声光报警、短信报警、系统内报警提示等多种方式告知接访主管领导、接访人员，提示工作人员对其加大关注。上访人员进入司法办案区，可以为其划定不可进入的区域，在不可进入的区域设置人脸捕捉摄像机，当其进入时，系统将自动报警提示工作人员到场处置。系统还可以与安防系统联接，实现轨迹式安防监控作用。通过抓取人像形成轨迹图，点击轨迹图中的人像，即可自动调取安防监控画面对其进行实时监控，观察其在特定区域内的一举一动。

（3）配备智能接待机器人。目前，机器人技术在检察机关的应用主要集中在为民服务方面，如江苏省苏州市吴中区检察院的案管服务机器人。"智慧控申"中的机器人是根据控申业务需求量身打造的，不仅可以提供触摸式的操作菜单进行诉讼业务登记，代替控申工作人员完成大量重复的机械工作，还可为上访人提供叫号、信访历史记录与答复等查询服务，满足群众个性化司法需求，提升信访处置效率。另外，它具有庞大的数据库，包括了检察院的内生数据、共享数据以及从互联网中获取的公开数据，完全能够应付日常的法律咨询工作。它具有自主学习的功能，随着信访人与机器人的交互越频繁，其收集的样本就越丰富，回答问题与提供服务的精准度将越高。同时通过与信访人的交互，随时将信访人诉求导入信访档案，实现数据的实时更新。

6. 智慧职务犯罪侦查

（1）建设和应用情报信息平台。依托大数据构建情报信息平台，通过外部共享平台、内部数据库群和互联网收集信息。收集方法根据具体情况可以采取外部数据同步导入、外部数据自动导入、外部数据手工导入和手工录入等方式。信息研判是大数据的本质特征，通过对数据的分析可以揭示出凭直觉难以发觉的有价值信息，包括对线索型信息的分析研判，对犯罪动向趋势、发案特点进行监测分析并提出研判意见，发觉事物之间隐含的关联，指引侦查方向等；在方法上，要运用大数据可视化分析技术，图形化地展示分析成果。

（2）构建电子证据取证分析鉴定平台。大数据使得电子证据的获取渠道广泛化，出现了大量的电子证据，如电话通话记录、银行账单、手机及计算机中的结构化数据以及音频、视频、图像等非结构化数据，可通过构建电子证据取证分析鉴定平台综合分析，充分挖掘各类电子证据存在的价值，实现对电子数据的远程咨询、鉴定，快速取证以及快速检索、归档等。[①] 同时实现电子证据之间的无介质传递、运输。大数据在收集、固定、鉴定电子证据方面的独特优势，无疑有助于实现个案的公正，最终提升检察机关的整体公信力。

三、检察大数据在构建检察官核心能力层面的运用

（一）检察官核心能力的内涵和外延

习近平总书记深刻指出，要按照政治过硬、业务过硬、责任过硬、纪律过硬、作风过硬的要求，建设一支信念坚定、执法为民、敢于担当、清正廉洁的

---

① 唐逍飞：《大数据与云计算的关系及其在检察机关中的应用》，载《统计与管理》2015 年第 9 期。

政法队伍。党和国家领导人对政法队伍寄予厚望，对检察机关提出了高标准、严要求。聚焦检察官的核心能力建设，逐步提高自身的核心能力成为摆在我们面前的迫切课题。

检察机关是国家的重要法律机关，主要业务包括法律适用、法律监督，以及结合法律实践中的问题对法律修改提出建议等内容，围绕这些主要法律业务，检察官的核心能力就是能适当运用法律办理案件，解决疑难复杂案件，能使案件的法律效果、社会效果统一的能力，能将抽象的法律条文与复杂的实践案例结合，释法说理，以及服务群众工作等能力。虽然同为法律从业人员，检察官的核心能力内容却不同于律师，检察官有客观义务，① 其核心能力要求检察官必须客观全面审查案件，让群众在每一个案件中都感受到公平正义；也不同于法官，法官居中裁判，检察官与律师正面交锋对抗，这就决定了法官在刑事诉讼中相对超脱的地位，检察官不仅要全面审查案件，还要对案件的发展做好预判，积极做好庭审对抗预案，这对检察官的逻辑思维、演讲口才、临场应变、发展预判以及法律素养等都提出了更高的要求，从这种程度上讲，检察官的核心能力应超过法官和律师的要求。结合检察机关的具体职能和工作，检察官的核心能力主要包括案件研判能力、法律适用能力、释法说理能力、服务群众能力、学习创新能力、沟通协调能力、学习创新能力、沟通协调能力等方面的核心能力。②

（二）检察官核心能力的构建之于检察工作的重要意义

1. 案件研判能力的意义

案件研判能力是业务过硬在检察办案工作中的具体体现，是正确履行检察监督职责，保证案件质量，守住冤错案件底线，让人民群众在每一个司法案件中感受到公平正义的重要保证。要根据法律、逻辑和经验，对案情及检察业务工作相关情况、问题进行分析研究，并综合考虑各方面因素，对涉及的事实认定、业务办理、处理决定等问题作出判断。检察官要在全面掌握案件事实的基础上，进一步充分了解社情民意、犯罪嫌疑人的家庭及日常生活、工作表现情况，尊重案件事实和证据，尊重法律规定，尊重法定程序，运用法律分析方法、逻辑分析方法、经验法则方法分析案件，善于发现办案工作中出现的常见性的、多发性的、一般性的问题，善于总结办理一类案件的规律性的问题，还要善于解决重大疑难复杂案件；不仅要精细化办案，还要系统分析，综合判断

---

① 龙宗智：《检察官客观义务与司法伦理建设》，载《国家检察官学院学报》2015 年第 3 期。

② 最高人民检察院政治部：《检察人员通用素能应知应会手册》，中国检察出版社 2018 年版，第 147－273 页。

准确把握中国社会发展的新形势，从全局出发，转变司法理念，强化检察监督，抓住检察办案工作中的核心问题和关键矛盾，紧紧抓住主要矛盾，准确区分罪与非罪、此罪与彼罪、罪轻罪重作出正确的判断，在全面分析的基础上，对各要素进行全方位、多角度的综合分析，找出解决问题的可行方案。

2. 法律适用能力的意义

法律适用能力是把法律政策适用于具体案件，正确定罪量刑，解决案件中存在的困难和问题的能力，是检察人员业务能力中的核心能力之一，最能体现一个检察人员的法律水平和法律素养。检察官必须全面掌握法律法规、司法解释和司法政策，正确理解条文规定和适用条件，对一般性案件能够准确适用法律；须熟练运用法律原理和方法，正确选择适用于具体案件的法律法规；运用法律原理和适用原则解决案件中出现的新情况新问题，同时妥善处理好案外因素对适用法律的影响，是对法律适用能力更进一步的要求。司法人员职业化是必然趋势，检察官所从事的是专业性很强的事业，不是任何人凭感觉就能做的事情，① 一定要不断提炼法律适用性的技术。

3. 释法说理能力的意义

释法说理能力是检察官在办理具体案件过程中，运用语言和文字等方式，阐释检察机关决定所涉及的事实、法律和政策依据，使说理对象接受检察机关的决定。热点案件引发社会关注，通过以案释法不仅能够回应关切，而且还能满足社会的法治期待，2016 年以来，上海等地检察机关通过开展审查逮捕诉讼化试点、出庭公诉发表公诉意见，仅 2016 年上海检察机关共办理逮捕诉讼化审查案件 307 件 327 人。针对一些疑难复杂的不起诉和刑事申诉案件，检察机关积极探索公开审查听证等方式，将公开审查听证会变成精彩的法治公开课等方式向社会公众释法说理。②

4. 服务群众的意义

检察权来源于人民，必须用来服务人民。检察官在检察工作中要紧扣促进经济发展这个大局，坚持走群众路线，强化司法为民意识，创新司法便民机制，落实司法便民措施，在司法实践中坚持群众路线，深入了解群众诉求，积极回应人民群众的关切和期待，有效地化解加快转变经济发展方式过程中爆发的各类社会矛盾，在与人民群众零距离联系中能动地进行社会建设，把法治理念播洒在群众心中，引领人民群众尊重法律、崇尚法治，推动社会管理创新，全力保障和改善民生，让更多的人民群众享受到优质高效的司法服务。

---

① 张明楷：《司法改革要兼顾长远之计和当务之急》，载《贵州法学》2014 年第 12 期。

② 《办案中释法说理促进了社会治理法制化水平的提升》，载正义网，2017 年 6 月 28 日。

5. 学习创新能力的意义

检察官要运用多种渠道主动开展学习，向书本学习、向实践学习、向他人学习、利用网络技术学习，提升学习能力，将所学政治、法律等知识应用于检察实践，树立终身学习的理念，明确学习目标，始终坚持理论联系实际，并从实践中抽象升华为理论，从而不断地自我完善，提高自身的综合素质、工作水平和创新发展能力。"学而不思则罔、思而不学则殆"，在学习中要勤于思考，刻苦钻研，融会贯通，善于总结实践经验，逐步形成个人的知识体系，要培养辩证思维方式，从检察实践的感性认识中归纳出问题和现象的本质和规律，从而形成理论成果。

6. 沟通协调能力的意义

沟通协调能力是指检察官通过与他人或者相关组织、部门等传递、交流信息、观念等，调动各方面积极因素和力量，并使之相互协调，达到完成检察工作目标的能力。主动沟通、注意倾听是检察官提高沟通能力的重要内容，要求检察官能够主动与他人、相关组织进行联系，把自己的意见准确传达给对方，认真用心倾听他人意见和见解，能够发现他人讲话中有价值的信息并积极理解他人的想法，从而建立起良好的检察官人际关系，促进检察工作开展。有效沟通、换位思考要求检察人员根据不同对象和情景采取不同的沟通方式和策略，开展有效的沟通，建立良好的人际关系，特别是能够站在他人的立场，了解他人的需求和难处，展现出诚恳、积极的沟通态度。搭建平台、畅通渠道是沟通协调的重要基础，它要求检察人员利用团队的力量、良好的渠道来推进沟通交流，形成协调联动机制，畅通上下、内外沟通渠道。组织主导、形成合力，要求检察人员在沟通协调过程中成为实际的组织者与主导者，调动各方面积极因素，并且使之相互协调，建立良好的沟通关系，为检察工作凝聚合力，有效推进检察工作目标的实现。

（三）检察大数据辅助提升检察官的核心能力建设

1. 案件受理辅助系统对案件收发的程序化管理

上海建立的案件受理辅助系统，明确案件受理标准、把好受理关，将为案件的批准逮捕、审查起诉奠定良好的基础，有利于案件在诉讼环节的顺利流转，建立了案件受理辅助系统，在受理案件的同时扫描侦查机关移送的电子卷宗，并自动识别卷宗中的所有文书，对于在受理阶段必须有的文书，若移送的卷宗中缺失该文书，将无法通过系统检测，不能成功受理案件。在受理阶段实现对电子卷宗的扫描，也有望逐步实现利用文字转换软件将 PDF 格式的电子卷宗转化 Word 文档，然后移送给检察官，使检察官不用再花费时间去"打案子"，逐步从繁重的事务性工作中脱离出来，将更多的精力投入到办案中去，从而提高办案效率。

2. 流程监控辅助系统对办案流程的动态化监管

根据最高人民检察院出台的规定，案件流程监控是指对人民检察院正在受理或者办理的案件，依照法律规定和相关司法解释、规范性文件等，对办理程序是否合法、规范、及时、完备，进行实时、动态的监督、提示、防控。在之前的司法实践中，流程监控员无法真正做到"实时、动态监控"，上海市检察机关制发的流程监控智能预警系统很好地解决了这个问题，使办案过程实现全面监控、全程留痕，实时预警，① 且对必须制作的文书等也提醒检察官，使检察官从简单的程序结点、基本的法律文书制作等问题中抽身出来，将更多的精力聚焦到案件办理、证据审查、法律适用、定罪量刑等更加关键的问题上来，分为"一审公诉案件""审查逮捕"等 30 个类别进行实时监控，仅 2018 年 1 月 17 日一天，自动巡查案件 20497 件、自动监控规则 429 个，辅助检察官在程序结点上避免出错。②

3. 大数据办案辅助系统对检察官聚焦办案核心的引导作用

大数据办案辅助系统将各罪名的证据指引标准、逮捕条件、不捕条件、提起公诉条件等录入系统中，检察官在办理案件时可以根据案件涉及的罪名查找该罪名所需具备的证据，从而对案卷中的证据加以检查，发现遗漏相关证据时可以要求公安机关及时补充，关键证据缺乏时则对案件作出不捕、退补或者不诉；③ 大数据办案辅助系统要求将案卷中所有证据进行扫描，录入办案辅助系统中，系统将根据各证据在程序上的要求，智能分析出各证据的取得是否符合法律规定，是否具有合法性，如果某一证据不符合法律规定，则为检察官指出，使检察官对证据是否采纳加以判断，若为瑕疵证据，则及时通知公安机关加以改正，若为非法证据，则加以排除；大数据办案辅助系统将全国范围内类似的案件推送给承办检察官，承办检察官可以参考类似案件的判决结果，参考全国范围内类似案件检察官、法官的看法，对自己所办案件进行指导，进而作出正确的决定，避免了办案中的盲目武断，突破了自身认识的局限性和自身办案水平的不足；大数据办案辅助系统还加入了量刑建议计算模块，量刑建议模块将根据案件的事实情况、犯罪嫌疑人的认罪态度、是否赔偿被害人损失、是否已取得被害人谅解、是否具有自首立功等情节准确计算出案件的量刑结果；大数据司法办案辅助系统统一应用于公检法三部门，实现了与公检法三家网络

---

① 林中明：《打造上海检察改革 2.0 版》，载《检察日报》2017 年 10 月 18 日，第 5 版。

② 数据来源于上海案件流程监控智能预警系统 2018 年 12 月 7 日的数据。

③ 李丹、王俊：《检察工作中的大数据运用》，载《新型城镇化进程中的法律问题研究——第十届中部崛起法治论坛》。

的互联互通和业务协同，相关数据可以相互推送、取读、共享、应用，使三部门在处理同一案件时有了相同的证据标准要求和量刑建议，一定程度上避免了以前司法实践中经常出现的公检法三部门对同一案件出现不同的认识，从而作出了不同决定的现象。使案件当事人能够做到心中有数，切实在每一起案件中感受到公平正义，感受到司法的力量，提升了司法公信力。

4. 案件质量评查辅助系统对检察官办案质量的客观评鉴

司法体制改革后，案后评查将成为评断检察官办案质量的方式之一，将与检察官的绩效考核挂钩，如何确保案后评查的客观、公正，关系到对检察官评价是否客观、公正，关系到能否有效提高检察官工作的积极性，关系到司法体制改革是否能取得成效。因此，案件评查辅助系统能确保客观公正、实事求是地评查案件，该系统将自动对评查案件的薄弱环节进行重点分析，监测是否存在问题。评查出的精品案件参与市院、最高检的精品案件评选，最终评选出的精品案件和优秀法律文书将被挂在统一业务应用系统中，形成精品案件、优秀法律文书数据库，提高案件资源的共享能力。每个检察官利用关键字（案件类型、案由等）都能进行查询，学习该数据库中的案件和文书，可有效提升办理质量和文书撰写水平。该辅助系统的建立，有利于建立"一案一评查，一人一档案"常态化质量评查机制，强化对检察官司法办案的监督制约，实现"案件办理全程留痕，程序缺失自动预警，违规办案无法流转"，有效解决过去监督的弱点和盲点。[①]

5. 检察官业绩全程考核系统对检察官办案的业绩科学评鉴

检察官业绩全程考核系统对检察官办理的每一起案件实现全程记录、全程留痕，全面、真实、客观地记录每一起案件的办理情况，为每一名检察官建立了司法业绩化数字档案，为案件质量评查提供了有力依据。运用业绩全程考核系统，通过对检察官办理案件回头看，可以发现检察官在办理案件时存在的程序上和实体上的错误，实现对检察官办理案件的监督，倒逼检察官在办理案件时做到客观公正，严格依法办理案件，为保障案件质量提供了技术盾牌。

6. 大数据分析服务系统对精准总结、科学决策的重要作用

在数据整合利用方面，上海率先成立了检察大数据中心；依托全国统一业务系统工作网版和上海检察智能辅助办案系统两个基础的平台，聚焦上海检察智能辅助办案系统的深化开发；大力加强人才培养，着手建立一支检察机关内

---

① 韩少峰、王秀梅、葛欣：《检察大数据在案件管理工作中的应用与思考》，载《山西青年报》2017 年 11 月 11 日，第 1 版。

部的专业数据分析师队伍。① 利用大数据进行数据分析和判断同时会减少结论的主观成分，较好地保证了管理工作的客观性，这样通过数据分析得出的前瞻性预测更具有准确性。大数据分析服务系统，通过对检察官在执法办案中产生的"原生"大数据的深度挖掘和研判分析。该系统可以把检察业务、办公、保障、队伍等各个工作的数据全部横向打通、进行融合、综合分析，找出有价值的关联点，用客观翔实的数据反映业务态势全貌，为科学管理决策提供支持。运用大数据分析服务系统，通过对全院办理案件数据的记录分析，从核心数据、常规分析、专项分析、办案评价、人员管理等多个方面为院领导作出决策提供"智库意见"。

四、检察大数据在提升检察管理水平层面的运用

（一）检察管理的具体内涵

1. 检察管理的概念界定

检察机关的正常运转，检察事业的发展，工作效率的提高，整体工作能力的增强，都离不开检察管理。② 检察管理主要立足于检察实践活动。对于检察管理的概念，目前主要有两种代表性观点：一是认为检察管理是检察机关及其人员为了最大限度地发挥法律监督作用，运用管理方法和手段进行检察行为管理，并对检察机关及其人员的人、财、物、信息、时空、方法等管理要素进行科学组合，以高质量、高效率地实现法律监督的综合活动。③ 二是认为检察管理是指人民检察机关为了提高系统法律监督效能，有效地行使检察权，运用现代管理的理论、方法和现代科学技术手段，有意识、有组织、有计划地对本系统、本部门的机构、编制、人员、业务、后勤等进行科学的、实事求是的安排，并根据发展变化着的情况进行不断地协调和控制的一切活动的总和。④ 两种定义除了语言表述上的不同，基本都全面概括了检察管理的目标、方法、内容、过程等必要因素，体现了检察工作的特点，又凸显了管理的核心精神。

2. 检察管理的分类

（1）检察业务管理。执法办案是检察工作的核心，加强业务管理，是开展检察业务活动的客观需要。这里的业务管理也可以称为案件管理，具体是指

---

① 张昊：《2018 年政法智能化建设研讨会政法单位代表发言摘登》，载《法制日报》2018 年 7 月 28 日，第 6 版。

② 罗昌平、王喜娟：《检察业务管理理论与实务》，上海人民出版社 2008 年版，第 1 页。

③ 张学军：《检察管理学》，中国检察出版社 2001 年版，第 12 页。

④ 冯中华：《检察管理论》，中国检察出版社 2010 年版，第 5 页。

检察机关制定办案规程，运用组织、计划、控制等管理职能，创制有利于严格公正文明办案、充分发挥检察职能作用的执法环境，确保案件质量的一项综合性活动。

（2）检察队伍管理。检察队伍管理，是指检察机关依据相关的法律、规章、制度以及现代管理科学、行为科学理论，对所属的检察人员进行领导组织、协调、监督和教育等活动。[①] 检察机关要充分发挥法律监督职能，就必须通过健全完善思想教育机制、检察官管理制度、文化育检机制以及绩效考核机制加强检察队伍管理，实现检察机关人力资源的合理配置，促进检察工作持续健康协调发展。

（3）检务保障管理。作为检察管理的基本组成部分，检务保障管理也是为业务管理、队伍管理提供财力、物力支撑的管理活动，是检察机关履职尽责的基础，更是确保检察机关依法独立行使检察权的重要因素。[②]

（二）运用检察大数据提升检察管理水平的必要性

1. 利用大数据开展检察管理的基础

通过多年来检察信息化的持续发展和电子检务工程的实施，检察机关已经具备运用检察大数据的客观基础，检察数据生产采集渐成规模，检察数据的标准化建设、存储和运算能力逐步提升：[③] 一是数据基础，包括统一业务应用系统、远程视频讯问系统、两法衔接信息共享平台等系统积累了海量的数据。二是网络基础，检察内网已覆盖全国四级检察院，分支网络已覆盖大部分驻监狱、驻所检察室。部分地区还建设了检察工作网。三是计算存储基础。各地检察机关积极推进检务云计算平台和检察数据中心建设，建设了大量的服务器和存储，提供了强大的计算能力和海量的存储能力。

2. 既往的数据处理模式存在不足

传统的数据处理模式只能具备记录性和描述性功能，无法给出前瞻性的自我判断，需要管理主体根据相关数据进行判断。对于当前大量、多变、繁杂、高速的数据流，人工难以及时做出判断并迅速反馈。而且，人为判断往往存在主观性，对数据的理解经常会掺杂个人意识。[④] 大数据对数据的发掘分析能力

[①] 周文：《关于强化检察管理的几点思考》，载《中国检察官》2011年第10期。

[②] 卓黎黎：《当前我国检务保障管理模式的改革构想》，载《经济视角》2013年第9期。

[③] 曹烨琼：《首份〈"互联网＋检察工作"研究报告〉解读》，载《检察日报》2016年1月13日。

[④] 吴继伟：《善对大数据促进检察业务管理科学化》，载《法学研究》2015年第6期。

会提高工作效率，并且根据对既有数据以及不断产生的新数据分析判断，给出前瞻性的预测。利用大数据进行数据分析和判断同时会减少结论的主观成分，较好地保证了管理工作的客观性。

3. 传统检察理念"重业务、轻管理"的不足

"重业务、轻管理"的传统检察理念容易忽视管理科学对检察工作的指导作用，正是基于检察业务管理的重要性以及当前检察系统的管理现状，最高检将"管理科学化建设"和"全面加强队伍专业化、执法规范化"并列共同作为检察系统的工作目标。当前正处于司法改革的攻坚期，这就要求我们要充分认识检察管理的必要性和紧迫性，全面把握检察管理的对象和范围，积极而大胆将检察大数据引入到检察队伍管理和检察业务管理中去，调动广大检察人员的积极性和创造性，提高检察工作水平和检察队伍综合素质，推动检察事业深入健康发展。

（三）检察大数据在优化检察管理层面的运用

1. 业务管理

检察业务管理内容涉及"检察机关的业务工作和人员的人、财、物、信息、时空和方法等管理要素"。[①] 如此繁多内容产生的信息量是巨大的。案件管理部门掌握着全院全部的检察业务原生数据，并具有单独的业务数据统计系统，应该进一步利用其自身优势，并依托统一业务应用系统中的检察原生数据，提取和分析有价值的信息，合理构建数据挖掘模式，建立辅助系统，更好地服务司法办案，实现业务管理的智能化和精细化。

（1）建立流程监控辅助系统。案件流程监控是指对人民检察院正在受理或者办理的案件，依照法律规定和相关司法解释、规范性文件等，对办理程序是否合法、规范、及时、完备，进行实时、动态的监督、提示、防控。目前司法实践中，办案人员办理案件是动态的，起草法律文书是动态的，流程监控员无法做到实时监控正在办理的每一个案件，监控总是具有一定的滞后性。要做到"实时动态"监控，就需要多次进入该案件进行监控，可能存在重复监控的问题，监控效率不高。建立流程监控辅助系统，将做到真正的"实时动态"监控。建议以《人民检察院案件流程监控工作规定（试行）》规定的监控项目为基础，并将其细化，使得电脑容易识别，并着重将实践中容易出现问题的点编入到系统中。流程监控辅助系统还可使流程监控员从系统能监控的问题中解放出来，从而提高工作效率，解决不敢监督、不善监督、不愿监督的问题。

---

① 罗昌平、王喜娟：《检察业务管理理论与实务》，上海人民出版社 2008 年版，第231 页。

（2）建立案件评查辅助系统。司法体制改革后，案后评查将成为评断检察官办案质量的方式之一，将与检察官的绩效考核挂钩。因此，需要建立案件评查辅助系统，避免人为、人情因素的干扰，确保客观公正、实事求是地评查案件。建议建立案件评查辅助系统，从文书制作、卷宗装订、办案程序、案件事实、适用法律五个方面入手，对评查的项目进行拆解，并结合近年来案件评查中发现的问题进行完善。系统将自动抓取案件，并对评查案件的薄弱环节进行重点分析，检测是否存在问题。评查出的精品案件和优秀法律文书可以通过系统传输至统一业务应用系统，形成精品案件、优秀法律文书数据库，以提高案件资源的共享能力。每个检察官若有办案需要即可利用关键字（案件类型、案由等）进行查询、学习，还可以进行评价留言，提出自己的见解和看法，构建良性的交流平台。该辅助系统的建立，将有利于建立"一案一评查，一人一档案"常态化质量评查机制，强化对检察官司法办案的监督制约，实现"案件办理全程留痕，程序缺失自动预警，违规办案无法流转"，有效解决过去案件管理的弱点和盲点。

（3）建立数据分析服务系统。现阶段，案件管理部门虽然掌握着全院检察业务的"原生"数据，但仍在使用传统的数据处理模式，单纯地对数据进行记录和描述，数据不能自行进行分析，无法给出前瞻性的自我判断，而需要案件管理部门的工作人员根据自身对数据的认识、理解作出分析判断。就检察业务原生数据的产生地——统一业务应用系统来说，其每时每刻都在产生新的数据，数据具有数量大、种类庞杂、变化快等特点，仅凭案件管理部门的工作人员人工监控做到对数据的全面、全方位、无死角监督管理为基础作出判断迅速反馈，且人为判断往往存在主观性，对数据的理解经常会掺杂个人意识。相比之下，大数据所具有的对数据的发掘分析能力能够在面对大量、多变、繁杂的数据时迅速作出客观的判断分析，并且可以根据对既有数据以及不断产生的新数据的分析判断，给出客观的、具有前瞻性的预测，极大地提高工作效率，确保案件管理工作的客观性。因此，可以建立数据分析服务系统，把检察业务、办公、保障、队伍等各个工作的数据全部横向打通、进行融合、综合分析，找出有价值的关联点，用客观翔实的数据反映业务态势全貌，为科学管理决策提供支持。①

（4）建立智慧决策系统。科学研究的实验型范式、理论型范式、计算型范式都是在已知规律的情况下发现新的规律，而大数据则是在未知规律的情况

---

① 韩少峰、王秀梅、葛欣：《检察大数据在案件管理工作中的应用与思考》，载《检察调研与指导》2018 年第 3 期。

下，运用计算能力从大数据中发现规律并发挥规律的作用。① 通过大数据技术，整合检察机关内部信息系统数据资源和业务相关外部数据资源，以看全、看准为目标，建设检务工作态势分析平台，构建检察信息全景视图，全方位、多维度呈现检察机关业务工作的状态和变化趋势，提高司法运行规律的洞察力，提供宏观态势全面掌握能力。② 采用数据仓库、数据挖掘、知识库系统等技术手段建立智慧决策系统，系统能够根据决策者需要自动生成统计报表，案件办理情况、统计分析情况便可以全景式的呈现，满足决策者宏观把握检察业务全局、科学决策的需求。

2. 队伍管理

就目前而言，检察队伍管理系统中的大数据技术应用和管理还处于初步发展阶段，如何进一步发挥大数据技术在检察队伍管理中的重要价值既是重大的机遇，也是严峻的挑战，但这不妨碍我们积极应对大数据时代的到来，循序渐进地探索和积累科学有效的大数据技术来实现队伍精细化管理上的革新。

（1）队伍管理的大数据资源。从检察人才队伍的管理与培养角度加以分析，应用到人才队伍管理中的数据大致可以分为以下三类：一是元数据。提高队伍管理信息化水平，运用"大数据"思维方式，就是要收集掌握每名检察人员的"元数据"，即全体检察人员被数字化的基本信息和资料，具体包括每个检察人员的年龄、专业、学历、职务、级别、政治素养、工作情况、德才表现等，能够真实反映和描述每个检察人员的工作成长历程和个人能力素养情况，方便管理者通过"元数据"进行定位、搜寻、选择、评估等管理工作，并且在一定程度上为人事管理部门提供客观的参考。二是工作能力数据。工作能力数据主要记录的是检察人员平时的德才表现和工作实绩情况。工作能力数据可以反映出检察人员的法学知识、实务技能及行为是否能够与其具体工作相匹配，有利于激励检察人员不断提升自身素质和工作效率，同时可以作为年度绩效考核方面的一个重要的参考指标。工作能力数据的建立一方面需要人事管理部门科学地制定全面而有针对性的管理方案和工作安排，加强对检察人员的平时管理和监督，另一方面需要依靠检察人员自身不断提高履行职责、廉政勤政的能力素养，以提供真实有效、可持续更新的数据样本。三是潜力发展数据。潜力发展数据是对检察人员个人能力发展的可能性的记录。潜力发展数据的来源以检察人员的思想政治素质、专业素养、工作效率、个人能力等多方面的指标为依据，能够科学客观地反映和预测他们个人发展轨迹和成长空间。③

---

① 倪光南：《关于大数据》，载《高科技与产业化》2013年第5期。

② 马建刚：《检察实务中的大数据》，中国检察出版社2017年版，第7页。

③ 向泽选：《检察工作的科学发展》，载《国家检察官学院学报》2009年第6期。

潜力发展数据的建立要求人事管理部门能够全面客观地的考核记录每个检察人员通过学习和工作表现出来的能力数据，同每个岗位任职需求进行分析比对，对检察人员个人未来的工作发展态势做出预判分析，设定培养模式，选择最优岗位，从而更加科学合理地发掘和选拔基层检察队伍中的优秀人才，发挥检察队伍的最大效益。

（2）队伍管理的大数据应用。在积累大量的元数据、工作能力数据以及潜力发展数据的基础上，可建立一系列队伍管理方面的信息系统，比如组织人事管理、机构管理、宣传管理、教育培训管理、机关绩效考核管理和党务管理系统，并以这些系统为基础逐步建立起全国检察机关的队伍管理信息资料库，进行进一步的数据挖掘分析，不断优化队伍管理的模式。比如上海检察机关于2017年推出的检察官执法办案全程监控考核系统就将队伍管理系统和司法办案系统的办案信息库相关联，自动化地完成对司法责任制下检察官的办案业绩考核，从而使检察干警考核方式实现由定性考核向定量考核的转变，由静态考核向动态考核的转变，由单一考核向综合考核的转变。该系统通过对各职能部门受理、立案（项）、办理的案件以及不依附于自侦、批捕、起诉等主要办案业务的，有完整流程、审查结论及相关法律文书的诉讼监督、社会治理、维护稳定、预防犯罪等检察业务进行梳理，对检察建议、纠正违法等共性的检察业务指标进行归并，形成了较为规范的检察机关司法办案大数据目录和工作指标体系。通过对检察官在执法办案中产生的"原生"大数据的深度挖掘和研判分析，将案件统计、质量监控、专题研判、绩效分析有机融为一体，有效强化对司法办案的绩效考评与内部监控。[①]

3. 检务保障管理

检务保障工作是检察工作不可或缺的重要组成部分，对于夯实检察事业发展根基具有重要意义。大数据在检察工作中的运用同时也包括在检务保障工作中的运用，以服务于检察中心工作。

（1）建立全方位的检务保障信息系统。在检务保障方面，可通过财务核算、资产管理、财务报表、计划预算、网上报销、装备管理、资产管理、政府采购管理、机关事务管理和审计管理等信息系统的建立，实现各级检察院预算执行信息、检务保障业务、管理过程的全覆盖，以有效提升检务保障综合能力，并以积累的海量数据做综合性的职能分析，提高检务保障管理的规范化、职能化和现代化水平。

（2）建立智慧检察办公系统。为进一步提高检察干警的办公效率，可采用大数据、人工智能等手段，将传统办公自动化（OA）系统升级成为智慧办

---

① 林竹静：《顶层技术架构：检察大数据》，载《检察风云》2017年第8期。

公系统。智慧办公系统对检察干警的办公行为有记忆功能，能够根据检察干警的岗位职责、偏好、使用频率等，对用户界面、系统功能等进行自动优化。① 且该系统有自动提醒功能，如待办件提醒、邮件提醒、会议通知提醒等，检察干警不需要去查询就可以知道哪些事情需要处理。智慧办公系统可以对待办事项根据重要程度、紧急程度等进行排序。智慧办公系统具有移动办公功能，检察干警随时随地可以进行办公。智慧办公系统同时集成了与检察工作相关的法律资料库，方便查询法律法规、相关案件案例、办事流程等，可以大幅度提升检察人员办公的效率。

（3）建立警务管理系统。为进一步规范警务保障工作，提升警务保障能力，通过建立警务管理系统实现警务监督、警力调度、警务指挥以及警务统计等多项功能。该管理系统整合了法警日常警务活动的各项音视频资源，值班人员可以通过调阅视频实时进行监督工作。同时还能够通过派警登记清晰展示实时的调警信息以及警力分配情况，从而更加快速科学地调用警力资源。该系统还录入了在编法警的详细信息，包括执法资格等级、体能训练、授衔记录以及奖励情况等，从而实现对法警人员信息的统一管理。

五、检察大数据在服务大局、科学决策层面的运用

（一）打通数据壁垒，形成检察大数据库

1. 当前大数据运用中存在的信息壁垒

大数据运用在检务工作中虽然有广阔的应用前景，但就现状而言，检察机关的大数据运用仍有很多问题与不足。最明显的就是客观上存在数据隔离，导致数据的整合度较低。② 近几年各地检察机关虽然都在研发具有各地特色的大数据运用方式，但大部分都在各自发展，导致大量数据分块呈现，并且被分割在各个业务条线或者部门内部，缺少将这些数据进行关联整合的途径。除此之外，各地分头研发还导致全国检察机关的资源不能进行统一调配，从而产生建设凌乱、更新不及时、软件研发无法完全适应检察业务工作等问题。相比其他政府机关，检察机关的大数据建设及运用的整体发展较为缓慢。因此，整合数据信息，建立健全统一的检察大数据库是开展大数据运用的前提条件。

2. 打通数据壁垒的重要途径

（1）要努力合并系统整合检察机关的内部数据。在目前各地都在研发大

---

① 王琼、万伟岭：《浅谈检察管理》，载《法治》2011 年第 1 期。

② 陈敏：《浅析检察工作中的大数据运用》，载《河南日报》2017 年 6 月 16 日，第 6 版。

数据应用软件的基础上，吸收各地的经验成果并进行统一规划整合已有数据，建立统一、全面的数据和信息收集、存储、分析系统，并根据检察业务需求设计出一套精简但实用的数据指标，在海量的数据信息里收集少数但极具代表性的数据，最终汇聚大统一的检察机关数据库，为各地检察机关办理案件提供借鉴。

（2）要全力打通检察机关与公安、法院以及其他政府部门之间的数据壁垒。近几年，随着各个政府部门的信息化建设逐步深入，各种不同类别的业务系统产生并积累了大量的数据，但这些数据由于各部门间的职能限制和政务网络的分割，而分散在政务网络的各个角落，只能在部门内部进行简单使用，无法起到支持决策分析的作用。近几年，上海市检察机关正在尝试建造一条公、检、法共用的司法网络，如上海刑事案件智能辅助系统，力图打通公、检、法三家单位的数据壁垒。与此同时，检察机关也在逐步打通与其他政府部门之间的数据壁垒，最终整合政务信息数据，形成信息全覆盖的大数据库。

（3）要充分发挥检察人员的主观能动性。[①] 在大数据时代，检察人员都是通过统一业务应用软件办理案件，因此办案过程中的每一个步骤都会被系统记载，上级院可以通过系统了解下级院的案件办理情况并依据这些数据对下级院进行考核。这种大数据时代的考核管理方式虽然便捷，但也可能导致某些工作人员为应付上级院的检查，只做表面文章，在录入相关案件数据的过程中，只录入对其工作有利的数据，而不是与案件相关的所有数据，造成案件信息失实，既影响了数据准确性，又影响了未来业务态势分析的科学性。因此，检察人员必须增强大局意识，充分发挥主观能动性，严格遵守办案程序、期限规定等要求，按照填录标准完整、及时、准确地录入案件信息，坚决杜绝随意填录、延迟填录等不规范问题。只有保证数据填录的真实完整，才能实现数据运用的精准科学。

（4）要全面提升检察干警的大数据运用能力。大数据既然是一种信息化技术，也就意味着需要专业知识来支持。因此检察机关在运用大数据进行案件办理、法律监督、服务群众等工作时，都离不开具有丰富经验的大数据分析人才支撑协助。然而目前的现状却不容乐观，各级检察机关虽然都在积极培养自己的大数据人才，但仍存在办案人员不会运用大数据，数据分析人员不懂办案的人才紧缺情况。由于提升大数据应用能力是无法一蹴而就的，因此检察机关必须提前一步，加大数据应用能力培训力度，全面开展技术培训，尽可能地提升检察干警的大数据应用能力。同时，检察机关还可以招录专业技术人才充实

---

① 缪存孟：《大数据背景下规范检察权运行的初步研究》，中国社会科学院研究生院2016级法律硕士学位论文。

检察队伍，并且选派青年干警参加技术培训，加大对复合型检察技术专业人才的培养。

（5）要强化信息安全保障工作。随着数据信息的不断积累，将会带来数据存储和使用的安全风险。① 在检察机关办理案件的过程中，往往会产生不少信息数据可能涉及国家秘密、商业秘密或者是公民隐私，如何确保这些信息的存储和使用安全，避免泄露秘密，是在大数据建设与运用过程中必须考虑到的问题。一方面从技术上着手，加强安全保密的设施建设，构建严密的数据储存、运用环境，确保检察大数据的万无一失。另一方面从制度上着手，结合检察机关现有的保密规定以及办案具体情况，制定检察机关内部关于大数据保密的相关规定，并采取严格的审批审核制度，通过严格的内部规定和程序来约束，防止涉密信息的泄露和被侵犯。同时还要从认识上着手，加强对检察机关内部人员的培训，强调数据信息保护的重要性，重视日常工作中与数据信息相关的每个环节。

（二）打造业务平台，提高检察工作质效

1. 检察工作质效中存在的问题和挑战

（1）当前内部业务工作衔接中存在的线索滞碍。上海检察机关在内设机构改革后，刑事诉讼监督部作为一个新的部门成立了，负责刑事诉讼执行前阶段，与捕诉一体办案部门随案监督相区别、相衔接的刑事诉讼监督工作，履行立案监督、侦查活动监督、审判活动监督等职能。部门内要求设置调查监督检察官办公室，负责依职权介入调查并提出监督意见，工作包含违法线索调查核实、检察前终结诉讼案件跟踪监督、两法衔接工作监督、诉讼违法行为人监督等内容。由于没有先例可依，该部门的案件来源就是一个大问题。在刑事诉讼监督部门成立之初，监督线索的发现都是依靠各刑事诉讼部门的承办人在个案中发现并通过纸质文书进行传递，但这种发现线索的方式比较被动且不够及时，同时还存在线索丢失以及程序不规范的问题。另外，由于纸质化线索的局限性，部门之间存在线索滞碍，无法发挥线索价值最大化。②

（2）深化公益诉讼和行政检察监督的现实需求。近年来，生态环境污染、危害食品药品安全等侵害社会公共利益的事件时有发生，社会各界呼吁检察机关通过提起公益诉讼维护社会公共利益的要求日益强烈。在国有财产保护、国有土地使用权出让、生态环境和资源保护等领域，一些行政机关违法行使职权

---

① 张晓：《大数据在检察工作中的运用及风险防范》，载《法制与经济》2017 年第 1 期。

② 李黎黎：《大数据视角下的检察机关》，2018 年第二届全国检察官阅读征文活动获奖文选。

或者不作为使国家和社会公共利益受到侵害，由于我国目前保护国家和社会公共利益的法律制度还不是十分完备，对此类违法行政行为缺乏有效监督。为加强对国家和社会公共利益的保护，强化对行政违法行为的监督，党的十八届四中全会决定明确要求："探索建立检察机关提起公益诉讼制度。"如何使用好公益诉讼这柄利剑，如何进一步加强行政检察监督职能，成为了当下检察机关思考的重点问题。

（3）刑事诉讼法对检察机关量刑建议工作的新要求。数据不是绝对的，但数据是绝对可以展示规律的，只有遵循切实可靠的量刑规律，检察机关才能提出有说服力的量刑建议。① 2018 年 10 月 26 日修改的刑事诉讼法在量刑建议方面对检察机关提出了更高的要求，"如果犯罪嫌疑人认罪认罚的，检察院机关应当就主刑、附加刑、是否适用缓刑等提出量刑建议"，除了人民法院经审理认为量刑建议明显不当的以及一些例外情况，人民法院依法作出判决外，一般采纳人民检察院指控的罪名和量刑建议。② 这不仅仅要求案件承办检察官拥有丰富的量刑经验，也需要承办检察官在案件办理过程中加强与法院的沟通交流。经不完全统计，在检察机关办理的公诉案件中超过 50% 的案件的犯罪嫌疑人是适用认罪认罚从宽制度的，也就是说至少有一半的案件需要承办检察官作出精准的量刑建议，这对承办检察官来说将是个极大的挑战。

（4）检察决策工作对有效数据分析的迫切需要。数据分析是大数据应用的核心环节，面对海量的数据，需要挖出有用的数据，将看似无关的数据联系在一起，并在此基础上进行分析，并得出结论。③ 通过对数据分析，有时会得到一些意想不到的信息，有时得出的结论还会与直观的判断相左。在检察工作中，大数据的分析就是为了解决检察业务中当前或者未来可能出现的问题，然后运用科学的方法，从若干方案中选择最为合适的一个对相应问题进行分析、判断的过程。④ 数据信息是检察决策工作中制定决策和预案的基础，如果仅仅依靠人力在海量的数据信息中搜寻、挖掘并整理有用信息，其工作量之大、难度之高可想而知。在以往的检察大数据分析工作中，由于缺少有用的工具，导致数据搜集统计工作都是由人力来完成的，搜集到的信息也大多浮在表层，因此很多人往往会将目光集中于侦查机关，习惯从案件类型、犯罪人群的角度去

---

① 蔡淑园、顾广绪：《大数据视域下完善量刑建议职能的新路径》，载《深化依法治国实践背景下的检察权运行——第十四届国家高级检察官论坛论文集》，中国检察出版社 2018 年版。

② 《中华人民共和国刑事诉讼法》第 176 条第 2 款、第 201 条。

③ 郑丽：《大数据在案件管理工作中的运用——以镇宁自治县人民检察院为例》，2018 年第二届全国检察官阅读征文活动获奖文选。

④ 沈臻懿：《检察与大数据的邂逅》，载《检察风云》2017 年第 8 期。

分析，得出的结论也比较浅显单一，很难发现一些深层次的问题。

2. 提升检察工作质效的重要途径

（1）打造监督线索管理平台，增加诉讼监督的成案量。一方面检察机关内部能够进行网上案件信息互通，将线下线索转换到线上，通过智能抓取将分散在各个刑事诉讼部门的个案监督线索集中起来；另一方面，由于检察大数据库整合了外部的政务信息数据，因此同样可以抓取到一些分散在社会上的线索信息。然后监督线索管理平台会对抓取到的单个信息进行筛选、分类，形成线索库，并根据设定的条件，将符合要求的监督线索推送给刑事诉讼监督部门的承办检察官。通过监督线索管理平台，刑事诉讼监督部门可以强化监督线索的管理，掌握监督的主动权，挖掘出线索的利用价值，大大提高线索的成案率；也增强了线索利用的实时性、联动性，不会因为监督线索过多过杂，而错过有价值的信息。

（2）打造公益线索举报平台，强化行政检察的监督力。在建立了检察大数据库的基础上，可以尝试打造一个公益线索举报平台。平台能够从多个数据源中搜集整合各类所需的案件数据以及线索信息，数据源不仅限于检察大数据库，还包含了人民群众提供的举报线索。然后在平台内录入与公益诉讼相关的特征值，比如国有土地、食品药品、环境污染、国有资产等，借由人工智能匹配特征值的方式，由系统自动完成在海量数据中寻找、匹配和高亮提示存在特征值的案件。特征值的确定是关键的一步，检察机关需要组织相关专家学者，对公益诉讼特征值进行深度研究，便于更好的通过特征值匹配到公益诉讼案源，从而加强案源的精准定位。最后将由公益诉讼检察官根据需要对系统匹配出的案件进行查阅，以便于进一步深挖可能存在的公益诉讼线索，从而提高公益诉讼案件的成案率，强化行政检察的监督职能。

（3）打造量刑情况评估平台，提高量刑建议的精准度。经验无法速成，需要靠时间来积累，但我们可以在技术层面探索解决途径。比如在建成检察大数据库的基础上，打造量刑情况分析平台，用统计学来总结量刑规律，提升其诉讼价值。首先，量刑情况分析平台可以根据案件事实全面抓取不同的量刑要素，比如罪名定性、犯罪方法、犯罪数额、量刑情节等，然后根据量刑指导意见中具体的量刑幅度，经过简单分析得出初步的量刑情况以及量刑幅度。其次，由于打通了法、检之间的数据壁垒，检察大数据库中将存有海量的法院判决情况信息，量刑情况分析平台可以通过关键词匹配的方法，从检察大数据库中搜索出相似案件，自动计算出各类案件的平均刑期。然后分析平台会将典型案例以及通过计算得出的量刑结论推送给承办检察官，供其研读参考，避免出现同案不同判的情况。有了量刑情况分析平台，无论是资深检察官还是检察新人，只需要把具体的案件量刑要素输入平台中，就可以得到较为精准的量刑结论以及丰富的参考案例。

（4）打造业务态势分析平台，保证检察决策的科学性。随着大数据技术在检察工作中的进一步运用，检察机关可以打造一个专门用于决策的业务态势分析平台。该平台通过从大数据库中全面收集、梳理、汇总案件的流程信息、案件情况、文书内容、涉案财物等各类数据信息，会定期对重点业务态势进行常态化分析，同时也可以根据决策需要不定期开展业务态势专项分析，然后得出初步的分析结果，并形成可视化图表，为领导作出决策、为业务部门改进工作提供更加直观而又科学的数据依据。① 目前，在将大数据与业务态势分析相结合方面，上海市检察机关已经开始了新的探索与尝试。根据最高检《检察大数据行动指南（2017—2020 年）》确立的检察大数据战略，2017 年底上海检察大数据中心在上海市检察院挂牌成立。上海检察大数据中心以"结合实际、满足实用、体现实效"为基本原则，立足"挖掘、分析、服务、管理"职能定位，边建边用，打破数据壁垒。进一步梳理各业务条线不同渠道、不同用途产生的数据和需求，研究司法改革对增量数据的需求，对数据进行集中处理、统一标准和有效整合，推动检察办案数据的"中央厨房化"。②

（三）融入政府工作，实现服务大局作用

由于打通了政府各部门与检察机关的数据壁垒，检察机关才得以建造出一个庞大的数据齐全的检察大数据库，才能够整合各方数据信息提高检察工作效率，因此检察机关有义务将检察工作中产生的数据信息反馈到相关的政府部门，打造智慧检务、深化检务公开的同时，辅助政府部门开展工作，真正实现数据互通信息共享。③

1. 当前外部数据沟通中存在的问题

李克强总理在 2018 年政府工作报告中强调："要深入推进'互联网＋政务服务'，加快政府信息系统互联互通。"国务院印发了《关于加快推进全国一体化在线政务服务平台建设的指导意见》，部署加快建设全国一体化在线政务服务平台，并提出 2022 年底前全面实现"一网通办"。上海要建设卓越的全球城市，就需要与之相匹配的政务服务。上海市委市政府积极响应，全力推动"一网通办"政务服务，并提出 2018 年加快建成上海政务"一网通办"总门户，将面向企业和群众的所有线上线下服务事项，逐步做到一网受理、只跑

---

① 韩少峰、王秀梅、葛欣：《检察大数据在案件管理工作中的应用与思考》，载《山西青年报》2017 年 11 月 11 日。

② 《上海市检察机关大数据中心挂牌成立》，载正义网，2017 年 12 月 14 日。

③ 王书伟：《大数据时代政府部门间信息资源共享策略研究》，吉林大学 2013 年硕士学位论文。

一次、一次办成。目前，"一网通办"虽然还处于一边使用一边完善的过程中，但也已经搭建出完整的框架，同时《上海市公共数据和一网通办管理办法》已于 2018 年 11 月 1 日正式实施。然而，令人遗憾的是"一网通办"主要涉及公共管理和服务以及政务公开，"一网通办"的公共数据主要包括了各级行政机关以及履行公共管理和服务职能的事业单位在依法履职过程中，采集和产生的各类数据资源，在那么多的板块中很少出现检察机关的身影。其实，近几年检察机关也在建造各类智能化检察为民综合服务网络平台，先后建成了人民检察院案件信息公开网以及 12309 检察服务中心①。虽然网络平台涵盖面广、操作也很便捷，但可能由于宣传力度不够，并不为人民群众所周知。

2. 实现大数据服务大局的重要途径

（1）加强检察宣传，搭建沟通桥梁。一是要加强宣传，让更多群众了解"12309"以及检察机关其他的便利服务，有利于为人民群众有效提供更加符合人民需要的"法治产品""检察产品"，更好地保障人民群众对检察工作的知情权、表达权和监督权。二是在检务平台与政务平台之间搭建桥梁，让人民群众能够在"一网通办"中找到通往"12309 检察服务中心"等检察服务平台的捷径，切实享受到"一站式"检察服务的便捷高效。

（2）建设共享平台，强化治理成效。在全国检察机关学习贯彻两会精神电视电话会议上，张军检察长强调，要围绕打好防范化解重大风险攻坚战，积极投入重大社会稳定风险防范化解专项行动，牢牢守住不发生系统性风险的底线。因此，大数据不仅要实现内部互通，更要实现外部共享，以便于更好地优化营商环境，更有效地服务于长江经济带。当前，除了部分区县院已经实现共享的行政复议平台之外，检察机关还可以与金融办相互合作，共同强化金融风险防范，依法惩治非法吸收公众存款、集资诈骗、贷款诈骗、信用卡诈骗、保险诈骗等破坏金融管理秩序犯罪，依法办理政府部门、国有银行、国有企业等机构因各类违法违规举债、担保产生的刑事案件，加大对涉及金融风险的民事、行政诉讼案件的法律监督力度；与公安、法院做好对接，在当前扫黑除恶专项行动以及其他专项工作中保持数据畅通，提升打击的力度和精准度；与各政府部门互通信访信息，提前做好信访风险应对预案，坚持把化解矛盾贯穿司

---

① 12309 检察服务中心是全国检察机关统一对外的智能化检察为民综合服务网络平台，通过 12309 网站、12309 检察服务热线（电话）、12309 移动客户端（手机 APP）和 12309 微信公众号四种渠道，向社会提供更加便捷高效的"一站式"检察服务。12309 检察服务中心主要包括 3 大模块 13 项具体功能，即：检察服务（包括控告、刑事申诉、民行申诉、国家赔偿、其他信访、法律咨询）、案件信息公开（包括案件程序性信息查询、辩护与代理网上预约、重要案件信息、法律文书公开）、接受监督（包括人大代表政协委员联络平台、人民监督员监督服务、群众意见建议箱）。

法办案始终，审慎处理调整经济结构、压减过剩产能过程中出现的新类型案件和涉及劳资纠纷、医患矛盾、环保赔偿等案件，完善矛盾排查预警、调处化解综合工作机制，进一步深化涉法涉诉信访改革，认真落实检察官以案释法制度，引导群众理性表达诉求、依法维护权益。

正当防卫司法认定问题研究[*]

上海市黄浦区人民检察院课题组[**]

一、正当防卫司法认定现状：基于上海市 280 件案例的实证分析

本课题通过"无讼案例"检索工具，采纳了 2007 年 1 月 1 日至 2018 年 12 月 10 日公布的上海市各级法院与正当防卫有关的、具有代表性的生效 280 份裁判文书，从"法院判决认定正当防卫的基本情况""法院判决认定罪名情况分布""法院判决不适用正当防卫的理由""法院判决刑罚适用情况""样本案件损害结果情况"五个角度进行分析。

（一）正当防卫司法认定的实践样态

1. 法院判决认定正当防卫的基本情况

在 280 件案件样本中，法院判决适用刑法第 20 条有关正当防卫规定的有 29 件，约占案件总数的 10.36%；但这 29 份裁判中，仅有 1 案认为成立正当防卫，做无罪处理；其余 28 份裁判中认定为防卫过当，按其所成立的罪名处理。

2. 法院判决认定罪名情况分布

从判决认定的罪名看，以故意伤害罪处理的有 242 件，约占认定罪名总数的 86.7%；其中，以存在相互斗殴事实进而认定为故意伤害罪的有 158 件；认定为防卫过当并以故意伤害罪处理的有 28 件；其余样本案件罪名较为分散，如寻衅滋事罪、聚众斗殴罪、抢劫罪等。

3. 法院判决不适用正当防卫的理由

从法院未认定为正当防卫的 251 件案件的裁判理由看，以相互殴打，双方都有伤害故意，不具有防卫意图的居多，有 113 件，约占未认定正当防卫案件总数的 45%；其次为不符合正当防卫的法律规定（或构成要件），有 33 件，约占 13.1%；缺乏证据证明，有 26 件，约占 10.4%。

---

* 上海市检察官协会 2018 年重点研究课题。
** 课题组负责人：贺卫；课题组成员：魏昌东、薛莉萍、尹舒逸、张涛。

4. 法院判决刑罚适用情况

从刑罚适用情况看，判处有期徒刑的案件 186 件，约占样本案件总数的 66%，其中判处 3 年以下有期徒刑的案件 104 件，约占判处有期徒刑案件的 55.9%；判处刑罚但适用缓刑的案件 58 件，约占案件总数的 21%；免除刑事责任的仅 9 件，约占案件总数的 3%，且其中 8 件案件免除刑事责任的理由并非因为正当防卫。①

5. 样本案件损害结果情况

从被告人造成的伤害结果看，造成轻伤后果的案件为 131 件，约占样本总数的 47%；未认定为正当防卫的案件中，造成重伤及死亡后果的案件为 102 件，约占样本总数的 36%；认定为正当防卫的 29 件案件中，均造成重伤或死亡后果，约占样本总数的 10%。②

（二）正当防卫司法认定中存在的问题

1. 狭义把握主观要件

在正当防卫或者防卫过当未被认定的案件中，将正当防卫或者防卫过当与互殴相混淆，是我国司法实践中较为常见的情形。③ 分析样本发现，被认定为故意伤害的 242 件案件中，被告人使用工具将被害人（不法侵害人）致伤的有 155 件，占 64%，其中 102 件（包括认定为正当防卫及防卫过当的 29 件）被害人（不法侵害人）均存在先行侵害行为。法院往往认为只要被告人随身携带并使用工具，主观上即具有伤害故意，即使被害人（不法侵害人）具有一般性挑衅行为，也排除正当防卫的可能性。其中，32 件为约定互殴，在 7 起互殴事件中，法院认为能够选择面对不法的侵害退避不予还击却并不躲避，主观上存在斗殴意图。可见，法官常常认为"无路可退"的自卫才算正当防卫。审判实践中，在将被告人的行为认定为互殴之后，不需要考虑案件的具体细节就足以判断其不构成正当防卫。④ 案件中"携带凶器""约定互殴"等特征容易被武断地排除正当防卫性质，对互殴的认定趋于扩大化，狭义理解正当防卫主观要件。

---

① 本次搜索的 280 件案件中，法院判决中同条适用 2 种以上刑罚的，以较重的刑罚或正当防卫辩解罪名判处的刑罚统计。

② 本次搜索的 280 件案件中，被告人导致的损害结果有多种的，则以最重的损害结果统计。

③ 陈兴良：《正当防卫如何才能避免沦为僵尸条款——以于欢故意伤害案一审判决为例的刑法教义学分析》，载《法学家》2017 年第 5 期。

④ 邹兵建：《互殴的反思与重构》，载《法学评论》2017 年第 3 期。

2. 过严把握限度要件

被认定为防卫过当的 28 件案件中的被告人，均因被不法侵害人一人或多人殴打后用随身携带的器械实施自卫，并造成了不法侵害人重伤的损害后果。法院据此均认定被告人的防卫行为明显超过必要限度，有 24 份判决书将防卫必要性与防卫结果混同，一旦出现重伤损害后果，就将其认定为防卫超过必要限度。① 审判实践中认定防卫行为是否属于"明显超过必要限度"，在判断时间上，实务部门采取的是事后判断而非事前判断；在判断对象上，采取的是以事后查明的证据事实为对象的判断，而非以行为时全体客观事实为对象的判断；在判断标准上，采取的是以裁判者认识为标准的判断，而非以社会一般人认识为标准的判断。② 实务界对正当防卫限度要件的严格把握，同时扩大了防卫过当的适用。

3. 适用正当防卫量刑偏重

根据上海市高院《关于常见犯罪的量刑指导意见实施细则》规定，对于防卫过当或紧急避险过当构成犯罪的，应当综合考虑犯罪的性质、程度以及造成损害的大小等情况，减少基准刑的 60% 以上或者依法免除处罚。对造成特别严重后果的，可以减少基准刑的 30%—60%。然而，从 28 件认定为防卫过当的案件看，无一被告人因被认定为防卫过当而免除处罚，仅有 3 件被告人被适用缓刑，其余均被判处有期徒刑。

二、正当防卫制度的理论基础

（一）国外语境下正当防卫制度的根基及其展开

德国传统上对正当防卫正当化的根据的争论主要是在个人层面的"法益保护说"与超个人层面的"法的确证说"这两个原理上展开的。现在，德国的多数见解是同时根据这两个原理来说明正当防卫正当化的根据。在日本，学界一开始也是从"法益保护说"与"法的确证说"这两个原理中寻求正当防卫正当化的根据。但近年来，随着实质违法论的发展，不少日本学者在论述正当防卫时，开始倾向以违法性阻却的一般原理来说明。这种倾向又可以分为以下两种：一是用立足于行为无价值二元论的"社会相当性"观点来说明正当防卫正当化的根据；二是用立足于结果无价值一元论的"优越利益说"观点

---

① 如（2018）沪长刑初 346 号判决书表述为：被告人贾某某被他人持械殴打时采取制止行为，系正当防卫，但其防卫行为明显超过必要限度造成重大损害，应当承担故意伤害罪的刑事责任，依法应予惩处。该判决书未将防卫行为是否明显超过必要限度以及损害结果是否重大分开论述。

② 张宝：《防卫限度司法认定的困境与出路》，载《法学杂志》2016 年第 10 期。

来说明正当防卫正当化的根据。①

1. 个人层面：法益保护说与优越利益说

（1）法益保护说

法益保护说主张，在自己的合法权益面对不法侵害时，反抗是人的基本权利，这种权利是与生俱来的，而非国家授予，因此，正当防卫的正当性来源于保护自己合法利益的反抗权。国外诸多学者持此观点，如日本著名刑法学家泷川幸辰认为："面对着突然发生的不法侵害，对侵害者施加反射性的攻击以避免侵害，就是正当防卫。正当防卫的本质是私人的暴力行动。任何人也没有甘受违法侵害的义务，正当防卫的本质虽然是暴力，但是对违法侵害进行反击是人的自卫本能，所以得到法律上的允许。"②

（2）优越利益说

优越利益说又称之为法益衡量说，它将违法性的实质理解为法益的侵害，在价值不同利益的相互对立下，认为为保护价值大的利益而牺牲较小的价值是正当的。优越利益说之下又分为保护法益阙如说与缩小说。保护法益阙如说是指侵害者在实施侵害行为时，其法益的保护在法律上是空缺的。缩小说与保护法益阙如说的不同之处在于，缩小说不认为侵害者的法益保护在法律上是空缺的，该说认为只是缩小了而已，如果防卫者过限实施防卫行为，侵害者的法益仍在法律的保护范围之内，这一观点只是为结果无价值论者所主张，且这一学说并没有说明不法侵害者的法益受到否定或缩小的根据何在。

2. 超个人层面：法的确证说与社会相当性说

（1）法的确证说

法的确证来源于德语的 Rechtsbewhrungsprinzip，国内学者具有多种译法，如王世洲教授将其译为"法保护"③，徐久生教授将其译为"权利证明"④，劳东燕教授将其译为"法确证"⑤，陈璇副教授将其译为"对法的维护"⑥，蔡桂

---

① 王剑波：《正当防卫正当化的根据及其展开》，对外经贸大学出版社 2010 年版，第35 页。

② ［日］泷川幸辰：《犯罪论序说》，王泰译，法律出版社 2005 年版，第 59 页。

③ ［德］罗克辛：《德国刑法学总论（第一卷）》，王世洲译，法律出版社 1997 年版，第 424 页。

④ ［德］耶赛克：《德国刑法教科书》，中国法制出版社 2017 年版，第 402 页。

⑤ 劳东燕：《防卫过当的认定与结果无价值论的不足》，载《中外法学》2015 年第5 期。

⑥ ［德］帕夫利克：《最近几代人所取得的最为重要的教义学进步？——评刑法中不法与责任的区分》，陈璇译，载陈兴良主编：《刑事法评论》（第 35 卷），北京大学出版社2015 年版。

生博士将其译为"维护法律效力"①。法的确证说认为正当防卫并非像法益保护说所说的那样，是人的天生权利，认为正当防卫权是由国家所授予的。黑格尔认为，不法是对法的否定，那么法就必须对不法进行再次否定，在否定之否定的基础上遏制不法，正当防卫制度的设立就是对不法的否定。

（2）社会相当性说

所谓社会相当性说，即为一般社会伦理规范对某种行为的容忍度，如果认为可以容忍，则具有社会相当性，如果认为不能容忍，则不具有社会相当性。这种观点将社会的伦理规范作为评价标准，认为虽然正当防卫行为可能具有法益侵害性，但这一行为符合社会的伦理规范，为健全的社会一般观念所容许，是一种正当的行为。在日本，这一观点为行为无价值论者所主张。例如，福田平教授与大塚仁教授认为："把正当防卫看作是按照法的自我保全观点，把属于违法性阻却事由理解为具有社会相当性的行为，这种看法是妥当的。"②

（二）本土语境下正当防卫制度的根基及其展开

我国学者对于正当防卫制度根基的研究多以西方理论为依据而展开，实质上，在我国本土刑法的语境之下，正当防卫制度也具有其正当性根基。

1. "国家与个人"关系维度

在国家尚未出现之时，同态复仇往往发生在族群与族群、个人与个人之间，此时客观世界中人的关系无非"物我关系""人我关系""自我关系"。国家建立后，由于社会阶级的复杂化，需要利用某种方式更好地治理国家，此时便出现了"国我关系"。"国我关系"发展后期出现了社会契约、人民主权等理论学说，是法学思想的外在表现之一。因此，作为社会关系重要的一环，"国家—个人"的关系对于理解法学问题的本质具有重要的指导意义。从维护权利的角度出发，一切受到不法侵害的权利都应该得到应有的救济；从国家公权力角度来看，虽然在现代社会里国家公权力在理论上是公民权利唯一的保护者，但实际情况是，这种美好的愿景是无法实现的。在特定情境下，只能赋予公民以正当防卫等私力救济的方式来避免更大的损害的发生。正当防卫具有救济性、补充性的特征，其既能弥补国家对个人保护的不足，又能以私权补充公权的威慑，是公民个人权利与国家公权力的对立统一，反映了权利的终极价值。

---

① ［德］罗克辛《刑事政策与刑法体系》，蔡桂生译，载陈兴良主编：《刑事法评论》（第26卷），北京大学出版社2010年版，第265页。

② ［日］福田平、大塚仁：《日本刑法总论讲义》，李乔等译，辽宁人民出版社1986年版，第89页。

2. "法律与道德"关系维度

正当防卫虽不是对不法侵害人的处罚,但正当防卫对于犯罪行为而言具有不谋而合的功能。现代刑法理论认为,刑罚的功能主要包括报应与预防。报应论由复仇思想演化而来,其基本理论内容是:第一,实施恶性行为的犯罪人既然伤害了别人,自己也一定会受到惩罚;第二,惩罚的限度与力度与犯罪人实施行为的恶要相对应。早期的报应论为等量报应主义,即犯罪人实施了什么行为,也应当受到相似的处罚,经典表述为"以眼还眼以牙还牙"。后经黑格尔修正,演化为等价报应主义,即受到的惩罚并不必然与犯罪人实施的行为一样,而只要"等价"即可。① 预防论是基于功利主义而提出的刑罚功能论。功利主义者认为,刑罚虽然是一种恶,但是这种恶能够保障大多数人的安全,实现社会利益最大化,因此刑罚是正当的。功利主义者所言的"利",主要包括一般预防和个别预防,前者针对一般人,防止其像犯罪人一样从事犯罪行为,起到警示作用;后者是给犯罪分子带来恐惧,使其对犯罪的后果有充分认识,亲身感受到若再实施此类行为,必然会导致再次被处罚。

无论从哪一立场而言,正当防卫的实施均符合刑罚的报应与预防功能。在公权不能及时回复私权时,正当防卫的实施对于犯罪行为人不仅是一种威慑与教育,对于潜在的犯罪人也是一种预防。

三、域外正当防卫立法例与实务运作的借鉴

(一) 英美刑法中的正当防卫

在英国早期的普通法判例中,自卫杀人一度被认为有罪,但可以得到一定程度的宽恕,后逐渐发展为无罪。最初,自卫行为仅仅限于保护自己和家人免受不法侵害,不能用于防卫第三人,后逐渐扩张到允许防卫第三人。1967 年的英国刑事法规以成文法的方式规定了正当防卫,这使得英国正式确立了现代意义上的正当防卫制度。② 与英国相似,美国刑法的正当防卫包括了自我防卫、防卫他人、财产防卫、防卫住宅等合法抗辩事由。③

1. 自我防卫

美国《模范刑法典》第 3.04 条对自我防卫进行了规定:第 1 款规定了自我防卫时使用暴力的正当性。第 2 款对自我防卫的行为人使用暴力的情形进行

---

① [德] 黑格尔:《法哲学原理》,范扬、张企泰译,商务印书馆 1961 年版,第 104 - 107 页。

② 郭自力:《英美刑法中的正当防卫》,载《法治研究》2015 年第 2 期。

③ 郭自力:《英美刑法中的正当防卫》,载《法治研究》2015 年第 2 期。

了限制：（1）明知治安官非法逮捕而使用暴力。（2）明知他人为保护自己占有的财产使用暴力，行为人仍对其实施暴力。但行为人是履行公职的人员、合法财产被剥夺之人或行为人使用暴力是为防止自己死亡或受严重伤害时除外。（3）行为人意图造成对方死亡或严重身体伤害而在冲突中挑拨对方向自己施加暴力。（4）行为人能够通过躲避、将财物返还给占有人、按照要求不能实施无履行义务的行为等完全避免致命性暴力。但在住宅或工作场所内不用躲避，除非行为人是最初侵害人或者行为人知道实施侵害的人与自己的工作场所相同；逮捕中的警察在使用致命性暴力时也无需躲避。第3款对使用扣留作为防卫性暴力作出了规定，除被扣留人是因犯罪指控被逮捕外，只有行为人知道其停止扣留是安全时便采取合理措施终止扣留行为，其扣留才具有正当性。因此，自我防卫是指行为人有合理理由相信自己的人身权利即将受到不法侵害而使用适度的暴力进行防卫。

由此，对于自我防卫，我们可以做以下理解：首先，美国刑法在是否发生不法侵害上采取主观标准，即以行为人内心的"合理确信"作为判断依据。其次，自我防卫针对的是人身而非财产。最后，防卫人进行防卫是适当的，不能基于其防御行为的正当性而实施与侵害人的侵害行为不成比例的暴力。

2. 防卫他人

美国《模范刑法典》第3.05条规定了为保护第三人而对他人使用暴力，在下列情形下具有正当性：（1）行为人相信其保护的第三人正在遭受危害，而依照第3.04条的规定，行为人自己在遭受该种危害时使用暴力保护自身也会是正当的；且（2）行为人相信在当时的情况下，其所保护的第三人如自己使用该防卫性暴力也会是正当的；以及（3）行为人相信其介入对于保护该第三人是必要的。《模范刑法典》对第三人的范围并未进行限制，但是美国有半数左右的州把防卫他人限制在与自己有某种关系的人之内。如《加利福尼亚刑法典》第197条第3款规定"行为人在合法防卫其妻子、丈夫、父母、孩子、主人或仆人过程中，合理地相信他人意图犯重罪、实施严重人身伤害行为，并且这些意图有即将实现的危险时"，该行为具有正当性。可见英美刑法至今仍然认为，为防卫他人"应当限制在一定的范围"。现代的观点倾向于取消特定关系的限制，为保护熟人或者陌生人免受不法侵害都可以实行正当防卫。

3. 防卫财产

防卫财产是指行为人使用暴力防卫他人剥夺其占有的不动产或个人财产，或者在他人剥夺其财产后立即使用暴力予以夺回的行为。

英美法系国家非常重视对财产权利的保护，但其更倾向于通过非暴力的手段解决财产纠纷，暴力保护财产性利益的权利只有在特定情况下才可以行使。

如美国《模范刑法典》第 3.06 条第 1 款规定了防卫财产时使用暴力的正当性，"当行为人相信对他人或者向他人使用暴力，对于实现下列目的是即时必要时，则使用该暴力具有正当性"。第 3 款对使用暴力的正当性作了限制：（1）停止要求：如果行为人没有首先要求暴力所针对的人停止妨害财产，则依照本条的规定，该暴力行为不具有正当性。（2）驱逐侵犯者：当行为人知道驱逐侵犯者，将使侵犯者面临遭受严重身体伤害的实质危险时，则依照本条的规定，为阻止或者排除侵犯而使用的暴力不具有正当性。（3）抵抗合法的恢复占有或者自行取回。（4）使用致命暴力。除行为人相信存在下列情形时，使用致命暴力依照本条的规定不具有正当性：暴力所针对的人正企图实施或者完成纵火、入室夜盗、抢劫，其他属于重罪的偷窃、破坏财产行为。同时该条第 4 款也规定可以使用扣留作为防卫性暴力，第 5 款规定可以为防卫财产而使用装置，但这种装置不能具有造成死亡或者严重身体伤害的实质危险性。第 6 款规定，行为人前往某一可以合法前往的处所时，如果受到阻碍，亦可以使用暴力进行防卫，但这种暴力在不超过阻碍者为阻止行为人通行所使用的暴力程度的情况下才具有正当性。

4. 防卫住宅

防卫住宅是指行为人作为房屋的居住者，使用暴力阻止他人进入其神圣"城堡"的行为。《模范刑法典》中防卫财产与防卫住宅归属于一条，第 3.06 条第 3 款在对防卫财产限制使用致命暴力时，规定了例外之一就是当"基于对住宅享有占有权利的主张，暴力所针对的人正企图侵犯行为人的住宅"，也就是说防卫住宅可以使用致命暴力。因为"防卫庇护生命的住宅同防卫生命一样重要"[①]，"一个人的家便是他的城堡，他可以用一切手段，甚至是致命的手段，保卫自己的家及其居住者免受攻击"。[②]

"城堡法"并不是美国刑法特有的现象，普通法系国家均把"城堡法"作为正当防卫的一种。最初，美国刑法中针对住宅的防卫权，与针对人身、财产、第三者进行防卫的防卫者的权利相比，没有实质性的区别。而后，针对"住宅"的防卫权的限制逐渐减少，"住宅"防卫者的权利越来越大。早期美国的"城堡法"的立场是"退让原则"和"致命武力使用限制原则"。至 20 世纪初期，在卡多佐法官的影响下，"城堡法"中的"退让原则"受到巨大冲击："在自己的家受到攻击的人必须退让，这从来都不应是法律。如果在住宅中受到攻击，被攻击者可坚守原地并抵御攻击。被攻击者没有义务退让到田野或公路，成为自己住宅的逃亡者。相反，应该逃向避难所和庇护所，而庇护所

---

① 储槐植：《美国刑法》（第 2 版），北京大学出版社 1996 年版，第 122－123 页。

② 薛波主编：《元照英美法词典》，法律出版社 2003 年版，第 200 页。

不是避难所，那么就应是自己的家"。① 除此之外，20 世纪初期的"城堡法"改革，还放松了对犯罪类型和使用武力防卫的时间限制。

（二）德日刑法中的正当防卫

与英美刑法中的分散性规定不同，德日刑法中关于正当防卫的规定采取要件式的类型化规定。《德国刑法》第 32 条规定："为使自己或他人免受正在发生的不法侵害而实施的必要防卫行为，是正当防卫。"《日本刑法》第 36 条规定："针对急迫不正之侵害，为了防卫自己或他人的权利而不得已实施的行为，不罚。"总结德日刑法中的正当防卫规定有如下几个方面：

1. 急迫、不法的侵害

根据日本的刑法判例确立的规则，急迫的侵害是指法益之侵害现实性的存在或即刻迫近的情况，② 或者法益侵害的危险紧迫的情况。③ 对急迫的认定，在是否产生了急迫之侵害的"侵害之开始时期"的判断中是非常严格的，但在已经开始的侵害是否仍旧继续的"侵害之继续性"的判断中则是稍微宽松的。

德国刑法也认为，侵害需是紧急且不法的。但在不法的认定上，德国的通说是：正当防卫权受到所谓社会伦理的限制，因此限制对无责任能力者的正当防卫。日本的通说并非如此认为，多数说从被害人的法益保护这一观点出发，认为对无责任能力者缺乏限制正当防卫的必然性。

2. 防卫的意思

正当防卫的防卫人在实施行为时是否必须持有为了保护自己、他人的合法权益，在德日刑法学界引起了巨大的争议。防卫意思必要说认为，正当防卫设立的目的是"正对不正"，因此，防卫人在实施行为时必须持有为了保护自己、他人的合法权益的主观意思。而防卫意思不要说则认为，正当防卫是一种客观的存在，与防卫人的主观关联不大，防卫人在实施行为时即使不持有为了保护自己、他人的合法权益的主观意思，只要其防卫行为客观上发生了好的结果，则认为依然成立正当防卫。在日本，起初，防卫意思不要说是通说，但自从 1936 年大审院确立了防卫意思必要说的司法裁判地位后，支持防卫意思不要说的学者逐渐减少。在德国，防卫意思是否必要也存在争论，德国如今的学说认为，"防卫行为必须具有防卫的意思。对正在发生的对刑法所保护的法益进行的侵害行为进行防卫必须具有防卫的意思，即防卫的利益必须是被侵害人本身及他人的人身或者财产利益，如果防卫人在主观上不具有正当的防卫意

---

① People v. Tomlins ，107N. E. 496 ，497（N. Y. 1914）

② 最高裁判所 1971 年 11 月 16 日判决刑集 25 卷 8 号 996 页。

③ 最高裁判所 1949 年 8 月 18 日判决刑集 3 卷 9 号 1465 页。

思，而是为了不法的目的或者意图借防卫行为而攻击或者伤害对方则不是正当防卫，而是一种违法行为，防卫人在实施防卫时的内心动机则在所不问，只要行为人外在表现为防卫的意思，即可认定为正当防卫"。①

3. 防卫限度

日本刑法认为，防卫行为仅限于"不得已的行为"的情形。关于"不得已的行为"，日本判例指出："针对急迫、不正侵害的反击行为，作为防卫自己或他人之权利的手段，应该是必要的最小限度，也就是说，这意味着反击行为作为针对侵害的防卫手段应该具有相当性。"② 1930 年（昭和 5 年）制定的《盗犯等防止法》规定了正当防卫的特别规则："当想要防止盗犯或取回盗品时（第 1 条第 1 项第 1 号）；当想要防止携带凶器，或者偷越、损坏门户墙壁，或者打开门锁侵入他人的住居或者有人看守的宅邸、建筑物或船舶的侵入者之时（同第 2 号）；为了抵制无故侵入他人住居或者有人看守的宅邸、建筑物或船舶的侵入者，或者经要求退出这些场所的人之时（同第 3 号）。当出现以上情况时，为了排除正在进行的针对自己或他人的生命、身体，或者贞操的危险，杀伤犯罪行为人就相当于刑法第 36 条第 1 项规定的防卫行为。"由此可知，如果满足该项规定的要件，那么可以认为肯定了无限制正当防卫的成立。但是，通说和判例③认为，即使是无限防卫，但防卫手段的相当性还是必要的。④

在德国，防卫限度在立法中也是必要的，但对侵害人的侵害行为的防卫应遵循对侵害人最大限度的宽恕原则。坚持防卫的最小手段。当然，这一切均为防卫人自我安全为前提，在必要的情况下，对没有使用武器但使用暴力手段的侵害行为人，允许防卫人使用射击武器进行防卫。

通过以上域外国家正当防卫制度的介绍可知，实质上，就正当防卫制度而言，其国别差异并不突出。防卫前提、防卫限度、防卫意思等核心构成要件在各国的立法中均具有几乎相近的内涵。英美普通法系中的正当防卫与德日大陆法系最明显的差异在于，对不法究竟是采取主观还是客观的判断，英美法系国家偏向于主观性，大陆法系国家更侧重于客观性。

---

① 龙正凤：《德国正当防卫制度及其对我国的启示》，载《凯里学院学报》2015 年第 2 期。

② 最高裁判所昭和 44 年 12 月 4 日，刑集第 23 卷第 12 号第 1573 页。

③ 最决平成 6 年 6 月 30 日，刑集第 48 卷第 4 号第 21 页。

④ ［日］桥爪隆：《日本正当防卫制度若干问题分析》，江溯、李世阳译，载《武陵学刊》2011 年第 4 期。

四、准确适用正当防卫的解决方案

（一）时间要件："正在进行"的司法认定

从实质解释的意义上看，所谓正当防卫中不法侵害的"正在进行"，指的是侵害者的侵害行为已经达到防卫者最后的有效的防卫时间点。① 当侵害行为没有开始，尚未危及合法法益时，没有必要实施防卫行为；当侵害行为已经结束，危害结果已经发生时，正当防卫已失去意义。② 不法侵害只有处于已经开始但尚未结束的时间跨度内，才能认定符合正当防卫的时间要件。

1. "正在进行"与"紧迫性"的关系

我国刑法仅将"正在进行"的不法侵害作为成立正当防卫的法定要件，并未出现"紧迫性"的规定。我国刑法在这点上与日本刑法典有明显区别，后者刑法第 36 条明确规定正当防卫的对象必须是"急迫的不法侵害"。但理论界和实务界的普遍做法是将"紧迫性"作为成立正当防卫的"默示规定"。本课题认同这一做法，事实上，在公力救济和私力救济之间，"紧迫性"要件承担着一定的平衡功能。正当防卫权是宪法赋予公民在危险情况下自由行使的正当权利，根据密尔的"他害原理"，只要没有侵害到他人的合法利益，则个人的行动自由就应当受到保障。当公民面对危险时，首要选择是通过私力救济的手段保护个人权益。正当防卫制度的设立为自力救济权行使提供了合法性管道。但是，权利行使并非不受限制。因此，强调"紧迫性"要件，是从整体利益的角度考虑做出的有益选择，它既保障无辜者受到侵害时有正当防卫的权利，也承担着防止正当防权滥用而侵害犯罪人的合法权益。在受害人和侵害人之间，公权力充当了利益冲突的裁判者，其最终目的是实现社会保护和人权保障的协调。

在肯定"紧迫性"具有合法性与合理性的基础上，其和"正在进行"的关系应如何理解？当前主要存在"等同"和"区别"两种看法。有观点认为，"不法侵害正在进行时，才令法益处于紧迫的危险之中，从而使防卫行为成为保护法益的必要手段"③。在实际操作中，司法机关对"紧迫性"的理解并不统一，概括起来以下五种情形下可认定"紧迫性"：（1）不法侵害正在进行。（2）无防备地被动应战。（3）不法侵害足够严重。（4）缺少寻求其他公民帮

---

① 黄荣坚：《刑罚的极限》，元照出版公司 1998 年版，第 118 页。

② 赵秉志主编：《刑法新教程》，中国人民大学出版社 2000 年版，第 187 页。

③ 张明楷：《刑法学》（上），法律出版社 2016 年版，第 201 页。相似观点参见陈兴良：《正当防卫论》，中国人民大学出版社 2006 年版，第 74 页。

助的可能。（5）缺少寻求公力救济的可能。① 司法机关认为"正在进行"只是"紧迫性"的一种表现形式。本课题认为，"正在进行"和"紧迫性"含义有别，不能等量齐观。前者描述的是不法侵害的存在时态问题，既表明了不法侵害存在论上的"有"，也表明了不法侵害是一种"过程"，而非即时完成的。因此，当面对持续性的不法侵害时，法律预留了由受侵害人判断能否进行防卫的余地。后者描述了不法侵害的表现状态，是在"正在进行"的基础上呈现出的一种状况描述，它是受侵害人判断是否进行防卫的主要材料。"紧迫性"是对"正在进行"范围的限缩，它使正当防卫的成立条件更为严格，即便不法侵害正在进行，但如果不能被认定为"情势急迫"，也不能对之实施正当防卫。

2. 不法侵害的时间判断

关于不法侵害的开始时间，国外刑法界有"主观说"和"客观说"之争，而我国刑法理论界形成了进入侵害现场说、着手说、直接面临说、危险临近说和综合说等多种标准。进入侵害现场说明显不当，它实质上是以受害人为中心，将犯罪人实施的不法侵害过程进行无限分解后作出判断。直接面临说和危险临近说只是程度上的差异，它们都强调对法益造成现实紧迫的危险，而这正是着手说所要讨论的问题。以上的争议主要在于，能否以犯罪实行行为的着手作为不法侵害的开始。本课题认为，确定不法侵害的开始时间，应当考虑两个因素，综合判断：一方面，必须有利于体现正当防卫制度设立的目的，不能将不法侵害开始的时间调的过晚；另一方面，要对防卫权实施范围予以必要限制，防止防卫权的滥用。犯罪构成要件提供了相对明确的标准，着手的判断也较为清晰，因而不法侵害时间通常以着手为准，特殊情况下可以适当提前到危险临近阶段。即使某个不法侵害行为尚处于未着手的预备阶段，但预备阶段向实行阶段过渡的间隔非常短，只要其造成了紧急的危险，仍可视为不法侵害已经开始，允许行为人实施正当防卫。

关于不法侵害的结束时间，理论界存在行为完毕说、离开现场说、结果形成说三种代表性观点。从解释学来看，"不法侵害尚未结束"包括不法侵害行为尚未结束和不法侵害状态尚未结束两种情形。② 可以认为，不法侵害状态是由不法侵害行为造成的，一旦着手实施犯罪则不法侵害状态即开始生成，其范围要广于不法侵害行为。从防卫反击的角度来看，正当防卫所要反击的对象不单是侵害人的侵害行为，而是由侵害行为引发的对法益的一种现实紧迫危险的状态。唯有这种紧迫状态被排除，法益才能得到有效的保护，这符合正当防卫

---

① 陈璇：《正当防卫、维稳优先与结果导向》，载《法律科学》2018 年第 3 期。
② 李怀胜：《正当行为制度适用》，中国人民公安大学出版社 2012 年版，第 61 页。

制度的根本目标。所以，将"危险状态被排除"作为不法侵害的结束时间，具有合理性。

通过对司法实践的总结，具有下列情形之一时，可认定为不法侵害已结束：（1）不法侵害行为已经被防卫人所制止。（2）不法侵害由于侵害人意志以外的原因不能继续进行下去。（3）不法侵害人由于自身的原因而丧失继续侵害的能力。（4）不法侵害人已经自动中止不法侵害。（5）犯罪行为已经既遂或者实害结果已经发生。江西省高级人民法院发布的正当防卫典型案例"刘某故意伤害案"中，"被害人虽酒后持刀纠缠被告人刘某，但经人劝阻后被害人骑车离开，不法侵害已经结束，答辩刘某为发泄不满而追上将被害人推倒受伤致死，不具有防卫性质，不能认定为防卫过当"。从最高检公布的第十二批指导案例也采纳了该观点。

（二）限度要件："明显超过必要限度造成重大损害"的司法认定

在正当防卫实际认定的过程中，司法机关具有明显的"唯结果论"的倾向。从现实发生的案件来看，"唯结果论"做法使防卫人成立正当防卫的可能性极低。"明显超过必要限度造成重大损害"要件是正当防卫司法适用的难点，本课题拟对此要件的认定问题展开深入分析。

1. "明显超过必要限度"的判断

针对"必要限度"的标准，学界提出了不同学说，主要观点有：（1）基本相适应说。该说认为防卫行为要与不法侵害行为在性质、手段、强度等方面大体相适应。（2）必需说，认为只要是为保护法益客观需要，防卫行为均处于必要的限度之内。（3）适当说，或称折中说，主张一方面要考虑防卫行为是否为制止不法侵害所必需，另一方面还要判断防卫行为是否正好足以制止不法侵害，而没有造成不应有的危害。[①]"基本相适应说"与"适当说"均秉持严格控制防卫必要性的态度，对防卫人在防卫反击过程中施加了较大的限制，不利于防卫的实施。"必需说"则是从有效制止不法侵害以保护法益的角度作出判断，对防卫限度设定的相对灵活。从有利于防卫权行使的角度看，"必需说"更为可取，故目前刑法理论将"必需说"视为通说。判断时需遵循以下几条基本的判断规则：

首先，判断是否明显超过防卫限度，必须以行为时的所有客观条件为基础，充分考虑防卫人和不法侵害人所处的特定的环境，同时顾及双方的体力、智力、侵害的强度、方式和紧急程度等因素，准确把握防卫必要性要求。双方

---

① 郭泽强：《正当防卫制度研究的新视界》，中国社会科学出版社 2010 年版，第105 页。

使用的武器是否对等，仅是判断是否超过防卫限度的参考因素，而非绝对的判断标准。如果不法侵害人的实力明显大于防卫人，防卫人就可以采用一定的器械防卫；在不法侵害人已经由优势地位转变为弱势地位的情形下，防卫人的行为方式和限度也会受到限制。实践中一味要求"武器对等原则"，未顾及行为时全体客观事实，容易产生错误判断。损害结果是行为后的客观事实，不应被纳入防卫行为限度的判断之中。

其次，判断是否超过防卫限度，可适当采用利益衡量原理。在是否明显超过行为的必要限度和是否造成重大损害结果的限度判断问题上，利益衡量原理贯穿其中，但二者采用的衡量标准应有所区别。在判断行为限度时，主要比较不同位阶法益的保护必要性大小。不同类型法益存在保护必要性程度的差别，通常按照生命、身体、财产的法益优先性顺序排列。当侵害人侵犯某一层次法益时，防卫人也要尽量采用与同一层级或更低层级法益相适应的保护手段，而不是贸然地高强度防卫反击。若防卫行为损害的法益明显大于不法侵害损害的法益，则认定为防卫过当。同时，不能强求防卫人避让不法侵害的危险，使防卫人处于极其不利的地位。当保护特别重要的下阶法益时，可以牺牲上阶法益，放宽防卫行为的限度。在判断结果限度时，主要是比较侵害行为实际（或可能）造成的损害，与防卫反击造成的实际损害之间是否过于悬殊，是否达到了"重大损害"的程度。

最后，在防卫强度大于侵害强度的情况下，是否超过正当防卫的必要限度，要全面考虑个别特殊情形。实践中发生的案件多是防卫强度大于侵害强度的情形，故需要特别判断是否"明显超过"防卫限度。应仔细考察不法侵害发生时的实际和可能的强度，在此基础上设定防卫行为的合理限度范围，通过与实际防卫行为强度的比较作出判断，防卫的强度可以适当高于不法侵害强度。假如防卫当时所处情况特别紧急，防卫人在急迫情势下采取了超出一般适当强度的防卫手段，也不能直接认定超过必要限度。

2. "造成重大损害"的判断

有观点认为，"明显超过必要限度"与"造成重大损害"是互为一体的，认定防卫过当的形式根据是"造成重大损害"，而"重大损害"的一般标准是不法侵害可能造成的损害结果的上一层级中较重的结果，在紧迫情形下，"重大损害"的认定可有所不同。[①] 在将防卫限度分割为"行为限度"与"结果限度"后，"造成重大损害"的认定具有独立的意义，以社会危害性作为认定依据的做法已不再合适。因此，有必要寻找新的标准界定"造成重大损害"。

---

① 彭文华：《论正当防卫限度的重大损害标准》，载《江汉论坛》2015 年第 7 期。

　　根据刑法第 20 条第 2 款和第 3 款的逻辑关系①，"重大损害"可推定为重伤及以上的损害。在特殊防卫中，"造成不法侵害人伤亡"后果的，防卫人不负刑事责任，这里的"伤亡"包括轻伤、重伤和死亡。逆向推理可知，防卫人面对的"严重危及人身安全的暴力犯罪"，若达到"严重危及"程度，至少应理解为致人重伤害或者死亡的犯罪行为，方能显示出防卫结果与防卫手段的相适性及实施防卫的必要性。如果防卫行为针对的是重伤以下的不法侵害，只能转而适用第 2 款防卫过当的规定。根据不法性相适应原理，假设侵害行为是导致轻伤的不法，则防卫手段至少超过轻伤行为程度和防卫结果至少是造成超过轻伤程度的，方能符合"明显""重大"对行为和结果的修饰，进而构成防卫过当。所以，"造成重大损害"可推定为造成重伤或死亡的损害结果。

　　（三）防卫意图：互殴行为与正当防卫的区分

　　梳理我国的实践审判可知，互殴行为通常被以故意伤害罪定罪处罚。互殴表现为一种故意伤害行为，正当防卫同样是一种防卫性的伤害行为，两者在客观方面没有实质性的差别。所以，区别互殴和正当防卫的关键点在于主观方面。理论界和实务界常常忽视斗殴意图、伤害故意和防卫意图之间的关系，将三者混为一谈，结果导致实践中错把正当防卫认定为互殴。

　　1. 伤害故意与防卫意图的关系

　　我国传统理论和司法实践一直认为，防卫意图和伤害故意是对立存在的，互殴之所以不构成正当防卫，是因为互殴中的双方都有伤害对方的故意，因而没有防卫意图。② 然而，这种主张行为人有伤害故意自然欠缺防卫意图的观点有待商榷。即便是成立正当防卫，其中的反击行为也必然伴随会引发实际伤害或伤害的现实危险，而防卫人在防卫反击时对该行为后果应当是明知的，所以防卫意图和伤害故意并存的情形可能存在。从逻辑上来看，伤害故意和防卫意图都由认识因素和意志因素两部分构成，而两者是可以共存的：认识因素上，伤害故意在认识上表现为希望或放任"自己的行为导致对方受伤"，防卫意图在认识上表现为"不法侵害正在进行"，而以上两个内容是可以共存的；意志因素上，伤害意图表现为"伤害行为—对方受伤"，防卫意图表现为"防卫行为—被防卫人受伤—不法侵害停止—保护较大法益"，因此两者在逻辑链条上具有涵盖关系。

　　2. 伤害故意与斗殴意图的关系

　　同上文比较相似，伤害故意和斗殴故意同样可以并存。斗殴意图也是由认

---

① 刑法第 20 条第 3 款是第 2 款的注意规定，二者具有同质性。
② 陈兴良：《规范刑法学》（上册），中国人民大学出版社 2013 年版，第 144 页。

识和意志两个因素构成，斗殴的认识因素是明知自己在实施侵害对方人身法益的攻击性行为，意志因素是对自己行为可能造成他人身体受到伤害的后果持希望或者放任态度。不难发现，伤害故意和斗殴意图在内容上并不排斥，二者同时存在的场合即是互殴，互殴的成立以伤害故意存在为基础，外加了斗殴意图的要素。

3. 防卫意图与斗殴意图的关系

防卫意图、斗殴意图两者是不是可以共存？答案是否定的。有学者对此作了分析：（1）在意图产生上，斗殴意图是主动的，而防卫意图是被动的。（2）在与不法侵害的关系上，斗殴意图起推进作用，防卫意图则是抑制作用。（3）在法律性质上，斗殴意图是非法的，而防卫意图是合法的。① 所以，互殴不可能成立正当防卫，其原因是斗殴意图和防卫意图间的对立。

实践中互殴与防卫区分比较困难，司法判决时常游走在对与错的边缘。在互殴与防卫的区分方法上，有学者通过总结指导性案例，总结出 4 条主要的区分规则：（1）基于斗殴意图的反击行为，不能认定为防卫。（2）对不法侵害即时进行的反击行为，不能认定为互殴。（3）具有积极加害意思的反击行为，应当认定为互殴。（4）预先准备工具的反击行为，不能否定行为的防卫性。② 这种总结来源于实践，操作性更强，但存在的问题是不够系统，难以提供统一的审判指导规则。课题组认为可以分两个层次展开认定。判断双方打斗的情形是否属于互殴，首先判断它是否属于有事先约定的互殴，如果得出否定答案，再判断它是否属于无事先约定的斗殴。有无约定斗殴的判断应当站在事前角度，以双方行为人的行为、言语、动作等综合考察。

如果双方行为人中的一方存在事前叫嚣，另一方积极呼应，并约定了斗殴时间、地点的，应当认定为双方有事先斗殴的约定。

在无事先斗殴约定的情况下，一般而言，先动手的一方通常推定具有斗殴意图，但如果后动手的一方采用辱骂、刺激等非暴力方法激怒另一方致其先动手时，可视情况将这种情形认定为防卫挑拨，否定先动手一方的斗殴意图，有成立正当防卫的可能。

当场受到不法侵害进行即时反击的，通常不能认定双方有斗殴意图，但即时反击暴烈程度明显超过应当反击的限度的，可推定具有斗殴意图。通常情况下，不法侵害程度越严重，反击的强度也会随之提升。如果不法侵害达到了严重危及人身安全的程度，则高强度的反击也不会被推定有斗殴意图。司法机关应对参与人数较多的案件仔细查明起因和经过，理清双方在法律上的关系，避

---

① 邹兵建：《互殴概念的反思与重构》，载《法学评论》2018 年第 3 期。

② 陈兴良：《互殴与防卫的界限》，载《法学》2015 年第 6 期。

免定性错误。

事先准备工具不能当然推定行为人具有斗殴意图。在事先准备工具的场合，要综合双方的人数、打斗力、受伤害的可能性等因素考察有无斗殴意图。

（四）特殊正当防卫规定的司法认定

刑法第 20 条第 3 款的特殊正当防卫规定，自规定以来就争议不断，理论界和实务界的意见严重不统一。

1. 特殊正当防卫的性质

关于特殊正当防卫的性质，学界主要形成了两种观点，一种观点认为特殊正当防卫与一般正当防卫有显著区别，前者是后者的修正，性质上属于法律拟制，另一种观点则主张特殊正当防卫是一般正当防卫的一个组成部分，性质上属于注意规定。① 若要确定特殊正当防卫的性质，还需从刑法第 20 条第 1、2款与第 3 款的关系着手进行分析。比较三款规定可知，界定两种正当防卫类型的关系，主要区别之处有两点：一是对象的范围，二是防卫行为的强度。下文主要就此两点分析。

（1）对象范围

第 3 款特殊的正当防卫对防卫对象有所限定，只能是"行凶、杀人、抢劫、强奸、绑架以及其他严重危及人身安全的暴力犯罪"，它保护的对象只有个人法益，并且只能针对严重侵犯人身法益的犯罪予以防卫。与之不同，第 1款将保护的对象扩张到国家、公共利益、本人、他人的人身、财产和其他权利，并且只要是侵害人实施的正在进行的不法侵害，都可以进行防卫。从范围对比上看，特殊正当防卫的范围要明显小于一般正当防卫，前者的保护对象和防卫对象均被包含在后者的范围之内。很明显，即使某个不法行为不符合第 3款规定的严重的暴力犯罪，依然可以适用第 1 款的规定，并判断行为是否超越了必要的防卫限度。如果将第 3 款理解为法律拟制，意味着采取严重暴力犯罪手段侵害个人人身法益的，原本就不属于第 1 款能够防卫的对象范围，只是立法规定后才能对此保护。这不符合现行立法的规定，也不利于个人人身法益的保护。因此，从防卫对象角度看，第 3 款只能是注意规定。而且，将第 3 款理解为注意规定，在法条的适用顺序上会有影响。第 1 款是第 3 款适用的前提条件，需要符合第 1 款规定的正当防卫成立的基本条件。② 但具体到人身法益保护时，第 3 款相比于第 2 款在适用时具有优先性，这种规定突显出刑法对人身法益的特别保护。

---

① 李怀胜：《正当行为制度适用》，中国人民公安大学出版社 2012 年版，第 71 页。
② 黎宏：《刑法学总论》（第 2 版），法律出版社 2016 年版，第 143 页。

（2）防卫限度

第 3 款规定的特殊正当防卫并没有限度限制，针对严重危及人身安全的暴力侵害，通常认为防卫人可以实行无限度的防卫。而一般的正当防卫有明确的限度要求，规定在第 20 条第 2 款中，即"正当防卫明显超过必要限度造成重大损害的，应当负刑事责任"。关于第 2 款和第 3 款的关系，传统讨论主要分为例外说、依附说、补充说、对立说等几种代表性观点，① 但这种分类方法使问题更加复杂，增加了很多不必要的讨论。故本文采用注意规定和法律拟制的分类方法展开讨论。有观点认为，刑法第 20 条第 2 款原本不允许防卫行为造成致人重伤或死亡的后果，而第 3 款则是针对该原则所创设的例外规则。② 抑或是，第 3 款属于法律拟制，在适用顺序上优先于第 2 款防卫过当的规定。③ 表面上看，特殊防卫与一般防卫的限度差异决定了前者和后者存在性质上的差别，只有在刑法明确规定了特殊正当防卫条款的情况下，防卫人才有权行使无限防卫权。所以，将第 3 款视作法律拟制较为恰当。然而，这种理解存在偏差。从第 3 款规定的防卫对象来看，全部都是严重危及人身安全的暴力犯罪，这种犯罪对公民生命安全的挑战，相应地，对这类行为实施相对等甚至更高程度的防卫具有天然的合理性。换言之，根本无须考虑限度问题，因为防卫和损害之间没有严重不对等的情况存在。事实上，正当防卫对防卫行为限度的要求，要与实际侵害行为的严重程度保持必要的平衡，正当防卫制度的设立就是要表明，当个人面对严重的暴力侵害，可以进行至少暴力程度与之对等甚至更高反击，以保证防卫行为有效性的实现。从防卫行为限度和防卫结果限度二分的角度看，第 3 款规定的特殊防卫也是防卫行为限度的提示性规定，而不是法律拟制。④ 当然，针对除严重暴力侵害以外其他的不法行为的反击，要受到第 20 条第 2 款防卫限度要件的制约。只有这样理解，才能保证正当防卫制度的目的不落空。"实际上，仔细分析现行刑法典第 20 条第 3 款和第 2 款的规定，不难发现，两者精神完全一致，第 3 款其实是对第 2 款规定在特殊情况下的再次重申和进一步强调。"⑤

据此，本课题认为，特殊正当防卫在性质上是注意规定，不是法律拟制，其意义是提醒司法工作人员注意，不能对特殊正当防卫的成立条件把握过于严

---

① 邹兵建：《论我国刑法第 20 条的条款关系》，载《苏州大学学报（法学版）》2018 年第 4 期。

② 陈兴良：《正当防卫论》，中国人民大学出版社 2006 年版，第 259 页。

③ 周光权：《论持续侵害与正当防卫的关系》，载《法学》2017 年第 4 期。

④ 周光权：《正当防卫的司法异化与纠偏思路》，载《法学评论》2017 年第 5 期。

⑤ 田宏杰：《刑法中的正当行为》，中国检察出版社 2004 年版，第 263 页。

格，影响了公民人身、生命安全的保护。这也是特殊正当防卫制度独立存在的应有之义。

2. 特殊防卫中"行凶"的认定

在特殊防卫的刑法规定中，立法者于立法时使用的"行凶"一词备受指责。原因在于"行凶"并非规范意义上的法律术语。与杀人、抢劫、强奸等刑法中有明确罪名相对应的行为方式相比，其内涵和外延都难以准确把握。尤其是"行凶"与杀人、伤害等行为都有概念意义上的重合，划定"行凶"与其他行为方式的界限比较困难。在公众直觉意义上，"行凶"是个范围极广的概念，但在具体的司法认定过程中，不可过于宽泛地理解"行凶"，而应予以规范化认定。

关于"行凶"一词的内涵，理论界主要有三种解释：（1）重伤亡说。从结果上看可能造成严重伤害或者死亡后果的，就是"行凶"。（2）故意伤害说。与"杀人"行为相区别，"行凶"专指故意伤害行为。（3）暴力说。"行凶"需要与后几种行为方式具有同质性的暴力程度，可能严重危及人身健康和生命安全。① 上述几种理解从不同角度展示了"行凶"的多面内涵，但均存在一定的问题。"重伤亡说"表面是在定义作为行为方式的"行凶"，实际阐释的是作为结果的"严重"的内涵，有偷换概念之嫌。"暴力说"抓住了行为的共性特点，但说法过于模糊，没有突出"行凶"的特点，很难将它与其他方式区别开来。"故意伤害说"把握住了行为方式的要义，具有一定的可采性，但将"行凶"限制为"故意伤害"却不够全面。本课题认为，从法条规定上看，"行凶"与其他种类犯罪是并列关系，但从司法认定的角度来看，"行凶"与其他明文规定的严重危及人身安全的暴力犯罪之间是一种互补的关系。所以，判断是否满足特殊正当防卫的不法侵害要求，首先要就刑法的明文规定的几种行为类型展开认定，对不满足上述几种行为类型之后，再判断能否纳入"行凶"的内涵范围之内。在此意义上讲，"行凶"是一种特殊正当防卫中的兜底性行为方式。"行凶"的认定标准：一是该行为一定是暴力犯罪，排除非暴力和一般暴力；二是必须严重危及人身安全，即只要有现实可能造成他人重伤或者死亡的严重程度。由此看来，"行凶"与"其他严重危及人身安全的暴力犯罪"之间是同位语关系，后者仅起到再次说明的作用。② 总之，定义

---

① 刘艳红：《刑法第 20 条第 3 款"行凶"一词的理论考察》，载《法学评论》2000年第 6 期；彭文华：《无限防卫权的适用——以对"暴力"的教义学解读切入》，载《政治与法律》2015 年第 9 期。

② "其他严重危及人身安全的暴力犯罪"类似于刑法中的"等"，其一种意义是表示同位说明，无实质意义。

"行凶"本是一件十分困难的工作，所以只需要认识它是一种极有可能造成他们重伤或者死亡的行为，本质是"严重的暴力侵害"，至于如何把握，还要结合具体案件的其他因素考虑。

五、正当防卫司法认定的配套机制建设

当前，我国正处于司法改革的过程中，还存在某些需要完善的地方，要正确运用好刑法第 20 条，对司法实践中存在的对于正当防卫类案件的误区进行纠偏，从立法、司法、配套机制三个维度予以正本清源。

（一）立法层面：放宽正当防卫的成立空间

刑事司法解释作为刑事司法机关在适用刑事法律过程中，对刑法规范所做的具有普遍司法效力的阐明。于海明案发生后，最高法发布《关于在司法解释中全面贯彻社会主义核心价值观的工作规划（2018—2023）》，要求适时出台防卫过当的认定标准、处罚原则和见义勇为相关纠纷的法律适用标准，鼓励正当防卫，保护见义勇为者的合法权益。课题组认为，英美法系中，在认定的主观方面及限度方面，采用了与讲究"与客观相适应"的大陆法系包括我国完全不同的标准：主观方面，以行为人自身是否具有对在当时情境下自身面临紧迫生命危险的合理相信为原则，这一合理相信包括确信危险、侵害紧迫、防卫必要、强度相当等，核心字眼"合理"不在于与客观情况的符合，而在于与一般人认识的趋同性。[①] 我们的司法解释应当予以吸收，在正当防卫的限度条件的把握上，首先只有当明显超过必要限度且造成重大损害时才成立防卫过当。"必要限度"是指防卫行为足以制止不法侵害，只要是为了制止不法侵害所必要，对不法侵害人的损害无论轻重，都不认为是防卫过当。评价"明显超过"多根据常情常理评判防卫人是否可以用损害更小的方法制止不法侵害，且这种判断能被普遍认同。如果评判人员在对防卫是否属于"明显超过必要限度，造成重大损害"存在严重分歧，应当作"不明显"认定。

（二）司法层面：传统理念和机制的更新

1. 树立公众认同司法观

刑法与社会正义的脱节需要法官在司法活动中树立公众认同的刑法观。如对于正当防卫和防卫过当的认定，不能仅从司法角度出发，站在事后评判者的观察角度加以阐述，而应将自己置身于社会公众的角色，深入了解防卫时的内在动因、对抗规则和目标追求，综合考虑在暴力对抗过程中当事人的心理、意识和行为的基础上对案件事实进行规范性判断。对于定性复杂的个案，在认定

---

① 马欢：《中美正当防卫的实务比较》，载《法制博览》2019 年第 29 期。

正当防卫还是防卫过当抑或普通故意犯罪棘手时，我们要学会借助群众的智慧，关注社情民意，将司法的专业判断与民众的朴素情感结合起来，在法律规定的范围内确保裁判结果最大限度地接近社会预期。当然，树立公众认同司法观并不是一味迎合民意，而是在对案件事实进行规范性判断的基础上，结合社会普通公众的认识标准，运用法律解释的方法，对案件事实进行全面评价考量，力求判决能使社会公众信服。

2. 建立科学的司法责任追究机制

司法责任制是本轮司法改革的重要内容，并提出了"在职责范围内对办案质量终身负责"的概念。在最高人民法院、最高人民检察院发布的《关于完善人民法院司法责任制的若干意见》《关于完善人民检察院司法责任制的若干意见》中，明确了司法人员在办理案件中的责任范围、追责的具体情形及免责情形。追究司法人员责任的前提是司法人员由于故意或重大过失造成冤假错案。在自媒体时代，案件引起的社会关注会对承办人造成过大压力。随着以审判为中心的诉讼制度改革的不断深入推进，庭审在诉讼活动中将起到越来越重要的作用，被告人被宣告无罪，诉、判不一等情形将会逐渐增多。因此，在认定错案责任时，必须坚持主观和客观行为相结合，只要司法人员既无主观过错，又无客观违法失职行为，就不能追究其司法责任。法官作为司法裁判者，应当敢于担当，对符合正当防卫条件的案件大胆依法作出无罪判决，推动司法改革规范化、程序化、法治化。

（三）社会层面：注重与民众的沟通与回应

1. 建立正当防卫案件检察听证制度

一般来说，听证制度较多地适用于立法与行政程序，在刑事司法过程中适用较少。但随着优化检察权运行方式日渐成为检察权运行中的重要课题，部分检察机关尝试着将听证制度引入其中，从而使"刑事检察听证"这一概念日益突出。从运作形态上来看，刑事检察听证旨在通过引入诉讼参与人、社会公众等参与检察程序，增进检察权运行的公开性和透明度，增强检察决定的公正性，促进检察公信力的提升。因此，刑事检察听证与传统的行政化的检察权运行方式存在着较大差异。但是，听证制度在检察权运行过程中的适用，无论在理论上还是实践中，都具有较为积极的意义。

本课题认为，正当防卫案件的检察听证主要适用案件范围包括涉正当防卫的不起诉案件、不批准逮捕案件以及刑事申诉案件等。这是因为检察机关的以上职权均带有终局裁决性质。正当防卫案件的检察听证程序的启动方式可以依申请启动或依职权启动。包括犯罪嫌疑人、被害人，与案件处理有利害关系的第三方，如犯罪嫌疑人所在社区、学校、单位等以及关心案件的普通民众。

2. 加强法律文书释法说理

本课题认为，正当防卫的法律文书释法说理应当坚持四个维度：第一，释明正当防卫的正当性根基；第二，解读正当防卫的构成要件；第三，结合案件事实与构成要件进行三段论的逻辑分析；第四，得出结论。此外，法律源于生活，合法与合理的基本方向具有一致性。刑事审判工作贯彻法治原则，坚持严格司法，依法裁判，是不能动摇的原则，是必须坚守的底线。同时，要高度关注社情民意，将个案的审判置于天理、国法、人情之中综合考量。另外，还应当引入第三方评估制度对于裁判文书的质量进行监督，形成对法律文书说理的"倒逼"机制。对于争议大的案件，司法机关就应当积极与民众沟通并及时回应。

3. 发布正当防卫指导性案例

指导性案例直接来源于司法人员办理正当防卫案件的实践，其中所形成的裁判规则是对抽象法律规定的个案具体化，能够克服成文法抽象、概括、滞后等问题，增强对法律适用的指引，并可通过一定程度上的约束力和说服力，协调司法人员对法律的理解和适用，确保相同或类似情形案件作出基本相同的裁判，促进法律适用统一，可以在法律、司法解释之外，建立起一种具有中国特色且富有效率的全新规则生成机制，及时满足社会发展过程中多变的司法需求。

当前，构建正当防卫案例指导制度不仅具有必要性，而且对于弥补现行司法对于正当防卫适用的异化具有重要意义，最高人民法院、最高人民检察院可在已有指导性案例的基础之上，建立专门的正当防卫指导案例库，对于正当防卫司法适用中的疑难问题在全国范围内展开调研，形成固定化的裁判规则，指导正当防卫案件的司法实践。

妙害公务罪法律适用问题研究[*]

上海市青浦区人民检察院、

上海市松江区人民检察院联合课题组[**]

近年来，随着经济、社会、文化等全方位改革的不断深入，各种利益、矛盾交织，社会治安形势日趋复杂。为保障国家对社会管理活动的正常运行，刑法设立了妨害公务罪，但由于该罪规定得较为简洁、抽象，抽象的文字规定在运用到实践过程中，难免会产生各种实际问题。本课题通过厘清妨害公务罪犯罪构成的基本理论问题，比较域内外立法例的异同，系统梳理妨害公务罪的司法适用疑难争议问题并提出贴近实务的观点，以实证研究的方法归纳出妨害公务罪量刑及程序适用的焦点问题，提炼出既是多数样本共性处理结果又符合诉讼原理的结论。

一、妨害公务罪的立法概况、犯罪构成和司法解释梳理

（一）我国刑法中妨害公务罪的立法概况

1979 年刑法第六章妨害社会管理秩序罪中第 157 条规定："以暴力、威胁方法阻碍国家工作人员依法执行职务的，或者拒不执行人民法院已经发生法律效力的判决、裁定的，处三年以下有期徒刑、拘役、罚金或者剥夺政治权利。"这一条文，包含了两种罪，即妨害公务罪与拒不执行法院判决、裁定罪。1979 年刑法生效以后，在有关法律法规、规章中对于妨害公务者，分别规定要依照刑法有关条款予以惩处。1988 年 1 月 21 日全国人大常委会《关于惩治走私罪的补充规定》规定："以暴力、威胁方法抗拒缉私的，以走私罪和刑法第一百五十七条规定的阻碍国家工作人员依法执行职务罪，依照数罪并罚的规定处罚。"

1997 年刑法对妨害公务罪的罪状进行了修改，第 277 条规定的妨害公务

---

* 上海市检察官协会 2018 年重点研究课题。

** 课题组负责人：郑永生；课题组成员：周红亚、赵晓凌、郁卫平、沈琳梅、陈龙鑫、王胜、魏韧思。

罪共有 4 款。2015 年的刑法修正案（九）增加了第 5 款，暴力袭击正在依法执行职务的人民警察，依照第 1 款的规定从重处罚。从现有刑法条文内容来看，妨害公务罪的行为对象有执法工具和公务人员，其中公务人员主要是国家机关工作人员，但不限于国家机关工作人员，例如人大代表（人民代表大会是国家机构，但人大代表并非都是国家机关工作人员）、红十字会工作人员。犯罪手段主要是暴力、威胁手段，但也包括非暴力、威胁手段，例如以自焚相要挟、利用凶猛宠物阻碍执法等手段。犯罪主观要件是故意。第 1、2、3、5 款规定的妨害公务犯罪行为都是行为犯，第 4 款采用非暴力、威胁方式的犯罪行为是结果犯。

（二）妨害公务罪犯罪构成的两个基本问题

1. 妨害公务罪的犯罪对象是公务活动而非公务人员

一般认为，妨害公务罪的行为对象是国家机关工作人员、全国和地方各级人大代表以及红十字会工作人员。至于受国家机关委托依法从事公务或者协助从事公务的人员，学界和实务部门虽然普遍认为其可以成为该罪对象，但对于此类人是否归属于国家机关工作人员，却存在着肯定说和否定说两种观点的激烈论争，甚至有学者据此提出，我国刑法在妨害公务罪的立法模式上采取的是复杂立法模式，而非单一立法模式。第 277 条第 4 款规定宜认为是 4 个罪名，即第 1 款的"阻碍国家机关工作人员依法执行职务罪"，第 2 款的"阻碍执行人大代表职务罪"，第 3 款的"阻碍执行红十字会工作职责罪"，第 4 款的"阻碍执行国家安全工作任务罪"。此外，还有学者提出，妨害公务罪的行为对象不仅包括如前所述的人员，还包括公务活动中的物，即国家机关、全国人大和地方各级人大、红十字会为了执行公务所必需的办公设施和用具，如检察机关的办案警车，交警测速用的测速枪等。

不难看出，上述观点虽具体主张各有不同，但在国家机关工作人员和红十字会工作人员均为该罪行为对象的认识上却毫无二致。而正是基于此种共识，面对实践中普遍存在的受国家机关委托参与执法活动但却没有编制的协警、管理员，能否以妨害公务罪的对象视之，以及此类人员的法律身份认定等问题上，学界和实务部门又是看法不一，争论不休。

经对我国刑法第 277 条浓缩概括，可以抽取出妨害公务行为的本质特征——阻碍公务人员执行公务活动，由此可见，该罪的立法旨趣是在于保护公务活动的顺利进行，进而维护公共管理秩序，不是纯粹为了保护执法人员的人身权（公务人员履行公务所受人身伤害由国家机关有关制度来保障）。所以，妨害公务罪的犯罪对象是公务活动，不是公务人员。2013 年，上海市高级人民法院、上海市人民检察院、上海市公安局、上海市司法局共同签发的《关于本市办理妨害人民警察依法执行职务案件适用法律的若干意见》第 3 条第 4 款明确规定，毁坏警用装备、配备或者公安机关办公设施，阻碍人民警察执法或者扰乱公安机关办公秩序的行为，以妨害公务罪追究刑事责任。该规范性文件就把对执法工具的破坏行为纳入了妨害公务罪的打击范围，并在实践中取得了较好的社会效果。这个规范性文件说明了仅把妨害公务罪犯罪对象限定为公务人员具有狭隘性。

2. 公务的合法性不是犯罪构成要件要素而是犯罪成立条件

冒充执法人员诈骗的案件频繁发生，这导致司法实务中经常出现执法相对人对公务行为的合法性产生认识错误的案件。对这一问题的处理结论，直接关系到罪与非罪的界限，因而具有重大实务意义。公务行为合法性的认识错误问题，与此要素在妨害公务罪中的体系地位密切相关。公务行为合法性是构成要件要素的观点，由于构成要件具有故意规制机能，那么此要素就必然是妨害公务罪故意的认识对象，因而对此种要素的认识错误也就阻却了故意。进而，有观点还把公务合法性要素区分为合法性的基础事实和合法性的评价本身，认为合法性的基础事实认识错误阻却故意，合法性的评价认识错误不阻却故意。作为构成要件要素的公务活动是指形式上、概要的合法公务活动，而不是实质上合法公务活动，也即外在表征合法的公务活动。从行为时的情景、外在特征来判断事物的属性，而不是事后的、实质的认定，这也是客观主义刑法的应有之义。因此，不能把公务的合法性作为犯罪构成要件要素。

（三）妨害公务罪的司法解释和指导案例

1. 妨害公务罪的司法解释

（1）最高人民检察院《关于以暴力威胁方法阻碍事业编制人员依法执行行政执法职务是否可对侵害人以妨害公务罪论处的批复》（2000年4月24日，高检发释字〔2000〕2号）；

（2）最高人民法院、最高人民检察院、公安部《关于依法严肃查处拒不执行判决、裁定和暴力抗拒法院执行犯罪行为有关问题的通知》（2007年8月30日，法发〔2007〕29号）；

（3）上海市高级人民法院、上海市人民检察院、上海市公安局、上海市司法局《关于本市办理妨害人民警察依法执行职务案件适用法律的若干意见》（2013年7月18日印发）。

2. 妨害公务罪的指导案例

在最高人民法院编辑出版的《刑事审判参考》中，公布了3个妨害公务罪的典型案例，分别是江世田等妨害公务案［第205号］——聚众以暴力手段抢回被依法查扣的制假设备应如何定罪，朱荣根、朱梅华等妨害公务案［第302号］——以暴力、威胁方法妨害或者抗拒人民法院执行判决、裁定的应如何定罪，周洪宝妨害公务案［第731号］——以投掷点燃汽油瓶的方式阻碍城管队员依法执行职务的行为，如何定罪处罚。

最高人民法院公布的 3 个妨害公务罪典型案例，第一个案例涉及罪与非罪的争议，聚众以暴力手段抢回被依法查扣的制假设备构成妨害公务罪；第二个案例涉及妨害公务罪的行为方式问题，以纠缠、拖拉、口咬、撕扯等非典型暴力行为或对执法物品的暴力破坏也构成妨害公务罪；第三个案例涉及妨害公务罪与放火罪的争议，犯罪嫌疑人虽然实施了投掷点燃汽油瓶的行为，但没有放火的主观故意和造成公共安全的危险，宜以妨害公务罪追究刑事责任。

二、妨害公务罪适用中的问题分析及应当秉持的价值标准

（一）妨害公务案件的司法实践情况

近年来，对刑法 277 条妨害公务罪法律适用的实务研究比较热门，实践中妨害公务案件呈现出两个显著的特点：

一是数量上，从"小罪"成了"大罪"。2005 年至 2008 年间，青浦区检察院每年起诉的妨害公务案件数量仅为个位数。[①] 直至 2010 年以后，妨害公务案件数量才每年攀升。据统计，上海市妨害公务案件从 2011 年的 296 件 383 人飙升至 2015 年的 1132 件 1436 人，5 年间增长了 275%，尤其是 2013 年、2014 年受案人数分别上升了 45.4% 和 67.2%。2016 年全市检察机关审查起诉的所有罪名排位中，妨害公务罪数量跃至第 2 位，为 2300 余件。[②] 2017 年全市检察机关以妨害公务罪提起公诉 998 件 1107 人，案件数有所回落。数年间，妨害公务罪不折不扣成了与盗窃罪、寻衅滋事罪等传统罪名一样的"大罪"，除了老百姓的直接感受差异外，连基层司法人员都大为惊叹。

二是袭警类妨碍公务占妨害公务案件绝大多数。袭警类妨害案件占妨害公务案件的绝大多数，随着公安机关参与社会治理的力度不断增强，全国各地袭警类妨害公务案件数量不断攀升，作为经济发达地区的上海市更是如此。2014 年 1—11 月上海市妨害派出所民警、交警执行公务的案件达到 900 件，占总量的 95.5%。[③]

（二）妨害公务罪数量高发的原因分析

妨害公务罪是社会转型期社会矛盾在刑事领域的集中展现点。随着城市化

---

① 数据来源于陈丽娜：《妨害公务罪研究》，华东政法大学 2009 年法律硕士论文。

② 数据来源于《2016 年上海市人民检察院业务条线分析报告》（内部刊印）。

③ 数据来源于上海市人民检察院侦监处李磊、刘涛的《针对公安民警的妨害公务案件司法实务疑难问题研究——以审查逮捕案件为研究视角》（内部刊发）。

进程的加速，城市步入风险管理阶段，客观上需要政府加大社会管控力度，对社会生产、生活深度介入管理。当前，在城市化建设加速发展的大背景下，人口快速向大城市集聚，大型、特大型城市数量不断增加。城市风险主要有四类：自然环境类风险，如地震、台风、暴雨等；基础设施运行风险，如各种交通运输方式，尤其是道路交通安全、轨道交通的正常运行和港口码头的正常秩序；公共安全风险，如人流聚集的大型、超大型活动、传染性疾病、食品安全；城市社会风险，主要是群体性事件、恐怖主义袭击等。从交通安全、保障大型活动的管理秩序、防止群体性事件、社会治安防控等角度，政府需要加大对外来人口、交通参与人、街头流动商贩、企业生产安全、食品安全等对象或事项加强管理。尤其是像上海这样的特大型城市，国内外重大活动不断，政府更是要做到精细化管理、深度介入管理。社会管理的"单兵突进"更容易激化官民对立。2016 年，为进一步加强社会管理，上海率先实施"交通大整治"活动，这种对交通违章行为的严厉处罚举措很容易诱发行政相对人的对抗，进而演化为妨害公务刑事案件。

外来人口、执法对象的法治意识淡薄导致行为频频违法。伴随着大量的人口导入，大量贫困地区人口涌入发达地区、农民涌入城市，相关执法部门为了维护正常的社会和市场秩序，往往只有通过加大对违法行为的整治力度来实现，例如"三违"整治、酒驾查处等。在整治违法行为过程中，被执法对象不仅缺乏对法律规范内容的了解，也没有养成用法律手段解决诉求的思维和行为习惯。执法人员的执法行为只要触及其利益，很容易激化执法相对人及旁观人员潜在的暴力抗法思想，进而导致妨害公务行为发生。

妨害公务案件的日趋增多，不是一个法律问题，实质上是一个社会治理问题。妨害公务犯罪的频繁发生，从社会学的角度看，其实是人民内部矛盾引发的一种正常的社会现象，是当公权力与私权利发生冲突、社会矛盾激化的一种外在体现。目前，在涉及自身利益的公共事件中公民维权意识增强，在具体个案中会进一步转化为案件当事人的个人利益与公共利益之间的矛盾。在矛盾冲突和利益博弈过程中，目前公众中存在所谓信法不如信访、大闹大解决、小闹小解决、不闹不解决等种种说法。在执法相对人法治观念淡薄、利益失衡的情况下，多数当事人选择以对抗方式宣泄自己的不满情绪，进行所谓的"维权"行动，最终导致发生妨害公务行为。

（三）妨害公务罪的司法适用效果——涉及主体之间权力与权利的博弈导致社会效果不佳

1. 妨害公务犯罪社会态度调查①

为做到不偏不倚，全方位多角度听取群众的意见。课题组调查了犯罪嫌疑人、周边群众、一般群众、司法人员，具体方法包括问卷调查、焦点访谈、网上投票、论坛发帖、座谈、询问记录等，了解目前社会各群体对妨害公务的认知和态度。特别注意选取具有代表性的人群，注意比较他们的意见。

调查对象及其对妨害公务的认知状况和态度倾向如下：

（1）犯罪嫌疑人。我们查阅青浦区检察院 2017 年度上半年（2017 年 1 月 1 日—2017 年 7 月 25 日）妨害公务案件办理数据，发现在此期间共办理各类妨害公务案件 29 件 34 人。其中，男性犯罪嫌疑人为 21 人，女性犯罪嫌疑人为 8 人。这些案件中，采取直接殴打民警方式妨害公务的占绝大多数，达到 16 人；以撕咬等严重暴力方式阻碍执法的为 4 人；为逃避处罚驾车拖拽民警及以推搡、拉扯方式阻碍民警依法执行公务的以及以自杀、自残方式各 2 人。在违法性认识上，2 名犯罪嫌疑人否认行为存在危害，其余 27 名嫌疑人均认识到其妨害公务的行为对民警存在危害；但几乎所有的犯罪嫌疑人均认为罪刑不相适应，认为虽有妨害公务行为但情节轻微尚达不到刑罚处罚的程度，不知道妨害公务罪，也不知道不服民警的执法行为可以通过哪些途径解决。

（2）周边群众。课题组查阅相关证人笔录、调阅监控视频、执法记录仪视频后，统计如下，上述 29 件妨害公务案件中有效证人为 113 人（以上数据为能具体描述案发经过的证人数据）。基本全部的证人均能够证实部分嫌疑人妨害公务事实，绝大多数证人在现场有劝说拉架行为，知道"民警打不得"，能认识到嫌疑人存在妨害公务的行为；但是他们同时表示，对于嫌疑人行为后果是否已经构成犯罪无法判定。不知道妨害公务罪的存在，只知道和民警对抗会被带回派出所。

（3）一般群众。对于一般群众的态度调查，课题组采用了问卷调查、焦点访谈、网上投票、论坛发帖等方式来广泛收集意见。这几种网络调查新方式，反馈的数据非常具有戏剧性。调查主题为"关于妨害公务犯罪你怎么看"，有 68 名网民参与调查。其中，38 名被调查者认为"民警粗暴执法，嫌疑人打得好"，占到被调查者总数的 55.88%；认为"不服民警决定可以通过复议、申诉等相关途径解决，嫌疑人暴力抗法不可取"有 23 人，占总数的

---

① 调查由本课题组委托青浦区检察院青年理论课题组完成，该课题组成员由张丽丽和鲁璐组成，在此一并致谢。

33.82%；剩下的 7 名网民表示"说不清"。

（4）司法人员。课题组走访业务部门，请教了承办过相关案件的多名检察官。他们均表示民警依法执行公务是代表国家公权力的依法行使，民警的人身安全理应受到特别的保护。但他们同时也认为，实践中不注重执法细节较为普遍，比如在执行公务时不出示工作证；不按照法律程序执行公务，比如并未对当事人口头传唤直接进行强制传唤；粗暴执法也偶有发生，在执法过程中当事人并不存在过激举动时对其使用械具，或是对女当事人采取多人控制、双手反剪在身后，甚至抬起手脚直接将人抬走的方式对其进行控制等。对于民警带有瑕疵的执法行为所遭受的公务妨害，要谨慎地、综合评判嫌疑人的行为。他们倾向于认为，妨害公务案件的嫌疑人绝大多数并不是主观恶性很大的不法公民。因小事而违法，司法机关应当区分情节慎用刑罚，灵活运用宽严相济刑事政策，对于情节显著轻微的，还是以教育为主，没必要苛以刑罚。

2. 调查结果分析

妨害公务罪的设置目的是保护公务活动的顺利进行，它反映了公民权利和执法力量的强烈对抗。在该罪适用过程中，如何既能保证公安民警等执法主体顺利执法又能尊重和保护执法相对人的权利，是一个关键性问题。实践中，大量存在以"弱暴力"或者对执法工具的破坏来阻碍执法活动的顺利进行，例如以拉扯、推搡等方式阻碍人民警察依法执行职务；公然以杀害、伤害、毁坏名誉等言语相威胁，阻碍人民警察执法；毁坏警用装备、配备或者公安机关办公设施，阻碍人民警察执法或者扰乱公安机关办公秩序等。

（四）妨害公务罪法律适用中应当秉持的价值标准

一是犯罪打击面不宜宽泛。对于行为的处罚，我国坚持行政处罚和刑事处罚并存的二元论体系，只有严重侵犯国家、社会和个体法益的行为，才纳入刑罚的惩治视野。对于轻微的妨害公务行为也定罪处罚，那就让行政处罚失去了适用空间。此外，在中国的社会环境下，行为人一旦被贴上犯罪的标签，将面临就业、个人征信等各方面的不利境地，很大可能走向社会对立面。二是短期刑事政策导向不能常态化。2016 年上海交通大整治期间，公检法三机关曾从维护执法权威、保障整治活动顺利推进的角度，对妨害公务罪的适用给予明确的政策指引。但从法律的常态化适用来看，不能一味从严，应当宽严相济。三是合理调配权力和权利的边界。在妨害公务罪的法律适用中，为执法活动顺利进行提供法律支撑处于主导地位，但也要注意公民权利的维护。在"三阶层"犯罪理论语境下，公务的实质合法性虽然不是犯罪构成要件要素，但它是违法性排除事由。也就是说，公务活动实质上是否合法影响妨害公务罪的成立与否。

三、妨害公务罪具体司法问题认定

（一）妨害公务罪的行为方式

1."暴力"的含义及表现形式

《辞海》中对"暴力"的解释为侵犯他人人身、财产权利的强暴行为。刑法理论对"暴力"的解释内容各不相同，但对程度要求还是较高的。具体到妨害公务罪的"暴力"含义，有观点则进一步认为，"暴力"的狭义概念是指直接行使有形力，广义概念是不限于对身体直接行使有形力，也包括"针对与执行公务者具有密不可分关系的辅助者实施暴力或者通过对物行使暴力而给公务人员的身体以物理影响的间接暴力，后者的情形下要求间接暴力当着公务人员的面实施"。① 因此，无论采纳狭义的概念还是广义的概念，"暴力"当然是指让执行公务人员的人身或财产遭受损失，且迫使公务活动不得不中断或无法履行的行为。在实践中，妨害公务并不是表现为强力殴打、攻击身体这样典型的直接行为，还有譬如谩骂、侮辱警察，向警察吐口水、撕扯衣服、打掉警帽、打砸公务车辆和执法装备、围困执法人员等间接阻碍行为。因此，将向他人身体直接实施暴力行为或者间接暴力行为以及毁损执行公务人员周边财物的行为都认定"暴力"，更能有效保障公务活动，即"暴力"不仅包括直接暴力，还应包括间接暴力，不仅包括有形力，还应包括无形力。

2."威胁"的含义及表现形式

《辞海》中对"威胁"的解释为威逼胁迫，用威力使人服从。对妨害公务罪中"威胁"的含义，学者意见不一，有学者认为是指以使国家机关工作人员产生恐惧心理为目的，以恶害相通告，迫使国家机关工作人员放弃职务行为或者不正确执行职务行为。也有学者认为，这里的"威胁"是指以侵犯人身、毁坏财产、破坏名誉等相胁迫，即以将要加以恶害相通告，对从事公务人员实行精神强制，意图使其心理上产生一种恐惧感，从而达到阻碍其依法执行职务、履行职责的目的。以毁坏公务人员的人格、名誉相威胁，行为人一般都表示要以造谣、诽谤、侮辱的手段来毁坏被害人的人格和名誉。课题组认为，"威胁"包括对公务人员施加恶害和对行为人自身施加恶害，但应当严格限定妨害公务罪中"威胁"的含义，在自杀所使用的手段威胁到执法人员人身、财产或公共安全的，才能认定为妨害公务罪。另外，对公务人员的亲友进行加害也应当包括于"威胁"方法之中，它与直接威胁公务人员的方法一样，都能产生使公务人员精神受到强制的效果，对正常的公务活动构成侵害。因此，

---

① 张利兆：《析妨害公务罪的暴力、威胁手段》，载《法学》2004年第10期。

不以妨害公务罪论处就显然不当。

3. 以其他方式妨害公务的认定

随着公权力与私权利的博弈日趋紧张，妨害公务案件的表现形式有所变化，现有刑法法条规定的"暴力""威胁"含义的局限性，越来越无法满足司法实践的需要。在前文讨论中已经提到，现今妨害公务罪的司法认定中已经部分超出了罪刑法定原则。如果行为人使用了"暴力""威胁"以外的其他方法，这些方法是否应当包含在"妨害"形式中呢？有观点建议，"应当在妨害公务罪的犯罪方法中增加'其他方法'"。① 学者进一步论证说，"坚持以实质刑法观为导向，适时地扩充妨害公务罪的构成要件，将采用'其他方法'妨害公务的行为予以刑法规制实属必要。在内涵属性上，'其他方法'应当与'暴力、威胁'方法的社会危害性相当，但具有明显的非暴力性；在具体形式上，'其他方法'多表现为积极阻碍和消极抵抗混杂，但均以达到干扰公务的正常履行为目的"。②

4. 限度问题

妨害公务罪的"暴力""威胁"不仅有范围问题，还有一个限度或程度问题。刑法学界对妨害公务罪有抽象危险犯说、具体危险犯说及实害犯说的争论。抽象危险犯说认为"暴力""威胁"对执行公务有所妨害就可以。③ 具体危险犯说认为暴力、威胁的强度，需达到使公务人员不能适当地执行职务，或显有困难的程度，造成执行职务困难的现实。实害犯说要求暴力、胁迫达到使公务人员不能执行或放弃执行公务的程度。司法实践中，将妨害公务看作抽象危险犯比较能圆满地解释现今大部分的理论难点，具体认定时，应当以"有无法定的足以妨害公务活动顺利执行的行为事实，结合具体的行为类型，来判断抽象危险的有无，进而限定妨害公务罪的成立范围"。④

（二）妨害公务罪的行为对象

1. 认定行为对象的理论

妨害公务罪的行为对象在不断扩大之中。刑法第 277 条明确规定，妨害公务罪主体仅为三类人员，即依法正在执行职务或者履行职责的国家机关工作人

---

① 刘净、满铭安：《妨害公务罪的立法完善》，载《武汉大学学报》2011 年第 2 期。
② 万绍鹏、马荣春：《"以其他方法妨害公务"之入刑提倡》，载《江苏警官学院学报》2017 年第 3 期。
③ 何龙：《抽象危险犯视角下妨害公务罪的司法认定》，载《法律适用》2018 年第 2 期。
④ 何龙：《抽象危险犯视角下妨害公务罪的司法认定》，载《法律适用》2018 年第 2 期。

员、人大代表、红十字会会员，对其他主体特别是警务辅助人员是否构成妨害公务罪的主体，一直以来争议较大。这些争议所依据的观点主要有"身份说""公务说""身份、公务兼备说"等。"身份说"严格遵循刑法罪刑法定原则，将妨害公务罪的主体限定在上述三类人员，警务辅助人员完全排除在妨害公务罪主体之外，没有商量的余地。"公务说"则依照渎职、贪污贿赂罪中犯罪主体的相关司法解释，将主体扩展至"由法律、法规授权或受行政机关委托从事行政执法的其他人员"，其核心观点认为妨害公务罪中的国家工作人员认定应当广义理解，刑法设立妨害公务罪的主要目的，是保障公务行为得以顺利完成，在于通过对行为人暴力、威胁行为的规制，保障公务执行主体履职尽责的权威性与效率性。

2. 应将警务辅助人员纳入行为对象

近年来，公安机关参与社会治理的力度不断增强，为解决警力不足的窘境，政法部门大量使用联防队员、综治队员、特保队员、辅警等警务辅助人员在协助维护社会治安、服务人民群众等诸多方面发挥出越来越重要的作用。能否将协助执法的警务辅助人员一并纳入妨害公务罪主体，从而利用刑事司法手段保障其履职活动？

实践中，由于"身份、公务兼备说"能有效维护当下激烈对抗中风险社会的整体利益，也部分遵循了罪刑法定原则，更容易被司法实务部门所接受。因此，警务辅助人员当然成为妨害公务罪主体。而"身份、公务兼备说"兼顾了上述两种观点，对主体有一定要求的同时又强调妨害公务罪所保护的法益为"执行公务活动"，具备一定条件下的警务辅助人员可以成为妨害公务罪的主体。由于警务辅助人员没有单独执法权，将其纳入妨害公务罪主体时，必须符合以下具体条件：一是警务辅助人员要与人民政府或公安部门有明确的合同关系，其辅助从事的执法活动内容应当具体、明确；二是警务辅助人员在被侵害的执法内容上与公安民警具有"一体性"，即要求警务辅助人员必须是接受民警指令下协助执法时被他人侵害，具体个案中还要求民警必须在执法现场，不应当让警务辅助人员独立执法；三是警务辅助人员协助从事的执法行为必须内容、程序均合法。妨害公务罪成立的前提条件之一是依法执行公务活动，抗拒或阻碍形式严重违法、内容实质违法的执法活动不能以妨害公务罪定罪处罚。以上海地区为例，2014年上海市松江区人民法院判决的王某某、单某某妨害公务案，第一次将侵害协助警察执法的联防队员的行为定性为妨害公务罪。判决理由为"妨害公务罪关注的重点在于公务是否受到妨害，而非公务主体是否受到妨害，联防队员虽然不具有国家机关工作人员的身份，但其协助警察执法的行为属于公务行为"。该判决被上海市高级人民法院制作成典型案例后，各地均陆续效仿。

3. 物或亲友能成为行为对象

根据刑法第 277 条的规定，妨害公务罪的行为对象没有关于物的规定，对此理论界过去有两种不同观点，一是认为妨害公务罪的侵害对象既包括具体人，也包括具体物；二是认为本罪的行为对象不包括具体物，仅包括正依法执行职务的公务人员。上海的《关于本市办理妨害人民警察依法执行职务案件适用法律的若干意见》表述为"毁坏警用装备、配备或公安机关办公设施，阻碍人民警察执法或者扰乱公安机关秩序的"，以妨害公务罪追究刑事责任。《关于本市办理妨害人民警察依法执行职务案件适用法律的若干意见》除了将民警装备、配备纳入犯罪对象外，办公设施也作为妨害公务罪的行为对象。

域外立法中，俄罗斯联邦法将公务人员的亲属列为了妨害公务罪的犯罪对象中，较为殊目。① 但国内司法现状中，将"暴力、威胁"等方式针对公务人员的亲属，从而达到阻碍公务活动的犯罪，实践之中并不多见。我们认为，通过对公务人员亲属实施有针对性的"暴力、威胁"活动，造成对公务人员的心理威胁，甚至恐慌，从而迫使他们放弃正在执行的公务的，与"暴力、威胁"针对公务人员本身的性质相当，应当视为妨害公务行为，以妨害公务罪定罪处罚。在日本或我国台湾地区，妨害公务罪还有一种特殊的妨害形式，即采用"暴力、威胁"形式逼迫公务人员辞职，导致公务活动无法正常开展的行为，也认定为妨害公务罪。无论是上海市的《关于本市办理妨害人民警察依法执行职务案件适用法律的若干意见》还是普通的司法实践中，均没有采用逼迫公务人员辞职的妨害公务形式，但这一点值得在今后工作中加以注意。

（三）公务合法性的认定

1. 内容及程序合法

公务活动的合法性包括内容及程序的合法两个方面。公务内容合法性有三个方面的内容：一是决定进行该项公务活动是出于正当目的，即为了国家和社会的需要，而不是个别机关或个人滥用职权、假公济私；二是执行公务不能损害国家、集体的利益和公民的合法权益，如果在执行中必须要对有关单位或个人的利益造成损害，这种损害也必须是于法有据的；三是公务行为应考虑公平、合理，不能命令相对人从事不可能完成的行为。例如章某某妨害公务案，2016 年章某某在花木城门口处，"未经许可"在警戒线外使用手机拍摄某区人民法院等单位在该处执行强拆执法。该法院执行法官张某、法警仇某某对章某某多次予以制止，章某某不听劝阻继续拍摄并反抗，致使仇某某左顶枕部头皮轻微伤。该案即以法警对围观者拍照行为的所谓"制止"的行为没有法律依

---

① 陈云高：《妨害公务罪研究》，华东政法大学 2013 年法律硕士论文。

据而内容不合法，最终以绝对不起诉定案。①

公务活动的程序是否合法，是判断公务活动合法性的另一个重要标准。判断程序合法性要考查两个方面：一是看执行者是否按规定向被执行者表明自己的特定身份，以证明自己具有执行该项公务活动的资格；二是看执行者是否按照法定的程序要求展开活动。例如梁某妨害公务案，2017 年顾某拨打 110 报警称其当日同梁某（报警人妻子）发生矛盾，梁某将门锁更换，其和其母亲无法进入家门。民警陈某某接警至顾某家中，帮助顾某由后门进入室内。入室后，梁某发现顾某和陈某某均在室内，便质疑陈某某的民警身份，与陈某某发生争执时受伤。陈某某在强制传唤梁某过程中遭到反抗并致轻微伤。本案当中陈某某完成处警任务后继续留在现场且采取强制措施的程序行为均存在问题，以撤案终结。②

2. 民警执法方式影响被执法者对公务合法性的判定

据统计，近些年民警执法过程中因执法不规范引发冲突继而诱发袭警行为占妨害公务案件总数的一半以上。有些民警在处警时存在工作方法简单粗暴的现象，极易引发已处于纠纷中的当事人的对立情绪，进而导致事件升级。在民警执法程序不合法的情形下，认定妨害公务罪必然存在极大争议。③ 对此，我们建议应当加强公务人员执法规范化培训，统一执法标准，细化执法工作流程，提高群众工作能力，从而提升执法公信力，减少妨害公务行为发生。近些年来，上海公安机关充分注意到这个问题，在不断规范民警执法的同时，不断增强现场控制能力，对恣意扰乱民警执法的对象该采取强制措施的果断采取，出现了不少经典的"教科书式"执法案例，获得广大群众及网络媒体的普遍赞誉。

实践中，司法机关充分注意到公安机关在长期执法活动中缺乏对规范性程序的重视及培训，因此对民警执法活动中程序瑕疵是否影响妨害公务罪认定问题上持较大容忍立场，基本上做到了"对于执法主体的轻微程序违法或执法瑕疵，如着警服但未带警官证且告知警察身份、语言不文明、规范、处置手段稍显简单、粗鲁等，不成为嫌疑人的免罪事由，仅作为评判其主观恶性及是否具有社会危险性的因素"。④ 另外，妨害公务案件中不应当适用"刑事和解"，

① 沈健：《不听劝阻拍摄法院执行现场致法警轻微伤是否构成妨害公务罪》，载上海市人民检察院第二分院《案例探析》2018 年第 6 期（内部刊发）。

② 赵靓婧：《依法履职与暴力程度在妨害公务罪中的具体认定》，载上海市人民检察院第二分院《案例探析》2018 年第 9 期（内部刊发）。

③ 具体形式内容见前文阐述，此处不再赘述。

④ 甄君玮：《办理妨害公务案件应注意的几个问题》，载《法制与社会》2017 年第 23 期。

其易对执法机关权威性造成伤害。至于"极个别民警故意挑衅被执法人暴力抗法，而后以撤案或不捕不诉为条件向被执法人索要高额赔偿"的现象[1]，在司法实践中极为罕见。

3. 公民对不合法公务行为拒绝权利及限度

我国公民对不合法的公务行为特别是违法执法有拒绝的权利，在此情况下，更无配合的义务。进而，"公民能否对行政违法行为直接采取抵制行动，是法治秩序建构中一个不能绕开而又不易解开的问题"。[2] 我国《行政处罚法》第 3 条第 2 款明确"没有法定依据或者不遵守法定程序的，行政处罚无效"被广泛引用，成为公民对不规范执法行为行使拒绝权的理论和制度依据。公民合法行使拒绝权的同时，要杜绝所谓"维权过度"问题。实践中，大多数妨害公务案件都是嫌疑人临时起意的，多发生在公安机关处理治安案件、交通检查、出警等过程中，案发之初，犯罪嫌疑人往往没有蓄意暴力阻碍执法的故意，大多是因为对执法活动的不理解或不接受而引发冲突。这些当事人法律意识较为薄弱，对民警正常执法不理解，对自己行为的性质认识不到位，只要民警执法触及其利益，就认为行为民警在侵犯其合法权益。在这种错误认识下，部分行为人会坚决维护自己的"权益"，对民警施以"言语暴力"，甚至"肢体暴力"。在这种情形下，过度维权妨害合法公务活动进行的，应当以妨害公务罪追究刑事责任。

在此，我们要注意，对于违法的执法行为，公民有权拒绝并不意味着行为人可以积极行动阻碍或抗拒公务活动。在妨害公务犯罪研究的语境下，一旦行为人采取积极行动抗拒或阻碍执法人员执行公务活动时，犯罪嫌疑人的主观恶性和人身危险性凸显，犯罪嫌疑人的刑事违法性要素增强，那么公务活动的合法性判断标准必然有别于行政法上公务活动合法性的判断标准。此时依然只要求公务活动形式上、笼统的合法，只有公务活动实质上违法或形式上严重违法才阻却妨害公务罪的成立。

（四）妨害公务罪的量刑及程序适用问题

1. 妨害公务罪量刑及程序样本分析

为进一步了解掌握妨害公务罪在司法实践中的量刑及适用程序情况，课题组以"北大法宝"平台查询的 100 件妨害公务罪司法案例为研究对象，通过逐案分析，归纳案件特点及争议问题，以期对妨害公务罪的量刑及程序适用提供参考。

---

[1] 孙刚、乔苹苹：《当前查办妨害公务罪的几个问题》，载《中国检察官》2012 年第 11 期。

[2] 何海波：《公民对行政违法行为的藐视》，载《中国法学》2011 年第 6 期。

（1）样本基本情况。样本案例的选取时间为 2018 年 5 月，选取途径主要是在"北大法宝"平台的"司法案例"中，根据案由分类，选择"刑事"类别下"妨害社会管理秩序罪"子类别中的"妨害公务罪"案件。然后参照"公报案例""典型案例""参阅案例""经典案例"和"法宝推荐"的先后顺序选择，案例判决的时间段为 2013 年至 2018 年，目的在于通过选取近年来发生的典型案例，来提高汇总分析的可参考价值。通过上述程序，共选取妨害公务案例 100 件 130 人。从案发地来看，涉及 12 个省市，其中上海 36 件 44 人、天津 20 件 24 人、重庆 11 件 15 人、广东 8 件 14 人、浙江 7 件 7 人、江苏 6 件 6 人、福建 4 件 4 人、北京 3 件 5 人、吉林 2 件 2 人、黑龙江 1 件 5 人、山东 1 件 3 人、安徽 1 件 1 人。从妨害公务的对象来看，100 件案件中有 88 件是针对民警、4 件针对法官、3 件针对城管、3 件针对联防队或社保队员、1 件针对镇政府工作人员、1 件针对工商人员，针对民警实施的妨害公务案件占主要比重。

（2）量刑情况分析。从 100 件 130 人妨害公务案件的量刑情况来看，有 100 人判处实刑、29 人判处缓刑、1 人判处免予刑事处罚。在判处实刑的 100 人当中，判处管制的 1 人、判处拘役的 24 人、判处有期徒刑的 75 人。在判处有期徒刑的 75 人中，判处 1 年以下有期徒刑的 52 人，判处 1 年以上 2 年以下有期徒刑的 21 人，判处 2 年以上 3 年以下有期徒刑的 2 人。

通过逐案分析，样本案例显示出如下特点：一是量刑轻重与妨害公务的行为方式密切相关，暴力袭击案件的量刑普遍重于暴力阻碍的案件，携带凶器或开车撞击等行为的量刑明显重于普通的妨害公务，如开车撞击造成轻微伤的最低量刑 11 个月有期徒刑、最高量刑 2 年 8 个月有期徒刑；二是量刑的轻重与妨害公务的行为对象有较大关联，仅针对执行公务的设施或用具进行侵害的案件，量刑一般低于针对执行公务人员进行侵害的案件，如其中 2 件仅造成财产损失的案件分别判处有期徒刑 6 个月、拘役 5 个月缓刑 5 个月；三是赔偿或取得谅解对量刑具有一定影响，如判处缓刑的 29 人当中有 17 人均已赔偿或取得谅解，又如在一起行为人作用相当案件中，已经赔偿并取得谅解的 2 人均判处有期徒刑 6 个月，而未赔偿未获谅解的 1 人判处有期徒刑 1 年。

（3）程序适用情况分析。一是从 100 件妨害公务案件的审判组织情况来看，采用合议制审判的 49 件、采用独任制审判的 51 件，相对其他轻微刑事案件来说，适用独任制审判的比例较低。这一方面因为典型案例选取的样本大多是比较严重、有一定分歧的案件，另一方面也反映出此类案件被告人因对公务行为有异议，故认罪认罚的比例相对较低。二是从 100 件妨害公务案件诉讼方式来看，采用普通刑事案件程序的有 95 件，采用刑事附带民事诉讼程序的有 5 件（主要集中于天津和福建），侧面反映出此类案件能否适用刑事附带民事诉讼程序存在争议，司法机关在适用该程序时持谨慎态度。三是从对 130 名被告人采取的强制措施情况来看，采取逮捕措施的有 96 人、采取取保候审措施的有 34 人，反映出此类案件采取逮捕强制措施的比例较高，在刑事政策的把握上存在一定的依法从严处理因素。

2. 妨害公务罪的量刑问题

（1）醉酒和主观罪过是否影响妨害公务的量刑。从妨害公务罪的司法实践来看，经常会出现被告人辩解自己对公务行为的合法性认识错误或认识不清，进而实施妨害行为的情况。从司法实践角度来看，虽然实践中有大量妨害公务行为系酒后实施，但我国法律已有明确规定醉酒的人应负刑事责任，醉酒本身也不能作为酌定量刑情节，而应当综合考虑犯罪动机和行为人的一贯表现来判断主观恶性，并在此基础上量刑。关于对公务行为的法律性质认识错误和对基础事实的认识错误问题，由于主观心态问题比较难以认定，司法实践中并不单凭行为人的供述，而是需要结合客观事实来做综合判断。对于经司法机关判断，公务行为客观上符合合法性要件的，即便行为人辩解对合法性认识错误，也不影响妨害公务罪的认定，但在具体量刑方面可能会作一定的区分：如果涉及对公务行为法律性质认识错误，实际上相对于对妨害公务行为的法律认识错误，由于我国刑法并没有规定"不知者不为罪"，故对此类行为量刑上一般不会有过多影响；如果涉及对公务行为基础事实的认识错误，虽然经司法机关判断公务行为客观上合法，但行为人的辩解确有一定合理性的，可以在量刑上作为酌情考量。从一些案例的判决情况来看，如被告人王某虽辩解自己醉酒辨识不清，但最终被判处有期徒刑 1 年，量刑并未与其他被告人有明显区别；又如被告人楼某最终被判处有期徒刑 10 个月，缓刑 1 年，从量刑情况来看，不能排除法院在量刑时对其认识错误的辩解予以适度考量。

（2）严重执法瑕疵可以作为从轻处罚的量刑情节。在执法主体具备合法性的大前提下，执法过程中存在不规范等瑕疵行为的，是否影响量刑存在一定争议。从收集的样本案例及司法实践情况来看，绝大部分案件的公务行为均符合规范性要求，但少数案件中也存在公务人员执法瑕疵的嫌疑。从司法实践角度来看，执法瑕疵仅限于在公务执法权限范围内的执法不规范行为，主要体现在执法手段、程序和态度等方面，超出执法权限范围的不属于执法瑕疵范畴。当然，公务人员的行为是否构成执法瑕疵，应由司法机关根据案件具体情节综合评价。存在执法瑕疵的情况下，行为人有时是因为受到不当行为刺激才实施的犯罪，若不存在执法瑕疵其再犯的可能性会减小，反映出人身危险性相对较小，可以参照伤害类案件中被害人存在过错的情形，在量刑方面予以适当考虑。在最高人民法院 2013 年《关于常见犯罪的量刑指导意见》中就曾规定："因执行公务行为不规范而导致妨害公务犯罪的，可以减少基准刑的 20% 以下。"需要注意的是，并非所有的瑕疵都能作为影响量刑的理由，只有当执法瑕疵与行为人妨害公务有紧密的因果关系时，才会影响司法机关对行为人主观恶性的评价，进而对量刑酌情考虑。对于公务人员在执法过程中的过失行为如决定书笔误等，或者虽未按正常程序执法但确有合理解释、从一般人判断不至于影响对公务合法性认识时，行为人再以此为由实施妨害公务行为的，量刑阶段就不宜再因此对行为人作酌情从轻处罚。最高人民法院 2017 年《关于常见犯罪的量刑指导意见》对妨害公务罪量刑中删除了"执法不规范"的因子，可能就是出于上述因素考量。

（3）赔偿、谅解可以作为从轻处罚的量刑情节。对普通刑事犯罪，积极赔偿被害人经济损失并取得谅解的、积极赔偿但没有取得谅解的，分别可以在量刑上予以酌情从轻处罚。然而，在妨害公务案件中，行为人赔偿损失是否能够作为从轻处罚的情节则存在不同认识。有观点认为，妨害公务案件侵害的法益是公务行为的权威性，表面上是执法人员身体受到侵害，实质上是执法权威被藐视、公权力被侵犯，不能以行为人对执法人员的经济赔偿来作为公权力受侵害的补偿。① 也有观点认为执法主体人身或财产遭受侵害，理应成为诉讼的被害人，可以接受行为人的赔偿，并予以从轻处罚。从样本案例及司法实践情况来看，妨害公务案件中不乏赔偿、谅解的情形。如在课题组选取的 100 件 130 人妨害公务案件中，有 52 人具备赔偿或谅解情形；在判处缓刑的 29 人当中有 17 人均已赔偿或取得谅解。又如在被告人尹某某等 3 人妨害公务案中，法院对被告人祝某某、张某某辩护人提出"积极赔偿损失并取得对方谅解，建议对其从轻处罚"的辩护意见均予以采纳。②

从理论上分析，妨害公务罪虽然被规定在刑法分则第六章"妨害社会管理秩序罪"当中，但其侵犯的并非仅仅只有社会管理秩序，在公务人员受伤的情况下个体的人身权益实际上也受到了侵害，只不过对此类犯罪刑法更加强调对社会管理秩序法益的保护，因此个人权益让位于国家权益。而在妨害公务类案件造成重伤的情形下，经过受损法益权衡，国家权益让位于个人权益，故这种情形下以故意伤害罪定罪处罚。类似于危害公共安全类犯罪中，虽然侵害的法益是公共安全，但同样也承认被害人损失的存在。如果否认妨害公务罪中个体人身权益受损的事实，其与故意伤害罪间的转化将面临理论上的困境。从实践角度来看，虽然反对者提出公务行为受损应由国家赔偿、允许对个人赔偿谅解会造成民警漫天要价不利于执法严肃性，但实践中民警执法受损并没有国

---

① 刘巨胜、王伟波：《关于妨害公务案件法律适用问题的研究》，载《法制与社会》2017 年第 24 期。

② （2017）鲁 17 刑终 88 号。

家赔偿，只有内部规定按受伤程度给予一定慰问补偿，这些补偿往往低于工伤造成的实际损失。我们认为，妨害公务罪包含人损、物损等多种情况，行为人的赔偿并不影响对法益的保护，而是其主观认罪、悔罪态度的反映，是其人身危险性降低的表现，从这个角度对其在量刑上予以酌情考虑是有理由的。对于其中人损的情形，应当承认公务人员被害人的地位，承认妨害公务犯罪中也有部分人身权益受损的情况，但考虑到妨害公务犯罪侵害的法益主要还是社会管理秩序，因此在量刑方面从轻的幅度应严格把握，严于一般的侵害公民人身权利类犯罪。

3. 妨害公务罪的程序适用问题

（1）妨害公务罪侦查主体是个人回避不是整体回避。从样本案例和司法实践情况来看，妨害公务案件中绝大部分案件是以人民警察执法活动为侵犯对象。例如选取的 100 件样本案例中就有 88 件是针对民警执法活动实施的妨害公务行为，占比高达 88%。根据我国刑事诉讼法及《公安机关办理刑事案件程序规定》，刑事案件由犯罪地公安机关管辖，但在以民警执法活动为对象的妨害公务案件中，由于侦查机关即被侵犯民警所在的单位，因此对此类案件是否需要回避有一定的争议。有观点认为，因被侵犯民警所在单位与被侵犯民警有利害关系，可能影响公正处理，应当整体回避，实行异地管辖。① 司法实践中，部分案件当事人也有类似观点。如在邓某某妨害公务案中，辩护人就提出侦查机关未执行刑事诉讼法关于回避的规定，侦查行为应当是无效或者有重大效力瑕疵，② 上述辩护意见后被法院驳回。

从当前我国的刑事诉讼制度及司法实践来看，对妨害公务案件的侦办不宜适用侦查机关整体回避。一是本着便宜侦查、便宜诉讼的原则，对妨害公务罪的办理实行个人回避更为妥当。对妨害公务罪实行整体回避，不仅不利于侦查活动的及时进行、证据的及时固定，而且需要耗费大量的司法资源。二是从妨害公务罪的罪行及案件数量来看，实行整体回避并不合适。司法实践中，一些大案要案实行异地管辖确实取得了一定的效果，但上述经验并不适合妨害公务罪的办理。从妨害公务罪罪行及数量情况来看，对其实行整体回避并不符合刑事诉讼公正与效率并重的原则。三是现有制度已对案件公正办理进行了必要规定，实行整体回避未必能取得更好的效果。

（2）妨害公务罪不宜适用刑事和解。在办理妨害公务案件的司法实践中，部分案件存在依法执行公务者人身权利受到侵害的情况，对于此类案件进行赔

---

① 孙刚、乔苹苹：《当前查办妨害公务罪的几个问题》，载《中国检察官》2012 年第 11 期。

② （2013）浦刑初字第 4074 号。

偿、谅解并不少见，甚至部分地区还出现了刑事和解的尝试。① 所谓刑事和解，在我国刑事诉讼法语境下表现为"公诉案件当事人和解"，是指犯罪嫌疑人、被告人真诚悔罪，通过向被害人赔偿损失、赔礼道歉等方式获得被害人谅解，双方达成和解协议并经司法机关审查的，可以从宽处理。从最高人民法院2017年《关于常见犯罪的量刑指导意见》来看，其对达成刑事和解协议的案件量刑从宽幅度明显高于普通的赔偿、谅解案件。关于妨害公务罪能否适用刑事和解，目前支持的观点认为，妨害公务案件属于轻罪，其侵犯的个人法益同样也需要保护，引入刑事和解有助于衡量被告人人身危险性大小，也能够促进被犯罪侵害的社会关系恢复；② 反对观点则认为妨害公务罪当中，公务活动实施者是证人而非被害人，不享有被害人的诉讼权利和义务，因此不能进行刑事和解。③

上述正反两面观点均有一定理由，但从刑事和解制度立法本意以及对妨害公务法益保护的需要来看，对妨害公务罪不宜适用刑事和解。一是立法上对刑事和解持审慎把握态度，适用案件范围不宜扩大。根据刑事诉讼法规定，并非所有的案件都能适用当事人和解的公诉案件程序，只有"因民间纠纷引起的，涉嫌刑法第四章、第五章规定的，可能判处三年有期徒刑以下的犯罪案件"或"除渎职犯罪外可能判处七年有期徒刑以下的过失犯罪案件"，而妨害公务罪显然不属于上述案件范围。立法之所以对适用条件、案件范围及除外情况进行规定，主要是考虑公诉案件国家追诉性质和刑法的严肃性，防止出现"花钱买刑"或者放纵一些严重犯罪等新的不公正，因此对这一制度要求审慎把握。④ 二是妨害公务罪主要是对公法益的侵犯，故不宜适用刑事和解。首先应当承认，妨害公务犯罪既侵犯了社会管理秩序，同时也有可能侵犯公务人员的人身权利，只不过在未造成严重伤害的情况下，刑法更强调对社会管理秩序法益的保护。正因如此，虽然公务人员能以"被害人"角色出现，但因为公法益才是本罪的主要"受害者"，嫌疑人对公务人员的赔偿不能消弭侵犯公权力的社会危害性，公务人员也无权代表公权力与嫌疑人达成从轻或不予追究责任的刑事和解协议。即便是达成和解协议，也不属于刑事诉讼法意义上的刑事和解协议，不能参照刑事和解协议进行从宽处理，只能作为反映嫌疑人（被告

① 参见彭某妨害公务案，（2016）川06刑终190号；包某、崔某犯妨害公务案，（2016）浙02刑终376号。

② 梁方军、马伟：《上海市妨害公务犯罪情况调查及法律适用疑难问题》，载《上海政法学院学报》2012年第9期。

③ 田宏杰：《妨害公务罪的司法适用》，载《国家检察官学院学报》2010年第5期。

④ 朗胜主编：《刑事诉讼法修改与适用》，新华出版社2012年版，第479页。

人）认罪、悔罪态度在量刑上予以适当考虑。

（3）妨害公务案件能适用刑事附带民事诉讼程序。根据刑事诉讼法第 101 条规定，"被害人由于被告人的犯罪行为而遭受物质损失的，在刑事诉讼过程中，有权提起附带民事诉讼"，但由于妨害公务罪被侵害对象的特殊性，有观点认为此类犯罪不能用刑事附带民事诉讼，理由主要有两点：一是妨害公务罪中实施公务活动者是证人而不是被害人，不具备提起刑事附带民事诉讼的主体身份；① 二是国家对执行公务人员有履职保障，如公费医疗、工伤保险之类，被伤害公务人员损失由国家弥补，不能再因此获利。②

从妨害公务罪样本案例的诉讼程序来看，100 件案件中只有 5 件适用刑事附带民事诉讼，其中天津市 3 件、福建省 2 件，一定程度上反映出司法机关对适用刑事附带民事诉讼程序的审慎态度，但从理论与实践角度分析，在妨害公务案件中适用刑事附带民事诉讼程序具有其合理性。首先，不能否认部分妨害公务案件中，公务人员人身权利被侵害的客观事实。虽然妨害公务罪中公法益是刑法主要保护对象，但私法益同样存在，也需要保护。其次，不能因为国家给予公务人员一定的履职保障，就剥夺其提出刑事附带民事诉讼的权利。立法之所以设立妨害公务罪，除了保护社会秩序以外，必然也有保护公务人员正常履职之意。最后，妨害公务案件适用刑事附带民事诉讼程序仅限于公务人员人身权利受到实际损害的情况，对于未造成公务人员人身损害或仅造成公务设备财损的，不适用刑事附带民事诉讼。在提起刑事附带民事诉讼后，被侵害的公务人员应当在有证据支持的合理尺度内获得赔偿。

四、妨害公务罪立法及司法解释的修改建议

（一）其他国家及地区妨害公务罪的立法考察及启示意义

我国台湾地区的"刑法典"在分则第五章"侵犯国家权力作用的犯罪"中规定了九种妨害公务罪名。第 135 条规定："对于公务员依法执行职务时，施强暴胁迫者，处三年以下有期徒刑、拘役或三百元以下罚金。意图使公务员执行一定之职务或妨害其依法执行一定的职务或使公务员辞职，而施强暴胁迫者，亦同。犯前二项之罪，因而致公务员于死者，处无期徒刑或七年以上有期徒刑；致重伤者，处三年以上十年以下有期徒刑。"除此之外，我国台湾地区

---

① 王新环、朱克非、张京晶：《妨害公务案件实证分析》，载《国家检察官学院学报》2011 年第 6 期。

② 刘巨胜、王伟波：《关于妨害公务案件法律适用问题的研究》，载《法制与社会》2017 年第 24 期。

"刑法"还另行规定了强制公务员执行职务或辞职罪、公然聚众妨害公务罪、妨害考试罪、侵害公务上掌管之文书物品罪、妨害封印或查封之标识罪、侮辱公务员罪、公然侮辱公署罪、侵害文告罪等8种具体的罪名。

日本刑法典在分则第五章规定了妨害执行公务罪。日本刑法第95条第1款规定了具体的妨害执行公务罪,即"当公务员执行职务时,对其实施暴行或者胁迫的,处三年以下惩役或者监禁"。第2款规定了职务强要罪,即"为了使公务员做出或者不做出某种决定,或者为了使其辞职,而实施暴行或者胁迫的,与前项同"。

德国刑法在第六章"抗拒国家权力的犯罪"第113条规定了妨碍执行公务罪。第113条规定:"以暴力或暴力威胁的方法,阻碍公务人员或联邦国防军士兵执行法律、法令、判决、裁定或决定,或对其进行攻击的,处2年以下自由刑或罚金刑。情节特别严重的,处6个月以上5年以下自由刑。"第114条对第113条的犯罪行为对象作出了补充阐释:"虽非公务员,但具有警官的权力义务或为检察官的助理的,其执行行为视同第113条意义上的公务员的职务行为。第113条的规定相对应的适用于被招聘防助执行公务的人员。"

法国刑法典第433-3条规定了针对担任公职的人进行恐吓活动罪,"针对司法官、陪审员、律师、公务助理人员与司法助理人员、宪兵军职人员、国家警察公务人员、海关官员、监狱机构管理人员以及其他任何行使公共权力或负责公共事业的人在其履行职务之时对人身或财产以实行重罪或轻罪相威胁,如此种威胁系反复实施或者是用书面文字、图像或其他物件来具体表现,处2年监禁并处30000欧元罚金。以死亡相威胁的,或者以侵害对人有危险的财产相威胁的,处5年监禁并处75000欧元罚金";第433-5条规定了侮辱罪,"针对行使公安司法权力的人进行侮辱的,处六个月监禁并科7500欧元罚金";第433-6条规定了暴力抗拒执法罪,"对为执行法律、公共权力机关之命令、决定或拘票、传票、捕票而正在履行职务的公安司法人员,进行暴力抗拒之行为的,构成暴力抗拒执法罪";第433-7条规定"暴力抗拒执法罪,处六个月监禁并科7500欧元罚金。聚众暴力抗拒执法的,处1年监禁并科100000欧元罚金"。

其他国家和地区的立法例有以下两点值得我们借鉴:一是德国刑法和我国香港特别行政区刑法把公务人员的范围界定的比较宽泛,值得我国立法吸收。德国刑法第114条规定被招聘防助执行公务的人员也属于犯罪的行为对象。我国香港特别行政区刑法抗拒或者妨碍的对象也包括其他依法受聘、授权或受雇的人员及依法协助上述人员之人。二是其他国家和地区法条列举的犯罪手段种类较多。例如法国刑法典中妨碍公务罪的犯罪手段有:恐吓、侮辱、暴力抗拒、聚众暴力抗拒;我国台湾地区"刑法典"妨害公务类罪中有暴力、胁迫、公然聚众阻碍、强制、侵害公文物品、妨碍查封、侮辱、侵害公告等行为方式。

（二）妨害公务罪立法的完善建议和司法适用建议

借鉴国外的立法例，建议我国刑法第 277 条在"暴力、威胁"后增加一个"等"字，把"以其他方法妨害公务"入刑。随着公权力与私权利的博弈日趋紧张，妨害公务案件的表现形式有所变化，现有法条规定的"暴力、威胁"方法已不能涵盖妨害公务罪的立法旨趣，大陆法系尤其是我国台湾地区，对妨害公务罪的行为方式规定的种类比较多。故而，坚持以实质刑法观为导向，适时地扩充妨害公务罪的构成要件，将采用"其他方法"妨害公务的行为予以刑法规制实属必要。"其他方法"应当与"暴力、威胁"方法的社会危害性相当，但具有明显的非暴力性；在具体形式上，"其他方法"多表现为积极阻碍和消极抵抗的杂糅，但均以达到干扰公务的正常履行为目的。

借鉴国外的立法例，建议我国刑法第 277 条再增加一款，即"虽非公务员，但具有警官的权力义务或为其助理的，其执行行为视同第 277 条意义上的公务人员的职务行为"，作为该法条的第 6 款。2000 年 4 月 24 日，高检发释字〔2000〕2 号的答复肯定了以暴力威胁方法阻碍事业编制人员依法执行行政执法职务可对侵害人以妨害公务罪追究刑事责任。2014 年上海市松江区人民法院判决的王某某、单某某妨害公务案，第一次将侵害协助警察执法的联防队员的行为定性为妨害公务罪。当前的司法实践中，普遍把侵害依照执法规范正在辅助警察执法的辅警定性为妨害公务行为。司法实践中已经形成共识的内容应通过适时修改法律条文的方式固定下来。

图书在版编目（CIP）数据

法律监督热点问题研究. 八／陈勇主编. —北京：
中国检察出版社，2023.2

ISBN 978－7－5102－2853－7

Ⅰ.①法… Ⅱ.①陈… Ⅲ.①法律监督－研究－中国
Ⅳ.①D926.34

中国版本图书馆 CIP 数据核字（2022）第 232766 号

法律监督热点问题研究（八）

陈　勇　主编

责任编辑：王　欢
技术编辑：王英英
美术编辑：曹　晓

出版发行：中国检察出版社
社　　址：北京市石景山区香山南路 109 号（100144）
网　　址：中国检察出版社（www.zgjccbs.com）
编辑电话：（010）86423780
发行电话：（010）86423726　86423727　86423780
　　　　　（010）86423730　86423732
经　　销：新华书店
印　　刷：北京联兴盛业印刷股份有限公司
开　　本：710mm×1000mm　16 开
印　　张：32.5
字　　数：615 千字
版　　次：2023 年 2 月第一版　　2023 年 2 月第一次印刷
书　　号：ISBN 978－7－5102－2853－7
定　　价：98.00 元